JOSEPH ANTON

CB135924

Obras de Salman Rushdie publicadas pela Companhia das Letras

O chão que ela pisa
Cruze esta linha
A feiticeira de Florença
Os filhos da meia-noite
Fúria
Haroun e o Mar de Histórias
Joseph Anton
Luka e o Fogo da Vida
Oriente, Ocidente
Shalimar, o equilibrista
O último suspiro do mouro
Vergonha
Os versos satânicos

SALMAN RUSHDIE

Joseph Anton

Memórias

Tradução

Donaldson M. Garschagen

José Rubens Siqueira

COMPANHIA DAS LETRAS

Copyright © 2012 by Salman Rushdie

Grafia atualizada segundo o Acordo Ortográfico da Língua Portuguesa de 1990, que entrou em vigor no Brasil em 2009.

Título original
Joseph Anton — A memoir

Capa
Victor Burton

Foto de capa
© Roy Hsu/ Getty Images

Preparação
Cacilda Guerra

Revisão
Carmen T. S. da Costa
Valquíria Della Pozza

Dados Internacionais de Catalogação na Publicação (CIP)
(Câmara Brasileira do Livro, SP, Brasil)

Rushdie, Salman
Joseph Anton : memórias / Salman Rushdie ; tradução Donaldson M. Garschagen, José Rubens Siqueira. — 1ª ed. — São Paulo : Companhia das Letras, 2012.

Título original: Joseph Anton : a memoir.
ISBN 978-85-359-2166-3

1. Escritores ingleses – Século 20 – Biografia 2. Rushdie, Salman I. Título.

12-10688 CDD-823.914

Índice para catálogo sistemático:
1. Escritores ingleses : Memórias : Biografia 823.914

[2012]
Todos os direitos desta edição reservados à
EDITORA SCHWARCZ S.A.
Rua Bandeira Paulista, 702, cj. 32
04532-002 — São Paulo — SP
Telefone: (11) 3707-3500
Fax: (11) 3707-3501
www.companhiadasletras.com.br
www.blogdacompanhia.com.br

Para meus filhos, Zafar e Milan,
suas mães, Clarissa e Elizabeth,
e para todos que ajudaram.

E graças a isso teve como destino dar-nos a oportunidade de representar uma peça em que o passado não passa de prólogo e o futuro depende apenas de nós.

William Shakespeare, *A tempestade*

Sumário

Prólogo
O primeiro corvo

Depois, quando o mundo explodia a seu redor e os corvos mortíferos se reuniam no trepa-trepa no pátio da escola, ele se sentiu irritado consigo mesmo por ter esquecido o nome da repórter da BBC que lhe avisara que sua vida antiga tinha acabado e que uma vida nova, mais sombria, estava para começar. Ela ligara para a casa dele, em sua linha privada, sem explicar como tinha conseguido o número. "Como você se sente", perguntou, "sabendo que foi condenado à morte pelo aiatolá Khomeini?" Era uma terça-feira ensolarada em Londres, mas foi como se a pergunta apagasse a luz do sol. O que ele respondeu, sem saber direito o que dizia, foi: "Não me sinto bem". O que pensou foi: *Estou morto*. Ficou pensando em quantos dias lhe restavam para viver, e achou que a resposta seria, com toda probabilidade, um número de um só algarismo. Desligou o telefone e desceu, apressado, a escada de sua sala de trabalho, no andar de cima da estreita casa geminada em que morava, em Islington. As janelas da sala tinham venezianas de madeira, e, levado por um impulso absurdo, ele as fechou e trancou-as com barras. Depois, passou a chave na fechadura da porta de entrada.

Era o Dia dos Namorados — 14 de fevereiro —, mas ele não estava em bons termos com a mulher, a romancista americana Marianne Wiggins. Seis dias antes, ela lhe dissera que não estava feliz com o casamento, que "já não se sentia bem com ele", embora estivessem casados havia pouco mais de um ano, e também ele sabia que o casamento tinha sido um erro. Agora ela o fitava enquanto ele andava pela casa, nervoso, fechando cortinas, verificando as fechaduras das janelas, com o corpo galvanizado pelas notícias, como se uma corrente elétrica passasse por ele, e teve de lhe explicar o que estava acontecendo. Ela reagiu bem, e começou a falar sobre o que deveriam fazer. Usou o pronome *nós*. Foi um gesto de coragem.

Um carro parou diante da casa, mandado pela CBS. Naquela manhã, ele deveria aparecer, ao vivo, no programa de notícias da rede de televisão americana, em transmissão via satélite a partir dos estúdios em Bowater House, Knightsbridge. "Tenho de ir", disse. "É ao vivo. Não posso deixar de ir." Mais tarde, ainda de manhã, seria realizada na igreja ortodoxa na Moscow Road, em Bayswater, a cerimônia em memória de seu amigo Bruce Chatwin. Menos de dois anos antes, ele comemorara seu quadragésimo aniversário em Homer End, a casa de Bruce em Oxfordshire. Agora Bruce tinha morrido de aids, e a morte batia também à sua própria porta. "E a cerimônia?", perguntou sua mulher. Ele não soube o que lhe responder. Abriu a porta, saiu, entrou no carro e partiu para os estúdios. Embora ainda não soubesse disso naquela hora, e por isso a saída não lhe pareceu especialmente carregada de significado, ele só voltaria àquela casa, onde morava havia cinco anos, três anos depois, quando ela já não lhe pertenceria.

Na sala de aula em Bodega Bay, na Califórnia, as crianças cantam uma música triste, sem pé nem cabeça. Ela só penteia o cabelo uma vez ao ano, tiri-ri, tiri-lá, ló, ló, ló. *Do lado de fora da escola sopra um vento frio. Um corvo desce do alto do céu e pousa no trepa-trepa do pátio. A música das crianças é um rondó. Começa, mas não termina. Repete-se sem parar, sem parar.* A cada passada do pente, derramava uma lágrima, tiri-ri, tiri-lá, ló, ló, ló, ei-bumbosidade, petralhapetralha, retroquo-qualidade, carvalhê, carvalhá, ló, ló, ló. *Já são quatro corvos no trepa-trepa, e logo chega um quinto. Na sala de aula, as crianças cantam. Agora são centenas os corvos no trepa-trepa, e outros milhares enchem o céu, como uma praga do Egito. Começou uma canção, que não tem fim.*

Quando o primeiro corvo pousou no trepa-trepa, parecia individual, especial, específico. Não era necessário deduzir uma teoria geral, um estado de coisas mais amplo que se devesse à sua presença. Mais tarde, depois que a praga começou, foi fácil para as pessoas ver o primeiro corvo como um prenúncio. Mas, quando ele pousou no trepa-trepa, era apenas uma ave.

Nos anos seguintes, ele sonhará com essa cena, entendendo que a história dele é uma espécie de prólogo: a narrativa do momento em que o primeiro corvo pousa. Quando a história começou, era só a dele; individual, especial, específica. Ninguém se sentia propenso a tirar quaisquer conclusões dela. Doze anos ou mais se passariam antes que a história crescesse até encher o céu, como se o arcanjo Gabriel estivesse em pé no horizonte, como dois aviões se esborrachando contra arranha-céus, como a praga de pássaros assassinos no grande filme de Alfred Hitchcock.

Nos estúdios da CBS, ele era a grande notícia do dia. Na sala da redação e em vários monitores já usavam a palavra que em breve estaria pendurada em seu pescoço como uma pedra de moinho. Usavam essa palavra como se fosse um sinônimo de "sentença de morte", e ele queria argumentar, pedantemente, que não era esse o significado da palavra. No entanto, desse dia em diante, ela significaria isso para a maior parte das pessoas no mundo. E para ele também.

Fatwa.

"Informo aos muçulmanos zelosos do mundo que o autor do livro *Versos satânicos*, que é contra o islã, o Profeta e o Corão, bem como todos aqueles que, conscientes de seu conteúdo, envolveram-se em sua publicação, estão sentenciados à morte. Peço a todos os muçulmanos que os executem, onde quer que os localizem." Alguém lhe entregou uma versão impressa do texto enquanto ele era levado em direção ao estúdio para a entrevista. Mais uma vez, seu velho eu quis contestar, dessa vez o verbo "sentenciar". Aquilo não era uma sentença lavrada por um tribunal que ele reconhecesse, ou que tivesse alguma jurisdição sobre ele. Era o edito de um velho cruel e moribundo. Mas ele sabia também que os hábitos de seu antigo eu não tinham mais serventia alguma. Ele era agora uma nova pessoa. Era a pessoa que estava no olho do furacão, não mais o *Salman* que seus amigos conheciam, mas o *Rushdie* autor de *Versos satânicos*, um título sutilmente distorcido pela omissão do artigo *Os*. *Os versos satânicos* era um romance. *Versos satânicos* eram versos que eram satânicos, e ele era o autor satânico desses versículos, o "Satã Rushdy", a criatura chifruda que estava nos cartazes carregados por manifestantes pelas ruas de uma cidade distante, o enforcado de língua vermelha para fora da boca nos cartazes toscos que carregavam. *Enforquem o Satã Rushdy*. Como era fácil apagar o passado de um homem e construir uma nova versão dele, uma versão esmagadora, contra a qual parecia impossível lutar.

O rei Carlos I negara a legitimidade da sentença lavrada contra ele. Isso não impediu que Oliver Cromwell o mandasse decapitar.

Ele não era rei. Era o autor de um livro.

Olhou para os jornalistas que o fitavam e pôs-se a imaginar se era assim que as pessoas olhavam os homens que eram levados ao patíbulo, à cadeira elétrica ou à guilhotina. Um correspondente estrangeiro se aproximou para demonstrar simpatia, e o escritor perguntou a esse homem o que ele pensava sobre o que Khomeini dissera. Até que ponto deveria levar aquilo a sério? Era apenas retórica ou alguma coisa genuinamente perigosa?

"Ah, não se preocupe muito", disse o jornalista. "Khomeini sentencia o presidente dos Estados Unidos à morte toda sexta-feira de tarde."

No ar, quando lhe perguntaram como reagira à ameaça, ele respondeu: "Eu gostaria de ter escrito um livro mais crítico". Orgulhou-se, naquele dia e para sempre, de ter dito aquilo. Era a verdade. Não considerava que seu livro criticasse demais o islã, mas, como disse na televisão americana naquele dia, era provável que uma religião cujos líderes procediam dessa forma merecesse algumas críticas.

Terminada a entrevista, disseram-lhe que sua mulher tinha telefonado. Ele ligou para casa. "Não volte aqui", disse ela. "Há duzentos jornalistas na calçada, à sua espera."

"Vou para a agência", disse ele. "Arrume uma mala e se encontre comigo lá."

Sua agência literária, a Wylie, Aitken & Stone, ficava numa casa de estuque branco, na Fernshaw Street, em Chelsea. Não havia jornalistas acampados diante dela — era evidente que a imprensa mundial não imaginara que ele fosse à sua agência num dia daqueles — e, quando ele entrou, todos os telefones do prédio estavam tocando, e todas as chamadas eram a respeito dele. Gillon Aitken, seu agente britânico, lançou-lhe um olhar estupefato. Falava ao telefone com Keith Vaz, representante anglo-indiano de Leicester East no Parlamento. Cobriu o bocal e sussurrou: "Quer falar com essa pessoa?".

Naquela conversa, Vaz disse que o acontecido era "espantoso, nada menos que espantoso", e prometeu seu "pleno apoio". Semanas depois, foi um dos principais oradores numa manifestação contra *Os versos satânicos*, com a presença de mais de 3 mil muçulmanos, e descreveu o evento como "um dos grandes dias na história do islã e da Grã-Bretanha".

Ele percebeu que não podia planejar o que fazer, que não conseguia imaginar como seria sua vida daí em diante ou que planos fazer. Só podia se concentrar no imediato, e o imediato era o culto fúnebre em memória de Bruce Chatwin. "Meu caro, você acha que deve ir?", perguntou Gillon. Ele mesmo tomou a decisão. Bruce fora muito amigo dele. "Que se dane", disse. "Vamos."

Marianne chegou, com um certo ar tresloucado, furiosa por ter sido cercada pelos fotógrafos ao sair de casa na St. Peter's Street, 41. No dia seguinte, estava na primeira página de todos os jornais do país. Um dos jornais deu nome à sua expressão, em letras garrafais: O ROSTO DO MEDO. Não falaram muito. Nenhum dos dois. Entraram no carro deles, um Saab preto, e ele saiu pelo parque em direção a Bayswater. Gillon Aitken ia junto, com uma expressão de preocupação, e o corpo comprido e lânguido estirado no banco de trás.

Sua mãe e a irmã mais nova moravam em Karachi. O que lhes sucederia? A irmã do meio, havia muito afastada da família, morava em Berkeley, Califórnia. Estaria a salvo lá? A irmã mais velha, Sameen, sua "gêmea irlandesa", morava em Wembley, subúrbio da zona norte de Londres, não muito longe do famoso estádio. O que teria de ser feito para protegê-los? Seu filho, Zafar, que só tinha nove anos e oito meses, estava com a mãe, Clarissa, na casa deles em Burma Road, 60, que sai de Green Lanes, perto de Clissold Park. Naquele momento, o décimo aniversário de Zafar parecia muito, muito distante. "Papai", Zafar perguntara, "por que você não escreve livros que eu possa ler?" Aquilo lhe fizera lembrar um trecho de "St. Judy's comet", uma canção que Paul Simon escrevera como acalanto para o filho pequeno. *Se não consigo cantar para fazer meu menino dormir, bem, seu papai famoso parece um bobo.* "Boa pergunta", ele respondera. "Quando eu acabar este livro em que estou trabalhando, escrevo um livro para você. Certo?" "Certo." De modo que ele tinha acabado o livro, que fora publicado, e agora talvez não tivesse tempo para escrever outro. *Nunca se deve quebrar uma promessa feita a uma criança*, pensou, e aí sua cabeça a mil acrescentou um adendo idiota: *mas a morte do autor é uma desculpa válida?*

Sua mente estava voltada para o tema assassinato.

Cinco anos antes, ele estivera viajando com Bruce Chatwin pelo "centro vermelho" da Austrália, onde, em Alice Springs, anotara o grafite que dizia RENDA-SE, HOMEM BRANCO, SUA CIDADE ESTÁ CERCADA, *fazendo um esforço sem nome para subir a rocha Ayer, enquanto Bruce, que se orgulhava de ter recentemente chegado até o acampamento-base do Everest, avançava à sua frente aos saltos, como se estivesse subindo correndo a mais suave das ladeiras e ouvindo as histórias que a gente do lugar contava sobre o chamado caso do "bebê levado pelo dingo". Tinha se hospedado num pulgueiro chamado Inland Motel, onde, no ano anterior, um caminhoneiro de 36 anos, chamado Douglas Crabbe, a quem haviam negado servir uma bebida porque ele já estava bêbado demais, insultara o pessoal do bar e, depois de ser expulso, tinha jogado seu caminhão, em alta velocidade, contra o bar, matando cinco pessoas.*

Crabbe estava sendo julgado num tribunal em Alice Springs, e ele e Bruce foram assistir. O caminhoneiro estava cabisbaixo, vestido de forma conservadora, e falava em voz baixa. Insistiu em que não era o tipo de pessoa capaz de fazer uma coisa daquelas e, quando perguntado por que tinha tanta certeza disso, respondeu que dirigia caminhões havia muitos anos e que "cuidava deles como se fossem seus próprios" (seguiu-se aqui uma pausa, e a palavra não pronunciada naquele silêncio poderia ter sido "filhos"), e que para ele destruir um caminhão era um ato que ia inteiramente contra sua índole. Os jurados retesaram-se visivelmente ao ouvir isso, mas era óbvio que a sorte de Crabbe estava selada. "Na verdade, porém", murmurou Bruce, "o que ele está dizendo é a mais absoluta verdade."

A mente de um assassino atribuía mais valor a caminhões do que a seres humanos. Cinco anos depois, talvez algumas pessoas estivessem se preparando para executar um escritor por suas palavras blasfemas, e a fé ou uma determinada interpretação da fé, era o caminhão a que eles davam mais valor do que à vida humana. Aquela não era a sua primeira blasfêmia, ele lembrou a si mesmo. Sua escalada da rocha Ayers com Bruce também estaria proibida agora. A rocha, devolvida à propriedade dos aborígines, que lhe restituíram o nome antigo, Uluru, era território sagrado, e as escaladas não eram mais permitidas.

Foi no voo de volta para casa, encerrando aquela viagem à Austrália em 1984, que ele começara a compreender como escreveria Os versos satânicos.

O ofício na catedral ortodoxa grega de Santa Sofia, da arquidiocese de Thyateria e da Grã-Bretanha, construída e decorada com esplendor 110 anos antes, de modo a lembrar uma grandiosa catedral da antiga Bizâncio, era todo celebrado num grego sonoro e misterioso. Sua liturgia era floreada e bizantina. Bruce Chatwin blá-blá-blá, entoavam os sacerdotes, blá-blá-blá, Chatwin blá-blá-blá. Eles se levantavam, sentavam-se, ajoelhavam-se, levantavam-se e se sentavam de novo. O ar estava carregado do cheiro forte de fumaça. Ele se lembrou do pai a levá-lo, quando ainda criança, em Bombaim, para rezar no dia de Eid-ul-Fitr. Lá, no Idgah, o campo de oração, era tudo em árabe, muitas cabeças subiam e desciam, com testas batendo no piso, pessoas de pé com as palmas das mãos mantidas na frente do corpo, como se segurassem um livro, além de muita falação de palavras estranhas numa língua que ele não conhecia. "Faça o que eu fizer", disse o pai. Não eram uma família religiosa, e quase nunca iam a cerimônias como aquela. Ele nunca aprendeu as orações ou soube o que significavam. Uma oração ocasional mediante imitação e uma decoreba meio mastigada eram tudo o que ele sabia. Por isso, a cerimônia sem sentido na igreja da Moscow Road lhe parecia familiar. Marianne e ele estavam sentados ao lado de Martin Amis e sua mulher, Antonia Phillips. "Estamos preocupados com você", disse Martin, abraçando-o. "*Eu* estou preocupado comigo", ele respondeu. Blá Chatwin blá Bruce blá. O romancista Paul Theroux estava sentado no banco atrás dele. "Acho que vamos estar aqui na semana que vem por você, Salman", disse ele.

Havia alguns fotógrafos do lado de fora, na calçada, quando ele chegou. Em geral, escritores não atraíam um bando de paparazzi. À medida que o ofício avançava, porém, começaram a chegar jornalistas à igreja. Uma religião incompreensível estava servindo de cenário para uma reportagem gerada pelo ataque incompreensivelmente violento de outra religião. *Um dos piores aspectos do que aconteceu*, ele escreveu mais tarde, *foi que o incompreensível se tornou compreensível, o inimaginável tornou-se imaginável.*

O ofício chegou ao fim e os jornalistas avançaram em sua direção. Gillon, Marianne e Martin tentaram contê-los. Um camarada absolutamente cinza (terno cinza, cabelo cinza, rosto cinza, voz cinza) abriu caminho na multidão, estendeu um gravador em sua direção e fez as perguntas óbvias. "Desculpe", ele respondeu. "Vim aqui para o ofício em memória de meu amigo. Não é um lugar apropriado para entrevistas." "O senhor não está entendendo", disse o sujeito cinza, parecendo perplexo. "Eu sou do *Daily Telegraph*. Eles me mandaram aqui *especialmente*."

"Gillon, preciso de sua ajuda", ele disse.

Gillon debruçou-se na direção do repórter, baixando de sua estatura descomunal, e disse com voz firme e empostada: "*Se manda, porra*".

"O senhor não pode falar comigo desse jeito", disse o homem do *Telegraph*. "Eu frequentei uma escola particular."

Depois disso não houve mais comédia. Quando ele saiu para a Moscow Road, jornalistas enxameavam como zangões perseguindo sua rainha, fotógrafos subiam nas costas de outros para formar pirâmides cambaleantes que explodiam em flashes. Ele piscava, sem saber para onde ir, por um momento sem saber o que fazer.

Não parecia haver fuga possível. Não havia como caminhar até o carro, estacionado a uns cem metros dali, sem ser seguido por câmeras, microfones e homens que tinham ido a vários tipos de escolas e que tinham sido mandados ali especialmente. Foi resgatado por seu amigo Alan Yentob, da BBC, cineasta e alto executivo que ele conhecera oito anos antes, quando Alan estava fazendo um documentário da série *Arena* sobre um jovem escritor que acabara de publicar um romance bem acolhido intitulado *Os filhos da meia-noite*. Alan tinha um irmão gêmeo, mas era frequente que se dissesse: "É Salman quem parece ser seu irmão gêmeo". Os dois discordavam dessa opinião, mas ela persistiu. E aquele poderia não ser o melhor dos dias para que Alan fosse confundido com seu não gêmeo.

O carro da BBC de Alan parou em frente à igreja. "Entre", ele disse, e logo estavam fugindo dos jornalistas vociferantes. Circularam por Notting Hill durante algum tempo, até a multidão do lado de fora da igreja se dispersar, e então voltaram para onde o Saab estava estacionado.

Ele entrou no carro com Marianne, e de repente estavam sozinhos, e o silêncio pesava sobre os dois. Não ligaram o rádio do carro, pois sabiam que o noticiário estaria cheio de ódio. "Aonde vamos?", ele perguntou, ainda que ambos soubessem a resposta. Marianne tinha alugado recentemente um pequeno apartamento de subsolo na Lonsdale Square, em Islington, a pouca distância da casa na St. Peter's Street, oficialmente para usar como local de trabalho, mas, na realidade, por causa da tensão que vinha crescendo entre eles. O apartamento lhes daria espaço e tempo para avaliar a situação e decidir o que fazer. Seguiram para Islington em silêncio. Era como se nada houvesse a ser dito.

Marianne era uma boa escritora e uma bela mulher, mas ele vinha descobrindo coisas de que não gostava.

Ao se mudar para a casa dele, ela havia deixado uma mensagem na secretária eletrônica de um amigo, Bill Buford, editor da revista *Granta*, dizendo que seu número de telefone tinha mudado. "Talvez você reconheça o número novo", continuava a mensagem, e a seguir, depois do que Bill achou que era uma pausa alarmante, "*Peguei o cara*". Ele a pedira em casamento no período de muita emoção que se seguira à morte do pai, em novembro de 1987, e o relacionamento deles não permanecera bom durante muito tempo. Seus amigos mais íntimos, Bill Buford, Gillon Aitken e seu colega americano Andrew Wylie, a atriz e escritora guianense Pauline Melville, e sua irmã Sameen, que sempre estivera mais próxima dele do que qualquer outra pessoa, todos tinham começado a confessar que não gostavam dela, o que era o que os amigos sempre diziam quando as pessoas estavam se separando, é claro, e por isso, ele pensava, era preciso dar um desconto em algumas coisas que diziam. No entanto, ele próprio a apanhara em algumas mentiras, e isso o abalara. O que ela achava que ele era? Com frequência parecia zangada, e tinha um jeito de olhar para o nada, por cima do ombro dele, quando lhe falava, como se estivesse se dirigindo a um fantasma. Ele sempre se sentira atraído por sua inteligência, seu senso de humor, e tudo isso ainda estava lá, como também a atração física, as ondas de seu cabelo castanho-avermelhado, seu largo sorriso americano, de lábios cheios. Mas ela se tornara misteriosa para ele, que às vezes tinha a sensação de ter casado com uma estranha. Uma mulher com uma máscara.

Era meio da tarde, e naquele dia os problemas particulares deles dois pareciam irrelevantes. Naquele dia, multidões desfilavam pelas ruas de Teerã com cartazes em que seu rosto aparecia com os olhos vazados, como um dos cadáveres de *Os pássaros*, com as órbitas sanguinolentas, enegrecidas, furadas a bicadas. Esse era o assunto do dia: seu cartão do Dia dos Namorados, nada engraçado, mandado por aqueles homens barbudos, por aquelas mulheres de véu e pelo velho assassino que agonizava em seu quarto, fazendo sua última tentativa de alcançar algum tipo de glória sinistra, homicida. Depois de tomar o poder, o imã matara muitos dos que o haviam posto ali e todos de quem ele não gostava. Sindicalistas, feministas, socialistas, comunistas, homossexuais, prostitutas e também seus ex-auxiliares. Havia em *Os versos satânicos* um retrato de um imã como ele, um imã que se tornara um monstro, devorando com a boca gigantesca sua própria revolução. O imã de carne e osso tinha levado seu país a uma guerra inútil com o país vizinho, e uma geração de jovens morrera, centenas de milhares de jovens de seu país, antes que o velho interrompesse a luta. Dissera que aceitar a paz com o Iraque tinha sido como comer veneno, mas que ele o comera. Depois disso os mortos clamaram contra o imã e sua revolução tornou-se impopular. Ele precisava de um meio de mobilizar os fiéis, e o encontrou na forma de um livro e de seu autor. O livro era a obra do diabo, o autor era o diabo, e isso lhe proporcionava o inimigo de que ele precisava. Esse escritor em seu apartamento de subsolo, aconchegado à mulher, de quem estava meio separado. Esse era o diabo de que o imã moribundo necessitava.

Naquela hora, as aulas estavam acabando, e ele tinha de ver Zafar. Ligou para Pauline Melville e pediu-lhe que fizesse companhia a Marianne enquanto ele fazia sua visita. Pauline fora sua vizinha em Highbury Hill no começo da década de 1980, e era uma atriz de olhos vivos, muito gesticuladora, calorosa e cheia de histórias. Histórias sobre a Guiana, onde um de seus antepassados Melville tinha conhecido Evelyn Waugh, mostrando-lhe o lugar e, provavelmente, segundo ela, virando o modelo para Mr. Todd, o velho maluco que captura Tony Last na selva e o obriga a ler Dickens em voz alta para ele, sem parar, em *Um punhado de pó*; sobre como ela resgatara o marido, Angus, da Legião Estrangeira, postando-se junto ao portão do forte e gritando até que o deixaram sair; e sobre a época em que fez o papel da mãe de Adrian Edmondson na famosa série de TV *The Young Ones*. Pauline fazia *stand-up comedy* e criara um personagem masculino que "ficou tão perigoso e assustador que tive de parar de fazê-lo", dizia. Ela escrevera várias de suas histórias sobre a Guiana e mostrara-as a ele. Eram boas, ótimas, e quando foram publicadas no primeiro livro dela, *Shape-shifter*, tinham sido muito bem recebidas. Pauline era realista, esperta e leal, e ele tinha total confiança nela. Veio imediatamente, sem reclamar, embora fosse seu aniversário e apesar de suas reservas quanto a Marianne. Ele se sentiu aliviado por deixar Marianne no apartamento da Lonsdale Square e dirigir sozinho até Burma Road. O belo dia de sol, cujo espantoso esplendor de inverno fora como que uma repreensão às notícias nada agradáveis, tinha chegado ao fim. Em fevereiro, Londres já estava às escuras quando as crianças saíam da aula. Quando ele chegou à casa de Clarissa e Zafar, a polícia já estava lá. "Aí está o senhor", disse um policial. "Estávamos quebrando a cabeça para imaginar onde o senhor teria se metido."

"O que está acontecendo, papai?" Seu filho tinha no rosto uma expressão que nunca deveria estar no rosto de um menino de nove anos. "Eu contei a ele", disse Clarissa, animadamente, "que vão tomar conta de você direito até isso acabar, e que tudo vai correr bem." E então ela o abraçou como não o abraçava havia cinco anos, desde o fim do casamento deles. Ela fora a primeira mulher a quem amara. Ele a conhecera em 26 de dezembro de 1969, cinco dias antes do fim dos anos 1960, quando ele tinha 22 anos, e ela, 21. Clarissa Mary Luard. Tinha pernas compridas e olhos verdes, e naquele dia usava um xale hippie de lã e uma faixa no cabelo ruivo, muito cacheado, e dela emanava um brilho que iluminava todos os corações. Tinha amigos no mundo da música pop que a chamavam de Happily (ainda que, também por felicidade, esse apelido tivesse morrido com a década maluca que o gerou), uma mãe que bebia demais e um pai que voltara para casa com neurose de guerra, na qual pilotara aviões Pathfinder, e que saltara do alto de um edifício quando ela tinha quinze anos. Tinha um beagle chamado Bauble que urinava na cama dela.

Havia nela muita coisa trancada debaixo da vivacidade. Clarissa não queria que os outros vissem as sombras que havia nela e, quando batia a melancolia, ia para seu quarto e fechava a porta. Talvez sentisse em si a tristeza do pai e temesse que essa angústia pudesse arremessá-la do alto de um edifício, como levara o pai a fazer, e por isso se encerrava no quarto até a tristeza passar. Tinha o nome da heroína trágica de Samuel Richardson e estudara, durante certo tempo, na Harlow Tech. Clarissa da Harlow, um estranho eco de Clarissa Harlowe, outra suicida em seu mundo, este ficcional; outro eco a ser temido e encoberto pelo fulgor de seu sorriso. Sua mãe, Lavinia Luard, também tinha um apelido embaraçoso, *Lavvy-Loo*, e agitava a tragédia familiar num copo de gim e a deixava dissolver ali, para poder representar o papel da viúva alegre com homens que se aproveitavam dela. Primeiro houve um ex-oficial de um regimento dos Guards, chamado coronel Ken Sweeting, que vinha da ilha de Man para namorá-la, mas nunca deixava a mulher, nem tencionava fazê-lo. Mais tarde, quando ela emigrou para a vila de Mijas, na Andaluzia, seguiu-se uma série de parasitas europeus desejosos de viver à sua custa e gastar muito do dinheiro dela. Lavinia tinha se oposto demais à resolução da filha de, primeiro, morar com um escritor indiano de cabelo comprido e, depois, casar-se com ele, um sujeito esquisito de cuja família pouco se sabia e que não parecia ter muito dinheiro. Era amiga da família Leworthy, de Westerham, em Kent, e, segundo seus planos, o filho dos Leworthy, Richard, um contador pálido e ossudo, com uma cabeleira warholesca loiríssima, se casaria com sua bela filha. Clarissa e Richard namoravam, mas ela começara também a sair escondido com o escritor indiano de cabelo comprido; tinha levado dois anos para se decidir entre eles, mas, numa noite de janeiro de 1972, quando ele deu uma festa de inauguração de seu apartamento recém-alugado em Cambridge Gardens, Ladbroke Grove, ela chegara de decisão tomada e a partir daí ficaram inseparáveis. Eram sempre as mulheres que faziam a escolha, e cabia ao homem se mostrar grato se tivesse a sorte de ser o escolhido.

Todos os anos, por eles vividos, de desejo, amor, casamento, filho, infidelidade (sobretudo dele), divórcio e amizade estavam no abraço que ela lhe deu naquela noite. O fato novo inundara a mágoa entre os dois e a levara embora, e por baixo da mágoa havia uma coisa antiga e profunda que não fora destruída. Além disso, é claro, eles eram os pais daquele menino bonito e, como pais, sempre tinham mostrado união e harmonia. Zafar nascera em junho de 1979, bem na época em que *Os filhos da meia-noite* estava prestes a ser concluído. "Mantenha as pernas cruzadas", ele disse a ela. "Estou escrevendo o mais depressa que posso." Uma tarde, houve um falso alarme, e ele pensou: *A criança vai nascer à meia-noite*, mas isso não aconteceu, Zafar nasceu no domingo, 17 de junho, às 2h15 da tarde. Ele pôs isso na dedicatória do romance. *Para Zafar Rushdie, que, contra todas as expectativas, nasceu de tarde.* E que agora estava com nove anos e meio perguntando, ansioso: *O que está acontecendo?*

"Precisamos saber", o policial dizia, "quais são seus planos imediatos." Ele pensou antes de responder. "Provavelmente vou para casa", respondeu por fim, e o enrijecimento dos homens fardados confirmou suas suspeitas. "Eu não recomendaria isso, senhor." Então ele lhes falou, como sabia desde o começo que o faria, sobre o apartamento de subsolo na Lonsdale Square, onde Marianne o esperava. "É um lugar que as pessoas em geral sabem que o senhor frequenta?" Não, não é. "Está bem. Depois que o senhor voltar para casa, não saia de novo esta noite, se puder. Estão fazendo reuniões, e o senhor ficará sabendo do resultado delas amanhã, o mais cedo possível. Até lá, deve ficar em casa."

Ele conversou com o filho, abraçado a ele, decidindo, naquele instante, que contaria ao menino o máximo possível, dando ao que estava acontecendo a coloração mais positiva que pudesse; que a forma de ajudar Zafar a lidar com o que estava acontecendo seria informá-lo de todos os fatos, dar-lhe uma versão paterna que ele aceitasse e na qual confiasse, enquanto era bombardeado com outras versões, no pátio da escola ou pela televisão. A escola estava sendo espetacular, disse Clarissa, mantendo fora fotógrafos e uma equipe de TV que queria filmar o filho do homem ameaçado, e as crianças também tinham sido ótimas. Sem discussão, tinham cerrado fileiras em torno de Zafar e permitido que ele tivesse na escola um dia normal, ou quase normal. Quase todos os pais tinham dado apoio; uma ou duas pessoas haviam opinado que Zafar devia ser afastado da escola, pois sua presença poderia pôr em perigo seus filhos, mas tinham sido censuradas pelo diretor e se retirado, envergonhadas. Foi alentador ver em ação, naquele dia, coragem, solidariedade e princípios, os melhores valores humanos impondo-se sobre a violência e a intolerância — o lado sombrio da humanidade —, exatamente na hora em que parecia tão difícil resistir à maré montante das trevas. O que fora impensável até aquele dia estava se tornando pensável. Mas em Hampstead, na Hall School, a resistência já começara.

"Vou ver você amanhã, papai?" Ele fez que não com a cabeça. "Mas vou telefonar", disse. "Vou ligar para você todos os dias, às sete. Se você não for estar aqui", pediu a Clarissa, "por favor, deixe uma mensagem na secretária eletrônica e diga a hora em que devo ligar." Era o começo de 1989. Os termos PC, laptop, celular, internet, wi-fi, SMS, torpedo, e-mail eram desconhecidos ou novíssimos. Ele não tinha computador nem celular. Mas tinha uma casa, mesmo que não pudesse passar a noite nela, e na casa havia uma secretária eletrônica, e ele podia telefonar e *interrogar* o aparelho, um novo uso para uma palavra velha, e pegar, não, *recuperar* suas mensagens. "Sete horas", repetiu. "Toda noite, certo?" Zafar balançou a cabeça, sério. "Está certo, papai."

Ele voltou para casa de carro sozinho, e todas as notícias no rádio eram ruins. Dois dias antes houvera um "distúrbio Rushdie" diante do Centro Cultural dos Estados Unidos em Islamabad, no Paquistão. (Não ficou claro por que os Estados Unidos estavam sendo considerados responsáveis por *Os versos satânicos*.) A polícia disparara contra a multidão e havia cinco mortos e sessenta feridos. Os manifestantes carregavam cartazes que diziam RUSHDIE, VOCÊ ESTÁ MORTO. Agora o edito iraniano multiplicara em muito o perigo. O aiatolá Khomeini não era apenas um clérigo poderoso. Era um chefe de Estado que ordenava a execução de um cidadão de outro Estado, sobre quem ele não tinha jurisdição. E ele contava com assassinos a seu serviço, que já tinham sido usados antes contra "inimigos" da revolução iraniana, inclusive inimigos que viviam fora do Irã. Havia outra palavra nova que ele tinha de aprender. Ali estava ela, no rádio: *extraterritorialidade*. O conceito era também chamado de *terrorismo de Estado*. Voltaire dissera uma vez que um escritor faria bem em morar perto de uma fronteira internacional, pois se provocasse a cólera de homens poderosos poderia atravessar a fronteira e ficar em segurança. O próprio Voltaire deixara a França e se refugiara na Inglaterra depois de se indispor com um aristocrata, o Chevalier de Rohan, permanecendo no exílio durante sete anos. No entanto, morar em outro país não era mais garantia de segurança. Agora havia a *ação extraterritorial*. Em outras palavras, os perseguidores encontravam o perseguido onde ele estivesse.

A noite na Lonsdale Square estava fria, escura e clara. Havia dois policiais na praça. Quando ele saiu do carro, eles fingiram não notá-lo. Faziam uma ronda curta, vigiando a rua, perto do apartamento, caminhando cem metros em cada direção, e ele ouvia seus passos mesmo de dentro do quarto. Ele se deu conta, no silêncio marcado pelas passadas dos policiais, de que não compreendia mais sua vida ou o que ela poderia se tornar, e, pela segunda vez naquele dia, pensou que talvez não restasse mais muita vida para compreender. Pauline voltou para casa, e Marianne deitou-se cedo. Ele foi para a cama, ao lado da mulher. Ela se virou para ele e se abraçaram, rígidos, como o casal infeliz que eram. Depois, separados, cada um deitado com seus próprios pensamentos, não conseguiram dormir.

Passos. Inverno. Uma asa negra agitando-se num trepa-trepa. *Informo aos muçulmanos zelosos do mundo, tiri-ri, tiri-lá, ló, ló, ló. Que os executem, onde quer que os localizem. Tiri-ri, tiri-rá, ei-bumbosidade, petralhapetralha, retroquo-qualidade, carvalhê, carvalhá, ló, ló, ló.*

1. Um pacto faustiano ao contrário

Quando ele era pequeno, na hora de dormir seu pai lhe contava as histórias maravilhosas do Oriente, contava-as e recontava, refazia-as e reinventava à sua maneira — as histórias de Xerazade, de *As mil e uma noites*, histórias que, narradas por ela para evitar a morte, provavam o poder que têm as histórias para civilizar e derrotar até o mais homicida dos tiranos; as fábulas do *Panchatantra*; os contos fantásticos que escoavam, como uma cachoeira, do *Kanthasaritsagara*, o "Oceano das correntes de histórias", o imenso lago de histórias criado na Caxemira, onde seus antepassados tinham nascido; e os contos de heróis poderosos reunidos no *Hamzanama* e nas *Aventuras de Hatim Tai* (esse era também um filme, e muitos de seus embelezamentos ao original eram acrescentados às narrações na hora de dormir, ainda mais ampliados). Crescer imerso nessas narrativas ensinava duas lições inesquecíveis: primeiro, que as histórias não eram verdadeiras (não existiam gênios "de verdade" em garrafas, tapetes voadores ou lâmpadas maravilhosas), mas, por não serem verdadeiras, elas faziam com que ele sentisse e conhecesse verdades que a verdade não era capaz de lhe dizer; segundo, que todas elas lhe pertenciam, tanto quanto pertenciam a seu pai, Anis, e a todo mundo também, todas eram dele, como eram de seu pai, as histórias alegres e as tristes, as sagradas e as profanas, eram dele, para alterar, renovar, abandonar e pegar de novo, como e quando lhe aprouvesse; eram dele para rir delas, para exultar, para viver nelas, com elas e por meio delas, para infundir-lhes vida por amá-las, e para ser, por sua vez, vivificado por elas. O homem era o animal contador de histórias, a única criatura no mundo que criava histórias para entender que espécie de criatura era. A história era seu direito nato, e ninguém podia roubá-lo.

Sua mãe, Negin, também lhe servia histórias. Negin Rushdie nascera com o nome de Zohra Butt. Ao se casar com Anis, mudara não só o sobrenome como também o prenome, reinventando-se para ele, deixando atrás a Zohra em que ele não queria pensar, que estivera apaixonada por outro homem. Se no fundo do coração ela era Zohra ou Negin, o filho nunca soube, pois ela nunca lhe falava do homem que deixara para trás, preferindo, em vez disso, contar os segredos de todo mundo, menos o dela mesma. Era uma fofoqueira de marca maior, e, sentado na cama dela, massageando-lhe os pés do jeito como ela gostava, ele, seu primogênito e único varão, absorvia os mexericos da cidade, deliciosos e às vezes lascivos, que ela trazia na cabeça, as gigantescas e entrelaçadas florestas de árvores genealógicas sussurradas que ela levava consigo, carregadas de suculentos frutos proibidos de escândalo. E também esses segredos, ele passou a sentir, pertenciam a ele, pois, assim que um segredo era contado, não pertencia mais a ela, que o contara, e sim a ele, que o ouvira. Se alguém não quisesse que um segredo fosse conhecido, só havia uma regra a seguir: *Não o contasse a ninguém*. Também essa regra lhe seria útil mais tarde. Nesse mais tarde, quando ele se tornou escritor, sua mãe lhe disse: "Vou parar de lhe contar essas coisas, porque você as conta em seus livros e eu é que arranjo encrenca". Isso era verdade, e talvez ela fizesse bem em parar de contar, mas fofocar era seu vício, e ela não conseguia parar de contar coisas, do mesmo modo que o marido, o pai dele, não conseguia parar de beber.

Villa Windsor, Warden Road, Bombaim-26. A casa ficava numa colina, com vista para o mar e para a cidade, que corria entre a colina e o mar. Seu pai era mesmo rico, embora passasse a vida perdendo todo o seu dinheiro e tivesse morrido quebrado, sem ter como pagar as dívidas, com uma pilha de cédulas de rupias na gaveta superior esquerda de sua escrivaninha, todo o dinheiro que deixara no mundo. Anis Ahmed Rushdie ("Bacharel Cantab., Advogado", anunciava a placa de latão aparafusada na parede, junto da porta de entrada da Villa Windsor), filho único de um magnata dos tecidos, herdou uma fortuna, gastou-a, perdeu-a e então morreu, o que poderia ser a história de uma vida feliz, mas não era. Os filhos sabiam certas coisas a seu respeito: que de manhã mostrava-se alegre até fazer a barba, mas, depois que a Philishave completava seu trabalho, ele se tornava irascível, e as crianças procuravam não ficar em seu caminho; que, quando ele os levava à praia nos fins de semana, ia animado e engraçado no caminho de ida, mas na volta estava sempre furioso; que, quando jogava golfe com a mãe deles no Willingdon Club, ela tinha de ter o cuidado de perder, embora jogasse melhor do que ele, porque não valia a pena ganhar; e que, quando estava bêbado, contraía o rosto em esgares estranhos e horrorosos, coisa que os assustava terrivelmente, mas que nenhum estranho jamais presenciava, de modo que ninguém entendia quando diziam que o pai "fazia caretas". Entretanto, quando eles eram pequenos havia as histórias e depois o sono, e ouviam-se vozes alteradas em outro quarto, a mãe chorando, não havia nada que pudessem fazer. Cobriam a cabeça com o lençol e sonhavam.

Anis levou o filho de treze anos à Inglaterra em janeiro de 1961, e durante mais ou menos uma semana, antes que ele começasse o curso na Rugby School, dividiram um quarto no Cumberland Hotel, perto do Arco de Mármore, em Londres. De dia, saíam para comprar o material e as roupas exigidas pela escola, como paletós de tweed e calças cinzentas de flanela, camisas Van Heusen com colarinhos semiduros separados, que exigiam o uso de botões de colarinho que machucavam o pescoço do menino e dificultavam sua respiração. Tomavam milk-shake de chocolate na Lyons Corner House, na Coventry Street, foram ao cine Odeon ver uma comédia sobre moças sapecas de um internato feminino, e ele desejou que houvesse garotas em sua escola. Ao anoitecer, o pai comprou um frango assado no Katdomah da Edgware Road e fez com que ele o levasse para o apartamento do hotel, embrulhado na capa de chuva nova, de sarja azul. À noite, Anis embriagou-se, e de madrugada pôs-se a sacudir o filho, gritando-lhe num palavreado tão chulo que o menino, que acordara apavorado, espantou-se com o fato de o pai simplesmente conhecer tais termos. Depois foram à Rugby School, compraram uma poltrona vermelha e se despediram. Anis tirou uma fotografia do filho diante do internato com seu boné de listras azuis e brancas e sua capa que cheirava a frango, e quem visse a tristeza nos olhos do rapaz poderia crer que ele estivesse triste por estar matriculado numa escola tão longe de casa. A verdade, porém, era que o filho não via a hora de o pai ir embora, para começar a esquecer as noites de linguagem obscena e gratuita, de olhos vermelhos de fúria. Queria pôr a tristeza no passado e começar seu futuro, e depois disso talvez fosse inevitável que ele procurasse levar a vida o mais longe possível do pai, interpondo oceanos entre eles dois e deixando-os assim. Quando se formou pela Universidade de Cambridge e disse ao pai que pretendia ser escritor, um gemido de dor irrompeu, involuntariamente, da boca de Anis. "O que vou dizer a meus amigos?", disse ele.

No entanto, dezenove anos depois, quando o filho fez quarenta, Anis Rushdie enviou-lhe uma carta, escrita de próprio punho, que se tornou a mais preciosa comunicação que o escritor já havia recebido ou viria a receber. Isso se deu apenas cinco meses antes da morte de Anis, aos 77 anos, de um mieloma múltiplo, de progressão galopante — um câncer da medula óssea. Naquela carta, Anis deixava patente com quanto cuidado e sagacidade lera e compreendera os livros do filho, a avidez com que procurara ler outros, a profundidade com que cultivava o amor paterno que passara metade da vida sem expressar. Viveu o suficiente para alegrar-se com o sucesso de *Os filhos da meia-noite* e *Vergonha*, mas, quando foi publicado o livro que tinha a maior dívida para com ele, já não estava presente para lê-lo. Talvez isso tenha sido bom, porque também não viu o furor que se seguiu; entretanto, uma das poucas coisas de que seu filho tinha a mais absoluta certeza era que na batalha provocada por *Os versos satânicos* ele teria contado com o apoio irrestrito e inflexível do pai. Na verdade, sem as ideias e o exemplo do pai a inspirá-lo, aquele romance nunca teria sido escrito. *Eles ferraram com você, sua mãe e seu pai?* Não, não foi nada disso. Bem, talvez tenham feito isso, mas também permitiram que ele se tornasse a pessoa, e o escritor, que estava destinado a ser.

O primeiro presente que recebera do pai, um presente semelhante a uma mensagem numa cápsula do tempo, que ele não compreendeu até virar adulto, foi o nome de família. "Rushdie" foi uma invenção de Anis. O nome do pai *dele* fora bem imponente, Khwaja Muhammad Din Khaliqi Dehlavi, um belo nome da Delhi Antiga que caía como uma luva naquele cavalheiro da velha guarda que nos fitava fixamente da única fotografia dele que sobrevivera, aquele industrial bem-sucedido e ensaísta nas horas vagas que morava num *haveli* caindo aos pedaços no famoso e antigo *mulhalla*, ou bairro, de Ballimaran, um labirinto de vielas sinuosas na área do mercado de Chandni Chowk, onde vivera Ghalib, o grande poeta de língua pársi e urdu. Muhammad Din Khaliqi morreu jovem, deixando ao filho uma fortuna (que ele dilapidaria) e um nome pesado demais para se carregar no mundo moderno. Anis adotou um novo nome, "Rushdie", devido à sua admiração por Ibn Rushd, conhecido no Ocidente como Averróis, o filósofo árabe-espanhol de Córdoba, do século XII, que veio a tornar-se cádi, ou juiz, em Sevilha, tradutor e aclamado comentarista das obras de Aristóteles. O filho de Anis usou o nome durante duas décadas antes de compreender que o pai, um verdadeiro letrado do islã, ainda que inteiramente destituído de fé religiosa, o escolhera por respeitar Ibn Rushd, que assumira, em sua época, a vanguarda da crítica racionalista ao literalismo islâmico. E outros vinte anos transcorreram antes que a batalha com relação a *Os versos satânicos* produzisse um eco, no século XX, daquela crítica de oitocentos anos.

"Ao menos", ele pensou quando a tempestade ribombou sobre sua cabeça, "vou entrar nessa batalha com o nome certo." Seu pai lhe dera, do túmulo, a bandeira sob a qual ele se dispunha a lutar, a bandeira de Ibn Rushd, que exprimia o intelecto, a argumentação, a análise e o progresso, que representava a liberdade da filosofia e do saber em relação aos grilhões da teologia, que simbolizava a razão humana contra a fé cega, a submissão, a resignação, a paralisia. Ninguém jamais quis ir para a guerra, mas, se a guerra surgisse na vida de uma pessoa, que ao menos fosse a guerra certa, pelas coisas mais importantes no mundo, e, se você fosse participar dela, era bom que se chamasse "Rushdie" e se postasse onde seu pai o pusera: na tradição de Averróis, o grande aristotélico, Abul Walid Muhammad ibn Ahmad ibn Rushd.

Eles tinham a mesma voz, seu pai e ele. Quando ele atendia o telefone em casa, os amigos de Anis começavam a lhe falar como se ele fosse o pai, e ele tinha de detê-los antes que dissessem algo embaraçoso. Eles também eram parecidos fisicamente, e quando, durante os trechos mais tranquilos da acidentada viagem deles como pai e filho, sentavam-se numa varanda numa noite quente, com o perfume de buganvílias nas narinas, e discutiam calorosamente sobre o mundo, ambos sabiam que, embora discordassem quanto a muitos pontos, tinham a mesma mentalidade. E o que mais tinham em comum, acima de tudo, era a descrença.

Anis era ateu — uma declaração ainda chocante nos Estados Unidos, nada excepcional na Europa e incompreensível em grande parte do resto do mundo, onde o conceito de *não crer* era difícil até de formular. No entanto, ele era isso, um ateu que pensava muito em Deus. O nascimento do islã o fascinava, por ser a única das grandes religiões do mundo surgida no âmbito da história, cujo profeta não era uma lenda descrita e glorificada por "evangelistas" que escreveram cem anos ou mais depois da vida e da morte do homem real, ou um prato requentado para um fácil consumo global pelo brilhante apóstolo que foi são Paulo, e sim um homem cuja vida estava bem registrada, cujas circunstâncias econômicas e sociais eram conhecidas, um homem que viveu numa época de profunda mudança social, um órfão que ao crescer tornou-se um comerciante bem-sucedido com tendências místicas e que viu, certo dia, no monte Hira, perto de Meca, o arcanjo Gabriel em pé no horizonte, enchendo o céu e instruindo-o a "recitar", e assim, lentamente, a criar o livro conhecido como a Recitação: *al-Qur'an*.

Isso passou do pai para o filho: a certeza de que a história do nascimento do islã era fascinante por ser um evento *dentro da história*, e de que, como tal, era obviamente influenciado pelos acontecimentos, pelas pressões e pelas ideias da época de sua criação; de que historicizar a história, tentar compreender como essas forças moldaram uma grande ideia, era a única abordagem possível do tema; e de que era possível aceitar Maomé como um místico genuíno — tanto quanto se podia aceitar que Joana d'Arc realmente escutara as vozes ou que as revelações de são João Evangelista fossem as experiências "reais" daquela alma atormentada — sem ter de aceitar também que, se alguém estivesse ao lado do Profeta do islã no monte Hira, naquele dia, também teria visto o arcanjo. A revelação deveria ser entendida como um evento interior, subjetivo, e não como uma realidade objetiva, e um texto revelado deveria ser analisado como qualquer outro texto, com o emprego de todos os instrumentos do crítico — literários, históricos, psicológicos, linguísticos e sociológicos. Em suma, o texto deveria ser visto como um artefato humano e, portanto, como todos os artefatos, sujeito à falibilidade e à imperfeição humana. Ficou famosa a definição que o crítico americano Randall Jarrell deu ao romance: "Um texto literário longo que tem em si algo de errado". Anis Rushdie julgava saber o que havia de errado no Corão: ele se tornara, aqui e ali, bagunçado.

De acordo com a tradição, quando Maomé descia da montanha, começava a recitar — ele próprio talvez fosse analfabeto — e um de seus companheiros, o mais próximo, escrevia o que ele dizia em qualquer coisa que estivesse à mão (pergaminho, pedra, couro, folhas e, às vezes, ao que consta, até ossos). Essas passagens foram guardadas em sua casa até depois de sua morte, quando os Companheiros se reuniram para fixar a sequência correta da revelação;

e essa iniciativa nos deu o atual texto canônico do Corão. Para que esse texto fosse "perfeito", o leitor tinha de acreditar: (a) que o arcanjo, ao transmitir a Palavra de Deus, o fizera sem lapsos — o que pode ser uma ideia aceitável, uma vez que os arcanjos são tidos como imunes a erros; (b) que o Profeta, ou o Mensageiro, como Maomé chamava a si mesmo, lembrava-se das palavras do arcanjo com total exatidão; (c) que as apressadas transcrições dos Companheiros, registradas ao longo de 23 anos, eram igualmente à prova de erros; e, finalmente, (d) que, quando se reuniram para dispor o texto em sua forma final, a memória coletiva deles da sequência correta também era perfeita.

Anis Rushdie não se dispunha a contestar as proposições (a), (b) e (c). No entanto, era mais difícil para ele engolir a proposição (d), porque, como qualquer pessoa que lesse o Corão podia facilmente perceber, diversas suras, ou capítulos, apresentavam descontinuidades radicais, mudando de assunto sem aviso, e esse assunto posto de lado às vezes ressurgia, sem anúncio prévio, numa sura posterior que, até aí, tratava de um tema inteiramente diferente. Durante muito tempo Anis alimentou o desejo de desenredar essas descontinuidades e, assim, chegar a um texto que fosse mais claro e mais fácil de ler. É importante dizer que isso não era um plano secreto ou furtivo; ele o discutia abertamente com amigos no jantar. Não havia ideia alguma de que o empreendimento pudesse trazer riscos para o revisor, nenhum *frisson* de perigo. Talvez os tempos fossem diferentes, e tais ideias pudessem ser debatidas sem temor de represálias; ou os amigos fossem dignos de confiança; ou Anis fosse um ingênuo inocente. Mas foi nesse clima de pesquisa franca que ele criara os filhos. Nada estava além dos limites. Não havia tabus. Tudo, mesmo as escrituras sagradas, podia ser investigado e, se possível, melhorado.

Ele nunca fez o que pretendia. Quando morreu, não se encontrou texto algum entre seus papéis. O álcool e fracassos comerciais dominaram seus últimos anos, e ele tinha pouco tempo ou inclinação para a trabalheira pesada dos estudos corânicos profundos. Talvez aquilo tenha sido sempre um sonho vão ou uma fanfarronada vazia, alimentada a uísque. Mas deixou uma marca no filho. Esse foi o segundo grande presente de Anis aos filhos: um ceticismo aparentemente intrépido, acompanhado de um descompromisso quase total com a religião. Entretanto, havia uma certa atitude de fachada. A "carne do porco" não era consumida pela família Rushdie, nem se via em sua mesa de jantar os igualmente proscritos "comedores de restos da terra e do mar"; naquela mesa não se servia curry de camarões de Goa. Havia as visitas muito espaçadas ao Idgah para o sobe-e-desce ritual das orações. Havia, uma ou duas vezes por ano, jejum durante o período que os muçulmanos da Índia, que falam o urdu, e não o árabe, chamavam de Ramzán, e não de Ramadã. E certa vez, por pouco tempo, houve um *maulvi*, um letrado religioso, chamado por Negin para ensinar ao filho e às filhas, todos pagãos, os rudimentos da fé. Mas, quando os filhos pagãos revoltaram-se contra o *maulvi*, um sósia baixote de Ho Chi Minh, e o apoquentaram com tanta impiedade que ele foi se queixar aos pais, Anis e Negin apenas riram e tomaram o partido dos filhos. O *maulvi* foi-se embora de maus modos, para nunca mais voltar, imprecando contra os descrentes, e depois disso cessaram as tentativas de instrução religiosa. Os pagãos cresceram meio paganizados e, pelo menos na Villa Windsor, isso não era problema.

Depois que ele se despediu do pai, usando o boné de listras azuis e brancas da Bradley House e a capa de sarja, e mergulhou em sua vida inglesa, o pecado da *estrangeirice* foi a primeira coisa que ficou clara para ele. Até aquele dia, ele nunca pensara em si mesmo como o Outro para alguém. Depois da Rugby School, jamais esqueceu a lição que aprendeu ali: que sempre haveria pessoas que simplesmente não gostavam de você, para quem você era tão exótico quanto homenzinhos verdes ou criaturas viscosas do espaço sideral, e não adiantava tentar fazer com que mudassem de ideia. Alienação: essa foi uma lição que ele depois reaprendeu em circunstâncias mais dramáticas.

Num internato inglês, no começo da década de 1960, ele logo descobriu, um aluno podia cometer três erros graves, mas, se cometesse apenas dois dos três, poderia ser perdoado. Esses erros eram: ser estrangeiro; ser esperto; ser fraco em esportes. Na Rugby, os garotos estrangeiros e espertos que se davam bem eram bons jogadores de críquete ou, no caso de um contemporâneo seu, o paquistanês Zia Mahmood, era tão bom com um baralho na mão que virou um dos melhores jogadores de bridge do mundo. Os meninos que não levavam jeito para esportes deviam ter cuidado para não ser espertos demais e, se possível, não ser demasiado estrangeiros, que era o pior dos três erros.

Ele cometia todos os três. Era estrangeiro, esperto e uma negação no esporte. E por isso os anos que passou lá foram, na maior parte, infelizes, embora fosse bem nos estudos e tivesse saído da Rugby com a sensação de ter recebido uma excelente educação — com aquela lembrança reconfortante de ótimos professores, que, se tivermos sorte, podemos levar conosco para o resto da vida. Havia P. G. Lewis, chamado, como era inevitável, de "Pig", que tanto o motivou no amor pela língua francesa que, em certo período, ele passou do grupo dos últimos colocados para o primeiro lugar na turma. E havia dois professores de história, J. B. Hope-Simpson, também conhecido como "Hope Stimulus", e J. W. "Gut" Hele, graças a cuja hábil orientação ele conseguiu ganhar uma pequena bolsa para estudar história na faculdade de seu pai, o King's College, em Cambridge, onde conheceu E. M. Forster e descobriu o sexo, embora não ao mesmo tempo. (Coube a "Hope Stimulus" apresentá-lo a *O senhor dos anéis*, de Tolkien, obra que podia não ser muito valiosa em termos acadêmicos, mas que penetrou em sua consciência como uma doença, uma infecção que ele nunca conseguiu curar.) Seu velho professor de inglês, Geoffrey Helliwell, apareceria na televisão britânica no dia seguinte ao da *fatwa*, balançando a cabeça pesarosamente e perguntando, em tons melífluos, vagos, vazios: "Quem poderia imaginar que um menino tão bonzinho e quieto iria se meter numa encrenca tão grande?".

Ninguém o forçara a ir para um internato na Inglaterra. Negin fora contra a ideia de mandar seu único filho homem para tão longe, além de oceanos e continentes. Anis tinha lhe oferecido a oportunidade e o incentivara a fazer o exame de admissão, mas, mesmo depois de ele ser aprovado com certa distinção e conquistar a vaga na Rugby, a decisão final de ir ou não fora inteiramente sua. Mais tarde ele se espantaria com sua própria escolha feita aos treze anos, a menina dos olhos de seus pais, um garoto com raízes em sua cidade, feliz com seus amigos, que ia bem na escola (apesar de uma certa dificuldade com a língua marata). Por que aquele menino decidira deixar tudo isso para trás e viajar metade do mundo, rumo ao desconhecido, longe de todos que o amavam e de tudo que ele conhecia? Teria sido influência da literatura (pois ele era, decerto, um rato de biblioteca)? Nesse caso, os culpados talvez tivessem sido seus amados Jeeves e Bertie, ou, provavelmente, o conde de Emsworth e sua robusta porca, a imperatriz de Blandings. Ou, quem sabe, não seriam as questionáveis atrações do mundo de Agatha Christie que o haviam convencido, embora miss Maple morasse na cidadezinha mais assassina da Inglaterra, a letal St. Mary Mead? Havia ainda a série *Swallows and amazons* [Andorinha e amazonas], de Arthur Ransome, que falava de crianças fazendo bobagens com barcos em Lake District, e as terríveis traquinices literárias, muito, muito piores, de Billy Bunter, o "Coruja da Classe Intermediária", o gorducho da ridícula Grayfriars School, de Frank Richards, onde, entre os colegas de classe de Bunter, havia pelo menos um indiano, Hurree Jamset Ram Singh, o "nababo tostado de Bhanipur", que falava um inglês esquisito, pomposo, sintaticamente contorcido ("a contorcioneidade", como o nababo tostado poderia ter dito, "era fantástica"). Teria sido, em outras palavras, uma decisão *infantil* aventurar-se numa Inglaterra imaginária que só existia em livros? Ou seria, em vez disso, uma indicação de que, sob a superfície do "menino tão bonzinho e quieto", ocultava-se um ser mais estranho, um sujeito de índole aventureira fora do comum, com iniciativa suficiente para dar um salto no escuro exatamente *porque* era um salto no desconhecido — um jovem que intuía a capacidade de seu futuro eu adulto de sobreviver, e até prosperar, em qualquer lugar do mundo aonde suas perambulações pudessem levá-lo, e que era capaz de, com toda facilidade, até um pouco de crueldade, entregar-se ao sonho de "sumir", distanciando-se do "lar", deixando para trás, sem muito remorso, a mãe e as irmãs desoladas? Talvez um pouco de cada coisa. Seja como for, ele deu o salto, e os caminhos se bifurcaram a seus pés. Ele seguiu pela vereda oeste e deixou de ser quem poderia ter sido se tivesse ficado em casa.

A pedra cor-de-rosa engastada no Muro do Doutor — cujo nome homenageia o lendário diretor dr. Arnold —, fronteiro aos campos de jogos do Close, tinha uma inscrição cujo objetivo era imortalizar um ato de revolucionária iconoclastia. "Em comemoração ao feito de William Webb Ellis", dizia, "que, com refinado desrespeito pelas regras do futebol tal como praticado em sua época, pela primeira vez pegou a bola nas mãos e correu com ela, criando assim a característica distintiva do jogo de rugby." Mas a história de Webb Ellis era apócrifa, e a escola, tudo menos iconoclástica. Ali estudavam os filhos de corretores da Bolsa e de advogados, e o "refinado desrespeito pelas regras" não fazia parte do currículo. Enfiar as duas mãos nos bolsos era contra as regras. O mesmo se diga quanto a "correr nos corredores". No entanto, o *fagging* — servir como criado não remunerado de um aluno mais velho — e castigos físicos ainda eram permitidos. Esses castigos podiam ser ministrados pelo chefe de disciplina ou mesmo por um aluno nomeado Chefe da Casa. No primeiro período dele na escola, o Chefe da Casa era um certo R. A. C. Williamson, que mantinha a bengala pendurada, à plena vista, sobre a porta de seu gabinete. Nela havia incisões, uma para cada surra que Williamson tinha dado.

Ele nunca foi surrado. Era um "menino bonzinho, quieto". Aprendeu as regras e cumpria-as escrupulosamente. Aprendeu a gíria da escola: *dics* eram as orações noturnas nos dormitórios (do latim *dicere*, falar); *topos* eram os banheiros (da palavra grega que significa *lugar*); e um termo mais rude, *oiks*, designava os moradores da cidade, conhecida como centro de fabricação e cimento. Embora os Três Erros jamais fossem perdoados, ele fazia o máximo possível para se ajustar à escola. No sexto ano, ganhou a Medalha da Rainha com uma dissertação sobre o ministro do Exterior de Napoleão, o coxo, cínico, amoral e libertino Talleyrand, a quem defendeu com vigor. Tornou-se secretário da sociedade de debates da escola e defendeu com eloquência o *fagging*, abolido não muito depois que ele deixou a escola. Vinha de uma família indiana conservadora, mas não era em nenhum sentido um radical. O racismo, porém, foi uma coisa que ele rapidamente compreendeu. Ao voltar para sua salinha de estudo, mais de uma vez encontrou um trabalho que escrevera picado em pedacinhos, espalhados no assento de sua poltrona vermelha. Certa vez, alguém escreveu em sua parede NEGROS, VOLTEM PARA CASA. Ele rilhou os dentes, engoliu o insulto e fez seu trabalho. Só contou aos pais como era a escola depois de deixá-la (e, quando lhes falou, ficaram horrorizados por ele ter guardado tanta dor para si mesmo). Sua mãe sofria com sua ausência, o pai pagava uma fortuna para mantê-lo lá, e não seria certo queixar-se. Por isso, nas cartas para casa, ele criou suas primeiras ficções, sobre uma idílica vida escolar de sol e críquete. Na verdade, era mau jogador de críquete, e no inverno fazia um frio horrível na Rugby, mais ainda para um jovem dos trópicos, que nunca dormira com cobertores pesados e tinha dificuldade para conciliar o sono debaixo de tanto peso. Mas, se os afastasse, tiritava. Tinha de se acostumar também com esse peso, e se acostumou. À noite, nos dormitórios, depois do apagar das luzes, as camas metálicas começavam a chacoalhar quando os meninos aliviavam seus impulsos adolescentes, e as batidas das camas contra os tubos de calefação, que corriam junto das paredes, enchiam os grandes cômodos escuros com a música noturna do desejo reprimido. Nessa área, como em tudo o mais, ele se esforçava por ser como os outros e participar. Na verdade, ele não era, por natureza, rebelde. Naqueles primeiros tempos, preferia os Rolling Stones aos Beatles e, depois que um de seus colegas mais amistosos, um garoto sério, de rosto angelical, o fez sentar-se e escutar *The freewheelin' Bob Dylan*, ele se tornou um admirador ardoroso de Dylan; mas era, no fundo, um conformista.

Entretanto, praticamente no momento em que pisou na Rugby ele se rebelou. A escola fazia questão de que todos os alunos se inscrevessem na Combined Cadet Force, a CCF, e, nas tardes de quarta-feira, com uniformes militares cáqui, praticassem exercícios militares na lama. Ele não era o tipo de garoto que achava que tal coisa pudesse ser divertida — na verdade, via aquilo como uma espécie de tortura — e na primeira semana de sua carreira escolar procurou seu chefe de disciplina, o dr. George Dazeley, um sujeito amável com traços de cientista louco, com um sorriso resplandecente mas sem alegria, para lhe explicar que não queria participar da CCF. O dr. Dazeley empertigou-se, faiscou e observou, num tom meio gélido, que os alunos não tinham o direito de optar por não participar. De repente, tomado de desusada obstinação, o garoto de Bombaim retesou-se. "Senhor", disse, "a geração de meus pais travou recentemente uma guerra de libertação contra o Império Britânico, e por isso não posso concordar, de modo algum, em fazer parte das forças armadas do império." Essa inesperada explosão de emoção pós-colonial impressionou o dr. Dazeley, que a contragosto cedeu e disse: "Ah, muito bem, nesse caso é melhor você ficar em seu estúdio e estudar". Quando o jovem objetor de consciência saía de sua sala, Dazeley apontou para um quadro na parede. "Esse é o major William Hodson", disse. "Hodson de Hodson's Horse. Foi um rapaz da Bradley." William Hodson tinha sido o oficial inglês de cavalaria que, depois da repressão do Levante Indiano de 1857 (na Rugby, o episódio era chamado de "Motim Indiano"), capturou o último imperador mogol, o poeta Bahadur Xá Zafar, e assassinou seus três filhos, despindo-os, matando-os a tiros, despojando-os de suas joias e atirando seus corpos no chão, junto a um dos portões de Delhi, que a partir de então passou a ser chamado de Khooni Darvaza, a porta de sangue. O fato de esse Hodson ter residido na Bradley House fez com que o jovem rebelde indiano ficasse ainda mais inflado de orgulho por ter se recusado a fazer parte do Exército em que servira o carrasco dos príncipes mogóis. O dr. Dazeley acrescentou, vagamente, e talvez incorretamente, que, segundo acreditava, Hodson fora um dos modelos do personagem Flashman, o valentão da escola no romance *Tom Crown's schooldays*, de Thomas Hughes, ambientado na Rugby. Havia uma estátua de Hughes no gramado diante da biblioteca da escola, mas ali na Bradley House o veterano homenageado era a suposta versão original, na vida real, do mais famoso valentão da literatura inglesa. Isso parecia bem cabível.

As lições que se aprendem na escola nem sempre são aquelas que a escola julga estar ensinando.

Durante os quatro anos seguintes, ele passou as tardes de quarta-feira lendo romances de ficção científica de sobrecapa amarela, que pegava na biblioteca da cidade, comendo sanduíches de salada de ovos e batatas fritas, bebendo Coca-Cola e escutando o programa *Two-Way Family Favorites* no radinho transistor. Tornou-se um especialista na chamada era de ouro da ficção científica, devorando obras-primas como *Eu, robô*, de Isaac Asimov, que expõe as Três Leis da Robótica; *Os três estigmas de Palmer Eldritch*, de Philip K. Dick; a série *Pilgrimage*, de Zenna Henderson; as fantasias desvairadas de L. Sprague de Camp, e, acima de tudo, o inesquecível conto "Os nove trilhões de nomes de Deus", de Arthur C. Clarke, que narra o sereno fim do mundo assim que o objetivo secreto de um grupo de monges budistas, a listagem de todos os nomes de Deus, é alcançado com a ajuda de um supercomputador. (Tal como o pai, ele era fascinado por Deus, mesmo que a religião pouco o atraísse.) Esse mergulho na fantasia, sustentado a sanduíches de lanchonetes, durante quatro anos e meio, pode não ter sido a maior revolução da história, mas, toda vez que ele via os colegas voltarem correndo de seus jogos de guerra, exaustos, enlameados e machucados, passava por sua cabeça que defender seus próprios interesses às vezes podia valer a pena.

Com relação a Deus: a intensa aversão dele pela arquitetura da capela da Rugby extirpou de seu espírito os últimos resíduos de fé. Muitos anos depois, quando por acaso ele passou pela cidade, ficou chocado ao descobrir que o edifício neogótico de Herbert Butterfield era, na verdade, belíssimo. Quando menino, achava-o medonho e concluíra, naquela época de dedicação à ficção científica, que ele lembrava demais um foguete espacial pronto para decolar; e certo dia, quando o fitava pela janela de uma sala do Prédio Novo, durante uma aula de latim, ocorreu-lhe uma questão. "Que tipo de Deus", pensou, "moraria numa casa feia como aquela?" Num instante, a resposta se apresentou: obviamente, nenhum Deus que se prezasse moraria ali — na verdade, era óbvio, Deus *não* existia, nem mesmo um Deus de mau gosto arquitetônico. No fim da aula de latim, ele era um ateu empedernido, e para provar isso caminhou, resoluto, até a cantina da escola, durante o intervalo entre duas aulas, e comprou um sanduíche de presunto. A carne de porco passou por seus lábios naquele dia, e o fato de o Todo-Poderoso não prostrá-lo com um raio provou-lhe o que ele já desconfiava havia muito tempo: que não havia ninguém lá em cima com raios para arremessar.

Num certo período, juntamente com os demais alunos, ele ensaiou o "Coro do Aleluia", no interior da capela, como parte de uma apresentação da íntegra do *Messias* com solistas profissionais. Participava das matinas e das vésperas, pois, tendo estudado na Cathedral School em Bombaim, não tinha argumentos para fugir à obrigação de mastigar orações cristãs. E não podia negar que gostava dos hinos, cuja música fazia voar seu coração. Nem todos os hinos. Por exemplo, ele não precisava *contemplar a excelsa cruz/ em que o príncipe da glória pereceu*; mas um menino solitário não podia deixar de se emocionar ao cantar *Nesta noite escura estou longe dos meus/ Segura-me a mão, Senhor*. Gostava de cantar "Adeste fideles" em latim, língua que, por algum motivo, tirava da letra a ideia de religião: *venite, venite in Bethlehem*. Gostava de "Comigo habita", que foi cantado por toda a torcida, uma multidão de 100 mil vozes, no estádio de Wembley, antes da final da Copa da Inglaterra. E também do hino em que ele pensava como o "hino geográfico" — "Terminou, Senhor, o dia que deste" — e que o enchia de saudade de casa: *O sol que agora se põe desperta/ nossos irmãos no Ocidente* (aqui ele dizia, mentalmente, *Oriente*). A linguagem da descrença era visivelmente mais pobre que a da fé. Mas pelo menos a música dos descrentes estava chegando ao mesmo nível de qualidade das canções dos fiéis, e, à medida que ele avançava na adolescência e a era de ouro do rock lhe enchia os ouvidos com sonoridades cativantes, com *I-can't-get-no*, *hard rain*, *try-to-see-it-my-way* e *da doo ron ron*, até os hinos perderam parte do poder de comovê-lo. Mas ainda havia coisas na capela da Rugby capazes de tocar o coração de um descrente livresco: as homenagens a Matthew Arnold e seus exércitos ignorantes batendo-se à noite, Rupert Brooke morto por causa de uma picada de mosquito durante um combate contra um desses exércitos, jazendo em algum canto de um campo estrangeiro que foi para sempre a Inglaterra; e, acima de tudo, a pedra em memória de Lewis Carroll, com as silhuetas de Tenniel dançando, nas beiradas do mármore preto e branco, uma — "ei-que é?", uma espécie de "ah-sim!"— quadrilha. "Não quero, não posso, não quero, não posso, não posso dançar também." Era seu hino privado a si mesmo.

Antes de deixar a Rugby, ele fez uma coisa terrível. Todos os alunos que estavam terminando o curso tinham autorização de realizar uma "venda de estúdio", que lhes permitia passar adiante, a meninos mais novos e por pequenas quantias, suas mesas, luminárias e outros pertences usados. Ele afixou uma folha de leilão na parte interna da porta de sua salinha de estudo, estipulou lances iniciais módicos para seus objetos e esperou. Quase todos os objetos oferecidos nessas vendas eram bastante usados. Ele, porém, tinha sua poltrona vermelha, que fora nova quando o pai a comprara para ele. Uma poltrona que só tivera um dono era uma raridade de alta qualidade e muito procurada nas vendas de estúdio, e a poltrona vermelha atraiu lances elevados. Por fim, restaram dois licitantes: um de seus "criados", um certo P. A. F. Reed-Herbert, que era chamado de "Weed Herbert" — Herbert Maconha —, um sujeitinho de óculos, franzino, que tinha uma certa adoração por ele, e um garoto mais velho, John Tallon, que, por morar na Bishop's Avenue, onde congregavam-se os milionários na zona norte de Londres, presumivelmente poderia pagar mais pela poltrona.

Quando os lances escassearam — o mais alto foi de Reed-Herbert, em torno de cinco libras —, ocorreu-lhe a tal ideia terrível. Pediu secretamente a John Tallon que desse um lance bastante elevado, coisa de *oito* libras, e prometeu-lhe que não exigiria que ele pagasse essa quantia se a sua acabasse sendo a proposta mais alta. A seguir, na hora do *dics*, disse a Herbert Maconha, solenemente, que soubera que o rival rico dele, Tallon, estava disposto a subir ainda mais seu lance, chegando até, quem sabe, a nada menos que doze libras. Ele viu o rosto de Herbert Maconha sombrear, notou sua expressão de desapontamento, e partiu para o ataque final. "Mas se você me oferecer, digamos, dez pilas agora, eu fecho o leilão e declaro que a cadeira foi vendida." "Isso é um bocado de dinheiro, Rushdie", disse. "Pense no assunto", respondeu Rushdie, magnânimo, "enquanto você faz as orações."

Terminado o *dics*, Herbert Maconha mordeu a isca. O maquiavélico Rushdie sorriu, tranquilizador. "Excelente decisão, Reed-Herbert." Ele havia, a sangue-frio, persuadido o garoto a fazer um lance contra si mesmo, dobrando seu próprio lance vencedor. A poltrona vermelha tinha um novo dono. Vejam o poder da oração.

Isso aconteceu na primavera de 1965. Nove anos e meio depois, durante a campanha para as eleições gerais inglesas de outubro de 1974, ele ligou a televisão e ouviu o final do discurso do candidato da Frente Nacional Britânica, de extrema direita, racista, fascista e raivosamente anti-imigrantes. O nome do candidato aparecia na telinha, embaixo. *Anthony Reed-Herbert.* "Herbert Maconha!", ele gritou, tomado de horror. "Meu Deus, criei um nazista!" Num instante, tudo se tornou evidente. Levado pelas artimanhas despudoradas de um imigrante indiano, ateu e conluiado com a elite, a gastar uma quantia bastante elevada, Herbert Maconha alimentara uma raiva surda ao longo de sua infância rasteira e, depois, na vida adulta, não menos rasteira, para acabar se tornando um político racista, vingando-se assim de todos os estrangeiros, com ou sem poltronas vermelhas caríssimas para vender. (Mas seria aquele o mesmo Herbert Maconha? Era possível que houvesse dois. Não, ele pensou, tinha de ser o pequeno P. A. F., que já não era pequeno.) Na eleição de 1974, Herbert Maconha recebeu 6% dos votos no distrito de Leiscester East, ao todo 2967 votos. Em agosto de 1977, concorreu de novo, na eleição suplementar de Birmingham Ladywood, e ficou em terceiro lugar, na frente do candidato Liberal. Felizmente, essa foi sua última aparição significativa na cena nacional.

Mea culpa, pensou o vendedor da poltrona vermelha. *Mea maxima culpa.* Na verdadeira história de seu curso secundário haveria sempre muita solidão e alguma tristeza. Mas haveria também essa mancha em seu caráter; esse crime sem registro, sem expiação.

Em seu segundo dia em Cambridge, ele foi a uma reunião de calouros no King's College e viu, pela primeira vez, a magnífica cúpula brunellesquiana que era a cabeça de Noel Annan. Lorde Annan, reitor do King's, o grandiloquente homem-catedral a quem pertencia aquela cúpula, estava diante dele, em toda a sua glória gélida e melíflua. "Vocês estão aqui", disse Annan aos calouros reunidos, "por três razões: Intelecto! Intelecto! Intelecto!" Um, dois, três dedos furaram o ar à medida que ele relacionava as três razões. Mais adiante em sua alocução, ele superou até essa tríplice síntese. "A parte mais importante da educação de vocês aqui não se dará nas salas de aula, nas bibliotecas ou nas avaliações", enunciou. "Ela se realizará quando, já tarde da noite, vocês se sentarem uns nos quartos dos outros, fertilizando-se mutuamente."

Ele havia saído de casa no meio de uma guerra, o despropositado conflito entre a Índia e o Paquistão de setembro de 1965. A Caxemira, o eterno pomo de discórdia, havia desencadeado uma guerra de cinco semanas em que morreram quase 7 mil soldados, e no fim da qual a Índia adquiriu mais 1 813 000 quilômetros quadrados de território paquistanês, enquanto o Paquistão se apoderara de 518 mil quilômetros quadrados de terras indianas, e nada, menos que nada, havia sido alcançado. (Em *Os filhos da meia-noite*, as bombas dessa guerra mataram a maior parte da família de Salim.) Durante alguns dias, ele ficou hospedado com parentes distantes em Londres, num quarto sem janela. Era impossível falar com sua família pelo telefone, e telegramas vindos da Índia, disseram-lhe, estavam levando três semanas para chegar. Ele não tinha como saber como iam os pais e as irmãs. Tudo o que pôde fazer foi pegar o trem para Cambridge e torcer pelo melhor. Chegou ao Market Hostel, do King's College, em más condições físicas, agravadas pelo medo de que os anos de universidade que tinha diante de si fossem uma repetição do período infeliz que vivera na Rugby. Suplicara ao pai que não o mandasse para Cambridge, muito embora já houvesse ganhado a vaga. Não queria voltar para a Inglaterra, disse, passar mais anos de sua vida entre todos aqueles peixes mortos e inamistosos. Não podia ficar em casa e cursar a faculdade junto de criaturas de sangue mais quente? Entretanto, Anis, ex-aluno do King's, convenceu-o a ir. E depois disse-lhe que ele precisava mudar sua área de estudos. Não tinha cabimento desperdiçar três anos numa coisa inútil como história. Ele precisava dizer à faculdade que queria mudar para economia. Seguiu-se até uma ameaça: se ele não fizesse isso, Anis não pagaria as mensalidades.

Sobrecarregado por três medos — jovens ingleses inamistosos, a obrigação de estudar economia e a guerra —, ele descobriu, em seu primeiro dia no King's, que não conseguia sair da cama. O corpo pesava mais que de costume, como se a própria gravidade o tentasse reter, e ele fez que não ouviu várias batidas na porta do quarto, decorado num estilo escandinavo moderno. (Naquele ano tinha sido lançado o LP *Rubber Soul*, dos Beatles, e ele passou grande parte dele cantarolando "Norwegian Wood".) Mas, ao anoitecer, uma série de batidas particularmente insistentes o obrigou a sair da cama. Na porta, com um largo sorriso de Eton e a cabeleira loira e ondulada de Rupert Brooke, estava a figura alta e sempre amistosa de "Jan Pilkington-Miksa... Sou meio polonês, sabe", o acolhedor anjo no portal do futuro, que carregou o indiano numa maré de ruidosa jovialidade para sua vida nova.

Jan Pilkington-Miksa, a forma mais platônica de aluno das escolas particulares inglesas, aparentava ser exatamente igual a todas as criaturas que haviam tornado tão desagradável sua vida na Rugby, mas era o mais doce dos rapazes, e parecia ter sido enviado como sinal de que as coisas dessa vez seriam diferentes. E foram mesmo. Cambridge em grande parte curou as feridas que a Rugby havia infligido, e lhe mostrou que havia outras Inglaterras, mais atraentes, em que viver, e nas quais ele poderia sentir-se plenamente à vontade.

Tanto basta com relação ao primeiro medo. Quanto à economia, ele foi resgatado por um segundo anjo salvador, o coordenador pedagógico, dr. John Broadbent, professor de literatura inglesa, tão fantástico que com toda certeza poderia ter sido (embora não fosse) um dos modelos do supercalmo e ultrapermissivo dr. Howard Kirk, protagonista do romance *The history man*, de Malcolm Bradbury. O dr. Broadbent lhe perguntou, quando ele, tristonho, informou que precisava mudar de curso por exigência do pai: "E o que *você* quer fazer?". Bem, ele não queria estudar economia, obviamente; tinha uma pequena bolsa em história e queria estudar história. "Deixe isso por minha conta", disse o dr. Broadbent, e escreveu a Anis Rushdie uma carta amável, mas firme, em que declarava que, no entender da faculdade, seu filho Salman não estava habilitado a estudar economia e que, se ele continuasse a insistir nisso, seria melhor tirá-lo da universidade, a fim de dar lugar a outra pessoa. Anis Rushdie nunca mais tocou no assunto.

O terceiro medo também logo acabou. A guerra no subcontinente chegou ao fim, e todos os seus entes queridos estavam a salvo. Sua vida universitária começou.

Ele fez as coisas de sempre: ganhou amigos, perdeu a virgindade, aprendeu a jogar o misterioso jogo de palitos de fósforo que aparece em *Ano passado em Marienbad*, jogou uma melancólica partida de croqué com E. M. Forster no dia em que Evelyn Waugh morreu, compreendeu aos poucos o significado da palavra "Vietnã", ficou menos conservador e foi eleito para os Footlights, tornou-se uma lampadazinha naquele grupo ofuscante de iluminados — Clive James, Rob Buckman, Germaine Greer — e viu Germaine fazer seu número da Freira Strip-Teaser, despindo o hábito religioso com gestos muito pouco eróticos, para revelar, sob ele, uma roupa completa de homem-rã, no palquinho minúsculo na rua de pedestres Petty Cury, um andar abaixo do escritório da Guarda Vermelha chinesa, onde era vendido o Livrinho Vermelho do presidente Mao. Também cheirou, viu um amigo morrer por causa de ácido vagabundo no quarto defronte ao seu, viu outro sucumbir a uma lesão cerebral induzida pelo uso de drogas, foi apresentado ao Captain Beefhart e ao Velvet Underground por um terceiro amigo que morreu pouco depois de se formar; apreciou minissaias e blusas transparentes; escreveu durante algum tempo para o jornal estudantil *Varsity* até concluir que a folha não precisava de seus serviços; atuou em peças de Brecht, Ionesco e Ben Jonson; e entrou de penetra no Trinity May Ball com o futuro crítico de arte do *The Times*, para ouvir Françoise Hardy cantar o hino da angústia amorosa juvenil, "Tous les garçons et les filles".

Mais tarde, ele falaria com frequência sobre a felicidade de seus anos em Cambridge e concordou consigo mesmo em esquecer as horas de desesperada solidão, quando chorava sozinho no quarto, embora a capela do King's estivesse bem diante de sua janela, fulgurante de beleza (isso foi no último ano, quando ele estava morando no andar térreo na própria faculdade, num quarto com vista, e que vista! — capela, gramado, rio, barcos —, um cartão-postal deslumbrante). Naquele último ano, ele voltara das férias acabrunhado. Isso foi no fim do verão de 1967, o Verão do Amor, quando quem fosse a San Francisco teria de usar flores no cabelo. Ele, infelizmente, ficara em Londres sem ninguém para amar. Por acaso, dera consigo no coração do "agito", na linguagem da época, hospedado num quarto alugado em cima da butique mais pra-frente do pedaço, Granny Takes a Trip, na ponta do World's End da King's Road. Cynthia, a mulher de John Lennon, usava os vestidinhos da butique.

Diziam que *Mick Jagger* os usava. Também ali havia uma educação a receber. Ele aprendeu a se livrar de todas as gírias antigas. Na Granny, dizia-se "*beautiful*" para expressar simples aprovação; quando se queria dizer que uma coisa era bonita, dizia-se "*really nice*". Ele aprendeu a balançar muito a cabeça, com uma expressão de sapiência. Para ser blasé, ajudava o fato de ser indiano. "Índia, cara", as pessoas diziam. "Longe pra burro." "Isso aí!", ele respondia, balançando a cabeça. "O maharishi, cara", diziam. "*Beautiful.*" "Ravi Shankar, cara", ele respondia. Nesse ponto, em geral as pessoas não conheciam mais indianos para mencionar e ficavam só balançando a cabeça, com um ar beatífico. "Certo, certo", diziam. "Certo."

Ele aprendeu uma lição ainda mais profunda com a moça que cuidava da loja, uma presença etérea naquele espaço de elegante penumbra, que recendia a patchuli e onde se ouvia música de sitar, um espaço no qual, depois de algum tempo, ele percebeu um certo fulgor violáceo em que se divisavam certas formas imóveis. Eram, provavelmente, roupas, provavelmente à venda. Não gostava de perguntar. A Granny era assustadora. Mas, um dia, juntou coragem e desceu para se apresentar, *Oi, estou morando aqui em cima, meu nome é Salman*. A moça se aproximou bastante, e com isso ele viu o desdém em seu rosto. Depois, devagar, como mandava o figurino, ela deu de ombros.

"Cara, a conversa acabou", disse.

De um lado para outro na King's Road, desfilavam as moças mais bonitas do mundo, ridiculamente malvestidas, dando risada, acompanhadas de rapazes empavonados, tão ridiculamente bem-vestidos quanto, com paletós longos, camisas com babados, calças de veludo amassadas e botas de pele de cobra falsa, também dando risada. Ele parecia ser a única pessoa que não sabia o que era ser feliz.

Voltou para Cambridge sentindo, na idade madura de vinte anos, que a vida estava passando por ele. (Alguns dos seus colegas também tiveram a depressão do último ano. Mesmo Jan Pilkington-Miksa, invariavelmente animado, estava numa prostração de dar pena. No entanto, por sorte se recuperou e disse que tinha resolvido ser diretor de cinema e pretendia ir para o sul da França assim que se livrasse de Cambridge, "porque", disse rindo, "provavelmente estão precisando de cineastas por lá".) Ele se refugiou no trabalho, como tinha feito na Rugby. *O intelecto do homem é obrigado a escolher/ A perfeição da vida ou do trabalho*, dissera Yeats, e, como a vida perfeita estava evidentemente além de seu alcance, era melhor ele se voltar para o trabalho.

Foi nesse ano que ele tomou conhecimento dos versos satânicos. Na Parte II do exame para obter distinção em história ele devia escolher três "temas especiais" de uma ampla lista e concentrar-se neles. Os que escolheu foram os seguintes: a história da Índia durante o período da luta pela independência contra os britânicos, do levante de 1875 até o Dia da Independência, em agosto de 1947; o extraordinário primeiro século da história dos Estados Unidos, 1776-1877, da Declaração de Independência ao fim do período pós-Guerra de Secessão, chamado em geral de Restauração; e um terceiro tema, proposto pela primeira vez naquele ano, intitulado "Maomé, a ascensão do islã e o califado primitivo". Em 1967, poucos estudantes de história em Cambridge estavam interessados no Profeta do islã — tão poucos, na verdade, que o professor designado para o curso cancelou suas palestras e declinou de orientar os pouquíssimos alunos que haviam escolhido o curso. Era uma forma indireta de dizer que o tema não estava mais disponível e que os estudantes deveriam optar por outro. Todos os demais alunos realmente puseram de lado o trabalho sobre Maomé e se dedicaram a outros assuntos. Ele, porém, sentiu crescer em si a velha teimosia. Se o tema fora proposto, não podia ser cancelado, nem que um único aluno estivesse interessado nele; essa era a regra. Bem, ele estava mesmo interessado. Ele era filho de seu pai, ateu, mas fascinado por deuses e profetas. Era também produto, ao menos em parte, da arraigada cultura muçulmana do sul da Ásia, o herdeiro das riquezas artísticas literárias e arquitetônicas dos mogóis e de seus predecessores. Estava determinado a estudar aquele tema. Só precisava de um historiador disposto a orientá-lo.

Dos três grandes historiadores que eram professores do King's na época, Christopher Morris era o mais publicado e o de maior renome, especializado no pensamento político Tudor, na história eclesiástica e no Iluminismo, enquanto John Saltmarsh era um dos grandes excêntricos da universidade, com uma desgrenhada cabeleira branca, suíças, ceroulas que apareciam abaixo da bainha da calça e sobre os pés metidos em sandálias, conhecedor sem rival da história do King's College e de sua capela, como, de resto, da história da região. Era visto com frequência caminhando pelas trilhas rurais em torno de Cambridge com uma mochila nas costas. Tanto Morris quanto Saltmarsh eram discípulos de sir John Clapham, que fez da história econômica uma área de estudos sérios, e ambos admitiam que o terceiro membro da trindade de história do King's, o medievalista Arthur Hibbert, era o mais brilhante de todos, um gênio que, segundo a lenda da faculdade, em seu próprio exame final de história havia escolhido as questões sobre as quais menos sabia, para que pudesse completar as respostas no tempo dado. Hibbert, estava decidido, era a pessoa mais indicada para orientá-lo com relação ao tema; e sem pestanejar concordou em fazê-lo. "Não sou especialista nesse campo", disse, modestamente, "mas sei alguma coisa a respeito, de modo que, se você me aceitar como seu orientador, eu me disponho a orientá-lo."

A proposta foi aceita com gratidão pelo jovem e teimoso formando que estava na sala do professor, bebericando uma taça de xerez. E com isso deu-se uma estranha situação: o tema especial sobre Maomé, a ascensão do islã e o califado primitivo nunca tinha sido oferecido antes; no ano acadêmico de

1967-8, somente aquele aluno obstinado o escolheu; e no ano seguinte, devido à falta de interesse, deixou de ser oferecido. Para aquele único formando, o curso era a visão do pai concretizada. Estudava a vida do Profeta e o nascimento da religião como eventos dentro da história, de forma analítica, judiciosa, *correta*. O curso parecia criado especialmente para ele.

No começo do trabalho conjunto, Arthur Hibbert deu-lhe um conselho que ele jamais esqueceu. "Nunca se deve escrever história", disse, "antes de ouvir as pessoas falarem." Ele pensou nisso durante anos, e por fim passou a achar que era um princípio importante também para quem escreve ficção. Quem não fazia ideia de como as pessoas falavam não as conhecia direito, e por isso não podia — não *devia* — contar a história delas. O jeito como as pessoas falavam, em frases curtas, lacônicas, ou com um palavreado floreado e fluente, revelava muito sobre elas: seu local de origem, sua classe social, seu temperamento — se calmo ou irascível, cordial ou frio, desbocado ou respeitoso, gentil ou rude; e, sob o temperamento, sua verdadeira natureza — se intelectual ou simplória, franca ou dissimulada e, também, bondosa ou perversa. Se isso fosse tudo quanto ele aprendeu com Arthur, já teria sido suficiente. Mas ele ganhou muito mais do que isso. Aprendeu um mundo. E, naquele mundo, uma religião estava nascendo.

Eram nômades que estavam se tornando sedentários. Suas cidades eram novas. Meca não tinha mais do que algumas gerações. Yathrib, que depois passou a ser chamada Medina, era um grupo de acampamentos em torno de um oásis, sem sequer uma muralha. Ainda não estavam à vontade em sua nova vida urbana, e as mudanças deixavam muitos deles infelizes.

Uma sociedade nômade era conservadora, cheia de regras, valorizava mais o bem-estar coletivo do que a liberdade pessoal, mas era também inclusiva. O mundo nômade era um matriarcado. Sob o amparo de suas famílias ampliadas, até crianças órfãs encontravam proteção, bem como uma sensação de identidade e participação. Tudo isso estava mudando agora. A cidade era patriarcal, e sua unidade familiar preferida era a nuclear. Crescia a multidão dos privados de direitos civis, que se tornavam mais inquietos a cada dia. Meca, porém, prosperava, e os anciãos que a dirigiam gostavam das coisas assim. A herança era agora patrilinear. Também isso agradava às famílias governantes.

Junto às portas da cidade erguiam-se templos a três deusas, al-Lat, al-Manat e al-Uzza. Deusas aladas, como aves excelsas. Ou anjos. Sempre que as caravanas que enriqueciam a cidade passavam por essas portas, de saída ou de volta, paravam num desses templos e faziam uma oferenda. Ou, para usarmos a linguagem moderna, pagavam um tributo. As famílias mais ricas de Meca controlavam os templos, e grande parte de sua riqueza vinha dessas "oferendas". As deusas aladas ocupavam um lugar central na economia da nova cidade, da civilização urbana que estava surgindo.

No edifício chamado Cubo ou Caaba, no centro da cidade, havia ídolos de centenas de deuses. Uma dessas estátuas, de modo algum a mais popular, representava uma divindade chamada al-Lá, ou *o deus*, da mesma forma que al-Lat era *a deusa*. Al-Lá era diferente, pelo fato de não ser especializado — não era um deus da chuva, da riqueza, da guerra ou do amor. Era apenas, vagamente, um deus de tudo. Talvez essa falta de especialização explicasse sua relativa impopularidade. Quem fazia oferendas a deuses em geral tinha razões específicas, como a saúde de uma criança, o futuro de um empreendimento comercial, uma seca, uma briga, um romance. Preferiam deuses que fossem especialistas em seu campo, e deixavam de lado aquela divindade versátil e nada específica. No entanto, al-Lá estava destinado a se tornar mais popular do que qualquer outro deus pagão em todos os tempos.

O homem que tiraria al-Lá da quase obscuridade e se tornaria seu Profeta, transformando-o no igual, ou ao menos no equivalente, do Deus *Eu Sou* do Velho Testamento e do Três-em-Um do Novo Testamento, era Mohamed ibn Abdala, um órfão do empobrecido clã dos Hashim que morava na casa do tio. Já adolescente, começou a acompanhar esse tio, Abu Talib, em suas viagens comerciais à Síria. Durante essas viagens, com certeza encontrou os primeiros cristãos que viu, seguidores da seita nestoriana, e ouviu suas histórias, muitas delas episódios do Velho e do Novo Testamentos adaptados às condições locais. Por exemplo, para os nestorianos, Jesus Cristo nasceu num oásis, debaixo de uma palmeira. Mais tarde, no Corão, o arcanjo Gabriel revelou a Maomé a sura chamada "Maryam", Maria, na qual Jesus nasce num oásis, sob uma palmeira.

Mohamed ibn Abdala cresceu com a reputação de ser um comerciante hábil e honesto, e com 25 anos isso lhe valeu uma proposta de casamento, feita por uma mulher mais velha e mais rica, Cadidja, e durante os quinze anos seguintes foi bem-sucedido nos negócios e feliz no casamento. Entretanto, era claramente um homem que precisava de solidão, e durante muitos anos às vezes passou semanas a fio vivendo como eremita numa caverna do monte Hira. Quando estava com quarenta anos, o arcanjo Gabriel perturbou seu isolamento e ordenou-lhe que recitasse. Como era natural, ele achou que tinha perdido o juízo e fugiu. Só voltou para ouvir o que o anjo tinha a lhe dizer quando a mulher e amigos próximos o convenceram de que poderia valer a pena voltar à montanha, por via das dúvidas. Convinha verificar se Deus estava mesmo tentando fazer contato com ele.

Era fácil admirar o que ocorreu à medida que o mercador se transformava em Mensageiro de Deus; solidarizar-se com ele, que, perseguido, foi obrigado a mudar-se para Medina; acompanhar sua rápida evolução, na comunidade de Yathrib, para legislador respeitado, governante capaz e competente líder militar. Era fácil também ver que o mundo em que o Corão foi revelado e os fatos na vida do Mensageiro influenciaram diretamente a revelação. Quando os muçulmanos morriam em batalha, o arcanjo logo induzia seus irmãos a se casarem com suas viúvas, para que as mulheres enlutadas não se perdessem para a fé, casando-se de novo fora da religião. Quando correu o boato de que sua amada Aisha se conduzira de maneira imprópria, ao se perder no deserto com um certo Safwan ibn Marwan, o Anjo do Senhor apressou-se a descer para dizer que, na opinião de Deus, a senhora virtuosa havia procedido com toda correção. E, de forma mais genérica, era evidente que o espírito do Corão, o sistema de valores por ele endossado, era, essencialmente, o código em vias de desaparecimento dos árabes nômades, da sociedade matriarcal, mais compassiva, que não deixava órfãos desprotegidos; órfãos como o próprio Mohamed, por exemplo, cujo sucesso como mercador, em seu entender, lhe dava o direito de ocupar um lugar no órgão governante da cidade, e a quem fora negada tal distinção porque não tinha uma família poderosa que lutasse em seu favor.

Eis um paradoxo fascinante: uma teologia em essência conservadora, que lançava um olhar carinhoso para uma cultura que estava desaparecendo, torna-se uma ideia revolucionária porque as pessoas que ela mais atraía eram aquelas que tinham sido marginalizadas pela urbanização — os pobres ressentidos e a ralé das ruas. Era por isso, talvez, que a elite de Meca via o islã como tão ameaçador; por isso, talvez, o novo credo foi perseguido com tanta violência;

e por isso uma proposta atraente, com o objetivo de suborná-lo, pode — atenção, *pode* — ter sido feita a seu fundador.

Os dados históricos eram incompletos, mas a maioria das coletâneas mais importantes de *hadith*, ou tradições, sobre a vida do Profeta — as compiladas por Ibn Ishaq, Waqidi, Ibn Sa'd, Bukhari e Tabari — narra um incidente que mais tarde ficaria conhecido como o incidente dos versos satânicos. O Profeta desceu da montanha certo dia e recitou a sura (número 53) chamada *an-Najm*, a Estrela. Continha as seguintes palavras: "Ouvistes falar de al-Lat, de al-Uzza e de al-Manat, a terceira, a outra? Elas são as aves excelsas, e sua intercessão é muito de se desejar". Em data posterior — teriam se passado dias, semanas ou meses? — ele voltou à montanha e desceu desconcertado, dizendo que tinha sido ludibriado em sua visita anterior. O Diabo lhe aparecera, disfarçado de arcanjo, e os versos que ele recebera não eram divinos, mas satânicos, e era preciso expurgá-los do Corão sem demora. Nessa ocasião, o anjo trouxera novos versos, enviados por Deus, para substituir os versos satânicos no grande livro: "Ouvistes falar de al-Lat e al-Uzza. E da outra, a terceira, Manat. Tais [divindades] não são mais do que nomes, com que vossos antepassados as denominaram, e não há nelas verdade alguma. Porventura, teria Deus filhas, enquanto vós tendes filhos? Tal seria uma partilha injusta".

E assim extirpou-se da Recitação a contribuição do Diabo. Mas restavam perguntas: por que Maomé de início aceitou a primeira revelação, a "falsa", como verdadeira? E o que aconteceu em Meca no período entre as duas revelações, a satânica e a angélica?

Uma coisa se sabe: Maomé queria ser aceito pela população de Meca. "Ele ansiava", escreveu Ibn Ishaq, "por uma forma de atraí-los." E, quando as pessoas souberam que ele aceitara as três deusas aladas, a notícia foi recebida com alegria. "Ficaram contentes e muito satisfeitas com a maneira como ele falara sobre seus deuses", escreveu Ibn Ishaq, "e diziam 'Maomé falou sobre nossos deuses de uma maneira esplêndida'." E Bukhari declarou: "O Profeta [...] prostrou-se ao recitar *an-Najm*, e com ele prostraram-se os muçulmanos, os pagãos, os djins e todos os seres humanos".

Por que, então, o Profeta depois retratou-se? Alguns autores ocidentais, como o escocês W. Montgomery Watt, estudioso do islã, e o marxista francês Maxime Rodinson, propuseram uma leitura política do episódio. Os templos das três deusas aladas eram importantes, do ponto de vista econômico, para a elite governante local, da qual Maomé estava excluído, em sua opinião injustamente. Por isso, talvez, a "proposta" a ele oferecida teria sido algo mais ou menos assim: se Maomé, o arcanjo Gabriel ou Alá concordassem que as deusas-aves podiam ser cultuadas pelos seguidores do islã, não como pares de Alá, obviamente, mas como seres secundários, menos importantes, como, por exemplo, os anjos (e, como existiam anjos no islã, que mal poderia haver em acrescentar ao panteão mais três, que já eram populares e lucrativos em Meca?), a perseguição aos muçulmanos cessaria, e seria concedida ao próprio Maomé uma cadeira no conselho governante da cidade. E foi a essa tentação, talvez, que o Profeta sucumbiu por pouco tempo.

E aí, o que aconteceu? Teriam os aristocratas da cidade descumprido a promessa, avaliando que, ao flertar com o politeísmo, Maomé se desprestigiara aos olhos de seus seguidores? Porventura os seguidores haviam se recusado a aceitar a revelação sobre as deusas? Teria o próprio Maomé lamentado comprometer suas ideias ao ceder ao canto de sereia da ascensão social? Não havia como afirmar coisa alguma com segurança. A imaginação teria de preencher as lacunas nos dados. No entanto, o próprio Corão falava de como todos os profetas tinham sido postos à prova no tocante à tentação. "Nunca vos mandamos um só profeta ou apóstolo em cujos desejos Satanás não procurasse intrometer-se", diz a sura 22. E, se o incidente dos versos satânicos foi a Tentação de Maomé, cumpria dizer que ele saiu-se muito bem. Ele tanto confessou ter sido tentado como repudiou aquela tentação. Assim o cita Tabari: "Forjei coisas contra Deus e imputei-Lhe palavras que Ele não pronunciou". Depois disso, o monoteísmo do islã, tendo sido posto à prova, permaneceu inflexível e forte, a despeito de perseguições, exílios e guerras, e antes que se passasse muito tempo o Profeta suplantou seus inimigos e a nova fé se espalhou como um incêndio por todo o mundo.

"Porventura teria Deus filhas, enquanto vós tendes filhos? Isto seria uma partilha injusta."

Os versos "reais", angélicos ou divinos, eram claros: era a feminilidade das deusas aladas — as "aves excelsas" — que as tornava inferiores, fraudulentas, e isso comprovava que não podiam ser filhas de Deus, como os anjos. Às vezes o nascimento de uma grande ideia revelava coisas a respeito de seu futuro; a forma como o novo entra no mundo vaticinava como ele se comportaria ao ficar velho. À época do surgimento dessa grande ideia, a feminilidade era tida como obstáculo à glorificação.

Boa história, ele pensou ao ler sobre ela. Já então sonhava tornar-se escritor, e arquivou a boa história no fundo do cérebro para posterior consideração. Vinte anos depois, descobriria o quanto a história era boa.

JE SUIS MARXISTE, TENDANCE GROUCHO, dizia o grafite em Paris, naquela primavera revolucionária. Semanas depois dos *évènements* parisienses de maio de 1968, e poucas noites antes de sua formatura, algum engraçadinho anônimo, quem sabe um marxista da linha grouchista, decidiu redecorar, em sua ausência, seu quarto burguês e elitista na faculdade, despejando um balde de molho e cebolas nas paredes e nos móveis, para não falar do toca-discos e das roupas. Com aquela antiga tradição de justiça e integridade de que as instituições de Cambridge se orgulhavam, o King's College num átimo considerou-o o único responsável pela bagunça, ignorou todos os seus protestos em contrário e informou-lhe que, a menos que ele pagasse pelos danos, não poderia se formar. Essa foi a primeira, mas infelizmente não a última, ocasião em que ele se veria falsamente acusado de espalhar sujeira.

Ele pagou e, levado pelo espírito desafiador, foi à cerimônia com sapatos marrons. Num abrir e fechar de olhos, foi tirado do cortejo dos formandos, todos usando corretamente sapatos pretos, sendo-lhe ordenado que os trocasse. Por uma razão misteriosa, considerava-se que pessoas com sapatos marrons estavam vestidas de maneira imprópria, e essa era outra regra contra a qual não havia apelação cabível. Mais uma vez ele cedeu, correu para trocar os sapatos, chegou de volta ao cortejo no momento exato, e, por fim, quando chegou sua vez, teve de segurar a mão de um funcionário da universidade pelo dedo mínimo e segui-lo devagar até onde estava o vice-reitor, numa espécie de trono. Ajoelhou-se aos pés do ancião e estendeu as mãos num gesto súplice, e pediu em latim o diploma, pelo qual, não pôde deixar de pensar, trabalhara intensamente durante três anos, mantido por sua família a um custo substancial. Havia sido aconselhado a erguer as mãos bem alto sobre a cabeça, para evitar que o idoso vice-reitor, debruçando-se muito para a frente, não caísse de sua majestosa cadeira em cima dele.

Rememorando esses incidentes, ele sempre se espantava com a lembrança de sua passividade, embora fosse difícil imaginar o que poderia ter feito. Ele poderia ter se negado a pagar pelos danos do molho a seu quarto, poderia ter se recusado a trocar de sapatos, poderia ter se recusado a se ajoelhar e implorar que lhe dessem o diploma. Preferira capitular e pedir o canudo. A lembrança daquela capitulação o tornava mais obstinado, menos disposto a fazer concessões, a contemporizar com a injustiça, não importando quão persuasivas fossem as razões. Depois daquilo, toda injustiça sempre evocava a lembrança do molho. A injustiça era um líquido marrom, grumoso, coagulante, e tinha um cheiro forte de cebola. Injustiça era a sensação de correr de volta ao quarto o mais depressa possível, no último minuto, para trocar os sapatos marrons proibidos. Era ter de suplicar, de joelhos, numa língua morta, por aquilo que lhe pertencia de direito.

Muitos anos depois, ele contou essa história numa cerimônia de formatura no Bard College. "Esta é a mensagem que extraí das parábolas do Bombardeador Desconhecido de Molho, dos Sapatos Vetados e do Vice-Reitor Instável em Seu Trono, e que transmito a vocês hoje", disse à turma de formandos de 1996 numa tarde de sol em Annandale-on-Hudson, Nova York. "Primeiro, se, ao longo da vida, algum dia vocês forem acusados do que se poderia chamar de Ofensa Grave de Molho — e vocês serão, vocês serão —, e na verdade forem inocentes do delito do molho, não aceitem a punição. Segundo: se pessoas rejeitarem vocês por estarem usando os sapatos errados, não vale a pena serem aceitos por elas. E terceiro: não se ajoelhem diante de homem algum. Exijam seus direitos." Os formandos da turma de 1996 correram para pegar seus diplomas, alguns descalços, outros com flores no cabelo, exultantes, dando socos no ar, dançando, desinibidos. *Esse é o espírito*, ele pensou. Aquela festa era exatamente o oposto do formalismo de Cambridge — e, por isso mesmo, muito melhor.

Seus pais não foram à sua formatura. O pai disse que não podiam pagar as passagens de avião. Não era verdade.

Havia, entre seus contemporâneos, romancistas cuja carreira decolou nem bem saíram do ovo, por assim dizer, e eles dispararam céu afora como aves excelsas — Martin Amis, Ian McEwan. Suas próprias esperanças, porém, não se realizaram de imediato. Ele morou durante algum tempo num sótão na Acfold Road, paralela à Wandsworth Bridge Road, numa casa que dividia com a irmã Sameen e três amigos de Cambridge. Levantava a escada e fechava o alçapão, e com isso ficava sozinho num mundo triangular de madeira, fazendo de conta que escrevia. Não tinha ideia do que estava fazendo. Durante muito tempo, nenhum livro ganhou forma. Nesses primeiros tempos, sua desorientação — que, como ele percebeu depois, era uma desorientação em seu eu profundo, uma perplexidade em relação a quem e o que ele se tornara depois de ter sido tirado de Bombaim — teve um efeito pernicioso em sua personalidade. Mostrava-se com frequência ríspido, provocava discussões acaloradas sobre questões sem importância. Uma garra feita de tensão o imobilizava, e ele tinha de se esforçar para esconder o medo. Tudo o que tentava fazer saía mal. Para fugir à inanidade do sótão, passou a integrar grupos de teatro periféricos — "Sidewalk", "Zatch" — na Oval House, em Kennington. Meteu-se num vestido negro longo, pôs uma peruca loira, mantendo o bigode, para fazer um consultor sentimental numa peça de outro formando de Cambridge, Dusty Hughes. Fez parte do elenco de uma remontagem britânica de *Viet Rock*, o espetáculo de agitprop anti-Vietnã criado em Nova York pelo grupo La MaMa. Essas atuações nada tinham de inspiradoras e, para piorar as coisas, ele se achava sem dinheiro. Um ano depois de formar-se em Cambridge, estava recebendo auxílio-desemprego. "Que vou dizer aos amigos?" Anis Rushdie tinha chorado quando ele anunciou suas pretensões literárias, e, esperando na fila do benefício da previdência, o filho de Anis começou a entender o pai. Na casa da Acfold Road reinava muito sofrimento jovem. Sameen teve um namoro que não deu em nada com um dos amigos dele da faculdade, Stephen Brandon, e, quando terminaram, ela deixou a casa e voltou para Bombaim. Uma moça chamada Fiona Arden veio ocupar seu lugar, e uma noite ele a encontrou ao pé da escada, meio inconsciente depois de engolir um vidro de soníferos. Ela agarrou seu punho e não o soltou mais, e ele a acompanhou na ambulância até o hospital, onde esvaziaram seu estômago e salvaram-lhe a vida. Depois disso, ele se mudou do sótão e passou uns tempos de vaga em vaga, por Chelsea e Earls Court. Quarenta anos depois, soube de Fiona de novo. Agora era baronesa, fazia parte da Câmara dos Lordes e havia conquistado enorme destaque no mundo dos negócios. A juventude com frequência era sofrida, o esforço para se afirmar no mundo despedaçava os jovens, mas às vezes, depois da luta, vinham dias melhores.

Não muito tempo depois que ele saiu da Acfold Road, um rapaz inglês desequilibrado pôs fogo na casa.

Dusty Hughes arranjou um emprego de redator de publicidade na agência J. Walter Thompson, em Berkeley Square. De repente, tinha um salário decente e fazia comerciais de xampu com lindas modelos loiras. "Você devia fazer isso", disse-lhe Dusty. "É fácil." Ele fez o "teste de redação" da J. Walter Thompson no escritório da agência, em condições de exame final. Escreveu um anúncio para os chocolates After Eight, um jingle para promover o uso de cintos de segurança com a música "No particular place to go", de Chuck Berry, e tentou, como lhe foi solicitado, explicar a um visitante de Marte, em menos de cem palavras, o que era pão e como fazer uma torrada; e não foi aprovado. Na opinião do poderoso JWT, ele não tinha a aptidão necessária para ser redator de publicidade. Por fim, arranjou emprego numa agência menor, menos famosa, chamada Sharp MacManus, na Albemarle Street, e sua vida de trabalho começou. No primeiro dia, pediram-lhe que escrevesse um anúncio de charutos embalados como brindes de Natal para uma revista de cupons de desconto. Deu-lhe um branco. Por fim, o amável "diretor de criação" da agência, Oliver Knox, que mais tarde se tornaria um elogiado romancista, debruçou-se sobre seu ombro e murmurou: "Cinco ideias geniais da *Players* para ajudar o Natal a abafar". *Ah*, pensou, sentindo-se tolo, *então é assim*.

Ele dividia sua sala na Sharps com uma beldade morena, Fay Coventry, que estava saindo com Tom Maschler, dono da editora Jonathan Cape. Todas as segundas-feiras, ela lhe contava histórias sobre seus fins de semana com amigos divertidos, "Arnold" (Wesker), "Harold" (Pinter) e "John" (Fowles). Como eram deliciosas essas histórias, como eles se divertiam! Inveja, ressentimento, saudade e desespero se amontoavam, aos trambolhões, no coração do jovem redator. Ali estava ele, com o mundo da literatura tão próximo, tão horrivelmente distante. Quando Fay deixou a agência para se casar com Maschler e, mais tarde, tornar-se uma respeitada crítica de restaurantes, ele se sentiu quase aliviado pelo fato de o mundo literário, do qual ela lhe dera vislumbres tão fascinantes, ter se distanciado de novo.

Ele havia se formado na universidade em junho de 1968. *Os filhos da meia-noite* foi publicado em abril de 1981. Ele levou quase treze anos só para começar. Durante esse período, escreveu montanhas inacreditáveis de lixo. Houve um romance, *The book of the peer* [O livro do *pir*], que poderia ter sido bom se ele tivesse sabido escrevê-lo. Era a história de um homem santo, um *pir*, num país como o Paquistão, que era usado por três outros homens — um líder militar, um líder político e um capitalista — para encabeçar um golpe, depois do qual, acreditavam, ele seria o governante protocolar, enquanto eles exerciam o poder. Entretanto, ele se mostrava muito mais competente e cruel do que seus patrocinadores, e estes percebiam que tinham criado um monstro que não eram capazes de controlar. Isso foi muitos anos antes que o aiatolá Khomeini devorasse a revolução da qual ele deveria ser uma autoridade fantoche. Se o romance tivesse sido escrito de forma simples, como um livro de suspense político, poderia ter dado certo. Em vez disso, a história era narrada em vários "fluxos de consciência" de diferentes personagens, e ficou meio incompreensível. Ninguém gostou do resultado. Não chegou nem perto de publicação. Foi um natimorto.

Coisas piores estavam por vir. A BBC anunciou um concurso para revelar um novo autor de teleteatro, e ele se inscreveu com uma peça em que dois criminosos, crucificados com Cristo, conversam entre si antes que o grande homem chegasse ao Gólgota, à maneira de Didi e Gogo, os vagabundos de Beckett. A peça intitulava-se, naturalmente, "Crosstalk" [Conversa cruzada]. Era boba demais. Não venceu o concurso. Depois disso, veio outro texto com extensão de romance, "O antagonista", que ele nunca mostrou a ninguém. O trabalho na publicidade o mantinha. Não se atrevia a dizer que era romancista. Era um redator de publicidade que, como todos os demais, sonhava ser, um dia, um escritor "de verdade". Sabia, porém, que isso ainda estava distante da realidade.

Era curioso que uma pessoa tão ateia insistisse em escrever sobre fé. Ele se tornara um descrente, mas o tema continuava a lhe espicaçar a imaginação. As estruturas e as metáforas da religião (do hinduísmo e do cristianismo, tanto quanto do islã) moldavam sua mente irreligiosa, e as preocupações dessas religiões com as grandes interrogações da existência — De onde viemos? E, já que estamos aqui, como devemos viver? — eram também as dele, ainda que chegasse a conclusões que não requeriam a aprovação de um árbitro divino ou a sanção e a interpretação de um clérigo terreno. O primeiro romance de sua carreira, *Grimus*, foi publicado por Liz Calder na Victor Gollancz, antes que ele passasse para a Cape. Baseava-se na *Mantiq ut-Tair*, ou *A conferência dos pássaros*, um místico poema narrativo do John Bunyan do islã no século XII, o muçulmano sufista Farid ud-din Attar, que nasceu em Nishapur, no atual Irã, quatro dias depois da morte do filho mais famoso daquele lugar, Omar Khayyam. No poema — uma espécie de *O peregrino* do islã —, uma poupa conduz trinta aves numa jornada através de sete vales de labutas e revelações, rumo à montanha circular de Qâf, morada de seu deus, Simurg. Chegando ao cume da montanha, não encontram ali nenhum deus, e lhes explicam que o nome *Simurg*, decomposto em suas sílabas, *si* e *murg*, significa "trinta aves". Tendo superado as dificuldades da busca, elas se tornam o deus que procuram.

"Grimus" era um anagrama de "Simurg". Em sua recriação do conto de Attar na linha da fantasia científica, um índio americano, Águia Adejante, um nome sabidamente pobre, procura a misteriosa ilha do Bezerro. O romance foi recebido, de modo geral, com notas indiferentes na imprensa, algumas quase desdenhosas, e essa acolhida o abalou profundamente. Lutando contra o desespero, ele escreveu rapidamente um breve texto satírico, uma novela, no qual a carreira da primeira-ministra da Índia, a sra. Indira Gandhi, era transposta para o mundo da indústria cinematográfica de Bombaim. (A sátira de Philip Roth sobre Richard M. Nixon, *Our gang*, foi um modelo distante.) A vulgaridade do livro — em certo momento, nasce na protagonista, uma estrela de cinema poderosa, o pênis do pai já falecido — fez com que ele fosse rejeitado tão depressa quanto fora escrito. Isso foi o fundo do poço.

O sexto vale pelo qual as trinta aves passavam no poema de Attar era o local da perplexidade, no qual elas se davam conta de que não sabiam nem entendiam nada, e mergulhavam na desesperança e na aflição. O sétimo era o vale da morte. O jovem redator de publicidade e romancista *manqué* sentia-se, em meados da década de 1970, como a 31ª ave sem esperança.

Apesar de sua fama como grande inimiga dos talentos, a publicidade em si, de modo geral, foi boa para ele. Ele agora estava trabalhando numa agência maior, a Ogilvy & Mather, cujo fundador, David Ogilvy, era o autor do famoso conselho aos redatores: "A consumidora não é uma imbecil; ela é a sua mulher". Houve alguns tropeços, como a ocasião em que uma empresa aérea americana se recusou a permitir que ele incluísse aeromoças negras em seus anúncios, embora as moças em questão fossem funcionárias da empresa. "O que diria o sindicato, se soubesse?", ele perguntou, e o Cliente Empresa Aérea respondeu: "Bem, não vamos dizer a eles, você vai?". E houve a vez em que ele se recusou a trabalhar num anúncio da Carne Bovina Enlatada Campbell's, porque era fabricada na África do Sul, e o Partido do Congresso Nacional Africano apelara por um boicote a tais produtos. Ele poderia ter sido demitido, mas o Cliente da Carne Enlatada não insistiu e nada aconteceu. No mundo da publicidade na década de 1970, os dissidentes e excêntricos nunca eram demitidos. Só recebiam bilhete azul os trabalhadores dedicados que faziam o possível e o impossível para não perder o emprego. Se você agisse como se não ligasse a mínima, chegasse tarde e fizesse horários de almoço longos, com muito álcool, recebia promoções e aumentos de salário, e os deuses sorriam para sua excentricidade criativa, pelo menos enquanto, de modo geral, você cumprisse suas tarefas.

E durante a maior parte do tempo ele trabalhou com pessoas que gostavam dele e o apoiavam, pessoas talentosas, muitas das quais usavam a publicidade tal como ele, como um trampolim para coisas melhores, como fonte de dinheiro fácil. Fez um comercial para a Fita Mágica Scotch, estrelado por John Cleese, que demonstrava os méritos de uma fita adesiva que desaparecia ao contato ("E aqui você a vê, sem ser vista; ao contrário desta fita comum, que, como você vê, você vê"), e outro para a tintura de cabelos grisalhos Loving Care, da Clairol, que foi dirigido por Nicolas Roeg, o famoso diretor de *Performance* e *Don't look now*. Durante quase seis meses, por ocasião das semanas de três dias na Grã-Bretanha em 1974, devido à greve dos mineiros de carvão, quando havia cortes de luz diários e muito caos nos estúdios de gravação e dublagem da Wardour Street, ele fez três comerciais por semana para o *Daily Mirror*, e, apesar dos muitos problemas, absolutamente todos foram ao ar a tempo. Depois disso, a produção de filmes não o assustou mais. A publicidade também o pôs em contato com os Estados Unidos, enviando-o numa viagem de um lado a outro do país, para que ele pudesse fazer textos de anúncios para o Serviço de Turismo dos Estados Unidos, com fotos do lendário Elliot Erwitt. De cabelo comprido e bigode, ele chegou ao aeroporto de San Francisco, onde um enorme cartaz dizia: MAIS ALGUNS MINUTOS NA ALFÂNDEGA SÃO UM PREÇO BAIXO PARA PROTEGER SEUS FILHOS DA AMEAÇA DAS DROGAS. Um americano com jeitão de operário braçal estava lendo o cartaz, aprovando-o. A seguir, com uma mudança de opinião radical e sem nenhuma consciência visível das contradições internas de sua posição, virou-se para o visitante de cabelo comprido e bigodudo — que, cumpre admitir, tinha um ar suspeito, como se pretendesse ir diretamente para Haight-Ashbury, a capital mundial da "contracultura" do sexo, das drogas e do rock'n'roll — e disse: "Meu chapa, estou com pena de você, porque, mesmo que você esteja limpo, eles vão achar alguma coisa". Entretanto, nenhuma droga foi plantada em sua mala, e o jovem redator de publicidade teve permissão de ingressar no reino mágico. E, quando enfim chegou a Nova York, foi incentivado, em sua primeira noite na cidade, a vestir aquele uniforme estranhíssimo, terno e gravata, para ser levado por amigos ao bar do Windows on the World, no último andar do World Trade Center. Essa foi sua primeira e inesquecível imagem da cidade: aqueles edifícios gigantescos que pareciam dizer *Estamos aqui para sempre.*

Ele próprio se sentia dolorosamente temporário. Sua vida doméstica com Clarissa era feliz, e isso acalmava um pouco a tempestade dentro dele, enquanto outro jovem talvez se sentisse feliz por estar indo bem no trabalho. No entanto, os problemas de sua vida interior, seus repetidos fracassos de ser, ou de se tornar, um escritor decente, publicável, de ficção, dominavam seus pensamentos. Resolveu pôr de lado as muitas críticas que outras pessoas tinham feito a seu trabalho e fazer sua própria crítica. Ele já estava começando a entender que o que havia de errado em sua literatura era que havia nele próprio alguma coisa de errado, alguma coisa incompreendida. Se não tinha se tornado o escritor que julgava poder ser, era porque não sabia quem ele era. E aos poucos, a partir de seu ignominioso lugar no fundo do barril literário, ele começou a compreender quem poderia ser essa pessoa.

Ele era um migrante. Uma das pessoas que tinham acabado num lugar diferente daquele em que tinham começado. A migração destruía todas as raízes tradicionais do ego. O ego com raízes florescia num lugar que conhecia bem, entre pessoas que também o conheciam bem, seguindo costumes e tradições com as quais ele e sua comunidade estavam familiarizadas, e falando sua própria língua entre outras pessoas que faziam o mesmo. Dessas quatro raízes — lugar, comunidade, cultura e língua —, ele havia perdido três. Sua amada Bombaim não lhe era mais acessível; na velhice, os pais tinham vendido a casa de sua infância, sem explicação, e partido misteriosamente para Karachi, no Paquistão. Eles não gostavam de morar em Karachi, e por que haveriam de gostar? Karachi estava para Bombaim como Duluth para Nova York. As razões da mudança também não pareciam reais. Como muçulmanos, diziam, sentiam-se cada vez mais estrangeiros na Índia. Queriam, segundo eles, achar bons maridos muçulmanos para as filhas. Isso era surpreendente. Depois de toda uma vida de feliz irreligiosidade, lançavam mão de explicações religiosas. Ele não acreditou, nem por um instante, no que os pais diziam. Estava convencido de que devia haver problemas de negócios, ou de impostos, ou outros problemas do mundo real que os tinham levado a vender a casa de que tanto gostavam e abandonar a cidade que amavam. Alguma coisa estava errada. Havia um segredo que não lhe estavam contando. Às vezes ele dizia isso aos pais, que nada respondiam. Ele nunca solucionou o mistério. O pai e a mãe morreram sem admitir a existência de uma explicação secreta. Entretanto, não eram mais religiosos em Karachi do que tinham sido em Bombaim, de modo que a desculpa muçulmana continuava a parecer insatisfatória e errada.

Era perturbador não entender a razão pela qual a forma da vida mudara. Ele muitas vezes se sentia ininteligível, até absurdo. Era um garoto de Bombaim que tinha feito sua vida em Londres, entre os ingleses, mas muitas vezes se sentia amaldiçoado por uma dupla sensação de estar fora do lugar. A raiz da língua, pelo menos, subsistia, mas ele começou a perceber com que profundidade lamentava a perda das outras raízes e como se sentia confuso com relação ao que tinha se tornado. Na era da migração, os milhões de migrantes do mundo enfrentavam problemas colossais: problemas de habitação, de fome, de desemprego, de doença, de perseguição, de alienação, de medo. Ele era um dos que tinham sorte, mas restava um grande problema: o da autenticidade. O migrante se tornava, como era inevitável, heterogêneo em vez de homogêneo, pertencente a mais de um lugar, múltiplo em vez de singular, respondendo a mais de uma forma de ser, mais do que medianamente misturado. Seria possível ser — e ser de modo *competente* — não sem raízes, mas de raízes múltiplas? As diferentes raízes teriam de ter forças equivalentes, ou quase isso, e ele temia que seu vínculo com a Índia tivesse enfraquecido. Ele precisava recuperar a identidade indiana que havia perdido ou achava que corria perigo de perder. O ego era, ao mesmo tempo, sua origem e sua jornada.

Para conhecer o sentido de sua jornada, ele tinha de começar de novo pelo começo e aprender à medida que avançasse.

Foi nesse ponto de suas reflexões que ele se lembrou de "Salim Sinai". Esse proto-Salim da zona oeste de Londres fora um personagem secundário no original abandonado de "O antagonista", criado deliberadamente como um alter ego. "Salim", em memória de seu colega de turma Salim Merchant em Bombaim (e por causa da semelhança com "Salman"), e "Sinai" em homenagem ao sábio muçulmano do século XI Ibn Sina ("Avicena"), da mesma forma como "Rushdie" derivara de Ibn Rushd. O Salim de "O antagonista" era um sujeito sem nenhum interesse e merecia sumir por Ladbroke Grove rumo ao esquecimento, mas tinha uma característica que, de repente, parecia valiosa: nascera à meia-noite, de 14 para 15 de agosto de 1947, o momento de "liberdade à meia-noite" em que a Índia se tornou independente do domínio britânico. Talvez esse Salim, o Salim de Bombaim, o Salim da meia-noite, merecesse seu próprio livro.

Ele próprio nascera quando faltavam oito semanas para o fim do império. Lembrava-se da brincadeira do pai: "Salman nasceu e, oito semanas depois, os britânicos puseram sebo nas canelas". O feito de Salim seria mais expressivo ainda. Os britânicos fugiriam no momento exato de seu nascimento.

Ele tinha nascido na clínica do dr. Shirodkar — o célebre ginecologista V. N. Shirodkar, criador do famoso "ponto Shirodkar", ou cirurgia de cerclagem cervical — e agora, em suas páginas, traria o médico de volta à vida com um novo nome. A propriedade Westfield — que dava para a Warden Road, agora chamada Bhulabhai Desai Road, com suas mansões batizadas com nomes de palácios reais ingleses (Villa Glamis, Villa Sandringham, Balmoral) adquiridas a ingleses de partida — renasceria como a propriedade Methwold, enquanto sua própria casa, a Villa Windsor, se tornaria a "Villa Buckingham". A Cathedral School, fundada "sob os auspícios da Anglo-Scottish Education Society", conservaria seu nome, e os pequenos e grandes incidentes da infância — a perda da ponta de um dedo numa porta, a morte de um colega de classe durante a aula, Tony Brent cantando "The clouds will soon roll by", as "jam sessions" de domingo de manhã em Colaba, o caso Nanavati, uma *cause célèbre* em que um alto oficial da Marinha matou o amante da mulher e também a baleou, mas não fatalmente — também estariam ali, transmudados em ficção.

As portas da memória se abriram e o passado voltou em ondas. Ele tinha um livro que escrever.

Por um momento, teve a impressão de que esse livro poderia ser um simples romance sobre a infância, mas as implicações do nascimento de seu protagonista logo se tornaram claras. Se o reimaginado Salim Sinai e o país recém-nascido eram gêmeos, o livro teria de contar a história de ambos. A história irrompeu em suas páginas, imensa e íntima, criativa e destrutiva, e ele entendeu que também essa dimensão estivera ausente de seu trabalho. Ele era historiador por formação, e a grande função da história, que era mostrar como as pessoas, as comunidades, as nações e as classes sociais eram moldadas por forças gigantescas, embora mantivessem, às vezes, o poder de mudar a direção dessas forças, tinha de ser também a função de sua ficção. Começou a se sentir muito empolgado. Havia descoberto uma interseção entre o privado e o público, e construiria seu livro nessa encruzilhada. O político e o pessoal não podiam mais ficar separados. Esse não era mais o tempo de Jane Austen, que pôde escrever toda a sua obra durante as guerras napoleônicas sem mencioná-las, e para quem o principal papel dos oficiais do Exército britânico consistia em usar uniformes e exibir-se em festas. Além disso, ele não podia escrever seu livro num frio inglês forsteriano. A Índia não era fria. Era *quente*. Era quente, superpovoada, vulgar e barulhenta, e precisava de uma linguagem que correspondesse a isso, e ele tentaria achar essa linguagem.

Compreendeu que estava assumindo um projeto descomunal, e que o risco de fracasso era bem maior do que a possibilidade de êxito. Deu consigo pensando que isso era bom. Se iria fazer uma última tentativa de realizar seu sonho, não queria que fosse com um livrinho seguro, conservador, mediano. Faria a obra mais desafiadora, do ponto de vista artístico, que pudesse imaginar, e essa era a obra, esse romance sem título, "Sinai", não, título péssimo, levaria as pessoas a acharem que tratava do conflito no Oriente Médio ou sobre os Dez Mandamentos, "O filho da meia-noite", mas teria de ser mais do que um — não é? —, quantas crianças nasceriam naquela meia-noite, centenas, talvez mil, ou — isso! —, por que não, mil e uma, portanto, "Children of midnight"? Não, título fraco, lembrando pedófilos reunidos num Sabá Negro, mas... *Midnight's children*? Ótimo!

O adiantamento para *Grimus* tinha sido a quantia nababesca de 750 libras, e houvera duas vendas para tradução, na França e em Israel, e, como isso queria dizer mais ou menos 825 libras no banco, ele respirou fundo e propôs a Clarissa abrir mão de seu bom emprego na Ogilvy para irem juntos à Índia e ficarem por lá o tempo que o dinheiro durasse, viajando da maneira mais barata possível, para mergulhar na inesgotável realidade indiana, para que ele pudesse beber a fartar daquela cornucópia de abundância e depois voltar para casa e escrever. "Sim", ela concordou de imediato. Ele a amava por seu espírito aventureiro, o mesmo espírito que a fizera afastar-se do sr. Leworthy, de Westerham, Kent, aprovado por sua mãe, e cair nos braços dele. Sim, eles mergulhariam de cabeça. Ela o apoiara até então, e não deixaria de apoiá-lo agora. Partiram para uma odisseia indiana, hospedando-se em pensões baratas, fazendo viagens de ônibus de 24 horas, com frangos vomitando em seus pés, discutindo com moradores da cidadezinha de Khajuraho, que achavam que o famoso conjunto de templos, com suas esculturas tântricas, era obsceno e só para turistas, redescobrindo Bombaim e Delhi, hospedando-se com velhos amigos da família e com pelo menos um tio incrivelmente hostil, que se casara de novo, com uma australiana, mais hostil ainda, que se convertera ao islã e não escondia que queria vê-los pelas costas, e depois, muito anos depois, mandou-lhe uma carta pedindo dinheiro. Ele descobriu o albergue das viúvas em Benares, e, em Amritsar, visitou Jallianwala Bagh, cenário do infame "massacre" do general Dyer em 1919; e voltou, saturado de Índia, para escrever seu livro.

Cinco anos depois, ele e Clarissa tinham se casado, o filho deles, Zafar, havia nascido, o romance estava pronto e encontrara quem o publicasse. Uma indiana levantou-se numa sessão de leitura e disse: "Obrigada, senhor Rushdie, por ter contado a minha história", e ele sentiu um nó na garganta. Outra indiana, em outra leitura, disse: "Senhor Rushdie, li seu romance, *Os filhos da meia-noite*. É muito longo, mas, mesmo assim, eu o li até o fim. E minha pergunta ao senhor é a seguinte: fundamentalmente, o que o senhor quis dizer?". Um jornalista de Goa lhe disse: "O senhor deu sorte, acabou seu livro primeiro", e mostrou-lhe um capítulo datilografado de um romance que ele próprio estava escrevendo, sobre um menino nascido em Goa naquela mesma meia-noite. O *The New York Times Book Review* disse que o romance "lembrava um continente que encontrasse sua voz", e muitas das vozes literárias do sul da Ásia, falando na miríade de línguas do subcontinente, responderam com um retumbante "Ah, é?". E aconteceram muitas coisas com as quais ele não ousara sequer sonhar, prêmios, sucesso de público e, de modo gral, popularidade. A Índia afeiçoou-se ao livro, reivindicando o autor como um de seus cidadãos, da mesma forma como ele havia esperado recuperar o país, e isso foi um prêmio maior do que qualquer outro concedido por instituições. Ele havia encontrado, no fundo do poço, a porta que, com palavras mágicas, levava ao ar fulgente nas alturas. Depois da *fatwa* de Khomeini, ele voltaria ao fundo do poço e, mais uma vez, encontraria ali forças para continuar e para ser, mais plenamente, ele próprio.

Depois da viagem à Índia, ele voltara à publicidade em tempo parcial, convencendo, primeiro, a Ogilvy, e, depois, outra agência, a Ayer Barker Hegemann, a contratá-lo por dois ou três dias por semana, deixando-o quatro ou cinco dias livre para escrever o livro que veio a ser *Os filhos da meia-noite*. Depois que o livro foi publicado, ele decidiu que havia chegado a hora de largar aquele trabalho de uma vez por todas, por mais lucrativo que fosse. Tinha um filho pequeno, e o dinheiro seria curto, mas era isso o que ele precisava fazer. Pediu a Clarissa sua opinião. "Vamos ter de nos preparar para ser pobres", disse a ela. "Vamos", ela respondeu, sem hesitar. "É claro que é isso que você tem de fazer." O sucesso comercial do livro, que nenhum dos dois esperara, pareceu-lhes uma recompensa pela disposição de ambos a esquecer a segurança e saltar para a escuridão financeira.

Quando ele pediu demissão, seu chefe pensou que ele queria mais dinheiro. "Não", ele explicou. "É que vou tentar ser escritor em tempo integral." Ah, disse o chefe, você quer *muito* mais dinheiro. "Não, não é isso", ele repetiu. "Não se trata de uma negociação. Estou apenas lhe dando o aviso prévio de trinta dias. Daqui a 31 dias, não virei trabalhar." Humm, respondeu o chefe, acho que não vou poder lhe pagar tanto *assim*.

Naquele verão de 1981, 31 dias depois, ele se tornou escritor em tempo integral, e sua sensação de libertação ao sair da agência pela última vez foi inebriante e arrebatadora. Abandonava a publicidade como uma pele não desejada, embora continuasse a sentir um furtivo orgulho pelo slogan mais conhecido que tinha criado, "Perigoso, mas gostoso" (criado para o Cliente do Bolo de Creme Fresco), e por sua campanha das "palavras *bubble*" para o chocolate Aero (IRRESISTIBUBBLE, DELECTABUBBLE, ADORABUBBLE, gritavam os outdoors, enquanto cartazetes de loja proclamavam AVAILABUBBLE HERE). Ainda naquele ano, quando *Os filhos da meia-noite* ganhou o Booker Prize, o primeiro telegrama que ele recebeu — existiam naquele tempo essas comunicações chamadas "telegramas" — foi de seu ex-chefe, perplexo. "Parabéns", dizia. "Um de nós conseguiu."

Na noite do Booker Prize, ele caminhava com Clarissa para o Stationers' Hall quando deu com a expansiva editora australiano-libanesa Carmen Callil, criadora do selo feminista Virago. "Salman", gritou ela, "meu querido, você vai ganhar!" Ele imediatamente se convenceu de que ela lhe trouxera azar e que agora não ganharia mais. A lista dos autores indicados era impressionante. Doris Lessing, Muriel Spark, Ian McEwan... Ele não tinha chance. E havia ainda D. M. Thomas e seu romance *O hotel branco*, saudado por muitos críticos como uma obra-prima. (Isso foi antes que viessem à tona acusações de "citações" excessivas do romance *Babi Yar*, de Anatoli Kuznetsov, que empanaram a reputação do livro, ao menos aos olhos de algumas pessoas.) Não, ele disse a Clarissa. Esqueça isso.

Muitos anos depois, Joan Bakewell, conhecida apresentadora de programas de arte na TV e integrante da comissão do prêmio, falou-lhe do receio que sentira de que Malcolm Bradbury, presidente do júri, tentasse persuadir os colegas da comissão a dar o prêmio a *O hotel branco.* Por isso, ela, a crítica Hermione Lee e o professor Sam Hynes, da Universidade de Princeton, fizeram uma reunião prévia antes da última sessão de julgamento para prometer que não se dobrariam a pressões e votariam em *Os filhos da meia-noite.* Por fim, Bradbury e o quinto jurado, Brian Aldiss, votaram em *O hotel branco*, e *Os filhos da meia-noite* levou a melhor por estreita margem: três votos a dois.

D. M. Thomas não estava presente à cerimônia de concessão do prêmio, e sua editora, Victoria Petrie-Hay, ficou tão nervosa com a perspectiva de ter de receber o prêmio em seu nome que estava bebendo um pouco depressa demais. Depois do anúncio, ele topou com ela de novo. Agora já bastante alta, ela confessou seu alívio por não ter sido obrigada a ler o discurso de Thomas. Tirou o discurso da bolsa, e agitou o envelope no ar por alguns momentos. "Agora não sei o que fazer com isso", disse. "Por que não dá para mim?", ele perguntou, irônico. "Eu cuido dele." E ela bebera tanto que fez isso mesmo. Durante meia hora, ele ficou com o discurso de vitória de Thomas no bolso. Por fim, a consciência falou mais alto, e ele procurou a editora de pileque para lhe entregar o envelope fechado. "Acho que você deve ficar com isso", disse.

Ele mostrou a sua editora, Liz Calder, o belo exemplar encadernado em couro de *Os filhos da meia-noite*, e abriu-o no ex-libris, que dizia VENCEDOR. Ela estava tão feliz e emocionada que despejou uma taça de champanhe no livro, para "batizá-lo". As palavras ficaram um pouco manchadas, e ela exclamou, envergonhada: "Veja só o que eu fiz!". Dias depois, o pessoal do Booker enviou-lhe um ex-libris novo, mas a essa altura o batizado, com a mancha da vitória, era o que ele queria. Nunca o trocou.

Começaram então os anos bons.

Ele teve sete anos bons, mais do que muitos escritores conseguem, e, durante os tempos ruins que se seguiram, sempre foi grato por aquele período. Dois anos depois de *Os filhos da meia-noite*, publicou *Vergonha*, segunda parte do díptico em que examinava o mundo de suas origens, uma obra concebida, de propósito, para ser o oposto formal de sua antecessora, uma obra que falava, principalmente, não da Índia, e sim do Paquistão, mais curta, de trama mais densa, escrita em terceira pessoa, e não em primeira, com uma série de personagens que, um após o outro, ocupavam o centro do palco, em vez de um único narrador-anti-herói dominante. Além disso, esse não era um livro escrito com amor; os sentimentos dele em relação ao Paquistão eram ferozes, satíricos, pessoais. O Paquistão era o lugar onde um punhado de desonestos governava uma multidão de impotentes, onde políticos civis corruptos e generais inescrupulosos aliavam-se, enganavam-se mutuamente e executavam uns aos outros, fazendo eco à Roma dos Césares, em que tiranos loucos fornicavam com as irmãs, nomeavam seus cavalos para o Senado e tocavam lira enquanto sua cidade ardia. Todavia, para o romano comum — como também para o paquistanês comum — o caos homicida e psicótico no interior do palácio nada mudava. O palácio ainda era o palácio. A classe dominante continuava a dominar.

O Paquistão fora o grande erro de seus pais, a asneira que o privara de sua casa. Era fácil para ele ver o próprio Paquistão como uma asneira histórica também, um país *insuficientemente imaginado*, concebido com base na ideia ilusória de que uma religião poderia unir povos (punjabis, sindis, bengalis, balúchis, pathans) que a geografia e a história haviam mantido separados durante muito tempo, um país que nascera como uma ave malformada, "duas Asas sem um Corpo, divididas pela massa continental de seu maior inimigo, reunidas por nada mais que Deus" e cuja asa oriental mais tarde se separara. Qual era o som de uma asa batendo? A resposta para essa versão do famoso *koan* zen era, sem dúvida, "Paquistão". Por isso, em *Vergonha*, seu romance sobre o Paquistão (essa definição era uma simplificação excessiva; havia muito do Paquistão em *Os filhos da meia-noite*, e uma boa dose de Índia em *Vergonha*), o humor era mais negro, a política, mais sangrenta e cômica. Como ele dizia a si mesmo, era como se as calamidades dos palácios dos Doze Césares ou de uma tragédia de Shakespeare fossem representadas por bufões, pessoas indignas de uma grande tragédia — como se *Rei Lear* fosse representada por palhaços de circo, tornando-se, *ao mesmo tempo*, uma tragédia e uma farsa, uma catástrofe circense. O livro avançou sozinho com uma rapidez para ele desusada. Depois de passar cinco anos trabalhando em *Os filhos da meia-noite*, ele terminara *Vergonha* em apenas um ano e meio. Esse romance também teve uma ótima recepção em toda parte, ou quase isso. No próprio Paquistão, como era de esperar, foi proibido pelo ditador Zia ul-Haq, modelo básico do personagem "Raza Hyder". Entretanto, um grande número de exemplares do livro entrou no Paquistão, muitos dos quais, como ele soube por amigos paquistaneses, chegaram em malas diplomáticas de várias embaixadas, cujo pessoal lia o livro com avidez e o passava adiante.

Anos depois, ele soube até que *Vergonha* recebera um prêmio no Irã. Fora publicado em pársi sem seu conhecimento, numa edição pirata sancionada pelo Estado, e escolhido como o melhor romance traduzido para o pársi naquele ano. Ele, o autor, nunca recebeu o prêmio, nem lhe foi enviada uma notificação formal a respeito. Mas o prêmio fez com que — segundo informações oriundas do Irã — *Os versos satânicos*, uma vez publicado, cinco anos depois, levasse os poucos livreiros iranianos que vendiam livros em inglês a supor que não haveria problema com esse novo título, visto que o autor já obtivera a aprovação da teocracia com seu livro anterior. Com isso, exemplares do livro foram importados e postos à venda na época da publicação, em setembro de 1988, e permaneceram disponíveis durante seis meses, sem despertar oposição alguma, até a *fatwa* de fevereiro de 1989. Ele nunca pôde comprovar se essa história era real, mas esperava que fosse, pois demonstrava sua crença de que a fúria contra o livro fora criada de cima para baixo, e não de baixo para cima.

No entanto, em meados da década de 1980, a *fatwa* era uma nuvem inimaginável, escondida além do horizonte longínquo. Nesse meio-tempo, o sucesso de seus livros teve um efeito benéfico sobre sua personalidade. Ele sentiu que alguma coisa relaxava dentro dele e se tornou mais feliz, mais afável, mais fácil de levar. Estranhamente, porém, nesses tempos aprazíveis, escritores mais velhos lhe davam avisos de que dias nada amenos se seguiriam. Angus Wilson, por exemplo, levou-o para almoçar no Athenaeum Club, algum tempo depois de fazer setenta anos, e, ao ouvir o autor de *Anglo-saxon attitudes* e de *The old men at the zoo* falar, saudoso, dos tempos "em que eu era um escritor da moda", ele compreendeu que estava lhe sendo dito, delicadamente, que os ventos sempre mudam; o rapaz ativo e animado de ontem é o ancião esquecido e melancólico de amanhã.

Quando ele viajou aos Estados Unidos para o lançamento da edição americana de *Os filhos da meia-noite*, a fotógrafa Jill Krementz fez seu retrato, e ele conheceu seu marido, Kurt Vonnegut. O casal convidou-o a passar um fim de semana na casa de Sagaponack, em Long Island. "Você encara com seriedade esse negócio de escrever?", Vonnegut lhe perguntou, inesperadamente, enquanto tomavam cervejas ao sol, e quando ele respondeu que sim o autor de *Matadouro 5* lhe disse: "Então você deve saber que vai chegar o dia em que não terá um livro que escrever, mas você ainda terá de escrever um livro".

A caminho de Sagaponack, ele lera um maço de críticas fornecidas por seus editores americanos, a Knopf. Havia uma recensão incrivelmente generosa de Anita Desai no *The Washington Post*. Se ela gostava do livro, ele podia ficar feliz; talvez tivesse mesmo feito uma obra de valor. E havia uma crítica positiva no *Chicago Tribune*, assinada por Nelson Algren. *O homem do braço de ouro*, *Um passeio pelo lado selvagem... esse* Nelson Algren? O amante de Simone de Beauvoir, o amigo de Hemingway? Foi como se o passado áureo da literatura tivesse estendido a mão para ungi-lo. *Nelson Algren*, ele pensou, embasbacado. *Eu achava que ele já tivesse morrido.* Ele chegou a Sagaponack mais cedo do que esperava. Os Vonnegut estavam saindo para a festa de inauguração da casa de um amigo e vizinho... Nelson Algren. Era uma impressionante coincidência. "Bem", disse Kurt, "se ele escreveu sobre seu livro, tenho certeza de que ele gostaria de conhecê-lo. Vou ligar para ele e dizer que você está indo conosco."

Entrou em casa. Daí a pouco, voltou, abalado e pálido. "Nelson acabou de morrer", disse. Depois de preparar a casa para sua festa, Algren sofrera um ataque cardíaco fatal. Os primeiros convidados a chegar encontraram o anfitrião morto, caído no tapete da sala. Sua crítica a *Os filhos da meia-noite* foi a última coisa que escreveu.

Nelson Algren. Eu achava que ele já tivesse morrido. A morte de Algren sombreou o espírito de Vonnegut. Seus próprios pensamentos também ficaram sérios. A queda súbita e inesperada no tapete esperava todos nós.

O sucesso de crítica de *Os filhos da meia-noite* nos Estados Unidos pegou a Knopf de surpresa. Ele viajara a Nova York por sua própria conta, só para estar lá quando o livro fosse lançado, e nenhuma entrevista tinha sido agendada, nem foi, mesmo depois de terem sido publicadas as excelentes críticas. A tiragem era pequena, houve uma reimpressão e pronto. Entretanto, ele teve a sorte de apertar a mão, na entrada do escritório na rua 50 Leste, 201, do lendário Alfred A. Knopf, homem idoso e gentil, com um sobretudo caro e uma boina escura. Conheceu também o diretor editorial da Knopf, Robert Gottlieb, ele próprio uma figura com uma aura de lenda. Foi levado à sala de Gottlieb, decorada com bandeirolas e cartões, enviados pelo seu 50º aniversário, e, depois de conversarem por algum tempo, Gottlieb disse: "Agora que sei que gosto de você, posso lhe dizer que achei que não ia gostar". Ele ficou chocado. "Por quê?", perguntou, à procura de palavras. "Não gostou de meu livro? Quero dizer, o senhor editou meu livro..." Bob balançou a cabeça. "Não foi por causa de seu livro", disse. "Mas recentemente li um livro excelente, de um escritor excelente, e depois disso achei que não seria capaz de gostar de ninguém com antecedentes muçulmanos." Essa foi uma declaração mais espantosa ainda, para dizer o mínimo. "Qual foi esse livro excelente?", ele perguntou a Gottlieb, "e quem é esse excelente escritor?" "O livro", respondeu Bob Gottlieb, "chama-se *Entre os fiéis*, e o autor é V. S. Naipaul." "Esse", ele disse ao diretor editorial da Knopf, "é um livro que, sem a menor dúvida, eu quero ler."

Bob Gottlieb deu a impressão de não perceber como suas palavras estavam sendo recebidas e, a bem da justiça, mostrou-se extremamente hospitaleiro com relação ao escritor de quem achou que não iria gostar, convidando-o para jantar em sua casa em Turtle Bay, o elegante bairro de Manhattan onde também moravam Kurt Vonnegut, Stephen Sondheim e Katharine Hepburn. (Pouco tempo antes, a atriz septuagenária aparecera à porta de Gottlieb depois de uma nevasca, com uma pá, e oferecera-se para retirar a neve de seu telhado.) Gottlieb também fazia parte do conselho de administração do New York City Ballet, de George Balanchine, e convidou para uma récita o jovem romancista indiano. Certa vez ele vira o grande amor de Balanchine, Suzanne Farrell, dançar em Londres com a companhia de balé de Maurice Béjart, depois da briga dela com o coreógrafo russo. "Mas com uma condição, uma só", disse Gottlieb. "Você tem de esquecer Béjart e admitir que Balanchine é Deus."

Quando Gottlieb deixou a Knopf, em 1987, para ocupar o lugar de William Shawn como editor da revista *The New Yorker*, as portas dessa magnífica publicação finalmente se abriram para permitir a entrada do autor de *Os filhos da meia-noite*. Durante o regime do sr. Shaw, essas portas tinham se mantido aferrolhadas, e Salman não estava entre aqueles que lamentaram o fim do reinado de 53 anos do célebre editor. Bob Gottlieb passou a publicar na revista trabalhos de ficção e de não ficção, e editou pessoalmente, com brilho e paixão, seu longo ensaio "Out of Kansas" (1992), uma resposta a *O mágico de Oz*, que, como Gottlieb o incentivou a ressaltar, era uma das mais doces odes à amizade no cinema.

Durante os anos da *fatwa*, ele só viu Gottlieb uma vez. Liz Calder e Carmen Callil deram uma festa de aniversário juntas, no Groucho Club, no Soho, e ele pôde estar rapidamente com elas. Ao cumprimentar Bob, o editor lhe disse, muito compenetrado: "Estou sempre defendendo você, Salman. Sempre digo às pessoas que, se você soubesse que seu livro iria matar pessoas, é claro que você não o teria escrito". Ele contou, bem devagar, até dez. Não ficaria bem bater naquele velho. Melhor seria dar uma desculpa qualquer e se afastar. Fez um gesto de cabeça sem sentido e saiu dali. Não se falaram mais nos anos seguintes. Ele devia muito a Bob Gottlieb, mas não conseguia tirar da cabeça essas últimas palavras dele, e sabia que, do mesmo modo que Gottlieb não percebera o efeito de suas palavras sobre o livro de Naipaul quando se conheceram, também não se dera conta do que havia de errado no que tinha dito nesse último encontro deles. Bob acreditava que estava sendo amistoso.

Em 1984, seu casamento chegou ao fim. Tinham vivido juntos catorze anos, mas, sem notar, aos poucos foram se afastando um do outro. Clarissa queria morar no campo, e passaram um verão olhando casas a oeste de Londres, mas por fim ele percebeu que mudar-se para a zona rural o levaria à loucura. Era uma pessoa urbana. Disse isso a Clarissa, que aquiesceu, mas aquilo ficou como um obstáculo entre eles. Tinham se apaixonado quando ambos eram muito jovens, e agora, mais velhos, muitas vezes seus interesses não coincidiam. Havia partes de sua vida em Londres que não interessavam muito a ela. Uma delas era seu trabalho contra o racismo. Fazia muito tempo que ele estava ligado a um grupo antirracista, o Camden Committee for Community Relations, CCCR, e seu trabalho voluntário como supervisor de uma equipe se tornara importante para ele. Esse trabalho lhe mostrara uma cidade sobre a qual ele antes pouco sabia, a Londres da privação e do preconceito, que depois ele chamaria de "uma cidade visível, mas não vista". A cidade dos imigrantes estava à plena vista, em Southall e Wembley, em Brixton e também em Canden, mas naquele tempo seus problemas eram praticamente ignorados, a não ser durante as breves explosões de violência racial. Essa era uma cegueira eletiva: uma relutância em aceitar a cidade, o mundo, como realmente eram. Ele dedicava grande parte de seu tempo livre ao trabalho de relações raciais, e baseou em sua experiência com o CCCR um polêmico especial de televisão chamado "O novo império dentro da Grã-Bretanha", uma tentativa de mostrar o crescimento de uma nova classe marginalizada de britânicos negros e mulatos, feito para o quadro *Opiniões* no Channel Four, e ficou óbvio que ela também não gostou da retórica que ele empregou naquele especial.

No entanto, o maior problema deles era de natureza mais íntima. Desde o nascimento de Zafar, eles, e sobretudo Clarissa, tinham desejado mais filhos, e os filhos não tinham vindo. Em vez deles, houvera uma série de abortos. Um deles acontecera antes da concepção e do nascimento de Zafar, e houve mais dois depois disso. Ele soube que o problema era genético. Ele herdara, provavelmente da família do pai, uma anomalia denominada "translocação cromossômica recíproca".

Um cromossomo é uma sequência de informações genéticas, e todas as células humanas contêm 22 pares dessas sequências, bem como um 23º par que determina o sexo. Em casos raros, um pedaço de informação genética se separa de um cromossomo e se liga a outro. Temos então dois cromossomos defeituosos, um com escassez e outro com excesso de informação genética. Quando uma criança é concebida, metade dos cromossomos do pai, escolhidos ao acaso, combina-se com metade dos cromossomos da mãe, criando um novo conjunto de pares. Se o pai tem uma translocação cromossômica e *ambos* os seus cromossomos defeituosos são selecionados, a criança nasce normalmente, mas herda a anomalia. Se *nenhum* dos cromossomos defeituosos tiver sido selecionado, a gravidez também será normal e a criança não herda a anomalia. Entretanto, se só um dos cromossomos problemáticos tiver sido selecionado, o embrião não se forma e ocorre o aborto.

Para eles, tentar ter um bebê passou a ser uma espécie de roleta biológica. Não tiveram sorte, e o estresse de todos esses abortos, de todas essas esperanças baldadas, havia esgotado a ambos. O relacionamento físico deles chegou ao fim. Nenhum dos dois suportava a ideia de mais uma tentativa, seguida de outro fracasso. E talvez fosse humanamente impossível para Clarissa deixar de culpá-lo pelo fim de seu sonho de ter um bando de crianças correndo em torno dela e tornando-se o sentido de sua vida. Para ele, era impossível deixar de culpar-se.

Qualquer relacionamento longo que já não incluísse sexo provavelmente estava condenado. Durante treze dos catorze anos que viveram juntos, ele fora absolutamente fiel a ela, mas no 14º ano o elo de lealdade se rompeu, ou pelo menos foi erodido, e houve breves infidelidades por ocasião de viagens literárias ao Canadá e à Suécia, e uma infidelidade mais longa em Londres, com uma velha amiga de Cambridge que tocava violino. (Clarissa só lhe foi infiel uma vez, mas isso ocorrera havia muito tempo, em 1973, quando ele ainda estava escrevendo *Grimus*, e, embora por algum tempo ela se sentisse tentada a deixá-lo pelo amante, logo desistiu do outro, e ambos esqueceram o episódio; ou quase esqueceram. O que ele nunca esqueceu foi o nome, muito estranho, do rival: Aylmer Gribble.)

Na época, como um idiota, ele tinha certeza de que escondera tão bem seus casos que sua mulher nada sabia, nada suspeitava. Pensando melhor, assombrou-se de como pudera ser tão tolo. Claro que ela sabia.

Ele viajou sozinho à Austrália, para participar do Festival de Adelaide, e depois acompanhou Bruce Chatwin ao deserto australiano. Estavam numa livraria em Alice Springs quando ele viu uma brochura de *Tracks*, de Robyn Davidson, um relato da jornada que ela fizera pelo deserto de Gibson, com camelos que ela mesma havia capturado e treinado. Liz Calder, a editora dele na Cape, havia elogiado o livro e a intrépida autora quando de sua publicação, e ele comentara, desdenhoso: "Por que atravessar o deserto a pé, quando se pode fazer isso de Airbus?". Agora, porém, ele estava vendo os lugares a que o livro se referia, e por isso o comprou e ficou encantado. "Você deve conhecer Robyn quando for a Sydney", disse Bruce. "Vamos ligar. Eu tenho o número dela." "Claro que tem", respondeu ele. As famosas cadernetas Moleskine de Bruce tinham os telefones de todas as pessoas no planeta que fossem conhecidas por alguma coisa. Se alguém lhe pedisse o número privado da rainha da Inglaterra, que não estava na lista, ele o teria achado num instante.

Robyn, loira, de olhos azuis, angustiada, uma mulher que não era absolutamente seu tipo, convidou-o para jantar em sua casinha minúscula no subúrbio de Annandale, e o raio atingiu a ambos com violência. Quando ela foi buscar o frango assado, encontrou-o ainda frio. Ficara tão perturbada que se esquecera de ligar o forno. O caso de três anos entre eles começou na manhã seguinte, e foi o antípoda de seu relacionamento longo, calmo e, em geral, feliz com Clarissa. Sentiam-se muito atraídos um pelo outro, mas em todos os demais sentidos eram incompatíveis. Brigavam feio quase todos os dias.

Ela o levou ao interior da Austrália, e ele, o rato urbano, admirou a capacidade dela para sobreviver nos ermos. Dormiam sob as estrelas e não foram mortos por escorpiões, devorados por cangurus ou esmigalhados pela dança da Ancestral do Tempo do Sonho. Aquilo foi um presente extraordinário. Juntos, levaram os camelos dela de uma "estação" ou fazenda no noroeste da Austrália, perto da baía de Shark Bay (onde ele nadou com golfinhos e viu uma casa toda feita de conchas), para novas acomodações na propriedade de um amigo dela ao sul de Perth. Ele aprendeu duas coisas sobre camelos. A primeira era que os camelos cometem incesto com toda tranquilidade; o mais novo animal dessa cáfila era o resultado de um descomplicado acasalamento entre um macho e sua mãe. (O camelinho recebeu o nome dele, ou sua versão australianizada. Virou "Selman Camelo".) A segunda é que, quando um camelo se irrita, seus excrementos, que normalmente consistem em pelotas secas e inócuas, se transformam em um líquido que pode ser arremessado a considerável distância pelo animal. Nunca ande atrás de um camelo furioso. Essas foram lições importantes.

Robyn mudou-se para a Inglaterra, mas foi impossível morarem juntos, e no último ano eles romperam o relacionamento mais de dez vezes. Dois meses depois da última separação, ele acordou no meio da noite em sua casa nova, a da St. Peter's Street, e havia alguém em seu quarto. Ele se pôs de pé, nu. Robyn tinha usado a chave dela para entrar — ele não trocara a fechadura — e insistia em que "tinham de conversar". Quando ele se recusou a isso e fez menção de sair do quarto, ela bateu o salto do sapato, com força, em seu pé. Depois disso, um de seus artelhos perdeu toda a sensibilidade. "Se eu fosse mulher, e você, homem", ele lhe perguntou, "de que chamaria o que você fez?" Isso a fez pensar, e ela foi embora. Quando ela publicou seu primeiro e único romance, *Ancestors*, havia nele um americano muito desagradável que se torna o amante sádico da principal personagem feminina. Numa entrevista que ela deu ao *The Guardian*, perguntaram-lhe: "Ele foi baseado em Salman Rushdie?", e ela respondeu: "Menos do que na primeira versão".

Um romance vinha se formando nele, mas sua natureza precisa lhe fugia. Ele tinha fragmentos de narrativas e personagens, bem como a certeza obstinada de que, apesar das enormes diferenças entre esses fragmentos, todos pertenciam ao mesmo livro. A forma e a natureza exatas do livro continuavam obscuras. Seria um livro grande, disso ele sabia, e cobriria um amplo intervalo de espaço e tempo. Um livro de jornadas. Isso parecia certo. Quando ele acabou de escrever *Vergonha*, a primeira parte de seu plano se completara. Havia lidado, tanto quanto soubera como lidar, com os mundos dos quais tinha vindo. Agora, precisava ligar aqueles mundos ao mundo muito diferente em que ele fizera sua vida. Começava a ver que isso, e não a Índia, o Paquistão, a política ou o realismo mágico, seria seu tema real, aquele com o qual se preocuparia pelo resto da vida, a grande questão de *como o mundo se juntou*, não apenas como o Oriente fluiu para o Ocidente, e o Ocidente para o Oriente, mas como o passado moldou o presente, enquanto o presente mudava nossa percepção do passado, e como o mundo imaginado, o campo dos sonhos, da arte, da invenção e, sim, da fé, extravasou para o outro lado da fronteira que o separava do mundo cotidiano, "real", em que os seres humanos erroneamente acreditavam viver.

Foi isso o que aconteceu ao planeta que encolhia. As pessoas — as comunidades, as culturas — não mais viviam em caixinhas, herméticas e separadas umas das outras. Agora todas as caixinhas se abriam para dentro de todas as demais, um homem num país podia perder o emprego por causa das maquinações de um especulador cambial em um país distante, um especulador cujo nome ele desconhecia e cujo rosto nunca veria, e, como os teóricos da nova ciência do caos nos diziam, uma borboleta que batesse as asas no Brasil podia causar um furacão no Texas. Na primeira versão de *Os filhos da meia-noite*, a frase inicial era a seguinte: "A maior parte do que importa em nossa vida acontece em nossa ausência", e, ainda que, por fim, ele a houvesse sepultado em outro ponto do texto, por considerá-la uma abertura demasiado tolstoiana — e *Os filhos da meia-noite* podia ser tudo menos *Anna Karenina* —, a ideia continuou a atormentá-lo. Como narrar as histórias de um mundo desses, um mundo em que o caráter do homem já nem sempre era seu destino, em que a sina desse homem podia ser determinada não por suas próprias escolhas, e sim pelas de estranhos, em que a economia, ou uma bomba, podia ser o destino?

Ele estava num avião, voltando de Sydney para casa, com as emoções a toda, depois dos primeiros dias atordoantes com Robyn. Pegou uma caderneta preta e, para se controlar, obrigou-se a refletir sobre esse livro semiformado. Eis o que ele tinha: um bando de migrantes, ou, para usar o termo britânico, "imigrantes", da Índia, do Paquistão e de Bangladesh, através de cujas histórias pessoais ele podia explorar as agregações e também as desagregações do *cá* e do *lá*, do *então* e do *agora*, da realidade e dos sonhos. Tinha os rudimentos de um personagem chamado Salahuddin Chamchawala, ocidentalizado para Saladin Chamcha, que tinha uma relação difícil com o pai e se refugiara no anglofilismo. Gostava do nome "Chamcha", devido a seus ecos da infeliz barata metamorfoseada de Kafka, Gregor Samsa, e do rapinante de almas mortas de Gogol, Tchitchikov. E também por causa do significado do nome em hindustâni, literalmente "colher", mas coloquialmente "puxa-saco", "bajulador". Chamcha seria o retrato de um homem erradicado de seu ambiente, que fugia do pai e da pátria, da própria indianidade, rumo a um anglofilismo que, na realidade, não o deixava entrar, um ator de muitas vozes que se saía bem desde que não fosse visto, atuando no rádio e fazendo dublagens na TV; cujo rosto ainda era, a despeito de toda a sua anglofilia, "da cor errada para seus televisores em cores".

E, oposto a Chamcha... bem, um anjo caído, talvez.

Em julho de 1982, o ator Amitabh Bachchan, o maior astro do cinema de Bombaim, sofrera uma lesão no baço quase fatal quando, fazendo um filme em Bangalore, dispensou os dublês em cenas perigosas. Nos meses seguintes, todos os dias, seu tratamento deu manchetes de primeira página. Multidões esperavam notícias diante do hospital, políticos o visitavam à beira do leito. Enquanto ele lutava pela vida, a nação se manteve em suspense, e quando ele se recuperou, o efeito foi indescritível. Alguns atores no sul da Índia haviam conquistado um prestígio quase divino por representar deuses em filmes com enredos mitológicos. Bachchan se tornara semidivino mesmo sem a vantagem de uma carreira desse gênero. Mas, e se um ator divinizado, que sofrera uma lesão gravíssima, houvesse invocado seu deus na hora de agonia sem receber resposta? E se, como resultado desse aterrador silêncio divino, ele começasse a questionar, ou mesmo a perder, a fé que o sustentara até então? Poderia ele, nessa crise da alma, começar a perder o juízo? E poderia, em sua demência, fugir para bem longe, percorrendo a metade do mundo, esquecendo que quem foge às pressas não consegue esquecer o que deixou para trás?

Que nome dar a essa estrela cadente? O nome lhe ocorreu prontamente, como se estivesse flutuando a dez quilômetros de altitude sobre o nível do mar durante todo esse tempo, à espera de que ele o capturasse. *Gibreel*. O Anjo Gabriel, "Gibreel Farishta". Gibreel e Chamcha: o anjo que fora abandonado por deus e o falso inglês que se distanciara do pai. Duas almas perdidas no continuum desabrigado dos desalojados. Eles seriam seus protagonistas. Isso ele sabia.

Se Gibreel era um anjo, seria Chamcha um demônio? Ou poderia um anjo se tornar demoníaco, e um demônio também ser dotado de um halo?

As jornadas multiplicaram-se. Havia ali um fragmento de outro lugar, bem diferente. Em fevereiro de 1983, um homem chamado Saiad Willayat Hussein Xá convencera 38 muçulmanos xiitas, seguidores seus, de que Deus dividiria as águas do mar da Arábia, a seu pedido, para que pudessem fazer uma peregrinação, pelo leito oceânico, até a cidade sagrada de Karbala, no Iraque. Eles o tinham seguido nas águas e muitos se afogaram. O aspecto mais notável do incidente foi que alguns dos sobreviventes haviam afirmado, a despeito de todas as evidências em contrário, ter testemunhado o milagre. Já fazia mais de um ano que ele refletia sobre esse caso. Ele não queria escrever sobre o Paquistão, nem sobre xiitas, de modo que em sua imaginação os crentes tornaram-se sunitas e indianos, e o líder deles passou a ser uma mulher. Ele se lembrava de uma imensa figueira-de-bengala que vira certa vez no sul da Índia, perto de Mysore, uma árvore tão descomunal que em seu interior havia cabanas e poços, além de nuvens de borboletas. Uma vila começou a ganhar forma em sua mente, Titlipur, a Cidade das Borboletas, e a moça mística movia-se numa nuvem de borboletas. Como sunitas, ela e seus seguidores queriam ir a Meca, não a Karbala, mas a ideia da divisão das águas ainda estava no cerne dessa história.

Outros fragmentos se precipitaram, muitos deles sobre a "cidade visível mas não vista", a Londres dos imigrantes na era Thatcher. Os bairros reais de Southall, na zona oeste de Londres, e Brick Lane, na zona leste, onde moravam imigrantes asiáticos, fundiram-se com Brixton, ao sul do Tâmisa, para formar o imaginário bairro de Brickhall, no centro de Londres, onde uma família muçulmana, formada por pais ortodoxos e filhas adolescentes rebeldes, dirigia o Café Shaandaar, sendo esse nome uma maldisfarçada urduização do nome do Brilliant Café, verdadeiro, em Southall. Nesse bairro, a hostilidade inter-racial estava em gestação, e talvez em breve as ruas ficassem em chamas.

E aqui, reinventada, estava Clarissa, que recebeu o nome richardsoniano de "Pamela Lovelace", e eis aqui, também, transformada de andarilha do deserto em montanhista, e de cristã em judia, um avatar de Robyn chamado Alleluia Cohen, ou Cone. E aqui, por algum motivo, estava a avó de Clarissa, May Jewell, uma senhora idosa que morava à beira da praia em Pevensey Beach, Sussex. Os navios normandos de 1066, ela contava a quem quisesse ouvir, tinham passado por sua sala; a costa tinha avançado um quilômetro e meio mar adentro em relação à sua posição de nove séculos antes. Vovó May era uma grande contadora das histórias — que contava muitas vezes, sempre com as mesmas frases, rituais — de seu passado anglo-argentino, numa *estancia* chamada Las Petacas, na companhia de um vago marido filatelista, Charles "Don Carlos" Jewell, várias centenas de *gauchos, muito bravos e orgulhosos*, e um rebanho de gado argentino de primeira.

Quando os britânicos governavam uma quarta parte do mundo, deixaram sua fria ilhazinha no Norte e se tornaram, nas grandes planícies e sob os imensos céus da Índia e da África, pessoas mais glamourosas, extrovertidas, operísticas — personagens mais marcantes — do que era possível ser na velha terrinha. Mas aí a era dos impérios acabou, e eles tiveram de retroceder a suas personalidades insulares menores, mais frias, mais cinzentas. Em sua casinha de torre, sonhando com os pampas infinitos e com os touros premiados que vinham, como unicórnios, descansar a cabeça em seu regaço, Vovó May parecia uma dessas figuras, tornada mais interessante, menos estereotipada, porque sua história se desenrolara não nos territórios do Império Britânico, mas na Argentina. Ele escreveu um nome para ela na caderneta: "Rosa Diamond".

Agora sobrevoava a Índia, e continuava a fazer anotações. Lembrou-se de ter ouvido um político indiano na TV, falando sobre a primeira-ministra britânica, sem conseguir pronunciar o nome dela direito. "Senhora Tortura", ele dizia. "Senhora Margaret Tortura." Isso era inexplicavelmente engraçado, ainda que — talvez *porque* — fosse óbvio que Margaret Thatcher não era uma torturadora. Se esse livro fosse um romance sobre a Londres da sra. T., talvez houvesse espaço — espaço *cômico* — para essa variante de seu nome.

"O ato de migrar", ele escreveu, "transforma em crise tudo o que diz respeito à pessoa ou ao grupo migrante, tudo o que se refere à identidade, à individualidade, à cultura e à fé. Por isso, se esse livro for um romance sobre a migração, deve ser esse ato de questionar. Deve mostrar a crise que descreve."

Escreveu: "Como é que o novo entra no mundo?".

E escreveu: "Os versos satânicos".

Talvez houvesse três livros ali, ou sete. Ou nenhum. Na verdade, já tentara, certa vez, escrever a história de "Rosa Diamond" como um roteiro para Walter Donohue, no incipiente Channel Four, mas, depois de escrevê-lo e entregá-lo, perguntou a Walter se este poderia retirá-lo, pois o instinto lhe dizia que precisaria da história para o romance, embora não tivesse ideia de como a utilizaria. Talvez fosse melhor usar a "divisão do mar da Arábia" num outro livro, e o material sobre os versos satânicos também teria mais força num livro separado.

Por que ele estava tentando meter tudo o que tinha num mesmo saco? Mais tarde achou, com prazer, que a resposta para essa pergunta lhe ocorrera quando sobrevoava Bombaim. *Essas cenas*, pensou enquanto passava sobre a cidade em que nascera, *são da vida do arcanjo Gabriel*. Como sempre, seu consciente estava em conflito com o inconsciente, que não parava de lançar anjos e milagres em sua racionalidade e de insistir em que ele encontrasse meios de incorporá-los a sua maneira de ver as coisas. Certo, um livro sobre anjos e demônios, mas talvez fosse difícil distinguir uns dos outros. Anjos podiam cometer atos terríveis a serviço de princípios supostamente santos, e era possível sentir muita compaixão por Lúcifer, o anjo rebelde cujo castigo por se amotinar contra os estupidificantes arpejos absolutistas da música da vontade de Deus foi, como disse Daniel Defoe, ser "confinado assim à instável condição de vagabundo, sem rumo [...] não possuir morada certa [...] um lugar em que possa pousar a sola do pé". Esse Satã desterrado, desabrigado, talvez fosse o padroeiro celestial de todos os exilados, todos os desalojados, todos aqueles que foram arrancados de seu lugar e deixados a flutuar, meio isso, meio aquilo, privados da sensação reconfortante, definidora, de ter um chão sólido sob os pés. Certo, cenas da vida do arcanjo e do arquidemônio, nas quais sua simpatia pendia mais para o lado do diabo, porque, como disse Blake, referindo-se a Milton, um verdadeiro poeta pertencia ao grupo do diabo.

Só um ano depois ele veio a conhecer o começo do romance. Em junho de 1985, o avião *Emperor Kanishka*, que fazia o voo 182 da Air India, foi alvo de um atentado a bomba, perpetrado por terroristas siques que pretendiam criar um Estado sique independente, a chamar-se Khalistão, no Punjab indiano. O avião caiu no oceano Atlântico, ao sul da Irlanda, e entre as 329 pessoas que morreram (principalmente canadenses de origem indiana e indianos) estava sua amiga de infância Neelam Nath, que viajava a Bombaim com os filhos para visitar os pais, G. V. Nath ("Tio Nath") e Lila, amigos íntimos de seus próprios pais. Pouco tempo depois de tomar conhecimento dessa atrocidade, ele escreveu a cena em que Gibreel Farishta e Saladin Chamcha, viajando de Bombaim para Londres, estão num avião que é explodido por terroristas siques. Gibreel e Saladin têm mais sorte do que teve Neelam, e pousam suavemente na praia de Pevensey Bay, diante da casa de Rosa Diamond.

O livro levou mais de quatro anos sendo escrito. Depois, quando muitas pessoas quiseram reduzi-lo a um "insulto", ele quis responder: *Sei insultar pessoas bem mais depressa do que isso.* Mas seus adversários não viam nada de estranho no fato de um escritor sério passar um décimo de sua vida criando uma coisa tão pobre quanto um insulto. Isso acontecia porque se recusavam a vê-lo como um escritor sério. Para atacá-lo e a seu trabalho, era necessário pintá-lo como uma pessoa ruim, um traidor apóstata, um arrivista inescrupuloso, em busca de fama e riqueza, um oportunista cujo trabalho era destituído de mérito, que "atacava o islã" movido por interesses pessoais. Era isso que significava uma frase muito repetida — *Ele fez isso de propósito.*

É claro que ele tinha feito isso de propósito. Como é que uma pessoa escreve 250 mil palavras por acidente? O problema era, como Bill Clinton poderia ter dito, o que a pessoa queria dizer com "isso". A estranha verdade era que, depois de dois romances que tratavam diretamente da história pública do subcontinente indiano, ele via esse novo livro como uma exploração muito mais pessoal, interior, uma primeira tentativa de criar uma obra a partir de sua experiência pessoal de migração e metamorfose. Para ele, esse era o menos político dos três livros. E o material derivado da história da origem do islã, em seu entender, traduzia, em essência, admiração pelo Profeta do islã e era até respeitoso para com ele. Tratava-o como ele sempre dissera que queria ser tratado, como um homem ("o Mensageiro"), e não como uma figura divina (como o "Filho de Deus" dos cristãos). Mostrava-o como um homem de seu tempo, moldado por aquele tempo, e, como líder, tão sujeito à tentação quanto capaz de vencê-la. "Que tipo de ideia é você?", o romance perguntava à nova religião, e dava a entender que uma ideia que se recusava a adaptar-se ou a transigir seria, no mais das vezes, destruída, mas admitia que, em casos muito raros, essas ideias tornavam-se aquelas que mudavam o mundo. Seu Profeta flertara com o acomodamento, mas o rejeitara; e sua ideia inflexível havia se fortalecido o suficiente para dobrar a história à sua vontade.

Da primeira vez que foi acusado de afronta, ele ficou sinceramente perplexo. Julgava que tinha tratado artisticamente o fenômeno da revelação. Um tratamento do ponto de vista de um descrente, é verdade, mas, ainda assim, respeitoso. Como isso poderia ser considerado ofensivo? Os anos hipersensíveis que se seguiram, de política de identidade definida pela raiva, ensinaram-lhe, e a todos mais, a resposta a essa pergunta.

De qualquer forma, seu Profeta não se chamava Maomé, morava numa cidade que não se chamava Meca e criou uma religião que não se chamava islã (ou quase isso). E só aparecia nas sequências de sonhos de um homem que estava sendo levado à loucura pela perda da fé. Esses vários recursos distanciadores eram, na opinião de seu criador, indicadores da natureza ficcional de seu projeto. Para seus oponentes, eram tentativas transparentes de dissimulação. "Ele se esconde", diziam, "atrás de sua ficção." Como se a ficção fosse um véu ou uma tapeçaria, como se um homem, oculto ingenuamente atrás de um escudo tão frágil, não pudesse ser trespassado, como Polônio, por uma espada.

Enquanto escrevia o romance, a Universidade Americana, do Cairo, convidou-o para fazer uma palestra a seus alunos. Disseram-lhe que não lhe podiam pagar muito, mas que, se ele estivesse interessado, poderiam oferecer-lhe um passeio pelo Nilo, durante alguns dias, na companhia de um de seus mais eminentes egiptologistas. Conhecer o mundo do antigo Egito era um de seus grandes sonhos não realizados, e ele se apressou a responder. "O ideal seria eu poder concluir meu romance e ir ao Egito depois disso", propôs. Terminou o romance, a que deu o título de *Os versos satânicos*, a viagem ao Egito se tornou impossível e ele teve de resignar-se a nunca ver as pirâmides, Mênfis, Luxor, Tebas ou Abu Simbel. Foi um dos muitos futuros que ele perderia.

Em janeiro de 1986, o trabalho não ia bem. Ele foi convidado a participar de um encontro de escritores que viria a se tornar lendário, o 48º Congresso do PEN Club Internacional, em Nova York, e ficou feliz por poder interromper por algum tempo seu trabalho. O encontro foi um espetáculo. Norman Mailer, que na época era presidente do PEN American Center, lançara mão de todos os seus poderes de encanto e persuasão para arrecadar os recursos que levaram mais de cinquenta dos principais escritores do mundo a Manhattan para debater, com quase cem dos melhores dos Estados Unidos, o tema "A imaginação do escritor e a imaginação do Estado", e para jantares, regados a vinho, na Gracie Mansion e no Templo de Dendur, no Metropolitan Museum of Art, entre outros locais do mesmo naipe.

Por ser um dos participantes mais jovens, ele se sentia um tanto quanto intimidado. Brodsky, Grass, Oz, Soyinka, Vargas Llosa, Bellow, Carver, Doctorow, Morrison, Said, Styron, Updike, Vonnegut, Barthelme e o próprio Mailer eram alguns dos nomes imponentes que liam suas obras e debatiam entre si na Essex House e no St. Moritz, hotéis da área do Central Park Sul. Certa tarde, o fotógrafo Tom Victor pediu-lhe que se sentasse numa das carruagens puxadas a cavalo do parque para uma foto, e quando ele entrou no veículo lá estavam Susan Sontag e Czesław Miłosz para lhe fazer companhia. Em geral, não era uma pessoa muito calada, mas falou pouquíssimo naquele passeio.

O clima foi tenso desde o começo. Para desapontamento dos membros do PEN Club, Mailer havia convidado o secretário de Estado George Shultz para falar na cerimônia de abertura do evento, na Biblioteca Pública. Isso provocou gritos de protesto dos sul-africanos Nadine Gordimer, J. M. Coetzee e Sipho Sepamla, que acusaram Shultz de apoiar o apartheid. Outros escritores, entre eles E. L. Doctorow, Grace Paley, Elizabeth Hardwick e John Irving, protestaram contra o fato de escritores estarem sendo usados "como um fórum para o governo Reagan", como disse Doctorow.

Cynthia Ozick fez circular uma petição que atacava Bruno Kreisky, o ex--chanceler judeu da Áustria e participante do congresso, porque ele tivera reuniões com Arafat e Kadhafi. (Os defensores de Kreisky observaram que, durante seu governo, a Áustria recebera mais judeus russos refugiados do que qualquer outro país.) Durante uma discussão do congresso, Ozick levantou-se para denunciar Kreisky, que resolveu a situação com tamanho savoir-faire que o mal-estar logo se desfez.

Muitas escritoras pediram explicações, com muitas justificações, para o fato de haver tão poucas mulheres nos grupos de debate. Sontag e Gordimer, ambas participantes desses grupos, não aderiram à revolta. Coube a Susan argumentar que a literatura não era um empregador obrigado a respeitar cotas de gênero, etnia etc. A observação não satisfez as reclamantes. O mesmo aconteceu com o comentário dele próprio, que chamava a atenção para a presença de várias mulheres nos diversos grupos de debates e para o fato de ser, ele próprio, o único representante do sul da Ásia, região que reunia um sexto da humanidade.

Naquele tempo, em Nova York, a literatura gozava de alto conceito, e os meios de comunicação davam amplo destaque às discussões entre os escritores, que ainda pareciam despertar atenção além dos estreitos limites do mundo dos livros. John Updike leu, para uma atônita plateia de escritores de todo o mundo, uma ode beatífica às caixas de correio americanas, aqueles símbolos azuis da livre troca de ideias. Donald Barthelme estava bêbado, e Edward Said, amistoso. No jantar no Templo de Dendur, Rosario Murillo — poetisa e mulher do presidente da Nicarágua, Daniel Ortega — postou-se junto do santuário egípcio, cercada por uma falange de belos sandinistas de óculos escuros, de aparência intimidatória. Depois convidou o jovem escritor indiano (e membro da Campanha Britânica de Solidariedade à Nicarágua) para visitar seu país e ver pessoalmente a guerra aos *contras*.

Numa das sessões, ele foi arrastado para um embate entre dois pesos-pesados, Saul Bellow e Günter Grass. Estava sentado ao lado do romancista alemão, a quem muito admirava, e depois que Bellow — outro de seus escritores prediletos — fez um discurso em que repisava um de seus refrões, sobre como o êxito do materialismo americano prejudicara a vida espiritual dos americanos, Grass levantou-se para observar que muitas pessoas habitualmente deixavam de ver muitas falhas no sonho americano, e dispôs-se a mostrar a Bellow aspectos reais da pobreza americana, no South Bronx, por exemplo. Irritado, Bellow fez uma réplica dura. Ao voltar para seu lugar, Grass tremia de raiva.

"Diga alguma coisa", ordenou o autor de *O tambor* ao representante de um sexto da raça humana. "Quem, eu?" "Você. Diga alguma coisa."

Assim, ele foi ao microfone e perguntou a Bellow por que tantos escritores americanos evitavam a tarefa — ou, na verdade, de modo mais provocador, "abdicavam" dela — de abordar o tema do imenso poder exercido pelos Estados Unidos no mundo. Bellow abespinhou-se. "Não temos tarefas", disse, altivo. "Temos inspirações."

Realmente, o mundo literário ainda se acreditava importante em 1986. Naqueles últimos anos da Guerra Fria, era importante ouvir escritores da Europa Oriental, como Danilo Kiš e Czesław Miłosz, György Konrád e Ryszard Kapuściński, a contrapor suas visões à ausência de visão do regime soviético. Omar Cabezas, na época vice-ministro do Interior da Nicarágua, que acabara de publicar um livro de memórias de sua vida como guerrilheiro sandinista, e Mahmoud Darwish, o poeta palestino, estavam ali para articular pontos de vista raramente ouvidos em tribunas americanas; e escritores americanos como Robert Stone e Kurt Vonnegut expressaram suas críticas ao poder americano, enquanto os Bellow e os Updike sondavam a alma americana. Por fim, o que tornou o evento memorável foi sua gravidade, e não sua frivolidade. Realmente, em 1986 ainda parecia natural que os escritores se dissessem, para usarmos as palavras de Shelley, "os não reconhecidos legisladores do mundo", acreditassem na arte literária como o correto contrapeso do poder e vissem a literatura como uma força grandiosa, transnacional, transcultural, capaz de, na excelente formulação de Bellow, "abrir o universo um pouco mais". Vinte anos depois, num mundo simplificado e assustado, era mais difícil atribuir pretensões tão elevadas a meros operários da palavra. Mais difícil, mas não menos necessário, talvez.

De volta a Londres, ele se lembrou do convite para visitar a Nicarágua. Talvez, pensou, fosse bom afastar-se de suas pequenas dificuldades literárias para conhecer pessoas com problemas reais e falar com elas. Pegou um avião para Manágua em julho. Ao voltar, várias semanas depois, estava tão afetado pelo que vira que não conseguia parar de pensar e de falar sobre aquilo e tornou-se um chato da Nicarágua. A única saída seria registrar por escrito o que sentia. Sentou-se à sua mesa com uma espécie de frenesi e em três semanas escreveu um texto de noventa páginas. Não era nem uma coisa nem outra: curto demais para ser um livro, demasiado longo para ser um artigo. Por fim, revisado e ampliado, o texto tornou-se um livro curto, *O sorriso do jaguar*. No dia em que o concluiu, dedicou-o a Robyn Davidson (estavam nessa época começando o caso) e deu-lhe os originais para ler. Ao ver a dedicatória, ela comentou: "Imagino que isso quer dizer que vou ficar sem o romance", e a conversa desandou a partir daí.

Sua agente, Deborah Rogers, não fez grande caso de *O sorriso do jaguar*, mas o livrinho logo foi editado por Sonny Mehta, da Picador inglesa, e, pouco depois, por Elisabeth Sifton, da Viking americana. Na viagem dele aos Estados Unidos para o lançamento, o apresentador de um programa de entrevistas pelo rádio, a quem desagradara a oposição do livro ao bloqueio econômico contra a Nicarágua e ao apoio de Reagan aos *contras*, que tentavam derrubar o governo sandinista, perguntou-lhe: "Senhor Rushdie, até que ponto o senhor é um inocente comunista útil?". Sua gargalhada de surpresa — o programa era ao vivo — aborreceu o apresentador mais do que qualquer outra resposta que ele tivesse dado.

Para ele, os melhores momentos ocorreram ao ser entrevistado por Bianca Jagger, ela própria nicaraguense, para a revista *Interview*. Toda vez que ele se referia a um nicaraguense conhecido, fosse ele de esquerda ou de direita, Bianca comentava, vagamente, em tom neutro: "Ah, sim, a gente namorou, faz tempo". Essa era a verdade a respeito da Nicarágua. Era um país pequeno, com uma elite minúscula. Os combatentes, dos dois lados, tinham todos frequentado a escola juntos, eram membros daquela elite e um conhecia a família do outro, ou até, no caso da família Chamorro, vinham da mesma família; e todos tinham namorado uns com os outros. A versão de Bianca dos eventos, não escrita, seria mais interessante (e, com certeza, mais picante) do que a dele.

Depois que *O sorriso do jaguar* foi publicado, ele voltou a seu romance trabalhoso, e descobriu que quase todos os problemas tinham desaparecido. Ele não escrevera o livro numa sequência linear, o que não era de seu feitio. As passagens interpoladas — a história da vila que entrou no mar, o caso do imã que primeiro liderou uma revolução e, depois, a devorou, e as sequências de sonhos (que viriam a causar problemas), transcorridos numa cidade arenosa de Jahilia (nome tirado do termo árabe que designa o período de "ignorância" que precedeu o advento do islã) — tinham sido escritas primeiro, e durante muito tempo ele ficara sem saber como inseri-las na narrativa principal do livro, a história de Saladin e Gibreel. Mas o intervalo lhe fizera bem, e ele começou a escrever.

Fazer quarenta anos tinha um peso. Aos quarenta, um homem chegava à maturidade e se sentia sólido, firme, forte. Em seu trigésimo aniversário ele se julgara um fracassado e se sentira profundamente infeliz. No quadragésimo, naquela dourada tarde de junho na casa de Bruce Chatwin, num ambiente bucólico perto de Oxford, estava cercado por amigos do mundo literário — Angela Carter, Nuruddin Farah, Bill Buford, editor da revista *Granta*; sua própria editora, Liz Calder, da Jonathan Cape (ainda uma empresa independente, antes de ser engolida pela Random House), e o próprio Bruce — e sentia-se feliz. A vida parecia ter se desenrolado como ele sonhara que poderia acontecer, e ele estava trabalhando num romance que, em sua opinião, era seu livro mais ambicioso, do ponto de vista formal e intelectual, um livro cujos obstáculos tinham sido finalmente superados. O futuro era brilhante.

Em breve seria comemorado o quadragésimo aniversário da independência da Índia — o "quadragésimo aniversário de Salim" — e sua amiga Jane Wellesley, produtora de televisão, também presente à sua festa de aniversário, o persuadira a escrever e apresentar um documentário do tipo "estado da nação" para o Channel Four. A ideia dele era evitar inteiramente — ou quase isso — figuras públicas e políticas, e traçar um retrato da Índia aos quarenta anos, um exame da "ideia da Índia" através dos olhos e nas vozes de indianos de quarenta anos; não seriam bem "filhos da meia-noite", mas pelo menos filhos do ano da liberdade. Para isso, ele começou sua mais longa viagem pela Índia desde que ele e Clarissa haviam cruzado e recruzado o país havia mais de uma década. Essa segunda viagem foi tão profícua quanto a anterior. Mais uma vez a cornucópia indiana despejou nele sua abundância de histórias. *Dá-me-lo em excesso*, ele pensou, *para que eu me farte, e assim morra.*

Num dos primeiros dias de produção, o projeto quase desandou devido a um momento de insensibilidade cultural. Estavam filmando na casa de um alfaiate de Delhi, numa das áreas mais pobres da cidade. Fazia um calor escaldante e, depois de algumas horas, a equipe parou para descansar. De um furgão da produção foram trazidas caixas de refrigerantes gelados, distribuídos a todo mundo, *menos ao alfaiate e sua família.* Ele chamou o diretor, Geoff Dunlop, para uma conversa em particular na laje da casa do alfaiate, e lhe disse que se a situação não fosse corrigida de imediato ele abandonaria o projeto, o que também se daria caso alguma coisa daquele gênero voltasse a acontecer. Ocorreu-lhe então perguntar sobre a tarifa de locação que estava sendo paga. Geoff mencionou uma quantia em rupias que, convertida em libras, dava uma soma ínfima. "Não é o que você pagaria na Inglaterra", ele disse. "Você deve pagar a eles a tarifa de locação normal." "Mas na Índia", objetou Geoff, "isso seria uma fortuna." "Isso não é problema seu", ele respondeu. "É preciso tratar as pessoas aqui com o mesmo respeito que seria demonstrado na Inglaterra." Durante alguns momentos houve um impasse entre os dois. Mas Geoff disse: "Está certo", e desceu. Foram oferecidos refrigerantes ao alfaiate e sua família. O resto da filmagem correu sem problemas.

No Kerala, ele viu um famoso contador de histórias exibir sua magia. O que esse desempenho tinha de interessante é que quebrava todas as regras. "Comece do começo", o Rei de Copas instruíra o atrapalhado Coelho Branco em *Alice no país das maravilhas*, "e continue até chegar ao fim. Aí pare." Era assim que as histórias deviam ser contadas, de acordo com qualquer rei de copas que elaborasse as regras, mas não era isso o que acontecia naquele teatro ao ar livre no Kerala. O contador misturava uma história com outra, a todo instante fazia digressões na narrativa principal, contava piadas, cantava canções, ligava sua própria história política com os contos antigos, fazia adendos pessoais e, de modo geral, não era muito educado. No entanto, a plateia não se levantava para ir embora, chateada. Não assoviava, não vaiava nem atirava coisas ou cadeiras no artista. Em vez disso, as pessoas gargalhavam estrondosamente, caíam num pranto convulsivo e ficavam ouvindo, tensas, até ele acabar. Procediam assim apesar do estilo narrativo confuso do contador de histórias ou *por causa* dele? Seria crível que essa forma pirotécnica de contar fosse, de fato, *mais* absorvente do que a versão prescrita pelo Rei de Copas — que a história oral, a mais antiga das forças narrativas, tivesse sobrevivido por adotar a complexidade e o humorismo e rejeitar a linearidade começo-meio-fim? Se isso era verdade, então todas as suas próprias ideias sobre literatura estavam sendo amplamente confirmadas naquela noite quente do Kerala.

Dando-se voz a pessoas comuns, e tempo suficiente para que a usassem, fluía delas uma poesia tocante e singela. Uma muçulmana que dormia num *jhopadpatti*, um casebre de calçada em Bombaim, falou de suas desconfianças quanto à disposição dos filhos para cuidar dela mais adiante: "Quando eu for velha, e tiver de andar com uma bengala, então veremos o que eles vão fazer". Ele lhe perguntou o que significava para ela ser indiana, e ela respondeu que tinha vivido a vida toda na Índia e que "quando eu morrer e for posta na sepultura, aí eu vou para a Índia". No Kerala, uma sorridente senhora comunista dava duro nos arrozais o dia inteiro e depois voltava para casa, onde o marido, muito mais velho, passava o dia enrolando *beedis*, ou cigarrilhas, para ganhar dinheiro. "Desde que me casei", ela disse, ainda sorrindo, e ao alcance do ouvido do marido, "nunca tive um dia de alegria."

Havia um pouco de humor negro. O único político que ele entrevistou foi Chaggan Bhujbal, o primeiro prefeito de Bombaim a pertencer ao Shiv Sena, o violento partido nacionalista marata e comunalista hindu, liderado por um ex-cartunista político, Bal Thackeray. Bhujbal permitiu que a equipe de TV o acompanhasse às festas anuais de Ganpati e filmasse o festival em honra ao deus Ganesha, o de cabeça de elefante. Esse festival, que no passado fora um dia de celebração de membros de todas as religiões, tinha se reduzido a uma afirmação física, neonazista, de poder hinduísta. "Pode nos chamar de fascistas", disse Bhujbal. "Nós *somos* fascistas", disse. "E pode nos chamar de racistas. Nós *somos* racistas." Sobre sua mesa, em seu gabinete, havia um telefone de plástico verde, em forma de sapo. Nosso atilado cinegrafista, Mike Fox, filmou-o sem chamar a atenção. Entretanto, ao verem o copião, resolveram eliminá-lo. Era impossível não sentir uma certa onda de simpatia por um homem que falava com veemência num sapo verde. Não queriam que o público sentisse essa simpatia, e por isso o sapo foi deixado no chão da sala de corte. Entretanto, nada se perde de todo. O sapo, bem como o nome *Mainduck* (sapo), acabaria entrando em *O último suspiro do mouro*.

A grande Jama Masjid, a mesquita de Delhi Antiga, havia içado bandeiras negras para assinalar os massacres de muçulmanos na cidade de Meerut. Ele queria filmar a mesquita, e o idoso imã Bukhari, um agitador político ultraconservador, concordou em recebê-lo porque "Salman Rushdie" era um nome muçulmano. O encontro com o imã se deu em seu "jardim", uma área de terra e pedra, bem isolada, onde não havia uma só folha verde. O imã, meio desdentado, obeso, irascível, com a barba tingida com hena, sentou-se numa cadeira de braços, com uma enorme quantidade de cédulas de dinheiro, amarrotadas, no colo. Por todo lado havia assistentes, protegendo-o. A seu lado havia uma cadeira vazia, com assento de palhinha. Enquanto falava, alisava e enrolava, uma a uma, as notas de rupias, que ficavam parecidas com os *beedis* que outro ancião enrolava numa varanda no Kerala. Quando se satisfazia com seu trabalho numa das notas, ele a metia num dos buracos do assento de palhinha, que logo se encheu daqueles *beedis* de rupias, as notas de valor maior mais perto do imã, e as menores mais distantes dele. "Está certo", disse. "O senhor pode filmar." Depois da *fatwa* de Khomeini, esse mesmo imã Bukhari denunciou o autor de *Os versos satânicos* do púlpito da Jama Masjid, sem saber que um dia tinham tido um encontro mais ou menos cordial. Mas ele cometeu um erro. Não lembrou direito o nome do escritor e denunciou "Salman Khurshid". Salman Khurshid era um destacado político muçulmano. Isso foi embaraçoso, tanto para o imã quanto para o "Salman errado".

Na Caxemira, ele passou vários dias com um grupo de atores itinerantes que apresentavam *bhand pather*, ou, literalmente, "histórias de palhaços", tiradas da história e das lendas locais, uma das últimas dessas trupes, praticamente reduzidas à penúria pela agressividade e pela violência da situação política na região, mas também pelo cinema e pela TV. Esses atores se manifestavam com eloquência a respeito de sua vida e criticavam com vigor o autoritarismo do Exército e das forças de segurança indianas, mas, sempre que a câmera era ligada, passavam a mentir. Temerosos das consequências de serem honestos, diziam: "Ah, nós amamos o Exército indiano". Como ele não conseguia que contassem sua história, teve de cortá-los da versão final do filme, mas nunca esqueceu suas histórias não filmadas, nunca esqueceu a clareira na mata, cheia de crianças fazendo cabriolas e andando na corda bamba, onde uma nova geração de "palhaços" estava sendo treinada, palhaços que talvez não viessem a ter uma plateia para a qual se apresentar, que poderiam até, quando crescessem, pôr de lado as espadas falsas de atores e empunhar as armas reais da jihad islâmica. Muitos anos depois, elas se tornaram os protagonistas de seu romance *Shalimar, o equilibrista*.

O mais eloquente de todos os testemunhos foi dado por R., uma sique que morava numa casa de cômodos em Delhi. O marido e os filhos tinham sido mortos diante dela por bandos incitados e talvez até orientados por líderes do Partido do Congresso, que haviam "tirado vingança" contra toda a comunidade sique pelo assassinato de Indira Gandhi, em 31 de outubro de 1984, por dois guarda-costas siques. Beant Singh e Satwant Singh, leais ao movimento separatista do Khalistão, mataram-na para vingar-se do ataque ao santíssimo sique, o Templo Dourado, onde o líder do movimento, Sant Jarnail Singh Bhindranwale, havia se refugiado com muitos de seus homens. Três anos depois, a viúva, R., teve a dignidade e a força de dizer: "Eu não quero vingança, ou violência, ou o Khalistão. Só quero justiça. É tudo o que quero".

Para espanto dele, as autoridades indianas tinham lhe negado permissão para filmar essa mulher ou qualquer coisa relacionada com os massacres de siques. Mas ele gravou o depoimento de R. em fita, e no documentário acabado a fotografia dela apareceu entre muitas outras dessas viúvas, numa fotomontagem que talvez fosse mais eloquente do que sua imagem em movimento teria sido. A Alta Comissão Indiana em Londres reagiu tentando forçar o Channel Four a cancelar a exibição do documentário, que, no entanto, foi apresentado como estava programado. Foi assombroso que — como um aspecto do acobertamento da participação do partido situacionista nas atrocidades, durante as quais morreram muitos milhares de siques — o governo indiano tentasse impedir o depoimento não de um terrorista, mas de uma vítima do terrorismo; e louvável que a rede de televisão tivesse a coragem e a hombridade de rejeitar o pedido de cancelamento da exibição do filme.

Ele deixou a Índia sentindo-se repleto: carregado de ideias, argumentos, imagens, sons, cheiros, rostos, histórias, sensualidade e amor. Nesse momento, não sabia, mas aquele era o começo de um longo exílio. Depois que a Índia tornou-se o primeiro país do mundo a proibir *Os versos satânicos*, também se negaria a lhe dar um visto de viagem. (Os cidadãos britânicos precisavam de visto para entrar na Índia.) Ele não teria permissão para voltar, para ir à sua terra, durante doze anos e meio.

Ele soube do câncer do pai enquanto o filme, que agora se chamava *O enigma da meia-noite*, estava sendo montado. Seu cunhado Safwan, casado com sua irmã mais nova, Nabeelah (chamada, na família, de "Guljum", *namorada*), ligou de Karachi para dizer que Anis tinha um mieloma múltiplo, câncer da medula óssea. Estava sendo tratado, mas as perspectivas não eram animadoras. Havia uma droga, Melphalan, que poderia lhe dar alguns meses, talvez alguns anos, de sobrevida, se respondesse bem a ela. Ainda não se sabia com clareza como ele estava reagindo, de modo que era difícil dizer quanto tempo de vida lhe restava. "O que devo fazer?", ele se perguntou. "Talvez Sameen e eu devêssemos ir, um depois do outro, porque assim Amma sempre teria pelo menos um de nós lá." (Sameen voltara a morar em Londres, trabalhando com relações comunitárias.) Seguiu-se uma pausa, e Safwan disse, grave: "Salman *bhai*, venha. Pegue um avião e venha". Ele conversou com Jane Wellesley e Geoff Dunlop, e ambos foram da mesma opinião. "Vá e pronto." Dois dias depois ele chegou ao Paquistão, e esteve lá a tempo de acompanhar os últimos seis dias da vida do pai.

Foram dias amorosos, uma espécie de retorno à inocência. Ele concordara consigo mesmo em esquecer todas as coisas ruins, as brigas dos pais, entreouvidas na infância, os maus-tratos resultantes de bebedeira a que tinha sido submetido no Cumberland Hotel em janeiro de 1961, e o dia em que esmurrara o pai no queixo. Ele estava com vinte anos, e de uma hora para outra as fúrias alcoólicas de Anis tinham se tornado insuportáveis, sobretudo porque dessa vez o alvo fora sua mãe. Ele havia batido no pai e pensado, *Ah, meu Deus, agora ele vai me bater de volta.* Anis era baixo, mas fortíssimo. Tinha antebraços de açougueiro, e um soco dele teria sido devastador. Mas Anis não revidara contra o filho e apenas havia se afastado em silêncio, envergonhado. Já nada disso importava agora. No hospital Aga Khan, em Karachi, Anis deixara de ser forte. O rosto estava encovado, e o corpo, emaciado. Parecia tranquilo e pronto para o que desse e viesse. "Eu disse, desde o começo, que era câncer", comentou. "Eu perguntei a eles: para onde foi o sangue todo?" Muito tempo antes, ao ler *Os filhos da meia-noite*, Anis ficara enfurecido com o personagem "Ahmed Sinai", também um pai com um problema de alcoolismo. Recusara-se a falar com o filho, e ameaçara divorciar-se da mulher por "levar o rapaz a fazer isso". Tinha se acalmado quando o livro começou a fazer sucesso e os amigos telefonavam para dar-lhe parabéns. Dissera a Salman: "Quando a gente está com um bebê no colo, às vezes ele nos molha, mas a gente perdoa". Com isso, o filho tinha se sentido insultado pelo pai, e a tensão entre eles persistira. Agora tudo isso eram águas passadas. Anis segurou a mão do filho e murmurou: "Eu fiquei zangado porque cada palavra que você escreveu era a mais pura verdade".

Nos dias que se seguiram, eles recriaram o amor mútuo, até que ele aflorou, estava ali de novo, como se nunca tivesse se perdido. Na magnífica série de romances de Proust, o objetivo é recapturar o passado não pelo prisma distorcido da memória, mas sim *como ele era*. Foi isso que eles fizeram com o amor. *L'amour retrouvé*. Uma tarde, ternamente, ele pegou um barbeador elétrico e barbeou o rosto do pai.

Anis estava debilitado, e depois de alguns dias quis deixar o hospital. A casa em Karachi era o oposto da Villa Windsor, em Bombaim, uma moderna construção em dois níveis, e não um casarão antigo. Sapos coaxavam, a noite inteira, na piscina esvaziada, metidos numa pequena poça verde de água estagnada no fundo. Certa vez, quando Anis ainda tinha saúde, enfurecera-se com o barulho e saíra do quarto, descendo a escada correndo, e batera em muitos sapos com um pé de pato de borracha. Vários deles ficaram desacordados, mas não morreram. De manhã, todos tinham recobrado a consciência, e sumiram dali aos saltos. Ficou claro que os sapos também eram de borracha.

Agora Anis não tinha condições de subir para seu quarto. Prepararam uma cama para ele em seu escritório, no térreo, e ali ele ficou, cercado de livros. Numa gaveta da escrivaninha, a do alto, à esquerda, havia maços de notas de quinhentas rupias, e esse era todo o dinheiro que sobrara. Suas contas bancárias estavam no vermelho. Havia dívidas pequenas com a casa como garantia. Ele chegara ao fundo do poço.

Durante o jantar, Safwan, marido de Guljum e bem-sucedido engenheiro eletrônico, contou uma história estranha. Ele afirmava ter contrabandeado para o Paquistão, pessoalmente, o mais rápido computador do mundo, o chamado FPS, ou Sistema de Ponto Flutuante, dotado de alguma coisa chamada "equipamento de acesso" VAX. O computador era capaz de efetuar 76 milhões de cálculos por segundo. O cérebro humano não ia além de dezoito. "Até os computadores comuns de melhor nível só conseguem fazer 1 milhão de cálculos por segundo." A seguir explicou que o FPS era essencial para produzir a bomba nuclear islâmica. Mesmo nos Estados Unidos só havia vinte desses computadores. "Se ficarem sabendo que nós temos um no armazém de Lahore", disse ele, feliz, "toda a ajuda internacional ao Paquistão seria cancelada."

Isso era o Paquistão. Quando visitou o país, ele viveu na bolha de sua família e de alguns amigos que na verdade eram velhos amigos de Sameen, e não dele. Do lado de fora da bolha, havia um país do qual ele sempre se sentira completamente distanciado. Vez por outra, notícias como essa, de Safwan, chegadas de fora da bolha, lhe provocavam ímpetos de pegar o primeiro avião e sair dali para nunca mais voltar. Essas notícias eram sempre dadas por pessoas simpáticas, sorridentes, e na contradição entre a natureza delas e seus atos estava a esquizofrenia que dilacerava o país.

Por fim, Safwan e Guljum se separaram, e aquela moça linda começou a deslizar para uma obesidade chocante, para problemas mentais e drogas. Um dia, aos quarenta e poucos anos, seria encontrada morta na cama, a mais nova de quatro irmãos e a primeira a partir. Como estava proibido de entrar no país, ele não pôde comparecer a seu funeral, tal como também não pudera ir ao enterro da mãe. Por ocasião da morte de Negin Rushdie, um jornal paquistanês publicou um artigo dizendo que todos os que tinham ido a seu funeral deveriam pedir perdão a Deus, porque ela era a mãe do escritor apóstata. Mais um motivo para ele não gostar do Paquistão.

A hora de Anis chegou no meio da noite de 11 de novembro de 1987, menos de dois dias depois de ele ter saído do hospital. Salman teve de levá-lo ao banheiro e limpá-lo depois de um jorro de diarreia negra. Depois ele despejou uma quantidade imensa de vômito num balde, e puseram-no no carro e Sameen dirigiu como uma louca até o Aga Khan. Depois disso, o filho pensou que deveriam tê-lo mantido em casa e deixado que ele se fosse serenamente, mas na época iludiram-se, pensando que o hospital poderia salvar-lhe a vida, para que o tivessem consigo um pouco mais. Teria sido melhor poupá-lo da violência inútil dos choques no peito em seus últimos momentos. Mas ele não foi poupado, nada funcionou e ele se foi, e Negin, apesar de seu longo e difícil casamento, caiu ao chão e chorou. "Ele jurou que nunca ia me deixar, agora foi embora, e o que hei de fazer?"

Ele passou o braço em torno da mãe. Haveria de cuidar dela agora.

O hospital Aga Khan, o melhor de Karachi, era gratuito para todos os ismaelitas, mas extremamente caro para os não ismaelitas, o que era de esperar, pensou ele. Só liberariam o corpo do pai depois que a conta fosse saldada. Felizmente ele levava no bolso um cartão American Express, que usou para retirar o pai do hospital em que tinha morrido. Quando o levaram para casa, a marca de seu corpo ainda estava visível no lençol, e seus velhos chinelos estavam junto da cama. Chegaram os homens, parentes e amigos, pois o país era quente e o sepultamento ocorreria dentro de poucas horas. Deveria ter sido ele o responsável por tomar as providências, mas ele estava impotente naquele país estrangeiro e não sabia a quem chamar, de modo que os amigos de Sameen encontraram o cemitério, conseguiram um ataúde e até — isso era compulsório — chamaram um mulá na mesquita local, um edifício moderno que parecia uma versão do domo geodésico de Buckminster Fuller de concreto bombeado.

Eles também lavaram Anis — essa foi a primeira vez que ele viu o corpo nu do pai — e o alfaiate da mortalha costurou o lençol em torno dele. O cemitério ficava perto dali, e quando o esquife chegou, recendendo a flores e a aparas de sândalo, o túmulo já estava aberto. O coveiro postou-se numa das extremidades do túmulo, enquanto ele descia para o outro lado, e baixaram Anis para a cova. Estar dentro da sepultura do pai, para suster com a mão sua cabeça amortalhada e ajeitá-la em seu lugar de descanso final, causou-lhe uma imensa emoção. Entristecia-o pensar que o pai, homem de grande cultura e saber, nascido no *mulhalla* de Ballimaran, na Delhi Antiga de Ghalib, e depois, durante décadas, um feliz morador de Bombaim, tivesse um fim tão medíocre num lugar que não se mostrara bom para ele e no qual ele nunca se sentira à vontade. Anis Ahmed Rushdie era um homem frustrado, mas pelo menos terminara seus dias sabendo que era amado. Ao sair da cova ele feriu o dedão do pé esquerdo e teve de ir ao hospital Jinnah para tomar uma vacina antitetânica.

Nos anos seguintes, Anis visitou os sonhos do filho ao menos uma vez por mês. Nesses sonhos mostrava-se sempre afetuoso, engraçado, sábio, compreensivo e prestativo: o melhor dos pais. Pareceu-lhe surpreendente que o relacionamento deles, depois da morte de Anis, se tornasse muito melhor do que era antes.

Saladin Chamcha, em *Os versos satânicos*, também tinha uma relação difícil com o pai, Changez Chamchawala. No plano original do romance, Changez também morria, mas seu filho não voltava a Bombaim a tempo para revê-

-lo antes do fim, e por isso carregava consigo o fardo do conflito não resolvido entre eles. Mas a felicidade e a emoção profunda daqueles seis dias com o pai foi a coisa mais importante que ele levou para Londres, e isso o fez tomar uma decisão: ele permitiria que Saladin e Changez vivessem a mesma experiência que ele tivera com Anis. Seu pai acabava de morrer, mas ele ia escrever sobre sua morte. Preocupava-o o lado moral disso. Seria errado, mórbido, vampiresco? Não sabia a resposta. Pensou que se, ao fazê-lo, ele achasse que estava cometendo uma torpeza, destruiria essas páginas e voltaria ao plano original.

Ele usou grande parte da realidade, até os detalhes da medicação que ministrara a Anis naqueles últimos dias. "Além do comprimido diário de Melphalan, tinham receitado [para Changez] uma bateria de drogas na tentativa de combater os perniciosos efeitos colaterais do câncer: anemia, sobrecarga do coração, e assim por diante. Dinitrato de isossorbida, dois comprimidos, quatro vezes ao dia; furosemida, um comprimido, três vezes; prednisolona, seis comprimidos, duas vezes ao dia." E assim por diante. Agarol, espironolactona, alopurinol. Um exército de drogas milagrosas marchou da realidade para a ficção.

Ele escreveu sobre barbear o pai — Saladino barbeou o rosto de Changez — e sobre a coragem do moribundo diante da morte. "*Primeiro se apaixonar pelo pai de novo, e depois se encher de admiração por ele também.*" Escreveu sobre a diarreia negra, o vômito, os choques no peito, o lençol e o chinelo, a lavagem de seu corpo e o enterro. E escreveu isso: "*Ele está me ensinando a morrer,* pensou Salahuddin. *Ele não desvia os olhos, encara a morte de frente.* Em nenhum momento de sua agonia Changez Chamchawala pronunciou o nome de Deus".

Foi assim também que Anis Ahmed Rushdie morreu.

Escrevendo esse final, ele não lhe pareceu abusivo, mas sim respeitoso. Ao terminá-lo, ele sabia que faria parte do livro.

No dia em que ele partiu de Londres para ver o pai, Marianne achou no bolso de uma calça dele um papelzinho em que ele escrevera o nome de Robyn e um verso de uma música dos Beatles, *me excita como nenhuma outra amante.* Ele não se lembrava de ter escrito aquilo, nem quanto tempo havia que o papel estava em seu bolso — fazia bem mais de um ano que não via Robyn, e o papel estivera, provavelmente, em seu bolso durante mais tempo do que isso —, mas Marianne enciumou-se e a despedida foi ruim. Tinham planejado comemorar os quarenta anos dela em Paris. Entretanto, isso não aconteceria mais, por causa da doença de Anis.

Ele estava ainda invadido pela emoção gerada pela morte de Anis quando, num telefonema internacional, propôs casamento a Marianne. Ela aceitou. Em 23 de janeiro de 1988, casaram-se na prefeitura de Finsbury, convidaram amigos para um almoço no restaurante Frederick's, em Islington, e passaram a noite no Ritz. Só anos depois ele soube que a irmã Sameen e seus amigos mais íntimos tinham tido maus pressentimentos com relação ao casamento, mas não souberam como aconselhá-lo a não fazer aquilo.

Quatro dias depois ele escreveu em seu diário: "Como destruir um homem é fácil! Seu inimigo inventado: com que facilidade você pode esmagá-lo; como ele desaba! O mal: fácil é sua sedução". Depois não se lembrou por que tinha escrito isso. Devia tratar-se de uma ideia para algum aspecto da obra em andamento, embora não tenha entrado no livro acabado. Um ano depois, porém, aquilo pareceu... uma profecia.

Também escreveu o seguinte: "Se um dia eu terminar *Os versos satânicos*, apesar dos problemas emocionais, do divórcio, da mudança de residência, do livro da Nicarágua, do filme da Índia etc., terei completado, eu sinto, minha 'primeira missão', dar nome às partes de minha pessoa. E não restará mais nada sobre que escrever; a não ser, é claro, o total da vida humana".

Às 4h10 da tarde de 16 de fevereiro de 1988, uma terça-feira, ele escreveu no diário, em maiúsculas: "CHEGUEI AO FIM". Na quarta-feira, 17 de fevereiro, fez pequenas revisões e "declarou o livro terminado". Na quinta, fez cópias do livro e entregou-as a seus agentes. Naquele fim de semana, Sameen e Pauline começaram a ler *Os versos satânicos*. Sameen acabou de ler o romance na segunda-feira, e de maneira geral adorou-o. Entretanto, a descrição da morte de Changez deixou-a muito perturbada. "Eu ficava querendo dizer: 'Eu também estava lá. Ele não disse isso a você, disse a mim. Não foi você que fez isso para ele, fui eu'. Mas você me deixou de fora da história, e agora todo mundo vai pensar que as coisas se passaram assim." Ele não tinha defesa contra as acusações dela. "Está certo", ela lhe disse. "Eu falei o que queria. Vou superar isso."

Quando um livro sai da mesa do autor, ele muda. Mesmo antes que alguém o tenha lido, antes que outros olhos além dos de seu criador tenham visto uma única frase, ele está irremediavelmente alterado. Tornou-se um *livro que pode ser lido*, que não pertence mais a quem o escreveu. Em certo sentido, ganhou livre-arbítrio. Fará sua jornada pelo mundo, e não há mais nada que o autor possa fazer. Mesmo ele, ao ver suas frases, as lê, agora que podem ser lidas por outras pessoas, de uma maneira diferente. Elas parecem diferentes. O livro foi entregue ao mundo, e o mundo o refez.

Os versos satânicos saíra de casa. Sua metamorfose, sua transformação, devido a seu envolvimento com o mundo fora da mesa de trabalho do autor, seria singularmente extrema.

Durante todo o tempo que ele levara para escrever o livro, mantivera um bilhete para si mesmo afixado à parede diante de sua mesa. "Escrever um livro é fazer um pacto faustiano ao contrário", dizia. "Para ganhar imortalidade, ou pelo menos posteridade, você perde, ou ao menos arruína, sua vida diária."

2. “Originais não queimam”

“Diga-me, por que Margarida chama o senhor de mestre?”, perguntou Woland.

O homem riu e respondeu: “Uma compreensível fraqueza dela. Ela tem em altíssimo conceito um livro que escrevi”.

“Que livro é esse?”

“Um romance sobre Pôncio Pilatos.” [...]

“Sobre o quê? Quem?”, disse Woland, parando de rir. “Mas isso é notável! Hoje, nesta época? O senhor não poderia escolher outro tema? Deixe-me dar uma olhada.” Woland estendeu a mão, com a palma para cima.

“Infelizmente, não posso mostrá-lo ao senhor”, respondeu o mestre, “porque o queimei no fogão.”

“Desculpe, mas não acredito nisso”, disse Woland. “O senhor não pode ter feito isso. Originais não queimam.” Virou-se para Beemote e disse: “Vamos lá, Beemote, dê-me o romance”.

O gato deu um pulo da cadeira, e onde ele estivera sentado havia uma pilha de papéis escritos. Com uma mesura, o gato entregou a folha de cima a Woland. Margarida teve um sobressalto e exclamou, em lágrimas: “Aí está o manuscrito! Aí está!”.

Woland, o diabo, devolve ao mestre seu romance destruído, em *O mestre e Margarida*, de Mikhail Bulgakov.

Na madrugada de 15 de fevereiro de 1989, ele rolava na cama, de um lado para outro, ao lado da mulher, que dormia. De manhã, recebeu a visita de um oficial graduado do Esquadrão "A" da Divisão Especial da Polícia Metropolitana, ao qual competem todos os casos de proteção especial no Reino Unido (exceto a proteção da família real, a cargo do Esquadrão de Proteção Real). A Divisão Especial surgira como Divisão Especial Irlandesa, criada em 1883 para combater a Irmandade Republicana Irlandesa. Até pouco tempo antes, as ameaças principais contra as pessoas que ela protegia — o primeiro-ministro, o secretário da Defesa, o secretário do Exterior, o secretário da Irlanda do Norte e vários membros desabridos do Parlamento — vinham de uma organização descendente da Irmandade, o IRA Provisório. No entanto, o terrorismo se diversificara e as forças de segurança tinham de enfrentar novos inimigos. Líderes da comunidade judaica solicitavam proteção de vez em quando, depois de receber ameaças verossímeis de islâmicos. E agora havia também esse romancista, que tentava dormir, insone, na Lonsdale Square. Do outro lado do mundo, um mulá de braço longo estendia a mão para acabar com sua vida. Isso era assunto da polícia.

O homem da Divisão Especial veio acompanhado de um oficial do serviço de informações, e ambos lhe comunicaram as medidas de segurança que tinham sido decididas com relação à ameaça. *Ameaça* era um termo técnico, e não era o mesmo que *risco*. O *nível de ameaça* era um conceito genérico, mas os *níveis de risco* eram específicos. O nível de ameaça contra uma pessoa podia ser elevado — e cabia aos serviços de informações determinar isso —, mas o nível de risco ligado a uma determinada ação por parte dessa pessoa poderia ser muito mais baixo, por exemplo, se ninguém soubesse o que ela tencionava fazer, ou quando. A avaliação do risco cabia à equipe de proteção da polícia. Ele teria de dominar esses conceitos, pois as avaliações da ameaça e do risco moldariam, de agora em diante, sua vida diária. No momento, porém, ele pensava na ilha Maurício.

Dez dias depois de ele ter entregado os originais de *Os versos satânicos*, Marianne também acabou seu novo livro, *John Dollar*, um romance que envolvia canibalismo entre personagens perdidos numa ilha deserta e que ela insistia em definir — o que ele não aprovava — como um "*O senhor das moscas* feminista". Na noite do jantar do Booker Prize de 1988, quando *Os versos satânicos* ficou em segundo lugar, perdendo o prêmio para *Oscar e Lucinda*, de Peter Carey, ela chegou a descrevê-lo com essas palavras para o próprio autor, William Golding. Isso foi, sem dúvida, impróprio. Dois dias depois que ela entregou seu manuscrito, eles pegaram um avião para Maurício, com a filha de Marianne, Lara Porzak, estudante em Dartmouth e fotógrafa promissora. Felizmente, Maurício não era uma ilha deserta, de modo que não havia no cardápio nada de carne humana. Aquelas eram suas primeiras férias numa "ilha paradisíaca", e bem que ele estava precisado de um pouco de descanso e hedonismo. O romance o exaurira mais do que qualquer outro livro anterior. Enquanto espaireciam, Andrew Wylie, em Nova York, e Gillon Aitken, em Londres, distribuíram cópias de *Os versos satânicos*, e as rodas da engrenagem da atividade editorial começaram a girar. O mar era tão morno que quando se entrava na água não havia diferença alguma na temperatura, e ele passava o tempo contemplando crepúsculos tropicais, tomando drinques com frutas e guarda-chuvinhas, degustando pratos deliciosos feitos com um peixe chamado *sacréchien* e pensando que, naquela hora, Sonny Mehta, da Knopf, Peter Mayer, da Viking, e outros editores da Doubleday, da Collins e outras companhias estariam lendo seu livro grande e estranho. Ele levara um saco de livros para desviar a mente do leilão que logo viria. Estava muito ansioso por conhecer seu resultado, mas durante aqueles dias idílicos à beira do oceano Índico era impossível imaginar que alguma coisa pudesse sair errado.

Ele devia ter prestado atenção às aves. As aves não voadoras, mortas, que, não conseguindo fugir dos predadores, eram por eles despedaçadas. Maurício era a capital mundial, o campo de extermínio e o cemitério de aves não voadoras extintas.

Estranhamente para uma ilha de seu tamanho, até o século XVII "l'île Maurice" não tinha nenhuma população humana. No entanto, 45 espécies de aves tinham vivido ali, muitas delas incapazes de sair do chão, entre as quais a saracura vermelha, o íbis-sagrado e o dodô. Então chegaram os holandeses. Só ficaram na ilha de 1638 a 1710, mas quando foram embora todos os dodôs tinham morrido, na maior parte trucidados pelos cachorros dos colonizadores. Ao todo, 24 das 45 espécies de aves da ilha se extinguiram, como também as tartarugas, antes abundantes, e outras criaturas. Havia um esqueleto de dodô no museu de Port Louis. Sua carne era intragável para os seres humanos, mas os cachorros eram menos exigentes. Viam uma criatura indefesa e a faziam em pedacinhos. Afinal de contas, eram cães treinados para a caça. Não estavam habituados à piedade.

Tanto os holandeses quanto os franceses, que lhes sucederam, importaram escravos africanos para o cultivo da cana-de-açúcar. Esses escravos não eram tratados com gentileza. Os castigos incluíam amputações e execuções. Os ingleses conquistaram Maurício em 1810, e em 1835 a escravidão foi abolida. Quase todos os escravos logo deixaram a ilha em que tinham sido usados com tanta crueldade. Para substituí-los, os britânicos levaram para lá uma nova população de indianos, que trabalhavam em regime de servidão contratual. A maior parte dos indianos que viviam em Maurício em 1988 nunca tinha visto a Índia, mas muitos ainda falavam um dialeto indiano, o bhojpuri, que em um século e meio sofrera alguma transformação, mas ainda era reconhecível, e esses indianos ainda eram hindus ou muçulmanos. Para eles, era uma espécie de milagre conhecer um indiano nascido na Índia, um indiano que caminhara por ruas indianas reais e havia comido o verdadeiro pampo do Índico, em vez do *sacréchien* mauriciano, um indiano que se aquecera ao sol da Índia e se ensopara sob as chuvas de monção, que havia nadado na costa indiana do verdadeiro mar da Arábia. Ele era um visitante que vinha de uma terra antiga e mítica, e por isso abriram-lhe suas casas. Um dos principais poetas em híndi de Maurício, que pouco tempo antes estivera na Índia pela primeira vez na vida, para participar de um congresso de poesia, lhe disse que sua leitura deixara desconcertadas as plateias indianas, porque ele lia para transmitir significado, da forma que para ele era "normal", em vez de declamar os versos ritmicamente, da maneira habitual aos poetas em híndi da Índia. Isso representava uma pequena modificação cultural na "normalidade", um efeito colateral secundário da migração de seus antepassados contratados, mas que tivera um impacto pronunciado no poeta, pois lhe mostrara que, apesar de seu domínio da principal língua da Índia, ele não estava realmente inserido em sua tradição. O escritor indiano emigrado a quem essa história foi contada compreendeu que a integração era uma questão importante e incômoda para ambos. Eles tinham de dar respostas a perguntas que não eram feitas a autores de um só lugar, de uma só língua, de uma só cultura, e tinham de ter certeza de que suas respostas estavam certas. Quem eram, a que e a quais pessoas se achavam integrados? Ou seria a própria ideia de integração uma armadilha, uma jaula da qual tinham tido a sorte de escapar? Ele concluíra que as perguntas precisavam ser reformuladas. As perguntas a que ele sabia responder não eram sobre lugares ou raízes, e sim sobre amor. *A quem você ama? O que consegue deixar para trás, e em que precisa se segurar? Onde é que seu coração se sente saciado?*

Certa vez, na Festa Literária de Cheltenham, num jantar para os vários escritores indianos convidados naquele ano, a romancista indiana Githa Hariharan lhe dissera, de uma hora para outra: "É claro que sua posição na literatura indiana é muito incerta". Ele ficou chocado e um tanto magoado. "É mesmo?", respondeu, sentindo-se meio tolo. "Ah, é", disse ela, enfática. "*Muito.*"

Na praia, diante do hotel em que estavam, ele encontrou um homem franzino, com um elegante chapéu de palha, que vendia bugigangas para turistas com um singular fervor. "Olá, senhor, compre alguma coisa, senhor", disse o homenzinho, sorrindo de um lado a outro do rosto, e acrescentou: "Eu me chamo Musculação". Foi como se Mickey Mouse de apresentasse como "Arnold Schwarzenegger". O escritor indiano emigrado balançou a cabeça. "Não é, não", disse, e logo passou do inglês para o híndi. "Você deve ter um nome indiano." O efeito da língua foi espetacular. "O senhor é indiano de verdade?", perguntou Musculação, também em híndi. "Da Índia mesmo?" Dentro de três dias aconteceria o Holi, a festa de cores da primavera, quando em toda a Índia — e, pelo que se podia ver, também em Maurício — as pessoas "brincavam o Holi", ou seja, molhavam-se mutuamente com água colorida e atiravam pós coloridos umas nas outras. "O senhor tem de brincar o Holi em minha casa", insistiu Musculação, e o riso franco dos foliões do Holi proporcionou um certo alívio à tensão crescente entre ele próprio e suas duas companheiras de viagem. Foi um dia bom no casamento de cinco semanas que já começava a mostrar sinais de problemas. Havia tensões elétricas entre Marianne e Lara, entre ele e Lara e entre ele e Marianne. As águas mornas do Índico não conseguiam eliminar esse fato, nem as cores berrantes do Holi o ocultavam. "Eu estou na sua sombra", disse-lhe Marianne, e ele viu ressentimento no rosto dela. Andrew Wylie e Gillon Aitken também eram agentes dela. Ele a apresentara a ambos, que tinham passado a representá-la. Mas agora *Os versos satânicos* estava sendo oferecido em leilão, e o romance dela tinha de esperar na fila.

Quando voltaram da festa, ensopados e pintados de cor-de-rosa e verde, havia uma mensagem de Andrew esperando por ele, que ligou para Nova York do bar do hotel. Os lances tinham sido feitos. Eram altos, de dimensões para ele quase chocantes, mais de dez vezes superiores a seus maiores adiantamentos prévios. Entretanto, a pilha de dinheiro tinha um preço. Duas boas amizades tinham sofrido sérios estragos.

No começo daquele ano, Liz Calder, sua primeira e única editora de texto e sua amiga íntima por quinze anos, pedira demissão da Jonathan Cape para fundar, com outras pessoas, uma nova editora, a Bloomsbury. Em vista da amizade entre eles, havia a presunção de que ele a acompanharia. Na época, Andrew Wylie só o representava nos Estados Unidos; sua agente britânica ainda era a respeitadíssima Deborah Rogers, também amiga próxima de Liz Calder. Deborah logo combinou com Liz que "o novo Rushdie" iria para a Bloomsbury por uma soma modesta, já que a nova editora não tinha como fazer grandes adiantamentos. Era o tipo de ação entre amigos comum no mundo editorial britânico, e ele não gostou daquilo. Andrew Wylie lhe avisou que, se ele aceitasse uma quantia baixa no Reino Unido, estaria arruinando as perspectivas do livro nos Estados Unidos. Depois de muito hesitar, ele concordou em permitir que Andrew e seu colega britânico, Gillon Aitken, o representassem no mundo inteiro. A ação entre amigas foi cancelada, Liz e Deborah se sentiram muito magoadas, e o leilão foi avante. Ocorreu-lhe observar a Liz que, na verdade, fora *ela* quem o abandonara ao deixar a Cape para fundar a Bloomsbury, mas ela não estava disposta a ouvir esse tipo de argumento. Não havia muito o que dizer a Deb. Ela não era mais sua agente. Não havia como dourar aquela pílula.

Para ele, a amizade sempre fora de enorme importância. Havia passado grande parte da vida fisicamente distante da família, distanciado dela também emocionalmente. Os amigos eram a família que a pessoa escolhia. Goethe usara o termo científico "afinidades eletivas" para propor que as ligações de amizade, amor e casamento entre os seres humanos assemelhavam-se a reações químicas. As pessoas se atraíam quimicamente para formar compostos estáveis — casamentos — e, quando expostas a outras influências, separavam-se umas das outras; uma parte do composto era desalojada por um novo elemento e, às vezes, um novo composto se formava. Ele próprio não gostava muito da utilização da química como metáfora. Parecia algo demasiado determinista e deixava pouquíssimo espaço para a atuação da vontade humana. Para ele, "eletivo" significava "escolhido", não pela natureza bioquímica inconsciente de alguém, mas pelo eu consciente da pessoa. Seu amor pelos amigos escolhidos, bem como o amor daqueles que o haviam escolhido, era o que o sustentara e lhe dera forças; e as feridas que suas ações tinham causado, mesmo quando justificáveis em termos comerciais, pareciam erradas do ponto de vista humano.

Ele conhecera Liz através da melhor amiga de Clarissa, Rosanne Edge-Partington, no começo da década de 1970. Lavinia, a mãe de Clarissa, emigrara havia pouco para Mijas, no sul da Espanha, o local preferido do general Franco na Andaluzia, um ímã para expatriados ultraconservadores de toda a Europa e, mais tarde, modelo para a vila ficcional, mas não diferente, de Benengeli em *O último suspiro do mouro*. Ela vendeu seu casarão na Belgrave Street, 35, para os atores Michael Redgrave e Rachel Kempson, que mais tarde o revenderam — por mais estranho que pareça — para Hope Somoza, mulher do ditador da Nicarágua. No entanto, Lavinia manteve o apartamento duplex contíguo, número 37A, que antes fora ligado à casa principal, para que a filha ali morasse. Clarissa e ele tinham morado nesse apartamento durante três anos e meio, até comprarem a casa da Raveley Street, 19, em Kentish Town, na zona norte de Londres, onde ele escreveu *Os filhos da meia-noite*, sonhando com horizontes indianos que tremeluziam com o calor, enquanto via os plúmbeos céus londrinos; e, durante a maior parte desses três anos e meio, Liz morara com eles. O namorado dela na época, Jason Spender, fazia doutorado na Universidade de Manchester, enquanto ela trabalhava no departamento de publicidade da editora Victor Gollancz, em Londres, indo e vindo entre Manchester e Londres, passando três ou quatro dias da semana no escritório e os restantes no norte.

Liz era uma mulher deslumbrante, e uma das tarefas que lhe confiou foi que, se algum homem a levasse em casa depois de algum evento literário, o que era frequente, ele ficasse acordado e conversasse animadamente com o fulano, até ele ir embora. "Nunca me deixe sozinha com eles", ordenou, como se não fosse perfeitamente capaz de resolver qualquer situação que algum deles criasse. Um desses visitantes noturnos era o escritor Roald Dahl, homem comprido e desagradável com imensas mãos de estrangulador, que volta e meia lhe lançava olhares que, carregados de ódio, só reforçavam a resolução dele de não arredar pé dali. Por fim, Dahl sumia na noite, mal se despedindo até mesmo de Liz. Outro cavalheiro que a levava em casa era John Coleman, crítico de cinema da *New Statesman*, que, tido como alcoólatra recuperado, certo dia abriu a pasta, tirou dela duas garrafas de bebida e anunciou: "Essas são para mim". Coleman foi ficando, foi ficando, até que, traindo a confiança de Liz, ele não aguentou mais e foi se deitar, enquanto ela o fuzilava com o olhar. Na manhã seguinte, Liz contou que Coleman tinha ficado pelado na sala e exclamado: "Me use, sou seu". Com calma, ela fizera o eminente crítico vestir-se de novo e o levara à porta de saída.

Liz tinha se casado cedo, mudado da Nova Zelândia para o Brasil, com o marido, Richard, tivera um filho e uma filha, trabalhara como modelo de passarela, havia deixado o marido e voltado para Londres. O Brasil continuou sendo para ela uma paixão, e certa vez, quando um "baile brasileiro", em Londres, ofereceu duas passagens de avião para o Rio de Janeiro como primeiro prêmio para a melhor fantasia de Carnaval, ela cobriu o corpo nu com creme branco, armou uma pose e desfilou pelo salão sobre um carrinho. Quem empurrava o carrinho era Louis Baum, seu novo namorado, editor de *The Bookseller*, a bíblia semanal da indústria editorial. Baum estava fantasiado de escultor, de capa e boina, com um cinzel na mão. É claro que ela ganhou.

Liz foi promovida na Gollancz, deixando o departamento de publicidade e tornando-se editora na mesma época em que ele acabou de escrever *Grimus*. À noite, ela dormia no quarto em que ele escrevia durante o dia, e, sem que ele soubesse, vinha dando olhadas no original cada vez maior. Quando o livro ficou pronto, ela o editou, de modo que o primeiro romance dele como autor foi também o primeiro romance dela como editora. Depois que Zafar nasceu, todos eles tinham tirado férias na França, junto com o filhinho de Louis, Simon. Era essa a amizade que ele rompera por dinheiro. O que isso indicava a seu respeito?

A ligação com Deborah Rogers não era tão antiga quanto sua amizade com Liz, mas era forte. Deborah era uma mulher amável, maternal, de enorme coração e generosa, uma pessoa cuja relação com seus autores era tão afetuosa quanto profissional. Depois da publicação de *Os filhos da meia-noite*, muito antes do Booker Prize e de o livro virar um best-seller internacional, foi no escritório dela que ele se dera conta de que, se tivesse cuidado, poderia ser capaz de viver de sua literatura. E o estímulo dela o encorajara a voltar para casa e dizer a Clarissa que deveriam se "preparar para ser pobres", e então a confiança de Clarissa redobrara sua disposição e lhe permitira ir à agência de publicidade e pedir demissão. Ele e Clarissa tinham passado dias felizes em Middle Pitts, a fazenda de Deb e de seu marido, o compositor Michael Berkeley, no País de Gales. Essa foi outra ruptura que provocou uma dolorosa sensação de culpa. Entretanto, quando a tempestade desabou sobre sua cabeça, tanto Deborah quanto Liz puseram de lado suas mágoas e portaram-se com extrema lealdade e generosidade para com ele. Se ele pôde sobreviver àqueles anos, foi graças ao amor e à lealdade dos amigos. E também ao perdão deles.

E Liz sentiu que havia se esquivado de uma bala. Se tivesse publicado *Os versos satânicos*, é provável que a crise que se seguiu, com as ameaças de bombas e de mortes, as despesas de segurança, as evacuações de edifícios e o medo, teria afundado em pouco tempo seu novo empreendimento editorial, e a Bloomsbury não sobreviveria para descobrir uma obscura e inédita autora de livros infantojuvenis chamada Jo Rowling.

Aconteceu outra coisa. Na batalha de *Os versos satânicos*, nenhum escritor poderia contar com aliados mais corajosos, inflexíveis e determinados que Andrew Wylie e Gillon Aitken. Quando ele os escolheu, não sabia que Andrew e Gillon iriam participar de uma guerra juntos, nem eles tinham como saber o que o futuro lhes reservava. No entanto, quando a guerra começou, ele ficou feliz por tê-los a seu lado.

O lance mais alto pelos direitos de publicação de *Os versos satânicos* em inglês não foi feito pela Viking. Havia outra oferta, 100 mil dólares mais elevada, mas tanto Andrew como Gillon aconselharam-no vivamente a não aceitá-la. Ele não estava habituado a lances daqueles valores, muito menos a rejeitá-los, e perguntou a Andrew: "Pode me explicar de novo por que não devo concordar em receber mais 100 mil dólares?". Andrew obstinou-se. "Eles não seriam os editores certos para você." Depois, quando veio a tempestade, a *The New Yorker* publicou uma entrevista com o sr. Rupert Murdoch, em que ele declarou enfaticamente: "Em minha opinião, não se deve ofender as crenças religiosas das pessoas. Por exemplo, tenho certeza de que nosso pessoal nunca se disporia a publicar o livro de Salman Rushdie". Era possível que Rupert

Murdoch não soubesse que "seu pessoal" mostrara tamanho entusiasmo pelo romance que superara os lances da concorrência por uma diferença considerável, mas, à luz desse perfil na *The New Yorker*, parecia provável que, se Murdoch fosse o dono da editora de *Os versos satânicos*, teria retirado o livro das livrarias no momento em que começou a confusão. O conselho de Andrew Wylie fora de uma presciência impressionante. Realmente, Murdoch não era o editor certo para o livro.

Não existe o que se chama de "vida normal". Ele sempre simpatizara com a ideia dos surrealistas de que o hábito embota nossa capacidade de sentir o quanto o mundo é extraordinário. À medida que crescemos, nós nos acostumamos com o jeito como as coisas são, à cotidianidade da vida, e uma espécie de poeira ou película nos tolda a visão, e com isso nos escapa a natureza verdadeira, miraculosa, da vida na Terra. A tarefa do artista consiste em remover essa camada que nos cega e restaurar nossa capacidade de maravilhamento. Isso lhe parecia correto; mas o problema não decorria só do hábito. As pessoas também sofrem de uma forma de cegueira opcional. Fingem que existe o que se considera "normal" ou "comum", e essa é a fantasia pública, muito mais escapista do que a maior parte da ficção escapista, e dentro dela as pessoas se escondem, como que num casulo. As pessoas se escondem atrás de suas portas, na zona oculta de seus mundos privados, familiares, e, quando pessoas de fora lhes perguntam como vão as coisas, respondem: está tudo bem, não há nada de novo, tudo normal. Contudo, no fundo todos sabem que atrás das portas as coisas raramente são rotineiras. No mais das vezes, a inferneira está à solta, visto que as pessoas lidam com pais furiosos, mães alcoólatras, irmãos ressentidos, tias loucas, tios libidinosos e avós decrépitos. A família não é a firme fundação sobre a qual o edifício da sociedade se apoia, mas se situa no âmago sombrio e caótico de tudo quanto nos aflige. Não é normal, mas surreal; não é rotineira, mas cheia de agitação; não é ordinária, e sim bizarra. Ele se lembrava da empolgação que sentira ao ouvir, com vinte anos, as palestras Reith, proferidas na rádio BBC por Edmund Leach, o grande antropólogo e intérprete de Claude Lévi-Strauss, que, um ano antes, sucedera a Noel Annan como reitor do King's College. "Longe de ser a base da boa sociedade", dizia Leach, "a família, com sua privacidade estreita e seus segredos chinfrins, é a fonte de todas as nossas insatisfações." *Isso!*, ele pensou. *Isso! Eis uma coisa que eu também sei.* As famílias nos livros que mais tarde ele escreveu eram explosivas, operísticas, gesticulantes, exclamativas, indisciplinadas. As pessoas que não gostavam de seus romances às vezes criticavam essas famílias ficcionais por não serem realistas — não serem "normais". Entretanto, os leitores que gostavam de seus livros lhe diziam: "Essas famílias são o retrato da minha".

Os direitos de publicação de *Os versos satânicos* em inglês foram vendidos à Viking em 15 de março de 1988. O livro foi publicado em Londres em 26 de setembro. Esses foram os últimos meses de sua "vida normal", depois da qual as pátinas do hábito e da autoilusão foram rudemente removidas, e o que se revelou não foi a beleza surreal do mundo, mas sua monstruosidade feral. Nos anos que se seguiram, caberia a ele redescobrir, como fez a Bela, a beleza da Fera.

Quando Marianne se mudou para a casa da St. Peter's Street, disse que precisava de uma médica, nas proximidades, que atuasse em clínica geral. Ele se ofereceu para apresentá-la à sua própria médica, mas ela respondeu: "Preciso de alguém que compreenda o tratamento pelo qual eu passei". Explicou que era sobrevivente de um câncer de cólon, que havia superado mediante uma forma de tratamento de vanguarda no Canadá. (Esse tratamento era legal no Canadá, mas não nos Estados Unidos, disse.) "Por isso estou investigando na rede de câncer." Daí a alguns dias, disse que tinha encontrado a médica que desejava.

Em meados de 1988, ele e Marianne estavam pensando no futuro. Em dado momento, chegaram a pensar em comprar uma casa nova em Nova York e manter apenas um apartamento em Londres, mas Zafar ainda não tinha nem nove anos, e logo desistiram dessa ideia. Olharam casas na Kemplay Road, em Hampstead, depois na Willow Road, no limite de Heath, e chegaram a fazer uma oferta pela casa da Willow, que foi aceita. Mas ele desistiu dessa negociação, alegando que na verdade não queria enfrentar a trabalheira de uma mudança. A verdade era mais triste: ele não queria comprar uma casa *com Marianne*, porque não tinha certeza de que o relacionamento deles seria duradouro.

Ela começou a se queixar, naqueles meses, de sentir-se mal de novo. Depois de uma briga feia por causa da contínua "obsessão" dele com Robyn, uma obsessão que na verdade era dela, ela falou sobre sentir uma sombra dentro de si, uma dor forte em seu sangue. Precisava ver a médica. Temia um câncer cervical. Ele percebeu a amarga ironia que era essa crise surgir no exato momento em que ambos haviam concluído seus livros e estavam cheios de planos; da possibilidade de uma perda horrível vir a destruir a alegria que sentiam. "Você está sempre falando sobre o que perdeu", ela lhe disse. "Mas é óbvio que também ganhou muitas coisas."

A seguir, ela soube que sua solicitação de uma bolsa Guggenheim tinha sido indeferida e ficou deprimida. Ela disse que a médica lhe ligara: as notícias não eram conclusivas, mas não ótimas. Daí a semanas, entretanto, da mesma forma como a possibilidade de câncer se apresentara, foi riscada. As nuvens escuras desapareceram. Ela estava saudável. O futuro voltou a existir.

Por que ele tinha a impressão de que havia algo de errado nessa história? Não conseguia definir o que era. Talvez a confiança entre eles também já estivesse muito desgastada. Ela não perdoava o papelzinho que achara em seu bolso. A decisão dele de não comprar a casa da Willow Road fora outro golpe na esperança dela no casamento. E também ele tinha certas perguntas difíceis na cabeça.

O pai de Clarissa tinha saltado de um edifício. A mãe de Robyn Davidson se enforcara. Agora ele ficara sabendo que o pai de Marianne também se suicidara. Qual seria o significado do fato de todas as mulheres importantes em sua vida serem filhas de suicidas? Ele não podia, ou não queria, responder a essa pergunta. Logo depois de conhecer Elizabeth West, que se tornaria sua terceira mulher e mãe de seu segundo filho, ele se sentiu na obrigação de indagar sobre os pais dela. Foi um alívio saber que não havia suicídios na bagagem familiar de Elizabeth. No entanto, sua mãe morrera quando ela era muito pequena, e o pai, muito mais velho, não pudera cuidar da filha, que fora criada por outros parentes. Lá estava, mais uma vez, um buraco parental semelhante.

Ele estava tentando pôr em movimento sua imaginação porque a pergunta eterna, *E agora?*, já o apoquentava. Leu *O agente confidencial*, de Graham Greene, e ficou impressionado com a simplicidade dos efeitos do autor. Um homem não se parece com a foto em seu passaporte, e isso basta para Greene invocar um mundo inseguro, até sinistro. Leu *A pequena Dorrit* e adorou, como sempre, o dom de Dickens para animar o inanimado: a cidade de Marselha olhando para o céu, para estranhos, para um de cada vez e para todos ao mesmo tempo, um olhar tão fixo que era preciso evitá-lo com cortinas e venezianas. Leu *Herzog* pela enésima vez, e dessa vez a posição do livro em relação às mulheres realmente bateu mal. Por que tantos personagens masculinos de Bellow fantasiavam que seriam sexualmente mais bem-sucedidos se fossem mais violentos? Desde Moses Herzog a Kenneth Trachtenberg, em *More die of heartbreak*, a mesma fantasia. *Sr. B., está dando bandeira*, pensou. Leu *A chave*, de Junichiro Tanizaki, e deleitou-se com sua narrativa de diários secretos e farras sexuais no velho Japão. Marianne disse que aquele era um livro perverso. Ele achava que era um livro sobre a natureza manipuladora do desejo erótico. A alma tinha muitos desvãos escuros, e às vezes os livros os iluminavam. Mas o que ele, um ateu, queria dizer quando usava a palavra "alma"? Seria apenas poesia? Ou haveria em nós alguma coisa não corpórea, algo mais do que carne, sangue e ossos, aquilo que Koestler chamava de o fantasma na máquina? Brincou com a ideia de que pudéssemos ter uma alma mortal, e não imortal; um espírito que, abrigado no corpo, morria quando o corpo morria. Um espírito que talvez fosse aquilo a que nos referíamos quando falávamos de *das Ich*, o ego.

Ler também era viver. Ele leu *O grande jogo de Billy Phelan*, de William Kennedy, e anotou com admiração: "O fim do comportamento não foi ação, e sim compreensão na qual basear a ação". Leu *Uma breve história do tempo*, de Hawking, que lhe provocou dor de cabeça, mas, embora tivesse compreendido apenas uma fração do livro, entendeu o suficiente para rejeitar a opinião do cientista, de que estávamos nos aproximando do ponto em que tudo seria conhecido. A completude do conhecimento: só um cientista seria bastante louco ou bastante sábio para imaginar essa possibilidade.

Zia ul-Haq morreu num acidente aéreo: não se perdeu nada.

Um livro, que de início ele pensou que poderia ser uma peça de teatro, talvez uma reinvenção de *Otelo*, começou a germinar nele, se bem que quando o escreveu, vários anos depois, tinha crescido de maneira que ele na época não entendeu. Achou que poderia chamar-se *O último suspiro do mouro*. Nessa mesma ocasião, uma conhecida, indiana, lhe surgiu em sonho, depois de ler *Os versos satânicos*, e o avisou de que haveria "um preço a pagar" pelo livro. As partes londrinas do romance nada significavam para ela, e a história sobre a divisão do mar da Arábia "apenas mostra seu interesse pelo cinema". O sonho traduzia um temor que ele tinha: que as pessoas só reagissem às partes do romance com as quais achassem ter alguma ligação — positiva ou negativa — e não tomassem conhecimento do restante. Ele estava começando a duvidar do que tinha feito, como sempre se sentia antes de acabar um livro ou antes de sua publicação. Às vezes ele achava o livro um pouco desajeitado, "um monstro rebelde, inchado", para usar a frase de Henry James. Em outras ocasiões, julgava que conseguira controlá-lo e dar-lhe uma boa forma. Preocupava-se com várias sequências: o trecho de "Rosa Diamond", com sua história pregressa na Argentina, e a diabólica metamorfose de seu personagem Chamcha dentro de um carro da polícia e num hospital. Tinha dúvidas sérias quanto à narrativa principal, e sobretudo quanto às cenas de transformação. Entretanto, de repente, suas dúvidas se evaporaram. O livro estava pronto e lhe dava orgulho.

Em maio ele viajou a Lisboa, onde passou alguns dias. Durante uns anos, no fim da década de 1980, a Fundação Wheatland — uma iniciativa conjunta do editor britânico George Weidenfeld e da americana Ann Getty, que, como disse o *The New York Times*, era "bancada" pelo marido, Gordon Getty — organizou uma série de dispendiosas conferências literárias em vários países, programa que foi interrompido pelo fim da associação Getty-Weidenfeld em 1989, devido a perdas que, para o *The New York Times*, chegavam a "pelo menos 15 milhões de dólares". Alguns desses milhões se esvaíram, sem dúvida, na conferência montada no palácio de Queluz, em maio de 1988, que contou com a presença do mais extraordinário conjunto de escritores já visto desde o Congresso do PEN Club de 1986, em Nova York. Sontag, Walcott, Tabucchi, Enzensberger etc. Ele foi com Martin Amis e Ian McEwan, e, depois da mesa-redonda do grupo de debates "britânico", os italianos reclamaram que eles tinham falado demais sobre política, embora a literatura lidasse com "frases", e lorde Weidenfeld queixou-se de que eles tinham criticado Margaret Thatcher, a quem tanto deviam. Enquanto ele estava no palco, o notável escritor montenegrino Danilo Kiš, que mostrou ser um hábil caricaturista, retratou-o num bloco da conferência e, no fim da sessão, deu-lhe o desenho de presente. No Congresso do PEN, em Nova York, Kiš, escritor brilhante e espirituoso, defendera a ideia de que o Estado poderia ter imaginação. "Na verdade", disse, "o Estado também tem senso de humor, e vou lhes dar um exemplo de uma piada feita pelo Estado." Quando estava morando em Paris, certo dia um amigo iugoslavo lhe escreveu. Ao abrir a carta, ele dera com um carimbo na primeira página: ESTA CARTA NÃO FOI CENSURADA. Kiš parecia Tom Baker no papel do dr. Who da série de TV, e não falava inglês. Como o servo-croata também não era uma opção, eles fizeram amizade em francês. Na época da conferência de Lisboa, Kiš já estava seriamente doente — morreria de câncer de pulmão em 1989 — e, como suas cordas vocais se achavam muito lesionadas, tinha dificuldade para falar. A caricatura foi oferecida para substituir uma conversa e tornou-se uma lembrança preciosa.

A discussãozinha sobre os pronunciamentos do "grupo britânico" não foi mais que um *amuse-bouche*. O prato principal foi o acalorado confronto entre os escritores russos e os da área que eles insistiam em que fosse chamada de "Europa Central" — o próprio Kiš, os húngaros György Konrád e Péter Esterházy, o tcheco-canadense emigrado Josef Škvorecký e os grandes poetas poloneses Adam Zagajewski e Czesław Miłosz. Estávamos no tempo da glasnost, e pela primeira vez os soviéticos tinham deixado que escritores "verdadeiros" viajassem — não os fantoches do Sindicato dos Escritores, mas pessoas do quilate de Tatyana Tolstaya. Os principais escritores da emigração russa, encabeçados por Joseph Brodsky, também estavam lá, e por isso o evento proporcionou uma espécie de reencontro da literatura russa, o que foi comovente de ver (Brodsky recusou-se a falar em inglês, por desejar, como disse, ser um russo entre russos). Entretanto, quando os escritores centro-europeus, esquecendo a ideia italiana segundo a qual a literatura tratava de frases, entregaram-se a veementes denúncias da hegemonia russa, os russos reagiram mal. Vários deles afirmaram que nunca tinham ouvido falar de uma cultura centro-europeia separada. Tolstaya acrescentou que, se os escritores estavam preocupados com o Exército Vermelho, sempre podiam buscar refúgio em sua imaginação, como ela fazia, e lá estariam inteiramente livres. Tal argumento não foi bem recebido. Brodsky asseverou, numa formulação cultural-imperialista quase cômica, que a Rússia estava em processo de solucionar seus próprios problemas, e que, uma vez feito isso, todos os problemas dos centro-europeus também estariam resolvidos. (Esse foi o mesmo Brodsky que, depois da *fatwa*, aderiria ao grupo do ele-sabia-o-que-estava-fazendo,-fez-isso-de-propósito.) Czesław Miłosz foi ao palco para discordar de Brodsky em termos estentóreos, e os setenta e poucos escritores no salão assistiram ao espetáculo dos dois gigantes, ambos laureados com o Nobel (e velhos amigos), discutindo furiosamente em termos que deixaram todos os que ouviram aquilo convictos de que sem dúvida uma mudança drástica estava ocorrendo no Oriente. Foi como assistir de antemão à derrocada do comunismo, expressa e representada pelos maiores intelectuais da região, na presença de seus colegas internacionais: um momento inesquecível pelos que tiveram a sorte de estar ali.

Se a história avançava dialeticamente, como propunha Hegel, a queda do comunismo e a ascensão de islã revolucionário demonstravam que o materialismo dialético — a reformulação de Hegel e Fichte feita por Karl Marx, que identificou a luta de classes com o processo dialético — tinha um vício de origem. O pensamento dos intelectuais da Europa Central no palácio de Queluz, e também a filosofia, bem diferente, do islã radical, cuja força crescia tão depressa, desmentiam a ideia marxista de que "a economia era determinante", de que o conflito econômico, expresso na luta de classes, oferecia a melhor explicação de como as coisas funcionavam. Nesse novo mundo, na dialética do mundo além do confronto comunismo-capitalismo, ficaria claro que a cultura também era determinante. A cultura da Europa Central vinha se afirmando contra o russismo para desconstruir a União Soviética. E a ideologia, como insistiam o aiatolá Khomeini e seus seguidores, decerto podia ser determinante. As guerras da ideologia e da cultura estavam ocupando o centro do palco. E, infelizmente para ele, seu romance se tornaria um campo de batalha.

Ele foi convidado a participar do programa de rádio *Desert Island Discs* [Discos numa ilha deserta], uma honra maior, na Grã-Bretanha, que um simples prêmio literário. Uma das oito músicas que escolheu para levar consigo para sua ilha deserta imaginária foi um *ghazal* em urdu, composto por Faiz Ahmed Faiz, amigo íntimo de sua família que fora, também, o primeiro grande escritor que ele conheceu. Tratava-se tanto de um renomado poeta, cujos versos sobre a partição da Índia e do Paquistão eram os melhores que já tinham sido escritos, quanto um criador, um pouco ressentido, de poemas de amor muito admirados. Ele aprendera com Faiz que a tarefa do escritor consistia em ser, ao mesmo tempo, público e privado, um árbitro da sociedade e do coração humano. Outra de suas escolhas foi, talvez, a música que tocava sob o texto de seu novo romance: "Sympathy for the Devil", dos Rolling Stones.

Bruce Chatwin estava para morrer, e ele o visitou várias vezes. A doença vinha afetando o equilíbrio de sua mente. Antes ele se recusava a pronunciar as palavras aids ou HIV, mas agora delirava e afirmava ter encontrado a cura da doença. Disse que estava telefonando para seus amigos ricos, "como o Aga Khan", a fim de arrecadar recursos para a pesquisa, e queria que seus amigos literatos contribuíssem também. Segundo ele, os "especialistas" do hospital Radcliffe, em Oxford, estavam "muito animados" e convictos de que ele dera "com alguma coisa". Bruce também tinha certeza de que ele próprio tinha ficado riquíssimo. Seus livros tinham vendido "um número imenso de exemplares". Um dia, ligou para contar que comprara um óleo de Chagall. Essa não foi sua única "compra" extravagante. Sua mulher, Elizabeth, era obrigada a devolver na surdina suas aquisições e a explicar que Bruce não estava em seu juízo perfeito. Por fim, seu pai teve de pedir na justiça a curatela do filho para cuidar de suas finanças, e isso causou uma triste divisão na família. Bruce também estava publicando um livro, seu último romance, *Utz*. Certo dia, ligou para dizer: "Se nós dois formos indicados para o Booker, devemos anunciar que pretendemos dividir o prêmio. Se eu ganhar, vou dividi-lo com você, e você deve dizer a mesma coisa". Até então, Bruce sempre desdenhara o Booker.

O *The New York Times* pediu-lhe que escrevesse uma recensão de *Dear Mili*, um conto de Grimm ilustrado por Maurice Sendak, e, embora ele fizesse questão de manifestar sua admiração por grande parte da obra de Sendak, não pôde deixar de comentar que aquelas ilustrações pareciam repetir o que o grande ilustrador já tinha feito antes. Depois disso, Sendak declarou a entrevistadores que aquela fora a pior crítica que já recebera na vida e que ele "odiava" seu autor. (Ele escreveu duas outras resenhas, para o jornal britânico *The Observer*, em que considerou os livros avaliados, *A casa da Rússia* e *Hocus pocus*, menos significativos do que obras anteriores dos autores. John le Carré e Kurt Vonnegut, autores desses livros, que até então se mostravam amistosos em relação a ele, também se declararam de relações rompidas. Essa era a regra da crítica literária. Se você gostasse de um livro, o autor achava que ao elogiá-lo você não fazia mais do que sua obrigação; se não gostasse, criava inimigos. Ele resolveu nunca mais assinar críticas. Era uma canoa furada.)

No dia em que chegaram as provas encadernadas de *Os versos satânicos*, ele recebeu em sua casa da St. Peter's Street a visita de uma jornalista que considerava sua amiga, Madhu Jain, da revista semanal *India Today*. Ao ver a capa dura, azul-escura, com o grande título em letras vermelhas, ela se empolgou e implorou que ele lhe desse um exemplar, para que ela pudesse ler durante suas férias na Inglaterra com o marido. Depois de ler o livro, exigiu entrevistá-lo e que a *India Today* tivesse permissão para publicar um excerto. Mais uma vez, ele concordou. Durante muitos anos, depois disso, ele acreditou que esse excerto foi o fósforo que acendeu a fogueira. E com certeza a revista destacou aquilo que passaria a ser visto como aspectos "polêmicos" do livro ao estampar parte da matéria sob o título "Um ataque inequívoco ao fundamentalismo religioso", a primeira de inúmeras descrições incorretas do conteúdo da obra, e ao atribuir a ele uma citação — "Meu tema é o fanatismo" — que desvirtuou ainda mais o sentido do romance. A última frase do artigo, "O romance *Os versos satânicos* está destinado a provocar uma avalanche de protestos [...]", era um convite aberto para que esses protestos começassem. O artigo foi lido pelo parlamentar conservador islâmico Syed Shahabuddin, que respondeu com uma "carta aberta" intitulada "Sr. Rushdie, o senhor fez isso com premeditação satânica", e o processo começou. A forma mais eficiente de atacar um livro consiste em demonizar seu autor, transformá-lo numa criatura de motivações indignas e más intenções. Estava sendo criado o "Satã Rushdy", que daí a pouco manifestantes enraivecidos exibiriam nas ruas do mundo, que seria enforcado em efígie, com uma língua vermelha para fora da boca, usando um smoking grosseiro. Nascido na Índia, como nascera o verdadeiro Rushdie. Ali estava a primeira proposição do ataque: qualquer pessoa que escrevesse um livro cujo título contivesse a palavra "satânico" também devia ser satânica. Como muitas falsas proposições que floresceram na incipiente Era da Informação (ou desinformação), ela se fez verdadeira pela repetição. Diga uma mentira sobre um homem uma vez, e muita gente não acreditará em você. Diga a mesma coisa 1 milhão de vezes, e será o próprio homem quem deixará de ser digno de fé.

Com a passagem do tempo, veio o perdão. Relendo a matéria da *India Today* muitos anos depois, numa época mais calma, ele admitiu que ela era muito mais equilibrada do que o autor do título a fizera parecer, mais equilibrada do que a última frase. Quem quisesse se ofender se ofenderia de qualquer jeito. Quem quisesse ver um incêndio encontraria a faísca necessária. Talvez o gesto mais prejudicial da revista tenha sido quebrar o tradicional embargo editorial e publicar a matéria nove dias antes do lançamento do livro, numa época em que nenhum exemplar dele tinha chegado à Índia. Isso permitiu que o sr. Shahabuddin e seu aliado, outro parlamentar da oposição, Khurshid Alam Khan, tivessem rédea solta. Estavam em liberdade para dizer o que bem entendessem sobre o livro, que não poderia ser lido e, portanto, não poderia ser defendido. Uma única pessoa que lera um dos exemplares distribuídos previamente pela editora, o jornalista Khushwant Singh, recomendou na revista *The Illustrated Weekly of India* que o livro fosse proibido como medida que tenderia a evitar problemas. Singh tornou-se, assim, o primeiro membro de um pequeno grupo de escritores e jornalistas em todo o mundo a aderir ao lobby da censura. Khushwant Singh alegou ainda que a Penguin havia pedido sua opinião, e que ele advertira o autor e a editora quanto às consequências da publicação. O autor nunca soube dessa advertência. Se um dia foi feita, ele não a recebeu.

Infelizmente, os ataques a seu caráter não partiram apenas de críticos muçulmanos. Num jornal britânico lançado em 1986, *The Independent*, o escritor Mark Lawson mencionou um anônimo contemporâneo de Cambridge que o chamou de "pretensioso" e que, "ainda no tempo de colégio", sentia-se "distante dele devido à sua educação". Ou seja, o anônimo o considerava culpado por causa de seus anos infelizes na Rugby. Outro "amigo próximo", também inominado, conseguia "entender" o motivo pelo qual ele podia parecer "grosseiro e arrogante". E havia mais: ele era "esquizofrênico", era "completamente maluco", ele *corrigia as pessoas quando pronunciavam mal seu nome!* e — o pior de tudo — certa vez ele entrara num táxi que o sr. Lawson chamara e deixara o jornalista a pé. Essas coisas eram bobagens, coisas de gente tacanha, e havia muito mais disso em outros lugares, em outros jornais. "Amigos íntimos muitas vezes confessam que ele na verdade não é uma pessoa simpática", escreveu Bryan Appleyard no *The Sunday Times*. "Rushdie é de um egocentrismo monolítico." (Que tipo de "amigos íntimos" falavam de seus amigos assim? Só os anônimos desenterrados por autores de perfis.) Na "vida normal", todas essas coisas magoavam, mas não teriam grande importância. Entretanto, no grande conflito que se seguiu à ideia de que ele não era um homem muito agradável se revelaria bastante prejudicial.

No século XVIII, lorde Byron detestava o trabalho do poeta laureado Robert Southey, e criticou-o de forma contundente pela imprensa. Southey respondeu que Byron fazia parte de uma "escola satânica" de literatura, e que sua poesia não passava de "versos satânicos".

A edição britânica de *Os versos satânicos* foi lançada em 26 de setembro de 1988, uma segunda-feira, e olhando agora para o passado ele sentia uma enorme saudade daquele momento, em que qualquer ideia de transtorno parecia muito distante. Durante um breve momento naquele outono, a publicação de *Os versos satânicos* foi um fato literário, tratado na linguagem dos livros. O livro era bom? Seria, como Victoria Glendinning opinou no *The Times*, "melhor do que *Os filhos da meia-noite*, por ser mais contido, mas apenas nos sentido em que a cataratas do Niagara são contidas"? Ou, como Angela Carter escreveu no *The Guardian*, "um épico no qual se abriram buracos para deixar entrar visões [...] [um] romance populoso, loquaz, às vezes hilariante, notavelmente contemporâneo"? Ou seria ele, como escreveu Claire Tomalin no *The Independent*, "uma roda que não girou", ou um romance que "despenhava, com asas de cera, rumo à ilegibilidade", na opinião ainda mais cáustica de Hermione Lee no *The Observer*? Quantos sócios teria o apócrifo "Clube da Página 15", que reunia leitores incapazes de passar desse ponto no livro?

Em breve a linguagem da literatura seria abafada pela cacofonia de outros discursos — políticos, religiosos, sociológicos e pós-coloniais — e a questão da qualidade, da intenção artística séria, viria a parecer quase frívola. O livro sobre migração e transformação que ele escrevera estava desaparecendo e sendo substituído por outro que praticamente não existia, no qual *Rushdie se refere ao Profeta e a seus Companheiros como "vadios e vagabundos"* (ele não o fez, mas realmente permitiu que os personagens que perseguiam os seguidores de seu Profeta ficcional usassem termos ofensivos), *Rushdie chama as esposas do*

Profeta de prostitutas (ele não o fez, embora as prostitutas de um bordel em sua imaginária Jahilia assumam os nomes das esposas do Profeta para excitar seus clientes; o livro mostra as esposas propriamente ditas vivendo castamente no harém), *Rushdie usa demais a palavra "foda"* (bem, certo, ele a usou bastante). Foi contra esse romance imaginário que se dirigiu a fúria do islã, e depois disso poucas pessoas se dispuseram a conversar sobre o livro real, a não ser, muitas vezes, para concordar com a avaliação negativa de Hermione Lee.

Quando os amigos lhe perguntavam o que poderiam fazer para ajudar, ele com frequência pedia: "Defenda o texto". O ataque era muito específico, mas a defesa quase sempre era genérica, apoiando-se no respeitável princípio da liberdade de expressão. O que ele esperava, e muitas vezes achava necessária, era uma defesa mais particular, em termos de qualidade, como a que se fez no caso de outros livros agredidos, como *O amante de lady Chatterley*, *Ulisses* e *Lolita*. Porque aquele era um ataque violento não contra os romances em geral ou contra a liberdade de expressão em si, mas contra uma determinada acumulação de palavras (sendo a literatura, como os italianos lhe haviam recordado no palácio de Queluz, feita de frases), e contra as intenções, a integridade e a capacidade do escritor que havia reunido essas palavras. *Ele fez isso por dinheiro. Fez isso por fama. Os judeus o levaram a fazer isso. Ninguém teria comprado esse seu livro ilegível se ele não tivesse conspurcado o islã.* Essa foi a natureza do ataque, e com isso, durante muitos anos, foi negada a *Os versos satânicos* a vida normal de um romance. O livro se tornou algo menor e mais feio: um insulto. Havia um pouco de comicidade surreal nessa metamorfose: a transformação de um romance sobre metamorfoses angélicas e satânicas numa versão diabólica de si mesmo, e ele mesmo podia imaginar algumas piadas de humor negro a respeito do livro. (Em breve correriam mundo piadas sobre ele. *Já soube do novo romance de Rushdie? Chama-se "Buda, seu puto gordo".*) Para ele, porém, o humorismo não tinha lugar nesse mundo novo, uma observação jocosa soava como uma nota dissonante e a comicidade seria absolutamente imprópria. Como seu livro se tornou apenas um insulto, ele passou a ser o Insultador, não apenas aos olhos dos muçulmanos, como também na opinião do público em geral. Pesquisas realizadas após o "caso Rushdie" mostravam que a grande maioria do público britânico achava que ele deveria pedir desculpas por seu livro "ofensivo". Não seria fácil ganhar aquela discussão.

Entretanto, durante aquelas breves semanas no outono de 1988, o livro ainda era "apenas um romance" e ele ainda era ele mesmo. A Viking britânica organizou um almoço referente a seus lançamentos do outono, e nessa oportunidade ele conheceu Robertson Davies e Elmore Leonard. Pôs-se a conversar num canto com esses dois respeitáveis anciãos, e Elmore Leonard contou-lhe uma história pessoal. Depois da tragédia que fora para ele a morte da mulher, ficara a se perguntar como poderia encontrar outra companheira para sua vida. Um dia, olhou pela janela de sua casa em Bloomfield Township, um subúrbio de Detroit, e viu uma mulher. Ela se chamava Christine, era especialista em jardins e ia a Bloomfield regularmente para cuidar do jardim de Leonard. Casaram-se naquele mesmo ano. "Eu não sabia onde acharia uma esposa", disse ele, "e achei-a bem perto de minha janela, aguando minhas plantas."

Houve a sequência habitual de leituras e sessões de autógrafos pela Grã-Bretanha. Ele viajou a Toronto para falar no Festival Internacional de Escritores, em Harbourfront. *Os versos satânicos* foi um dos livros indicados como finalistas para o Booker Prize, junto com romances de Peter Carey, Bruce Chatwin, Marina Warner, David Lodge e Penelope Fitzgerald. (Ele evitou ligar para Bruce, para que o amigo não reabrisse a questão de dividir o prêmio.) A única nuvem no horizonte era Syed Shahabuddin, o parlamentar indiano, exigindo que na Índia fossem tomadas medidas contra aquele livro "blasfemo", que ele declarou não ter lido, dizendo: "Não preciso entrar numa fossa imunda para saber o que é imundície", no que ele tinha toda razão, quando se trata de fossas. Durante algum tempo foi possível ignorar aquela nuvem e deleitar-se com a publicação do livro (ainda que, para ser absolutamente sincero, a publicação de um livro sempre fazia com que uma grande parte dele quisesse se esconder num buraco aberto a seus pés). Foi então que, em 6 de outubro de 1988, uma quinta-feira, a nuvem cobriu o sol. Seu amigo Salman Haidar, de uma família amiga da sua havia gerações, e que ocupava o cargo de alto-comissário assistente da Índia em Londres, foi incumbido da difícil missão de telefonar para informar-lhe formalmente, em nome de seu governo, que o romance *Os versos satânicos* tinha sido proibido naquele país.

Apesar do trombeteado secularismo da Índia, a partir de meados da década de 1970 — desde o tempo de Indira e Sanjay Gandhi —, o governo indiano cedera com frequência a pressões de grupos religiosos, sobretudo aqueles que afirmavam controlar grandes blocos de eleitores. Em 1988, ano em que haveria eleições em novembro, o fraco governo de Rajiv Gandhi capitulou covardemente ante ameaças de dois parlamentares da oposição muçulmana que não tinham condições de "passar" os votos do eleitorado muçulmano para o Partido do Congresso. O livro não foi examinado por nenhum órgão devidamente autorizado, tampouco houve qualquer simulacro de processo judicial. A proibição partiu, estranhamente, do Ministério da Fazenda, que, amparado na Seção 11 da Lei Alfandegária, proibiu a importação do livro. Ainda mais estranha foi a declaração do ministério, segundo a qual a proibição "não depreciava o mérito literário e artístico" da obra. *Muito obrigado*, ele pensou.

Estranhamente — por inocência, ingenuidade e até ignorância — ele não esperara isso. Nos anos seguintes, os ataques à liberdade artística se multiplicariam na Índia, e nem mesmo as figuras mais eminentes seriam poupadas: o arbítrio vitimou o pintor Maqbool Fida Husain, o romancista Rohinton Mistry, a cineasta Deepa Mehta, entre muitos outros. Mas em 1988 podia-se acreditar que a Índia fosse um país livre, em que a expressão artística era respeitada e defendida. Ele tinha acreditado nisso. Proibir livros era uma coisa que acontecia com bastante frequência do outro lado da fronteira, no Paquistão. Não era coisa da Índia. Jawaharlal Nehru havia escrito em 1929: "Existe um poder perigoso nas mãos de um governo: o direito de determinar o que pode e o que não pode ser lido. [...] Na Índia o poder tende a ser mal utilizado". O jovem Nehru estava se referido, naquela época, à censura de livros pelos colonizadores britânicos da Índia. Era triste pensar que suas palavras poderiam ser usadas, quase sessenta anos depois, como uma crítica à própria Índia.

Para ser livre, a pessoa tinha de presumir a liberdade. E presumir também que se partiria do princípio de que a obra de uma pessoa fora criada com integridade. Ele sempre escrevera na presunção de ter o direito de escrever o que quisesse e de que seu trabalho seria, no mínimo, tratado como uma obra séria; e sabendo também que os países cujos escritores não podiam partir desses pressupostos caminhavam, sem dúvida, para o autoritarismo e a tirania, se é que já não tinham chegado lá. Os escritores proibidos nos países em que não havia liberdade não só eram proscritos como também difamados. Na Índia, entretanto, sempre existira a presunção de liberdade e respeito intelectuais, a não ser durante o período ditatorial do "estado de emergência" imposto por Indira Gandhi entre 1974 e 1977, depois de condenada por crime eleitoral. Ele se orgulhara dessa abertura e se vangloriara dela no Ocidente. A Índia estava cercada por sociedades onde não havia liberdade — o Paquistão, a China, a Birmânia —, mas continuava a ser uma democracia. Imperfeita, é verdade, talvez até muito imperfeita, mas livre.

Desde a recepção entusiástica de *Os filhos da meia-noite*, a reação indiana a seu trabalho fora motivo de muita alegria para ele, de modo que o embargo à importação de *Os versos satânicos* foi um golpe doloroso. Essa dor o levou a publicar na imprensa uma carta aberta ao primeiro-ministro Rajiv Gandhi, neto de Nehru, carta essa que alguns comentadores consideraram agressiva demais. Ele se queixava das declarações oficiais de que o livro fora banido como medida preventiva:

> Certos trechos foram apontados como suscetíveis de distorção e utilização indevida, presumivelmente por fanáticos religiosos sem escrúpulos e outras pessoas assim. A ordem de proibição foi emitida para impedir esse mau uso. Ao que tudo indica, meu livro não foi considerado blasfemo ou impróprio em si, mas está sendo banido, por assim dizer, para seu próprio bem! [...] É como se, depois de entender que uma pessoa inocente pode ser alvo de uma agressão praticada por facínoras ou estupradores, o senhor decidisse encarcerar essa pessoa para protegê-la. Não é assim, sr. Gandhi, que uma sociedade livre deve se comportar.

Também não era assim que os escritores deveriam se comportar: repreendendo um primeiro-ministro. Aquilo foi... arrogância. Foi insolência. A imprensa indiana estava chamando a proibição "uma decisão de filisteus" e um exemplo de "controle da livre expressão", mas ele deveria controlar o que dizia.

Mas ele não o fez. "Que espécie de Índia o senhor pretende governar? Deverá ser ela uma sociedade aberta ou repressora? Seus atos com relação a *Os versos satânicos* serão um indicador importante para muitas pessoas em todo o mundo." Tolamente, sem dúvida, ele acusou Rajiv Gandhi de estar levando a cabo uma vendeta familiar. "Talvez o senhor julgue que, proibindo meu quarto romance, está se vingando, tardiamente, pela forma como tratei sua mãe no segundo, mas por acaso pode o senhor estar seguro de que a reputação de Indira Gandhi será melhor e mais duradoura que a de *Os filhos da meia-noite*?" Certo, isso foi arrogância. Havia ali também cólera e mágoa, mas a arrogância era indiscutível. Muito bem. Era. Ele estava defendendo algo que respeitava acima de quase tudo, a arte da literatura, contra um exemplo de gritante oportunismo político. Talvez fosse necessário um pouco de arrogância intelectual. Não era uma defesa prática, é claro; tampouco uma defesa calculada de modo a mudar a posição de seu adversário. Era uma tentativa de assumir uma posição de superioridade cultural, e a carta encerrava com um apelo retórico à posteridade, cujo julgamento não poderia ser conhecido por Rajiv Gandhi nem por ele próprio. "O senhor possui o presente, primeiro-ministro, mas os séculos pertencem à arte."

A carta foi publicada por vários jornais no domingo, 9 de outubro de 1988. No dia seguinte, o escritório da Viking recebeu a primeira ameaça de morte. Na terça-feira, uma sessão de leitura programada em Cambridge foi cancelada pela universidade, que também recebera ameaças. A nuvem se adensava.

O júri do Booker Prize de 1988 decidiu rapidamente. Seu presidente, Michael Foot, parlamentar e ex-líder do Partido Trabalhista, admirador de Hazlitt e Swift, era um defensor ardoroso de *Os versos satânicos*. Os outros quatro jurados estavam convencidos dos méritos superiores do excelente romance *Oscar e Lucinda*, de Peter Carey. Fez-se uma votação, após uma breve discussão, e pronto. Três anos antes, os jurados haviam chegado a um impasse em relação ao cômico-picaresco *Illywhacker*, de Carey, e o excelente romance *A terrorista*, de Doris Lessing, sobre o IRA. Por fim, resolveram conceder o prêmio a um *tertius*, o épico maori *The bone people*, de Keri Hulme. Ele jantara com Peter Carey depois do resultado, e disse-lhe que o livro dele deveria ter ganhado. Carey falou do livro que começara a escrever. Um de seus motivos para estar na Inglaterra era fazer certas pesquisas. Havia uma determinada praia em Devon que ele queria visitar. Ele se oferecera para levar Peter de carro ao sudoeste, e passaram um dia esplêndido viajando pela Inglaterra até o "Hennacombe", onde morariam, no romance de Carey, Oscar Hopkins, quando criança, e seu pai, o bravo Theophilus. Os dois personagens tinham como modelos, em meados do século XIX, o escritor Edmund Gosse e o pai, Philip (tal como Teophilus, naturalista, viúvo e membro da Irmandade de Plymouth). Encontraram a praia, que ficava quatrocentos degraus abaixo do penhasco. Pegaram algumas conchas e vários seixos cor-de-rosa e cinzentos. Num pub, fizeram um almoço pesado, de carne em molho escuro e cerveja quente. Durante todo o dia, falaram de amores. Naquele tempo ele ainda estava com Robyn, que era australiana, como Carey; e este pouco antes se casara com uma diretora de teatro de Sydney, Alison Summers, e estava apaixonado e feliz. Ao chegarem de volta a Londres, tinham se tornado amigos. Ele rompeu com Robyn pouco depois disso, e Peter e Alison se separaram com mútuos ressentimentos, mas, se o amor podia morrer, isso não significava que não tivesse vivido. Depois de anunciado o resultado do Booker de 1988, ele atravessou depressa o Guildhall para abraçar Peter, dar-lhe os parabéns e sussurrar em seu ouvido que a moral da história era que o Escritor A nunca deveria ajudar o Escritor B a fazer sua pesquisa, porque com isso o Escritor B usaria essa pesquisa para derrotar o Escritor A no Booker Prize.

Teria sido bom ganhar, mas ele estava feliz por Peter e, na verdade, mais preocupado com a crescente discussão pública a respeito de seu livro. Uma vitória de *Os versos satânicos* teria contribuído para repor no primeiro plano a "defesa da qualidade". Ao chegar em casa, por volta das onze da noite, encontrou na secretária eletrônica uma mensagem pedindo-lhe que ligasse com urgência para um clérigo muçulmano na África do Sul, mesmo que fosse muito tarde. O jornal *Weekly Mail* o convidara a visitar Johannesburgo para fazer uma palestra numa conferência sobre apartheid e censura. O convite havia sido aprovado pelo "movimento democrático amplo" sul-africano — em outras palavras, tinha o apoio implícito do Congresso Nacional Africano —, e ele deveria viajar daí a quatro dias. "Tenho de falar com o senhor antes de sua viagem", dizia a mensagem. Ele não estava num bom estado de ânimo, devido a uma combinação de problemas conjugais e do que acontecera nessa noite (foi quando Marianne disse a William Golding que havia escrito uma versão feminista de *O senhor das moscas*), mas enfim resolveu fazer a chamada. Sentou-se na sala quase às escuras e escutou uma voz vinda de outro mundo que lhe dizia que não deveria viajar para falar na conferência do *Weekly Mail*. O dono da voz descreveu-se como uma pessoa liberal e moderna, que se preocupava com duas coisas: com a segurança dele e com o movimento antiapartheid. Se ele fosse a Johannesburgo naquele momento, a reação muçulmana seria intensa e hostil. Essa visita seria perigosa no âmbito pessoal e no político. Uma desavença no seio da coalizão contra o apartheid seria catastrófica e só atenderia aos interesses do regime racista branco. Ele deveria evitar ser o catalisador dessa contenda e manter-se distante.

Na manhã seguinte, ele ligou para Nadine Gordimer, que, como patrona do Congresso de Escritores Sul-Africanos (Congress of South African Writers — COSAW), era a outra patrocinadora do convite que lhe fora feito. Essa mulher pequenina e indomável era uma velha amiga, e uma das pessoas que ele mais respeitava e admirava. Ela ficou muito agitada e contrafeita. Os muçulmanos sul-africanos, em geral veementes em sua oposição às restrições do apartheid, ameaçavam uma guerra santa contra o escritor blasfemo e seu livro. A polícia, ao que tudo indicava, não podia ou não queria garantir a segurança daqueles que vinham sendo ameaçados. Havia o perigo de uma cisão no COSAW, pois seus membros muçulmanos ameaçavam desligar-se em massa, e a perda de recursos daí decorrente seria desastrosa para a organização. O pessoal do *Weekly Mail* era predominantemente judeu, e havia uma boa dose de desagradável antissemitismo na animosidade islâmica. Nadine Gordimer tentara contatar líderes muçulmanos para solucionar o problema, e muitas figuras conceituadas no movimento antiapartheid tinham apelado aos extremistas muçulmanos para que recuassem, mas em vão. Uma destacada intelectual muçulmana, a professora Fatima Meer, havia declarado: "Em última análise, o que Rushdie ataca é o Terceiro Mundo". Apesar de toda uma vida de anticolonialismo, ele estava sendo transformado num opressor, que fizera um "um ataque mal-intencionado a seu passado étnico". Diante dessa crise, era incrível que o Congresso Nacional Africano nada tivesse dito. Muitas vozes tinham se erguido contra o ataque muçulmano, entre elas as de J. M. Coetzee, Athol Fugard e André Brink, mas o tom ameaçador dos islâmicos só aumentava a cada dia. Gordimer mostrou-se visivelmente abalada e, como amiga, protetora. "Não posso levar você para esse tipo de perigo", disse.

Naquela semana, o governo sul-africano também proibiu *Os versos satânicos*. A ordem de proibição depreciava o romance como sendo uma "difamação sob um ralo disfarce de obra literária", criticava sua "linguagem obscena" e dizia que o livro era "repulsivo não só para os muçulmanos como para qualquer leitor que defenda valores claros de decência e cultura". Curiosamente, a mesma linguagem aparecia na carta aos "Irmãos no islã" — evidentemente, não valia a pena falar às "Irmãs no islã" — divulgada poucos dias antes, em 28 de outubro, pelo Comitê de Ação sobre Assuntos Islâmicos do Reino Unido. Desse documento constavam também as palavras "sob um ralo disfarce de obra literária", bem como muitas das acusações de insulto, imundície etc. Ao que tudo indicava, os racistas brancos da África do Sul estavam copiando palavras ditadas pelo sr. Mughram al-Ghamdi, que assinava a carta do Comitê de Ação do Reino Unido.

Depois de muitas conversas por telefone com Nadine e Anton Harber, coeditor do *Weekly Mail*, disseram-lhe que o COSAW, a despeito de todo o seu radicalismo político, recomendava ao jornal que retirasse o convite. Ele se entristeceu ao saber que isso provocara um desentendimento público entre os dois maiores escritores da África do Sul. J. M. Coetzee se opunha à retirada do convite, alegando que a decisão de viajar ou não deveria ser apenas de Rushdie. Já Nadine Gordimer, com imenso pesar, opinou que a questão da segurança era fundamental. Os dois tinham razão, mas ele não queria que seus colegas de profissão brigassem por sua causa. Ele aceitou a decisão favorável à retirada do convite. No mesmo dia, Tony Lacey, seu diretor editorial na Viking, telefonou para lhe dizer em confiança que *Os versos satânicos* tinha ganhado o Whitbread Prize de Melhor Romance. Era evidente que o "ralo disfarce de obra literária" tinha dado certo.

A primeira ameaça pelo correio chegou à sua casa em Londres. O *Evening Standard* informou a respeito de uma ameaça islâmica global de "destruir a Penguin". O famoso advogado David Napley exigiu que ele fosse julgado de acordo com a Lei da Ordem Pública. Ele e Clarissa levaram Zafar para ver os fogos de artifício da Noite de Guy Fawkes em Highbury Fields. Marianne fez 41 anos, e na hora do almoço ele foi à cerimônia de entrega do Whitbread Prize. À tarde ela brigou com ele. Estava oculta na sombra dele, disse, e odiava essa situação. Naquela noite, ainda aborrecidos um com o outro, foram assistir à peça *Mountain language*, de Harold Pinter, no National Theater. Ele saiu do teatro sentindo que, tal como os personagens da peça, também estava sendo proibido de usar sua linguagem. Sua linguagem era inadequada, até criminosa. Ele deveria ser julgado num tribunal, expulso da sociedade, até morto. Tudo isso era legítimo por causa de sua linguagem. O crime era a linguagem da literatura.

Passara-se um ano desde a morte de seu pai. Ele estava feliz com o fato de Anis não estar ali para ver o que estava acontecendo ao filho. Ligou para a mãe. Negin deu-lhe todo apoio, *essa gente horrível*, disse, mas, estranhamente, defendeu Deus. "Não culpe Alá pelo que essa gente diz."

* * *

Ele discutiu com ela. Que espécie de deus podia ser inocentado dos atos de seus seguidores? De certa forma, não era infantilizar a divindade dizer que ela era impotente contra os fiéis? Ela teimou. "Não é culpa de Alá." Disse que iria orar por ele. Ele ficou chocado. Essa não era a família que ele conhecera. Seu pai tinha morrido havia somente um ano, e de repente sua mãe estava rezando? "Não reze por mim", disse ele. "Você não entende? Nosso time não faz isso." Ela riu, mas não entendeu o que ele estava dizendo.

Chegou-se a uma solução, ainda que insatisfatória, para o problema da África do Sul. Ele concordou em participar da conferência do *Weekly Mail* por telefone. Sua voz chegou à África do Sul, suas ideias foram ouvidas num salão em Johannesburgo que ele não viu, sem que ele saísse de Londres. Melhor que nada.

O grande xeique de al-Azhar, Gad el-Haq Ali Gad el-Haq: o nome lhe parecia quase absurdamente antiquado, um nome de *As mil e uma noites*, do tempo dos tapetes voadores e das lâmpadas maravilhosas. Esse grande xeique, uma das maiores eminências da teologia islâmica, um clérigo conservador linha-dura afiliado à Universidade al-Azhar, no Cairo, proferiu pessoalmente, em 22 de novembro de 1988, uma declaração contra o livro blasfemo. Deplorou a forma como "mentiras e fábulas imaginativas" eram apresentadas como fatos. Pediu aos muçulmanos britânicos que tomassem medidas legais contra o autor. Instou por atos concretos por parte da Organização da Conferência Islâmica, uma entidade de 46 membros. *Os versos satânicos* não foi o único livro contra o qual ele investiu, pois aproveitou a oportunidade para renovar suas objeções a um romance do grande escritor egípcio, laureado com o Nobel, Naguib Mahfouz, *Children of Gebelawi* — também acusado de blasfêmia porque sua narrativa contemporânea era uma alegoria da vida de profetas, de Abraão a Maomé. "Não se pode permitir que um romance entre em circulação só porque seu autor ganhou o prêmio Nobel de literatura", afirmou. "Esse galardão não justifica a propagação de ideias equivocadas."

Tampouco Gad el-Haq Ali Gad el-Haq foi o único xeique egípcio a se dizer ofendido por esses livros e seus autores. O chamado Xeique Cego, Omar

Abdel-Rahman, posteriormente preso por seu envolvimento no primeiro ataque ao World Trade Center, em Nova York, declarou que, se Mahfouz tivesse sido punido, como deveria, por *Children of Gebelawi*, Rushdie não teria se atrevido a publicar *Os versos satânicos*. Em 1994, um de seus seguidores, entendendo essa declaração como uma *fatwa*, esfaqueou Naguib Mahfouz no pescoço. Felizmente, o idoso romancista sobreviveu. Logo depois da *fatwa* de Khomeini, Mahfouz saiu em defesa de *Os versos satânicos*, denunciando o ato do aiatolá como "terrorismo intelectual", porém depois passou para o outro lado, asseverando que "Rushdie não tinha o direito de insultar coisa alguma, principalmente um profeta ou qualquer coisa considerada sagrada".

Nomes quase mitológicos o acossavam agora — grandes xeiques e xeiques cegos, os seminaristas de Darul Uloom, na Índia, os mulás wahabitas da Arábia Saudita (onde o livro também fora proibido), e, passado pouco tempo, os teólogos iranianos de turbantes em Qom. Ele nunca dera muita atenção a esses augustos personagens, mas era evidente que, agora, a recíproca não era verdadeira. De forma rápida e implacável, o mundo da religião estava definindo os termos do debate. O mundo secular, menos organizado, menos unido e, essencialmente, menos interessado, estava ficando muito atrás. E com isso, um terreno enorme, vital, foi perdido sem luta.

Enquanto as manifestações dos fiéis cresciam em número, tamanho e clamor, o escritor sul-africano Paul Trewhela, num ensaio corajoso em que defendeu o autor e seu romance a partir de uma posição de esquerda e em termos absolutamente seculares, qualificou a campanha islâmica como uma "explosão de irracionalismo popular em massa". Essa formulação implicava uma pergunta interessante e difícil para a esquerda: como reagir quando as massas agiam de forma irracional? Podia "o povo" estar errado? Para Trewhela, "o que estava em questão era a tendência secularizante do romance [...] sua intenção (diz Rushdie) de 'discutir Maomé como se fosse humano'", e ele comparava esse projeto com o dos Jovens Hegelianos na Alemanha, nas décadas 1830 e 1840, e com a crítica que faziam ao cristianismo, sua crença de que — nas palavras de Marx — "o homem faz a religião, e não a religião faz o homem". Em defesa de *Os versos satânicos*, ele dizia que o livro pertencia à tradição literária antirreligiosa de Boccaccio, Chaucer, Rabelais, Aretino e Balzac, e propunha uma vigorosa reação secularista ao ataque religioso. "O livro não será silenciado", escreveu. "Estamos vendo o nascimento, doloroso, sangrento e difícil, de um novo período de iluminismo revolucionário."

Havia muita gente na esquerda — Germaine Greer, John Berger, John le Carré — para quem a ideia de que as massas pudessem errar era inaceitável. E, enquanto a opinião liberal hesitava e tergiversava, o movimento de irracionalismo popular de massa crescia, a olhos vistos, em irracionalidade — e em popularidade.

Ele era um dos signatários da Carta 88, documento cujo nome (que alguns comentadores conservadores julgavam "presunçoso") fazia referência à famosa Carta 77, divulgada por intelectuais tchecos dissidentes onze anos antes. A Carta 88 defendia uma reforma constitucional na Grã-Bretanha, e foi lançada numa entrevista coletiva na Câmara dos Comuns, no fim de novembro. O único político britânico de primeira linha que compareceu à reunião foi o trabalhista Robin Cook, que no futuro seria secretário do Exterior. O período marcou o apogeu do thatcherismo, e o líder dos trabalhistas, Neil Kinnock, havia, em particular, tachado os propugnadores da Carta 88 como um bando de "bestas, bobocas e burros". Não estavam em tramitação projetos de reforma constitucional naquele tempo, antes que os debates sobre a Devolução trouxessem tantas mudanças para a política britânica. Cook estava lá por causa de sua dedicação à Devolução no caso da Escócia.

Onze anos depois, o relacionamento amistoso criado naquele dia levaria, indiretamente, à resolução da crise internacional que cercou *Os versos satânicos*. Seria Robin Cook que, como titular do Foreign Office no governo Blair, tomou a peito resolver o problema; coube a ele, com seu vice, Derek Fatchett, lutar pela reviravolta e obtê-la.

O ano acabou mal. Em 2 de dezembro houve uma manifestação contra *Os versos satânicos* em Bradford, Yorkshire, cidade de maior população muçulmana na Grã-Bretanha. No dia 3, Clarissa recebeu seu primeiro telefonema com ameaças. No dia seguinte, quando ela fazia quarenta anos, houve outro. Uma voz disse: "Vamos pegar você hoje à noite, Salman Rushdie, na Burma

Road, 60". Esse era o endereço dela. Ela chamou a polícia, que passou a noite toda vigiando a casa.

Nada aconteceu. Mas a tensão aumentou mais um pouco.

Em 28 de dezembro houve outro alarme de bomba nos escritórios da Penguin. Andrew Wylie telefonou para lhe contar. "O medo está começando a ser um problema", disse.

Isso foi em 1989, o ano em que o mundo mudou.

No dia em que queimaram seu livro, ele levou sua mulher, americana, para conhecer Stonehenge. Ouvira falar da manifestação programada em Bradford, e alguma coisa nele reagiu com violência. Não queria ficar esperando o dia inteiro para ver o que aconteceria e depois enfrentar as inevitáveis perguntas de repórteres, como se não tivesse nada melhor a fazer que explicar o horror de cada dia. Debaixo de um céu cor de chumbo, partiram para as pedras antigas. Geoffrey de Monmouth disse que Stonehenge fora obra de Merlin. Geoffrey não era uma fonte em que se pudesse confiar, é claro, mas sua explicação era mais atraente do que a dos arqueólogos — o lugar seria um antigo cemitério ou um santuário de cultos druidas. Dirigindo velozmente, ele não estava com espírito para druidas. Cultos religiosos, grandes ou pequenos, eram coisa do lixo da história, e ele queria que alguém os pusesse lá, junto com o resto das infantilidades da humanidade, como a terra plana, por exemplo, ou a lua feita de queijo.

Marianne estava num de seus melhores dias. Havia ocasiões em que seu rosto irradiava um fulgor quase alarmante, em que sua intensidade habitual atingia níveis fora do comum. Ela era de Lancaster, Pensilvânia, mas nada havia de *amish* nela. Tinha um estilo pessoal extravagante. Foram convidados para um *garden party* real no palácio de Buckingham, e ela havia usado uma combinação preta brilhante em vez de um vestido, com um bolero e um chapeuzinho reto, sem abas. Apesar da insistência da filha, ela se recusara a usar sutiã. Ele percorreu os jardins do palácio com sua mulher, com roupa de baixo e sem sutiã. Os membros da família real, com roupas de cores primárias, estavam cercados por hordas de convidados, como cavalos de corrida, cada qual em seu paddock pessoal. Os grupos em torno da rainha e de Charles-Diana eram, de longe, os maiores. Já o fã-clube da princesa Margaret era constrangedor de tão pequeno. "Fico me perguntando", disse Marianne, o que a rainha leva na bolsa." O comentário foi engraçado, e eles passaram alguns momentos felizes imaginando o conteúdo da bolsa real. Spray de pimenta, talvez. Ou tampões. Dinheiro, evidentemente, não. Nada que tivesse sua efígie.

Quando Marianne estava com a corda toda, era bom estar com ela. Sua vivacidade, seu espírito eram incríveis. Fazia anotações aonde quer que fosse, e sua caligrafia era tão extravagante quanto ela. Às vezes ele se espantava com a rapidez com que ela transformava experiências em ficção. Quase não havia pausa para reflexão. Histórias derramavam-se dela, e as situações de um dia viravam frases no dia seguinte. E, quando o fulgor iluminava seu rosto, ela ficava incrivelmente atraente, ou delirante, ou as duas coisas. Ela lhe disse que todas as mulheres em sua ficção com nomes começados com a letra M eram versões de si mesma. No romance que ela publicou antes de *John Dollar*, um livro de que ele gostava e que se chamava *Separate checks*, a personagem principal tinha como sobrenome McQueen: Ellery McQueen, lembrando o escritor de livros policiais. O verdadeiro Ellery Queen fora, na verdade, dois primos do Brooklyn, chamados Frederic Dannay e Manfred Bennington Lee, que, aliás, também eram pseudônimos, pois seus nomes reais eram Daniel Nathan e Emanuel Lepofsky. O nome da personagem de Marianne era uma brincadeira baseada no nome literário de uma dupla de escritores que usavam esse pseudônimo para não expor nomes que, por sua vez, também eram pseudônimos. A Ellery McQueen de *Separate checks* estava internada num hospital psiquiátrico particular. Sua mente estava desequilibrada.

Em Bradford, uma multidão estava se reunindo diante da delegacia de polícia no Tyrls, uma praça onde também ficavam o prédio da prefeitura, em estilo italiano, e o tribunal. Havia um tanque com chafariz e uma área chamada de "canto dos oradores", onde as pessoas podiam falar sobre o que bem entendessem, mas os manifestantes muçulmanos não estavam interessados em discursos feitos em cima de caixotes. O Tyrls era um local mais modesto do que fora a praça da Ópera, em Berlim, em 10 de maio de 1933, e em Bradford apenas um livro estava em questão, não 25 mil ou mais; pouquíssimas das pessoas ali reunidas saberiam alguma coisa a respeito do evento presidido, mais de 55 anos antes, por Joseph Goebbels, que gritara "Não à decadência e à corrupção moral! Sim à decência e à moralidade na família e no Estado! Atiro às chamas os textos de Heinrich Mann, Ernst Gläser, Erich Kästner". Obras de

Bertolt Brecht, Karl Marx, Thomas Mann e até de Ernest Hemingway também tinham sido queimadas nesse dia. Não, os manifestantes nada sabiam daquela fogueira ou do desejo dos nazistas de "expurgar" ou "purificar" a cultura alemã de ideias "degeneradas". Talvez também não estivessem a par do termo *auto de fé* ou das atividades da Inquisição católica, mas, mesmo que carecessem de conhecimentos de história, ainda assim eram parte dela. Também tinham ido ali para destruir pelo fogo um texto herético.

Ele e Marianne caminharam entre as pedras daquilo que ele queria imaginar como sendo o monumento megalítico de Merlin, e durante cerca de uma hora o presente passou sem que ele percebesse. Ele pode até ter andado de mãos dadas com a mulher. No caminho de casa, passaram pela Runnymede, a planície, junto do Tâmisa, onde os nobres obrigaram o rei João a assinar a Magna Carta. Foi ali que os britânicos começaram a se livrar de governantes tirânicos, havia 774 anos. Fica ali também o monumento britânico a John F. Kennedy, e as palavras do presidente assassinado, gravadas em pedra, calaram fundo em seu coração naquele dia. *Saibam todas as nações, as que nos querem bem e as que nos querem mal: estamos prontos a pagar qualquer preço, suportar todo fardo, enfrentar todas as dificuldades, apoiar qualquer amigo e nos opor a qualquer inimigo para garantir a sobrevivência e o sucesso da liberdade.*

Ele ligou o rádio do carro, e a queima do livro em Bradford era a principal notícia do dia. Logo chegaram em casa, e o presente se impôs. Ele viu na televisão o que passara o dia tentando evitar. Houvera cerca de mil manifestantes, todos homens. Tinham no rosto uma expressão de fúria, ou, para sermos mais precisos, faziam caretas de fúria para as câmeras. Dava para ver em seus olhos a euforia que sentiam com a presença da imprensa mundial. Era a euforia da celebridade, daquilo que Saul Bellow chamara de "glamour da ocasião". A luz dos refletores era gloriosa, quase erótica. Carregavam cartazes que diziam RUSHDIE NÃO PRESTA e RUSHDIE, ENGULA SUAS PALAVRAS. Estavam prontos para o close-up.

Um exemplar do romance tinha sido pregado num pau e depois queimado: crucificado e imolado. Era uma imagem que ele não conseguia esquecer: os rostos felizes de raiva, exultantes de raiva, convictos de que sua identidade brotava da raiva. E, no primeiro plano, um homem cheio de si, com um chapéu de feltro e um bigodinho à la Poirot. Era um vereador de Bradford, Mohammad

Ajeeb — a palavra *ajeeb*, estranhamente, em urdu significava *estranheza* —, que dissera à multidão: "O islã é uma religião de paz".

Ele olhava para seu livro queimando e pensava, naturalmente, em Heine. Entretanto, para os homens e rapazes raivosos de Bradford, Heinrich Heine nada significava. *Dort, wo man Bücher verbrennt, verbrennt man am Ende auch Menschen.* (Onde se queimam livros por fim também se queimarão homens.) Essa frase de *Almansor*, escrita profeticamente mais de um século antes das fogueiras nazistas, fora mais tarde gravada na Berlin Opernplatz, local daquela velha queima de livros pelos nazistas. Seriam essas palavras gravadas também, um dia, na calçada do Tyrls para recordar aquele evento, muito menor, mas ainda assim vergonhoso? Não, ele pensou. Muito provavelmente, não. Ainda que o livro queimado em *Almansor* fosse o Corão, e os queimadores de livros, membros da Inquisição.

Heine era um judeu convertido ao luteranismo. Um apóstata, diriam alguns, os dados a esse tipo de linguagem. Também ele estava sendo acusado de apostasia, entre muitos outros delitos: blasfêmia, insulto, injúria. *Foram os judeus que o levaram a fazer isso*, diziam. *Seu editor era judeu e pagou a ele para fazer isso. Sua mulher, judia, lhe deu a ideia*. Isso chegava a ser engraçado. Marianne não era judia; e, do jeito que estavam as coisas entre eles durante a maior parte do tempo, ela não o teria convencido a esperar o sinal abrir antes de atravessar uma rua movimentada. Mas naquele dia, 14 de janeiro de 1989, eles tinham esquecido seus problemas e se dado as mãos.

Um admirador desconhecido lhe mandara de presente uma camiseta. BLASFÊMIA É UM CRIME SEM VÍTIMAS. Mas agora a vitória do Iluminismo parecia temporária, reversível. A linguagem antiga fora renovada, ideias derrotadas estavam avançando. Em Yorkshire, tinham queimado seu livro.

Agora, ele também estava zangado.

"Como é frágil a civilização", ele escreveu no *The Observer*,

> com que facilidade, com quanta alegria um livro é queimado! Dentro de meu romance, seus personagens buscam tornar-se plenamente humanos ao enfrentar com coragem os grandes fatos do amor, da morte e (com ou sem Deus) a vida da alma. Fora dele, as forças da desumanidade estão em marcha. "Linhas de ba-

talha estão sendo traçadas hoje na Índia", diz um de meus personagens. "Secular *versus* religioso, a luz *versus* as trevas. É melhor você escolher de que lado está." Agora que a batalha chegou à Grã-Bretanha, só posso esperar que não seja perdida por inação. Está na hora de escolher.

Nem todos viam as coisas desse modo. Houve muitas atitudes evasivas, sobretudo por parte de membros do Parlamento com grande número de eleitores muçulmanos. Um dos parlamentares de Bradford, Max Madden, juntamente com Jack Straw, ambos com um digno histórico de defesa da liberdade de expressão, colocaram-se docilmente do lado muçulmano do muro, juntamente com outros nomes combativos do Partido Trabalhista, como Roy Hattersley e Brian Sedgemore. Defendendo a peça *Perdition*, de Jim Allen, Straw escrevera, em setembro de 1988: "Sua ideia [...] é para mim repulsiva [...] mas ser democrata consiste em conceder o direito de livre expressão àqueles de quem discordamos profundamente". Dessa vez, porém, Straw resolveu apoiar aqueles que queriam uma ampliação da lei de blasfêmia de forma a cobrir todas as religiões (a lei de difamação blasfema do Reino Unido só protegia a Igreja Anglicana) e proibir a circulação de textos que "afrontassem o sentimento religioso". (Apesar do que desejava o sr. Straw, a lei da blasfêmia foi abolida em 2008.) Max Madden se disse "triste" com o fato de "Rushdie ter intensificado os protestos com relação a *Os versos satânicos* ao se recusar a dar aos muçulmanos algum direito de resposta (propus uma breve inserção [no romance] que permitisse aos muçulmanos explicar por que consideravam o livro de Rushdie insultuoso)". Seu colega Bob Cryer, também parlamentar por Bradford, opôs-se com ousadia aos muçulmanos e nem por isso perdeu sua cadeira.

Max Madden o acusou de ser "reticente" em relação a um confronto com seus oponentes. Ele pegou um trem para Birmingham a fim de participar de um debate no programa *Daytime Live*, da BBC, com um dos líderes muçulmanos, Hesham el-Essawy, untuoso dentista da Harley Street que se apresentava como um moderado disposto apenas a acalmar a situação tensa. Enquanto estavam no ar, formou-se uma passeata diante do prédio da BBC, e os manifestantes podiam ser vistos pelas janelas de vidro às suas costas, gritando ameaças. A situação não melhorou nem se acalmou.

Um dia depois da queima do livro em Bradford, a W. H. Smith, a maior rede britânica de livrarias, retirou o livro das prateleiras de todas as suas 430 lojas. Seu diretor executivo, Malcolm Field, declarou: "Não desejamos, de modo algum, ser vistos como censores. O que queremos é proporcionar ao público o que ele deseja".

A cada dia, maior se tornava o abismo entre o "Salman" privado que ele julgava ser e o "Rushdie" público que ele mal reconhecia. Um deles, Salman ou Rushdie, ele próprio não sabia ao certo quem, consternava-se com o número de políticos trabalhistas que, por oportunismo, dava força ao clamor muçulmano — afinal, durante toda a vida ele apoiara os trabalhistas — e notava com azedume que "os verdadeiros conservadores da Grã-Bretanha encontram-se hoje no Partido Trabalhista, enquanto todos os radicais vestem azul".

Era difícil não admirar a eficiência de seus inimigos. Mensagens eram enviadas, por fax e telex, de um país a outro, documentos de uma página circulavam entre mesquitas e outras organizações religiosas, e dentro de muito pouco tempo todo mundo entoava a mesma música. A moderna tecnologia da informação estava sendo usada a serviço de ideias retrógradas: o medieval fazia o moderno voltar-se contra si mesmo, a serviço de uma visão de mundo que detestava a própria modernidade — a modernidade racional, sensata, inovadora, secular, desafiadora, a antítese da fé mística, estática, intolerante, estultificante. A maré montante do radicalismo islâmico era descrita por seus próprios ideólogos como uma "revolta contra a história". A história, o progresso dos povos ao longo do tempo, era ela própria a inimiga, mais que quaisquer infiéis ou blasfemadores. Mas o novo, que era a criação supostamente desprezada da história, podia ser empregado para reviver o poder do velho.

No entanto, além de adversários, surgiram também aliados. Ele almoçou com o sírio Aziz al-Azmeh, professor de estudos islâmicos na Universidade de Exeter, que nos anos seguintes escreveria algumas das mais incisivas críticas ao ataque movido contra *Os versos satânicos*, bem como algumas das mais fundadas defesas, com base na tradição islâmica, do romance. Conheceu a escritora Gita Sahgal, militante feminista e defensora dos direitos humanos, filha da famosa romancista indiana Nayantara Sahgal e sobrinha-neta de Jawaharlal Nehru. Gita era uma das fundadoras do grupo Mulheres Contra o Fundamentalismo, que tentou, corajosamente, opor-se aos manifestantes muçulmanos. Em 28 de janeiro de 1989, cerca de 8 mil muçulmanos desfilaram pelas ruas de Londres, reunindo-se no Hyde Park. Gita e suas colegas organizaram uma contramanifestação em desafio aos manifestantes, sendo agredidas fisicamente e até derrubadas no chão, embora isso não as tenha detido.

Em 18 de janeiro, Bruce Chatwin morreu, em Nice, na casa de sua amiga Shirley Conran.

O romance estava para ser publicado nos Estados Unidos — a edição americana, bem bonita, chegou à sua casa — e houve ameaças de "assassinatos e desordem" por parte de muçulmanos americanos. Correu o boato de que havia um prêmio de 50 mil dólares por sua cabeça. Houve discussões acaloradas na imprensa, mas por ora a maior parte dos comentários editoriais estava a seu favor. "Estou travando a batalha da minha vida", ele escreveu em seu diário, "e na semana passada comecei a sentir que estou ganhando. Todavia, o medo da violência permanece." Ao ler esse registro mais tarde, ele se espantou com o otimismo que dele transparecia. Mesmo nessa proximidade com a ameaça vinda do Irã, ele não fora capaz de prever o futuro. De profeta, não tinha nada.

Ele começara a levar duas vidas: a vida pública da controvérsia e o que restava de sua vida privada. O dia 23 de janeiro de 1989 assinalou o primeiro aniversário de seu casamento com Marianne. Ela o levou à ópera para assistir *Madame Butterfly*. Havia adquirido excelentes lugares na primeira fila do balcão nobre e, no momento em que as luzes diminuíram, a princesa Diana entrou e sentou-se ao lado dele. Ele ficou a se perguntar o que ela pensaria a respeito do enredo da ópera, sobre uma mulher a quem o homem, após prometer-lhe amor, abandona-a e depois volta, já casado com outra, para despedaçar-lhe o coração.

No dia seguinte, na cerimônia de entrega do prêmio Livro do Ano Whitbread, seu romance, ganhador na categoria Melhor Romance, disputava o prêmio com quatro ganhadores em outras categorias, entre os quais a biografia de Tolstói, de A. N. Wilson, e *The comforts of madness*, o primeiro romance de Paul Sayer, ex-enfermeiro de um hospital psiquiátrico. Ele se encontrou com Sayer no banheiro masculino. O rapaz estava passando mal, tamanho era seu nervosismo, e ele tentou tranquilizá-lo. Uma hora depois, Sayer ganhou o prêmio. Quando vazaram as informações sobre a decisão do júri, ficou claro que dois dos jurados, Douglas Hurd, secretário do Interior do gabinete tóri, e o jornalista conservador Max Hastings, haviam eliminado *Os versos satânicos* por motivos não totalmente literários. O barulho das manifestações havia, por assim dizer, chegado até o júri e exercido seu efeito.

Ele teve sua primeira desavença com Peter Mayer e Peter Carson na Penguin, porque não estavam dispostos a contestar em juízo a proibição do livro na Índia.

Graham Greene, que desejava se encontrar com escritores de origem não britânica residentes em Londres, convidou-o para um almoço. Ele foi a esse almoço, no Reform Club, junto com Michael Ondaatje, Ben Okri, Hanan al--Shaykh, Wally Mongane Serote e alguns outros, entre os quais Marianne. Ao chegar lá, deu com Greene, enorme, dobrado numa poltrona funda, mas o homenzarrão pôs-se de pé com um salto e exclamou: "Rushdie! Sente-se aqui e me conte como foi que você conseguiu causar tanta confusão! Eu nunca consegui criar um rolo desses!". Isso foi curiosamente reconfortante. Greene percebera como o coração dele estava pesado e do quanto precisava de um momento de descontração e apoio. Ele se sentou ao lado da grande figura, contou-lhe o que pôde. Greene ouviu com toda a atenção e, a seguir, sem fazer nenhum julgamento, bateu palmas e exclamou: "Muito bem. Almoço". Não comeu quase nada, mas bebeu quantidades generosas de vinho. "Eu só como", disse, "porque assim posso beber um pouco mais." Depois do almoço, o grupo foi fotografado na escadaria de entrada do clube, com Greene sorrindo no centro da foto com um casaco curto, parecendo Gulliver em Lilliput.

Várias semanas depois, ele mostrou essa fotografia a um dos membros de sua equipe de proteção da Divisão Especial. "Esse aqui é Graham Greene", disse, "o grande romancista britânico." "Eu sei", respondeu o policial, pensativo. "Ele já foi um dos nossos."

O livro estava recebendo excelentes críticas nos Estados Unidos, mas no dia 8 de fevereiro ele recebeu uma crítica ambígua de sua mulher, que lhe disse que iria deixá-lo; no entanto, ela ainda queria que ele fosse ao jantar comemorativo da publicação de *John Dollar*. Quatro dias depois, chegou ao fim o estranho interregno entre publicação e calamidade.

No Paquistão, 2 mil manifestantes formavam uma multidão que nada tinha de espetacular. Mesmo um político modesto era capaz de juntar muito mais gente nas ruas, e para isso bastaria bater palmas. O fato de só terem reunido 2 mil "fundamentalistas" para invadir o Centro de Informações dos Estados Unidos no coração de Islamabad era, de certa forma, um bom sinal. Significava que os protestos não tinham se alastrado de verdade. A primeira-ministra Benazir Bhutto estava fora do país na época, numa visita oficial à China, e houve quem dissesse que o verdadeiro objetivo dos manifestantes era desestabilizar seu governo. Havia muito que os extremistas religiosos suspeitavam que ela fosse culpada do crime de secularismo, e queriam causar-lhe problemas. Não pela última vez, *Os versos satânicos* estavam sendo usados como bola num jogo político que tinha pouco ou nada a ver com o romance.

Pedras e tijolos foram atirados contra as forças de segurança e houve gritos de "Cães americanos" e "Enforquem Salman Rushdie", o de sempre. Nada disso explicou bem a reação da polícia, que abriu fogo e mesmo assim não conseguiu impedir que alguns manifestantes invadissem o edifício. No momento em que a primeira bala atingiu seu alvo humano, a coisa mudou de figura. A polícia usou fuzis, armas semiautomáticas e escopetas de repetição, num confronto que durou três horas, e a despeito de todas essas armas os manifestantes chegaram ao teto do edifício e queimaram a bandeira americana, bem como efígies "dos Estados Unidos" e dele mesmo. Fosse outro o dia, e ele poderia ter se perguntado onde ficava a fábrica que produzia os milhares de bandeiras americanas que eram queimadas a cada ano em todo o mundo. Naquele dia, porém, um único fato eclipsou tudo o mais que aconteceu.

Cinco pessoas foram mortas a tiros.

"Rushdie, você está morto", gritavam os manifestantes, e pela primeira vez ele achou que eles podiam ter razão. A violência gerava violência. No dia seguinte houve outro distúrbio na Caxemira — sua amada Caxemira, a terra de origem de sua família — e outro homem foi morto.

Sangue clamará por sangue, ele pensou.

Ali estava um velho, mortalmente doente, na penumbra de um quarto. Ali estava seu filho, falando-lhe de muçulmanos mortos a tiros na Índia e no Paquistão. O que causou isso foi um livro, disse o filho ao ancião, um livro que é contra o islã. Horas depois, o filho chegou ao prédio da televisão iraniana com um documento na mão. Uma *fatwa*, ou edito, era normalmente um documento formal, assinado pela autoridade competente e por testemunhas e dado a público com lacre, mas aquilo era apenas uma folha de papel com um texto datilografado. Ninguém jamais viu o documento formal, se é que ele existia, mas o filho do ancião mortalmente doente disse que aquele era o edito de seu pai, e ninguém estava disposto a discutir com ele. A folha foi entregue ao locutor da estação, e ele começou a ler.

Era o Dia dos Namorados.

3. Ano zero

O agente da Divisão Especial chamava-se Wilson, e o oficial do serviço de informações, Wilton, e ambos eram chamados de Will. Will Wilson e Will Wilton: era como um gracejo de vaudeville, só que naquele dia nada tinha graça. Disseram-lhe que, como a ameaça contra ele era considerada de extrema gravidade — fora classificada como sendo de "nível dois", o que significava que, para a Divisão Especial, ele corria mais perigo do que qualquer outra pessoa no país, exceto, talvez, a rainha —, e como ele estava sendo ameaçado por uma potência estrangeira, tinha direito à proteção do Estado britânico. A proteção foi oferecida formalmente e aceita. Explicaram-lhe que ele contaria com dois agentes de proteção, dois motoristas e dois carros — o segundo carro, para o caso de o primeiro dar defeito. Informaram-lhe que, devido à natureza especial da tarefa e dos imponderáveis riscos envolvidos, todos os agentes que o protegeriam eram voluntários. Ninguém estava naquela missão contra a vontade. Ele foi apresentado à sua primeira equipe de proteção: Stanley Doll e Ben Winters. Stanley era um dos melhores tenistas da força policial. Benny era um dos poucos agentes negros da divisão e usava uma elegante jaqueta bege de couro. Ambos eram muito bem-apessoados e portavam armas de fogo. Os integrantes da Divisão Especial eram as estrelas, a elite da Polícia Metropolitana. Até então, ele nunca havia conhecido alguém que realmente tivesse licença para matar, e Stan e Benny estavam autorizados a isso, *em benefício dele.*

Usavam a arma na cintura, presa à parte de trás do cinto. Os detetives americanos usavam coldres por baixo do paletó, mas, como Stan e Benny demonstraram, isso era menos conveniente, pois, se você tivesse de sacar a arma daquele coldre, ela teria de descrever um arco que talvez chegasse a noventa graus antes de ser apontada para o alvo. Os riscos de disparar um pouco cedo ou tarde demais ou de atingir a pessoa errada eram consideráveis. Se o atirador sacava a arma da altura dos quadris, ela já estava alinhada com o alvo, e o nível de precisão aumentava. Mas havia um risco diferente. Se você apertasse o gatilho cedo demais, atiraria nas próprias costas.

Com relação à questão imediata, Benny e Stan o tranquilizaram. "Isso não podemos permitir", disse Stan. "Ameaçar um cidadão britânico. Não dá. Isso vai ser resolvido. O senhor só precisa não dar as caras por alguns dias e deixar os políticos resolverem isso." "Não vai poder ir para casa, é claro", acrescentou Benny. "Isso não seria aconselhável. Há algum lugar para onde o senhor gostaria de ir durante alguns dias?" "Escolha um lugar interessante", disse Stan, "e a gente leva o senhor para lá durante um período, até a situação se resolver." Ele queria acreditar no otimismo que demonstravam. Talvez os Cotswolds, disse. Talvez algum lugar naquela região de cartões-postais, com colinas baixas e casas de pedra dourada. Havia uma famosa pousada rural em Broadway, um vilarejo de Cotswold, chamada Lygon Arms. Muitas vezes ele tivera vontade de passar lá uma semana, mas nunca fizera isso. Seria possível ir para o Lygon Arms? Stan e Benny se entreolharam durante alguns instantes. "Não vejo por que não", disse Stan. "Vamos ver."

Marianne e ele passaram a maior parte daquele dia no apartamento de subsolo da Lonsdale Square, 38. Benny ficou com eles, enquanto Stan cuidava das providências. Ele queria rever o filho mais uma vez antes de se fechar num refúgio, disse, e queria também ver a irmã, e os agentes, mesmo advertindo-o de que as moradias dessas pessoas poderiam ser locais que os "bandidos" esperariam que ele visitasse, concordaram em "dar um jeito". Assim que a noite caiu, ele foi levado à Burma Road num Jaguar blindado. As chapas de blindagem eram tão grossas que o espaço sobre sua cabeça ficava muito menor do que o normal. Políticos altos, como Douglas Hurd, achavam esses carros desconfortáveis demais. As portas eram tão pesadas que, se fossem fechadas antes da hora e atingissem uma pessoa, poderiam causar lesões bastante graves. Se o carro estivesse inclinado, era quase impossível puxar a porta. Um Jaguar blindado consumia um litro de gasolina para percorrer pouco mais de dois quilômetros. O carro pesava quase o mesmo que um pequeno tanque de guerra. Quem lhe deu essas informações foi seu primeiro motorista da Divisão Especial, Dennis "Cavalo" Chevalier, um grandalhão alegre, de queixo duplo e lábios grossos, "um dos veteranos", em suas próprias palavras. "O senhor sabe qual é o termo técnico com que nós, os motoristas da Divisão Especial, somos chamados?", perguntou-lhe Dennis "Cavalo". Ele não sabia. "O termo é MD", disse Dennis. E o que significava MD? Dennis deu uma risada, sonora, gutural, meio ofegante. "Motoristas Doidões", explicou. Ele acabaria se acostumando ao humor policial. Um dos outros motoristas era conhecido em toda a divisão como "rei da Espanha", porque certa vez deixara seu Jag destrancado enquanto ia à tabacaria, e ao voltar descobrira que o carro tinha sido roubado. Daí o apelido, porque o rei da Espanha se chamava — era preciso pronunciar o nome devagar — Juan Car-los.*

Os bandidos não estavam à sua espera na Burma Road. Ele contou a Zafar e a Clarissa o que os agentes de proteção tinham dito. "Isso vai acabar dentro de poucos dias." Zafar mostrou-se aliviado. No rosto de Clarissa estavam estampadas todas as dúvidas que ele próprio tentava fazer de conta que não tinha. Zafar perguntou quando poderiam se ver de novo, e ele não soube o que responder. Clarissa disse que eles poderiam passar o fim de semana na casa de amigos dela, os Hoffman, em Oxfordshire. Ele respondeu: "Está certo, talvez lá, se eu puder ir". Abraçou o filho com força e saiu.

(Em nenhum momento foi oferecida proteção a Zafar ou Clarissa. A polícia não julgava que eles corressem perigo. Isso não o tranquilizou, e ele se preocupava com os dois todos os dias. No entanto, Clarissa e ele tinham decidido que seria melhor Zafar continuar a levar a vida da forma mais normal possível. Ela fez com que sua ocupação principal fosse dar ao filho essa vida normal, e isso exigiu mais do que coragem.)

Ocorreu-lhe que não tinha comido nada o dia todo. A caminho de Wembley para ver Sameen, parou numa loja do McDonald's e descobriu que os vidros grossos da porta do Jaguar não se abriam. Havia outros carros blindados,

* A pronúncia de Carlos, em inglês, assemelha-se a *car loss*, "perda de carro". (N. T.)

Mercedes e BMW, que podiam ser equipados com vidros móveis, porém eram mais caros e importados, e por isso não faziam parte da frota da polícia. Stan, sentado no banco dianteiro do passageiro, teve de descer para fazer o pedido e depois ir ao local de entrega para pegar o lanche. Quando ele acabou de comer, o Jaguar não quis pegar. Tiveram de deixar Dennis "Cavalo" soltando impropérios por causa do veículo defeituoso e passar para o carro reserva, um Range Rover conhecido como a Besta, dirigido por outro homenzarrão amável e sorridente chamado Mickey Crocker, outro dos "veteranos". A Besta era velhíssima também, pesadona e difícil de dirigir. Atolava na lama e às vezes não conseguia chegar ao topo de uma estrada rural coberta de gelo. Era meados de fevereiro, o mês mais frio e gelado do ano. "Desculpe por isso, companheiro", disse Mick Crocker. "Esse não é o melhor carro da garagem." Sentado no banco traseiro da Besta, ele só esperava que os homens que o protegiam fossem melhores do que seus carros.

Sameen, advogada habilitada, embora não advogasse mais — trabalhava agora na área de educação de adultos —, sempre tivera uma aguçada consciência política e tinha muito o que dizer sobre o que estava acontecendo. A revolução iraniana mostrara-se vacilante desde que Khomeini fora obrigado a "tomar veneno", em suas próprias palavras, e aceitar o fim malsucedido da guerra com o Iraque, que deixara uma geração de jovens iranianos mortos ou mutilados. A *fatwa* era sua forma de reconquistar uma dinâmica política, reenergizando os fiéis. O irmão dela tivera o azar de se tornar a última cartada do ancião agonizante. Quanto aos "líderes" muçulmanos britânicos, quem eles lideravam mesmo? Eram líderes sem seguidores, saltimbancos tentando fazer carreira à custa do irmão dela. Durante toda uma geração, a política das minorias étnicas na Grã-Bretanha tinha sido secular e socialista. Aquela era a maneira que as mesquitas tinham encontrado de destruir esse projeto e dar destaque à religião. Os "asiáticos" britânicos nunca haviam se cindido antes em facções hinduístas, muçulmanas e siques (embora tivesse havido cisões diferentes; por ocasião da guerra de Bangladesh, surgira uma violenta divisão paquistanesa britânica e bangladeshiana britânica). Era preciso que alguém desse uma resposta a essas pessoas que estavam metendo uma cunha sectária na comunidade, disse ela, que contestasse aqueles mulás e os chamados líderes, que os apontasse como os hipócritas e oportunistas que eram. Ela estava pronta a desempenhar esse papel, e ele sabia que, advogada articulada e hábil como era, Sameen seria uma terrível oponente daquela gente.

Entretanto, ele lhe pediu que não fizesse isso. A filha dela, Maya, tinha menos de um ano. Se ela se tornasse sua defensora pública, os meios de comunicação acampariam diante de sua casa e não haveria meio de fugir do fulgor da publicidade. Sua vida privada e a vidinha de sua filha passariam a ser cercadas de refletores e microfones. Além disso, era impossível prever o nível de perigo que isso acarretaria para ela. Ele não queria que ela corresse riscos por sua causa. E havia outro problema: se ela fosse identificada muito claramente, pelo público, como a "voz" dele, disse a equipe de proteção, seria muito mais difícil ele ser levado para visitá-la. Ele compreendia que tinha de dividir as pessoas que conhecia em dois campos, o "privado" e o "público". Ele precisava dela, disse, mais como um apoio privado do que como uma defensora pública. Embora com relutância, ela concordou.

Uma das consequências imprevistas dessa decisão foi que, à medida que o "caso" prosseguia, ele próprio se viu obrigado a manter-se invisível durante a maior parte do tempo, pois a polícia lhe recomendava que não se manifestasse, para não inflamar ainda mais a situação, conselho que ele acatou por algum tempo, até se recusar a continuar em silêncio; e em sua ausência não havia ninguém próximo a ele que o defendesse, nem sua mulher, nem sua irmã, nem seus amigos mais próximos — as pessoas que ele queria continuar a poder ver. Ele se transformou, para os meios de comunicação, num homem que ninguém amava, mas que muitos odiavam. "A morte talvez seja um pouco fácil demais para ele", disse Iqbal Sacranie, do Comitê de Ação sobre Assuntos Islâmicos britânico. "Seu espírito deve ser atormentado pelo resto da vida, a menos que ele peça perdão a Alá Todo-Poderoso." Em 2005, esse mesmo Sacranie foi sagrado cavaleiro, por recomendação do governo Blair, em nome de serviços prestados às relações comunitárias.

Na ida para Cotswolds, o carro parou para reabastecer. Ele quis ir ao banheiro e abriu a porta para sair. Todo mundo que estava no posto virou a cabeça ao mesmo tempo para fitá-lo. Ele estava na primeira página de todos os jornais — Martin Amis disse, numa frase que ficou famosa, que ele havia "sumido na primeira página" — e tornara-se, da noite para o dia, um dos rostos mais conhecidos do país. As expressões eram amistosas — um homem acenou para ele, outro ergueu o polegar —, mas era alarmante que tivesse se tornado tão conhecido exatamente no momento em que lhe pediam que guardasse a maior discrição possível. Quando ele pôs os pés nas ruas do vilarejo de Broadway, as reações das pessoas foram as mesmas. Uma mulher se aproximou dele na rua e lhe disse "Boa sorte!". No hotel, os funcionários, embora bem treinados, não conseguiam ocultar uma expressão de pasmo. Ele tinha se tornado uma espécie de atração de circo, e ele e Marianne ficaram aliviados ao chegar à privacidade do quarto, belíssimo e decorado à antiga. Entregaram-lhe um "botão de pânico", que ele deveria apertar se alguma coisa o preocupasse. Ele experimentou o botão. Não funcionou.

Deram-lhe uma salinha privada onde fazer as refeições. O hotel avisara Stan e Benny quanto a possíveis problemas. Um dos outros hóspedes era um jornalista do *Daily Mirror*, que reservara um apartamento ao lado do dele para alguns dias com uma acompanhante que não era sua mulher. Por fim, isso não representou problema algum. Era óbvio que a moça possuía encantos poderosos, pois o homem do *Mirror* não saiu de seu apartamento durante dias e dias seguidos, de modo que, ao mesmo tempo que os tabloides punham em campo equipes de furões para descobrir onde o autor de *Os versos satânicos* tinha se escondido, o jornalista de um desses tabloides, no apartamento ao lado do seu, perdeu esse furo.

Em seu segundo dia no Lygon Arms, Stan e Benny o procuraram com uma folha de papel nas mãos. O presidente Ali Khamenei, do Irã, dera a entender que, se ele pedisse desculpas, "esse infeliz poderia ser poupado". "Tem-se a impressão", disse Stan, "de que o senhor deve fazer alguma coisa para baixar a temperatura." "É", concordou Benny, "essa é a opinião. Uma declaração certa de sua parte poderia ajudar." Impressão de quem?, ele queria saber. De quem era essa opinião? "É a opinião geral", disse Stan, vagamente, "na esfera superior." A opinião era da polícia ou do governo? "Eles tomaram a liberdade de preparar um texto", disse Stan. "Por favor, leia isso até o fim." "Por favor, faça alterações, se o senhor não considerar o estilo conveniente", disse Ben. "O senhor é o escritor." "Devo dizer, a bem da verdade", disse Stan, "que o texto foi aprovado."

O texto que lhe entregaram era inaceitável: covarde, humilhante. Assiná-lo seria uma derrota. Seria verdade que era aquele o acordo que lhe ofereciam? Que ele só receberia apoio do governo e proteção da polícia se, abandonando seus princípios e a defesa de seu livro, caísse de joelhos e rastejasse? Stan e Ben pareciam extremamente constrangidos. "Como já disse", disse Benny, "o senhor pode fazer as alterações que quiser." "Aí vamos ver como eles reagem", disse Stan. E se ele preferisse não fazer declaração alguma por enquanto? "Eles acham que é uma boa ideia", disse Stan. "Estão sendo feitas negociações de alto nível em seu nome. E é preciso levar em conta os reféns no Líbano e o senhor Roger Cooper em Teerã. A situação deles é pior do que a sua. Estão pedindo que o senhor faça a sua parte." (Na década de 1980, o Hezbollah, libanês, totalmente financiado por Teerã, usou vários pseudônimos diferentes para capturar 96 cidadãos de 21 países, entre eles vários americanos e britânicos. Além disso, o sr. Cooper, um empresário britânico, foi encarcerado no Irã.)

Aquela era uma tarefa impossível: escrever alguma coisa que pudesse ser vista como um ramo de oliveira, mas sem ceder em relação ao que era importante. O texto que ele propôs lhe pareceu abominável. "Como autor de *Os versos satânicos*, admito que os muçulmanos, em muitas partes do mundo, tenham se sentido genuinamente pesarosos com a publicação de meu romance. Lamento de coração o pesar que o livro tenha causado a seguidores sinceros do islã. Por vivermos num mundo de muitas religiões, essa experiência serviu para nos lembrar que devemos todos estar conscientes da sensibilidade alheia." Sua voz privada, justificadora, argumentava que ele estava pedindo desculpas pelo pesar que havia causado — e, afinal de contas, ele nunca pretendera provocar pesar algum —, mas não pelo livro em si. Realmente, devíamos estar atentos às sensibilidades alheias, mas isso não queria dizer que devêssemos nos render a elas. Esse era seu subtexto combativo, tácito. Mas ele sabia que, para o texto ser eficaz, teria de ser lido como um pedido de desculpas puro e simples. Essa ideia o deixava doente.

Foi um gesto inútil. A declaração foi rejeitada, depois aceita com reservas e depois rejeitada de novo, pelos muçulmanos britânicos e pela liderança iraniana. A posição forte teria sido recusar-se a negociar com a intolerância. Ele optara pela posição fraca, e por isso foi tratado como fraco. O jornal *The Observer* o defendeu — "nem a Grã-Bretanha nem o autor têm razão alguma para se desculpar" —, mas sua sensação de ter cometido um erro, de ter dado um grave passo em falso, não tardou a ser confirmada. "Ainda que Salman Rushdie se torne o homem mais piedoso de todos os tempos, cabe a todo muçulmano empregar tudo o que possui, sua vida e sua riqueza, a fim de mandá-lo para o inferno", disse o imã moribundo. Aquilo lhe pareceu o fundo do poço. Não era. O fundo do poço chegaria alguns meses depois.

Os agentes de proteção disseram que ele não deveria passar mais de duas noites no Lygon Arms. Por sorte, os meios de comunicação ainda não o tinham localizado, mas dentro de um dia ou pouco mais sem dúvida o achariam. Isso lhe foi dito no mesmo dia em que outra verdade dura lhe foi comunicada: caberia a ele achar lugares onde ficar. Segundo o conselho (melhor dizendo, a instrução) da polícia, ele não podia voltar à sua casa, uma vez que seria impossível (vale dizer, seria caríssimo) protegê-lo ali. Mas a divisão não lhe ofereceria "casas de segurança". Se tais lugares existiam, ele nunca os viu. De modo geral, as pessoas, habituadas à ficção de espionagem, acreditavam firmemente na existência de casas de segurança, e imaginavam que ele estivesse sendo protegido numa dessas fortalezas, às custas do erário. As críticas contra a fortuna gasta em sua proteção se tornariam mais veementes com o passar das semanas: uma indicação de mudança na opinião pública. Mas em seu segundo dia no Lygon Arms disseram-lhe que ele tinha 24 horas para achar outro esconderijo.

Quando ele deu seu telefonema diário para falar com Zafar, Clarissa lhe propôs uma solução temporária. Na época, ela estava trabalhando como agente literária na AP Watt, cujo sócio principal, Hilary Rubinstein, tinha uma casa de campo na cidadezinha de Thame, em Oxfordshire, e a oferecera para uma ou duas noites. Esse foi o primeiro de muitos gestos de generosidade análogos por parte de amigos e conhecidos, sem os quais ele teria se visto sem teto. A casa de Hilary era relativamente pequena e não muito isolada — não era uma localização ideal —, mas ele precisava dela e se sentiu grato. A chegada do Jaguar consertado, da Besta, do tenista Stan, do elegante Benny, de Dennis "Cavalo" e do grandalhão Mickey C., além de Marianne e do homem invisível, não tinha como não chamar a atenção numa aldeola. Ele tinha certeza de que todo mundo sabia perfeitamente o que estava acontecendo na casa de Rubinstein. Mas ninguém foi lá meter o nariz. Todos mantiveram as tradicionais distância e reserva inglesas. Na verdade, ele pôde até ser levado para ver Zafar, por algumas horas, na casa de campo dos Hoffman. Não fazia ideia de para onde iria depois. Vinha ligando, sem êxito, para todas as pessoas de que se lembrava. Ao verificar seu correio de voz, encontrou uma mensagem de Deborah Rogers, a agente que ele havia dispensado quando assinou com Andrew Wylie. "Ligue para mim", dizia ela. "Acho que podemos ajudar."

Deb e seu marido, o compositor Michael Berkeley, ofereceram-lhe sua fazenda no País de Gales. "Se você precisar dela", ela disse, "é sua." Só isso. Ele ficou profundamente comovido. "Veja só", disse ela, "na verdade, a casa é perfeita, porque todo mundo acha que estamos brigados, de modo que não vai passar pela cabeça de ninguém que você está aqui." No dia seguinte, seu estranho cirquinho foi bater em Middle Pitts, a casa despretensiosa na acidentada área de fronteira com Gales. As nuvens baixas, a chuva e a renovação de uma amizade rompida, todos os desentendimentos afastados pela pressão dos acontecimentos e por longos e carinhosos abraços. "Fique o tempo que precisar", disse Deb, mas ele sabia que não ia abusar da hospitalidade dela e de Michael. Precisava achar um lugar que fosse seu. Marianne concordou em entrar em contato com corretores imobiliários da região no dia seguinte e começar a procurar um lugar para alugar. Tinham de esperar que o rosto dela fosse menos fácil de reconhecer que o dele.

Quanto a ele, não podia permitir ser visto na fazenda, para não "prejudicar" sua segurança. Havia um agricultor que cuidava dos carneiros para Michael e Deb, e em certa hora ele desceu o morro para dizer alguma coisa a Michael. Quando a invisibilidade era tida como essencial, um momento comum tornava-se uma crise. "É melhor você não ser visto", disse Michael, e ele teve de se esconder atrás do balcão da cozinha. Agachado ali e ouvindo Michael livrar-se do homem o mais depressa possível, ele foi invadido por uma imensa vergonha. Ocultar-se daquele modo era perder toda a dignidade. O fato de lhe dizerem que se escondesse era uma humilhação. Talvez, pensou, viver dessa forma seja pior do que a morte. Em seu romance *Vergonha*, ele escrevera sobre o mecanismo da "cultura da honra" muçulmana, que tinha como polos do eixo moral a honra e a vergonha, muito diferentes da narrativa cristã de culpa e redenção. Embora não fosse religioso, ele provinha daquela cultura e fora criado para se preocupar muito com questões de orgulho. Esgueirar-se e esconder-se era levar uma vida ignominiosa. Muitas vezes, naqueles anos, ele se sentiu uma vergonha profunda. Vergonha e humilhação.

* * *

Era raro que notícias de interesse mundial se baseassem tão claramente nos atos, nas motivações, na personalidade e nos supostos crimes de uma única pessoa. O simples peso dos acontecimentos era um fardo esmagador. Ele imaginava a Grande Pirâmide de Gizé virada de cabeça para baixo, com o ápice repousando em seu pescoço. As notícias bradavam em seus ouvidos. Era como se todas as pessoas no mundo tivessem uma opinião. Hesham al-Essawy, o dentista "moderado" do programa da BBC, tachou-o de produto da permissividade da década de 1960, "que agora produziu a crise da aids". Membros do Parlamento do Paquistão recomendaram o envio imediato de assassinos ao Reino Unido. No Irã, os clérigos mais poderosos, Khamenei e Rafsanjani, cerraram fileiras atrás do imã. "Uma flecha negra de retaliação está voando rumo ao coração desse canalha blasfemo", disse Khamenei durante uma visita à Iugoslávia. Um aiatolá iraniano, Hassan Sanei, ofereceu uma recompensa de 1 milhão de dólares pela cabeça do apóstata. Não ficou claro se esse aiatolá possuía 1 milhão de dólares ou até que ponto seria fácil ou difícil reivindicar o prêmio, mas naquele tempo a lógica não estava na ordem do dia. A televisão vivia cheia de homens barbudos (e barbeados) falando de morte. A biblioteca do Conselho Britânico em Karachi — um lugar pacato e agradável aonde ele fora muitas vezes — sofreu um atentado a bomba.

No entanto, naqueles tempos barulhentos e terríveis, sua reputação literária sobreviveu à celeuma. A maior parte dos comentaristas britânicos, americanos e indianos continuou a acentuar a qualidade de seus trabalhos e do livro que estava sendo atacado, mas houve sinais de que também isso poderia mudar. Numa apresentação do programa *Late Show*, da BBC, ele viu Ian McEwan, Aziz al-Azmeh e a corajosa romancista jordaniana Fadia Faqir, que também recebera ameaças de morte por seu trabalho, tentar defendê-lo contra um dos queimadores de livros de Bradford e também contra o onipresente dentista Essawy. O debate assumiu um tom destemperado, e seus adversários — ignorantes, fanáticos e ameaçadores — usaram de linguagem baixa. O que tornou o programa especialmente chocante para ele foi ver o destacado intelectual George Steiner — a verdadeira antítese do fanático ignorante — lançar um contundente ataque literário à sua obra. Não demorou muito para que outras figuras conhecidas da mídia britânica, Auberon Waugh, Richard Ingrams e

Bernard Levin, também fizessem comentários hostis. Ele foi defendido, em outros jornais, por Edward Said e Carlos Fuentes, mas sentiu que o estado de espírito estava mudando. E sua turnê de lançamento do livro nos Estados Unidos foi cancelada, naturalmente. A maior parte da imprensa americana publicou resenhas positivas, mas ele sabia que não voltaria a atravessar o Atlântico tão cedo.

Os problemas com as editoras se multiplicavam. Os escritórios da Penguin em Londres, e agora também o de Nova York, recebiam muitos telefonemas hostis. Moças que trabalhavam ali ouviam vozes anônimas que diziam: "Nós sabemos onde você mora. Sabemos também onde seus filhos estudam". Houve ainda muitos alertas de bombas, ainda que, felizmente, nunca uma delas tenha explodido em algum dos escritórios de sua editora. No entanto, a livraria Cody's, em Berkeley, na Califórnia, foi alvo de um ataque com uma bomba caseira, feita com um pedaço de cano. (Muitos anos depois ele visitou a Cody's e lhe mostraram, com orgulho, a área queimada, numa estante, onde a bomba tinha sido plantada, que Andy Ross e seu pessoal resolveram deixar como estava, como um distintivo de coragem da livraria.) E num hotel barato em Londres, em Sussex Gardens, perto da estação Paddington, um candidato a terrorista cujo alvo talvez fosse o escritório da Penguin — embora corresse o boato de que ele pretendia atacar a embaixada de Israel — voou pelos ares, num incidente que, no jargão da Divisão Especial, era chamado de "gol contra". Depois disso, a seção de expedição da Penguin passou a usar cães treinados para farejar explosivos.

Peter Mayer, o diretor da editora, encomendou um relatório de segurança à Control Risks Information Services, de Londres, que analisou o "gol contra" e o perigo para a editora. Foram enviadas cópias a Andrew Wylie e Gillon Aitken. Nesse relatório, provavelmente por questão de segurança, os principais envolvidos na história não eram chamados pelo nome, e sim por nomes de aves. O documento tinha um título imponente, "Avaliação do poder e do potencial dos protestos de narcejas contra o pombo da andorinha-do-mar-ártica e implicações para a gaivota". Talvez não fosse muito difícil descobrir que *narceja* significava muçulmanos; *garça*, "a editora" ou "Viking"; *pombo* era *Os versos satânicos*; e *gaivota*, o grupo Pearson, controlador da Penguin. O autor de *pombo* era *andorinha-do-mar*.

Peter Mayer (que não tinha uma identidade ornitológica, ainda que, para os jornais, muitas vezes ele fosse o "pinguim imperador") proibiu todos os "funcionários ligados ao pombo" de falar à imprensa sobre o pombo ou a andorinha-do-mar, sob pena de demissão sumária. As únicas declarações públicas emanadas da garça só poderiam ser feitas pelo advogado Martin Garbus ou pelo porta-voz oficial, Bob Gregory. As poucas declarações que chegaram a ser feitas eram cuidadosamente defensivas. Tudo isso era compreensível (a não ser, talvez, os ingênuos nomes de aves), mas uma consequência desse *diktat* do pinguim imperador foi que, toda vez que o assediado escritor precisava que sua editora falasse por ele, seus editores estavam amordaçados e silenciados. Esse silêncio criou um fosso entre a editora e o escritor. Por ora, porém, as fissuras na relação entre eles eram pequenas, pois a companhia vinha agindo com muita coragem e segundo princípios inflexíveis. Vozes muçulmanas ameaçavam a Penguin com medonhas retaliações contra seus escritórios em todo o mundo, além de um boicote geral à Penguin Books e contra todas as atividades do grupo Pearson, um conglomerado gestor de participações sociais com altos interesses no mundo islâmico. Mesmo diante dessas ameaças, a administração do grupo Pearson não vacilou.

O livro continuou circulando, com enormes quantidades de exemplares distribuídos e vendidos. Quando ele foi parar no primeiro lugar da lista dos mais vendidos do *The New York Times*, John Irving, que estava acostumado àquela posição mas de repente se viu transferido para o segundo lugar, de onde não saía, gracejou: disse que, se a situação do autor do novo best-seller era a condição para ocupar o primeiro posto, ele estava satisfeito por estar no segundo. O próprio autor do livro sabia, como Irving, que *Os versos satânicos* não era um best-seller destinado a ocupar o primeiro lugar "de verdade"; o que vinha impulsionando as vendas era o escândalo, e não o mérito literário ou a popularidade do livro. Ele também sabia que muita gente comprava um exemplar do romance para demonstrar solidariedade, e se sentia agradecido por isso. John Irving era seu amigo desde que Liz Calder os apresentara, em 1980. A pilhéria era uma forma de John lhe enviar um aceno amistoso.

Em 22 de fevereiro, dia do lançamento do romance nos Estados Unidos, foi publicado um anúncio de página inteira no *The New York Times*, pago por três entidades, a Association of American Publishers, a American Booksellers' Association e a American Library Association. "Pessoas livres escrevem livros", dizia. "Pessoas livres publicam livros. Pessoas livres vendem livros. Pessoas livres compram livros. Pessoas livres leem livros. Dentro do espírito do compromisso dos Estados Unidos com a livre expressão, informamos ao público que este livro estará à disposição dos leitores em livrarias e bibliotecas em todo o país." O PEN American Center, dirigido com paixão por sua amada amiga Susan Sontag, organizou uma sessão de leituras do romance. Entre os leitores estavam a própria Susan, Don DeLillo, Norman Mailer, Claire Bloom e Larry McMurtry. Ele recebeu uma fita do evento, e um nó subiu-lhe à garganta. Muito tempo depois, ele soube que, de início, alguns conhecidos escritores americanos tentaram se esquivar. Até Arthur Miller arranjara uma desculpa — o fato de ser judeu poderia ser um fator contraproducente. Daí a poucos dias, porém, postos na linha por Susan, quase todos eles voltaram ao comportamento costumeiro e cerraram fileiras em torno dela.

O medo que se espalhou pelo meio editorial era verdadeiro porque a ameaça era verdadeira. A *fatwa* também ameaçava editoras e tradutores. No entanto, o mundo do livro, no qual pessoas livres faziam escolhas livres, tinha de ser defendido. Ele pensava com frequência que a crise era como uma luz forte que incidia sobre as escolhas e as ações de todos, criando um mundo sem sombras, um lugar nítido e inequívoco de atos certos e errados, de escolhas boas e más, de sim e de não, de força e de fraqueza. Nesse clarão intenso, alguns donos de editoras se mostraram heroicos, ao passo que outros pareceram invertebrados. Talvez o mais invertebrado de todos tenha sido o diretor de uma editora europeia, cujo nome seria indelicado mencionar, que mandou instalar vidraças à prova de bala nas janelas de sua própria sala, no segundo andar, mas não nas janelas do primeiro andar, através das quais seus funcionários podiam ser vistos; e depois, com uma chave de fenda, retirou a placa com o nome da empresa da porta do edifício. A editora do livro na Alemanha, a famosa Kiepenheuer und Witsch, cancelou sumariamente o contrato com o autor e tentou cobrar dele seus custos de segurança. (A edição alemã acabou saindo por um grande consórcio de editoras e personalidades eminentes, o mesmo método empregado na Espanha.) O editor francês Christian Bourgois de início relutou em editar o livro e depois adiou a publicação várias vezes, mas por fim foi persuadido a fazê-lo devido às críticas cada vez mais ruidosas que os meios de comunicação franceses lhe fizeram. Andrew Wylie e Gillon Aitken foram incríveis. Viajaram de país em país para persuadir, adular, ameaçar e lisonjear donos de editoras, instando-os a cumprir seu papel. Em muitos países, o livro só foi publicado devido à pressão resoluta que eles empregaram sobre editores nervosos.

Na Itália, porém, houve heróis. Sua editora italiana, a Mondadori, publicou o livro poucos dias depois da *fatwa*. Seus proprietários — a Fininvest, empresa holding de Silvio Berlusconi, a CIR, de Carlo de Benedetti, e os herdeiros de Arnoldo Mondadori — hesitaram mais do que os donos da Penguin, e manifestaram dúvidas quanto à conveniência da publicação, mas a determinação do diretor editorial Giancarlo Bonacina e de seu grupo levou a melhor. O livro foi publicado como previsto.

Enquanto tudo isso e muito mais acontecia, o autor de *Os versos satânicos* estava agachado, morto de vergonha, atrás de um balcão de cozinha para não ser visto por um guardador de carneiros.

E além das manchetes gritantes havia as crises particulares do escritor, o bolo no estômago criado pela necessidade constante de achar o próximo lugar para onde ir, sua preocupação com a família (sua mãe chegara a Londres para ficar com Sameen e estar mais perto dele, mas ele ainda levaria um tempo para poder vê-la), e, é claro, havia também Marianne, que ouviu da filha, Lara, em vários telefonemas enfáticos, que "nenhum de seus amigos entendia" por que a mãe aceitava correr tanto perigo. Esse era um argumento compreensível, que qualquer filha poderia apresentar. Marianne tinha achado uma casa para alugar, e poderiam mudar-se em uma semana. Isso foi uma boa ajuda da parte dela, mas no íntimo ele tinha certeza de que Marianne o deixaria se a crise durasse muito mais tempo. Para ela, essa nova vida estava sendo dificílima. A turnê de lançamento de *John Dollar* tinha sido cancelada, e se ele estivesse no lugar dela era provável que também o deixasse. Nessa época, ela mergulhou em algo parecido com seu processo normal de trabalho, fazendo anotações abundantes sobre o local onde estavam, copiando frases em galês em sua caderneta, e começando a escrever contos que na realidade não eram ficção, e sim dramatizações daquilo que estavam vivendo. Um desses contos se chamava "Croeso i Gymru", ou seja, "Bem-vindo a Gales", e começava com as palavras *Tínhamos dado no pé para o País de Gales*, uma frase que o incomodava porque "dar no pé" queria dizer fugir da lei. Eles não eram criminosos, ele quis dizer, mas não disse. Ela não estava com disposição de ouvir críticas. Vinha escrevendo um conto chamado "Aprendendo urdu".

O ministro do Exterior foi à televisão para dizer mentiras sobre ele. O povo britânico, disse sir Geoffrey Howe, não gostava do livro dele. O texto tratava a Grã-Bretanha com extrema rudeza. Comparava a Grã-Bretanha, disse, com a Alemanha de Hitler. O autor do livro mal-amado deu consigo gritando para a televisão: "Onde? Em que página? Diga onde eu escrevi isso". A televisão não respondeu. Os traços presunçosos, suaves, estranhamente doces de sir Geoffrey o fitavam, impassíveis. Ele se lembrou de que certa vez Denis Healey, ex-integrante de um governo trabalhista, dissera que ser atacado por Howe era como ser "agredido por um carneiro morto", e durante alguns segundos ele pensou em processar o carneiro morto por difamação. Mas isso seria bobagem, é claro. Aos olhos do mundo, ele é que era o grande Difamador, e por isso as pessoas tinham licença para difamá-lo de volta.

O carneiro morto tinha companhia. Roald Dahl, o gigante inamistoso, estava dizendo pelos jornais que "Rushdie é um oportunista perigoso". Alguns dias antes, o arcebispo de Cantuária, Robert Runcie, declarara que "compreendia os sentimentos dos muçulmanos". Logo o papa também os compreendeu, e depois o grande rabino britânico e o cardeal de Nova York. O batalhão de Deus alinhava suas tropas. Nadine Gordimer, porém, o defendeu pela imprensa, e nos dias em que ele e Marianne deixaram a fazenda de Deb e Michael e se mudaram para a casa que tinham alugado foi publicada a chamada Declaração de Escritores do Mundo, assinada por milhares de escritores. O Reino Unido e o Irã tinham rompido relações diplomáticas. Por mais bizarro que pareça, foi o Irã que as rompeu, e não o governo Thatcher. Aparentemente, a proteção dada pela polícia britânica ao trânsfuga e apóstata era mais desconcertante para os aiatolás do que era, para o governo de Londres, o ataque extraterritorial a um cidadão britânico. Ou talvez os iranianos simplesmente tivessem revidado primeiro.

A casinha modesta, uma meia-água de paredes brancas e telhado de ardósia, chamava-se Tyn-y-Coed, a casa na floresta, nome comum para uma casa naquela área. Ficava perto da aldeia de Pentrefelin in Brecon, não muito longe dos montes Negros e da serra de Brecon Beacons. Chovia a cântaros, e, quando chegaram lá, fazia muito frio. Os agentes da polícia tentaram acender o fogão, o que conseguiram depois de muito vozerio e palavrões. No andar de cima ele achou um quartinho onde podia fechar a porta e fingir que trabalhava. A casa, como o tempo lá fora, passava uma sensação de desolação. Margaret Thatcher estava na televisão, compreendendo o insulto ao islã e se solidarizando com os insultados. Ele conversou com Gillon Aitken e Bill Buford, e ambos avisaram que haveria uma onda de opinião pública contra ele durante certo tempo. Ler as manifestações de apoio de grandes escritores de todo o mundo, publicadas no *The New York Times Book Review*, trouxe-lhe algum conforto. Falou com Michael Foot por telefone e se animou com suas declarações enfáticas de total solidariedade. Imaginava a longa cabeleira branca de Michael sacudindo de um lado para o outro, e sua mulher, Jill Craigie, ao lado dele, serenamente brava. "Uma vergonha. Isso tudo. É o que eu e Jill achamos. Francamente!"

A equipe de proteção fora trocada. Stan, Benny, Dennis e Mick tinham voltado para casa, e agora ele estava entregue aos cuidados de Dev Stonehouse, uma peça rara cujo rosto tinha uma tonalidade que o fazia pensar num problema de alcoolismo, e que desfiava, sem papas na língua, casos de outros "protegidos" de quem ele havia cuidado: a noite em que o político irlandês Gerry Fitt virou dezesseis gins-tônicas, a conduta de intolerável arrogância do ministro Tom King para com a equipe de proteção, "esse sujeito pode muito bem levar um tiro nas costas qualquer dia desses", e, para contrastar, os modos gentilíssimos de Ian Paisley, o aguerrido líder protestante da Irlanda do Norte, que se lembrava do nome de todo mundo, perguntava pela família de cada um e todo dia de manhã rezava com seus agentes de proteção. Na equipe de Dev havia mais dois motoristas sorridentes e simpáticos, Alex e Phil, que faziam de conta que não escutavam Dev "despejar suas bobajadas", e um segundo agente de proteção, Peter Huddle, que não escondia sua aversão ao detetive-sargento Stonehouse. "Ele é que nem ter hemorroidas", dizia na cozinha, em alto e bom som, "um verdadeiro pé no saco."

Os agentes o levaram para um passeio pelos montes Negros — a paisagem em que Bruce Chatwin ambientara seu melhor livro, *Colina negra* —, e ali, ao ar livre, podendo olhar para os campos e o horizonte, e não para as paredes de uma casa, ele se sentiu livre e feliz. Aquela equipe gostava de conversar. "Não consigo comprar um presente para minha mulher", reclamou Alex, escocês das planícies. "Ela não gosta de nada que dou a ela." Phil tinha ficado tomando conta dos veículos. "Ele vai ficar bem", disse Alex. "Os MDs gostam de ficar sentados em seus carros." E, sem mais nem menos, Dev anunciou que tinha transado na noite anterior. Alex e Peter fecharam a cara, com uma expressão de desgosto. E de repente ele sentiu uma dor aguda na mandíbula. Eram os dentes do siso. A dor passou daí a pouco, mas foi um aviso. Talvez ele precisasse procurar um dentista.

Os agentes tinham lhe dito que não gostavam nada da ideia de que ele fosse a Londres com frequência, mas também entendiam que precisava ver o filho. Seus amigos ofereciam suas casas, e ele era levado a Archway, para ver Zafar na casa de sua velha amiga de Cambridge Teresa Gleadowe e de seu marido, Tony Stokes, em cuja pequena galeria de arte, em Covent Garden, fora realizado, em outra vida, o almoço comemorativo do lançamento de *Os filhos da meia-noite*; ou a Kentish Town, para a casa de Sue Moylan e Gurmukh Singh, que tinham se conhecido e se apaixonado em seu casamento com Clarissa e nunca mais se separaram. Formavam um casal disparatado ideal: ela, filha de um juiz e a clássica rosa inglesa; ele, um alto e vistoso sique de Cingapura, pioneiro na incipiente ciência da informática. (Quando Gurmukh decidiu aprender jardinagem, montou um programa de computador que lhe dizia exatamente o que fazer a cada dia do ano. Seu jardim, plantado e mantido de acordo com as instruções daquele programa, ficou maravilhoso.) Harold Pinter e Antonia Fraser abriram suas portas para ele, assim como muitos outros amigos. Bill Buford lhe disse: "Seus amigos vão se fechar em torno de você como um círculo de ferro, e dentro desse aro você vai poder tocar sua vida". E foi exatamente isso que eles fizeram. O código de silêncio deles era inquebrável. Nenhum deles jamais deixou escapar, por descuido, o mínimo detalhe de seus movimentos, nem uma só vez. Ele não teria sobrevivido seis meses sem eles. Depois de muita desconfiança inicial, a Divisão Especial também chegou a confiar nos amigos dele — a entender que se tratava de pessoas sérias que compreendiam o que tinha de ser feito.

Eis o que tinha de acontecer para que ele visse o filho. O "quinto homem" da equipe, baseado na Scotland Yard, visitava o "local" com antecedência, para avaliá-lo em termos de segurança, instruindo os donos da casa sobre o que tinham de fazer, fechar essas portas, puxar aquelas cortinas. Depois ele era conduzido ao local, sempre pela rota mais sinuosa, empregando-se uma sucessão de ardis de contravigilância, um processo conhecido como "lavagem a seco" — para garantir que não estavam sendo seguidos. (Dirigir um carro envolvia, em parte, guiar do jeito mais estranho possível. Numa via expressa, às vezes o motorista variava bastante a velocidade, pois, se outra pessoa fizesse o mesmo, isso queria dizer que estavam sendo seguidos. Às vezes, dirigindo bem depressa, Alex entrava numa pista de saída. Uma pessoa que o estivesse seguindo não saberia se ele iria deixar a via expressa ou não, e teria de dirigir em alta velocidade atrás dele, revelando sua presença.) Enquanto isso, outro carro pegava Zafar e o levava ao local de encontro, também de acordo com os métodos da "lavagem a seco". Era difícil e cansativo, mas aí ele via alegria nos olhos do menino, e isso lhe dizia tudo o que ele precisava saber.

Ele esteve com Zafar por uma hora na casa dos Stoke. Passou mais uma hora com a mãe e Sameen na casa dos Pinter, na Campden Hill Square, e no autocontrole férreo da mãe ele viu mais uma vez a mulher que ela fora antes e depois da morte de seu pai. Ela escondia o medo e a preocupação por trás de um sorriso tenso, mas carinhoso, embora seus punhos muitas vezes se cerrassem. Depois, como já estava tarde demais para retornarem ao País de Gales, ele foi levado para a casa de Ian McEwan na vila de Chedworth, em Gloucestershire, e pôde passar uma noite em companhia de bons e queridos amigos — Alan Yentob e sua companheira, Philippa Walker, assim como Ian. Numa entrevista que deu mais tarde à revista *The New Yorker*, Ian disse: "Nunca hei de me esquecer... No dia seguinte, ele acordou cedo. Tinha de ir para casa. Um momento difícil para ele. Ficamos no balcão da cozinha, fazendo torradas e café, escutando o noticiário da BBC das oito horas. Ele estava em pé, bem ao meu lado, e era o grande assunto do noticiário. O Hezbollah tinha apoiado com seus conhecimentos e seu peso político o projeto de matá-lo". A memória de Ian o traiu. A ameaça noticiada aquele dia não vinha do grupo libanês Hezbollah, financiado pelo Irã, e sim de Ahmad Jibril, líder da Frente Popular para a Libertação da Palestina — Comando Geral.

O comandante John Howley, da Divisão Especial — o ambicioso oficial de polícia encarregado do Esquadrão "A", que depois se tornou vice-comissário assistente e assumiu a chefia tanto da Divisão Especial quanto das atividades antiterroristas da Scotland Yard —, foi vê-lo no País de Gales, acompanhado de Bill Greenup, o oficial que Marianne, em seu conto galês, rebatizara com o nome de "sr. Browndown". A atitude do sr. Greenup em relação a ele foi inamistosa. Ficou óbvio que achava que estavam lidando com um encrenqueiro que tinha colhido o que plantara, obrigando bons oficiais da polícia a arriscar a pele para salvar a dele, para protegê-lo das consequências de seus próprios atos. Além disso, o encrenqueiro era um eleitor dos trabalhistas, e tinha criticado o governo Thatcher, que agora arcava com a obrigação de protegê-lo. Por mais de uma vez o sr. Greenup insinuou que a Divisão Especial estava pensando em entregar sua proteção à polícia comum uniformizada, e que ele enfrentasse seus riscos. Tinha-se agora a impressão de que ele correria perigo por um tempo bem considerável, e não era isso que a Divisão Especial tinha previsto ou desejado. Essa era a má notícia que o comandante Howley, homem de poucas palavras, tinha ido até Gales para lhe dar. Não era mais uma questão de manter uma atitude de discrição durante alguns dias, enquanto os políticos resolviam o problema. Não havia perspectiva alguma de que ele tivesse permissão (*permissão*?) para retomar sua vida normal no futuro próximo. Ele não podia simplesmente decidir voltar para casa e arrostar os riscos. Fazer isso significaria pôr em perigo seus vizinhos e criar um ônus intolerável para os recursos da polícia, porque toda uma rua, ou mais de uma, teria de ser fechada e protegida. Ele teria de esperar até que ocorresse uma "importante mudança política". O que isso significava?, perguntou. Até que Khomeini morresse? Nunca? Howley não soube o que responder. Não tinha como estimar o tempo que seria preciso.

Fazia um mês que ele vinha vivendo sob ameaça de morte. Houvera novas manifestações contra *Os versos satânicos* em Paris, Nova York, Oslo, Caxemira, Bangladesh, Turquia, Alemanha, Tailândia, Holanda, Suécia, Austrália e West Yorkshire. O preço em mortos e feridos continuava a crescer. O romance tinha sido proibido também na Síria, Líbano, Quênia, Brunei, Tailândia, Tanzânia, Indonésia e em todo o mundo árabe. Um "líder" muçulmano, Abdul Hussain Chowdhury, pedira ao presidente do tribunal metropolitano de Londres que emitisse uma citação contra Rushdie e sua editora, alegando "difamação blasfema e calúnia sediciosa", mas a injunção não foi concedida. A Quinta Avenida, em Nova York, teve de ser fechada devido a um alerta de bomba numa livraria. Nessa época ainda havia livrarias dos dois lados da Quinta Avenida.

A frente unida do mundo literário cindiu-se, e ele foi tomado por uma dor real ao ver seu próprio mundo rachando sob a pressão desses fatos. Primeiro, a Academia de Artes de Berlim Ocidental se recusou a permitir que um comício de solidariedade "pró-Rushdie" tivesse lugar em suas dependências devido a questões de segurança. Por isso, o maior escritor da Alemanha, Günter Grass, e o filósofo Günther Anders se desfiliaram da academia em protesto. Depois, em Estocolmo, a Academia Sueca, que concede o Prêmio Nobel de Literatura, resolveu não emitir uma declaração formal condenando a *fatwa*.

A famosa romancista Kerstin Ekman renunciou à sua cadeira na mesa de dezoito acadêmicos. Lars Gyllensten também abandonou as deliberações da academia.

Ele se sentia muito mal. "Não façam isso, Günter, Günther, Kerstin, Lars", tinha vontade de gritar. "Não façam isso por minha causa." Ele não queria dividir academias, prejudicar o mundo dos livros. Isso era o oposto do que ele queria. Estava tentando defender o livro contra os queimadores de livros. Essas pequenas batalhas dos livrescos lhe pareciam tragédias numa época em que a própria liberdade literária estava sendo violentamente agredida.

Nos idos de março, ele foi arremessado, sem aviso, ao círculo mais baixo do inferno orwelliano. "*Você me perguntou certa vez*", *disse O'Brien*, "*o que havia na Sala 101. Eu lhe disse que você já conhecia a resposta. Todo mundo a conhece. O que existe na Sala 101 é a pior coisa no mundo.*" A pior coisa no mundo era diferente para cada pessoa. Para Winston Smith, em *1984*, de Orwell, eram ratos. Para ele, numa fria casa galesa, era um telefonema não atendido.

Ele havia criado uma rotina diária com Clarissa. Às sete horas, toda noite, sem falta, ele ligava para dizer olá a Zafar. Ele estava conversando com o filho da forma mais aberta possível sobre tudo o que estava acontecendo, tentando dar um matiz otimista aos fatos, para manter acuados os monstros em sua imaginação infantil, mas mantendo-o informado. Havia descoberto rapidamente que, desde que Zafar recebesse as notícias dele próprio primeiro, era capaz de suportar a situação. Se, por algum motivo qualquer, eles não se falavam, e Zafar escutava alguma coisa chocante de colegas no pátio da escola, ficava muito perturbado. Era fundamental que eles se falassem. Daí o telefonema diário. Ele tinha combinado com Clarissa que, se por alguma razão ela não pudesse estar em casa com Zafar às sete horas, deixasse uma mensagem na secretária eletrônica da casa da St. Peter's Street, dizendo-lhe a que horas estariam de volta. Ele ligou para a casa da Burma Road. Não houve resposta. Deixou um recado na secretária de Clarissa e, a seguir, verificou a sua própria. Ela não tinha deixado recado algum. Bem, pensou, estão um pouco atrasados. Quinze minutos depois, ligou de novo. Ninguém atendeu. Ligou de novo para seu próprio aparelho: nada. Dez minutos depois, fez uma terceira chamada. Nada ainda. A essa altura, ele já tinha começado a se preocupar. Eram quase

19h45 num dia de aula. Não era normal que estivessem tão atrasados. Ligou mais duas vezes nos dez minutos seguintes. Não houve resposta. Então ele começou a entrar em pânico.

Os fatos do dia se desvaneceram. A Organização da Conferência Islâmica o chamara de apóstata, mas evitara apoiar a ordem de morte partida do Irã. Muçulmanos planejavam uma passeata em Cardiff. Marianne estava contrariada porque seu romance recém-publicado, *John Dollar*, vendera exatamente 24 exemplares na semana anterior. Nada disso importava. Ele passou a ligar para a casa da Burma Road repetidamente, discando e rediscando como um louco, e suas mãos começaram a tremer. Estava sentado no chão, com o telefone no colo, discando, rediscando. A equipe de proteção tinha sido trocada de novo. Stan e Benny estavam de volta, com dois novos motoristas, um boa-praça simpático chamado Keith e apelidado de "Parrudo", e um galês ruivo chamado Alan Owen. Stan notou a agitação de seu "protegido" e foi perguntar se estava tudo bem.

Ele respondeu que, aparentemente, não. Clarissa e Zafar estavam agora uma hora e quinze minutos atrasados para o telefonema combinado e não tinham deixado nenhuma explicação. A expressão de Stan ficou séria. "Isso é uma quebra da rotina?", perguntou. "Qualquer quebra inesperada da rotina é uma das coisas que são motivo de alarme." Sim, ele confirmou, era uma quebra da rotina. "Deixe comigo", disse Stan. "Vou procurar saber." Voltou minutos depois para dizer que tinha falado com a "Metpol" — a Polícia Metropolitana de Londres — e que mandariam um carro à casa para dar uma "passada". Depois disso, os minutos se arrastaram, lentos e frios como uma geleira, e quando veio a notícia seu coração também gelou. "O carro acabou de passar pela casa", disse-lhe Stan, "e o relatório, lamento dizer, é que a porta da frente está aberta e todas as luzes estão acesas." Ele não conseguiu emitir um som. "Evidentemente, os policiais não tentaram chegar até a porta da casa ou entrar", disse Steve. "Em vista da situação, não sabiam o que poderiam encontrar."

Ele viu corpos estendidos na escada da sala. Viu os cadáveres empapados de sangue de seu filho e de sua primeira mulher, fortemente iluminados e estraçalhados. A vida acabara. Ele tinha fugido e se escondido como um coelho assustado, e seus entes queridos pagaram o preço. "Só para lhe informar o que estamos fazendo", disse Stan. "Nós vamos lá, mas o senhor terá de nos dar mais ou menos uns quarenta minutos. Eles precisam organizar um exército."

Talvez não estivessem os dois mortos. Talvez seu filho estivesse vivo, tomado como refém. "Entenda", disse ele a Stan, "que, se eles pegaram o menino para pedir resgate, é porque querem que eu seja trocado por ele, e eu vou fazer isso, e vocês não vão poder me impedir. Eu só quero que isso fique claro."

Stan fez uma pausa longa e lúgubre, como um personagem de uma peça de Pinter, e disse: "Essa coisa de troca de reféns só acontece no cinema. Na vida real, lamento dizer, se isto for uma intervenção hostil, os dois provavelmente estão mortos. O que o senhor deve perguntar a si mesmo é se quer morrer também".

Os policiais na cozinha tinham se calado. Marianne estava sentada de frente para ele, fitando-o apenas, incapaz de oferecer-lhe algum consolo. Ele não tinha mais nada a dizer. Só fazia discar, como um demente, a cada trinta segundos, e ouvir o toque de chamada e, em seguida, a voz de Clarissa pedindo-lhe que deixasse uma mensagem. Aquela moça bonita, alta, de olhos verdes. A mãe de seu filho, doce, vivo, carinhoso. Não valia a pena deixar mensagem alguma. *Desculpe*, não servia nem de começo. Ele repôs o fone no gancho, voltou a discar e lá estava voz dela de novo. E mais uma vez.

Depois de passado muito tempo, Stan voltou e disse, em voz baixa: "Agora não vai demorar. Estão quase prontos". Ele aquiesceu e esperou que a realidade lhe vibrasse o golpe que seria fatal. Não se lembrava de ter chorado, mas seu rosto estava molhado. Continuou a discar o número de Zafar. Como se o telefone possuísse poderes ocultos, como se fosse um tabuleiro Ouija, capaz de pô-lo em contato com os mortos.

Foi então que, de repente, houve um clique. Alguém pegara o fone do outro lado. "Alô!", ele disse, com voz trêmula. "Papai?" Era a voz de Zafar. "O que está havendo, papai? Tem um policial na porta, e disse que outros quinze estão vindo." Ondas de alívio cascatearam por ele e calaram sua voz por um instante. "Papai? Você está aí?" "Estou", ele respondeu. "Estou aqui. Sua mãe está bem? Onde vocês estavam?" Eles tinham ido assistir a uma peça na escola, que terminara muito tarde. Clarissa veio falar com ele ao telefone e pediu desculpas. "Sinto muito, eu devia ter deixado uma mensagem, mas esqueci. Desculpe."

A habitual descarga de substâncias bioquímicas causadas por um choque corria por suas veias, e ele não saberia dizer se estava feliz ou furioso. "E a porta?", perguntou. "Por que a porta da frente estava aberta e todas as luzes acesas?" Quem respondeu do outro lado foi Zafar de novo. "Não estava, papai", disse ele. "Acabamos de chegar, abrimos a porta e acendemos as luzes, e nesse momento o policial chegou."

"Parece que houve um erro lamentável", disse o detetive-sargento Stan. "O carro que mandamos para dar uma passada olhou para a casa errada."

A casa errada. Um erro da polícia. Só um erro bobo. Estava tudo bem. Os monstros tinham voltado para o armário das vassouras e para debaixo do assoalho. O mundo não explodira. Seu filho estava vivo. A porta da Sala 101 se abrira. Ao contrário de Winston Smith, ele escapara.

Aquele tinha sido o pior dia de sua vida.

A mensagem em sua secretária eletrônica era da romancista Margaret Drabble. "Ligue para mim se puder." E, quando ele ligou, Margaret fez, com aquele jeito dela, brusco, eficiente e prático, uma proposta tão incrivelmente generosa como tinha sido a de Deborah Rogers. Ela e o marido, Michael Holroyd, biógrafo de Lytton Strachey, Augustus John e George Bernard Shaw, tinham acabado de construir uma casinha em Porlock Weir, na costa de Somerset. "Agora está pronta", disse ela, "e a gente já estava para se mudar, mas eu disse a Michael: Quem sabe se Salman não gostaria de ficar nela? Você pode perfeitamente ocupar essa casa por um mês, ou mais ou menos isso." Não havia palavras para agradecer um presente de um mês, a possibilidade de ficar em um só lugar por tanto tempo. Durante um mês ele seria uma pessoa de Porlock. "Obrigado", agradeceu, mas a palavra pareceu muito insuficiente.

Porlock Weir ficava um pouco a oeste da vila de Porlock propriamente dita, um lugarejo que se formara em torno do porto. A casinha, com cobertura de palha, era uma graça, além de muito bem construída. Uma década depois, entrevistando Margaret Drabble ali, uma jornalista do *The New York Times* descreveu-a como "uma espécie de visão bloomsburiana de refinamento e cultura, com cômodos pintados de cores diferentes — verde-menta, cor-de-rosa, lilás e amarelo-ouro — e tapetes desbotados, com livros e quadros por toda parte". Foi maravilhoso voltar a uma casa com livros. Ele e Marianne eram ficcionistas que estavam sendo presenteados com a casa de dois outros escritores, e isso era algo extraordinariamente reconfortante. Havia espaço suficiente para que os dois agentes de segurança também ficassem na casa; os motoristas alugaram cômodos numa pousada na aldeia e se fizeram passar por amigos que excursionavam a pé pela região. A casa contava com um belo jardim, e era o retiro perfeito para um homem invisível. Ele chegou lá na última semana de março e ali se instalou, quase feliz.

"A chama do Iluminismo está se apagando", afirmou um jornalista a Günter Grass. "Mas", respondeu ele, "não existe outra fonte de luz." A polêmica pública prosseguia intensa. No que dizia respeito a sua vida privada, poucos dias depois de sua chegada a Porlock Weir ele enfrentou uma crise muito diferente. De certa forma, nela também havia fogo.

Marianne viajou a Londres para uma estada de alguns dias (não havia restrições a seus movimentos) e esteve com duas amigas de ambos — Dale, uma americana que trabalhava na Wylie, Aitken & Stone, e a velha amiga dele Pauline Melville. Ele ligou para Pauline, a fim de saber como iam as coisas, e viu que ela estava em estado de choque, horrorizada. "Sabe, Salman", ela começou, "isso é tão sério que vou lhe contar o que Marianne disse. Ela falou para Dale e para mim, e ficamos as duas tão bestificadas que estamos dispostas a repetir suas palavras na frente dela." Marianne lhes dissera que ele e ela estavam brigando constantemente, e que ela, Marianne, tinha, nas palavras de Pauline, "dado uma surra nele". Disse, depois disso, para estupefação das duas, que ele pedira à Divisão Especial que "trouxesse Isabelle Adjani de avião". Ele jamais vira ou falara com a atriz francesa, que, entretanto, pouco tempo antes lhe dirigira um gesto de apoio, que ele muito apreciara. Por ocasião da festa dos Prêmios César, em Paris — os "Oscars da França" —, ela subira ao palco para receber o César de Melhor Atriz por seu desempenho no papel-título de *Camille Claudel*, e lera um texto curto, revelando por fim que se tratava de uma citação de "*Les versets sataniques*, de Salman Rushdie". Como o pai dela era um argelino de origem muçulmana, isso não era pouca coisa. Ele lhe escrevera uma carta de agradecimento. O restante — a história de Marianne — era pura fantasia, mas o pior estava por vir. "Ele me tortura", disse ela a Pauline, "me queima com cigarros acesos." Ao ouvir isso de Pauline, ele começou a rir do absurdo da coisa. "Mas", exclamou, "eu não tenho cigarro nenhum... eu nem fumo!"

Quando Marianne voltou de Londres para Porlock Weir, ele a confrontou na sala tão bonita, com o papel de parede cor-de-rosa e os janelões que se abriam para as águas reluzentes do canal de Bristol. De início, ela negou categoricamente que houvesse dito algo parecido. Ele disse que ela estava mentindo. "Vamos ligar para Pauline e Dale e ver o que elas dizem." Diante disso, ela entregou os pontos e admitiu que realmente dissera aquelas coisas. Ele tocou especificamente na pior acusação, a da tortura com cigarros acesos. "Por que você disse uma coisa dessas", perguntou, "se sabe que isso não é verdade?" Ela o olhou nos olhos. "Foi uma metáfora", respondeu, "para dizer como eu me sentia infeliz." De certa forma, foi uma saída brilhante. Desatinada, mas brilhante. Merecia aplausos. Ele disse: "Marianne, isso não é uma metáfora; é uma mentira. Se você não percebe a diferença entre uma coisa e outra, está com um sério problema". Ela não disse mais nada. Foi para o quarto em que trabalhava e fechou a porta.

Essa era a escolha que ele tinha de fazer: ficar com Marianne, ainda que ela fosse capaz de tais sandices, ou separar-se e enfrentar sozinho o que tinha de enfrentar.

Ele precisava de um nome, disse-lhe a polícia. Precisava escolher um nome "bem depressinha" e depois convencer o gerente de seu banco a emitir talões de cheques com esse pseudônimo, ou sem nome algum, e a aceitar cheques assinados com esse nome falso, de modo que ele pudesse pagar coisas sem ser identificado. Mas esse novo nome se destinava também a facilitar a vida de seus protetores. Eles precisavam se acostumar com esse nome, chamá-lo sempre por esse nome, mesmo quando não estivesse presente, para não deixarem escapar, sem querer, seu nome real quando estivessem andando ou correndo na rua, indo à academia de ginástica ou ao supermercado.

A missão de proteção tinha um nome: Operação Malaquita. Ele não sabia por que tinham dado à tarefa o nome de uma pedra verde, e os agentes também não. Eles não eram escritores, e para eles os motivos dos nomes não tinham importância. Era apenas um nome. Agora era sua vez de se renomear. Seu próprio nome era pior do que inútil, era um nome que não podia ser pronunciado, como o nome *Voldemort* nos livros de Harry Potter, que ainda não tinham sido escritos. Com ele, não poderia alugar uma casa nem tirar título de eleitor, porque para votar seria preciso fornecer um endereço residencial e isso, naturalmente, era impossível. Para proteger seu direito democrático de livre expressão, tinha de renunciar a seu direito democrático de escolher o governo. "Não importa que nome seja", disse Stan, "mas seria bom que houvesse um, e para ontem."

Renunciar ao próprio nome não era pouca coisa. "Acho que é melhor escolher um nome que não seja asiático", disse Stan. "De vez em quando as pessoas somam dois mais dois." Ou seja, ele teria de renunciar também à sua ascendência. Seria um homem invisível com uma máscara sem traços.

Ele tinha numa caderneta um fragmento de personagem, o sr. Mamouli, o típico e obscuro homem comum, que tinha como parentes literários o sr. Cogito, de Zbigniew Herbert, e o sr. Palomar, de Italo Calvino. Seu nome completo era Ajeeb Mamouli — Ajeeb, como o vereador de Bradford, cujo nome significava "estranho". Mamouli quer dizer "comum". Ele era o sr. Estranho Comum, o sr. Esquisito Normal, o sr. Peculiar Ordinário: um oximoro, uma contradição em termos. Ele escrevera um fragmento em que o sr. Mamouli era obrigado a carregar na cabeça uma gigantesca pirâmide invertida, cuja ponta se apoiava em sua calva e lhe machucava o couro cabeludo.

O sr. Mamouli havia surgido quando, pela primeira vez, ele achou que seu nome, ou pelo menos a metade de seu nome, lhe tinha sido roubado, quando *Rushdie* separou-se de *Salman* e foi parar nas manchetes, nos jornais, em ondas eletromagnéticas, virando um slogan, uma palavra de ordem, um xingamento ou qualquer coisa que outras pessoas quisessem que fosse. Com isso, ele perdeu o domínio sobre seu nome, de maneira que julgou melhor assumir a identidade do sr. Mamouli. O sr. Ajeeb Mamouli também era romancista, e seu próprio nome era uma contradição, como convinha ao nome de um autor de romances. O sr. Mamouli se considerava uma pessoa comum, mas sua vida era, sem dúvida, esquisita. Quando ele desenhava o rosto do sr. Mamouli, as garatujas lhe recordavam o famoso Homem Comum criado pelo cartunista R. K. Laxman no *The Times of India*: um homenzinho ingênuo, perplexo, calvo, com tufos de pelos grisalhos que lhe saíam pelas orelhas.

Um dos personagens de *Os versos satânicos*, Mimi Mamoulian, era uma atriz gorducha obcecada pela aquisição de imóveis. O sr. Mamouli era seu parente, ou talvez sua antítese, um anti-Mimi cujo problema era o oposto do dela: nem tinha sequer uma casa onde morar. Essa era também, como ele bem sabia, a sina do caído Lúcifer. Assim, Ajeeb Mamouli era o nome do diabo em que os outros o tinham convertido, o ser metamórfico chifrudo como seu personagem Saladin Chamcha, a quem sua transformação demoníaca é assim explicada: "*Eles têm o poder da descrição, e nós sucumbimos*".

Os agentes não gostaram do nome. Mamouli, Ajeeb: essas palavras eram complicadas, difíceis de lembrar e "asiáticas" demais. Pediram-lhe que pensasse de novo. O sr. Mamouli desbotou, a seguir se dissipou e por fim foi parar numa casa de cômodos degradada destinada a ideias não utilizadas, o Hotel Califórnia da imaginação, e se perdeu.

Ele pensou em escritores de quem gostava e experimentou combinações de seus nomes: Vladimir Joyce, Marcel Beckett, Franz Sterne. Fez listas dessas combinações e todas elas lhe pareciam ridículas. Mas depois achou uma que lhe agradou. Escreveu, lado a lado, os prenomes de Conrad e Tchekhov, e ali estava o nome que usaria nos próximos onze anos.

"Joseph Anton."

"Perfeito", disse Stan. "Espero que não se importe, mas vamos chamar o senhor de Joe."

Na realidade, ele se importava. Logo descobriu que detestava o apelido, por um motivo que não entendia bem. Afinal, por que *Joe* era muito pior do que *Joseph*? Ele não era nem um nem outro, e ambos os nomes deveriam lhe parecer falsos ou adequados na mesma medida. Mas "Joe" lhe provocou arrepios praticamente desde a primeira vez. No entanto, era aquele monossílabo que os agentes de proteção achavam mais fácil de gravar e lembrar, para não cometer erros em locais públicos. Já que era assim, seria mesmo Joe.

"Joseph Anton." Ele estava tentando acostumar-se ao nome que tinha inventado. Tinha passado a vida criando nomes para personagens de ficção. Agora, ao dar nome a si próprio, transformara-se numa espécie de personagem também. "Conrad Tchekhov" não teria dado certo, mas "Joseph Anton" era uma pessoa que poderia existir. Que agora existia.

Conrad, o criador translinguístico de vagamundos, perdidos e não perdidos, de viajantes que rumavam para o coração das trevas, de agentes secretos num mundo de assassinos e de bombas, e de ao menos um covarde imortal, sempre a se esconder de sua vergonha; e Tchekhov, o mestre da solidão e da melancolia, da beleza de um mundo antigo e destruído pela brutalidade do novo, como as árvores no jardim das cerejeiras. Tchekhov, de quem *As três irmãs* acreditavam que a vida real estava em outra parte e ansiavam eternamente por uma Moscou para a qual não podiam voltar: esses eram agora seus padrinhos. Foi Conrad quem lhe deu a divisa a que ele se agarrou como que a uma tábua de salvação nos longos anos que se seguiriam. Em *The nigger of the Narcissus* [O negro do Narciso], um título hoje politicamente incorreto, um jovem marinheiro perguntava ao protagonista, James Wait, acometido de tuberculose numa longa viagem marítima, por que embarcara naquela viagem, sabendo, como certamente devia saber, que não estava bem. "Tenho de viver até morrer, não é mesmo?", Wait respondia. Todos nós temos, ele pensara ao ler o livro, mas em sua situação presente a frase tinha a força de uma ordem.

"Joseph Anton", ele pensou, "você tem de viver até morrer."

Nunca lhe ocorrera, até o ataque, parar de escrever, ser outra coisa, deixar de ser escritor. Tornar-se um escritor — descobrir que era capaz de fazer aquilo que mais queria fazer — fora de uma de suas maiores alegrias. A recepção de *Os versos satânicos* lhe roubara, ao menos por ora, aquela alegria, não por causa do medo, mas devido a uma profunda decepção. Se uma pessoa passava cinco anos da vida lutando com um projeto ambicioso e complexo, tentando impor-se a ele, dominá-lo e dar-lhe toda a beleza que seu talento permitia — e se, quando completado, era recebido daquela forma distorcida e feia —, talvez o esforço não valera a pena. Se aquela era sua recompensa por seus melhores esforços, então ele deveria, quem sabe, procurar fazer outra coisa. Deveria ser motorista de ônibus, mensageiro de hotel, dançarino de rua recolhendo moedas no metrô durante o inverno. Todas essas ocupações lhe pareciam mais nobres do que a sua.

Para rechaçar tais pensamentos, ele começou a escrever críticas de livros. Antes da *fatwa*, seu amigo Blake Morrison, do caderno literário do *The Observer*, lhe pedira uma recensão de *The facts*, livro de memórias de Philip Roth. Ele escreveu o texto e o mandou. A carta não podia ser postada em nenhum lugar perto dali, nem ele tinha um aparelho de fax, de modo que pediu a um dos agentes de proteção que a pusesse no correio em Londres, num dia de folga. Quando o jornal publicou sua matéria, deu também uma reprodução de seu texto manuscrito *na primeira página*. Ele se tornara tão irreal para tanta gente que essa prova de sua existência era tratada como notícia de primeira página.

Ele perguntou a Blake se poderia continuar a fazer resenhas de livros, e depois disso, com intervalos de algumas semanas, dava um jeito de lhe enviar um texto de mais ou menos oitocentas palavras. Essas palavras não saíam com facilidade — era *como arrancar dentes*, pensou, e a frase feita lhe pareceu adequada, porque seus dentes do siso agora doíam com frequência, e a equipe de proteção estava em busca de uma "solução" —, mas representavam seus primeiros passos desajeitados para voltar a ser ele mesmo, para afastar-se de *Rushdie* e voltar para *Salman*, para regressar à literatura e fugir à ideia sombria e derrotista de *deixar de ser escritor*.

Foi Zafar quem, por fim, o levou de volta a si mesmo, Zafar, que ele se esforçava constantemente para ver — com os policiais dirigindo de um lado para outro, "lavando a seco" pai e filho, possibilitando esses encontros intermitentes —, na casa de Sue e Gurmukh na Patshull Road, em Kentish Town; na casa dos Pinter, na Campden Hill Square; na casa de Liz Calder, em Archway; e certa vez, durante um fim de semana maravilhoso na Cornualha, na casa de Rosanne, velha amiga de Clarissa, que tinha uma fazenda com cabras, galinhas e gansos no fundo de um vale perto de Liskeard. Passaram o tempo jogando futebol — Zafar prometia como goleiro, saltando com animação de um lado para outro — e com jogos de computador. Montaram modelos de automóveis e de trens. Faziam coisas simples, familiares, e aquilo parecia um milagre. Já a filhinha de Rosanne, Georgie, convencia os policiais a se enfeitarem com coroas de princesa e boás de plumas que ela tirava de uma caixa.

Marianne não tinha ido, de modo que ele e Zafar dividiram o mesmo quarto. E foi Zafar quem lhe lembrou a promessa: "Pai, e o meu livro?".

Essa foi a única vez na vida em que ele tinha quase toda a trama na cabeça desde o começo. A história surgiu em sua cabeça como uma dádiva. Quando Zafar era pequeno, ele lhe contava histórias enquanto o menino tomava seu banho antes de dormir — histórias da hora do banho e não da hora de dormir. Bichinhos de sândalo e *shikaras* da Caxemira flutuavam na banheira, e ali nasceu, ou talvez renasceu, o mar de histórias. O mar original estava no título de um velho livro em sânscrito. Na Caxemira, no século XI, um brâmane xivaísta chamado Somadeva compilara uma gigantesca coletânea de contos, intitulada *Kathasaritsagara*. *Katha* era história, *sarit*, correntes, e *sagara*, mar ou oceano. Portanto, *Kathasaritsagara* queria dizer oceano de correntes de histórias. No livrão de Somadeva, não havia realmente um mar. No entanto, supondo que existisse esse mar, era onde todas as histórias já inventadas fluíam em correntes entrelaçadas. Enquanto Zafar tomava banho, seu pai pegava uma caneca, metia-a na água e fingia bebê-la para encontrar uma história que contar, uma corrente de histórias a fluir pelo banho de histórias.

E agora, no livro de Zafar, ele visitaria o próprio oceano. Haveria na história um contador de histórias que perdera o Dom da Palavra depois que a mulher o deixara, e seu filho viajaria à fonte de todas as histórias para descobrir como reaver o dom do pai. A única parte da concepção original a sofrer alteração com o desenvolvimento da história foi o final. No começo ele imaginara que esse livro poderia ser "moderno", no qual a família desagregada permanecesse desagregada, e o menino se acostumasse a ela, lidasse com ela, como as crianças tinham de fazer no mundo real, como seu próprio filho estava fazendo. Entretanto, a forma da história exigia que o que fora quebrado no começo fosse reintegrado no fim. Foi preciso achar um final feliz, e ele se convenceu de que estava ansioso por isso. Nos últimos tempos, ele passara a se interessar bastante por finais felizes.

Muitos anos antes, depois de ler as *Viagens*, de Ibn Battuta, ele escrevera uma história a que chamou "A princesa Khamosh". Ibn Battuta foi um letrado marroquino do século XIV dado a viagens, cujos relatos das peregrinações que empreendeu durante um quarto de século pelo mundo árabe e mais além, até a Índia, o Sudeste Asiático e a China, faziam Marco Polo parecer um preguiçoso que não gostava de sair de casa. "A princesa Khamosh" era um fragmento imaginário das *Viagens*, umas poucas páginas perdidas do manuscrito do livro de Battuta. Nele, o viajante marroquino chega a um país dividido pela guerra entre duas tribos: a dos gupis, um povo tagarela, e a dos tchupwalas, que cultuavam o silêncio e uma divindade de pedra chamada Bezaban, ou seja, *sem língua*. Quando os tchupwalas capturam a princesa dos gupis e ameaçam costurar seus lábios como uma oferenda a seu deus, rebenta a guerra entre os territórios de Gup e Tchup.

Ele não ficara satisfeito com a história ao escrevê-la. A ideia das páginas desaparecidas não tinha saído a contento, e ele a arquivara e esquecera. Agora, porém, ele se deu conta de que poderia dar a essa historinha sobre uma guerra entre a linguagem e o silêncio um significado que não era somente linguístico; percebeu que a história ocultava em seu interior uma parábola sobre a liberdade e a tirania cujo potencial ele finalmente compreendera. A história estivera além dele, por assim dizer, e agora sua vida pessoal a alcançara. Por um milagre, lembrou-se em que gaveta pusera a pasta em que estava o conto, e pediu a

Pauline que fosse pegá-la na casa da St. Peter's Street. Nessa altura não havia mais repórteres vigiando o prédio, de modo que ela pôde ir lá em paz e pegar as páginas. Quando as releu, ficou empolgado. Reformulado, expurgado do elemento redundante referente a Battuta, o conto daria a seu livro o núcleo dramático.

De início o livro chamava-se *Zafar e o mar de histórias*, mas ele logo se deu conta da necessidade de pôr uma certa distância imaginária entre o menino do livro e o do banho. Haroun era o nome do meio de Zafar. A mudança pareceu uma melhora assim que foi feita. No começo, Zafar ficou desapontado. Se era o livro dele, disse, devia ser sobre ele. Mas logo mudou de opinião também. Entendeu que Haroun ao mesmo tempo era e não era ele, e que assim era melhor.

Voltaram para Porlock Weir depois daquele abençoado fim de semana com Zafar na Cornualha, e quando chegaram à porta ouviram ruídos dentro da casa. Os agentes prontamente o protegeram, sacaram as armas e um deles abriu a porta. Havia sinais claros de que a casa fora remexida: papéis espalhados, um vaso quebrado. A seguir, outro barulho, como o som de asas assustadas. "É uma ave", ele disse, e seu alívio fez com que a voz saísse um pouco alta demais. "Há uma ave lá dentro." A tensão dos agentes também se desfez. O pânico tinha acabado. Uma ave descera pela chaminé e estava agora pousada, assustada, num varão de cortina na sala. Um corvo, ele pensou. *Tiri-ri, tiri-lá, ló, ló, ló.* Abriram uma janela e a ave voou para a liberdade. Ele começou a arrumar a casa, e sua cabeça se encheu de músicas sobre aves. *Pegue essas asas quebradas e aprenda a voar.* E aquela velha canção caribenha sobre a ave "no alto da bananeira". *Você pode voar/ fugir pelo céu/ tem mais sorte que eu.*

O livro não começou a fluir imediatamente, ainda que ele já tivesse a história. O barulho do temporal do lado de fora da casa era forte demais, seus dentes do siso doíam e acabou sendo difícil achar a linguagem certa do livro. Ele cometeu saídas em falso — infantil demais, adulto demais — e não conseguia achar o tom de voz de que precisava. Alguns meses se passariam antes que ele escrevesse as palavras que decifrassem o mistério. "Era uma vez, no país de Alefbey, uma triste cidade, a mais triste das cidades, uma cidade tão arrasadoramente triste que tinha esquecido até o seu próprio nome. Ficava à margem de um mar sombrio, cheio de peixosos [...]." Certa vez Joseph Heller lhe dissera que os livros que escrevia nasciam de frases. Duas frases, "Sou tomado de nervosismo quando vejo portas fechadas" e "No escritório em que trabalho há cinco pessoas que me metem medo", tinham sido a gênese de um grande romance dele, *Alguma coisa mudou*, e também *Ardil-22* tinha brotado de suas frases iniciais. Ele sabia o que Heller queria dizer. Havia frases que seu autor, assim que as escrevia, percebia que elas continham ou possibilitavam dezenas ou talvez centenas de outras frases. *Os filhos da meia-noite* só revelara seus segredos, depois de muita luta, quando um dia ele se sentou e escreveu *Nasci na cidade de Bombaim... há muito tempo.* E o mesmo aconteceu com *Haroun.* No momento em que ele criou a triste cidade e os peixosos, entendeu como o livro teria de avançar. Talvez tenha até ficado de pé e batido palmas. Mas esse momento ainda estava no futuro, meses depois. Por enquanto só havia a luta e o temporal.

Na Grã-Bretanha, um bando de "líderes" e "porta-vozes", nomeados por eles mesmos, continuava a buscar a fama metendo facas em suas costas e depois subindo por essa escada de lâminas. O mais falastrão e perigoso deles era um gnomo de jardim de barba grisalha, chamado Kalim Siddiqui, que enfaticamente defendia e justificava a *fatwa* em vários programas de TV e, numa série de reuniões públicas (inclusive algumas a que compareceram membros do Parlamento), pediu que os presentes erguessem a mão para demonstrar o desejo unânime da comunidade de que o blasfemo e apóstata fosse assassinado. Todas as mãos se levantaram. Ninguém foi processado. O Instituto Muçulmano, de Siddiqui, era uma entidade sem nenhuma importância, mas os aiatolás iranianos vinham lhe dando tratamento de celebridade, e ele se avistava frequentemente com figuras influentes, exigindo que mantivessem a pressão. Num programa da TV britânica, Siddiqui explicou como agiam os muçulmanos, em sua opinião. "Nós revidamos", disse. "Mas às vezes nós revidamos primeiro."

Outras livrarias foram alvos de atentados a bomba — a Collet's e a Dillons, em Londres, a Abbey's, em Sydney, na Austrália. Mais bibliotecas recusaram-se a ter exemplares do livro em seu acervo, mais redes recusaram-se a vendê-lo, umas dez gráficas na França recusaram-se a imprimir a edição francesa, e novas ameaças foram feitas a editores, por exemplo, a seu editor norueguês, William Nygaard, da H. Aschehoug & Co., que teve de ser protegido por policiais. No entanto, a maior parte das pessoas que trabalhavam nas editoras de *Os versos satânicos* em todo o mundo não recebeu nenhuma proteção. Era fácil para ele imaginar a tensão que sentiam no trabalho e em casa, temendo por suas famílias e por si mesmos. Não se deu atenção suficiente à coragem com que essas "pessoas comuns", que a cada dia se mostravam extraordinárias, continuaram a desempenhar suas funções, a defender os princípios da liberdade, a ocupar a linha de frente.

Começaram a surgir casos de muçulmanos assassinados por outros muçulmanos por defender opiniões contrárias à *fatwa*. Na Bélgica, o mulá que era tido como o "líder espiritual" dos muçulmanos daquele país, o saudita Abdullah Ahdal, e seu assistente, o tunisiano Salim Bahri, foram mortos por afirmar que, não importava o que Khomeini declarara para consumo no Irã, na Europa havia liberdade de expressão.

"Estou amordaçado e encarcerado", ele escreveu em seu diário. "Não posso nem falar. Quero bater uma bola num campo de futebol com meu filho. Uma vida comum, banal: meu sonho impossível." Amigos que o viram naqueles dias ficaram chocados com sua decadência física, seu aumento de peso, a maneira como ele deixara a barba se transformar numa medonha massa bulbosa, sua postura abatida. A aparência de um homem derrotado.

Em muito pouco tempo ele se afeiçoara extremamente a seus protetores, mas para Marianne a invasão de seu espaço era mais difícil de aceitar, e ela se mantinha distante. Ele apreciava a maneira como os agentes tentavam mostrar-se sempre otimistas e alegres em sua presença, a fim de animá-lo, e também os esforços deles para não chamar a atenção. Os agentes percebiam como era difícil para os "protegidos" terem policiais na cozinha, deixando suas pegadas na manteiga. Eles se esforçavam ao máximo, e sem nenhuma má vontade, para dar a ele o máximo de espaço que podiam. E ele logo percebeu que para a maioria dos agentes o confinamento daquela missão em particular era mais penoso, em certos aspectos, do que para ele próprio. Eram homens de ação, suas necessidades eram o oposto das de um romancista sedentário que tentava agarrar-se ao que restava da vida interior, da vida do espírito. Ele podia ficar sentado num cômodo, imóvel e pensativo, durante horas, sem se aborrecer. Eles exibiam sinais de ânsias de movimento se tinham de permanecer dentro de casa. Por outro lado, podiam ir para casa depois de duas semanas e mudar de vida. Vários lhe disseram, com preocupado respeito: "A gente não conseguiria fazer o que o senhor está fazendo", e essa percepção fazia com que se solidarizassem com ele.

Muitos deles opinaram que aquela era a forma errada de executar uma missão de proteção. Todos os outros "protegidos" tinham uma "equipe exclusiva" que cuidava apenas daquela pessoa. Ele não podia ter uma equipe exclusiva porque o trabalho secreto era pesado demais para que os agentes o exercessem em tempo integral. Por isso, sua equipe era uma colcha de retalhos de membros de outras equipes. Isso não estava certo, disseram. Os demais protegidos levavam sua vida normal e profissional, e eles cuidavam de sua proteção pessoal, enquanto policiais fardados protegiam sua casa em turnos. À noite, os agentes da Divisão Especial levavam o protegido para casa, e eles próprios iam dormir, enquanto policiais fardados mantinham a guarda. "O que temos de fazer na Operação Malaquita não é proteção de verdade", disseram-lhe. "Não fomos treinados para esconder pessoas. Não é esse o nosso trabalho." Mas uma proteção normal era mais cara, porque os turnos de policiais fardados custavam muito dinheiro. E, se o protegido tivesse mais de uma casa, o custo se multiplicava. Os mandachuvas da Scotland Yard não estava dispostos a gastar tanto dinheiro na Operação Malaquita. Era mais barato esconder o protegido e pagar horas extras aos agentes para ficarem com ele 24 horas por dia. Havia na alta direção da polícia, ele estava descobrindo, a opinião de que o protegido da Malaquita não "merecia" os plenos serviços de proteção da polícia britânica.

Ele logo descobriu que havia um abismo entre os agentes que executavam o trabalho de proteção no campo e o alto-comando da Scotland Yard. Poucos comandantes haviam conquistado o respeito dos homens. Nos anos seguintes, só muito raramente ele teve algum problema com os integrantes das equipes enviadas para protegê-lo, e vários deles tornaram-se seus amigos. Já os oficiais comandantes — era inteiramente errado, disseram-lhe, chamá-los de "oficiais superiores", porque "hierarquicamente eles podem estar acima de nós, mas não são superiores" — eram outra história. Haveria, no futuro, mais do que somente um sr. Greenup.

Eles violavam as normas para ajudá-lo. Numa época em que foram proibidos de levá-lo a qualquer espaço público, eles o levavam ao cinema, entrando depois que as luzes se apagavam e tirando-o antes que se acendessem de novo, sem problemas. Numa época em que os comandantes diziam que ele não deveria ser levado a Londres, eles o levavam às casas de seus amigos, para que ele visse o filho. E faziam todo o possível para facilitar sua vida como pai. Levavam a ele e a Zafar a campos de esportes da polícia, e improvisavam times de rugby para que pudessem jogar com eles e se divertir um pouco. Em feriados bancários, às vezes levavam pai e filho a parques de diversão. Um dia, num desses parques, Zafar viu um bicho de pelúcia que estava sendo oferecido como prêmio num quiosque de tiro ao alvo, e resolveu que queria ganhá-lo. Um dos agentes de proteção, que todos chamavam de Jack "Gordo", ouviu o que Zafar dissera. "Você gostou daquilo, não foi?", perguntou, e apertou os lábios. "Hum-hum." Foi ao quiosque e pôs o dinheiro no balcão. O homem entregou-lhe a pistola com mira fora do lugar, e Jack "Gordo" assentiu com toda seriedade. "Hum-hum", disse, inspecionando a arma. "Muito bem." Começou a atirar. *Pá, pá, pá, pá*, e os alvos foram caindo um a um e o homem do quiosque assistia ao show de boca aberta, mostrando os dentes de ouro. "Pronto, acabou", disse Jack "Gordo", pondo a arma em cima do balcão e apontando para o bicho de pelúcia. "Vamos querer aquele ali, obrigado." Meses depois, Zafar estava vendo na televisão Nelson Mandela chegando ao estádio de Wembley para prestigiar o show de rock que estava sendo realizado para comemorar sua libertação. Ao ver Mandela saindo do túnel que levava dos vestiários ao campo de jogo, Zafar apontou e disse: "Olhe, papai, aquele ali é Jack 'Gordo'". E, realmente, lá estava ele, bem atrás do ombro esquerdo de Mandela, comprimindo os lábios e provavelmente emitindo seu *hum-hum*.

Ele aprendeu muita coisa com os agentes a respeito de segurança — como entrar numa sala, por exemplo, para onde olhar, o que procurar ver. "Policiais e bandidos", disse-lhe Dev Stonehouse, "podem ser identificados na mesma hora. Eles param na entrada e analisam o ambiente antes de entrar, quantas saídas existem, quem está onde, essas coisas." Ele aprendeu também que a força policial era, no fim das contas, apenas mais um departamento do serviço público. Era uma repartição, e tinha suas políticas. Havia muita ciumeira e inveja em relação à Divisão Especial, e algumas pessoas queriam que ela fosse fechada. Houve dias em que os agentes recorreram a ele em busca de ajuda, pedindo-lhe que escrevesse cartas em apoio ao trabalho realizado pelo Esquadrão "A", e ele se sentiu feliz por poder fazer algo em retribuição a tudo o que faziam por ele. O que o deixava mais feliz era que nenhum daqueles homens, que estavam ali porque se dispunham a levar um tiro por ele, em momento algum tinha sido obrigado a isso.

Não havia muitas mulheres no Esquadrão "A", apenas seis ou sete, no máximo, e em todos os anos que durou a proteção só duas integraram sua equipe: uma moça alta e bonita, chamada Rachel Clooney, que acabou transferida para a equipe permanente de Margaret Thatcher, e uma loira mignon de ar eficiente, Julie Remmick, que acabou saindo do grupo porque sua habilidade no tiro não atingia os níveis exigidos. Todos os membros das equipes de proteção submetiam-se a testes periódicos num estande de tiro da polícia, atirando em situações de desequilíbrio, contra alvos móveis e com má visibilidade, e a pontuação exigida passava de noventa por cento. Quem ficava abaixo desse nível tinha de entregar a arma ali mesmo e era transferido para uma função burocrática. Os agentes lhe disseram que poderiam conseguir que ele recebesse treinamento de tiro. Teria aulas com os melhores instrutores, e talvez isso fosse uma coisa que ele devesse aprender. Ele pensou no assunto durante muito tempo, seriamente, e por fim agradeceu, mas disse que não. Sabia que, se portasse uma arma e fosse atacado por bandidos, eles lhe tirariam a pistola e a usariam contra ele. Era melhor viver sem ela e esperar que os bandidos não chegassem tão perto.

Às vezes os agentes cozinhavam para ele, mas de maneira geral mantinham as tarefas domésticas separadas. Faziam suas compras de supermercado quando ele fazia as dele. Usavam a cozinha em horários diferentes, combinados de antemão. À noite, os policiais usavam um cômodo e viam televisão, atletas obrigados pelas circunstâncias a se comportar como preguiçosos viciados em TV. Como devem ter se sentido infelizes!

Eram atléticos e bonitões, e as moças gostavam deles. Muitos fizeram amizade com mulheres que conheceram, por intermédio dele, no mundo editorial. Dois em especial, Rob e Ernie, eram tidos como verdadeiros casanovas. Um outro agente teve um caso com a babá que trabalhava para uma amiga, mas a deixou de coração partido. Muitos tinham casos extraconjugais, já que a discrição do trabalho proporcionava a camuflagem perfeita. Acabou-se sabendo que um deles, um rapaz de cabelos dourados chamado Sammy, era bígamo, com duas mulheres a quem ele chamava pelo mesmo apelido, e dois conjuntos de filhos com nomes idênticos. Foi apanhado porque os custos da bigamia eram elevados demais para o salário de um policial, e ele estava endividado até o pescoço. Era uma gente interessante.

Dev Stonehouse, como ele veio a saber, tinha realmente problemas com bebida e acabou sendo afastado do Esquadrão "A", depois de embebedar-se e portar-se mal num pub, e foi posto a trabalhar na Sibéria, lugar também conhecido como aeroporto de Heathrow. Houve uns poucos agentes de proteção que quiseram desempenhar o papel de advogados do diabo e, tomando partido do lado muçulmano, defenderam o "respeito", mas seus colegas os afastaram com gentileza e serenidade.

Havia um agente autoritário que o tratava mais como prisioneiro do que como protegido, e ele fazia objeções a isso. E houve Siegfried, um rapaz anglo-alemão, grande como um tanque, que uma vez só, quando ele pediu que fosse levado a um parque para um passeio, cresceu para cima dele e disse que ele estava pondo a equipe em perigo. Ele viu Siegfried cerrar os punhos, mas não se intimidou e o fitou, sério, até ele mudar de postura. Siegfried foi levado dali e nunca mais voltou. O medo fazia com que bons rapazes fizessem bobagens.

Esses foram todos os problemas que ele teve com a equipe de segurança. Anos depois, ao ser desligado da polícia por apropriação indébita, um motorista insatisfeito, Ron Evans, declarou inverdades absurdas a um tabloide, afirmando, entre outras coisas, que as equipes de proteção detestavam a tal ponto esse protegido que o trancavam num quartinho para sair e ir beber num pub. No dia em que essa matéria saiu no jornal, vários membros de equipes antigas ligaram para ele. Esses agentes estavam aborrecidos com as mentiras, com o fato de o comando da Scotland Yard não defender o protegido e, talvez principalmente, com a transgressão, pelo motorista demitido, do código de silêncio quase siciliano da divisão. Eles se orgulhavam de que ninguém na divisão falava do que fazia ou inventava histórias para a imprensa — ao contrário, como muitos diziam, daqueles sujeitos linguarudos do outro esquadrão, o de Proteção Real —, e esse orgulho tinha sido abalado por um golpe feio. Muitos deles lhe disseram que estavam dispostos a depor em sua defesa. Quando o motorista se desculpou em juízo e admitiu que mentira, a equipe de proteção comemorou, enviando e-mails de parabéns ao homem que o mentiroso dizia que eles abominavam.

O motorista não foi o único mentiroso. É possível que a mais injusta das calúnias levantadas contra ele tenha sido a que o acusava de "ingratidão" pelo que estava sendo feito por ele. Isso fez parte da imagem de "arrogância" e "antipatia" que grande parte da imprensa marrom britânica construiu com cuidado a fim de diminuí-lo perante o público e prejudicar sua credibilidade. A verdade era que *evidentemente ele era grato*, foi grato todos os dias durante nove anos e repetia isso a cada instante para quem quisesse ouvir. Os homens que o protegiam e se tornaram seus amigos, bem como todos os seus amigos que faziam parte do "círculo", sabiam bem disso.

Junto com a equipe, ele viu um documentário na televisão que mostrava Ronald Reagan sendo baleado por John Hinckley Jr. "Veja a equipe de segurança", disse Stan. "Cada um deles está no lugar certo. Ninguém estava fora do lugar. O tempo de reação de cada um foi perfeito. Ninguém ali falhou. Todo mundo fez o que tinha de fazer da melhor forma possível. Mas ainda assim o presidente foi baleado." O espaço mais perigoso, aquele que nunca podia ser totalmente protegido, ficava entre a porta de saída de um prédio e a porta do carro. "O israelense", disse Benny, referindo-se ao embaixador, "sabe muito bem disso. Ele abaixa a cabeça e corre." Foi nesse espaço que Hinckley baleara o presidente. Entretanto, havia aqui uma verdade mais genérica. Os melhores agentes de segurança dos Estados Unidos, todos eles muito experientes e bem armados, tinham se portado de forma perfeita, mas, apesar disso, o pistoleiro lograra seu objetivo. O presidente dos Estados Unidos fora ferido. Não existia segurança absoluta, mas apenas graus variados de insegurança. Ele teria de aprender a viver com isso.

Ofereceram-lhe coletes de *kevlar* à prova de balas. Ele os recusou. E, quando caminhava da porta de um carro até a porta de um prédio, ou vice-versa, ele retardava o passo conscientemente. Não iria se apressar. Procurava caminhar de cabeça erguida.

"Se você sucumbir à ideia que os agentes de segurança fazem do mundo", ele pensou, "aí você estará dependente dela eternamente, será seu prisioneiro." A visão que o serviço de proteção tinha do mundo baseava-se na chamada análise da pior situação. Todavia, no caso da travessia de uma rua, essa análise dizia que havia uma possibilidade de você ser atropelado por um caminhão, e, portanto, não deveria atravessar a rua. Mas as pessoas atravessavam ruas todos os dias e não eram atropeladas. Isso era uma coisa que ele teria de lembrar. *Só havia graus variados de insegurança*. Ele teria de continuar a atravessar ruas.

* * *

"A história é um pesadelo do qual estou tentando acordar", disse o Dedalus de Joyce, mas o que sabia o pequeno Stephen Hero sobre pesadelos? A coisa mais próxima de um pesadelo que jamais lhe aconteceu foi embriagar-se em Nighttown e ir para casa com Poldy para construir a Nova Bloomusalém e, quem sabe, ser convencido por Bloom, um cornudo, a transar com a lasciva Molly. *Aquilo ali*, sim, era um pesadelo — clérigos sedentos de sangue disparando flechas de retaliação e exibindo uma efígie dele próprio numa manifestação com aquela flecha atravessada na cabeça — e ele estava sempre acordado. No Paquistão, um de seus tios, casado com a irmã de sua mãe, pôs um anúncio no jornal que, em essência, dizia *Não ponham a culpa em nós, nunca gostamos dele, mesmo*, enquanto uma tia disse à mãe dele, que ainda estava em Wembley com Sameen, que os paquistaneses não a queriam no Paquistão. Isso não era verdade. O mais provável era que a tia e o tio se sentissem embaraçados com a presença dela e não a quisessem ali. De qualquer forma, ela voltou para o Paquistão e ninguém a incomodou. Às vezes, no mercado, as pessoas lhe perguntavam se o filho estava bem e lhe prestavam solidariedade, com palavras como *que coisa horrível*. Ou seja, restava alguma civilidade no meio das gritarias sanguinárias. Enquanto isso, ele estava entregue aos cuidados de agentes da polícia que atendiam por apelidos como Porquinho, Parrudo, Jack "Gordo" e Cavalo — ele começava a se habituar aos apelidos e ao rodízio de agentes — e tentava encontrar um lugar para onde se mudar quando tivesse de deixar Porlock Weir (os Holroyd tinham sido generosos e o deixaram ficar ali mais seis semanas, mas o prazo estava prestes a expirar). Estava difícil achar casas adequadas, sobretudo porque ele tinha de procurá-las através de outras pessoas. Ele não existia. Só existia Joseph Anton, que não podia ser visto.

O mundo dos livros continuava a lhe enviar mensagens. Bharati Mukherjee e Clark Blaise escreveram dos Estados Unidos para lhe dizer que as pessoas estavam mandando fazer buttons com os dizeres SOU SALMAN RUSHDIE e usando-os com orgulho, como prova de solidariedade. Ele desejou ter um desses buttons. Talvez Joseph Anton pudesse usá-lo para mostrar solidariedade à pessoa que ele ao mesmo tempo era e não era. Um dia, ao telefone, Gita Mehta lhe disse, com certo sarcasmo, que "*Os versos satânicos* não é seu *Lear*. Seu *Lear* é *Vergonha*". Já Blake Morrison disse: "Muitos escritores estão se sentindo paralisados por causa dessa história. Escrever é como tocar uma lira enquanto Roma pega fogo". O escritor e ativista paquistanês Tariq Ali falou dele cruelmente como "um morto de férias" e mandou-lhe o texto de uma peça que escrevera com Howard Brenton que seria encenada no Royal Court Theater, *Iranian nights*. Ele considerou aquilo um trabalho inferior, feito às pressas e farsesco, que incluía as zombarias a seus livros que estavam se tornando convencionais. "Era um livro que ninguém conseguia ler" virou uma espécie de leitmotiv. Entre as questões que a peça não explorava estavam: a religião como repressão política e como terrorismo internacional; a necessidade da blasfêmia (os escritores do Iluminismo francês tinham usado deliberadamente a blasfêmia como arma, recusando-se a aceitar o poder da Igreja para impor limites ao pensamento); e a religião como inimiga do intelecto. Essas seriam as questões que ele teria tratado se aquela peça fosse dele, mas não era. Ele era apenas seu tema, o autor de um livro ilegível.

Quando ele conseguia visitar as pessoas, notava que elas se empolgavam mais com as precauções de segurança — a lavagem a seco, as cortinas puxadas, a exploração da casa por agentes armados e bonitões — do que com sua visita. Mais tarde, as lembranças mais vívidas que seus amigos tinham daqueles tempos referiam-se à Divisão Especial. Uma amizade inesperada estava surgindo entre o mundo literário londrino e a polícia secreta britânica. Os agentes de segurança gostavam dos amigos dele, que os faziam sentir-se bem-vindos, certificavam-se de que estivessem à vontade e serviam-lhes comida e bebida. "O senhor não faz ideia", um deles lhe disse, "de como somos tratados em outros lugares." Os figurões políticos e suas mulheres muitas vezes tratavam esses bons rapazes como criados.

Às vezes as pessoas se empolgavam demais. Certa vez ele foi convidado a visitar Edward Said, que estava em Londres hospedado na casa de um amigo kuwaitiano, em Mayfair. Quando chegou, a empregada indiana arregalou os olhos, reconhecendo-o de imediato. Alvoroçada, telefonou para a casa do amigo de Said no Kuwait, exclamando incoerentemente: "Rushdie! Aqui! Rushdie aqui!". Ninguém no Kuwait conseguia entender por que o homem invisível teria se materializado na base londrina deles: estaria se refugiando ali? Edward teve de explicar que simplesmente convidara o amigo para jantar. Ninguém estava pensando em residência a longo prazo.

Aos poucos ele veio a entender que a proteção tinha seu glamour. Os agentes chegavam à casa antes dele, tudo era preparado, um Jaguar reluzente parava na porta, havia o momento de máximo risco entre a porta do carro e a da casa, e ele era posto para dentro com rapidez. Aquilo parecia um tratamento VIP. *Quem ele pensa que é? Por que merece ser tratado como um rei?* Os amigos não faziam essas perguntas, mas talvez um ou dois pensassem: seria tudo aquilo realmente necessário? Quanto mais durava aquela história, quanto mais tempo se passava sem que ele fosse morto, mais fácil ficava crer que ninguém estava tentando matá-lo e que ele desejava a proteção a seu redor para satisfazer sua vaidade, seu inextinguível enfatuamento. Era difícil convencer as pessoas que para ele a proteção não era coisa de estrela de cinema. Era uma prisão.

A boataria fervilhava na imprensa. A organização de Abu Nidal estava treinando pistoleiros que entrariam no Reino Unido "vestidos como homens de negócios, com roupas ocidentais". Outro esquadrão da morte estaria sendo preparado na República Centro-Africana. E, ao lado desses murmúrios letais, o horror estrondeava em todos os rádios, nos televisores e nas primeiras páginas dos jornais. O ministro conservador John Patten debateu com o parlamentar pró-muçulmano Keith Vaz na televisão. Logo depois de voltar do Irã, Kalim Siddiqui também foi a um programa de TV, dizendo em tom ameaçador que "ele não vai morrer na Grã-Bretanha", dando a entender que estavam planejando um sequestro. O ex-cantor pop Cat Stevens, recém-reencarnado como o "líder" muçulmano Yusuf Islam, foi outro que apareceu na televisão para dizer que ansiava pela morte do blasfemo e que chamaria o esquadrão da morte se tomasse conhecimento de seu paradeiro.

Ele telefonou para Jatinder Verma, do grupo teatral Tara Arts, e ficou sabendo da "intensa intimidação [dos muçulmanos britânicos pelos organizadores da campanha] que estava acontecendo no país" e da "pressão política por parte do Conselho de Mesquitas". Tão deprimente quanto a campanha islâmica eram os ataques da esquerda. John Berger o denunciou no jornal *The Guardian*. E o eminente intelectual Paul Gilroy, autor de *There ain't no black in the Union Jack* [A bandeira inglesa não tem preto], o correspondente mais próximo que havia no Reino Unido a uma figura como Cornel West nos Estados Unidos, acusou-o de ter "julgado mal o povo" e, portanto, de ter criado sua própria tragédia. De um jeito surreal, Gilroy o comparou ao pugilista Frank Bruno, que evidentemente sabia como não "julgar mal o povo" e por isso era amado. Na cabeça de socialistas como Berger e Gilroy, não era possível que o povo o houvesse julgado mal. O povo não errava.

O problema da moradia estava se tornando grave. Foi quando Deborah Rogers veio em seu socorro pela segunda vez e ofereceu uma solução: uma casa espaçosa que ela conhecia na vila de Bucknell, em Shropshire, que estaria disponível durante um ano. A polícia verificou-a. Sim, era uma possibilidade. Ele se animou. Uma residência durante um ano era um luxo inimaginável. Ele concordou. Joseph Anton alugaria a casa.

Um dia ele perguntou a seu agente de proteção que chamavam de Porquinho: "O que você faria se o livro *Os versos satânicos* fosse, digamos, um poema ou um programa de rádio e não tivesse sido capaz de gerar a renda que me permite alugar essas casas? O que você teria feito se eu não tivesse dinheiro para isso?". Porquinho deu de ombros. "Felizmente", respondeu, "não precisamos responder a essa pergunta, não é?"

Michael Foot e sua mulher, Jill Craigie, tinham convencido o sucessor de Foot como líder da oposição, Neil Kinnock, e sua mulher, Glenys, a recebê-lo na casa deles para jantar, em Pilgrims Lane, Hampstead. O escritor e advogado John Mortimer, criador da série de TV *Rumpole of the Bailey*, e sua mulher, Penny, também iriam. Ele foi levado a Londres numa sexta-feira e ficou preso num congestionamento de trânsito bem diante da mesquita de Regent's Park, enquanto os fiéis saíam do templo, depois de ouvir uma prédica em que ele tinha sido insultado. Teve de abrir o *Daily Telegraph* e enterrar a cabeça nele. Passado algum tempo, disse: "Imagino que as portas estejam travadas, não é?". Ouviu-se um clique, depois um pigarro, e Parrudo disse: "Agora estão". Ele não pôde deixar de sentir como era ruim estar segregado de "sua" gente. Quando comentou isso com Sameen, ela o censurou.

"Essas multidões governadas por mulás nunca foram sua gente", disse. "Você sempre foi contra eles, e eles foram contra você, na Índia e também no Paquistão."

Na casa dos Foot, Neil Kinnock dedicou-lhe enorme gentileza, além de solidariedade e apoio. Mas estava preocupado com a possibilidade de que a presença dele ali "vazasse" e que isso lhe causasse problemas políticos. Ele não podia ter sido mais simpático, mas era uma simpatia que deveria ser secreta.

Kinnock se opunha, ele disse em certo momento, à concessão de subsídios estatais a escolas muçulmanas segregadas, mas o que podia fazer?, lamentou, essa era a política do Partido Trabalhista. Não era possível imaginar sua adversária, a poderosa primeira-ministra Margaret Thatcher, a erguer os braços, impotente, daquele jeito.

O próprio Michael se tornara um aliado e amigo ardoroso. A única discórdia entre eles dizia respeito a Indira Gandhi, a quem Michael conhecera bem e cujos anos de quase ditadura durante a "emergência" de meados da década de 1970 ele se dispunha a desculpar. Quando Michael adotava alguém como amigo, passava a crer que essa pessoa jamais errava.

Estava também no jantar o poeta Tony Harrison, que escrevera um filme-poema para a BBC intitulado *O banquete dos blasfemadores*, no qual ele jantava num restaurante, em Bradford, com Voltaire, Molière, Omar Khayyam e Byron. Uma cadeira estava vazia. *"É a cadeira de Salman Rushdie."* Os comensais conversavam sobre o fato de a blasfêmia estar na própria raiz da cultura ocidental. Os julgamentos de Sócrates, Jesus Cristo e Galileu tinham sido julgamentos por blasfêmia, e no entanto a história da filosofia, do cristianismo e da ciência tinha para com eles uma enorme dívida. "Estou guardando a cadeira para você", disse Harrison. "Informe quando puder ocupá-la."

Dali ele foi levado de carro noite adentro. Seus dentes do siso pareciam a ponto de explodir.

Haviam escolhido um hospital perto de Bristol e tomado as providências que se impunham. Internaram-no às escondidas para exames e radiografias, e ele precisou pernoitar ali antes da extração, que seria feita na manhã seguinte. Os dois dentes do siso inferiores estavam infeccionados, e ele teria de ser submetido a anestesia geral. A polícia temia que a notícia de sua presença ali vazasse, e uma multidão se formasse diante do hospital. Montaram um plano para essa eventualidade. Um carro fúnebre ficaria de sobreaviso, numa vaga do hospital, e eles o levariam para o carro, anestesiado, dentro de uma bolsa para cadáveres. Contudo, o estratagema não foi necessário.

Quando ele recobrou a consciência, Marianne lhe segurava a mão. Ele se achava mergulhado numa agradável névoa de morfina, e a dor de cabeça, do maxilar e do pescoço não parecia tão ruim. Havia um travesseiro aquecido sob seu pescoço e Marianne estava sendo gentilíssima com ele. Vinte mil ou 30 mil muçulmanos estavam reunidos no Hyde Park para exigir o que quer que fosse, mas a morfina tornava tudo ótimo. Como haviam ameaçado fazer o maior comício já visto na Grã-Bretanha, com 500 mil pessoas, 20 mil parecia uma ninharia. Morfina era uma coisa maravilhosa. Seria ótimo se ele pudesse passar o tempo todo assim.

Mais tarde, ele teve uma altercação com Clarissa, por ela ter permitido que Zafar assistisse à manifestação na TV. "Como foi que você fez uma coisa dessas?", perguntou. "Aconteceu", ela respondeu, acrescentando que era óbvio que ele estava chateado com a manifestação e não devia descontar em cima dela. Zafar veio ao fone e disse que tinha visto uma efígie dele com uma flecha atravessada na cabeça. Tinha visto uma passeata, não em Teerã, mas em sua cidade natal, de 20 mil homens e rapazes que exigiam a morte do pai. Ele disse a Zafar: "As pessoas se exibem para a TV, acham que isso é bonito". "Mas não é", disse Zafar. "É uma idiotice." Às vezes aquele menino dizia coisas espantosas.

Ele conversou com seu amigo geek Gurmukh Singh, que teve uma ideia brilhante: por que não comprava um "telefone celular"? Agora havia esses "celulares". A pessoa carregava a bateria do aparelho, levava-o consigo para qualquer lugar e ninguém saberia de onde ela estava ligando. Se ele tivesse um desses novos aparelhos, poderia dar o número para a família, os amigos e colegas de trabalho sem comprometer sua localização. Que ideia brilhante, disse. Isso era maravilhoso, quase inacreditável. "Vou cuidar disso", prometeu Gurmukh.

O celular — ridiculamente volumoso, um tijolo com uma antena — chegou pouco tempo depois, e o alvoroço dele não teve limites. Ligou para as pessoas, deu-lhes o número, e elas passaram a ligar para ele — Sameen, Pauline e, várias vezes, seu amigo Michael Herr, autor de *Despachos do front*, o clássico sobre a Guerra do Vietnã. Herr se mudara para Londres e estava mais obcecado com a situação dele do que qualquer outra pessoa, e se mostrava mais temeroso e paranoide do que ele próprio. Kazuo Ishiguro, cujo romance *Os vestígios do dia* vinha fazendo enorme sucesso, ligou para dizer que em sua opinião *Os versos satânicos* deveria ser resenhado em toda parte, dessa vez por romancistas, para repor o foco na literatura. Clarissa telefonou para fazer as pazes. Um escritor irlandês representado pela AP Watt, onde ela trabalhava, havia lhe falado de construtores irlandeses que ele conhecia em Birmingham que tinham trabalhado nos alicerces de uma nova e grande mesquita. Quando ninguém estava olhando, tinham lançado um exemplar de *Os versos satânicos* no cimento molhado. "Quer dizer, essa mesquita está sendo construída em cima de seu livro", disse Clarissa.

Michael Holroyd telefonou para dizer que, em sua opinião, o efeito da grande manifestação fora provocar uma enorme mudança da opinião pública contra os manifestantes. Pessoas que estavam em cima do muro antes tinham pulado dele, revoltadas com o que tinham visto na TV, com os cartazes dizendo MATEM O CACHORRO, MORTE AO DESGRAÇADO RUSHDIE e PREFERIMOS MORRER A VÊ-LO VIVO, e um menino de doze anos dizendo para a câmera que estava pronto a matar o desgraçado pessoalmente. A presença de Kalim Siddiqui e de Cat Stevens na passeata também tinha ajudado. A cobertura desses fatos pela imprensa era muito favorável a ele. "Odeio ver um único homem ser hostilizado por milhares", disse um comentarista no *The Times*.

Ele tinha sido visto em toda parte naquele maio abrasante — em Genebra, na Cornualha, em toda Londres e num jantar em Oxford, num lugar que acabou cercado de muçulmanos. O escritor sul-africano Christopher Hope contou a um colega de trabalho de Clarissa, Caradoc King, que ele estivera numa recepção em Oxford a que o homem invisível também comparecera. Tariq Ali asseverou ter jantado com ele num lugar distante. Nenhuma dessas aparições era real, a não ser que se tratasse de um Rushdie fantasmagórico que, à solta, qual sombra fugitiva como aquela do conto magnífico e assustador de Hans Christian Andersen, se dedicasse a fazer truques de salão enquanto Joseph Anton ficava em casa. A sombra fugitiva, vista pela primeira vez no palco do Royal Court, em *Iranian nights*, voltou a aparecer no título de uma segunda peça, essa de Brian Clark, autor de *Whose life is it anyway?* [Afinal, de quem é a vida?]. Esse novo trabalho tinha um título refinado, *Who killed Salman Rushdie* [Quem matou Salman Rushdie]*?* Ele ligou para Clark a fim de observar que a resposta à pergunta era "Ninguém, ou ao menos ainda não, e esperemos que isso não aconteça", e Clark se dispôs a mudar o título para *Who killed the writer?*, mas a premissa continuaria a mesma: um escritor morto por assassinos iranianos por causa de um livro que escreveu. "Ficção?" Claro. Poderia ser qualquer pessoa. Clark lhe disse que pretendia oferecer a obra para montagem. Tanto sua vida quanto sua morte estavam se tornando propriedade de outras pessoas. Ele era caça legal.

Todo mundo na Inglaterra estava tomando banho de sol, mas ele permanecia dentro de casa, pálido e peludo. Ofereceram-lhe um lugar na chapa dos partidos italianos de centro que concorreria ao Parlamento Europeu — o Partido Republicano, o Partido Liberal e o Partido Radical, de um certo Marco Pannella, pessoa que lhe encaminhara o convite através do gabinete de Paddy Ashdown, líder dos liberais-democratas britânicos. Gillon lhe aconselhou: "Não aceite. Está parecendo um golpe publicitário". Mas Pannella disse acreditar que a Europa devia fazer em relação a ele um gesto concreto de solidariedade, e que, se ele se tornasse membro do Parlamento Europeu, qualquer ataque a ele seria considerado um ataque ao próprio Parlamento Europeu, o que talvez dissuadisse possíveis agressores. Já a Scotland Yard, cujo comando parecia determinado a mantê-lo incomunicável, temia que a eleição na verdade aumentasse o perigo para ele, pois alguns muçulmanos poderiam vê-la como uma provocação. E ela poderia também pôr em perigo outras pessoas. Como ele se sentiria se alguns "alvos fáceis em Estrasburgo" fossem atacados? Por fim, ele resolveu não aceitar o convite do *signor* Pannella. Ele não era um político. Era um escritor. Era como escritor que ele queria ser defendido, era como escritor que ele queria se defender. Pensou em Hester Prynne usando sua letra escarlate com orgulho. Também ele fora marcado com um *A* escarlate, que significava não *Adúltera*, mas *Apóstata*. Também ele, como a grande heroína de Hawthorne, deveria usar a letra escarlate como um distintivo de honra, apesar da dor.

Mandaram-lhe um exemplar da revista americana *NPQ*, na qual ele teve o prazer de encontrar o texto de um letrado islâmico que dizia que *Os versos satânicos* se inseria numa longa tradição muçulmana de pôr em dúvida a arte, a poesia e a filosofia. Uma voz serena de lucidez, esforçando-se por ser ouvida sobre os guinchos estridentes de crianças homicidas.

Houve um segundo encontro com o comandante Howley, que aconteceu no Thornhill Crescent, em Islington, casa de uma amiga sua, a desbocada australiana Kathy Lette, autora de romances cômicos, e de seu marido, o advogado Geoffrey Robertson. Howley lhe lembrava um quebra-nozes em forma de cabeça e braços de homem que seu pai usava. Punha-se a amêndoa entre os maxilares do homem, apertavam-se os dois braços, e a amêndoa rachava com um estalido. O homem tinha uma queixada que faria inveja a Dick Tracy e, quando o quebra-nozes estava fechado, uma boca fina e cruel. Qualquer amêndoa, ao ver o comandante Howley, se partiria sozinha. Era um homem severo e sério. Nessa ocasião, porém, ele fora até lá para proporcionar uma tênue esperança. Era um óbvio absurdo, admitiu, obrigar alguém a uma vida peripatética permanente, exigindo que essa pessoa vivesse para sempre em casas alugadas ou emprestadas. Por isso tinha sido decidido — a polícia amava a voz passiva — que ele tivesse permissão (lá estava ela de novo, a palavra estranha, *permissão*) para começar a procurar uma casa permanente para a qual se mudar "em meados do ano seguinte ou mais ou menos nessa época". Meados do ano seguinte significava daí a um ano, o que era desalentador, mas a ideia de poder ter uma casa de novo, e de contar com proteção nela como todos os demais "protegidos", era reconfortante e lhe devolvia seu amor-próprio. Isso seria muito mais digno do que aquela sua existência atual, cercada de nervosismo e correrias. Ele agradeceu ao comandante Howley, e acrescentou que esperava não ser obrigado a permanecer enterrado em algum lugar no interior, longe da família e dos amigos. "Não", disse Howley. Seria mais fácil para todos se a casa se localizasse dentro da "área GPD". O GPD era o Grupo de Proteção Diplomática, que poderia prestar um serviço rápido em caso de necessidade. Haveria na casa um cômodo seguro reforçado e um sistema de botões de pânico que era presumivelmente aceitável. É claro que ele concordou. "Muito bem, então", disse Howley. "Esse será nosso objetivo." Os maxilares do quebra-nozes se fecharam.

Ele não pôde contar as novidades a ninguém, nem mesmo a seus anfitriões daquele dia. Conhecera Kathy Lette, em Sydney, cinco anos antes, quando caminhava com Robyn Davidson perto da praia de Bondi. De um apartamento no quarto andar de um edifício vinham sons de festa, e quando olharam para cima viram uma mulher sentada no guarda-corpo de uma sacada, de costas para o mar. "Eu reconheço essa bunda em qualquer lugar", disse Robyn. Fora assim que começara sua amizade com Kathy: da bunda lá em cima. Robyn tinha sumido de sua vida, mas Kathy ficara. Ela se mudara para a Inglaterra depois de se apaixonar por Geoffrey, que rompeu com Nigella Lawson para ficar com ela, uma decisão que melhorou a vida de todos os envolvidos, inclusive a de Nigella. Na casa do Thornhill Crescent, depois que os policiais saíram, Geoff pôs-se a falar sobre os ataques legais a *Os versos satânicos* e por que não teriam êxito. Sua convicção era consoladora. Ele era um aliado valioso.

Marianne, que tinha ido ao centro da cidade, voltou. Disse que, no metrô, dera com Richard Eyre, diretor do National Theater, e que ao vê-la ele caiu no choro.

Muitas pessoas estavam dizendo muitas coisas, mas a polícia lhe pedia que não fizesse mais declarações provocadoras, partindo do princípio de que toda declaração dele seria provocadora, simplesmente por ser dele. Ele deu consigo escrevendo mil cartas na cabeça e disparando-as pelo éter, como as discussões obsessivas e meio tresloucadas com o mundo que Herzog, de Bellow, não tinha como remeter aos destinatários.

Caro Sunday Telegraph,

Seu plano para mim é que eu deveria achar um refúgio seguro e secreto, talvez no Canadá ou numa parte remota da Escócia, onde os moradores do lugar, sempre alerta em relação à presença de estranhos, vissem os assassinos chegando; e, assim que eu achasse meu novo lar, deveria manter a boca fechada durante o resto de meus dias. O fato de eu nada ter feito de errado e de, como inocente, merecer levar a vida como quiser evidentemente foi levado em conta e eliminado do leque de opções. No entanto, estranhamente, é a essa ideia absurda que eu me apego. Sendo um rapaz de cidade grande, nunca gostei do campo (a não ser em passagens rápidas) e o frio é outra aversão antiga, o que exclui tanto a Escócia quanto o Canadá. Também não sou muito bom em ficar calado. Se alguém tenta amordaçar um escritor, os senhores não concordam, como jornalistas que são, que a melhor resposta é não ficar amordaçado? Falar ainda mais alto e mais claro do que antes? Cantar (no caso de quem sabe cantar, o que, confesso, não sei) canções ainda mais bonitas e mais ousadas? Fazer-se, para dizer o mínimo, mais presente? Se os senhores não pensam assim, apresento minhas desculpas de antemão. Pois é isso que pretendo fazer.

Caro Brian Clark,

Afinal, de quem é a vida?

Caro rabino chefe Immanuel Jakobovits,

Visitei ao menos uma faculdade que ensinava a rapazes judeus, com rigor e correção, os princípios e as práticas do pensamento correto e rigoroso. Encontrei neles alguns dos espíritos jovens mais marcantes e sagazes que já vi, e estou convicto de que eles compreenderiam o perigo e a impropriedade de se fazer falsas equivalências morais. É lamentável que um homem que eles poderiam encarar como um líder tenha passado a menosprezar os processos mentais adequados. "Tanto o sr. Rushdie quanto o aiatolá abusaram da liberdade de expressão", diz o senhor. Com isso, um romance que, elogiado ou reprovado, é uma obra de arte séria, pelo menos na opinião de alguns críticos e juízes, é equiparado a uma incitação nua e crua ao assassinato. Isso deveria ser denunciado como uma observação evidentemente ridícula. Em vez disso, rabino chefe, seus colegas, o arcebispo de Cantuária e o papa, em Roma, disseram em essência a mesma coisa. Todos os senhores querem a proibição de ofensas à sensibilidade de todas as religiões. Ora, para uma pessoa de fora, para uma pessoa sem religião, parece que as pretensões de autoridade e autenticidade feitas pelo judaísmo, pelo catolicismo e pela Igreja Anglicana se contradizem mutuamente e estão também em desacordo com as afirmações feitas pelo islã ou em seu nome. Se o catolicismo é a religião "verdadeira", a Igreja Anglicana tem de ser "falsa", e, com efeito, já houve guerras porque muitos homens — além de reis e papas — pensavam exatamente assim. O islã nega taxativamente que Jesus Cristo seja o Filho de Deus, e muitos clérigos e políticos muçulmanos manifestam abertamente suas opiniões antissemitas. Por que, então, essa estranha unanimidade entre grupos inconciliáveis? Pense, rabino chefe, na Roma dos césares. Talvez ocorra com as grandes religiões do mundo o mesmo que ocorria com aquele grande clã. Não importa o quanto os senhores se detestem uns aos outros e procurem derrubar-se mutuamente, todos são membros de uma mesma família, são ocupantes de uma só Casa de Deus. Quando sentem que a própria Casa está sendo ameaçada por meros estranhos, pelos exércitos dos descrentes, destinados ao inferno, ou até por um literato autor de romances, os senhores cerram fileiras com notável diligência e entusiasmo. Os romanos que marchavam para o combate formavam um testudo, com os soldados das filas externas formando paredes com os escudos, enquanto os das filas internas erguiam os escudos sobre a cabeça para fazer uma cobertura. Também o senhor e seus colegas formaram um testudo da fé. Não lhes importa parecer idiotas. O importante é que a parede de escudos suporte os ataques.

Caro Robinson Crusoé,

Suponhamos que você contasse com quatro Sextas-Feiras para lhe fazer companhia, todos bem armados. Você se sentiria mais seguro? Ou menos?

Caro parlamentar Bernie Grant,

Exatamente um dia depois da fatwa, *o senhor declarou na Câmara dos Comuns que "queimar livros não é uma questão importante para os negros". As objeções a tais práticas, o senhor afirmou, provavam que "os brancos queriam impor seus valores ao mundo". Lembro que muitos líderes negros — o dr. Martin Luther King, por exemplo — foram assassinados por causa de suas ideias. Por conseguinte, a recomendação de que um homem seja assassinado por causa de suas ideias parece, a uma espantada pessoa de fora, algo que um membro negro do Parlamento julgaria horrendo. Mas o senhor não objeta. O senhor representa a face inaceitável do multiculturalismo, convertido, por deformação, numa ideologia de relativismo cultural. O relativismo cultural é a morte do pensamento ético, pois apoia o direito de clérigos tirânicos a tiranizar, de pais déspotas a mutilar suas filhas, de intolerantes a odiar homossexuais e judeus, porque agir assim faz parte da "cultura" deles. A intolerância, o preconceito e a violência ou a ameaça de violência não são "valores" humanos. São a prova da ausência de tais valores. Não são as manifestações da "cultura" de uma pessoa. São mostras da incultura de uma pessoa. Em tais questões sociais, senhor, para citar o grande filósofo monocromático Michael Jackson, não importa se a pessoa é preta ou branca.*

Na praça da Paz Celestial, um homem com sacolas de compras postou-se diante de uma coluna de tanques, detendo seu avanço. Meia hora antes, no supermercado, ele não devia estar pensando em heroísmo. O heroísmo lhe sobreveio de forma espontânea. Isso aconteceu em 5 de junho de 1989, no terceiro dia do massacre, de modo que ele tinha de estar ciente do perigo que corria. No entanto, ficou ali até aparecerem outros civis, que o afastaram. Há quem diga que depois disso ele foi preso e fuzilado. O número de mortos na praça nunca foi revelado e continua desconhecido. Em *Cem anos de solidão*, de Gabriel García Márquez, a empresa bananeira — comandada por Mr. Brown, nome típico de um filme de Tarantino — massacrou 3 mil trabalhadores em greve na praça central de Macondo. Depois do morticínio, fizeram uma limpeza tão completa que o incidente pôde ser desmentido categoricamente. Ele nunca aconteceu, a não ser na memória de José Arcadio Segundo, que a tudo assistiu. Contra a brutalidade, a única defesa era a recordação. A liderança chinesa sabia disso: que a memória era o inimigo. Não bastava que os manifestantes fossem mortos. Tinham de ser falsamente lembrados como dissidentes e patifes, e não como estudantes corajosos que deram a vida pela liberdade. As autoridades chinesas trabalharam com afinco nessa falsa versão do passado e por fim ela se firmou. O ano que tinha se iniciado com o horror miúdo da *fatwa* ganhara um horror maior diante do qual tremer, um horror cuja dimensão só cresceria com o passar dos anos, da mesma forma que a derrota da memória por mentiras se somou às mortes inúteis dos que protestavam.

Chegou a hora de deixar Porlock Weir. A polícia achara uma casa para alugar em Brecon, num lugar chamado Talybont. Maggie Drabble e Michael Holroyd retomaram a posse de sua residência e ali comemoraram os cinquenta anos de Maggie. Marianne não iria para Talybont; estava de partida para os Estados Unidos. Lara iria se formar em Dartmouth, e a mãe naturalmente queria estar presente. Sua viagem seria um alívio para ela e para ele. Era visível que ela estava no limite de sua resistência, com os olhos mais arregalados do que de costume e a tensão escorrendo dela como o suor do corpo de um maratonista. Ela precisava de uma pausa, provavelmente de uma saída. Ele entendia isso. Ela não previra aquilo, nem aquela era sua luta. O chavão "fique ao lado de seu marido" mandava que ela ficasse, mas tudo nela gritava "vá embora". Talvez tivesse sido diferente se eles estivessem mais apaixonados. Mas ela estava ao lado de um homem com quem não se sentia feliz. E precisava assistir à formatura da filha.

Foi um jantar estranho para os quatro, meio comemorativo dos cinquenta anos de Maggie, meio chocado pela história. Michael contou histórias engraçadas de sua infância insólita, com a mãe a mobilizar seus préstimos para ajudá-la a deixar seus muitos maridos, e pelo menos um desses maridos a pedir a ele que escrevesse bilhetes que talvez a persuadissem a não deixá-lo. As notícias deixavam todos preocupados. E de repente o aiatolá Khomeini morreu e foi carregado para a sepultura em Teerã. Num cômodo contíguo, à espera da mudança de turno, os policiais faziam piadas que achavam filosóficas: *A vida é um sanduíche de merda. Quanto mais pão você põe, menos merda come.* Mas à mesa do jantar os quatro assistiam a cenas que ocorriam muito longe dali, a multidão imensa se flagelando em torno do ataúde, aquele monstro multicéfalo seguindo pela rua com movimentos ondulantes e irregulares, o ataúde virando, a mortalha se rasgando, e de súbito a perna frágil e branca do morto exposta à vista de todos. Ele sentia, diante da televisão, que aquilo era uma coisa que não compreendia. Não bastava dizer que aquelas multidões eram trazidas de ônibus e caminhões ou pagas para chorar convulsivamente, ou que muito deles estavam numa espécie de delírio, como num transe, como o apresentado por alguns xiitas no dia de Ashura, em 10 do mês muarrã, que se açoitavam e se escoriavam para lembrar a morte do neto do Profeta, Hussain ibn-Ali, na batalha de Karbala, no ano 680. Não adiantava tentar imaginar por que uma nação, cujos filhos tinham morrido por ordem do imã numa guerra inútil com o Iraque, sentisse tamanha dor por ocasião da morte dele. Tampouco adiantava ver aquelas cenas como um teatro falso, encenado por um povo oprimido e receoso cujo medo do tirano não diminuía nem mesmo após sua morte: não bastava minimizar aquilo como terror fantasiado de amor. O imã tinha sido, para aquela gente, um elo direto com seu Deus. Esse elo se partira. Quem intercederia por eles agora?

Na manhã seguinte, Marianne viajou para os Estados Unidos. Ele foi levado para Talybont. A casinha era minúscula, e o tempo, péssimo. Não haveria privacidade ali. Ele e seus protetores — o afável Jack "Gordo" e um sujeito novo, articuladíssimo, obviamente um oficial com um belo futuro, chamado Bob Major — seriam obrigados a viver lado a lado. Pior ainda, o telefone celular não funcionava. Ali não havia sinal. A cada dia, para falar com as pessoas, ele teria de ser levado de carro a uma cabine telefônica a muitos quilômetros dali, numa zona rural remota. A claustrofobia o invadiu. "É tudo INÚTIL, INÚTIL", escreveu em seu diário, e depois ligou para Marianne em Boston, e as coisas pioraram, e muito.

Ele estava numa cabine telefônica vermelha, debaixo de chuva, numa encosta do País de Gales, com uma sacola de moedas na mão e a voz de Marianne no ouvido. Ela jantara com Derek Walcott e Joseph Brodsky, e os dois poetas, laureados com o Nobel, lhe disseram que não teriam mudado de vida como ele fizera. "Eu ficaria em casa e agiria exatamente como sempre", afirmara Brodsky, "e iríamos ver o que poderiam fazer." "Eu expliquei a eles", disse ela ao telefone. "Eu disse a eles: 'Coitado, ele está com medo de morrer'." *Muito obrigado, Marianne*, ele pensou. Joseph Brodsky fizera uma massagem nos pés dela, contou Marianne. Ao ouvir isso, ele ficou mais feliz ainda. Sua mulher estava com dois machos alfa da poesia mundial, recebendo massagens nos pés e dizendo-lhes que o marido era medroso demais para levar a vida como eles fariam, às escâncaras, com coragem. Ela disse que vinha usando sáris em toda parte. Ou seja, nada de discrição. Ele já ia lhe dizer que talvez os sáris chamassem muito a atenção, quando ela soltou sua bomba. Tinha sido procurada no saguão de seu hotel em Boston por um agente da CIA que disse chamar-se Stanley Howard. Ele queria conversar com ela e tomaram um café juntos. "Eles sabem onde nós estávamos", disse ela, com a voz alterada. "Estiveram dentro da casa. Tiraram papéis de sua mesa e de sua cesta de lixo. Me mostraram esses papéis como prova de que tinham estado lá e examinado tudo. O tipo da máquina, a disposição da página, o texto, é tudo seu, sem a menor dúvida. As pessoas que protegem você nem perceberam que eles estiveram lá. Você não pode confiar nessas pessoas. Precisa sair daí já. Tem de vir para os Estados Unidos. Esse homem, Howard Stanley, queria saber se nosso casamento era de verdade ou se você só está casado comigo por conveniência, para poder morar nos Estados Unidos. Como eu defendi você, ele disse que então estava certo, você teria autorização de residência. Você vai poder morar nos Estados Unidos como um homem livre."

Afinal, *Stanley Howard ou Howard Stanley*? Bem, as pessoas muitas vezes não se lembram direito de nomes e fazem confusões, isso não provava nada. O lapso até poderia ser uma prova de que ela estava dizendo a verdade. "Preste atenção", disse ele. "Você está me dizendo que um agente da CIA lhe disse que eles haviam se infiltrado numa operação de segurança britânica importante, invadido a casa protegida, retirado materiais de dentro dela e que ninguém percebeu nada?" "Isso mesmo", ela respondeu e repetiu: "Você não está em segurança, precisa sair daí, não confie mais nas pessoas que estão a seu redor". Ele lhe perguntou quais eram seus planos. Ela iria a Dartmouth, para a formatura, e depois viajaria para o sul, para visitar a irmã, Johanne, na Virgínia.

"Está certo", disse ele, "eu ligo de novo amanhã." No dia seguinte, porém, quando ele ligou, ela não atendeu.

Quando ele contou o que ela dissera, Bob Major e Jack "Gordo" o escutaram com muita seriedade. Depois fizeram várias perguntas. Por fim, Bob disse: "Para mim, isso não faz sentido". Nenhum motorista relatara ter sido seguido, e eles tinham excelente treinamento. Nenhum dos sensores instalados na casa de Porlock Weir e do lado de fora tinha sido acionado. Não havia nenhum sinal de que alguém tivesse entrado sem autorização. "Isso não tem lógica", disse Bob, acrescentando: "O problema é que quem está dizendo isso é sua mulher, e portanto temos de levar essa história a sério. Ela é sua mulher". Eles teriam de comunicar o fato a seus superiores, ao comando da Scotland Yard, que tomaria as decisões cabíveis. E Bob disse também: "Infelizmente, o senhor não pode ficar aqui. Temos de partir do princípio de que a operação foi descoberta. Isso quer dizer que o senhor não pode ir para nenhum lugar onde já esteve ou para onde planejou ir. Temos de mudar tudo. O senhor não pode ficar aqui".

"Tenho de ir a Londres", disse ele. "Meu filho faz dez anos daqui a alguns dias."

"O senhor vai precisar achar um lugar", disse Jack "Gordo".

Mais tarde, as pessoas às vezes lhe perguntavam: *Você perdeu amigos naquele tempo? As pessoas tinham medo de se mostrar próximas a você?* E ele respondia que não, que na verdade acontecera o oposto. Seus bons amigos se revelaram amigos de verdade, e pessoas que antes nem eram tão próximas se aproximaram mais dele, ajudando no que era possível e demonstrando generosidade, desprendimento e coragem fora do comum. Ele se lembraria para sempre daquilo — da nobreza de seres humanos que lhe deram o que tinham de melhor — muito mais vividamente do que do ódio, embora o ódio também se mantivesse vívido em sua memória, e seria sempre grato por ter sido alvo de tanta ajuda.

Foi em 1987 que ele se aproximou de Jane Wellesley, quando ela produziu um documentário de ambos, *The riddle of midnight* [O enigma da meia-noite], e desde então a amizade entre eles só aumentara. Na Índia, o sobrenome dela abrira muitas portas bem fechadas — "*Aquele* Wellesley?", perguntavam as pessoas, surpresas, e logo se excediam em atenções para aquela parente distante de Arthur Wellesley, que lutara na batalha de Seringapatam e, mais tarde, já como vencedor de Bonaparte, se tornaria o duque de Wellington. E Arthur era irmão de Richard Wellesley, que fora nomeado governador-geral da Índia, havia 190 anos. Em vez de achar graça nessas demonstrações de respeito, Jane se sentia constrangida. Era uma mulher profundamente fechada, que dividia sua vida com pouquíssimas pessoas, e quem lhe confiasse um segredo podia ter certeza de que ela o levaria para o túmulo. Era também uma mulher de sentimentos intensos, ocultos sob a capa da reserva britânica. Quando ele lhe telefonou, na mesma hora ela se prontificou a deixar sua própria residência, um apartamento no último andar de um prédio em Notting Hill, "pelo tempo que você precisar, se achar que serve". Era o tipo de lugar que a Divisão Especial detestava, um apartamento, e não uma casa, com apenas uma porta de entrada e saída e no último andar de um prédio sem elevador. Aos olhos da polícia, uma armadilha. Mas ele tinha de ir para algum lugar e não havia outro. E foi para lá.

O sr. Greenup foi visitá-lo e deu a entender que Marianne tinha inventado aquela história. "O senhor tem ideia do que seria necessário para infiltrar uma operação como essa?", perguntou. "Talvez só os americanos disponham de recursos para isso, e mesmo para eles seria difícil. Para poder seguir seu carro sem serem notados, eles teriam de mudar o carro de seguimento mais ou menos a cada vinte quilômetros, e isso exigiria o uso de mais de dez carros, em rodízio, para enganar seus motoristas. Além disso, talvez tivessem de empregar satélites e helicópteros. E invadir a casa sem acionar pelo menos um dos vários dispositivos de segurança seria simplesmente impossível. E, mesmo supondo que eles tivessem feito tudo isso, que tivessem descoberto onde o senhor estava, entrado na casa e saído dela, retirando papéis de sua mesa de trabalho, e se esquivando a todos os sensores... por que iriam procurar sua mulher para provar a ela que tinham feito isso? Eles sabiam que ela contaria ao senhor, que o senhor contaria a nós, e que no momento em que soubéssemos que eles sabiam mudaríamos tudo, de forma que todo o esforço e despesas deles teriam sido inúteis e eles estariam de volta à estaca zero. Eles saberiam também que o fato de a CIA se infiltrar numa operação britânica tão delicada como essa seria considerado um ato hostil, muito próximo de um ato de guerra contra uma nação amiga. Por que diriam isso a ela? Isso não faz sentido."

O sr. Greenup disse também que o celular passara a ser visto como um risco de segurança, e que pelo menos por ora não poderia ser utilizado.

Ele foi tirado do edifício para falar com Marianne de uma cabine telefônica em Hampstead. Ela parecia perturbada. A recusa dele a aceitar que não podia confiar nos agentes de segurança a contrariou. Estava decidindo se voltava à Inglaterra e quando.

Na véspera de seu décimo aniversário, Zafar foi para o apartamento em que ele estava. Tinha pedido a Clarissa que lhe desse de presente um trenzinho elétrico, mas ela se esqueceu de mandá-lo com o menino, embora se lembrasse de mandar a nota de compra. Mas não tinha importância. Pela primeira vez em meses ele ficaria mais tempo com o filho, e aquilo era uma felicidade sem igual. Um policial saiu para comprar um bolo, e em 17 de junho de 1989 comemoraram o aniversário dele da melhor forma possível. O sorriso no rosto do filho foi a melhor injeção de ânimo possível. À noite Zafar foi levado de volta para a casa da mãe, e na manhã seguinte Marianne voltou.

Ela foi recebida no aeroporto de Heathrow pela dupla Will Wilson e Will Wilton, homens de expressão pétrea que dirigiam a Divisão Especial e o serviço de informações britânico, e levada para um interrogatório durante várias horas. Ao chegar, enfim, ao apartamento de Jane, estava pálida e claramente assustada. Os dois não se falaram muito naquela noite. Ele não sabia o que lhe dizer ou em que acreditar.

Ele não teve mais *permissão* para ficar na cidade. A polícia arranjara um lugar: uma pousada, a Dyke House, na vila de Gladestry, em Powys. De volta às Marcas Galesas. A Dyke House era uma antiga casa paroquial eduardiana, um prédio modesto com frontão, um jardim encantador e um riachinho rumorejante, perto do dique de Offa, no sopé do Hergest Ridge. A pousada, dirigida por um policial reformado, Geoff Tutt, e sua mulher, Christine, era tida como segura. Em Londres, a exigência muçulmana de que ele fosse processado por blasfêmia ganhara o direito de revisão judicial. Houve outra passeata contra ele em Bradford, na qual fizeram-se 44 prisões; o bispo local pediu o fim desses protestos, mas não era provável que fosse ouvido.

Will Wilson e Will Wilton foram visitá-lo em Gladestry e pediram que Marianne não estivesse presente à reunião, o que a enfureceu, e ela saiu, de maus modos, para um longo passeio. Os dois Wills informaram a ele que o relato de Marianne fora levado tão a sério que chegara à mesa da primeira-

-ministra britânica e também à do presidente dos Estados Unidos. Após um inquérito minucioso, os investigadores se convenceram de que não havia verdade alguma em suas afirmações. "Entendo que isso seja difícil para o senhor", disse Wilson, "porque, como sua mulher, ela deveria ser uma pessoa em que o senhor gostaria de acreditar." Explicaram como tinha sido o interrogatório. Não fora nada parecido com o tratamento rigoroso e com coação física que o cinema adorava. Em vez disso, insistiram muito nas repetições e em pormenores. Como ela sabia que Stanley Howard ou Howard Stanley era um agente da CIA? Ele lhe mostrara sua identidade funcional? Como era esse documento? Tinha fotografia ou não? Era assinado? Parecia um cartão de crédito ou era dobrável? "Muitas coisas como essas", disse Will Wilton. "São os detalhes que ajudam." Tinham feito com que ela repetisse a história muitas vezes, e disseram: "Quando não há variação nenhuma na história, temos cem por cento de certeza de que é falsa". Quem fala a verdade nunca conta uma história exatamente da mesma forma duas vezes.

"Aquilo não aconteceu", disse Will Wilton. "Temos absoluta certeza disso."

Estavam lhe pedindo que acreditasse que sua mulher inventara uma trama da CIA contra ele. Por que ela teria feito isso? Por acaso queria se libertar daquela vida clandestina na Grã-Bretanha a ponto de considerar necessário abalar a confiança dele nos agentes que lhe davam proteção, para que trocasse a Inglaterra pelos Estados Unidos, o que permitiria a ela fazer o mesmo? Mas por que ela não teria imaginado que, se ele acreditasse que a CIA tivera tanto trabalho para localizá-lo, não consideraria a agência americana ainda menos digna de confiança do que a Divisão Especial? Afinal de contas, por que a CIA faria tal coisa? Estaria planejando trocá-lo por reféns americanos detidos no Líbano? E, se fosse esse o caso, ele não correria mais perigo em solo americano do que na Grã-Bretanha? Sua cabeça girava a mil. Aquilo era uma loucura. Uma verdadeira loucura.

"Isso não aconteceu", repetiu Will Wilton, procurando ser gentil. "Nada disso aconteceu."

Ela falou durante muito tempo, tentando convencê-lo de que era a polícia que mentia e não ela. Lançou mão de seus consideráveis encantos físicos para persuadi-lo de que dissera a verdade. Enfureceu-se, chorou, calou-se e fez-se loquaz de novo. Essa atuação, seu notável esforço final, durou quase toda a noite. Ele, porém, estava decidido. Não tinha como provar ou negar a veracidade daquela história, que muita coisa indicava ser falsa. Não podia mais confiar em Marianne. Seria melhor ficar sozinho do que permitir que ela permanecesse. Pediu-lhe que fosse embora.

Muitos dos pertences dela continuavam em Porlock Weir, e um dos motoristas levou-a até lá para pegá-los. Ela telefonou para Sameen e para amigos dele, e tudo o que lhes disse era falso. Ele começou a sentir medo de Marianne, do que ela poderia fazer ou dizer assim que estivesse fora da bolha da proteção. Meses depois, quando ela decidiu dar sua versão da separação a um jornal de domingo, declarou que a polícia a levara para um lugar ermo e a deixara numa cabine telefônica para que se virasse sozinha. Isso era pura invencionice. Na verdade, ela estava com o carro dele e com as chaves da casa de Bucknell, e agora, que passara a ser vista como um risco à segurança, ele não podia mais usar nenhuma propriedade de que ela tivesse conhecimento. Portanto, na realidade, ele, e não ela, é que se tornara novamente um sem-teto por causa da separação.

Houve novos atentados a bomba — na livraria Collett's *de novo*, diante da loja de departamentos Liberty's e, depois, em livrarias da Penguin em quatro cidades da Grã-Bretanha —, mais manifestações, mais ações judiciais, mais acusações de "iniquidade" por parte de muçulmanos, mais ruídos apavorantes vindos do Irã (o presidente Rafsanjani declarou que a ordem de assassinato era irrevogável e tinha o apoio de "todo o mundo muçulmano") e, na Inglaterra, da boca do peçonhento gnomo de jardim Siddiqui. Em contrapartida, entretanto, mais gestos alentadores de solidariedade que vinham de amigos e simpatizantes nos Estados Unidos, na Inglaterra e em outros países da Europa — uma leitura aqui, a montagem de uma peça ali, a assinatura, por 12 mil pessoas, da "declaração mundial" *Escritores e leitores em apoio a Salman Rushdie*. Essa campanha de defesa era liderada pela respeitada organização de direitos humanos Artigo 19, cujo nome fazia referência ao artigo sobre liberdade de expressão na Declaração Universal de Direitos Humanos. "Toda pessoa tem direito à liberdade de opinião e expressão", rezava o artigo. "Esse direito inclui a liberdade de, sem interferência, ter opiniões e de procurar, receber e transmitir informações e ideias por quaisquer meios e independentemente de fronteiras." Essas palavras eram simples e claras. O artigo não acrescentava "a menos que líderes religiosos determinem o contrário e ordenem assassinatos". Ele pensou em Bellow de novo, em suas famosas palavras no início de *As aventuras de Augie March*: "Todo mundo sabe que não existe precisão nem apuro na supressão; se você corta uma coisa, acaba amputando o que está ao lado". John Kennedy, mais lacônico do que o Augie de Bellow, disse a mesma coisa com quatro palavras: "A liberdade é indivisível".

Essas eram ideias que haviam norteado sua vida, quase sem que ele se desse conta disso. A liberdade artística fora o ar que ele respirava, e, como o ar era abundante, não era preciso proclamar a importância do ar. Depois certas pessoas começaram a tentar interromper o suprimento de ar, e logo se tornou premente mostrar que isso era errado.

Naquele dia, entretanto, ele passou a maior parte do tempo tentando resolver um problema mais básico: onde passaria a próxima semana de sua vida? Mais uma vez, foi Jane Wellesley quem o socorreu. Jane tinha uma casinha em Ayrshire, e ofereceu-a com a mesma boa vontade de antes. Os dois Jaguares partiram para o norte. No interior da Escócia, apresentou-se o problema que atormentava a equipe de proteção em toda parte. Esconder o homem invisível era fácil. Explicar os dois carrões estacionados no galpão ao lado da casa de Jane já era mais difícil. E quem eram aqueles quatro homenzarrões que iam e vinham pela vila? Uma vez levantadas suspeitas entre os moradores, não era fácil aplacá-las. Para piorar as coisas, a Divisão Especial escocesa, que tinha jurisdição sobre o condado, não se sentiu à vontade para deixar a proteção entregue a seus colegas ingleses, e por isso mandou sua própria equipe, de forma que agora havia quatro carrões disputando espaço no galpão de Jane, além de oito homens, verdadeiros armários, gesticulando e discutindo, e vários passavam a noite toda em seus carros. "O problema", ele disse a seus protetores, "está em esconder *vocês*."

Jane foi lá para ver como estavam as coisas, e levou Bill Buford. Apaixonado por ela, Buford parecia um animado cachorrinho americano a saltitar em torno de Jane, que o tratava com uma jovialidade afetuosa e aristocrática. Buford fazia momices e cabriolas, como o alegre bobo da corte de Jane, só lhe faltando a roupa colorida, o chapéu de pontas e os guizos. Com o sol rompendo entre as nuvens, Ayrshire foi durante um período uma ilha de felicidade na tempestade. Bill disse a ele: "Você precisa de um lugar legal, um lugar onde possa ficar por bom tempo e à vontade. Vou cuidar disso".

Bill era um Personagem, sendo a maiúscula uma expressão necessária de sua dimensão. Sempre agitado, a distribuir abraços, falava com exclamações e ênfases. Era um chef autodidata, ex-jogador de futebol americano, leitor competente, com vasto conhecimento dos elisabetanos, um animador de ambientes, em parte intelectual, em parte mestre de cerimônias de circo. Pegara uma revista estudantil de Cambridge que deixara de circular, a *Granta*, e a reinventara como vitrine de sua talentosa geração. Amis *fils*, McEwan, Barnes, Chatwin, Ishiguro, Fenton e Angela Carter foram alguns nomes que desabrocharam em suas páginas; George Steiner o autorizou a publicar na revista seu romance sobre Hitler, *The portage to San Cristobal of A. H.* [O transporte de A. H. a San Cristóbal]; Buford chamou de "realismo sujo" o trabalho dos americanos Carver, Ford, Wolff e Joy Williams; a primeira edição da série Travel da *Granta* de certa forma inaugurou o modismo da literatura de viagens; e ele fez tudo isso pagando uma miséria aos colaboradores, enfurecendo muitos deles por não ler seus textos ou por mantê-los na gaveta durante meses e irritando vários outros por praticar um estilo de editoração tão ditatorial que ele tinha de se valer de todo o seu charme para não apanhar; e vendendo assinaturas de uma revista trimestral que nem uma só vez, durante os dezesseis anos em que ele a comandou, conseguiu publicar mais de três edições por ano. Buford levava vinhos de primeira a toda parte e dava uma sucessão de jantares opíparos com molhos pesados e carnes de caça — convites ao infarto —, e a sala em que ele estivesse normalmente se enchia de risos. Era também um excelente contador de histórias, um grande fofoqueiro e parecia ser o último homem da terra a quem Joseph Anton se dispusesse a confiar o santuário íntimo de seu mundo secreto. No entanto, guardava todos os segredos. Por trás de toda a gaiatice e extroversão, Bill Buford era um homem a quem se podia confiar a vida. "Vou tratar logo disso", prometeu Bill. "Vou resolver esse negócio."

Duas mulheres que até então ele não conhecia estavam prestes a se tornar personagens importantes em sua história: Frances D'Souza e Carmel Bedford. Carmel, uma irlandesa corpulenta e de opiniões firmes, foi indicada pela Artigo 19 como secretária de sua campanha de defesa, ou, para dar o nome completo, Comitê Internacional de Defesa de Rushdie, e Frances, a nova diretora da Artigo 19, era a chefe dela. O comitê fora criado à revelia da pessoa a quem defendia, para lutar contra a "censura armada", com o apoio do Arts Council, do PEN, da National Union of Journalists, da Society of Authors e da Writers' Guild, além de várias outras entidades. Ele não tivera nada a ver com suas origens, mas com o passar dos anos veio a trabalhar cada vez mais perto de Frances e de Carmel, que tinham se tornado suas indispensáveis aliadas políticas.

Elas o viram em muitos estados de espírito — deprimido, beligerante, triste, judicioso, controlado, debilitado, egocêntrico, decidido, mesquinho e determinado — e o apoiaram em todos eles. Frances, bem proporcionada, chique, morena, grave quando concentrada e risonha quando alegre, era uma mulher como poucas. Tinha trabalhado nas selvas de Bornéu e também nas montanhas do Afeganistão, com os *mujahedin*. Tinha a mente rápida e penetrante, além de um coração de mãezona. Era uma sorte para ele contar com essas *compañeras*. Havia muito que fazer.

O celular voltou a ser permitido, e elas ligaram. Marianne tinha aparecido no escritório da Artigo 19, por conta própria, e anunciado sua intenção, como mulher dele, de assumir um papel de liderança na campanha de sua defesa. Disse que ele precisava de alguém que falasse por ele, e ela seria tal pessoa. "Só queríamos ter certeza", disse Frances, com seu jeito delicado, "de que isso tem a sua aprovação, que é isso que você quer." Não, ele quase gritou. Isso era o oposto do que ele queria, e em nenhuma hipótese Marianne deveria ter qualquer coisa a ver com a campanha ou permissão de falar em nome da campanha ou dele. "Foi o que pensei", disse Frances.

Marianne vinha deixando para ele mensagens coléricas, nas quais os detalhes banais da crise conjugal ganhavam contornos de melodrama grotesco devido à vida de capa e espada que levavam. *Por que você não me liga? Vou falar para os jornais.* Ele ligou, e durante algum tempo ela se acalmou. Mas aí ela disse ao *Independent* que, embora "a pessoa esteja em perfeita saúde mental, leva a vida de um esquizofrênico paranoide". Não especificou quem era a *pessoa*.

E Clarissa também telefonou. Queria que ele comprasse para ela uma casa nova. Achava que devia se mudar, e isso era por causa dele, de forma que ele devia pagar o custo adicional da nova residência. Era a obrigação dele para com ela e o filho.

Seguiram-se novos períodos passados em hospedarias administradas por policiais reformados (parecia haver muitas): em Easton, no condado de Dorset, e depois em Salcombe, no condado de Devon. A vista em Devon era linda: a ensolarada baía de Salcombe, singrada por veleiros e com gaivotas rodopiando no céu. Bill estava tratando de alugar uma casa em Essex. "Preciso de mais alguns dias", disse.

Seu amigo Nuruddin Farah se oferecera para servir como intermediário junto ao intelectual islâmico Ali Mazrui a fim de tentar quebrar o impasse em relação à *fatwa*. "Está certo", ele disse a Nuruddin, "mas não vou pedir desculpas nem me retratar pelo livro." Passado algum tempo, Nuruddin admitiu ter fracassado. "Eles querem mais do que o que você está disposto a dar." De vez em quando, naquele tempo, surgia uma proposta desse tipo, por parte de pessoas que alegavam ter "contatos" indiretos ou secretos capazes de solucionar o problema e se ofereciam para atuar como mediadoras. Uma delas foi um paquistanês, Sheikh Matin, que se aproximou de Andrew em Nova York; outro foi um empresário anglo-iraniano, sir David Alliance, em Londres; houve diversos outros. Nenhuma dessas iniciativas deu resultado.

Bill telefonou, entre divertido e furioso. "Seu poema", disse. "O Conselho de Mesquitas de Bradford quer que seja proibido." Em sua edição mais recente, a *Granta* quebrara sua tradição antipoética e publicara um poema que ele escrevera a respeito de como se sentia, intitulado "6 de março de 1989". Terminava com versos em que ele afirmava sua disposição de

não me calar. Cantar ainda, mesmo sob ataques,
cantar (enquanto meus sonhos são mortos pelos atos)
louvores a borboletas despedaçadas na tortura.

"Você não quer morar comigo porque eu sou escritora", dissera Marianne em sua mensagem mais recente. "Você não tem o monopólio do gênio." Ela queria publicar "o conto sobre a fuga no País de Gales", "Croeso i Gymru". E escrever sobre a bomba na livraria Liberty's.

O telefone era sua ligação com o mundo, mas também ele trazia notícias pesadas. Em Delhi, Anita Desai estava aborrecida com o fato de as pessoas terem ficado muito "autocentradas". Visitando um amigo, o produtor Shama Habibullah, ela falara com a mãe de Shama, Attia Hosain, de 96 anos, a famosa autora de *Sunlight on a broken column* [O sol numa coluna quebrada]. Attia, que fora amiga da mãe de Anita, queixou-se de que respingos de *Os versos satânicos* haviam lhe causado muitos problemas. "E, na minha idade, isso não é justo."

Ele mantinha contato constante com Andrew e Gillon. O relacionamento com a Penguin estava se deteriorando depressa. Fora levantada a questão da publicação de *Os versos satânicos* em brochura e, aparentemente, Peter Mayer estava à procura de um meio de evitá-la. Andrew e Gillon tinham pedido uma reunião com Mayer, e este dissera que, a seu pedido, o advogado da Penguin, Martin Garbus, participaria de todas aquelas reuniões. Isso era novidade: que uma reunião entre um autor e seu editor — entre esse autor e esse editor — só pudesse ocorrer na presença de um advogado. Era um sinal do quanto a discórdia crescera.

Ele ligou para Tony Lacey, o diretor editorial da Viking no Reino Unido, e Tony procurou tranquilizá-lo, dizendo que tudo daria certo. Ligou depois para Peter Mayer, de quem não ouviu palavras tranquilizadoras. Explicou a Mayer que havia conversado com a Divisão Especial e que, no entender deles, a conduta mais segura — *a mais segura* — seria proceder de forma normal. Qualquer desvio da norma seria visto pelos adversários do livro como sinal de fraqueza, estimulando-os a redobrar o ataque. Se a norma das editoras era lançar a edição em brochura de um livro entre nove e doze meses após a publicação em capa dura, era isso que deveria acontecer. "Não foi isso que nossos especialistas em segurança aconselharam", disse Mayer.

Ambos sabiam que, para um livro continuar a vender, era essencial uma edição em brochura. Se esta não fosse feita, chegaria um momento em que a edição em capa dura se esgotaria e sumiria das prateleiras. Na ausência de uma brochura, o resultado equivaleria a tirar o romance das livrarias. A campanha contra o livro acabaria vitoriosa. "Você sabe qual é o objetivo de nossa luta", ele disse a Mayer. "Trata-se do longo prazo. Por isso, a pergunta essencial é a seguinte: você vai publicar a brochura ou não vai? Sim ou não?" "Essa é uma colocação primitiva", respondeu Mayer. "Não posso pensar nesses termos."

Pouco tempo depois dessa conversa, num furo de reportagem, o *Observer* publicou um relato muito correto das discussões a respeito da edição em brochura, inclinando-se a apoiar a atitude cautelosa da Penguin. Os executivos da editora negaram que houvessem colaborado com o jornal. No entanto, Blake

Morrison, o editor de literatura do *Observer*, contou ao autor que eles tinham uma "fonte dentro da Penguin" e que, segundo acreditava, a matéria tinha por finalidade "detonar a brochura". Ao que tudo indicava, havia começado uma guerra suja.

Peter Mayer, homem alto e bonitão, de cabelos desgrenhados, que diziam ser um ímã para mulheres, de fala mansa e olhos de corça, admiradíssimo por seus colegas editores, e agora às voltas com o chamado "caso Rushdie", parecia cada vez mais petrificado. A história investia contra ele como uma jamanta, e dois discursos totalmente contraditórios se digladiavam nele, quase levando-o à paralisia: o discurso do princípio e o discurso do medo. Seu senso de dever era inquestionável. "O modo como reagimos à controvérsia em torno de *Os versos satânicos* afetaria o futuro da liberdade de opinião, sem a qual não existiria a atividade editorial como a conhecemos, e também, por extensão, a sociedade civil como a conhecemos", declarou a um jornalista anos depois. E no momento em que o perigo foi mais intenso, o incêndio mais violento, ele aguentou firme. Mayer recebeu ameaças contra ele próprio e contra a filha pequena. Recebeu cartas escritas com sangue. Cães farejadores e aparelhos para inspeção de bombas na sala do correio e guardas de segurança em toda parte fizeram com que as editoras, em Londres e em Nova York, assumissem um aspecto que nenhuma editora jamais tivera: pareciam uma zona de guerra. Houve alertas de bombas, evacuação de escritórios, ameaças e difamações. No entanto, não houve recuo. O período veio a ser lembrado como um dos grandes capítulos na história da atividade editorial, um dos grandes episódios de defesa da liberdade, e Mayer seria recordado como líder daquela equipe heroica.

Quase.

Meses de pressão cobraram de Mayer seu preço, minando sua resolução. Ele começou a se persuadir, assim parecia, de que já fizera o que tinha de fazer. O livro fora publicado e mantido nas livrarias, ele estava até disposto a imprimir a edição em capa dura indefinidamente, e a brochura poderia sair em alguma data futura, quando de novo houvesse segurança. Não havia necessidade alguma de fazer mais no momento, redobrando o perigo para si mesmo, para sua família e para seu pessoal. Mayer começava a enfrentar problemas sindicais. Ele se preocupava, disse, com o homem em pé a seu lado no mictório do armazém. O que diria à família daquele homem se alguma calamidade sobreviesse a seu companheiro de mictório? Teve início uma intensa troca de cartas entre Andrew, Gillon, Mayer e o autor do livro problemático. Notava-se, nas cartas de Mayer, uma convolução sintática crescente que refletia um estado mental aparentemente confuso. A leitura cerimonial, em voz alta, das cartas de Mayer — em ligações telefônicas ou, mais raramente, quando podiam se encontrar — tornou-se um ritual de humor negro para Andrew, Gillon e Joseph Anton, também conhecido como andorinha-do-mar-ártica. Essa foi uma época em que a comédia tinha de ser encontrada em lugares escuros.

Mayer estava tentando explicar por que desejava seu advogado e amigo Martin Garbus na reunião, sem admitir que o desejava ali por motivos jurídicos:

> É mais importante para mim encontrar-me com você do que insistir em qualquer aspecto de uma reunião por toda espécie de razão, das quais a menor não é pessoal. [...] Sei que, às vezes, as pessoas podem ficar presas em suas próprias posições, e não digo isto de você num sentido exclusivo; digo isto igualmente de mim ou de nós. Imaginei que, se surgisse um atoleiro, como às vezes acontece (malgrado as melhores intenções de qualquer pessoa), às vezes uma terceira pessoa amiga, depois de escutar as duas partes, pode propor uma saída, sugerir uma ideia útil para todos. As coisas nem sempre saem assim, eu sei, mas a última coisa que quero fazer é nos negar uma oportunidade dessas, sobretudo quando temos acesso a um intermediário tão capacitado como esse homem. [...] Por ora, pois, vou pedir a Marty que vá a Londres, já que, se ele não estiver aqui, não haverá meio de ele participar.

A essa altura dos acontecimentos, as risadas deles tinham se tornado histéricas, e foi difícil completar a leitura cerimonial. "Como você pode facilmente depreender do exposto", essa foi a frase-clímax de Mayer, "estou ansioso por vê-lo."

Ele, o autor que Peter Mayer estava ansioso por ver, pedira que a edição em brochura saísse no fim de 1989, porque até que se completasse o ciclo de publicação o tumulto com relação a ele não perderia força. Parlamentares trabalhistas como Roy Hattersley e Max Madden tinham se concentrado em impedir a edição em brochura, a fim de apaziguar seus eleitores muçulmanos, e isso era uma razão a mais para que essa edição fosse feita. A paz só começaria a voltar quando o ciclo de publicação se completasse. Já não havia também razões comerciais para o atraso. A edição em capa dura, tendo vendido bem, já quase se esgotara e havia saído de todas as listas de best-sellers em inglês, e muitas livrarias não pediam mais novos exemplares, devido à falta de procura. De acordo com a prática editorial, aquela era a hora de publicar uma edição barata.

Havia também outros argumentos. Traduções do romance estavam sendo publicadas em vários países da Europa, como França, Suécia, Dinamarca, Finlândia, Holanda, Portugal e Alemanha. Edições em brochura no Reino Unido e nos Estados Unidos pareceriam parte desse processo "natural", e, como a polícia aconselhara, de fato essa seria a linha de ação mais segura. Na Alemanha, depois que a Kiepenheuer und Witsch cancelou seu contrato, formara-se um consórcio de editoras, livrarias e autores de renome e figuras públicas para publicar o romance, sob o nome Artikel 19, e isso deveria ser feito depois da Feira do Livro de Frankfurt. Se Peter Mayer quisesse formar um consórcio desse tipo a fim de diversificar o risco, por assim dizer, essa seria uma solução possível. O que ele mais queria dizer a Meyer, e disse, quando a reunião finalmente teve lugar, era o seguinte: "Você fez a parte difícil, Peter. Com muita firmeza, você, junto com todos os demais na Viking e na Penguin, conduziu essa publicação ao longo de um percurso cheio de perigos. Por favor, não desanime diante do último obstáculo. Se você o transpuser, seu legado será glorioso. Se não o fizer, ele terá para sempre uma mancha".

A reunião aconteceu. Ele foi levado à casa de Alan Yentob, em Notting Hill, onde já estavam Andrew, Gillon, Peter Mayer e Martin Garbus. Não houve acordo. Mayer disse que se incumbiria de "tentar convencer sua gente a fazer a edição em brochura no primeiro semestre de 1990". Não quis adiantar uma data. Garbus, o "capacitado intermediário", revelou-se um pé no saco, um homem de imensa presunção e imperceptível utilidade. A reunião fora uma perda de tempo.

Muito do que Mayer disse em outras cartas nada tinha de engraçado. Algumas coisas eram insultantes. Andrew e Gillon haviam lhe dito que um novo livro, *Haroun e o mar de histórias*, escrito para Zafar Rushdie, de dez anos, como um presente do pai, estava sendo levado adiante sempre que as circunstâncias instáveis do autor permitiam. Mayer respondeu que sua empresa não estava disposta a considerar a publicação de qualquer livro novo de Rushdie antes que um texto acabado fosse examinado por eles, para que não viesse também a causar polêmica. Ninguém na companhia, disse Mayer, sabia muita coisa a respeito do Corão quando eles adquiriram os direitos de *Os versos satânicos*. Não podiam adquirir novas obras do autor daquele romance e, depois, quando começasse a confusão, admitir que não tinham lido um original completo. O autor daquele romance começou a compreender que Mayer tinha passado a considerá-lo um criador de encrenca, uma pessoa que era a causa da encrenca que havia surgido, e que poderia causar problemas de novo.

Essa ideia a respeito dele se tornou pública quando saiu um perfil de Mayer no *Independent*. O redator anônimo, que tinha amplo acesso a Mayer, escreveu:

> Mayer, um leitor voraz que certa vez disse que "todo livro possui uma alma", não se deu conta da bomba-relógio religiosa que tiquetaqueava dentro do romance. Foi perguntado a Rushdie, duas vezes, antes que a Penguin adquirisse o livro e, de novo, depois disso, o que significava o hoje famigerado capítulo sobre Mahound. Ele se mostrou curiosamente relutante em explicar. "Não se preocupem", disse em certo momento. "Não é fundamental para a trama." "Deus do céu, isso voltou para nos perseguir", disse depois um homem da Penguin.

Caro Redator de Perfis Anônimo,

Se lhe faço o elogio de supor que o senhor compreende o sentido de suas frases, devo então presumir que o senhor pretendeu dizer que a "bomba-relógio religiosa" em meu romance é a "alma" que a Peter Mayer passou despercebida. O restante da passagem dá a entender claramente que eu plantei a bomba-relógio ali de propósito e, depois, intencionalmente enganei a Penguin a seu respeito. Isso não só é uma mentira, caro Anônimo, como é uma mentira difamatória. No entanto, sei o suficiente sobre jornalistas, ou, permita-me dizer, sobre jornalistas da chamada imprensa "séria", para entender que, embora vocês possam exagerar ou distorcer o que averiguaram, só muito raramente imprimem alguma coisa para a qual não tenham nenhuma comprovação. A ficção pura não é a área de vocês.

Por isso, concluo que o senhor está transmitindo, com razoável correção, a informação que lhe foi passada por suas conversas com Peter Mayer e outros "homens da Penguin" (e, talvez, também mulheres). Pareceu-lhe crível, Anônimo, que um escritor, depois de quase cinco anos de trabalho num livro, dissesse, sobre um capítulo de quarenta páginas, que ele não era "fundamental para a trama"? Não lhe ocorreu, a bem da justiça, perguntar a mim, por meio de meus agentes, se realmente eu fora interrogado — duas vezes! — sobre esse capítulo "desimportante" e se eu me mostrara mesmo "curiosamente relutante em explicar"? Seu desleixo leva a crer, só pode levar a crer, que essa é a história que o senhor queria contar, uma história na qual eu sou o vilão desonesto e Peter Mayer, o herói cheio de princípios, defendendo um livro cujo autor o iludiu, levando-o acreditar que não continha uma bomba-relógio. Eu me meti numa encrenca e agora outras pessoas têm de enfrentar as consequências: essa é a narrativa que está sendo construída a meu respeito, uma prisão moral adicionada a minhas restrições mais cotidianas. O senhor haverá de constatar que essa é uma prisão que não estou disposto a acatar.

Ele telefonou para Mayer, que negou ter qualquer coisa a ver com as insinuações do jornal e disse não acreditar que alguém da Penguin houvesse falado com o jornalista. "Se você descobrir quem disse essas coisas", prometeu, "conte-me quem foi e eu o demitirei." Ele tinha suas fontes no jornal, e uma delas confirmou que o executivo que falara com o jornalista confidencialmente fora o diretor executivo da Penguin no Reino Unido, Trevor Glover. Ele passou essa informação a Peter Mayer, que disse não crer naquilo. Trevor Glover não foi demitido, e Mayer continuou a se recusar a conversar sobre *Haroun e o mar de histórias* até que o livro fosse lido e declarado isento de bombas-relógio. A relação entre autor e editor estava mesmo por um fio. Quando um autor se convencia de que sua editora estava dando munição aos meios de comunicação contra ele, havia pouco mais a ser dito.

Bill Buford fechara o negócio com a casa no condado de Essex. Ficava numa vila chamada Little Bardfield. Era cara, mas em toda parte tinham sido caras. "Você vai gostar", ele disse. "É dela que você precisa." Ele era o "testa de ferro", alugando a casa em seu nome, por um período de seis meses, com a possibilidade de uma prorrogação. O proprietário tinha "viajado para o exterior".

Era uma antiga casa paroquial do começo do século XIX, incluída no grau II do patrimônio histórico britânico. Embora construída no estilo Queen Anne, tinha toques modernos. A polícia gostou bastante dela, por causa de uma entrada isolada, o que simplificaria as entradas e as saídas, e porque se situava em meio de terreno e não era devassada. Havia um jardim com grandes árvores de sombra e um gramado que descia para um laguinho com uma falsa garça numa perna só. Depois de todas as casinhas exíguas e das pousadas sufocantes, ela parecia realmente principesca. Bill iria lá sempre que pudesse, para conferir credibilidade à sua locação. E Essex ficava muito mais perto de Londres do que a Escócia, Powys ou Devon. Seria mais fácil ver Zafar, embora a polícia ainda se recusasse a levar o menino à sua "localização". Ele tinha dez anos e não confiavam em que não desse com a língua nos dentes na escola. A polícia o subestimava. Era um menino com notáveis dons de autocontrole e compreendia que a segurança do pai estava em risco. Em todos os anos que durou a proteção, ele nunca fez um comentário imprudente.

Uma prisão confortável não deixava de ser uma prisão. Na sala havia quadros antigos, um deles representando uma dama de companhia da corte de Elizabeth I, e outro mostrando uma certa srta. Bastard, de quem ele logo gostou. Eram janelas para outro mundo, mas ele não podia fugir por elas. Ele não levava no bolso a chave da casa cheia de reproduções de móveis antigos por cujo aluguel estava pagando uma pequena fortuna, nem podia sair pelo portão da frente para ir à rua da vila. Tinha de se esconder num banheiro trancado a cada vez que vinha a faxineira, ou ser retirado da casa com antecedência. A maré de vergonha crescia nele a cada vez que essas coisas tinham de ser feitas. Depois a faxineira deixou o emprego, alegando que "homens estranhos" estavam ocupando a casa paroquial. Isso foi preocupante, naturalmente. Outra vez estava sendo mais difícil explicar a presença da polícia do que ocultar a dele. Depois da saída da faxineira, eles próprios assumiram a tarefa de espanar e passar o aspirador na casa. Os agentes limpavam seus cômodos, e ele limpava sua parte da casa. Ele preferia isso à alternativa.

Durante aqueles anos, percebeu que as pessoas imaginavam que ele estivesse vivendo em algum tipo de pavilhão de isolamento ou no interior de um cofre gigantesco com um buraquinho pelo qual seus protetores o vigiavam, sozinho, sempre a sós. Nesse confinamento solitário, pensavam as pessoas, não seria inevitável que o escritor, tão sociável, perdesse o domínio da realidade, o talento literário, a sanidade mental? A verdade era que ele estava menos sozinho agora do que em qualquer época de sua vida. Como todos os escritores, ele estava acostumado com a solidão, habituado a passar várias horas por dia sem ninguém por perto. Mas, agora, estava morando com quatro homens enormes e armados, homens não afeitos à inatividade, os antípodas dos tipos livrescos e caseiros. Eles faziam algazarra, riam alto e era difícil ignorar sua presença barulhenta. Ele fechava as portas internas da casa; eles as deixavam abertas. Ele recuava. Eles avançavam. Não era culpa deles. Imaginavam que ele quisesse um pouco de companhia, e que precisasse disso. Por isso o que ele mais procurava recriar em torno de si era isolamento, para poder ouvir seu pensamento, para poder trabalhar.

As equipes de proteção continuavam a mudar, e cada agente tinha seu próprio estilo. Houve um sujeito chamado Phil Pitt, um homem gigantesco que adorava uma arma e, mesmo pelos padrões da divisão, era um ás do tiro, uma qualidade que seria valiosa num tiroteio, mas que causava certo desconforto para quem morava com ele numa casa paroquial. Seu apelido na divisão era "Rambo". Houve Dick Billington, o antípoda de Phil, de óculos, com um sorriso amável e tímido. O tipo do pároco rural que se esperaria encontrar no presbitério, mas esse portava uma pistola. E havia também os Motoristas Doidões. Ficavam em sua ala da casa de Essex e cozinhavam salsichas, jogavam baralho e quase enlouqueciam de tédio. "Meus amigos são realmente as pessoas que me protegem", ele disse certo dia a Dick Billington e Phil Pitt num momento de frustração, "me emprestando suas casas, alugando lugares pra mim e guardando meus segredos. E eu faço o trabalho sujo de me esconder em banheiros e coisas assim." Dick Billington ficava sem graça quando ele dizia essas bobagens, enquanto Phil se enfurecia. Phil não era homem de falar muito, e, em vista de seu tamanho e de seu amor à pistola, talvez não fosse inteligente encolerizá-lo. Eles explicaram com calma que o trabalho que faziam passava a ideia de inatividade, mas isso porque a ocorrência de ação seria prova de que haviam cometido um erro grave. Segurança era a arte de fazer com que nada acontecesse. O agente de segurança experiente aceitava o tédio como parte de sua atividade. O tédio era bom. Eles não queriam que as coisas ficassem interessantes. Isso era perigoso. O objetivo deles era manter a chatice.

Orgulhavam-se muito do que faziam. Muitos lhe disseram, usando sempre as mesmas palavras, o que era, evidentemente, um mantra do Esquadrão "A": "Nunca perdemos ninguém". Era um mantra tranquilizador, e ele muitas vezes o repetia para si mesmo. O fato era que ninguém que tivesse estado sob a proteção do Esquadrão "A" jamais sofrera algum ataque, na longa história da Divisão Especial. "Os americanos não podem dizer isso." Eles não gostavam do modo americano de fazer as coisas. "Eles gostam de atirar corpos no problema", comentavam, querendo dizer com isso que o destacamento de segurança americano era, em geral, muito grande, com dezenas de pessoas ou mais. Toda vez que um dignitário americano visitava o Reino Unido, as forças de segurança dos dois países tinham as mesmas discussões sobre metodologia. "Nós seríamos capazes de transportar a rainha num Ford Cortina sem marcas pela Oxford Street na hora do rush e ninguém saberia que ela estava ali", diziam. "No caso dos americanos, tudo é feito com muitas luzes e sirenes. Mas eles perderam um presidente, não foi? E quase perderam outro." Cada país, ele viria a descobrir, tinha seu jeito peculiar de fazer as coisas, sua própria "cultura de proteção". Nos anos vindouros, ele experimentaria não só o sistema americano, baseado no grande número de homens e equipamentos, como também o comportamento assustador da Raid francesa. Raid era a sigla da unidade antiterrorismo "Recherche Assistance Intervention Dissuasion". *Dissuasion*, como descrição de como os rapazes franceses executavam seu trabalho, parecia um grande eufemismo. Seus primos italianos gostavam de dirigir em alta velocidade pelo tráfego urbano, com sirenes tocando alto e armas meio para fora das janelas. Pensando bem, ele estava feliz por contar com Phil e Dick e com o sistema de baixa visibilidade.

Eles não eram perfeitos. Cometiam erros. Numa noite em que ele esteve na casa de Hanif Kureishi, ao sair para ir embora, seu amigo correu para a rua, parecendo muito orgulhoso de sua iniciativa, agitando acima da cabeça uma pistola enorme em seu coldre de couro. "Ei", gritou Hanif. "Espere um minuto. Alguém esqueceu o trabuco."

Ele começou a escrever. *Uma triste cidade, a mais triste das cidades, uma cidade tão arrasadoramente triste que tinha esquecido até o seu próprio nome.* Ele também era um homem que perdera seu nome. Sabia como a cidade triste se sentia. "Finalmente!", escreveu em seu diário no começo de outubro e, alguns dias depois, "Completei o capítulo 1!". Depois de ter escrito umas trinta ou quarenta páginas, mostrou-as a Zafar para ter certeza de que estava no caminho certo. "Obrigado", disse Zafar. "Estou gostando, papai." Mas ele não detectou na voz do filho algo que lembrasse entusiasmo irrestrito. "É mesmo?", sondou. "Tem certeza?" "Tenho", respondeu Zafar, acrescentando, após uma pausa: "Algumas pessoas podem achar chato". "*Chato*?" A pergunta saiu como um grito de angústia, e Zafar tentou atenuar seu comentário. "Não, eu li o que você me mostrou, é claro, papai. Só estou dizendo que *algumas* pessoas *podem...*" "Chato por quê?", ele perguntou. "O que esse texto tem de chato?" "É que ele não tem muita pegada", disse Zafar. Isso foi uma crítica de espantosa precisão. Ele a entendeu no mesmo instante. "Pegada?", disse. "Eu sei criar pegada. Passe isso para cá." Ele quase arrancou as laudas datilografadas das mãos do menino, agora assustado, e a seguir teve de acalmá-lo, dizendo que não, não estava aborrecido, na verdade o que ele dissera fora muito útil, talvez fosse mesmo o melhor conselho editorial que ele já tinha recebido. Semanas depois, ele deu a Zafar os capítulos iniciais reescritos, e perguntou: "O que você achou agora?". O menino sorriu, feliz. "Agora está ótimo", respondeu.

O inglês Herbert Read (1893-1968) foi um crítico de arte — um paladino de Henry Moore, Ben Nicholson e Barbara Hepworth — e poeta da Primeira Guerra Mundial, existencialista e anarquista. Durante muitos anos, o Institute of Contemporary Arts (ICA), no Mall, em Londres, homenageou-o com uma palestra anual que levava seu nome. No outono de 1989, o instituto enviou uma carta ao escritório de Gillon, perguntando se Salman Rushdie estaria disposto a proferir a palestra de 1990.

A correspondência não chegava a ele com facilidade. Os policiais pegavam as cartas na agência e na editora, submetiam-nas a exames para garantir que não continham explosivos, e só então elas eram abertas. Embora lhe assegurassem sempre que nada deixava de lhe ser entregue, o número relativamente pequeno de cartas injuriosas que ele recebia fez com que acreditasse que existia algum processo de filtragem. A Scotland Yard se preocupava com seu estado mental — ele vinha resistindo à pressão ou estava a ponto de sofrer um colapso nervoso? — e decerto julgava melhor poupá-lo do ataque epistolar dos fiéis. A carta do instituto não foi filtrada, e ele a respondeu, aceitando o convite. Entendeu de imediato que queria escrever sobre o iconoclasmo, dizer que numa sociedade aberta nenhuma ideia ou crença podia ser circunscrita e ganhar imunidade contra desafios de toda sorte, filosóficos, satíricos, profundos, superficiais, bem-humorados, irreverentes ou ferinos. Tudo o que a liberdade exigia era que o próprio espaço de discurso fosse protegido. A liberdade estava na própria discussão, não na resolução da discussão, estava na capacidade de refutar as mais estimadas crenças alheias; uma sociedade livre não era plácida, e sim turbulenta. Era no mercado das opiniões conflitantes que a liberdade se afirmava. Isso evoluiria para a palestra-ensaio "Nada é sagrado?", e essa palestra, uma vez marcada e anunciada, levaria a seu primeiro confronto sério com a polícia britânica. O homem invisível estava tentado tornar-se visível de novo, e a Scotland Yard não gostou disso.

Prezado senhor Shabbir Akhtar,

Não faço ideia do motivo pelo qual o Conselho de Mesquitas de Bradford, do qual o senhor é membro, acredita poder arvorar-se em árbitro cultural, crítico literário e censor. Mas sei que "a inquisição liberal", a expressão que o senhor cunhou, e da qual sente um orgulho imoderado, é uma expressão sem nenhum significado real. A Inquisição, recordemos, foi um tribunal criado pelo papa Gregório IX, em 1232 ou por volta disso; sua finalidade era reprimir a heresia no Norte da Itália e no Sul da França, e esse tribunal tornou-se tristemente famoso pelo fato de empregar a tortura. É evidente que o mundo literário, no qual abundam aqueles que o senhor e seus pares chamariam de hereges e apóstatas, tem pouco interesse em suprimir a heresia. A heresia, pode-se dizer, é a especialidade de muitos dos membros desse mundo. A Inquisição espanhola, outro bando de torturadores, foi criada dois séculos e meio depois, em 1478, e talvez seja ela o que o senhor tinha em mente, devido à sua reputação de ser anti-islâmica. Na verdade, porém, ela perseguiu com mais vigor ex-muçulmanos convertidos. Ah, sim, e também ex-judeus. A tortura de ex-judeus e ex-muçulmanos é relativamente rara no moderno mundo literário. Meus próprios instrumentos de suplício praticamente não tiveram nenhuma utilização em muito tempo. Todavia, uma considerável percentagem da sua gente — e aqui me refiro ao Conselho de Mesquitas, aos fiéis que esse órgão alega representar e a todos os seus aliados entre o clero no Reino Unido e no exterior — tem se mostrado disposta a levantar a mão quando interrogada se defende a execução de um escritor por causa de sua obra. (Noticiou-se que 300 mil homens muçulmanos na Grã-Bretanha fizeram isso só na sexta-feira passada.) Quatro em cada grupo de cinco muçulmanos britânicos, de acordo com uma recente pesquisa Gallup, opinam que algum tipo de ação deve ser tomado contra esse escritor (eu). A extirpação da heresia, e o uso de violência para esse fim, é uma parte de seu projeto, não do nosso. O senhor louva o "fanatismo em nome de Deus". Afirma que a tolerância cristã é um motivo de "vergonha" cristã. O senhor é a favor da "ira militante". No entanto, me chama de "terrorista literário". Isso seria engraçado, só que o senhor não pretende ser engraçado, e na verdade, pensando bem, isso não tem nada de engraçado. O senhor diz, no The Independent, *que obras como* Os versos satânicos *e* A vida de Brian *deveriam ser "retiradas do conhecimento público", porque seus métodos são "errados". O senhor poderá encontrar pessoas que concordem com sua opinião, segundo a qual meu romance não tem mérito; é quando o senhor ataca o* Monty Python's Flying Circus *que, nas palavras de Bertie Wooster, mete os pés pelas mãos. Muita gente adora aquela palhaçada e suas produções, e qualquer tentativa de retirá-las do conhecimento público terá de enfrentar um exército de oponentes armados com papagaios mortos, caminhando de maneira grotesca e cantando seu hino que fala de sempre buscar o lado alegre da vida. Está ficando evidente para mim, sr. Shabbir Akhtar, que a melhor forma de qualificar a discussão a respeito de* Os versos satânicos *talvez seja chamá-la de uma discussão entre aqueles que têm senso de humor (como os fãs de* A vida de Brian*) e aqueles que não o têm (como o senhor, desconfio).*

Ele tinha começado a trabalhar em outro ensaio longo. Durante a maior parte do ano fora não só invisível como, de modo geral, também mudo, escrevendo mentalmente cartas que não eram enviadas, publicando apenas algumas resenhas de livros e um poemeto, na *Granta*, que desagradara não só ao Conselho de Mesquitas de Bradford como também, de acordo com Peter Mayer, aos funcionários da Penguin, alguns dos quais, ao que tudo levava a crer, começavam a acreditar, como o sr. Shabbir Akhtar, que ele deveria ser "retirado do conhecimento público". Agora ele iria falar. Consultou Andrew e Gillon. Seria inevitavelmente um ensaio longo, e ele precisava saber qual era a extensão máxima aceitável pela imprensa. Eles opinaram que a imprensa publicaria qualquer coisa que ele quisesse escrever. Achavam que a melhor época para um texto desses seria no primeiro aniversário da *fatwa* ou por volta dessa data. Isso seria obviamente importante para que o ensaio tivesse um contexto correto, de modo que a escolha da publicação era fundamental. Gillon e Andrew começaram a fazer consultas. Ele começou a pensar no ensaio que se tornaria "De boa-fé", uma defesa de seu trabalho com 7 mil palavras, e nesse processo cometeu um erro crucial.

Ele caíra na armadilha de pensar que seu livro tinha sido atacado por ter sido apresentado de forma imprópria por pessoas inescrupulosas, que procuravam tirar vantagem política, e que sua própria integridade tivesse sido contestada pela mesma razão. Se ele fosse uma pessoa de moralidade reprovável e sua obra não tivesse qualidade, de nada valeria justificar o livro com argumentos intelectuais. No entanto, ele convenceu-se de que, se pudesse apenas demonstrar que o livro fora escrito com seriedade e que podia ser defendido honestamente, as pessoas — os muçulmanos — mudariam de opinião sobre o romance e sobre ele. Em outras palavras, ele quis ser benquisto. O colegial malvisto do internato queria poder dizer: "Escute, pessoal, vocês estão enganados com relação a meu livro e a mim. Não é um livro mal-intencionado, e eu sou uma boa pessoa. Leiam este ensaio e vocês vão ver". Isso foi uma tolice. Contudo, em seu isolamento, ele se convenceu de que sua pretensão era exequível. Palavras tinham criado aquele problema, e palavras o tirariam dele.

Todos os grandes heróis da Antiguidade grega e romana, Ulisses, Jasão e Eneias, mais cedo ou mais tarde foram obrigados a passar com seus navios entre Cila e Caribde, dois monstros marinhos, sabendo que cair nas garras de um ou de outro significaria o aniquilamento. Ele disse a si mesmo, com firmeza, que em qualquer coisa que escrevesse, ficção ou não ficção, teria de navegar entre seus Cila e Caribde pessoais, os monstros do medo e da vingança. Se escrevesse frases tímidas e assustadas ou frases raivosas e vingativas, sua arte estaria arruinada irremediavelmente. Ele se tornaria uma criatura da *fatwa* e nada mais. Se quisesse sobreviver, teria de pôr de lado a cólera e o terror, por mais difícil que fosse essa postura, e continuar a proceder como o escritor que sempre tentara ser, procurar seguir a estrada que definira para si mesmo como a sua. Agir assim o levaria ao êxito; agir de outra forma redundaria em funesto fracasso. Disso tinha certeza.

Esqueceu-se de que havia uma terceira armadilha: buscar aprovação, querer, em sua fraqueza, ser amado. Estava cego demais para ver que se atirava de ponta-cabeça nesse abismo; e essa foi a armadilha em que ele caiu e quase o destruiu para sempre.

Haviam descoberto o Globe Theater, o glorioso teatro circular de madeira de Shakespeare, sob uma área de estacionamento em Southwark. A notícia trouxe lágrimas a seus olhos. Ele estava jogando xadrez com um computador e chegara ao nível cinco, mas quando acharam o Globe não pôde mais sequer mover um peão. O passado estendera a mão e tocara no presente, enriquecendo-o. Ele pensou nas melhores falas em língua inglesa sendo pronunciadas pela primeira vez no Anchor Terrace e em Park Street, a Maiden Lane elisabetana. O lugar de origem de Hamlet, Otelo e Lear. Um bolo se formou em sua garganta. O amor à arte literária era algo impossível de explicar a seus adversários, que amavam apenas um livro, cujo texto era imutável e imune a interpretação, por ser a obra incriada de Deus.

Era impossível persuadir os literalistas corânicos a responder a uma pergunta simples: sabiam que depois da morte do Profeta não existiu, durante um tempo bastante longo, *nenhum texto canônico*? As inscrições omíadas no Domo da Rocha diferiam do texto que, normatizado pela primeira vez na época do terceiro califa, Osman, é hoje tido como sagrado. As próprias paredes de um dos mais venerados santuários do islã proclamavam que a falibilidade humana se fizera presente no nascimento do Livro. No mundo, nada que dependesse de seres humanos era perfeito. O Livro fora transmitido oralmente pelo mundo islâmico, e no começo do século x existiam mais de sete variantes textuais. O texto preparado e autorizado por al-Azhar, na década de 1920, seguia uma dessas sete variantes. A ideia de que existia um texto primitivo, original, a palavra perfeita e imutável de Deus, era simplesmente incorreta. A história e a arquitetura não erravam, mesmo que romancistas pudessem fazê-lo.

Doris Lessing, uma escritora influenciada em alto grau pelo misticismo sufista, telefonou para dizer que a defesa dele tinha sido "conduzida de maneira errada". Khomeini deveria ter sido isolado como um não islâmico, uma "figura tipo Pol Pot". "Além disso", acrescentou, pois é uma mulher franca, "devo lhe dizer que não gostei de seu livro." Todo mundo tinha sua opinião. Todo mundo sabia o que deveria ter sido feito.

O medo estava se alastrando pelo meio editorial. O medo que Peter Mayer sentia dos futuros livros que ele viesse a escrever se espalhara para outras editoras — ele chegou a se perguntar se os executivos da Penguin não estariam tentando mobilizar apoio à posição deles, de modo que não parecessem tão pusilânimes —, e agora suas editoras na França e na Alemanha estavam dizendo a mesma coisa. A revista *Publisher's Weekly* pronunciou-se contra a edição em brochura, e com isso mais uma vez ele ficou com a pulga (ou um pinguim?) atrás da orelha. O próprio Mayer continuava se recusando a marcar qualquer data para a publicação em brochura, alegando a descoberta de bombas perto de sua casa. Descobriu-se depois que essas bombas estavam ligadas a nacionalistas galeses e nada tinham a ver com *Os versos satânicos*. O fato em nada mudou a posição de Mayer. Tony Lacey disse a Gillon que Peter tinha acabado de receber em casa uma ameaça de morte. Bill Buford foi a Essex, e eles prepararam um pato para o jantar. "Não se amargure", disse Bill.

Gillon e Andrew tinham começado a conversar com o pessoal da Random House — Anthony Cheetham, Si Newhouse — para saber se estariam interessados em publicar *Haroun e o mar de histórias*. Responderam que sim, estavam. Mas nem eles nem Mayer fizeram uma proposta. Tony Lacey adiantou que a Penguin "enviaria uma carta". Sonny Mehta ligou para dizer que estava "fazendo o que podia" para convencer a Random House a tomar uma decisão favorável.

No começo de novembro chegou a carta da Penguin. Não prometia uma data de publicação de *Os versos satânicos* em brochura nem fazia uma proposta para o novo livro. Mayer queria "meses" de calma completa antes de cogitar a publicação do romance em brochura. Isso parecia incongruente, pois naquela semana a BBC exibiu um documentário sobre a persistente "fúria" muçulmana. Porém a Random House declarou que desejava negociar seriamente a publicação de obras futuras, e essas negociações começaram.

Ele tinha conhecido Isabel Fonseca em 1986, no Congresso do PEN em Nova York. Era uma mulher inteligente e bonita, e tornaram-se amigos. Quando ela se mudou para Londres, às vezes se encontravam, mas convém dizer que nunca houve sinal algum de romance. No começo de novembro de 1989, ela o convidou para um jantar em seu apartamento, e a polícia concordou que ele fosse. Depois do corre-corre cinematográfico de sempre, ele bateu à porta de Isabel, com uma garrafa de bordeaux, e seguiu-se a ilusão de um agradável jantar com uma amiga, com um bom vinho tinto e escutando as histórias dela sobre a vida literária londrina e John Malkovich. Nessa noite, já mais tarde, abateu-se o desastre. Um agente da proteção — o tímido Dick Billington, aquele que lembrava um pároco — bateu à porta, constrangido, querendo falar com ele. O apartamento era pequeno, um quarto e sala, de modo que a equipe teve de entrar. A antiga casa paroquial, disse ele, piscando os olhos rapidamente por trás dos óculos, talvez tivesse "caído". Eles não tinham certeza disso, nem sabiam como acontecera, mas o falatório na vila já começara e o nome dele estava sendo mencionado. "Até acabarmos de investigar isso", disse Dick, "infelizmente o senhor não pode voltar para lá." Foi como se ele levasse um murro na boca do estômago, e uma enorme sensação de impotência o invadiu. "O quê?", exclamou. "Quer dizer que não posso voltar para lá *esta noite*? São dez horas, pelo amor de Deus." "Eu sei", replicou Dick. "Mas preferimos que o senhor não volte lá. Para não corrermos riscos." Ele estava olhando para Isabel. Ela reagiu no mesmo instante. "É claro que você pode ficar aqui", disse. "Isso é impossível", ele disse a Dick. "Não podemos voltar para lá e resolver isso de manhã?" Dick emitiu muitos sinais corporais de constrangimento. "Minhas instruções são de que o senhor não volte para lá", disse.

Só havia uma cama, de casal, embora grande. Dormiram o mais longe um do outro que puderam, e, quando o corpo agitado dele tocava acidentalmente no dela, ele se apressava a pedir desculpas. Era como uma comédia de humor negro: dois amigos forçados pelas circunstâncias a se deitar juntos e tentar fingir que não havia nada demais nisso. Num filme, em dado momento eles parariam de fingir e transariam, e depois viria a situação de constrangimento de manhã seguinte e talvez, depois de muitas confusões, romance. No entanto, aquilo era a vida real, ele tinha acabado de ficar sem moradia, ela estava lhe oferecendo um teto durante a noite, ele não fazia ideia do que o dia seguinte lhe traria, e nada disso estimulava ideias sensuais. Ele estava grato, deprimido e, para ser franco, sentia um certo desejo por ela, imaginando o que aconteceria se realmente manifestasse esse interesse, embora soubesse ou acreditasse que, nas circunstâncias, essa atitude seria uma exploração grosseira da gentileza dela. Virou-se de costas para a amiga, mas não dormiu muito. De manhã, lá estava o sr. Greenup na sala de Isabel, a lhe dizer: "O senhor não pode voltar para lá".

Dev Stonehouse tinha sido afastado da equipe por algum tempo, mas recentemente estivera em Little Bardfield e — talvez isso fosse inevitável — bebera um pouco além da conta num pub da vila e (foi quase impossível acreditar nisso quando mais tarde Bob Major lhe contou o ocorrido) tinha mostrado sua arma e se exibido para os outros clientes. O dono do lugar, como se soube, tinha sido gerente do pub londrino Blind Beggar, em Whitechapel, frequentado pelos famigerados gângsteres gêmeos Kray. Um deles, Ronnie, certa vez matara um homem ali. Um ex-gerente de um bar desse naipe, disse Bob Major, "era capaz de farejar a presença de policiais a quilômetros". Aquele era um pub a ser evitado, mas Dev tinha ido lá para comemorar seu aniversário, e depois disso as pessoas tinham somado dois mais dois, alguém pronunciara o nome *Salman Rushdie* e pronto.

"Isso é simplesmente intolerável", ele disse ao sr. Greenup. "Paguei uma fortuna para alugar essa propriedade, e o senhor vem me dizer que não posso voltar para lá porque um de seus agentes se embebedou? O que vou fazer? Não posso ficar aqui e não tenho outras soluções." "O senhor vai ter de achar algum lugar", disse Greenup. "Como? Assim?", ele perguntou, meio fora de si, estalando os dedos. "Abracadabra, pronto. Outro lugar onde morar." "Muitas pessoas diriam", respondeu Greenup, friamente, "que o senhor semeou os ventos..."

Um dia de telefonemas incessantes. Sameen tinha um amigo industrial paquistanês que mantinha um apartamento em Chelsea, perto do rio. Talvez ela conseguisse pegar as chaves. Jane Wellesley pôs à disposição, de novo, seu apartamento em Notting Hill. E Gillon Aitken ofereceu os serviços de lady Cosima Somerset, que naquela época estava trabalhando no escritório da agência em Londres. Cosima era absolutamente confiável e discreta, disse Gillon, e seria excelente para encontrar lugares e fechar aluguéis. Tudo seria feito através da agência. Ele conversou com Cosima pelo telefone, e ela lhe disse, com energia: "Certo, vou tratar disso agora mesmo". Ele percebeu nesse exato momento que ela era, realmente, a intermediária perfeita, inteligente e afável, e ninguém suspeitaria que aquela moça glamourosa e de sangue azul estivesse envolvida com algo tão indigno como o "caso Rushdie".

Sameen chegou, mais tarde, ao apartamento de Isabel com as chaves de seu amigo, de modo que, ao menos por alguns dias, ele teria onde ficar. Os agentes — Benny estava de volta — o levaram, escondido, para o edifício em Chelsea, e disseram que na calada da noite o levariam de novo a Essex para que ele pegasse suas coisas. Com relação ao dinheiro perdido do aluguel, nada podia ser feito. Benny também achava, sem que sua opinião tivesse sido pedida, que ele deveria desistir da edição em brochura de *Os versos satânicos*. Disse que representantes da polícia vinham visitando livrarias para pedir a seus responsáveis que intercedessem junto à Penguin para que não a publicassem. Isso contradizia o que autoridades da divisão lhe tinham dito. Nada era estável. Nada era digno de confiança.

Depois que Greenup saiu e Isabel foi trabalhar, ele cometeu um erro. Em seu estado fragilizado, ligou para sua mulher e foi vê-la. E a isso seguiu-se um erro maior: transaram.

Ele se instalou no apartamento de Chelsea da melhor forma que pôde, com toda a sua vida tumultuada — sem uma morada permanente, sem acordos de publicação e vendo aumentar a cada dia seus problemas com a polícia. E o que aconteceria agora com relação a Marianne? Mas ao ligar a TV, viu uma coisa maravilhosa, diante da qual o que estava lhe acontecendo não era nada. O Muro de Berlim estava sendo derrubado, e havia jovens dançando sobre suas ruínas.

Aquele ano, que começara com horrores — em pequena escala, a *fatwa*, em escala muito maior, a praça da Paz Celestial —, também apresentava prodígios notáveis. A maravilha que era a invenção do protocolo de transferência de hipertexto, o *http://*, que mudaria o mundo, não foi percebida de imediato. Mas a queda do comunismo foi. Ele tinha ido para a Inglaterra como um adolescente que crescera depois da sangrenta partição da Índia e do Paquistão, e o primeiro grande fato político ocorrido na Europa depois de sua chegada fora a construção do Muro de Berlim, em agosto de 1961. *Ah, não*, ele pensara, *será que agora estão dividindo a Europa também?* Anos depois, ao visitar Berlim para participar de um debate na TV com Günter Grass, tivera a oportunidade de, usando o S-Bahn, atravessar o famoso muro, que lhe parecera colossal, intransponível, eterno. O lado ocidental do muro estava coberto de pichações, mas sua face oriental era de uma limpeza de mau agouro. Ele não conseguira imaginar que a gigantesca máquina de repressão de que o muro era símbolo pudesse um dia vir abaixo. No entanto, chegou o dia em que se viu que o Estado soviético apodrecera de dentro para fora, e ruiu, quase da noite para o dia, como areia. *Sic semper tyrannis*. A alegria dos jovens que dançavam infundiu nele um ânimo novo.

Havia épocas em que o ímpeto dos acontecimentos parecia avassalador. Hanif Kureishi estava debatendo com Shabbir Akhtar no ICA, e ligou, depois, para comentar que adversário débil e incompetente fora Akhtar. Seu amigo Anthony Barnett, escritor e um dos criadores da Carta 88, debateu com o parlamentar Max Madden sobre a lei de blasfêmia. E também Madden mostrou-se um oponente fraco e medroso. Anthony Cheetham e Sonny Mehta, da Random House e da Knopf, disseram que gostariam de falar com o sr. Greenup antes de assinar quaisquer contratos para livros futuros. Essa era uma perspectiva desalentadora, mas, surpreendentemente, Greenup disse que não tinha problema algum com relação ao futuro e que, ao conversar com Cheetham e Sonny, diria isso a eles. Nesse meio-tempo, a Penguin demitiu Tim Binding, jovem editor que fora o mais ardoroso defensor de *Os versos satânicos*. Mayer continuava sem ligar de volta para Andrew Wylie. Fred Halliday, o especialista em Irã, telefonou para dizer que se avistara com Abbas Maliki, o vice-ministro iraniano do Exterior (e, diga-se de passagem, um dos homens que haviam invadido a embaixada dos Estados Unidos em Teerã em 1979). Maliki dissera a Fred que ninguém no Irã poderia desautorizar Khomeini, mas que, se os muçulmanos britânicos encerrassem sua campanha, isso poderia tirar o Irã de uma situação difícil. "A propósito", acrescentou Fred, "você sabia que rádios piratas em pársi estão transmitindo repetidamente leituras de *Os versos satânicos*, traduzido, para o Irã?"

Marianne ainda estava falando em publicar os contos "Croeso i Gymru" e "Aprendendo urdu", mas de repente chegou à conclusão de que ainda não estavam "prontos". A fragilidade emocional dela o assustava. Jane o censurava por ter retomado contato com Marianne, e o mesmo faziam Pauline Melville e Sameen. O que ele estava pensando? A resposta é que ele não estava pensando direito. Aquilo havia acontecido, só isso.

Os comentários apavorantes mais recentes de Kalim Siddiqui estavam sendo examinados pelo Serviço de Promotoria da Coroa, e o advogado Geoff Robertson disse que era provável que o SPC partisse para um processo. Entretanto, o órgão não quis fazer isso, alegando "insuficiência de provas". Videoteipes de Siddiqui pedindo o assassinato de um homem eram insuficientes.

Havia uma casa na zona norte de Londres, na Hermitage Lane, 15, que a polícia aprovava por contar com uma "garagem integral" que tornaria muito mais fácil ele entrar e sair sem ser visto. John Howley e o sr. Greenup foram visitá-lo no apartamento de Chelsea. Estavam mortificados com os "deslizes" em Little Bardfield e garantiram que aquilo não se repetiria e que Dev Stonehouse não participaria da equipe. Talvez por causa da mortificação que sentiam, começaram a fazer concessões. Reconheciam que ele perdera dinheiro na casa em Essex e que teria agora de voltar a investir pesadamente em mais um aluguel. Aceitavam que ele usasse a velha casa paroquial como um refúgio "ocasional" até a expiração do prazo contratual. Estavam também dispostos a "permitir" que ele saísse um pouco mais para ver os amigos. Mas o grande avanço era que Zafar poderia visitá-lo e ficar com ele. E, se ele insistisse, Marianne também. Afinal, ela ainda era sua mulher.

No começo de dezembro, ele foi a Little Bardfield para passar o fim de semana com Bill Buford e Alicja, sua namorada polonesa, Zafar e Marianne. O menino estava entusiasmado, e ele também. Marianne, porém, estava num estado de espírito esquisito. Dias antes, chegara a pedir desculpas por "mentir", mas agora o lampejo de insanidade estava de volta a seus olhos, e à meia-noite ela largou mais uma de suas bombas. Ela e Bill, disse, tinham se tornado amantes. Ele disse a Bill que queria lhe falar a sós, e foram para a salinha de TV da casa. Bill admitiu que sim, aquilo tinha acontecido uma vez, e ele de imediato se sentira um idiota e não soubera como contar o que havia ocorrido. Conversaram uma hora e meia, e ambos sabiam que a amizade deles estava por um fio. Disseram o que precisava ser dito, em voz alta e em voz baixa, com raiva e, por fim, com risadas. No final das contas, resolveram pôr uma pedra em cima daquilo e não voltar ao assunto. Também ele se sentia um idiota, que tinha de tomar uma decisão sobre seu casamento mais uma vez. Era como decidir parar de fumar e recomeçar na mesma hora. E ele tinha feito isso também. Depois de cinco anos sem fumar, retornara ao vício. Estava furioso consigo mesmo. Tinha de deixar esses dois maus hábitos, e logo.

A casa na Hermitage Lane era uma construção pequena, que lembrava um forte. Era feia e não tinha quase mobiliário nenhum. Cosima brigou com os proprietários para que fornecessem móveis básicos, uma mesa de trabalho e uma cadeira, algumas poltronas e equipamento de cozinha. Contudo, durante todo o tempo em que ele ali morou, a casa continuou a parecer um espaço desabitado. Mas foi ali que ele achou um jeito de voltar a trabalhar, e *Haroun e o mar de histórias* começou, enfim, a avançar.

Quatro iranianos foram presos em Manchester, em 15 de dezembro de 1989, suspeitos de integrar um esquadrão da morte. Um deles, Mehrdad Kokabi, foi acusado de conspiração para atear incêndios e explodir bombas em livrarias. Depois disso, tornou-se ainda mais difícil fazer com que Peter Mayer fixasse uma data para publicar a edição em brochura e *Os versos satânicos*. "Talvez em meados do ano que vem", disse a Andrew e Gillon. E aí sobreveio a catástrofe: a Random House de repente perdeu a coragem de contratar a publicação de seus livros futuros. Alberto Vitale, presidente do conselho da Random House, Inc., declarou que tinham "subestimado o perigo", e em 8 de dezembro a Random desistiu do acordo. Agora ele estava sem a edição popular e sem editora. Deveria parar de escrever? A resposta estava em sua mesa de trabalho, onde *Haroun* insistia em ser escrito. E Bill o procurou, muito gentil. A revista *Granta* estava lançando uma editora, a Granta Books. "Nós vamos publicar esse livro", disse ele. "Vou lhe mostrar que é melhor ele ser publicado por nós do que por uma empresa grande."

O Portão de Brandemburgo foi aberto, e as duas Berlins tornaram-se uma só. Na Romênia, Ceausescu caiu. Ele aceitou escrever, para o *The New York Times*, uma recensão do romance *Vineland*, o primeiro de Thomas Pynchon depois de muitos anos. Samuel Beckett morreu. Ele passou outro fim de semana com Zafar na velha casa paroquial, e o amor do filho o revigorou como nada poderia fazer. Depois veio o Natal, e o romancista Graham Swift insistiu que ele passasse a data com ele e sua companheira, Candice Rodd, na casa deles na zona sul de Londres. Ele passou também o réveillon com amigos: Michel Herr e a mulher, Valerie, que haviam adquirido o hábito impagável de chamar um ao outro de "Jim". Para eles não havia nada de *querido*, *meu bem* ou *amor*. Com o sotaque arrastado e lento dele, à maneira americana, e o vivo chilreado britânico dela, eles se despediram do ano velho. "Ei, Jim!" "O quê, Jim?" "Feliz Ano-Novo, Jim." "Feliz Ano-Novo também, Jim." "Eu te amo, Jim." "Eu também te amo, Jim." O ano de 1990 chegou com um sorriso e na companhia de Jim e Jim.

E Marianne estava lá também. Isso mesmo. Marianne também.

4. A armadilha de querer ser amado

Ele vinha recebendo cartas de uma certa Nalini Mehta, de Delhi. Não conhecia ninguém com esse nome, mas ela afirmava com segurança que o conhecia, não apenas socialmente, mas carnalmente, pornograficamente, *biblicamente*. Lembrava as datas e os locais de seus encontros, e era capaz de descrever o que se via das janelas desses lugares. As cartas não só eram bem escritas como também inteligentes, e a letra, numa esferográfica azul de ponta fina, revelava firmeza e expressividade. No entanto, as fotos eram péssimas: sempre mal tiradas e mal iluminadas, com todos os diversos estágios de desnudamento um pouco bobocas, e nenhuma delas transmitia a mais remota sombra de erotismo, embora a mulher fosse obviamente bonita. Ele não as respondia, nem mesmo para tentar dissuadi-la de escrever, pois sabia que isso seria um erro palmar. A paixão com que a missivista batia na tecla do amor entre ambos fazia com que ele temesse por ela. A doença mental ainda representava um estigma no espírito de muitos indianos. As famílias negavam que tal problema pudesse ter acometido um de seus membros. Todos os problemas mentais eram acobertados, em vez de corretamente tratados. O fato de as cartas de Nalini Mehta continuarem a chegar, e sua frequência até aumentar, indicava que ela não estava recebendo a ajuda afetuosa de que precisava.

A própria situação dele era, para ela, motivo de intensa preocupação. Ela "sabia" que ele não devia estar sendo alvo da atenção e do carinho de que precisava. Assim que soube, pela imprensa, que ele e sua mulher não estavam mais juntos, implorou que ele a deixasse substituí-la. Ela iria a Londres para ficar com ele e fazer com que se sentisse bem. Faria tudo por ele, o ajudaria, cuidaria dele e o envolveria em seu amor. Como era possível que ele não concordasse com isso, depois de tudo que tinham significado um para o outro... depois de tudo que ainda sentiam um pelo outro? Ele tinha de mandar buscá-la. "Chame-me agora", escreveu. "Irei imediatamente."

Como ela contara que tinha estudado literatura inglesa no Lady Shri Ram College, em Delhi, ele se lembrou da amiga Maria, uma escritora de Goa que lecionara lá, e telefonou-lhe para perguntar se ela se lembrava do nome. "Nalini", ela repetiu, pesarosa. "Claro. Minha aluna mais brilhante, mas totalmente desequilibrada." E ele estivera certo: a família se recusava a admitir que a moça era doente e tivesse uma assistência médica adequada. "Não sei o que pode ser feito", disse Maria.

E então as cartas mudaram. Estou chegando, disse ela. Estou indo para a Inglaterra, onde ficarei com você. Tinha conhecido uma inglesa da idade dela em Delhi e dera um jeito de ser convidada para morar com os pais dessa mulher, já aposentados, em algum lugar de Surrey. Já tinha a passagem. Estava de partida *amanhã*, depois *hoje*. Tinha chegado. Dias depois, entrou sem ser anunciada na agência literária dele em Londres e foi bater na sala de Gillon Aitken. Gillon lhe disse mais tarde: "Bem, ela é bonitona, meu caro, estava muito bem-vestida e disse que era amiga sua, de modo que a convidei a entrar". Imediatamente Nalini pediu o endereço e o número de telefone dele, pois estava sendo esperada, a questão era urgente ao extremo, ela precisava encontrá-lo sem perda de tempo. Naquele mesmo dia, se possível. Gillon percebeu que havia algo muito errado naquela história. Disse a Nalini, gentilmente, que teria todo prazer em transmitir uma mensagem e que, se ela deixasse um telefone de contato, ele o passaria também. Foi nesse ponto que Nalini Mehta lhe ofereceu sexo. "Meu caro, isso não acontece em meu escritório todo dia, na verdade nem em casa." Ele recusou a proposta. Ela insistiu. Poderiam afastar os papéis de sua mesa e ela faria sexo com ele ali mesmo, sobre a mesa de madeira, e depois ele daria a ela o endereço e o telefone. Gillon se manteve firme. Não, realmente, aquilo estava fora de cogitação, disse. Pediu, por favor, que ela pusesse a roupa de volta. Ela se entristeceu e começou a chorar. Estava sem dinheiro, disse; gastara o pouco que tinha indo da casa dos pais da amiga, em Surrey, até aquele escritório. Se ele lhe pudesse emprestar, digamos, cem libras, ela lhe pagaria assim que pudesse. Quando Andrew Wylie ouviu a história, comentou: "Ela se ferrou no instante em que pediu dinheiro a Gillon. Foi um erro fatal". Pondo-se de pé, e ele é bastante alto, Gillon levou-a à porta de saída.

Passaram-se vários dias, talvez uma semana. Na Hermitage Lane, os agentes lhe fizeram perguntas. Por acaso ele conhecia, indagou-lhe Phil Pitt, querendo na verdade perguntar se tinha alguma ligação com uma mulher chamada Nalini Mehta? Ele contou ao policial o que sabia. "Por quê?", perguntou. "Aconteceu alguma coisa a ela?" Tinha acontecido, sim. Ela sumira da casa dos pais de sua amiga, que estavam extremamente preocupados e aos quais ela falara sem cessar de sua intimidade com Salman Rushdie, com quem em breve haveria de ficar. Depois de dois dias sumida, o casal, inquieto, chamara a polícia. Em vista da situação do sr. Rushdie, disseram, e considerando a forma desinibida como ela falava, alguém poderia ter lhe causado algum mal. Vários outros dias se passaram antes que um policial de ronda a encontrasse, em Piccadilly Circus, descabelada, com o sári que usava ao deixar Surrey cinco ou seis dias antes, e dizendo a quem quisesse ouvir que ela era a "namorada de Salman Rushdie", que eles estavam "apaixonados" e que ela viajara à Inglaterra porque ele a chamara para viver com ele.

Os pais de sua conhecida de Delhi não a queriam de volta. A polícia não tinha nenhum motivo para detê-la, já que ela não cometera crime algum. Ela não tinha para onde ir. Ele ligou novamente para Maria e perguntou: "Você pode nos ajudar a entrar em contato com os pais dela?". Por sorte, ela podia. Depois de alguma relutância inicial e algumas observações defensivas, no sentido de que nada havia de errado com a filha, o pai de Nalini, o sr. Mehta, concordou em viajar a Londres e levá-la de volta. Depois disso houve mais algumas cartas, mas por fim elas cessaram. Isso era, ele esperava, um bom sinal. Talvez ela estivesse recuperando a saúde mental. Sua necessidade de amor fora imensa e a levara ao desvario. Ele esperava que ela estivesse agora recebendo o amor e o cuidado autênticos da família, de modo a sair da armadilha que sua mente construíra para ela.

Ele não se deu conta então de que antes que o ano acabasse sua mente construiria uma armadilha para ele, e que também ele, na ânsia de ser amado, se precipitaria no delírio e na autodestruição, como que se atirando no amplexo de uma amante.

Ele tinha sonhos de desagravo. Eram sonhos detalhados, em que seus críticos e futuros assassinos se dirigiam a ele, de cabeça descoberta e envergonhados, implorando-lhe perdão. Ele os depreciava em textos e, durante alguns segundos, a cada vez, sentia-se melhor com isso. Estava trabalhando no ensaio com que quebraria seu silêncio e também na palestra Herbert Read, e crescia nele a convicção de que poderia explicar, fazer as pessoas compreenderem. O jornal *The Guardian* estampou uma chamada maldosa para promover uma matéria de Hugo Young: a fotografia de um pinguim coberto de ataduras ao lado das seguintes palavras — ESTARÁ SALMAN RUSHDIE ARREPENDIDO? O texto de Young, quando saiu, dava continuidade a esse processo de desviar a culpa dos perpetradores de violência para a vítima do ataque, dizendo que ele deveria estar "afligido pelo mal que causara", e aquilo só serviu para aumentar sua determinação de manter sua posição e demonstrar que ela era correta.

A queima de livros em Bradford completou um ano. Uma pesquisa de opinião feita por um jornal com cem livrarias britânicas revelou que 57 eram a favor de uma edição em brochura de *Os versos satânicos*, 27 eram contra e dezesseis não opinaram. O porta-voz do Conselho de Mesquitas de Bradford declarou: "Não podemos abandonar essa questão. Ela é vital para o nosso futuro". Kalim Siddiqui escreveu uma carta ao *The Guardian* dizendo que "nós [muçulmanos] temos de apoiar a sentença de morte contra Rushdie". Daí a dias, Siddiqui foi a Teerã, e o sucessor de Khomeini, o aiatolá Ali Khamenei, lhe concedeu uma audiência privada.

Ele escrevia dia e noite, parando apenas quando podia passar algum tempo com Zafar. Houve um último fim de semana agradável na antiga casa paroquial sob a amável supervisão da srta. Bastard. Marianne, que em geral estava de mau humor, incapaz de escrever, achando que não tinha uma vida, que estava "vivendo uma mentira" e que a publicação de seu livro fora arruinada por sua associação com ele, achava-se um pouco mais animada do que de costume, e ele achou uma forma de não se perguntar por que estava com ela de novo. Quando deixaram Little Bardfield de uma vez por todas e voltaram para a Hermitage Lane, ele recebeu a visita do sr. Greenup, que comunicou que ele não teria permissão para proferir a palestra Herbert Read. Lá estava aquela palavra outra vez, *permissão*, que, como sua irmã, *autorização*, o transformava num cativo, e não num protegido. A Divisão Especial informara ao Institute of Contemporary Arts que não teria condições de proteger o evento se ele estivesse presente. Da parte dele, disse Greenup, fazer isso seria um ato de irresponsabilidade e egoísmo, e a Polícia Metropolitana não seria conivente com ele em sua sandice.

O pessoal do ICA evidentemente assustou-se com o conselho da polícia. Ele disse ao instituto que estava disposto a ir e a falar, mesmo sem proteção, mas isso os deixou muito amedrontados. No fim, foi obrigado a ceder. Acharia uma pessoa disposta a fazer a palestra em seu nome, disse, e aceitaram essa sugestão com alívio. A primeira pessoa para quem ele telefonou foi Harold Pinter. Explicou a situação e fez o pedido. Sem um instante de hesitação, e com sua presteza habitual, Harold respondeu: "Claro". Ele pôde ir visitar Harold e Antonia na casa deles no fim de janeiro, e no dia seguinte, animado pelo entusiasmo, pela coragem e pela determinação deles, escreveu durante catorze horas sem parar e completou a versão final de "Nada é sagrado?". Gillon foi à Hermitage Lane — como o lugar fora achado por Cosima Somerset e estava sendo alugado pela agência literária, Gillon, o "locatário", tinha permissão para ir lá e era levado pela polícia, após a costumeira lavagem a seco — e sentou-se naquela soturna casa bege mal mobiliada para ler tanto a palestra quanto "De boa-fé", uma *explication de texte* de *Os versos satânicos*, que era também um apelo em favor de uma melhor compreensão do livro e de seu autor, a serem publicadas como uma única matéria de 7 mil palavras no novo *Independent on Sunday*. Gillon levou consigo o material e entregou a palestra do ICA a Harold. Estava mais do que na hora de retomar o trabalho em *Haroun*.

"De boa-fé" foi publicado num domingo, 4 de fevereiro de 1990. Do Foreign Office, o vice-ministro, William Waldegrave, ligou para Harold Pinter para dizer que o texto o levara às lágrimas. Como era de esperar, as primeiras reações muçulmanas foram negativas, mas ele detectou, talvez levado por seus desejos, uma ligeira mudança no tom do que Shabbir Akhtar e seu comparsa, Tariq Modood, tinham a dizer. Houve uma má notícia: as famílias dos reféns britânicos presos no Líbano tencionavam divulgar uma declaração contrária à edição em brochura de *Os versos satânicos*. Dois dias depois, na terça-feira, 6 de fevereiro, Harold ocupou a tribuna do ICA e leu "Nada é sagrado?". A palestra foi transmitida pelo programa *Late Show*, da BBC. Ele foi tomado de uma imensa sensação de alívio. Sua palestra tinha sido feita. A tempestade já durava um ano, durante o qual ele considerara que sua voz era fraca demais para se fazer ouvir sobre todas as demais, que vinham, aos gritos, de cada canto do mundo, para suplantar o uivo dos ventos do fanatismo e da história. Agora ele provara que tinha se enganado. Registrou em seu diário: "A reação a DBF e NES me animou imensamente. Parece que ocorreu uma mudança real. A demonização está recuando, e os atacantes parecem confusos". Muitos amigos ligaram, falando do clima no ICA como "afetuoso", "elétrico" ou "emocionante". Marianne discordou. A atmosfera tinha sido "estéril". Ela estava se sentindo, acrescentou, "desamada".

Três dias depois da palestra Read, o aiatolá Khamenei renovou nas orações da sexta-feira a sentença de morte da teocracia iraniana. Isso estava se tornando um padrão recorrente no "caso Rushdie", que completava seu primeiro ano: a um leve clareamento das nuvens, a um momento de esperança, seguia-se um golpe desalentador — uma escalada, uma elevação da aposta. "Bem", ele escreveu em seu diário, desafiador, "ainda não me pegaram."

Nelson Mandela saiu das sombras para a claridade do sol, um homem livre, e aos doze meses de atrocidade e espanto somou-se outro momento exclamativo de júbilo. Ver Mandela ressurgir, depois de sua longa invisibilidade, levou-o a entender quão pouco ele próprio sofrera em comparação. Basta, pensou. Vamos voltar ao trabalho.

Mas o Dia dos Namorados estava de volta. Clarissa telefonou, simpática, para lhe dar parabéns. Harold também ligou. Avistara-se em Praga com o novo presidente tcheco, Václav Havel, dramaturgo e herói dos direitos humanos, "e a primeira pergunta que ele fez foi sobre você. Ele quer fazer alguma coisa importante". Ouviram-se outras ameaças, do presidente do Majlis — o Parlamento iraniano —, Mehdi Karroubi (que vinte anos depois se tornou um inesperado líder da oposição ao presidente Ahmadinejad, juntamente com Mir Hossein Moussavi, outro defensor entusiástico da *fatwa*), e do "chefe supremo interino" da Guarda Revolucionária. O aiatolá Yazdi, presidente do tribunal superior do Irã, declarou que todos os muçulmanos com "recursos" tinham o dever de executar a ameaça, e em Londres o gnomo de jardim estava se divertindo, liderando uma grande reunião de "aprovação" à ameaça, mas acrescentando que seu cumprimento não tinha "nada a ver com os muçulmanos britânicos". Isso estava surgindo como uma nova linha partidária. Liaquat Hussain, do Conselho de Mesquitas de Bradford, disse que "Nada é sagrado?" era uma "peça de publicidade" e que Rushdie não precisava manter-se invisível, pois não estava sendo ameaçado pelos muçulmanos britânicos. Só estava fazendo isso, disse Hussain, para manter a controvérsia acesa e ganhar mais dinheiro.

Em editorial, o *The New York Times* criticou as editoras e os políticos por suas hesitações e evasivas, e o apoiou por "defender o direito de todo escritor a publicar livros que fazem perguntas perturbadoras e abrem portas para o espírito". Com o aumento da pressão, essas palavras simpáticas passaram a ter grande importância.

As tentativas dos muçulmanos britânicos de levá-lo aos tribunais por blasfêmia e desrespeito à lei da ordem pública foram ouvidas em juízo. Geoffrey Robertson o defendeu, com um argumento simples: a responsabilidade moral pelas consequências da violência cabia àqueles que cometiam os atos de violência; se ocorriam mortes, a culpa era dos homicidas, e não de um romancista distante. No terceiro dia do controle de constitucionalidade, o juiz começou a receber cartas ameaçadoras, o que em nada ajudou a causa dos muçulmanos. Por fim, nenhuma das manobras legais teve sucesso. Esse resultado foi recebido com "fúria" pelos líderes muçulmanos, ainda que o "Partido Islâmico da Grã-Bretanha" chegasse a pedir a suspensão da *fatwa*, uma vez que o autor estava "louco" quando escreveu o livro, citando como "evidência" uma declaração da diretora da SANE, uma entidade beneficente de saúde mental, de que *Os versos satânicos* continham uma das melhores descrições de esquizofrenia que ela já lera. Já Keith Vaz, que um ano antes aderira com entusiasmo aos manifestantes muçulmanos, agora escreveu ao *The Guardian* para dizer que a sentença de morte era "abominável" e que sua suspensão era imperativa.

Um jantar de "comemoração" foi organizado no apartamento de Jane Wellesley, e Sameen, Bill, Pauline (era seu aniversário), Gillon, Michael e Valerie Herr se juntaram a ele e a Marianne para brindar a mais um ano de vida. Ele estava feliz por fugir da casa da Hermitage Lane, que passara a detestar, com as paredes úmidas, as goteiras, o madeiramento medíocre e, sobretudo, a falta de móveis. Era cara e ele nunca se sentira roubado tão descaradamente. Mas tivera de aceitá-la para ficar em Londres e por causa da garagem interna. Na manhã seguinte, Zafar foi levado para passar o dia naquele lugar deprimente, e, vendo o filho lutando com o dever de geometria, ele lamentou, amargurado, não poder ser um pai normal e não acompanhar a infância do filho. Essa era sua maior perda.

Marianne entrou na sala e o censurou por estar passando o tempo com videogames. Graças a Zafar, ele passara a gostar do Super Mario, o encanador, e de seu irmão Luigi, e às vezes o mundo do Super Mario parecia uma alternativa feliz àquele em que ele vivia o resto do tempo. "Leia um bom livro", disse sua mulher, com desdém. "Deixe disso." Ele se descontrolou. "Não me diga como levar minha vida", explodiu, e ela saiu da sala, altiva.

Haroun e o mar de histórias começara a fluir. Seus cadernos de anotações continham muitos fragmentos — versinhos, piadas, um jardineiro flutuante feito de raízes duras e nodosas, e de vegetais, como um quadro de Arcimboldo, que cantava *entro na sua armadura/ desmancho a sua mistura/ pois a mim ninguém segura!*, e um guerreiro com dor de garganta, cujas tosses e pigarros lembravam nomes de romancistas, *kafkafka!*, *gogogol!*, e alguns mais curtos, como *gogh!*, *waugh!*, e (uma referência ao nome impronunciável do narrador dos *Cosmicomiche*, de Italo Calvino) *qfwfq!* Também ganhavam vida, enfim, a horrenda e desafinada princesa Batchit e sua canção de miados sobre seu amado (e asnático) príncipe Bolo, *meu amado não é tolo/ não sei o que tem no miolo*, todos os quais tinham agora seu lugar na alegre corrente. A criatura tipo mil-e-uma-noites chamada Gênio Recém-Chegado — "uma espécie de novo--rico arrivista" foi descartada, juntamente com sua irmã, a Gênia de Cabelo Castanho-Claro. Esses personagens eram engraçados. Ele gostou, na época e para sempre, que nos momentos mais sombrios de sua vida estivesse escrevendo seu livro mais alegre e divertido, um livro com o final feliz genuíno, autêntico e merecido que ele queria, o primeiro que já produzira. Como o Leão--Marinho disse a Haroun, essas conclusões não eram fáceis de maquinar.

Václav Havel viria a Londres. Seria sua primeira viagem oficial desde que assumira a presidência, e Harold Pinter disse que Havel pretendia, durante sua estada na capital britânica, fazer um gesto público de apoio ao autor de *Os versos satânicos*, que, por coincidência, vinha cogitando a possibilidade de reunir um grupo de pressão constituído de notáveis de todo o mundo, encabeçado por Havel e, talvez, pelo grande romancista peruano (e candidato derrotado à presidência) Mario Vargas Llosa. A ideia era organizar uma delegação à qual os iranianos pudessem aquiescer: um grupo de tamanha distinção que concordar com seus integrantes pareceria um ato de dignidade, e não um recuo.

Sameen vinha pressionando-o para propor opções criativas desse tipo. "Você tem de se encarregar disso", dizia, "e pensar em tudo o que puder." Agora Havel viria a Londres, dispondo-se a ser seu defensor. Talvez houvesse uma chance de estar com ele e expor essas ideias. "Ele quer ser fotografado com você e que os dois deem uma entrevista coletiva juntos", adiantou Harold. "Vou telefonar para William Waldegrave."

Quem conhecia Harold Pinter sabia que ele era um excelente aliado num litígio. Quem passara pela nada invejável experiência de cair no desfavor de Pinter sabia que convinha evitar, de toda maneira, sua língua ferina. A fúria e a violência contida que ardiam em suas maiores peças de teatro também estavam presentes no homem, visível na determinação de seus maxilares, na intensidade de seu olhar, na ameaça fulgurante de seu sorriso. Essas qualidades eram desejadas num aliado, não num adversário. No dia que se seguiu à *fatwa*, Harold liderou um grupo de escritores que foi à Downing Street para exigir ação. Sua anuência instantânea ao pedido de que ele apresentasse a palestra Read fora uma prova cabal de sua coragem pessoal. Se ele ia convocar William Waldegrave, William Waldegrave saberia que tinha sido convocado.

Com efeito, Harold ligou no dia seguinte. "Está resolvido." A reunião com Havel, que, segundo Harold, era "o item mais importante na agenda de Havel depois do encontro com Margaret Thatcher", tinha sido posta nas mãos da equipe de segurança que vinha organizando a visita oficial do presidente tcheco. Essa visita parecia ser — e era — um momento histórico, a primeira vez que o líder de algum governo o apoiava tão abertamente. O governo britânico relutara em autorizar qualquer um de seus ministros a se avistar com ele, por receio de emitir "os sinais errados". Agora Havel faria o que Thatcher não tinha feito.

Todavia, ele ainda estava em maré de azar, e "Joseph Anton" teve uma semana péssima. Os problemas vinham se multiplicando na insatisfatória casa da Hermitage Lane. O aquecimento central tinha deixado de funcionar, e um técnico teve de ser chamado para consertá-lo. Ele foi obrigado a se esconder no banheiro durante várias horas, empapado em seu já habitual suor de vergonha.

Depois, um representante da imobiliária foi vistoriar a casa, e lá estava ele de volta ao banheiro. Por fim, apareceu um cidadão para consertar as manchas de umidade nas paredes e substituir uma área no teto em que goteiras tinham causado sérios danos. Dessa vez não havia onde se esconder e, enquanto o homem trabalhava na sala, o pobre Joseph Anton teve de descer depressa a escada para a garagem, com apenas uma porta interior fechada impedindo que fosse descoberto, e foi tirado da casa o mais depressa possível. O Jaguar ficou rodando sem destino pela cidade, perdido no espaço, com Dennis "Cavalo" contando piadas sem graça até ser avisado de que já podia voltar.

Ser invisível era isso. Num instante ele falava ao telefone com Peter Weidhaas, organizador da Feira do Livro de Frankfurt, que acabara de informar ao Irã que suas editoras não teriam lugar na feira até a *fatwa* ser cancelada. No outro, escondia-se de um operário da construção civil. Ele era um escritor prestes a terminar um livro infantojuvenil (e preparando para publicação uma coletânea de ensaios, que se chamaria *Imaginary homelands* [Pátrias imaginárias], título de um texto que certa vez ele, um expatriado, escrevera sobre seu relacionamento com os lugares), mas era também um fugitivo que se escondia num banheiro trancado, com medo de ser descoberto por um encanador indiano.

Um dia depois de escapar por um triz do operário do teto, ele terminou uma boa versão preliminar de *Haroun e o mar de histórias*, e seu amigo John Forrester, professor do King's College, em Cambridge, telefonou para falar da possibilidade de um título *honoris causa*, "como o que foi dado a Morgan Forster há muito tempo". A ideia de receber a mesma homenagem que o autor de *Uma passagem para a Índia* era emocionante. Ele respondeu que ficaria satisfeitíssimo se isso ocorresse. Meses depois, John ligou de novo para dizer que a homenagem não aconteceria. Muitas pessoas no King's estavam tremendo de medo.

Surgira uma crise na St. Peter's Street. Sua velha casa, agora fechada e desabitada, estava se deteriorando. De acordo com a polícia do bairro, a propriedade não era "segura". Alguém tinha denunciado um vazamento de gás, e o homem do serviço de gás tivera de invadir a casa. Além disso, ele soube, havia uma inundação no porão. Alguém precisava ir lá e ver o que estava acontecendo. Marianne e ele mal se falavam desde a briga por causa do joguinho dos Mario Brothers, mas ela disse que iria. Constatou que os problemas eram mínimos. O gasista encostara uma escada na parede e entrara por uma janela destrancada no andar de cima, de modo que a porta de entrada não tinha sido danificada. Não havia vazamento de gás. A água no porão, informada pelo gasista, não era uma inundação, mas um simples gotejamento, que foi reparado com facilidade. Marianne voltou de lá de péssimo humor e pelo telefone, mais tarde, lhe disse cobras e lagartos, reclamando de tudo. "Aposto", gritou, "que você nem arrumou a cama."

Naquela noite ele foi levado para ver Edward e Mariam Said, numa casa na Eton Road, em Swiss Cottage. Nessa época ainda faltava um ano para que Edward recebesse o diagnóstico de leucemia linfocítica crônica, e ele se achava na mais perfeita saúde, como sempre um conversador brilhante, de risos e gestos largos, interessado em tudo, agitado e hipocondríaco. Naquele tempo, se Edward tossia, receava estar sofrendo de uma grave bronquite; se sentia uma pontada, garantia que o apêndice estava prestes a supurar. Por incrível que pareça, quando realmente adoeceu, portou-se como herói: raramente se queixava, combateu a LLC com todas as suas forças e, com ajuda de seu médico, o brilhante dr. Kanti Rai, quebrou recordes de sobrevivência ao resistir doze anos após o surgimento da neoplasia. Edward era um dândi, um tanto vaidoso de sua boa aparência. Certa vez, anos depois, encerrada a história da *fatwa*, almoçaram perto da Universidade Columbia, felizes por estarem reunidos à vista de todos, sem a presença dos agentes de segurança para fechar cortinas e fazer a "lavagem a seco". O câncer apresentava remissão parcial, e Edward estava menos magro do que, infelizmente, se tornara habitual. "Edward", disse o ex-Joseph Anton, "você está com um aspecto saudável de novo! Ganhou peso!" Ele não gostou muito. "É, mas eu não estou gordo, Salman."

Versado na obra de Conrad, Edward teria bem presente na memória a história do marinheiro James Wait a bordo do *Narcissus*. Também sabia que tinha de viver até morrer, e viveu.

Em sua casa, naquela noite de março de 1990, Edward lhe disse que conversara com Arafat sobre o caso — e, para Edward, não era pouca coisa conversar com Yasser Arafat, a quem detestava havia muito tempo por sua corrupção pessoal e por sancionar o terrorismo. Arafat, secularista e anti-islamista, além de corrupto e terrorista, respondera: "É claro que eu o apoio, mas os muçulmanos na intifada... O que posso fazer...?". "Talvez você pudesse escrever sobre a intifada", sugeriu Edward. "Sua voz é muito importante para nós e deveria ser ouvida também sobre essas questões." É, pode ser, disse ele. Mudaram de assunto e conversaram sobre livros, música e amigos comuns. A disposição dele para falar continuamente da *fatwa* era limitada. Muitos de seus amigos percebiam isso e, gentilmente, deixavam o assunto de lado. Para ele, poder ver pessoas era um alívio de seu cativeiro, e o último assunto sobre o qual ele gostaria de conversar eram seus grilhões.

Ele vinha se obrigando a se concentrar, e passava horas, todo dia, polindo e revisando a versão preliminar de *Haroun*. No entanto, a semana não estava avançando como planejado. A polícia lhe comunicou que o encontro com Havel não aconteceria — tudo indicava que os tchecos o haviam cancelado por temores quanto à segurança do presidente. Em vez do encontro, ele deveria telefonar para o apartamento de Havel no hotel, às seis da tarde, quando conversariam. Isso foi uma enorme decepção. Ele passou horas sem conseguir falar. Mas às seis em ponto ligou para o número que lhe tinham dado. O telefone tocou durante muito tempo até uma voz masculina atender. "Quem fala é Salman Rushdie", ele disse. "Estou falando com o presidente Havel?" O homem do outro lado da linha chegou a dar uma risadinha. "Não, não", disse. "Eu não presidente. Eu secretário." "Certo", ele disse. "É que me disseram que ligasse às seis horas para falar com ele." Após uma pausa, o secretário disse: "Sim. O senhor precisa esperar um pouco. Presidente está no banheiro".

Ora, ele pensou, *eu sei que houve uma revolução na Tchecoslováquia.* O presidente já determinara que suas carreatas fossem feitas com carros de muitas cores, para lhes dar um ar mais festivo, convidara os Rolling Stones a cantar para ele e sua primeira entrevista a um americano fora dada a Lou Reed, porque a Revolução de Veludo Tcheca tinha tirado esse nome da banda Velvet Underground (o que tornava os Velvet a única banda na história que ajudou a fazer uma revolução, em vez de apenas cantá-la, como, por exemplo, os Beatles). Aquele era um presidente que valia a pena esperar todo o tempo que ele demorasse no banheiro.

Vários minutos depois, ele ouviu passos e Havel atendeu. Contou uma história muito diferente sobre o cancelamento da reunião. Ele não quisera que ela ocorresse na embaixada. "Não confio naquele lugar", disse. "Ainda há muita gente do velho regime lá, muitos estranhos andando de um lado para outro, muitos coronéis." O embaixador recém-nomeado, homem de confiança de Havel, chegara a Londres havia apenas dois dias, e não tivera tempo de remanejar o pessoal. "Não irei àquele lugar", disse Havel. Os britânicos tinham dito que não havia nenhum outro local onde pudessem autorizar a realização do encontro. "Imagine isso", disse Havel. "Não existe na Grã-Bretanha nenhum lugar que eles possam proteger para você e para mim." Era evidente, ele disse, que o governo britânico não queria que a reunião ocorresse. Por acaso a imagem do grande Václav Havel abraçando um escritor que não podia ser visto com a primeira-ministra de seu país causaria certo embaraço? "Foi ruim", disse Havel. "Eu queria muito fazer isso."

Entretanto, contou, na entrevista coletiva ele dissera muitas coisas."Eu disse a eles que estamos em contato permanente", disse, rindo. "E talvez isso seja mesmo verdade, através de Harold ou outras pessoas. Mas eu disse a eles: *contato permanente*. E profunda solidariedade. Eu disse isso também."

Ele disse a Havel o quanto gostara de suas *Cartas a Olga*, escritas na prisão pelo famoso dissidente à sua mulher, e o quanto elas tinham a lhe dizer em sua situação presente. "Sabe", contou Havel, "quando nos escrevíamos naquele tempo, tínhamos de dizer muitas coisas cifradas, numa espécie de código. Há nesse livro coisas que nem eu compreendo. Mas em breve vai sair um livro meu bem melhor." Havel queria cópias de "Nada é sagrado?" e "De boa-fé". "Contato permanente", concluiu, com outra risada, e despediu-se.

No dia seguinte, Marianne ainda estava em pé de guerra com ele. "Você está obcecado com o que lhe acontece", descarregou, e talvez isso fosse verdade. "A cada dia surge algum drama em sua vida", e, infelizmente, muitas vezes isso era mesmo verdade. Ele estava obcecado consigo mesmo, ela gritou. Ele não sabia lidar com a "igualdade", e era um "bêbado horrível". *De onde saiu isso?*, ele pensou, e a seguir ela desferiu o resto do golpe: "Você está tentando repetir o casamento de seus pais". Ele era culpado do alcoolismo do pai. Claro.

Numa Conferência da Juventude Muçulmana, em Bradford, uma mocinha de dezesseis anos declarou que Rushdie deveria ser executado por apedrejamento. A cobertura do "caso" pela imprensa se tornara, ao menos por ora, simpática a ele, quase compassiva. "O pobre Salman Rushdie." "O infeliz escritor." Ele não queria ser visto como um coitado, um infeliz, uma pessoa digna de pena. Não queria ser apenas uma vítima. Estavam em jogo importantes questões intelectuais, políticas e morais. Ele queria ser parte da discussão, ser um protagonista.

* * *

Andrew e Gillon foram vê-lo na Hermitage Lane, depois de se reunir com executivos da Penguin na casa de Brian Stone, o agente literário que representava o espólio de Agatha Christie. Talvez por serem muito diferentes um do outro, os dois formavam uma tremenda dupla de negociadores: Gillon, o inglês altíssimo, lento, de voz empostada, e Andrew, o americano agressivo, cabeça-dura, com seu passado cheio de altos e baixos, sua associação intermitente com a turma da Warhol Factory e seus olhos de laser. Eram a clássica dupla durão/complacente, mais eficazes ainda porque as pessoas com quem negociavam cometiam o erro de supor que Andrew era o durão, e Gillon, o complacente. Na realidade, Andrew era movido a paixão e emoção, e não era impossível que, de repente, desatasse a chorar, deixando o oponente desconcertado. A Gillon cabia desferir o golpe final.

Mesmo Gillon e Andrew, porém, estavam achando quase impossível lidar com a Penguin. Mais uma vez, a reunião com eles naquele dia não dera em nada. Mayer disse que a Penguin manteria o prazo até o fim de junho para decidir sobre a edição em brochura, mas não fixou uma data. Todos os executivos aceitaram que, se o livro não fosse publicado até 30 de junho, Gillon e Andrew insistiriam em reaver os direitos de publicação em 1º de julho, de modo a poderem seguir outros caminhos. "Acho que Mayer talvez leve em conta essa ideia", disse Gillon. (Quatro dias depois, ele ligou para dizer que Mayer estava "quase aceitando" a ideia da reversão de direitos, mas desejava "negociá-la" — em outras palavras, queria dinheiro em troca. Entretanto, seu colega Trevor Glover declarara na reunião com Andrew e Gillon que os custos de segurança da Penguin eram tão elevados que a empresa perdera dinheiro com a edição em capa dura, e que fazer a edição em brochura representaria um "prejuízo maior", de modo que era difícil para Mayer argumentar que precisava ser compensado por fazer uma coisa — renunciar aos direitos sobre a edição em brochura — que, a se dar crédito a Glover, na verdade lhe pouparia despesas. "Estamos brigando ainda", disse Gillon. "Se até o dia 1º de julho Mayer não fizer a edição e ainda quiser dinheiro", disse, "nesse ponto eu voto por botarmos a boca no trombone pela imprensa.")

Andrew achava que a Penguin vinha diminuindo os pagamentos de direitos autorais e retendo uma alta quantia que deveria ter sido paga. A Penguin negava isso com veemência, mas Andrew contratou um auditor, que descobriu, realmente, uma redução bastante substancial de pagamentos. A Penguin não se desculpou.

A polícia sugeriu que ele usasse uma peruca. O melhor peruqueiro deles o visitou e levou uma amostra de seu cabelo. Ele duvidava muito que o plano desse certo, mas vários agentes da proteção lhe garantiram que as perucas eram mesmo eficientes. "O senhor vai poder andar pelas ruas sem chamar a atenção", disseram. "Confie em nós." Para sua surpresa, o escritor Michael Herr confirmou isso. "Com relação a disfarce, você não vai precisar mudar muito, Salman", disse Michael, devagar e piscando bastante. "Só os traços mais visíveis." A peruca foi feita e chegou numa caixa de papelão marrom, parecendo um bichinho adormecido. Ao pô-la na cabeça, ele se sentiu um completo idiota. Para a polícia, estava ótimo. "Está certo", disse ele, indeciso. "Vamos dar um passeio com ela." Levaram-no à Sloane Street e estacionaram perto da Harvey Nichols. No que ele desceu do carro, todas as cabeças se viraram para fitá-lo, e várias pessoas começaram a rir e até a gargalhar.

"Olhe", ele escutou um homem dizer, "aquele ali é a besta do Rushdie, de peruca." Voltou para o Jaguar e nunca mais usou a peruca.

Oficialmente, o embaixador Maurice Busby não existia. Na qualidade de chefe das atividades de contraterrorismo nos Estados Unidos, seu nome não podia ser dito no rádio ou na televisão, nem impresso em jornais ou revistas. Seus movimentos não eram noticiados, e seu endereço, para usar um adjetivo que mais tarde o vice-presidente Dick Cheney tornou famoso, era indivulgado. Busby era um fantasma na máquina americana.

Quando o contrato de locação da casa na Hermitage Lane expirou, "Joseph Anton" andou pensando em ir para os Estados Unidos, passar algumas semanas ou meses fora do cárcere. A Divisão Especial o prevenira, desde o começo, que sua responsabilidade por ele terminava na fronteira britânica. De acordo com as regras do jogo, sempre que um protegido saía do Reino Unido e viajava a outro país, as forças de segurança desse país tinham de ser avisadas, para que decidissem o que queriam fazer (ou não fazer) com relação à sua visita. Quando seus planos foram comunicados aos Estados Unidos, o sr. Maurice Busby solicitou que realizassem uma reunião. Seria a reunião do homem inexistente com o homem invisível. Algo como se Calvino e H. G. Wells tivessem resolvido escrever um conto a quatro mãos. Ele foi levado a um discretíssimo edifício de escritórios na margem sul do Tâmisa e conduzido a uma sala grande que estaria inteiramente vazia se não fossem duas cadeiras. Ele e Busby se sentaram, um diante do outro, e o americano foi direto ao assunto. Ele era bem-vindo aos Estados Unidos, disse o embaixador, que não pairasse dúvida alguma quanto a isso. Os Estados Unidos eram solidários com ele, e seu caso fazia parte do "temário americano em relação ao Irã". Em princípio, seu desejo de visitar o país estava aprovado. Contudo, os Estados Unidos respeitosamente lhe pediam que cogitasse adiar a viagem em "três a quatro meses". O embaixador Busby fora autorizado a lhe comunicar, em absoluta confiança, que estava em curso uma negociação real com respeito aos reféns americanos no Líbano, e provavelmente haveria libertações em breve. Ele esperava que o sr. Rushdie compreendesse a delicadeza da situação. O sr. Rushdie a compreendia. Ocultou seu profundo desapontamento e concordou com o pedido do homem inexistente. Contrafeito, pediu a Gillon que prorrogasse o aluguel da casa da Hermitage Lane.

Marianne tinha viajado para fazer a turnê de lançamento de seu livro nos Estados Unidos. Ele continuava tentando convencer a si mesmo de que ainda se amavam. Em seu diário, minimizava tudo o que havia de errado entre eles e insistia na felicidade basicamente imaginária dos dois. Tamanha é a necessidade de amor. Faz com que os homens tenham visões do paraíso e desprezem o fato, patenteado pelos olhos e ouvidos, de que estão no inferno.

Haroun estava pronto. Ele tirou a barba, deixando apenas o bigode. No dia 4 de abril, quarta-feira, Zafar foi levado à Hermitage Lane, e o pai lhe entregou os originais do livro "dele". O brilho de felicidade no rosto do menino era a única recompensa de que o autor precisava. Zafar leu o livro depressa e disse que tinha adorado. As opiniões de outros amigos que leram os originais também foram positivas. Mas que editora o publicaria? Todas elas se recusariam? Tony Lacey, da Viking, dissera a Gillon, em confiança, que "provavelmente" a edição em brochura de *Os versos satânicos* sairia em 28 de maio.

Enfim, ele pensou. Transposto esse obstáculo, talvez aquela história começasse a acabar. Lacey também falou a Gillon sobre o *Haroun*. "Agora que a brochura está saindo, talvez a gente possa publicar o livro novo também. Você sabe que tê-lo como um autor nosso é motivo de orgulho." Tony era um homem decente, e tentava agir como um verdadeiro editor numa situação irreal.

Sozinho na Hermitage Lane, ele chegou ao fim de seu jogo Super Mario, derrotando o próprio bandido Bowser e salvando a Princesa Peach, insuportavelmente cor-de-rosa. Sentiu-se feliz por Marianne não estar ali para testemunhar seu triunfo. Pelo telefone, ela fazia mais uma arenga sobre as supostas aventuras amorosas dele e a deslealdade de seus amigos. Ele procurava não prestar atenção. Naquela tarde, Pauline levara Zafar à casa da St. Peter's Street porque havia lá coisas que o menino queria, como suas luvas de boxe, sua *punching ball* e vários jogos. "Papai e eu subíamos no telhado por aqui", ele disse a Pauline, triste. "Foi difícil a gente se acostumar com ele escondido. Não vejo a hora que isso acabe." Pauline foi com ele a uma pizzaria e, enquanto comia, ele ia citando trechos de *Haroun*: "*Não me queima a queimadura/ Sei que é água na fervura/ mas a mim ninguém segura!*".

Ele pedira a Pauline que trouxesse também algumas coisas para ele, mas várias delas estavam faltando. Os cinco álbuns de fotografias, que registravam toda a sua vida antes de Marianne, tinham sumido. O mesmo ocorrera com seu exemplar pessoal, o de número 1, da edição limitada de doze exemplares, numerados e assinados, de *Os versos satânicos*. (Mais tarde, o americano Rick Gekoski, livreiro-antiquário de Londres, vendeu-lhe o exemplar do poeta Ted Hughes dessa edição, o de número 11. Ele teve de desembolsar 2200 libras para comprar esse exemplar de seu próprio livro.) Só Pauline, Sameen e Marianne tinham a chave da casa. Dois anos depois, o jornalista Philip Weiss fez para a revista *Esquire* um perfil em que o descrevia de maneira chocante e desagradável, enquanto Marianne era posta nas nuvens. Pelo menos uma das ilustrações com certeza saíra dos álbuns desaparecidos. Pressionada por Andrew, a revista admitiu que a fotografia fora fornecida por Marianne. Ela alegou que a foto lhe tinha sido dada de presente. Por volta da mesma época, um "original final" de *Os versos satânicos* estava sendo oferecido à venda no mercado. Rick Gekoski lhe contou que Marianne dizia que também esse original fora um "presente", e que ela por fim retirara o texto do mercado, insatisfeita com os preços que estavam sendo propostos. Era a cópia errada. O original mais valioso, o texto "de trabalho", cheio de anotações e correções à mão, continuava com ele. Os álbuns de fotografias nunca foram achados ou devolvidos.

Em 23 de abril, Robert Polhill, professor da Universidade de Beirute, foi o primeiro refém americano no Líbano a ser libertado pelo grupo que o sequestrara três anos antes, a "Jihad Islâmica para a Libertação da Palestina". Quatro dias depois, a "Organização da Alvorada Islâmica" libertou Frank Reed, ex-diretor da Escola Internacional Libanesa, que ficou quatro anos em cativeiro. O embaixador Busby dissera a verdade.

Marianne era uma mulher de muitas cadernetas, e foi uma delas que pôs fim ao casamento deles. Ele nunca soube se ela deixou a caderneta na casa da Hermitage Lane de propósito, a fim de provocar o desenlace que ela afirmava não desejar. No grande romance *A chave*, de Junichiro Tanizaki, o "livro perverso" de Marianne, a mulher e o marido mantêm diários "secretos" que talvez se destinem mesmo a ser achados e lidos. No livro de Tanizaki, os diários funcionavam como um artifício erótico. Na vida real de Joseph Anton, a caderneta que ele achou teve uma missão mais simples. Contou-lhe a verdade que ele tentara esconder de si mesmo. Marianne escrevera, durante a turnê nos Estados Unidos, que não tinha motivo para morar na Inglaterra, mas que ele a estava forçando a voltar, sabendo que não era esse o seu desejo. Tinha alugado uma casa nos Estados Unidos. Isso para ele era novidade. Ela sabia que ele não podia viajar para os Estados Unidos, mas ela estava fazendo planos para ir embora. Já suportara o suficiente, o que ele podia muito bem compreender. *Isso, ela deve mesmo ir*, ele pensou, *e deixar que essa separação leve gradualmente a um fim.*

O resto do diário era mais sombrio. Segundo Marianne, ele temia as mulheres. Sim, ele pensou, *pelo menos de você eu tenho certo medo*. Ela odiava a ligação dele com a irmã, Sameen. E fazia zombarias de teor sexual.

Marianne voltara para Londres. Ele lhe disse que havia lido o diário e não podia mais manter o casamento. Ela ficou agitada e afirmou que o amava e que ele tinha achado o "diário negro", que ela usava para dar vazão a seus piores pensamentos, para, escrevendo-os, livrar-se deles. Isso era quase plausível. Ele mesmo já tinha feito isso, confiando ao papel seus temores, fraquezas, ânsias e fantasias e, depois, jogando as folhas no lixo. Mas os textos do diário eram demasiado categóricos e diversificados para serem apenas ira ou ressentimento ociosos. Não se tratava de sentimentos passageiros. Era o que ela realmente pensava. Ao lhe ser perguntado por que não lhe falara do aluguel da casa, ela começou a negar que tivesse feito isso. No entanto, ele conversara com Gillon, que disse que ela lhe falara sobre a locação. Ele disse: "Não quero brigar com você. De que adianta? A guerra acabou". Ela se foi.

Ele telefonou a Sameen para perguntar se havia alguma verdade na acusação de Marianne de que ele tratava mal a irmã. Ela respondeu o que ele sabia: que, no amor incondicional que tinham um ao outro, nada poderia ser problema. Ele se sentiu perturbado com o que havia lido, mas sua sensação maior foi de alívio. Aquela parte de seu pesadelo tinha chegado ao fim.

No dia seguinte, a divisão providenciou uma verdadeira festa. Numa lancha da polícia, Zafar e ele subiram e desceram o Tâmisa, velozmente, indo além da Barreira, e depois voltaram para a sede da polícia em Wapping. Zafar se divertiu como nunca.

Alberto Vitale, o diretor da Random House, Inc., disse a Andrew que as palavras finais de "Nada é sagrado?" — "Em todo lugar do mundo onde o quartinho da literatura foi fechado, mais cedo ou mais tarde as paredes ruíram" — o haviam comovido demais, e que a Random House estava novamente interessada em publicar *Haroun e o mar de histórias*, bem como os futuros livros de Rushdie. Entretanto, Vitale disse que desejaria no contrato uma "cláusula de fuga" que permitisse à editora ser indenizada no caso de um livro conter alguma coisa que "pusesse em perigo seus funcionários". Apesar disso, Andrew e Gillon opinavam que seria conveniente passar para a Random e deixar Peter Mayer. "Não vou assinar um contrato humilhante que contenha essa 'cláusula de fuga'", ele disse a seus agentes, acrescentando, para dar ênfase a suas palavras: "Só por cima de meu cadáver". Andrew achava que a Random House não insistiria nisso. Sonny Mehta tinha acabado de ler *Haroun* e disse que gostara do livro. Daí a poucos dias, o acordo com a Random House estava feito. No entanto, Vitale não quis anunciá-lo. Na verdade, desejava mantê-lo em segredo durante o maior tempo possível. Mas Sonny Mehta e Andrew julgavam que devia ser preparada uma declaração à imprensa.

Ele era um homem sem exércitos e obrigado a combates constantes em várias frentes. Havia a frente privada de sua vida secreta, marcada por temores e humilhações, por fugas e esconderijos, por seu medo de encanadores e outros operários, pela busca incessante de refúgios e por perucas horrendas. Havia a frente editorial, na qual ele não podia dar nada como certo, apesar de toda a sua trabalheira. A própria publicação de seus livros ainda estava em aberto. Não era possível assegurar que ele poderia dar prosseguimento à vida que escolhera, que ele sempre encontraria mãos dispostas a imprimir e distribuir suas obras. E, por fim, havia o mundo agressivo e violento da política. Se ele fosse uma bola de futebol, pensava, poderia ser uma bola consciente e participar de bom grado do jogo? Seria possível para a bola de futebol compreender o esporte em que ela era chutada do começo ao fim? Poderia a bola de futebol agir em seu próprio interesse e retirar-se do campo e do alcance dos pés que a chutavam?

Peter Temple-Morris, membro do Parlamento, era um homem de cabelos brancos que lembravam sorvete de baunilha mole a balançar sobre sua cabeça, um homem digno e eminente, membro conservador do grupo parlamentar anglo-iraniano, um homem que não se interessava por ele e que agora, quando os reféns americanos no Líbano estavam sendo libertados, decidira que a "responsabilidade moral" pela sorte dos reféns britânicos cabia ao autor de *Os versos satânicos*, que deveria se abster de publicar seu livro em brochura. Seguiu-se uma avalanche de críticas. O grupo de apoio ao refém John McCarthy declarou que "Rushdie deve pedir desculpas". O pai de McCarthy, Patrick, culpou-o no *Daily Mail* pelo fato de John ainda permanecer como refém. David, irmão do refém Terry Waite, disse que os problemas de Rushdie tinham sido criados "por ele mesmo". E, referindo-se à edição em brochura, acrescentou que "nem sempre se tem o que se quer". David achava que essa edição devia ser cancelada e que o autor deveria pedir perdão pela ofensa que cometera. Toda essa hostilidade surtiu seu efeito. O *Daily Telegraph* publicou os resultados de uma pesquisa Gallup: a maioria dos entrevistados achava que "Salman Rushdie deve pedir desculpas por *Os versos satânicos*". E fontes lhe disseram, embora ele nunca tenha sabido se isso era verdade, que William Waldegrave aconselhara privadamente a Penguin a não publicar o romance em brochura, já que isso afetaria a sorte dos reféns britânicos e a do empresário britânico Roger Cooper, ainda na prisão de Evin, em Teerã.

Era a isso que os atrasos da Penguin os levara. Isso, talvez, fosse o que Mayer sempre desejara: uma razão respeitável para não fazer a edição.

O arcebispo de Cantuária, Robert Runcie, reuniu-se com o sr. Abdul Quddus, do Conselho de Mesquitas de Bradford. Quddus disse ao arcebispo que, em sua viagem recente ao Irã, membros do Majlis iraniano lhe haviam garantido que Terry Waite, o enviado do arcebispo sequestrado por libaneses, estava vivo, mas só seria devolvido *se Rushdie fosse extraditado para o Irã*. Sua declaração foi reiterada por Hussein Musawi, do grupo xiita libanês Amal Islâmica, que declarou que um refém britânico poderia ser libertado "se a Grã-Bretanha deportasse Rushdie", advertindo que, se nenhuma ação fosse tomada contra o escritor, Terry Waite, John McCarthy e o terceiro refém britânico, Jackie Mann, não seriam libertados. Essa notícia, divulgada pelo rádio em Karachi, deixou sua mãe extremamente assustada, e Sameen teve de consolá-la.

Ele vinha tentando conseguir uma reunião com William Waldegrave, para perguntar o que o governo tencionava fazer para resolver a crise. Waldegrave informou a Harold Pinter que o governo — ou seja, Margaret Thatcher — estava "alarmado" com a ideia dessa reunião, temendo que sua realização vazasse para a imprensa. Era público e notório que ele não apoiava o governo Thatcher. A posição do governo parecia ser: *Está bem, vamos mantê-lo vivo, mas não temos de vê-lo ou ter um plano de ação. Vamos apenas mantê-lo em sua caixa, e, se ele fizer objeções a isso, há muita gente pronta a acusá-lo de ingratidão.*

Ele se sentia tomado por uma imensa lassidão, uma espécie de exaustão nervosa. Cinco anos depois de ter largado o cigarro, voltara a fumar, furioso consigo mesmo por causa disso, dizendo que não podia deixar aquilo continuar por mais tempo, mas ainda assim fumando. "Estou lutando contra a droga", escreveu, "mas como ela é poderosa! Sinto a ânsia de fumar nos braços e na boca do estômago." E em letras maiúsculas: "VOU VENCER O CIGARRO DE NOVO".

Cinco árabes foram presos em Scarborough, acusados de estarem planejando executar a *fatwa*. Zafar, que estava em casa, doente, e não fora à aula, soube disso no noticiário da hora do almoço e telefonou, fingindo não estar preocupado. A polícia dizia que a notícia era um "exagero da mídia", mas, embora ele não acreditasse nisso, confirmou a linha de conduta oficial para Zafar, a fim de acalmá-lo.

Marianne enviou-lhe uma carta. "Você saiu em busca da Dúvida e a achou", escreveu. "E com isso nos matou."

"A maior parte do que importa em nossa vida acontece em nossa ausência", ele escrevera em *Os filhos da meia-noite*. O que ele tinha em mente não eram ordens de morte, complôs para assassinatos, ameaças de bombas, manifestações, audiências judiciais e maquinações políticas, mas essas coisas tinham invadido sua vida pessoal a fim de comprovar as palavras de seu narrador ficcional. Era comovente saber que suas desditas causavam enorme preocupação a tantos estranhos que lhe queriam bem. O romancista americano Paul Auster, que viria a se tornar seu amigo chegado, escreveu uma "prece" para ele. *Esta manhã, quando me sentei para escrever, a primeira coisa que fiz foi pensar em Salman Rushdie. Tenho feito isso toda manhã* [...]. E Mike Wallace quis ajudar. O famoso repórter do programa *60 Minutes* disse a um executivo da Penguin que "uma outra declaração na linha de 'De boa-fé' ou talvez 'um ou dois passos à frente'" — fosse qual fosse o significado disso — poderia ser levada por ele pessoalmente a Rafsanjani e que isso talvez servisse para levar à revogação da *fatwa*.

Ele conversou com Andrew, Gillon e Frances D'Souza, pedindo-lhes que dessem apoio a essa ideia. "Não devo me empolgar muito", escreveu em seu diário, "mas até a leve possibilidade de liberdade é tão animadora que não deixo de me empolgar." Andrew falou com Mike Wallace e com Kaveh Afrasiabi, pesquisador adjunto do Centro de Estudos do Oriente Médio, da Universidade Harvard. Afrasiabi disse que já tinha conversado com o embaixador iraniano nas Nações Unidas, Kamal Kharrazi, e com "fontes ligadas a Khamenei". Repetiu o que Wallace dissera. Se ele fizesse uma declaração "coerente com seus princípios", Khamenei a acolheria bem e revogaria a *fatwa*. O Irã estava à procura de um "ponto de ruptura" na crise, e o envolvimento de Mike Wallace era bem-vindo, pois Khamenei desejava ter uma boa imagem junto à mídia americana, para "diminuir a autoridade de Rafsanjani".

Tudo no mundo acabava sempre em televisão.

Pediram-lhe que fizesse uma declaração, em vídeo, que Wallace pudesse levar a Teerã e exibir na TV de lá. Em seguida, Khamenei conversaria com Wallace na TV americana e diria o que precisava ser dito. Saberíamos dentro de poucos dias, disse Afrasiabi, se o Irã concordava em seguir essa linha de conduta, pois fora levado a esperar uma "resposta positiva". Quatro dias depois, ele telefonou para Andrew e disse que tinha recebido "sinal verde". Propôs, como passo seguinte, uma reunião com um certo sr. Khoosroo, primeiro-secretário da missão do Irã na ONU.

Andrew e Frances conversaram entre si e depois o procuraram. Convinha avançar com cautela, decidiram. Seria crível que aquilo fosse a solução da crise? Não se atreviam a acreditar. No entanto, queriam acreditar. Acreditaram.

Mike Wallace e Afrasiabi reuniram-se com Andrew na agência. Afrasiabi repetiu as exigências iranianas de uma declaração de arrependimento *que seria incluída, como prefácio, à edição em brochura* (*arre*, pensou o autor, mas, por outro lado, não estavam se opondo à publicação da edição em brochura) e da criação de um fundo para as famílias dos que tinham morrido em distúrbios "anti-Rushdie". Mas Frances D'Souza estava preocupada. Por um lado, disse, havia "sinais" de que o Irã talvez tivesse deixado de financiar o Instituto Muçulmano, de Siddiqui, e vinha tentando instalar um imã chefe moderado no Reino Unido. Por outro lado, ela temia que os iranianos estivessem fazendo um "jogo particularmente sórdido". Se cancelassem a *fatwa*, a proteção policial seria suspensa, e aí ele poderia sofrer um atentado por parte de uma célula fundamentalista, e os iranianos teriam como negar toda e qualquer responsabilidade. Em algum momento, disse, o governo britânico deveria se envolver, a fim de solicitar garantias contra essa eventualidade. Sameen também temia que ele fosse morto se "mostrasse a cara". Ele vacilava, desorientado. Estavam acontecendo muitas coisas ao mesmo tempo. Era difícil avaliar o que era melhor.

A situação começou a se desemaranhar. Os iranianos cancelaram um encontro com Mike Wallace. Queriam se reunir somente com Afrasiabi, para saber o que tinha sido acertado na reunião com Andrew. E aí, puf! Como o estouro de uma bolha, o sonho chegou ao fim. A missão iraniana na ONU disse que teria de "consultar Teerã". Isso levaria pelo menos duas semanas. *Isso não é sério*, ele entendeu. *É uma piada. Eles só queriam que eu fizesse a declaração e depois confiasse em que agissem. Confiasse* neles. *Isso mesmo: uma piada.*

Ele parou de fumar. Depois recomeçou.

Nos dias que se seguiram, o Irã negou que pudesse revogar a *fatwa*. Khamenei declarou que ele "deveria ser entregue aos muçulmanos britânicos, para ser executado por blasfêmia", e que isso solucionaria os problemas entre o Reino Unido e o Irã. No programa *Newsnight*, da BBC, Frances D'Souza teve de engolir o espetáculo do "número dois" de Siddiqui, o escocês James Dickie — que ao se converter ao islamismo adotara o nome Yaqub Zaki —, convocando esquadrões da morte a Londres. Rafsanjani deu uma entrevista coletiva em que tentou acalmar os ânimos, mas sem oferecer soluções para a crise da *fatwa*. E pela primeira vez o governo britânico ofereceu ao escritor um contato. Deveria avistar-se, no fim de semana, com o diplomata Duncan Slater. Antes disso, porém, ele conversou com o jornalista John Bulloch, do *The Independent*, especialista em Oriente Médio altamente respeitado, que voltara recentemente de Teerã e confirmou que os iranianos estavam "loucos para resolver essa questão [...] só é preciso um acordo aceitável". Depois disso, o encontro com Slater foi decepcionante. Slater não tinha nenhuma informação sobre iniciativas através de canais indiretos ou secretos ou sobre qualquer atividade de alguma importância em nível de governo. No entanto, era animador estar em contato com o governo e ter certeza de que contava com seu apoio. Ele chegara a um ponto em que se sentia grato por essas migalhas.

A iniciativa Afrasiabi estava morta. O homem de Harvard escrevera uma carta que alterava a "lista de compras" das exigências. A publicação do livro deveria ser totalmente suspensa por cerca de doze a quinze meses, e "Rushdie deve simplesmente fazer sua declaração primeiro; o que ele tem a perder?". Além disso, disse Andrew, "tenho para mim que Afrabiasi quer publicar um romance e está em busca de um agente". Uma semana depois, Kamal Kharrazi, o homem do Irã nas Nações Unidas, disse a Mike Wallace: "Esta não é a hora para essa iniciativa avançar". Outro canal indireto fechado.

Ele teve outro encontro com o embaixador Busby, que nessa ocasião se fez acompanhar de Bill Baker, do FBI. Pediram-lhe que esperasse mais alguns meses antes de uma visita aos Estados Unidos, mas mantiveram o clima de gentileza e solidariedade. Busby fez um comentário interessante sobre a iniciativa Afrasiabi. "Talvez", disse, "o intermediário fosse o homem errado para eles."

No 11º aniversário de Zafar, ele presenteou o filho com uma guitarra elétrica e passou a tarde com ele na casa da Hermitage Lane, ouvindo-o tocar o instrumento e gravando o que ele tocava. Um dia como qualquer outro com o mais importante ser humano de sua vida.

Cosima havia encontrado uma residência ampla e não geminada em Wimbledon, bem mais confortável do que a da Hermitage Lane: uma casa grande, de tijolinhos, com três andares e uma torre octogonal no lado sul. A polícia a visitara e a aprovara. A casa da Hermitage Lane era horrível, mas lhe valera sete meses estáveis. Chegara a hora de se mudar de novo.

O contrato referente a *Haroun e o mar de histórias* não tinha sido assinado pela Random House. Andrew procurou Sonny Mehta e Alberto Vitale para saber por quê. Antes da reunião, Sonny comentou com Andrew: "Não acredito que haja algum problema". Portanto, era óbvio que havia. No encontro, Vitale disse que não queria que o contrato fosse assinado "por motivos ligados a seguros". Como estavam negociando a compra do edifício em que funcionava a editora, não queriam que esse livro se tornasse um estorvo. Dispunham-se a pagar dois terços do adiantamento acertado, de forma a garantir uma "opção de publicação", ficando o terço final para ser pago depois que o autor discutisse "questões editoriais" com Sonny. "O autor deve assinar", disse Vitale, "mas nós vamos dar um tempo." Andrew ligou para lhe passar essas notícias. "Não", ele respondeu, furioso. "Cancele o acordo e diga-lhes que vou processá-los por quebra de contrato. Prefiro ficar inédito a ser humilhado." Na mesma tarde, Andrew voltou a se reunir com Vitale e Sonny, que capitularam. O.k., disseram, eles assinariam. Ele ficou com um gosto amargo na boca, mas ao menos tinha ganhado um round.

No dia em que ele fez 43 anos, Gillon levou-lhe o contrato para assinar. O documento tinha uma "cláusula de confidencialidade". Ele não deveria comentar com ninguém a existência do contrato até uma data posterior a ser definida de comum acordo com a Random House. Essa cláusula emitia o cheiro inequívoco de tramoia, mas ele assinou o contrato. Quase de imediato a tramoia apareceu. Sonny Mehta se recusava a publicar *Haroun* a menos que o livro fosse reescrito segundo suas especificações.

Fazia dez anos que ele conhecia Sonny Mehta, desde que este cuidara da edição britânica de *Os filhos da meia-noite* em brochura, pela Picador Books. Durante todo esse tempo ele o considerara um amigo, ainda que a famosa reserva de Sonny tornasse difícil a qualquer pessoa aproximar-se muito dele. Sonny era homem de pouco falar e ainda menos de telefonar, dado a sorrir enigmaticamente por trás do cavanhaque e a deixar as conversas e a atividade social a cargo da mulher, a fulgurante Gita, mas era um homem de bom gosto, íntegro, profundamente leal a seus autores, e elegante (blazers de alta qualidade usados com calças jeans justíssimas). No caso de *Haroun e o mar de histórias*, porém, ele se conduziu de forma inteiramente diferente. Em 26 de junho de 1990, chamou Andrew ao telefone para insistir que *Haroun* fosse reescrito para mudar a ambientação. O "Vale de K", disse, era obviamente Kashmir — ou Caxemira —, e esse lugar era um verdadeiro barril de pólvora, onde várias guerras tinham sido travadas e foco de intensa atividade de jihadistas islâmicos. Portanto, era claro que isso tinha de ser mudado. Talvez, propôs, a história pudesse ser ambientada na Mongólia, senão haveria "cadáveres por toda parte" e "Salman enfrentaria problemas mais graves do que agora". *Haroun*, ele garantiu a Andrew, era um livro mais perigoso e provocador do que *Os versos satânicos*.

O autor tentou ver sua fábula infantil através daquela lente distorcida. Contudo, mesmo nessa visão deturpada, o livro só podia ser visto como "pró-Caxemira"? O personagem "MasDemais", entretanto, era um retrato satírico de um político indiano, e talvez fosse isso que realmente incomodava Sonny, que vinha de uma família ligada de perto à diplomacia, e cuja mulher era filha do ministro-chefe de Orissa e frequentava os círculos políticos da elite em Delhi. E, se Sonny ficava com tanto medo de um livro infantil, como reagiria à ficção para adultos que o autor poderia lhe oferecer no futuro?

O pior estava por vir. O plano de Sonny consistia em realizar todo o processo de produção sem pôr o nome do autor no livro. Alberto Vitale insistira, estranhamente, em guardar segredo, porque o consulado da Noruega funcionava no mesmo edifício da Random House, e anunciar a publicação de um livro de Rushdie criaria muito perigo para os noruegueses. Portanto, seria usado um nome falso, a ser substituído pelo nome real no último minuto, quando o livro estivesse para ser impresso. Isso era muito ruim. Parecia indicar um comportamento assustado — e indicava *mesmo* — e, quando se tornasse do conhecimento público que a Random House estava amedrontada demais para identificar a autoria desse livro — o que quase com certeza aconteceria —, essa atitude o cercaria de uma aura de "controvérsia" antes que qualquer pessoa sequer o visse, e constituiria um claro convite para que os adversários do autor iniciassem um novo ataque.

Sonny mandou que mensageiros levassem ao escritório de Andrew recortes sobre a Caxemira, tirados de revistas e jornais indianos, para comprovar sua preocupação. Havia em *Haroun* personagens de sobrenome Butt, e um homem com esse sobrenome fora enforcado na Caxemira havia pouco, "como deve ser do conhecimento de Salman". De modo que, agora, "Butt" — que fora o nome de solteira de sua mãe; que, grafado "Butt" ou "Bhatt", era o sobrenome mais comum na Caxemira; e que, em *Haroun e o mar de histórias*, não era o nome de um enforcado, e sim de um simpático chofer de ônibus e, depois, de uma gigantesca ave mecânica — se tornara um nome politicamente explosivo? Era um contrassenso, mas Sonny falava a sério. Andrew insinuou que ele não estava agindo como um velho amigo de Salman, ao que ele retorquiu: "Não vejo o que isso tenha a ver com amizade". E acrescentou: "Andrew, ninguém no mundo compreende este livro tão bem quanto eu". E Andrew contrapôs, com elogiável comedimento: "Creio que Salman acha que ele compreende".

Tudo isso lhe foi relatado por Andrew de Nova York, ainda na rua, depois de sair do escritório de Sonny. Ele disse a Andrew: "Por favor, suba até a sala de Sonny outra vez e me deixe falar ao telefone com ele". Sonny pegou o fone e disse que tinha "certeza" de que suas discórdias poderiam ser resolvidas assim que ele pudesse viajar a Londres para discuti-las. Mas as coisas já tinham ido longe demais para isso.

"Sonny, o que eu preciso que você responda", disse ele, "é o seguinte: você vai publicar meu livro como eu o escrevi? Sim ou não?"

"Quando eu chegar aí, conversaremos sobre isso", Sonny repetiu.

"Não há nada sobre o que conversar", ele disse a Sonny. "Você vai publicá-lo do jeito que está? Essa é a única pergunta."

"Não", respondeu Sonny. "Não vou."

"Nesse caso", ele disse ao velho amigo, "por favor, rasgue esse contrato que está diante de você, em sua mesa."

"O.k., Salman", disse Sonny, "se é isso que você quer."

"Não é o que eu quero", disse ele. "Eu quero que um editor publique *meu* livro, e não um livro que está na cabeça dele."

"O.k.", disse Sonny, "então vamos rasgar o contrato."

Ele soube que houvera uma reunião do conselho da Random House britânica algum tempo antes, e que a possibilidade da publicação de *Haroun* estava no temário. A grande maioria dos votos fora contrária à publicação.

* * *

Num outro universo, era a época da Copa do Mundo. Fazia algum tempo que Bill Buford vinha escrevendo um livro sobre os hooligans do futebol, e viajou à Sardenha por ocasião da partida Inglaterra × Holanda, não por causa do jogo, mas pela simples razão de que não queria perder as batalhas, depois da partida, entre as turmas rivais de brigões. Os principais noticiários da TV britânica daquela noite deram destaque à violência na Sardenha. Um exército de brutamontes avançava em direção à câmera, brandindo punhos e bastões e gritando "Inglaterra!". No centro exato da primeira fila de valentões britânicos, gritando com eles, estava o editor da revista *Granta*, levando as técnicas participativas do Novo Jornalismo a um nível que George Plimpton e Tom Wolfe talvez não tivessem imaginado. Mais tarde, naquela noite, a polícia italiana investira contra os "torcedores" britânicos, espancando muitos deles, inclusive Bill, que, enroscado em posição fetal numa calçada, levou vários chutes nos rins. Apesar de suas lesões, ele se dedicou, ao voltar a Londres, a resgatar a carreira literária do amigo.

Haroun estava buscando uma editora. Liz Calder adiantou que a Bloomsbury não se disporia a competir pelo livro. Christopher Sinclair-Stevenson, que acabara de lançar sua própria editora, pequena e independente, disse que sua empresa era "novata demais" para assumir a obra. Christopher MacLehose, da Harvill, quis apresentar uma proposta, mas a HarperCollins, de Rupert Murdoch, companhia que tinha a maior participação acionária na Harvill, o impediu. A Faber and Faber era uma possibilidade. Mas quem mais desejava o livro era Bill, para o novo selo da revista *Granta*, o Granta Books. "Você precisa de alguém que publique seus livros de forma totalmente normal, com a fanfarra e o alvoroço que um novo livro seu merece", disse ele. "Você precisa ser apresentado de novo aos leitores como um escritor, e é isso que pretendo fazer com esse livro." Até surgir a possibilidade de publicar *Haroun*, Bill vinha lhe sugerindo que pedissem a Blake Morrison que escrevesse sua biografia autorizada, para que o público conhecesse o homem, e não o escândalo. Blake era um excelente escritor e faria um bom trabalho, mas o autor não queria expor sua vida pessoal. E, se um dia a história pudesse ser contada, ele próprio queria escrevê-la. *Um dia*, disse a Bill, *eu mesmo a escreverei.*

Agora a ideia da biografia estava esquecida. Bill suplicava a Gillon que lhe permitisse publicar *Haroun*. Seu entusiasmo era gratificante, e também persuasivo. As obras da Granta Books eram distribuídas pela Penguin. Isso, disse Gillon, poderia ser uma "solução elegante". Evitaria um rompimento com a editora, que poderia levar a uma publicidade prejudicial, e ao mesmo tempo o pessoal da Penguin não estaria envolvido de forma direta. De repente, todo mundo na Penguin ficou satisfeito com isso. Também eles gostaram desse aspecto da solução. Bill disse que a reação do pessoal de vendas tinha sido "muito positiva". Peter Mayer escreveu uma carta em que dizia esperar que isso fosse um recomeço, e ele respondeu que também esperava o mesmo. Todos no escritório britânico queriam que a edição saísse logo, em setembro, para se beneficiar das vendas do Natal, e a Penguin americana concordou. O acordo foi feito e anunciado quase ao ser proposto. A rapidez era importante. Se Sonny tivesse tempo para explicar aos muitos amigos no mundo editorial que se recusara a publicar *Haroun* porque seu autor mais uma vez apresentara uma bomba-relógio sem indicar ou admitir seus perigos, nunca mais esse autor teria como publicar livros. Com coragem e determinação, Bull Buford impedira que isso ocorresse.

Gita Mehta disse a um amigo comum: "Acho que ele anda meio chateado com a gente".

Ele estava com saudade de Marianne. Sabia que não devia tentar reatar com ela depois de tudo o que acontecera, depois do complô da CIA e do diário negro, mas o fato é que sentia sua falta. Quando se falavam pelo telefone, brigavam. Conversas que começavam com "*Espero que você esteja bem*" acabavam em "*Quero mais é que você morra*". Mas ainda pairava no ar, entre os dois, a palavra *amor*, fosse o que fosse que ele chamava de amor, fosse o que fosse que ela queria dizer com isso. Para sobreviver a décadas de casamento com o pai dele, colérico, desencantado e alcoólatra, sua mãe tinha desenvolvido o que ela chamava de "olvidória", em vez de memória. Ao despertar para um novo dia, ela esquecia o anterior. Também ele parecia não ter memória para problemas, e ao acordar só se lembrava do que queria ardentemente. Mas não fazia nada do que o coração mandava. Ela tinha viajado para os Estados Unidos, e fora melhor assim.

Ele sabia que, por baixo da pressão contínua do que acontecia, estava passando por uma profunda depressão e que suas reações ao mundo tinham se tornado anormais. *Não zombeis de mim, por favor*, dissera Lear. *Creio não estar em meu melhor juízo*. Talvez ele visse nela a realidade física de sua vida antiga, o *ordinário* que aquele presente *extraordinário* usurpara. Talvez fosse isso o que restava do amor entre eles. Era o amor do ontem desvanecido, do depois que ansiava pelo antes.

Tinha consciência de que estava se agravando nele a divisão, aquele fosso entre o que "Rushdie" precisava fazer e a forma como "Salman" queria viver. Ele era "Joe" para seus protetores, uma entidade a ser mantida viva; e nos olhos dos amigos, quando podia vê-los, ele percebia alarme, o medo de que "Salman" viesse a ser esmagado sob o peso do que acontecera. "Rushdie" era uma questão de todo diferente. "Rushdie" era um cachorro. Segundo comentários privados de muitas pessoas eminentes, inclusive do príncipe de Gales num almoço a amigos do escritor, Martin Amis e Clive James, "Rushdie" merecia pouca compaixão. "Rushdie" merecia tudo o que estava recebendo, e precisava fazer alguma coisa para desfazer o grande mal que causara. "Rushdie" precisava parar de insistir em edições em brochura, em princípios e literatura e em ter razão. "Rushdie" era muito odiado e pouco amado. Era uma efígie, uma ausência, algo menos do que humano. Ele — aquela coisa — só precisava expiar.

Ruthie Rogers, coproprietária do River Café, ofereceu-lhe uma festa de aniversário. Uma dúzia de seus amigos mais chegados reuniu-se sob os olhos atentos de nove gravuras da série *Mao*, de Andy Warhol, na sala imensa da casa dos Rogers, na Royal Avenue, um espaço branco, fericamente iluminado, com suas janelas altas sem cortinas, um pesadelo para a Divisão Especial. Ruthie e o marido, o arquiteto Richard Rogers, tinham sido apenas conhecidos dele antes da *fatwa*, mas fazia parte da natureza afetuosa do casal aproximar-se ainda mais dos amigos que viviam momentos difíceis e fazer muito mais por eles do que se esperaria. O aniversariante era um homem necessitado de abraços e beijos, que naquela noite não faltaram. Ele ficou feliz com o fato de seus amigos serem dados a abraçar e beijar. No entanto, ele também se viu refletido nos olhos deles e percebeu que não estava nada bem.

Estava se dando conta das limitações da linguagem. Sempre acreditara na onipotência da fala, no poder da língua. Mas a linguagem não poderia tirá-lo daquela situação. "De boa-fé" e "Nada é sagrado?" não tinham mudado nada.

Um amigo paquistanês, Omar Noman, queria reunir um grupo de pessoas de "nossa parte do mundo" para explicar aos iranianos que "eles haviam pegado o homem errado". Um amigo indiano, o afamado advogado Vijay Shankardass, julgava que os muçulmanos indianos poderiam desempenhar um papel na solução do caso. Vijay se incumbiu de falar a alguns líderes, entre os quais Syed Shahabuddin, que obtivera a proibição de *Os versos satânicos* na Índia, e Salman Khurshid, "o Salman errado", condenado por engano pelo imã Bukhari, da Jama Masjid, em Delhi, nas orações de uma sexta-feira.

Ele duvidava que arrazoados ou argumentos, os métodos de pessoas que usavam a linguagem, lograssem muito êxito. Ele estava combatendo um poder maior — ou, para usar o vocabulário dos religiosos, um poder *superior*, um poder que troçava do meramente racional e dominava uma linguagem que superava em muito as línguas dos mortais. E esse deus não era um deus de amor.

Ele deixou a casa da Hermitage Lane para sempre e foi levado, com Zafar, à fazenda de Deborah e Michael em Powys, onde passaram um fim de semana precioso, chutando uma bola de futebol, jogando críquete e brincando com um Frisbee no campo. Clarissa desejara passar o fim de semana sozinha, por causa de um novo namorado, mas naquele fim de semana o namorado terminou com ela, por não aceitar a parcela dos respingos da *fatwa* que cabia a ela. Clarissa estava levando a situação com muita força. Ele desejava que ela fosse feliz.

Depois do fim de semana, ele se transferiu, sem chamar a atenção, para a casa em Wimbledon, mas surgiu um problema. A proprietária, sra. Cindy Pasarell, ligou várias vezes, para bisbilhotar. Por sorte, estava de serviço uma das agentes de proteção, Rachel Clooney, e, como foi mais tranquilizador ouvir uma voz feminina que uma voz masculina, a curiosidade da sra. Pasarell arrefeceu um pouco. Depois, telefonou o sr. Devon Pasarell, aparentemente sem saber das ligações da sra. Pasarell, dizendo que precisava pegar alguns objetos na garagem. Porventura estavam separados? No dia seguinte, uma pessoa "que trabalhava" com a sra. Pasarell apareceu na porta da casa sem uma razão convincente. A seguir, Cindy Pasarell telefonou de novo, mais séria. Ela gostaria de conhecer os novos inquilinos para se convencer de que eram "apropriados".

Em busca de ajuda, ele telefonou para Pauline, que já tinha trabalhado em todo tipo de peça, desde *Longe deste insensato mundo*, baseada no romance de Thomas Hardy, até a série de TV britânica *The Young Ones*, e sabia improvisar como ninguém, de modo que daria conta desse novo papel. Ele a instruiu com informações sobre sua personagem e ela concordou em passar um dia na casa e receber a curiosa Cindy. A situação era, ao mesmo tempo, absurda e perigosa. Ele disse a Bob Major que não poderia fazer aquilo de novo, toda aquela simulação e impostura. Alguma outra solução teria de ser encontrada. Bob fez ruídos neutros e solidários. Era um soldado raso. Não competia a ele uma decisão dessa natureza.

Nos dois dias seguintes, o sr. Pasarell foi à casa de novo, sem avisar, para "pegar coisas na garagem", e, depois, *de novo*, "para meter a chave da garagem pela porta da frente". Rachel Clooney, uma loira alta e elegante, com um suave sotaque escocês e um sorriso largo, conversou educadamente com ele, que ficou dentro de seu Granada preto, fora da propriedade, por muito tempo, assuntando. Numa tentativa de acalmar as coisas, Pauline, como a dona da casa, ligou para a sra. Pasarell e convidou-a para um chá, mas ela, embora tivesse aceitado o convite, não apareceu. Em vez disso, os Pasarell mandaram uma carta de reclamação ao escritório de Gillon, protestando contra o que chamaram de "ocupação múltipla" da casa. O medo da descoberta o paralisou. Estaria para se repetir o desastre de Little Bardfield — ele teria de se mudar de imediato e perder todo o aluguel já pago, ou devido por contrato? "Isso é horrível", disse ele a Gillon. "Isso tem de acabar."

Gillon resolveu o problema. "Eles estão sendo ridículos", disse, em seu tom mais arrogante e desdenhoso. "Estão recebendo uma montanha de dinheiro de você. Precisamos dar uma dura neles. Deixe isso comigo, meu caro." Mandou para eles, por fax, o que ele chamou de "carta cai-fora". Logo depois, telefonou de volta, rindo. "Meu caro, acho que deu certo. Eles responderam por fax, e concordaram em cair fora." Os Pasarell haviam realmente concordado que, em troca da elevada quantia que estavam recebendo de aluguel, deixariam de importunar seus inquilinos. É até possível que tenham pedido desculpas. E as coisas ficaram assim, durante vários meses.

Nadine Gordimer vinha colhendo assinaturas de europeus eminentes num "apelo ao governo do Irã". Na casa dos Pinter, ele jantou com Carlos e Silvia Fuentes, e o grande romancista mexicano prontificou-se a "arrebanhar chefes de Estado latino-americanos". Enquanto isso, Siddiqui, o gnomo de jardim, continuava a fazer seus pronunciamentos repulsivos de gnomo, que os gnomos mais graúdos de Qom e Teerã reiteravam com maior ressonância. Um fortíssimo terremoto perto da cidade de Rasht matou 40 mil pessoas e deixou mais de meio milhão de desabrigados, mas nem isso fez o assunto mudar. A *fatwa* era mais importante.

Zafar viajaria por três semanas. Iria para um acampamento de férias com dois colegas da escola, e depois Clarissa o levaria à França com Liz Calder, Louis Baum e o filho de Baum, Simon. Em sua ausência, havia guerrilheiros paquistaneses a enfrentar.

O filme paquistanês *International gorillay* (Guerrilheiros internacionais), produzido por Sajjad Gul, contava a história de três irmãos — o tipo de gente que, na linguagem de uma era posterior, seria chamada de *jihadis* ou *terroristas* — dedicados a encontrar e matar um escritor chamado "Salman Rushdie". A maior parte do filme mostrava a procura de "Rushdie", cuja morte constituía o final feliz.

O próprio "Rushdie" era retratado como um sádico bêbado, sempre com uma garrafa na mão. Morava numa casa muito parecida com um palácio, num lugar muito parecido com uma ilha nas Filipinas (todos os romancistas, é claro, tinham casas de veraneio assim), era protegido por um grupo muito parecido com o Exército israelense (o que, presumivelmente, era um serviço prestado por Israel a todos os romancistas), e estava tramando a derrubada do Paquistão mediante o artifício diabólico de abrir redes de discotecas e antros de jogatina naquela terra pura e virtuosa, um plano solerte para o qual, como o "líder" muçulmano britânico Iqbal Sacranie poderia ter dito, a morte era uma punição leve demais. "Rushdie" vestia, do começo ao fim do filme, uma série de trajes de safári de cores horrendas — vermelhão, berinjela, cereja —, e, sempre que a câmera caía sobre esse pérfido personagem, invariavelmente começava mostrando seus pés e ia subindo, ameaçadoramente, até seu rosto. Por isso, os trajes de safári recebiam ampla cobertura, e quando ele assistiu a um videoteipe do filme esses trajes insultuosos o feriram profundamente. Entretanto, foi estranhamente gratificante ler que um dos resultados da popularidade do filme no Paquistão foi que o ator que fez o papel de "Rushdie" tornou-se tão odiado pelo público que teve de se esconder.

Em certo momento do filme, um dos três *international gorillay* era capturado pelo Exército israelense e amarrado a uma árvore no jardim do palácio nas Filipinas para que "Rushdie" pudesse fazer suas maldades com ele. Assim que "Rushdie" esvaziava sua garrafa e parava de açoitar o pobre terrorista com um chicote, assim que saciava sua avidez de violência sobre o corpo do rapaz, entregava aos soldados israelenses o inocente aspirante a homicida e pronunciava a única frase realmente engraçada do filme: "Tirem ele daqui", gritava, "e leiam para ele trechos de *Os versos satânicos* a noite toda!". É claro que o coitado desmoronava. *Isso não, tudo menos isso*, punha-se a implorar, enquanto os israelenses o levavam.

No fim do filme, "Rushdie" era realmente abatido — não pelos *international gorillay*, mas pela própria Palavra, por raios que, lançados por três enormes Corões que pairavam no céu sobre sua cabeça, incineraram o monstro. Calcinado diretamente pelo Livro do Todo-Poderoso: havia dignidade nisso.

Em 22 de julho de 1990, o Conselho Britânico de Classificação de Filmes (British Board of Film Classification — BBFC) negou licença para exibição a *International gorillay*, com base no argumento bastante óbvio de que o filme era difamatório (e porque o órgão temia que, concedendo a licença ao filme, o verdadeiro Rushdie abrisse um processo por difamação e o BBFC fosse acusado de conivência, podendo ser processado também). Isso criou um dilema para o Rushdie verdadeiro. Ele estava travando uma batalha em favor da liberdade de expressão, e, no entanto, estava sendo defendido, nesse caso, por um ato de censura. Por outro lado, o filme era uma porcaria. Por fim, ele enviou uma carta ao BBFC em que renunciava formalmente a seu direito de recurso legal, assegurando ao conselho que não processaria nem o cineasta nem o próprio conselho, e que não queria que lhe fosse concedida "a dúbia proteção da censura". O filme deveria ser exibido, para que o público visse "o lixo distorcido e incompetente que ele é". Em 17 de agosto, como resultado direto de sua intervenção, o conselho aprovou por unanimidade a concessão da licença de exibição. Apesar de todos os esforços do produtor para promovê-lo, o filme sumiu sem deixar rastro, *porque era muito ruim*, e não importa o que os possíveis espectadores pensassem a respeito de "Rushdie" ou mesmo de Rushdie, eram sabidos e não iriam pagar para ver aquela bobagem.

Para ele, o episódio foi uma lição prática da importância do argumento "melhor às claras do que escondido" em favor da liberdade de expressão — era melhor dar livre curso mesmo ao mais repreensível discurso do que varrê-lo para debaixo do tapete, era melhor contestar publicamente e talvez ridicularizar o que era repugnante do que lhe conferir o glamour do tabu; e, de modo geral, podia-se confiar em que as pessoas distinguissem o bom do ruim. Se *International gorillay* tivesse sido proibido, teria se tornado o mais cobiçado dos vídeos, e nas casas de Bradford e de Whitechapel rapazes muçulmanos se reuniriam por trás de cortinas fechadas para exultar com a fritura do apóstata. Às claras, submetido à avaliação do mercado, ele murchou como um vampiro ao sol e desapareceu.

Os grandes acontecimentos mundiais ecoavam em seu refúgio de Wimbledon. Em 2 de agosto de 1990, Saddam Hussein invadiu o Kuwait e, à medida que a guerra com o Iraque se anunciava, o Foreign Office britânico apressou-se em restabelecer relações com o Irã. Agilizaram-se os preparativos militares de britânicos e americanos. De uma hora para outra, ninguém mais, do lado britânico ou do iraniano, mencionava o "caso Rushdie", e Frances D'Souza ligou para dizer que estava muito preocupada com a possibilidade de que o autor ficasse "esquecido". Ele telefonou para o parlamentar Michael Foot, que disse que ia procurar saber mais a respeito. No dia seguinte, Michael disse que o tinham "tranquilizado", mas seu tom não era nada tranquilizador. O contato no Foreign and Commonwealth Office, Duncan Slater, pediu-lhe que escrevesse outra "declaração apaziguadora" para o FCO ter em mãos e usar "quando pudesse ser mais útil." Era difícil saber, disse ele, como o Irã reagiria. O país poderia aproveitar a crise internacional como um momento para "resolver seus problemas" com os britânicos, ou julgar que agora teria como forçar o restabelecimento de relações sem ter de fazer concessões.

Uma biblioteca pública de Rochdale, Lancashire, sofreu um atentado a bomba.

Ele tinha combinado com Liz Calder que ela lhe emprestaria seu apartamento em Londres enquanto estivesse em viagem de férias com Clarissa e Zafar, para que ele se encontrasse lá com um jornalista americano e outros amigos. Liz disse que uma colega, uma editora da Bloomsbury chamada Elizabeth West, iria ao apartamento de vez em quando para dar comida ao papagaio, Juju.

"Talvez convenha você entrar em contato com ela antes de ir", disse Liz, "assim ninguém terá surpresas desagradáveis." Ele ligou para Elizabeth e falou-lhe de seus planos. Conversaram por telefone durante um tempo insolitamente longo, riram bastante e no fim ele sugeriu permanecer na casa de Liz depois que o jornalista americano fosse embora e que eles poderiam se encontrar lá para dar um trato básico no papagaio. Um dos seguranças foi a uma loja de vinhos e comprou, a seu pedido, três garrafas de vinho, entre as quais uma de Tignanello, tinto encorpado da Toscana. E, sob o olhar do papagaio, houve jantar à luz de velas, salmão, salada de capuchinha e muito, muito vinho tinto.

O amor nunca vinha da direção em que se estava olhando. Ficava à espreita, sorrateiro, e desferia um soco na nuca. Nos meses que se seguiram à saída de cena de Marianne, houvera alguns telefonemas de paquera e, muito ocasionalmente, encontros com mulheres que, ele tinha certeza absoluta, eram movidas mais pela piedade do que pela atração. A última *au pair* de Zafar, uma norueguesa sedutora, tinha dito "*pode me ligar, se quiser*". O mais inesperado de tudo fora uma clara demonstração de interesse sexual vinda de uma jornalista muçulmana liberal. Essas eram as tábuas de salvação a que ele se agarrava para não afundar. Foi então que conheceu Elizabeth West, e aconteceu o que nunca poderia ser previsto: a identificação, a chama. A vida não é regida pelo destino, mas pelo acaso. Se não fosse um papagaio sedento, ele poderia nunca ter conhecido a futura mãe de seu segundo filho.

No fim da primeira noite ele teve certeza de que queria vê-la de novo, o quanto antes. Perguntou-lhe se ela estaria livre, e ela disse que sim. Eles se encontrariam no apartamento de Liz outra vez, às oito da noite, e ele se surpreendeu com a profundidade dos sentimentos que já alimentava por ela. Elizabeth tinha cabelos longos de um intenso castanho-avermelhado, e um sorriso brilhante e despreocupado. Chegou de bicicleta na vida dele como se não fosse nada, como se todo o esquema sufocante de proteção, medo e limitações simplesmente não existisse. Isso era coragem real e excepcional: a capacidade de agir normalmente numa situação anormal. Tinha catorze anos menos que ele, e uma seriedade, oculta sob a aparência despreocupada, que mostrava experiência, insinuando um saber que só pode vir da dor. Teria sido absurdo não ficar perdidamente apaixonado por ela. Logo descobriram uma estranha coincidência: ele tinha chegado à Inglaterra pela primeira vez, acompanhado do pai, para estudar na Rugby School, no dia em que ela nasceu. Assim, na verdade, ambos tinham chegado no mesmo dia. Parecia um presságio, embora ele obviamente não acreditasse em presságios. "Era um dia ensolarado", ele lhe contou. "E frio." Falou-lhe do Cumberland Hotel e de como foi ver televisão pela primeira vez — *Os Flintstones* e a série *Coronation Street*, então incompreensível para ele, com a implacável e abelhuda Ena Sharples, emburrada, com sua redinha no cabelo. Falou-lhe dos milk-shakes de chocolate da Lyons Corner House e do frango assado para viagem do Kardomah, e contou-lhe como eram os outdoors de publicidade: ABRA UMA BANANA, da Fyffes, e ÁGUA TÔNICA DA SCHHHHH... VOCÊ JÁ SABE, da Schweppes. Ela disse: "Você pode vir outra vez na segunda? Eu faço o jantar".

A polícia ficou preocupada com uma terceira visita ao mesmo endereço em quatro dias, mas ele bateu o pé e cederam. Naquela noite, ela lhe contou um pouco sobre sua vida, e, embora tenha sido reticente a respeito de muita coisa, ele sentiu de novo a dor da infância dela, a perda da mãe, o pai idoso, a estranha vida de Gata Borralheira com os parentes com os quais ficara. Havia uma mulher cujo nome ela não quis mencionar que tinha sido má para ela, a quem se referia apenas como *a mulher que cuidava de mim na época*. No fim, ela encontrou a felicidade com uma prima mais velha chamada Carol Knibb, que se tornou uma segunda mãe para ela. Tinha estudado literatura na Universidade Warwick. E gostava dos livros dele. Houve longas horas de conversa, depois se deram as mãos e se beijaram. Quando ele olhou para o relógio eram três e meia da manhã, a essa hora a carruagem já tinha virado abóbora havia muito tempo, ele disse, e na outra sala havia policiais extremamente mal-humorados e cansados. "Muito interessado", ele escreveu em seu diário. "Ela é brilhante, delicada, vulnerável, bela e adorável." O interesse dela por ele era inexplicável e misterioso. São sempre as mulheres que escolhem, ele achava, e ao homem restava agradecer sua boa estrela.

Ela precisava visitar a prima Carol em Derbyshire, depois ele teria um fim de semana combinado de longa data com uma amiga, de modo que não puderam se encontrar por umas duas semanas. Ela ligou do aeroporto para se despedir, e ele desejou que ela não fosse. Começou a falar dela para os amigos — Bill Buford, Gillon Aitken — e disse ao agente de segurança Dick Billington que queria acrescentá-la à "lista" para que pudesse visitá-lo em Wimbledon. Enquanto pronunciava essas palavras, ele compreendeu que tinha tomado uma decisão séria sobre ela. "Ela terá de ser investigada, Joe", disse Dick Billington. A *investigação negativa* era um procedimento mais ágil que a *investigação positiva.* O passado dela seria examinado e, se não soasse nenhum sinal de alarme, ela seria liberada. A *investigação positiva* levava mais tempo: a pessoa tinha de ser entrevistada. Havia trabalho de campo a fazer. "Não vai ser necessário nesse caso", disse Dick. Vinte e quatro horas depois, Elizabeth tinha passado no teste. Pelo que se pôde apurar, não havia em seu passado tipos sinistros nem agentes iranianos ou do Mossad. Ele ligou para contar a ela. "Quero isso", disse ele. "Que maravilha", ela respondeu, e foi assim que começou. Dois dias depois, ela foi a um bar com Liz Calder (que tinha voltado de viagem) para lhe contar o que tinha acontecido e a seguir foi de bicicleta até a porta da frente da casa de Wimbledon, onde passou a noite. Naquele fim de semana, ela ficou lá duas noites. Eles foram à casa de Angela Carter e Mark Pearce em Clapham para jantar e Angela, uma mulher que não era fácil de agradar, também aprovou. Zafar, que estava de volta a Londres, ficou lá e aparentemente ele e Elizabeth se deram bem.

Havia muito sobre o que conversar. Na terceira noite que ela passou na casa de Wimbledon, ficaram acordados até as cinco da manhã, contando histórias um ao outro, dormitando, fazendo amor. Ele não se lembrava de ter tido uma noite como aquela. Alguma coisa boa estava começando. Seu coração estava repleto. Elizabeth o enchera.

Haroun estava sendo bem aceito por seus primeiros leitores. O livrinho, escrito para honrar a promessa feita a uma criança, talvez pudesse se tornar seu mais apreciado trabalho de ficção. Ele sentia que tinha sido virada uma página tanto de sua vida emocional quanto da profissional, o que tornava ainda pior o ridículo modo como era obrigado a viver. Zafar disse que queria ir esquiar. "Talvez você possa ir com sua mãe, eu pago a despesa", ele dissera. "Mas eu quero ir com você", disse o filho. Essas palavras dilaceraram seu coração.

Chegaram pelo correio os primeiros exemplares da versão final de *Haroun.* Isso levantou-lhe o ânimo. Autografou uma dúzia de exemplares com dedicatória para amigos de Zafar. No de Elizabeth, escreveu: "Obrigado pela volta da alegria".

Tornava-se cada vez mais plausível acreditar que o "caso Rushdie" não era digno do transtorno que causara, porque o homem em si era um espécime indigno. Norman Tebbit, um dos aliados políticos mais próximos de Margaret Thatcher, escreveu no jornal *The Independent* que o autor de *Os versos satânicos* era "um vilão fora de série [...] [cuja] vida pública é uma sucessão de atos abjetos de traição a sua educação, religião, pátria de adoção e nacionalidade". Lorde Dacre (Hugh Trevor-Roper), o célebre historiador, par do reino tóri e "avalizador" dos falsos "Diários de Hitler", despiu-se de todo embaraço e declarou, também ao *Indy*:

> Fico pensando em como Salman Rushdie deve estar vivendo atualmente, sob a benevolente proteção da lei britânica e da polícia britânica, a respeito das quais foi tão indelicado. Espero que não muito à vontade. [...] Eu não derramaria uma lágrima se algum muçulmano britânico, irritado com os modos dele, o embos-casse numa rua escura e lhe ensinasse a se comportar. Se isso fizesse com que no futuro ele controlasse sua pena, a sociedade se beneficiaria e a literatura não perderia nada.

O romancista John le Carré tinha dito: "Acho que não é dado a nenhum de nós ser impertinente com as grandes religiões e ficar impune" e, em outra ocasião: "Muitas vezes, ele teve nas mãos a possibilidade de livrar a cara de seus editores e, com dignidade, recolher seu livro até que tempos mais calmos sobreviessem. Parece-me que ele não tem mais nada a provar além da própria insensibilidade". Le Carré desaprovou também o argumento do "mérito literário": "Devemos crer que quem faz literatura séria tem mais direito à liberdade de expressão do que quem escreve para revistinhas populares? Esse elitismo não favorece a causa de Rushdie, seja lá o que for o que ela tenha se tornado". Ele não disse se também teria sido contra o uso do "mérito literário" em defesa de, por exemplo, *Ulisses*, de James Joyce, ou *O amante de lady Chatterley*, de D. H. Lawrence.

O *Evening Standard* perguntou a Douglas Hurd, ministro do Exterior britânico e "romancista": "Qual foi seu momento mais penoso no governo?". Resposta: "Ler *Os versos satânicos*".

No começo de setembro, ele se encontrou com Duncan Slater, na casa deste em Knightsbridge. A quantidade de imagens e artefatos indianos que havia no lugar revelava que seu dono era um indianófilo acima de qualquer suspeita, o que talvez explicasse sua simpatia pelo homem invisível. "Você deveria usar todos os contatos que tem na mídia", disse Slater. "Você precisa de matérias favoráveis." Nadine Gordimer reunira uma lista de signatários de peso para um apelo ao Irã, entre os quais estavam Václav Havel, o ministro da Cultura da França e muitos escritores, acadêmicos e políticos, e Slater sugeriu que o fato fosse usado para induzir um editorial simpático no *The Times*, por exemplo. A carta de Nadine Gordimer foi publicada e teve pouca repercussão. Nada mudou. O *The Independent* declarou ter recebido 160 cartas criticando a declaração de Tebbit e duas em apoio. Já era alguma coisa.

Poucos dias depois, o ministro do Exterior da Itália, Gianni de Michelis, anunciou que a Europa e o Irã estavam "perto" de uma troca de cartas que redundaria na "suspensão da *fatwa*" e tornaria possível a normalização das relações entre os dois países. Slater disse que esse relato estava "se adiantando um pouco às notícias", mas que realmente a *troika* de ministros do Exterior da Comunidade Europeia tinha o propósito de conversar com seu congênere iraniano, Ali Akbar Velayati, nos próximos dias.

Elizabeth começou a contar aos amigos mais próximos sobre seu novo relacionamento. Ele, por sua vez, conversou com Isabel Fonseca e lhe contou sobre Elizabeth. Foi aí que soube que Marianne estava voltando a Londres.

No dia em que *Haroun e o mar de histórias* foi lançado — 27 de setembro de 1990 —, o Irã e o Reino Unido restabeleceram relações diplomáticas parcialmente. Duncan Slater ligou de Nova York para dizer que "tinham recebido garantias". O Irã nada faria para cumprir a *fatwa*. No entanto, ela não seria suspensa, e a oferta de milhões de dólares como recompensa (o aiatolá Sanei, autor da oferta original, continuava elevando o prêmio) permaneceria de pé porque "não tinha nada a ver com o governo". Slater tentou apresentar o fato como um avanço, mas mais parecia uma traição. Nenhuma iniciativa de Douglas Hurd em seu favor era algo em que se pudesse confiar.

O serviço de informações e a Divisão Especial pareciam ser da mesma opinião. Não houve mudança na classificação da ameaça. Ele permaneceria no nível dois, um degrau abaixo da rainha. Não haveria alteração no aparato de proteção. A casa da St. Peter Street permaneceria de portas e janelas trancadas. Ele não seria *autorizado* a voltar para casa.

Mas ele tinha feito um novo começo. Na ocasião, era o que mais importava. *Haroun* estava indo bem, e o cenário de pesadelo de Sonny Mehta permaneceu firme no âmbito dos sonhos. Os caxemirenses não se insurgiram, instigados pelo nome de uma ave mecânica falante. Não havia rastro de sangue nas ruas. Sonny estivera fugindo de sombras e, agora que a luz do dia chegara, seus bichos-papões se apresentavam como os terrores noturnos vazios que eram.

Ele teve *permissão* para emergir brevemente, sem aviso prévio, para uma sessão de autógrafos de *Haroun e o mar de histórias* na livraria londrina Waterstone's, em Hampstead. Zafar foi também e "ajudou", passando-lhe os livros a serem autografados, e Bill Buford foi uma presença benfazeja e sorridente. Durante uma hora, ele se sentiu como se fosse de novo um escritor. Mas não havia como não perceber o nervosismo nos olhos da equipe de proteção. Não era a primeira vez que ele notava que os seguranças também estavam com medo.

Em casa estava Elizabeth. Eles se tornavam mais próximos dia a dia. "Estou assustada", ela lhe disse, "porque fiquei vulnerável demais a você." Ele fez o que pôde para devolver-lhe a segurança. *Te amo como um louco e não vou deixar você ir embora.* Ela temia que ele ficasse com ela por *faute de mieux*, que quando as ameaças acabassem ele fosse para os Estados Unidos e a deixasse. Ele lhe falara de seu amor por Nova York e do sonho de lá viver em liberdade algum dia. Ele, cuja vida fora uma sucessão de rupturas (que tentava redefinir como "enraizamentos múltiplos"), não compreendia que ela era visceralmente inglesa, que suas raízes eram muito profundas. Desde aqueles primeiros dias ela sentiu que estava competindo com Nova York. *Você vai cair fora daqui e me deixar.* Quando tomavam umas taças de vinho, surgia entre eles esse tipo de agastamento. Nenhum dos dois dava importância a essas irritações ocasionais. Na maior parte do tempo, estavam felizes um com o outro. *Estou muito apaixonado*, escreveu ele, sabendo como era surpreendente que fosse capaz de escrever essas palavras. Sua vida era estritamente reservada, e ele próprio não teria esperado que o amor encontrasse um meio de transpor as fronteiras vigiadas de seu estranho exílio interno. E, com tudo isso, ali estava o amor, muitas noites e fins de semana, atravessando o Tâmisa alegremente, de bicicleta, à sua procura.

O ódio, como o amor, também estava no ar. O loquaz gnomo de jardim do Instituto Muçulmano ainda vociferava, e aproveitava cada oportunidade para isso. Lá estava ele na rádio BBC dizendo que Salman Rushdie "tinha sido declarado culpado de um pecado mortal aos olhos da mais alta autoridade do islã, e o que restava era a aplicação da punição". Num jornal de domingo, Siddiqui deixou claro seu pensamento: "Ele deve pagar com a vida". Não tinha havido execução alguma na Grã-Bretanha no último quarto de século, mas agora a "cólera do islã" tornara aceitável, outra vez, a discussão sobre a "legalidade" do assassinato. As opiniões de Siddiqui encontraram eco no Líbano na pessoa de Hussein Musawi, líder do Hezbollah. *Ele deve morrer.* Simon Lee, autor de *The cost of free speech* [O preço da liberdade de expressão], sugeriu que ele fosse enviado à Irlanda do Norte pelo resto da vida, porque lá já havia muita polícia mobilizada. O colunista Garry Bushell, do *Sun*, falou dele como um traidor de seu país pior que George Blake. Agente duplo soviético, Blake fora sentenciado a 42 anos de prisão por espionagem, mas tinha fugido da cadeia e ido para a União Soviética. Escrever um romance agora podia ser entendido seriamente como um crime mais hediondo que a alta traição.

Dois anos de ataques por parte de muçulmanos e não muçulmanos o tinham afetado mais do que ele pensava. Ele nunca esqueceu o dia em que lhe trouxeram um exemplar do *The Guardian* e ele viu o que o romancista e crítico John Berger escrevera a seu respeito. Conhecia Berger e admirava especialmente seus livros de ensaios *Modos de ver* e *About looking* [Sobre o olhar], e achava que as relações entre eles eram boas. Procurou ansiosamente a página de opinião para lê-lo. O choque causado pelo que encontrou, um ataque bilioso de Berger a seu trabalho e a seus motivos, foi enorme. Eles tinham muitos amigos em comum, como Anthony Barnett, do grupo Carta 88, por exemplo, e durante os meses e anos que se seguiram Berger ouviu desses intermediários a pergunta sobre por que tinha escrito um artigo tão hostil. Ele sempre se recusou a responder.

Não era fácil que o amor de uma mulher aliviasse o sofrimento causado por tantos ataques. Era provável que não existisse no mundo amor suficiente para consolá-lo naquele momento. Seu novo livro tinha sido publicado, e no mesmo dia o governo britânico se deitava com seus assassinos em potencial. Os cadernos literários dos jornais o louvavam; já o noticiário o execrava. À noite ouvia *Eu te amo*, mas os dias gritavam *Morra.*

* * *

Elizabeth não tinha proteção policial, mas, para garantir sua segurança, era vital mantê-la longe dos olhos do público. Os amigos dele nunca mencionavam o nome dela, nem sua existência, fora do "círculo íntimo". Mas, como não podia deixar de ser, a imprensa a descobriu. Não havia fotos dela, nem haveria, mas isso não impediu que os tabloides especulassem sobre os motivos que uma bela jovem teria para ficar com um romancista catorze anos mais velho, com a marca da morte na testa. Ele viu uma foto de si mesmo num jornal com a legenda RUSHDIE: PERIGOSO. Era inevitável que se imaginasse que ela fosse movida por razões mesquinhas, pelo dinheiro dele talvez, ou, na opinião de um "psicólogo" que se sentiu em condições de julgá-la sem jamais tê-la visto, porque certo tipo de mulher jovem era atraída pelo cheiro do perigo.

Agora que o segredo tinha sido revelado, a polícia estava mais preocupada com a segurança dela e com a dele também. Inquietos com a possibilidade de que ela fosse seguida em sua rota ciclística, insistiram para que se encontrasse com eles em pontos predeterminados e fosse submetida à "lavagem a seco". Também lançaram um comunicado à imprensa, avisando que se mantivesse longe dela, porque a publicidade poderia aumentar a possibilidade de que se cometesse um crime. Em todos os anos seguintes, a imprensa ajudou a protegê-la. Nenhuma foto sua foi tirada nem publicada. Quando aparecia em público, ela era trazida ao local separadamente e levada embora em outro veículo. Ele disse aos fotógrafos que se deixaria fotografar de boa vontade se, em troca, eles a deixassem em paz, e surpreendentemente foi atendido. Todos sabiam que a *fatwa* era coisa séria, e todos a levaram a sério. Mesmo cinco anos depois, quando o romance *O último suspiro do mouro* foi indicado para o Booker Prize, ele compareceu à cerimônia com Elizabeth, mas ela não foi fotografada. A transmissão pela BBC2 foi ao vivo, mas os cinegrafistas foram instruídos a não focalizá-la, e nenhuma imagem sua foi exibida. Em consequência dessa excepcional abstenção, ela pôde, durante os anos da *fatwa*, circular livremente pela cidade, como uma pessoa comum, sem atrair a atenção de simpatizantes ou adversários. Ela era discretíssima por natureza, e o acordo caiu-lhe como uma luva.

Em meados de outubro, ele se avistou com Mike Wallace num hotel da zona oeste de Londres para uma entrevista concedida ao programa *60 Minutes*.

Ao fim dela, Wallace mencionou o fim de seu casamento com Marianne e perguntou: "Como você se arranja para ter companhia? Tem de levar uma vida de celibato?". Surpreso com a pergunta, ele obviamente não podia dizer a Wallace a verdade sobre seu novo amor. Embatucou por um segundo e então, como que por milagre, encontrou a resposta certa. "É bom dar um tempo", disse. Mike Wallace ficou tão espantado com a resposta que ele teve de acrescentar: "Não, não estou falando sério". *Brincadeirinha, Mike.*

Marianne ligou. Estava de volta dos Estados Unidos outra vez. Ele queria falar com ela sobre advogados e formalizar o divórcio, mas ela tinha algo mais para discutir. Tinha um nódulo no seio que poderia ser "pré-canceroso". Estava muito brava com sua clínica geral, que deveria ter descoberto o nódulo "seis meses antes". Seja como for, lá estava. Ela precisava dele, disse. Ainda o amava. Três dias depois, ela deu a má notícia. Era câncer, linfoma de Burkitt, um dos tipos de câncer não-Hodgkins. Ela consultara um especialista do Chelsea and Westminster Hospital, um certo dr. Abdul-Ahad. Nas semanas seguintes, ela lhe contou que estava fazendo radioterapia. Ele não sabia o que dizer.

Pauline Melville ganhou o Guardian Fiction Prize com a coletânea de contos *Shape-shifter.* Ele telefonou para cumprimentá-la, e ela quis falar sobre Marianne. Ela, Pauline, se prontificara várias vezes a acompanhá-la ao hospital durante o tratamento. O oferecimento foi sistematicamente recusado. Ela voltou a ligar dias depois e disse: "Acho que você deveria ligar para esse doutor Abdul-Ahad e conversar pessoalmente com ele".

O oncologista Abdul-Ahad nunca tinha ouvido falar de Marianne, nem trataria um paciente com um câncer como aquele. Era especialista em cânceres muito diversos, sobretudo infantis. Aquilo era incompreensível. Haveria outro dr. Abdul-Ahad? Será que ele estava falando com a pessoa errada?

Chegou o dia em que Marianne tinha dito que ia começar um tratamento no Royal Marsden. Havia dois Royal Marsden, um na Fulham Road e outro na Sutton. Ele ligou para ambos. Não sabiam de quem se tratava. Mais perplexidade. Talvez ela estivesse usando um nome falso. Talvez ela também tivesse um codinome, como ele tinha o de Joseph Anton. Ele queria ajudar, mas estava num beco sem saída.

Ele ligou para a clínica geral de Marianne e perguntou se poderiam conversar. Disse-lhe que tinha conhecimento do sigilo médico, mas que a conversa tinha sido sugerida pelo oncologista. "Que bom que você ligou", disse a médica. "Perdi contato com Marianne — você poderia me dar o endereço e o telefone dela? Naturalmente, preciso falar com ela." Ele ficou surpreso ao ouvir isso. A médica estava havia um ano sem ver Marianne e revelou que elas nunca tinham falado sobre um câncer.

Marianne deixou de retornar as ligações dele. Ele nunca soube se ela tinha sido encontrada pela médica, nunca soube se ela tinha mudado de clínica, nunca soube nada mais a respeito. Eles pouco conversaram depois daquilo. Ela concordou com o divórcio e fez poucas exigências financeiras. Pediu apenas uma quantia moderada para ajudá-la a recomeçar a vida. Saiu de Londres e se mudou para Washington. Ele nunca mais soube de nada relacionado a doença ou tratamento. Ela continuou a viver e a escrever. Seus livros, muito apreciados, foram indicados para os prêmios Pulitzer e National Book. Ele sempre a considerara uma escritora de alta qualidade, e lhe desejava sorte. A vida deles seguiu caminhos separados e eles nunca mais se cruzaram.

Não, isso não é verdade. Cruzaram-se uma vez mais. Ele estava prestes a se fazer vulnerável a ataques, e ela aproveitou a oportunidade para se vingar.

Ele leu um romance do escritor chileno José Donoso, *O obsceno pássaro da noite*, sobre a dissolução do eu. No estado de vulnerabilidade em que se encontrava, essa não seria a leitura mais indicada. O título fora tirado de uma carta escrita por Henry James (pai) aos filhos Henry e William, que servira de epígrafe ao romance de Donoso:

> Todo homem que atingiu ao menos a adolescência intelectual começa a desconfiar que a vida não é uma farsa; que não é sequer uma comédia galante; que floresce e frutifica em sentido contrário ao das profundezas trágicas da carência essencial em que estão imersas as raízes de seu eu. A herança natural de todo aquele que é capaz de uma vida espiritual é uma floresta indômita onde uiva o lobo e gorjeia o obsceno pássaro da noite.

Ele ficou acordado olhando Elizabeth, que dormia, e no quarto a floresta indômita crescia cada vez mais, como aquela outra floresta do magnífico livro de Sendak, além da qual jazia o oceano além do qual jazia o lugar onde as coisas selvagens estavam, onde havia uma barca especial para que ele usasse; e, esperando na praia, onde estavam as coisas selvagens, havia um dentista. Talvez os dentes do siso tivessem sido um presságio, afinal. Talvez existissem presságios e augúrios e prodígios e profecias, e talvez todas as coisas em que ele não acreditava fossem mais reais que as coisas que ele conhecia. Talvez, se existissem monstros de asas de morcego e vampiros de olhos esbugalhados... talvez, se existissem belzebus e demônios... existisse também um deus. Sim, e talvez ele estivesse perdendo o juízo. O peixe louco, burro e, por fim, morto é o que sai à procura do anzol.

O pescador que capturou o peixe louco, a sereia que conduziu sua barca especial para as rochas foi o "dentista holístico" da Harley Street, Hesham el-Essawy. (Talvez ele devesse ter entendido que os dentes tinham bastante siso.) Essawy parecia um ator pouco indicado para o papel, embora lembrasse levemente um Peter Sellers mais corpulento, mas o peixe desesperado, preso em seu tanque durante dois longos anos, abatido de ânimo, com a autoestima gravemente abalada, procurava uma saída, qualquer saída, e confundiu a minhoca sinuosa, usada como isca, com a chave.

Ele teve novo encontro com Duncan Slater em Knightsbridge, e dessa vez havia outro homem presente: David Gore-Booth, figurão do Foreign and Commonwealth Office. Tinha participado das conversas com iranianos em Nova York e concordara em inquiri-lo pessoalmente. Era altivo, sagaz, firme e direto, dando a impressão, como arabista que era, de que suas simpatias não estavam do lado do escritor e sim de seus críticos. Desde Lawrence da Arábia, o FCO "pendia" para o lado do mundo muçulmano (Gore-Booth se tornaria uma figura impopular em Israel) e suas autoridades frequentemente exibiam uma irritação autêntica com as dificuldades das relações britânicas com aquele mundo causadas por, vejam só, um romancista. No entanto, Gore-Booth disse que as garantias recebidas do Irã eram "reais". Eles não buscariam executar a sentença de morte. O importante agora era baixar a temperatura em casa. Se os muçulmanos britânicos pudessem ser levados a prender seus cachorros, as coisas poderiam se normalizar bem rápido. "Esse lado da coisa", disse ele, "só depende de você."

Frances D'Souza ficou otimista e animada quando ele ligou para contar-lhe sobre o encontro com Gore-Booth. "Acho que vai dar em alguma coisa!", disse ela. Mas o encontro o deixara muito reticente por causa da mal dissimulada censura de Gore-Booth ao que ele supostamente tinha feito. *Esse lado da coisa só depende de você.* Ter princípios estava sendo reinterpretado como obstinação. A tentativa de manter a postura, de insistir que ele era a vítima e não o criminoso nesse grande engano, estava sendo tomada como arrogância. Estavam fazendo tanto por ele, por que ele se manteria tão inflexível? Ele tinha causado tudo; teria também de terminar com aquilo.

Essas atitudes, que estavam se tornando generalizadas, pesavam demais sobre ele, tornando cada vez mais difícil acreditar que ele estava agindo da melhor forma. Algum tipo de diálogo com os muçulmanos britânicos talvez fosse inevitável. Frances lhe disse que Essawy tinha feito contato com a organização Artigo 19 e se oferecera como mediador. Essawy não tinha tanto peso do ponto de vista intelectual, mas, na opinião dela, era bem-intencionado e até benevolente. Esse caminho parecia vital para ela agora. A campanha de defesa estava raspando o fundo do cofre. Era preciso levantar 6 mil libras com urgência. Estava ficando difícil convencer a Artigo 19 a continuar financiando a campanha. Era preciso mostrar que tinham feito algum progresso.

Ele ligou para Essawy. O dentista foi cortês, falou com delicadeza, disse que entendia o quanto sua vida tinha se tornado desagradável. Ele percebeu que estava sendo paparicado, que lhe falavam como a um bebê de quem se pretende algum tipo de aquiescência, mas continuou ouvindo. Essawy disse que queria ajudar. Poderia marcar uma conferência de intelectuais muçulmanos de "muito peso" e com isso começar uma campanha no mundo árabe e até mesmo no Irã. "Sou sua melhor aposta", disse. "Quero que você seja uma espécie de Ghazali e volte à religião." Muhammad al-Ghazali, pensador muçulmano conservador, era o autor da célebre obra *Incoerência dos filósofos*, em que denunciara como incrédulos e difamadores da verdadeira fé os gregos Aristóteles e Sócrates e intelectuais muçulmanos como Ibn Sina (Avicena), influenciado por aqueles. Ghazali fora contestado por Ibn Rushd (Averróis), o pensador aristotélico de quem Anis Rushdie tinha tomado seu sobrenome, no igualmente célebre *A incoerência da incoerência*. Ele mesmo sempre pensava em si como um membro do clã de Ibn Rushd, não de Ghazali, mas compreendeu que Essawy não estava se referindo propriamente à filosofia de Ghazali, e sim ao momento em que Ghazali teve uma crise de fé que foi superada com "a luz que o Altíssimo acendeu em meu peito". Ele achava improvável que em seu peito se acendesse a luz do Altíssimo a curto prazo, mas Essawy insistiu. "Não acredito no buraco em forma de deus sobre o qual você escreveu", disse ele. "Você é um homem inteligente." Como se inteligência e descrença não pudessem coexistir num mesmo cérebro. Esse buraco em forma de deus, o dentista estava lhe dizendo, era importante não por ser uma cavidade que devesse ser preenchida com arte e amor, como ele escrevera, mas porque *tinha a forma de Deus*. Portanto, ele deveria olhar não para o vazio, mas para aquele contorno.

Em circunstâncias normais, ele não teria perdido tempo numa discussão dessas, mas as circunstâncias estavam bem longe do normal. Conversou com Sameen, que ficou desconfiada. "Você precisa descobrir exatamente o que Essawy está querendo", disse sua irmã. Essawy tinha escrito recentemente uma carta aberta a Rafsanjani no Irã em que se referia a "esse escritor desprezível". ("Vai me perdoar por isso, não vai?", disse ao telefone, fingido, bajulador.) E fez uma exigência que se tornaria um enorme obstáculo: "Você não deve defender o livro".

Sempre que ligava para Essawy, ele tinha consciência de estar sendo atraído cada vez mais para um espaço do qual seria difícil recuar. Mesmo assim continuou ligando, e Essawy permitiu que ele não se apressasse, encontrasse devagar seu caminho, no seu próprio ritmo, com muitos recuos e rodeios, em direção ao anzol que esperava sua boca ávida. A entrevista que dera no programa de TV *South Bank Show* tinha ajudado muito, disse o dentista. Suas antigas posições sobre a Caxemira e a Palestina também foram úteis. Mostrariam que ele não era inimigo dos muçulmanos. Ele deveria fazer um vídeo reiterando seu apoio às aspirações de caxemirenses e palestinos, que pudesse ser exibido no Centro Cultural Islâmico em Londres para ajudar a mudar a opinião popular a seu respeito... *Talvez*, disse. *Vou pensar.*

Ele nunca soube muita coisa sobre Essawy como pessoa. O dentista disse que era bem casado e, de fato, sua mulher era tão amorosa e prestativa que estava lhe cortando as unhas dos pés enquanto ele falava ao telefone. Essa foi a imagem do dentista que ficou gravada na cabeça dele: um homem que fazia ligações tendo uma mulher ajoelhada a seus pés.

* * *

Margaret Drabble e Michael Holroyd convidaram a ele e Elizabeth para passar o fim de semana em Porlock Weir, juntamente com o dramaturgo Julian Mitchell e seu parceiro Richard Rosen. Eram companhias agradáveis, mas ele estava angustiado, dando nós no cérebro em busca de um meio de aquietar seus opositores, procurando as palavras a dizer — palavras que ele pudesse dizer — para romper o impasse. Saíram para uma longa caminhada pelo verde luxuriante do vale do Doone, e ao caminhar ele discutia consigo mesmo. Talvez pudesse fazer uma declaração alegando pertencer à cultura islâmica e não à religião. Afinal, havia judeus não religiosos; talvez ele pudesse alegar uma espécie de afiliação secular a uma comunidade de tradição e cultura muçulmanas.

Afinal, ele vinha de uma família indiana muçulmana. Essa era a verdade. Seus pais podiam não ter sido religiosos, mas grande parte da família o era. Ele fora sem dúvida fortemente influenciado pela cultura muçulmana; afinal, quando quisera inventar a história de uma religião ficcional, tinha se voltado para a história do islã, porque era a que conhecia melhor. E, sim, ele tinha se manifestado em ensaios e entrevistas a favor dos direitos dos muçulmanos caxemirenses, e em *Os filhos da meia-noite* situara uma família muçulmana, e não hindu, no cerne da história do nascimento da Índia independente. Como podia ser chamado de inimigo do islã com esses antecedentes? Ele não era um inimigo. Era amigo. Um amigo cético, dissidente talvez, mas apesar de tudo um amigo.

Falou com Essawy da casa de Maggie e Michael. O pescador sentiu o peixe na linha e viu que era hora de começar a puxar. "Quando você falar", disse ele, "deve ser claro. Não pode haver ambiguidades."

A polícia permitiu que ele fosse a uma exibição privada do novo filme de Bernardo Bertolucci, *O céu que nos protege*. Terminada a projeção, ele não sabia o que dizer a Bernardo. Não havia nada no filme de que ele tivesse gostado. "Ah, Salman!", disse Bertolucci. "É muito importante para mim saber o que você achou de meu filme." Naquele momento, vieram a sua cabeça as palavras certas, como aquelas outras palavras que lhe vieram à cabeça quando Mike

Wallace lhe perguntara sobre sexo. Ele pôs a mão no coração e disse: "Bernardo... Não consigo falar sobre ele". Bertolucci concordou, compreensivo. "Muita gente tem essa reação", disse.

Voltando para casa, ele esperou um terceiro milagre, na forma das palavras certas que lhe viessem no momento exato, pela terceira vez, e fizessem os líderes muçulmanos britânicos aquiescer e compreender.

Ele estava finalizando a coletânea de ensaios *Imaginary homelands*, escrevendo a introdução, corrigindo provas, quando lhe pediram uma entrevista para o programa *Late Show*, da BBC. O entrevistador seria seu amigo Michael Ignatieff, escritor e homem de televisão russo-canadense, de modo que ele podia ter certeza de contar com a simpatia do público. Nessa entrevista, ele disse o que achava que todo mundo queria ouvir. *Estou conversando com os líderes muçulmanos para tentar encontrar um ponto em comum.* Ninguém mais queria ouvir falar de liberdade, ou do direito inalienável do escritor a expressar sua visão de mundo como lhe aprouvesse, ou da imoralidade da queima de livros e das ameaças de morte. Esses argumentos já tinham sido esgotados. Retomá-los agora seria uma obstinação inútil. As pessoas queriam ouvi-lo falando de paz, e com isso a questão estaria encerrada e ele poderia simplesmente ir embora, sair da televisão, dos jornais, para a merecida obscuridade, de preferência passando o resto da vida a refletir sobre o mal que tinha causado e a procurar os meios de se desculpar e consertar as coisas. Ninguém se importava com ele ou com seus princípios ou com seu livro infeliz. Precisavam que ele pusesse fim àquela situação horrorosa. *Há muitos pontos em comum*, disse ele, *a questão é torná-los mais sólidos.*

Ele mordeu a minhoca suculenta e não parou nem quando sentiu a ponta do anzol.

Houve uma chuva de reações, como se ele estivesse caminhando sobre folhas de outono caídas e as chutasse para cima. Sameen ouviu pelo rádio que "líderes muçulmanos moderados" estavam pedindo ao Irã que anulasse a *fatwa.* No entanto, "líderes" muçulmanos britânicos com os quais ele não tinha falado negaram que estivessem negociando com ele. O anão de jardim pegou um voo para Teerã para instar as lideranças do país a não afrouxar, e seis dias depois o ministro da Cultura e Orientação Islâmica, Mohammad Khatami — o futuro presidente Khatami, a grande esperança liberal do Irã —, declarou que a *fatwa* era irreversível. Quando soube disso, ele ligou para Duncan Slater. "Pensei que você tinha dito que os iranianos iam deixar o assunto morrer por si", disse ele. "Vamos voltar a falar de você", respondeu Slater.

Ele foi ao programa de rádio de Melvyn Bragg, *Start the Week*, na manhã da segunda-feira, e chamou Essawy de "proeminente figura muçulmana" que tinha aberto o diálogo com ele. Falou com Ted Koppel no programa *Nightline* e expressou a esperança de que as coisas melhorassem. No Irã, a recompensa em dinheiro aumentou outra vez: ainda 1 milhão para iranianos, mas 3 milhões para um não iraniano que fizesse o serviço. Ele falou com Slater. O acordo de Nova York era simplesmente uma farsa. O governo britânico precisava agir. Slater concordou em transmitir a mensagem. O governo não agiu. Ele disse, na televisão americana, que estava começando a ficar "um pouco perturbado com a falta de reação por parte do governo britânico" a essas novas ameaças.

O pescador começou a puxar o peixe para a rede. "Deve haver uma reunião", disse Essawy, "e você deve ser abraçado por muçulmanos mais uma vez."

Não consultou ninguém, não pediu conselho ou orientação a ninguém. Só por isso ele devia ter compreendido que *não estava em seu juízo perfeito.* Normalmente teria conversado sobre uma decisão importante com Sameen, Pauline, Gillon, Andrew, Bill, Frances. Não telefonou para ninguém. Na verdade, nem sequer discutiu o assunto com Elizabeth. "Estou tentando resolver isso", disse a ela. Mas não lhe perguntou o que ela achava disso.

Não chegava ajuda de nenhuma outra direção. Era com ele. Tinha lutado por seu livro e não ia desistir. Seu nome já estava conspurcado, de qualquer forma. Não importava o que as pessoas pensassem dele. Já estavam pensando o pior. "Certo", disse ele ao cada vez mais untuoso dentista. "Marque a reunião. Vou comparecer."

A delegacia de Paddington Green era a dependência policial mais segura do Reino Unido. No térreo, parecia uma delegacia comum num feioso prédio de escritórios, mas era no subsolo que as coisas aconteciam. Era lá que os membros do IRA eram mantidos presos e interrogados. E, na véspera do Natal de 1990, foi para lá que ele foi levado para conversar com o pessoal de Essawy. Disseram-lhe que nenhum outro lugar seria aprovado, o que mostrava como todos estavam nervosos. Quando adentrou a delegacia de Paddington Green, com suas portas à prova de bombas e intermináveis trancas e revistas, ele também começou a ficar nervoso. Então, ao entrar na sala de reuniões, gelou. Esperava uma mesa redonda, ou pessoas sentadas informalmente em poltronas, talvez tomando chá ou café. Como tinha sido ingênuo! O que via agora nada tinha a ver com informalidade nem sequer com uma pretensa discussão. Eles não tinham se reunido para falar sobre um problema e chegar a um acordo civilizado. Ele não seria tratado como igual. Estava sendo levado a julgamento.

A sala tinha sido disposta pelos dignitários muçulmanos como se fosse um tribunal. Estavam sentados como seis juízes, enfileirados, atrás de uma mesa comprida. De frente para eles havia uma única cadeira. Ele parou na porta, como um cavalo refugando diante do primeiro obstáculo, e Essawy aproximou-se dele, sussurrando afoito, dizendo que ele precisava entrar, que eram senhores importantes, que tinham aberto uma brecha em sua agenda, que não deviam ser deixados à espera. Que fizesse o favor de se sentar. Todos estavam à espera.

Ele deveria ter lhes dado as costas e voltado para casa, a salvo da degradação, de volta ao amor-próprio. Cada passo adiante foi um erro. Mas agora ele era um zumbi de Essawy. A mão do dentista pousada suavemente em seu cotovelo guiou-o para a cadeira vazia.

Todos foram apresentados a ele, que mal gravou-lhes os nomes. Havia barbas, turbantes e olhos penetrantes, curiosos. Ele reconheceu o egípcio Zaki Badawi, presidente do Muslim College de Londres, "liberal" a ponto de, mesmo condenando *Os versos satânicos*, dizer que daria abrigo ao autor em sua própria casa. Foi apresentado a um certo sr. Mahgoub, ministro egípcio de *awqaf* (dotações religiosas); ao xeique Gamal Manna Ali Solaiman, da mesquita central de Londres, com sua cúpula dourada, no Regent's Park; e ao xeique Hamed Khalifa, ligado ao xeique Gamal. Essawy era de origem egípcia e tinha trazido outros egípcios para a sala.

Estava em poder daqueles homens, que de início riram e brincaram com ele. Fizeram comentários desairosos sobre Kalim Siddiqui, o malévolo gnomo de jardim e cachorrinho dos iranianos. Prometeram lançar uma campanha mundial para dar fim à questão da *fatwa*. Ele tentou explicar as origens do romance, e eles concordaram em que a controvérsia tinha base num "trágico mal-entendido". Ele não era inimigo do islã. Eles estavam dispostos a reconhecê-lo como membro da intelectualidade muçulmana. Esse era o desejo mais sincero deles. *Queremos recuperar você para nós.* Ele só precisava fazer alguns gestos de boa vontade.

Ele deveria renegar, disseram eles, as declarações de personagens de seu romance que atacavam ou insultavam o Profeta ou sua religião. Ele respondeu que vinha afirmando repetidamente que não se podia falar da perseguição a uma nova fé sem mostrar os perseguidores no ato de perseguir, e que era uma injustiça evidente equiparar os pontos de vista dele próprio aos daqueles. Bem, então, replicaram, será fácil para você fazer isso.

Ele deveria suspender a publicação da edição em brochura, disseram. Ele respondeu que insistir nisso seria um equívoco, que eles seriam vistos como censores. Eles disseram que seria necessário um tempo para que suas iniciativas de reconciliação surtissem efeito. Ele precisava criar esse espaço. Uma vez resolvidos os mal-entendidos, o livro já não seria fonte de preocupação para ninguém e as novas edições deixariam de constituir um problema.

Finalmente, ele devia dar provas de sua sinceridade. Ele sabia o que era a *shahadah*, ou não sabia? Tinha sido criado na Índia chamando-a de *qalmah*, mas era a mesma coisa. *Só há um Deus, e Maomé é seu Profeta.* Essa era a declaração que ele tinha de fazer nesse dia. Era o que lhes permitiria entender-lhe a mão da amizade, do perdão e da compreensão.

Ele disse que preferia manifestar uma identidade muçulmana secular, dizer que tinha sido criado naquela tradição. Eles reagiram mal à palavra "secular". "Secular" era o demônio. Essa palavra não deveria ser usada. Ele precisaria se expressar claramente com palavras consagradas. Essa seria a única atitude que os muçulmanos entenderiam.

Tinham preparado um documento que ele deveria assinar e que Essawy lhe entregou. Era tosco e cheio de erros gramaticais. Ele não poderia assiná-lo. "Corrija, corrija", eles o apressavam. "Você é o grande escritor, não nós." Num canto da sala havia uma mesa e outra cadeira. Ele levou o papel para lá e sentou-se para analisá-lo. "Leve o tempo de que precisar", eles exclamaram. "Você deve ficar satisfeito com o que assinar."

Ele não estava satisfeito. Tremia de angústia. Agora se arrependia por não ter se aconselhado com os amigos. O que teriam dito? O que o pai dele teria aconselhado? Ele se viu balançando à beira de um profundo abismo. Mas ouvia também o sedutor murmúrio da esperança. Se eles fizessem o que estavam dizendo... se o conflito chegasse ao fim... se, se, se.

Ele assinou o documento corrigido e entregou-o a Essawy. Os seis "juízes" assinaram também. Houve abraços e congratulações. Estava acabado. Ele estava perdido dentro de um furacão, atordoado, cego pelo que acabara de fazer, e não tinha ideia de para onde o turbilhão o levaria. Não ouvia nada, não via nada, não sentia nada. A polícia conduziu-o para fora da sala, e ele pôde ouvir as portas que se abriam e fechavam ao longo do corredor subterrâneo. Depois, a porta de um carro, aberta, fechada. Estava sendo levado embora. Quando chegou a Wimbledon, Elizabeth estava à espera, oferecendo-lhe seu amor. Suas vísceras estavam em rebuliço. Foi ao banheiro, sentindo-se violentamente mal. Seu corpo sabia o que a cabeça tinha feito e estava dando sua opinião.

Naquela tarde, ele foi levado a uma entrevista coletiva e tentou passar uma impressão positiva. Deu entrevistas para o rádio e para a televisão, com Essawy e sem ele. Não se lembrava do que disse. Sabia o que estava dizendo a si mesmo. *Mentiroso*, dizia. *Mentiroso, covarde e tolo.* Sameen telefonou. "Você teve uma privação de sentidos?", gritou-lhe ela. "O que acha que está fazendo?" *Sim, você teve uma privação de sentidos*, disse sua voz interior. *E não tem ideia do que fez, do que está fazendo ou do que pode fazer agora.* Tinha sobrevivido todo esse tempo porque podia pôr a mão no coração e defender cada uma das palavras que escrevera ou dissera. Tinha escrito com seriedade e integridade, e tudo o que havia dito antes sobre aquilo tinha sido verdade. Agora tinha cortado a própria língua, tinha se negado a capacidade de usar a língua e as ideias que eram naturais para ele. Até o momento, tinha sido acusado de um crime contra a fé alheia. Agora ele próprio se acusava, se declarava culpado de um crime contra si mesmo.

Então chegou o dia de Natal.

Ele foi conduzido ao apartamento de subsolo de Pauline em Highbury Hill, onde estaria Zafar, para que passassem juntos a manhã de Natal. Depois de algumas horas Zafar voltou para a casa da mãe, e ele e Elizabeth foram levados à casa de Graham Swift e Candice Rodd, em Wandsworth. Era o segundo Natal deles juntos. Foram gentis uns com os outros, como sempre, e muito cuidadosos a respeito do que acabava de acontecer, de modo a não estragar o clima natalino, mas ele pôde ver a preocupação nos olhos de todos, assim como eles, com certeza, podiam ver a confusão em seus olhos. O dia seguinte foi passado na casinha de Bill Buford, em Cambridge, onde Bill preparara um banquete. Esses momentos eram ilhas em meio à tempestade. Depois disso, seus dias foram ocupados com jornalistas e ele esteve assoberbado com os jornais. Falou à imprensa britânica, à americana e à indiana, para a seção persa do Serviço Mundial da BBC, deu entrevistas telefônicas para emissoras de rádio muçulmanas da Grã-Bretanha. Detestou cada palavra do que dizia. Estava se contorcendo no anzol que com tanta avidez engolira, e isso lhe fazia mal. Ele sabia a verdade: não tinha se tornado mais religioso do que fora até poucos dias antes. O resto era pura conveniência. Nem por isso estava dando certo.

De início, pareceu que poderia dar certo. O eminente xeique de al-Azhar saiu em sua defesa e "perdoou seus pecados", e o advogado do conselho da rainha Sibghat Qadri pediu uma reunião com o procurador-geral para conversar sobre o indiciamento de Kalim Siddiqui. Mas o Irã continuava intransigente. Khamenei disse que a *fatwa* continuaria de pé, "ainda que Rushdie se tornasse o homem mais religioso de todos os tempos", e um jornal linha-dura de Teerã aconselhou-o a "preparar-se para morrer". Siddiqui prontamente papagaiou essas declarações. E os Seis de Paddington Green começaram a dar para trás. O xeique Gamal exigiu o recolhimento total de *Os versos satânicos*, o que ele e seus pares haviam concordado em não fazer. Gamal e o xeique Hamed Khalifa tinham sido duramente criticados pela congregação da mesquita do Regents' Park e, pressionados por essas críticas, passaram a abandonar o compromisso assumido. Sauditas e iranianos expressaram sua "irritação" com o envolvimento do governo egípcio na iniciativa de paz, e Mahgoub, diante do risco de perder o emprego, também renegou o acordo.

Ao meio-dia de 9 de janeiro de 1991, dia em que Elizabeth fazia trinta anos, ele recebeu a visita do sr. Greenup, que lhe disse com aspereza: "Acreditamos que o perigo tenha aumentado. Recebemos informações confiáveis a respeito de uma ameaça específica. Estamos analisando a situação e lhe daremos ciência no devido momento".

Ele tinha caído na armadilha de querer ser amado, tinha se comportado como um tolo, um fraco, e agora estava pagando o preço.

5. "Estive embaixo tanto tempo que para mim parece o alto"

Era o aniversário de Elizabeth, e ele estava preparando um jantar indiano para ela. Gillon, Bill, Pauline e Jane Wellesley viriam a Wimbledon para esse jantarzinho de comemoração. Ele queria que aquela fosse uma noite especial. Ela estava lhe dando tanto, e ele só podia retribuir com pouquíssimo, mas ao menos podia preparar aquele jantar. Ele não contou a ninguém o que Greenup lhe dissera. Haveria oportunidade para isso em outro dia. Aquele, 9 de janeiro, era para a mulher que ele amava. Fazia cinco meses que estavam juntos.

Depois do aniversário de Elizabeth, ele caiu doente. Teve febre alta durante vários dias e ficou de cama. Deitado ali, quente e trêmulo, as notícias, tanto as privadas quanto as públicas, pareciam ser um aspecto de sua doença. Susan, assistente de Andrew, tinha falado com Marianne, que disse que estava bem, como sem dúvida estava, mas ele não podia dar atenção a isso agora. A polícia estava lhe dizendo que, devido à "ameaça específica", suas atividades teriam de ser restringidas ainda mais. Ele fora convidado a ir a diversos programas de TV, como *Wogan* e *Question Time*, mas isso não seria *permitido*. Fora convidado a falar para um grupo da Câmara dos Comuns, mas a polícia não quis levá-lo ao palácio de Westminster. Algumas reuniões noturnas em casa de amigos seriam permitidas, porém nada mais. Ele sabia que, normalmente, se recusaria a aceitar isso, mas estava mal demais para discutir. Tarde da noite, deitado na cama com febre, a TV lhe informou sobre o começo da Guerra do Golfo, o gigantesco ataque aéreo ao Iraque. Depois o Iraque passou a atacar Israel com mísseis Scud, que, por milagre, não mataram ninguém e, por felicidade, não estavam equipados com ogivas químicas. Ele passava os dias num semidelírio de sono, febre e imagens de bombardeios de precisão. Havia telefonemas, alguns atendidos, outros não, muitos sonhos ruins e, sobretudo, sua contínua angústia por ter declarado que tinha "se tornado muçulmano". Sameen estava encontrando muita dificuldade para engolir aquilo, e algumas ligações eram dela. Durante dois anos ele percorrera uma estrada rumo ao coração das trevas, e agora estava lá, no inferno. Ele deixara perplexos todos os seus amigos e se forçara a sorrir ao lado de gente que o havia caluniado e ameaçado outras pessoas, homens que haviam concordado com a ameaça de morte feita pelo Irã, a ameaça que Iqbal Sacranie, por exemplo, havia chamado de "seu castigo divino". O "intelectual" Tariq Modood enviou-lhe uma carta em que dizia que ele não deveria mais falar sobre a *fatwa*. "Os muçulmanos consideram isso repulsivo", disse Modood. Como o Ocidente usara a *fatwa* para demonizar os muçulmanos, era "repulsivo" que ele continuasse a se opor a ela. Esse Modood apresentava-se como um moderado, mas tal hipocrisia tornava impossível para ele pensar em linha reta. E essas eram as pessoas que ele não podia mais contestar porque cortara a própria língua. Outro "moderado", Akbar Ahmed, telefonou para dizer que os "linhas-duras" podiam estar aos poucos mudando de atitude, mas que ele deveria ser "muito conciliador", um "muçulmano *sadha* [comum]". Ele respondeu que o volume de merda que estava disposto a engolir era muito limitado.

Caro Deus,

Se Você existe, e se é como O descrevem — onisciente, onipresente e, acima de tudo, onipotente —, com certeza não irá tremer em seu assento celestial ao ser confrontado por um simples livro e seu escrevinhador, não é? Os grandes filósofos muçulmanos com frequência discordam em relação à Sua relação precisa com os homens e os atos humanos. Ibn Sina (Avicena) argumentava que Você, por estar muito acima do mundo, limitava-se a tomar conhecimento dele em termos muito gerais e abstratos. Ghazali discordava. Qualquer Deus "aceitável ao islã" conheceria em minúcias tudo o que acontecesse sobre a superfície da terra e teria uma opinião a respeito. Bem, Ibn Rushd não aceitava isso, como Você há de saber se

Ghazali estivesse certo (e não saberá se quem tivesse razão fosse Ibn Sina ou Ibn Rushd). Para Ibn Rushd, a opinião de Ghazali tornava Você muito parecido com os homens — com os homens com suas discussões tolas, suas dissensões mesquinhas, seus pontos de vista triviais. Imiscuir-se nos assuntos humanos estaria abaixo de Você, e O diminuiria. Por isso, é difícil saber o que pensar. Se Você é o Deus de Ibn Sina e Ibn Rushd, nesse caso nem sabe o que está sendo dito e feito neste exato momento em seu nome. No entanto, se Você é o Deus de Ghazali, e lê os jornais, vê a TV e toma partido em disputas políticas e até literárias, não acredito que pudesse fazer objeções a Os versos satânicos, *ou a qualquer outro livro, por mais ignóbil que fosse. Que espécie de Todo-Poderoso poderia se deixar abalar pela obra de um Homem? Ao contrário, Deus, se porventura Ibn Sina, Ghazali e Ibn Rushd estivessem todos errados e Você não existisse, também, nesse caso, Você não teria problemas com escritores e com livros. Chego à conclusão de que minhas dificuldades não são com você, Deus, mas com Seus servos e seguidores no mundo. Uma famosa romancista me disse, certa vez, que tinha parado de escrever ficção durante algum tempo porque não gostava de seus admiradores. Fico a me perguntar se Você compreende a posição dela. Obrigado por Sua atenção (a menos que não esteja prestando atenção: Veja acima).*

O fato de ele ter "se tornado muçulmano" induziu algumas pessoas no Foreign Office a propor que ele falasse em favor de um terrorista. Ele recebeu uma mensagem sugerindo que poderia intervir de forma útil no julgamento de Mehrdad Kokabi, um "estudante" acusado de incêndio criminoso e de provocar explosões em livrarias que vendiam *Os versos satânicos*. A acusação declarou que suas impressões digitais tinham sido encontradas no papel que embrulhava duas bombas fabricadas com pedaços de cano, e que ele usara seu cartão de crédito para alugar carros usados nos atentados. Talvez, deram-lhe a entender, seria simpático que o autor de *Os versos satânicos* recomendasse clemência nesse processo. Furioso com essa sugestão, ele falou com Duncan Slater e com David Gore-Booth. Ambos discordavam da ideia. Isso foi, de certa forma, um consolo, mas, dois meses depois, todas as acusações contra Kokabi foram subitamente retiradas, com a recomendação de que ele fosse deportado para o Irã. O governo negou que tivesse torcido o braço de uma Justiça cega. Slater e Gore-Booth disseram que nada sabiam a respeito. Kokabi voltou para o Irã, onde teve uma recepção de herói e ganhou um novo emprego. Ficou incumbido de escolher "estudantes" que receberiam missões no exterior.

Chegaram as provas de sua coletânea de ensaios, *Imaginary homelands*. Bill disse: "Agora que você tomou essa atitude, talvez devêssemos incluir seu ensaio no livro". Ele publicara no *The Times* um texto em que procurava justificar as concessões que fizera em Paddington Green. Odiava esse artigo, já repensava tudo o que tinha feito, mas, como pendurara a mó em torno do pescoço, estava, pelo menos por ora, impossibilitado de retirá-la. Concordou com Bill, e o ensaio entrou no livro com o título de "Por que sou muçulmano". Durante o resto da vida, nunca veria um exemplar de *Imaginary homelands* em capa dura sem sentir uma pontada de vergonha e arrependimento.

A guerra ocupava os pensamentos de todos, e, quando não estavam repetindo que ele deveria "retirar o insulto" (cessar a publicação de *Os versos satânicos*), os "líderes" muçulmanos britânicos — Siddiqui, Sacranie, os mulás de Bradford — prestavam solidariedade a Saddam Hussein. Aproximava-se o segundo aniversário da *fatwa*, e o inverno era duro e gelado. A escritora Fay Weldon lhe enviara um exemplar de *Sobre a liberdade*, de John Stuart Mill, talvez como uma repreensão, mas suas palavras claras e fortes foram para ele inspiradoras como sempre. Renascera seu desdém pelos mais obstinados de seus adversários — por Shabbir Akhtar e seus ataques à inexistente "inquisição liberal" e seu orgulho pelo islã como uma religião de "ira militante" —, juntamente com uma nova aversão a alguns de seus supostos partidários, que agora acreditavam que ele não merecia apoio. O poeta e crítico literário James Fenton escreveu um artigo solidário em *The New York Review of Books*, defendendo-o do fenômeno dos "Amigos Consternados". Se o "Salman de sonhos" que existia na cabeça das pessoas tinha sido prejudicado pelas ações do Salman real, esses Consternados agora começavam a achar que, puf!, ao diabo com ele, que não merecia amizade. Estavam abrindo a porta para os assassinos.

Ele vinha se lembrando ultimamente de algo que Günter Grass lhe dissera uma vez sobre as derrotas: que elas nos ensinavam lições mais profundas do que as vitórias. Os vencedores acreditavam que eles mesmos e sua visão de mundo eram justificados e confirmados, e nada aprendiam. Os derrotados precisavam reavaliar tudo o que julgavam antes ser verdadeiro e digno de luta, e com isso tinham uma oportunidade de aprender, pelo caminho difícil, as lições mais profundas que a vida tinha a ensinar. A primeira coisa que ele aprendeu foi que *agora ele sabia onde ficava o fundo*. Quando uma pessoa chegava ao fundo, sabia qual era realmente a profundidade da água em que estava. E aprendia que nunca mais ia querer estar ali de novo.

Ele estava começando a aprender a lição que o libertaria: que estar aprisionado pela necessidade de ser amado era como estar fechado numa cela em que se era submetido a um tormento sem fim e da qual não havia fuga possível. Ele precisava entender que havia pessoas que nunca o amariam. Por maior que fosse o cuidado com que explicasse sua obra ou esclarecesse suas intenções ao criá-la, elas não o amariam. A mente irracional, impulsionada pelos absolutos da fé, isentos de dúvidas, não podia ser convencida pela razão. Aqueles que o demonizavam jamais diriam: "Ah, vejam: afinal de contas, ele não é um demônio". Ele precisava compreender que *era assim mesmo*. Ele também não gostava dessas pessoas. Desde que se sentisse seguro em relação ao que tinha escrito e dito, desde que se sentisse bem em relação a seu trabalho e a suas posições públicas, suportaria que não gostassem dele. Ele tinha feito algo que o levara a sentir-se muito mal em relação a si mesmo. Iria consertar isso.

Estava descobrindo que, para vencer uma luta como aquela, não bastava a pessoa saber contra o que estava lutando. Isso era fácil. Ele estava lutando contra o ponto de vista de que pessoas pudessem ser mortas por causa de suas ideias e contra o poder de qualquer religião de impor limites ao pensamento. Agora, porém, ele precisava estar seguro em relação a outra coisa: ele estava lutando a favor do quê? Pela liberdade de expressão, pela liberdade da imaginação, por não precisar ter medo, pela bela e antiga arte que ele tinha o privilégio de exercer. E também a favor do ceticismo, da irreverência, da dúvida, da sátira, da comédia, da alegria profana. Ele nunca mais se acovardaria na defesa desses valores. Ele fizera a si mesmo uma pergunta: *Já que você está travando uma batalha que pode lhe custar a vida, aquilo por que está lutando vale sua vida?* E julgara possível responder: *sim*. Estava disposto a morrer, se necessário fosse, por aquilo que a editora Carmen Callil chamara de "*um puta livro*".

Nenhum de seus verdadeiros amigos reagiu como os Consternados. Chegaram-se a ele mais do que nunca e procuraram ajudá-lo a vencer o que percebiam ser um trauma profundo da mente e do espírito: uma crise existencial. Anthony Barnett ligou, muito preocupado: "Precisamos criar para você um grupo de amigos e conselheiros", disse. "Você não pode passar por isso sozinho." Ele explicou a Anthony que, para ser franco, havia mentido ao fazer sua afirmação de crença religiosa. Disse a Anthony: "Quando escrevi os *Versos*, eu estava dizendo: *Temos de ser capazes de falar assim sobre religião, devemos ser livres para criticar e historicizar*". E, se agora ele tinha de fingir que com *nós* ele queria dizer apenas *nós, muçulmanos*, então estava preso a isso. Por ora. Esse era o preço do que tinha feito.

"É exatamente contra esse tipo de declaração errônea e bem-intencionada", disse Anthony, "que seus amigos precisam aconselhar você."

Ele precisava se refugiar em algum lugar para pensar. Pediu para passar um breve período de férias na França, sem publicidade, mas os franceses não o quiseram em seu solo. Os americanos ainda relutavam em tê-lo no deles. Não havia como sair da jaula. Contudo, houve uma boa notícia. A polícia achava agora que a "ameaça específica" contra ele fora falsa. O sr. Greenup o visitou para lhe dizer isso, para avisar que o perigo ainda era alto — "elementos apoiados pelo Irã ainda estão ativamente à sua procura" —, e também para lhe insuflar um pouco de ânimo. Ele podia começar a procurar uma residência permanente. "Talvez daqui a alguns meses a gente possa fazer uma avaliação mais otimista." Isso realmente lhe fez bem à alma.

Gillon telefonou em 15 de fevereiro. A *fatwa* tinha sido renovada. O governo britânico se manteve em silêncio.

Bill Buford e Alicja tinham resolvido se casar, e Bill o convidou para ser seu padrinho. A recepção seria no restaurante Midsummer House, no Midsummer Common, em Cambridge. Phil Pitt foi lá para "dar uma sondada" e, sem falar com Bill ou com o proprietário, Hans, declarou o lugar inadequado. Pela primeira vez ele perdeu a calma com a polícia e disse que não cabia a ela decidir se ele podia ou não ser padrinho do amigo em seu casamento. Assim, Phil foi falar com Bill e descobriu que recebera informações erradas — outro horário, outro salão —, e, de uma hora para outra, o local era adequado. "Nós somos os especialistas, Joe", disse ele. "Confie em nós."

Thomasina, irmã de Nigella, estava com câncer de mama. Foi submetida a uma cirurgia imediatamente. Um quarto da mama foi retirado. Depois ela passaria por radioterapia. Ele ouviu Marianne dizer na BBC Radio Four que o amava, mas que ele estava tão obcecado com "a situação" que não havia espaço para ninguém mais, e que essa fora a razão de terem se separado. Ela falava de si própria como "esta mulher brilhante". Perguntada como estava sua vida, ela respondeu com um verso de uma música de sucesso: "Vou dando um jeito enquanto vou levando".

A *fatwa* estava prejudicando também a vida de outras pessoas. Paddy Heazell, diretor da Hall School, estava preocupado com Zafar. "É como se houvesse uma parede em torno dele. Nada a atravessa." Uma consulta ao psiquiatra, no Great Ormond Street Hospital, talvez fosse uma boa ideia. Era um garoto adorável e inteligente, mas alguma coisa dentro dele parecia adormecida. Ele se achava trancado em si mesmo e se julgava um "fracassado". Ficou acertado que uma psiquiatra especializada em crianças veria Zafar uma vez por semana, depois da aula. Entretanto, o sr. Heazell se mostrou seguro quanto às possibilidades de Zafar ir para a escola secundária que seus pais preferiam, a Highgate, pois ela dava muito valor à entrevista de candidatos, em vez de basear-se apenas nos resultados dos exames de admissão. "Zafar sempre se sairá bem numa entrevista", disse o sr. Heazell, frisando porém que era preciso tirá-lo da situação sombria em que estava. "Ele está dentro de uma caixa", disse o sr. Heazell a Clarissa, "e não quer sair." Naquele fim de semana, Clarissa deu a Zafar um cachorro, um mestiço de *red setter* e *border collie*, chamado Bruno. O animal foi importantíssimo, e ajudou. Zafar ficou radiante.

Ele tinha parado de fumar de novo, mas sua força de vontade estava para ser posta à prova. Comunicaram-lhe novas precauções de segurança. Já fazia algum tempo que um membro da equipe vinha pegando sua correspondência no escritório de Gillon ou levando para lá cartas a serem postadas, mas agora a Divisão Especial queria que isso voltasse a ser feito por intermédio da Scotland Yard, devido ao alto risco envolvido em seu transporte direto da agência a Wimbledon. Além disso, estavam inserindo em seu telefone um "duplo desvio de chamada", a fim de dificultar o rastreamento de ligações. A sensação era de que a tampa estava sendo apertada com mais força ainda, mas ele não sabia por quê. O sr. Greenup procurou-o para explicar. Uma "equipe de profissionais" tinha sido contratada para matá-lo. A recompensa prometida se tornara uma quantia elevada. A pessoa por trás desse plano era "um funcionário do governo iraniano fora do Irã". A polícia britânica não sabia com segurança se isso era um plano com aprovação oficial ou uma operação independente, mas estava preocupada devido à extrema confiança dos pistoleiros, que tinham se comprometido a executar o assassinato dentro de quatro a seis meses. "Na verdade, eles acreditam que poderão matá-lo em menos de cem dias." A Divisão Especial não acreditava que a casa de Wimbledon tivesse "caído", mas em vista das circunstâncias era preferível que ele se mudasse quase imediatamente. Zafar era um "problema" e seria necessário pô-lo sob vigilância policial. Elizabeth também era um "problema". Talvez viesse a ser necessário transferir o protegido para uma base militar, onde moraria numa caserna, durante o próximo semestre. Se ele preferisse ir para uma casa do Serviço de Segurança, teria de viver trancado ali, sem nenhum contato com o mundo exterior. Contudo, isso não mudava o acordo segundo o qual ele podia começar a procurar um endereço permanente. Uma vez passados os próximos meses, isso seria aceitável.

Ele recusou a base militar e a casa segura. Se a casa de Wimbledon não estava comprometida, não havia razão para não ficar ali. Por que ele perderia meses de aluguel e recomeçaria a ir de um lado para outro se não achavam que a casa tinha "caído"? Como de hábito, o rosto do sr. Greenup não mudou de expressão. "Se o senhor quiser viver", disse, "vai se mudar."

"Papai", perguntou Zafar ao telefone, "quando é que vamos ter um lugar definitivo para morar?"

Se ele vivesse para contar a história, pensou, que história de amizades intensas seria aquela! Sem os amigos, estaria trancafiado numa base do Exército, incomunicável, esquecido, em marcha batida para a loucura; ou seria um nômade errante, à espera de que a bala do assassino o achasse. Dessa vez, o amigo que o salvou foi James Fenton. "Pode usar esta casa", disse ele assim que foi contatado, "durante um mês, ao menos."

Depois de uma vida acidentada, em que saltou para cima do primeiro tanque do Vietcong que entrou em Saigon no fim da Guerra do Vietnã, juntou-se às multidões que saqueavam o palácio de Malacañang para comemorar a queda de Ferdinand Marcos e de Imelda dos Sapatos (ele pegou algumas toalhas com monograma), investiu num criatório de camarões, nas Filipinas, parte do dinheiro que ganhou escrevendo as letras nunca usadas nas canções da produção original de *Les misérables*, e em que viajou de forma meio traumática para Bornéu com o escritor Redmond O'Hanlon, criatura mais aventureira ainda (quando O'Hanlon mais tarde convidou Fenton a acompanhá-lo à Amazônia, James respondeu: "Eu não iria com você nem a High Wycombe") — ah, sim, e em que compôs alguns dos melhores poemas de amor e de guerra escritos na sua e em qualquer outra geração —, o poeta Fenton e seu companheiro, o escritor americano Darryl Pinckney, haviam se instalado em Long Leys Farm, uma confortável propriedade campestre em Cumnor, junto de Oxford, e ali James se entregara à tarefa de criar o mais requintado dos jardins formais, sob a sombra imensa de uma imponente torre de transmissão de eletricidade. Era essa a residência que ele agora oferecia a seu amigo fugitivo, cujo recente Erro Pavoroso ele tratara por escrito com delicadeza e cortesia, contando que, ao ser divulgada a notícia do Erro,

> entre 6 milhões e 60 milhões de leitores de jornais em todo o mundo depuseram a xícara de café e exclamaram: Oh! No entanto, cada Oh! pronunciado tinha seu próprio sabor especial, seu próprio adjetivo ou advérbio, seu próprio matiz de significado. [...] Oh!, quer dizer que por fim o pegaram, Oh!, que derrota para o secularismo, Oh!, que vergonha, Oh!, Alá seja louvado. Quanto a mim, o Oh! que escapou de meus lábios começou sua vida como uma nuvenzinha de assombro cor de cereja. Durante alguns segundos, julguei detectar naquela nuvem, que pairava no ar, os traços angulosos de Galileu. Olhei de novo, e Galileu parecia ter se transformado em Patty Hearst. Pensei na síndrome de Oslo..., de Oslo, não, de Estocolmo.

O restante de seu longo artigo, ostensivamente uma recensão de *Haroun e o mar de histórias* para a *The New York Review of Books*, fazia um perfil do autor como um bom homem — ou pelo menos como uma pessoa com quem era bom conversar —, cuja finalidade não declarada era restaurar, com a máxima gentileza e sem alarde, a boa imagem desse autor aos olhos dos Amigos Consternados. Aquele artigo já fora uma prova cabal do grande coração de James Fenton. Deixar sua casa para o amigo provava outra coisa: sua percepção da importância da solidariedade no meio de uma guerra. Não se abandonam os amigos que estão debaixo de fogo.

O sr. Greenup consentiu, relutante, que ele se mudasse para Long Leys Farm. O "sr. Anton" suspeitava que o policial gostaria muito de trancá-lo numa base militar para castigá-lo pela confusão que causara e pela despesa pública que estava gerando, mas em vez disso o cirquinho da Operação Malaquita teve de fazer as malas e trocar Londres sw 19 pelos jardins formais de Cumnor sob a torre guardiã, que se escarranchava como um colosso sobre aquele mundinho.

Ele via que Elizabeth estava angustiada. A tensão dos últimos tempos vinha empanando o brilho de seu sorriso. A imagem de um esquadrão da morte tão confiante em seu sucesso que se dispunha a definir uma data para seu objetivo teria levado muitas mulheres a sair correndo, alegando "Sinto muito, mas essa briga não é minha". Mas Elizabeth tudo enfrentou bravamente. Continuou a trabalhar na Bloomsbury, visitando-o nos fins de semana. Na verdade, estava pensando em deixar o emprego, para não ficarem separados, e porque desejava escrever. Também era poetisa, embora relutasse em mostrar seu trabalho. Mas ele leu um poema dela sobre um homem num monociclo, que achou muito bom.

Ele se mudou para Cumnor e durante algum tempo foi impossível ver Zafar ou visitar amigos em Londres. Estava tentando concentrar a mente num novo romance que tinha o título provisório de *O último suspiro do mouro*, mas seus pensamentos se desordenavam e ele enveredou por uma série de becos sem saída. Seu instinto lhe dizia que o romance combinaria a história de uma família indiana com a narrativa andaluza da queda de Granada, do último sultão, Boabdil, deixando a Alhambra e, como disse a mãe, desdenhosa, "chorando como uma mulher a perda do que não soube defender como homem", enquanto contemplava o sol se pôr no último dia da Espanha árabe, mas ele não conseguia achar a ligação. Lembrava-se de Mijas, para onde emigrara a mãe de Clarissa, Lavinia, e o livro de Ronald Fraser que ele descobrira lá, sobre a vida de Manuel Cortés, prefeito de Mijas quando rebentou a guerra civil espanhola. Depois da guerra, Cortés voltara para casa e tivera de se esconder de Franco durante *trinta anos*, até emergir, como Rip van Winkle, para assistir à devastação da Costa del Sol, decorrente da urbanização impensada, imposta pelo turismo. O livro se chamava *In hiding* [Escondido].

Ele se lembrou de Picasso e escreveu um estranho parágrafo sobre o bairro de Málaga onde o grande artista nascera. *Na praça, brincam crianças, crian-*

ças com os dois olhos no mesmo lado do nariz. Brincam de Arlequim e Pierrô. Uma bomba semelhante a uma lâmpada incandescente despedaça um cavalo, que grita. Jornais grudam em violões negros. Mulheres transformam-se em flores. Há frutas. A tarde é quente. O artista morre. Fazem para ele um caixão assimétrico, uma colagem de céu e de material impresso. Ele bebe em seu próprio funeral. Suas mulheres sorriem, cospem e levam seu dinheiro.

Esse pintor não entrou no romance, mas por fim veio o entendimento: seria um romance sobre pintores, e a Alhambra da Andaluzia seria pintada por uma indiana em pé no alto de Malabar Hill, em Bombaim. Os dois mundos se juntariam na arte.

Ele encheu um caderno com um relato beckettiano, ou talvez kafkiano, em primeira pessoa, escrito por um homem que era mantido num cômodo sem luz por captores desconhecidos que entravam no quarto às escuras todos os dias para espancá-lo. Não era isso que ele queria escrever, mas essas passagens sobre surras não paravam de vir. Um belo dia, sobreveio uma luzinha e ele escreveu um parágrafo cômico no qual o narrador tentava descrever a primeira relação sexual de seus pais, mas constrangido demais para usar verbos: *e assim você não vai saber de mim*, ele escreveu, *os detalhes picantes do que aconteceu quando ela, e depois ele, e depois eles, e depois disso ela, ao que ele, e em resposta a isso ela, e com aquilo, e além disso, e durante um tempo, e a seguir por muito tempo, e em silêncio, e ruidosamente, e no fim da resistência, e por fim, e depois disso* [...]. Esse trecho acabaria entrando no livro pronto. A maior parte do restante era lixo.

Valerie Herr passou um susto, como medo de estar com um câncer, mas a biópsia revelou que o tumor era benigno. *Graça a Deus, Jim*, ele pensou. Angela Carter teve menos sorte. O câncer a dominou, e, embora lutasse arduamente, ela não o derrotou. Em todo o mundo, grandes escritores estavam morrendo cedo: Italo Calvino, Raymond Carver, e agora ali estava Angela lutando com a Parca. Uma *fatwa* não era o único meio de morrer. Havia sentenças de morte mais antigas que ainda funcionavam muito bem.

Edições em brochura de *Os versos satânicos* foram lançadas na Holanda, na Dinamarca e na Alemanha. Realizou-se no Irã um conclave de letrados muçulmanos que exigiram o cumprimento imediato da ordem de morte de Khomeini. A Fundação 15 Khordad, organização quase não governamental liderada pelo aiatolá Hassan Sanei que estava por trás das recompensas oferecidas pela execução, anunciou que pagaria 2 milhões de dólares a qualquer amigo, parente ou vizinho do escritor que executasse a ameaça. (As *bonyads*, ou fundações, tinham sido, originalmente, fundos fiduciários beneficentes que, depois da revolução de Khomeini, usaram os bens confiscados ao xá e a outros "inimigos do Estado" para se tornar gigantescos consórcios comerciais liderados por altos clérigos.) "São tantos os escritores que vivem duros", ele disse a Andrew. "Acho que devemos levar isso a sério."

Não havia notícia do paradeiro do esquadrão da morte. Fazia cinco meses que o governo britânico nada dizia sobre a *fatwa*.

Ele conversou com Bill Buford sobre os problemas de achar e adquirir uma residência. Bill teve uma ideia luminosa. Rea Hederman, editor da *The New York Review of Books* e da *Granta*, tinha um funcionário que era uma espécie de factótum pessoal, um sr. Fitzgerald, que todos chamavam de "Fitz", cuja eficiência e ar de respeitabilidade, ajudados pelo cabelo grisalho, fariam dele um testa de ferro ideal. Ninguém jamais suspeitaria que Fitz estivesse envolvido com algo tão esquisito como o caso Rushdie. Ele perguntou a Hederman se não haveria mal em envolver Fitz, e ele respondeu prontamente que não. No entanto, mais uma vez o círculo de amigos encontrou soluções que as autoridades não podiam ou não queriam oferecer. Fitz começou a busca e logo apareceu com uma casa em Highgate, na zona norte de Londres, com pátio de acesso com portão, garagem integrada, espaço suficiente para que os dois agentes de segurança e os dois motoristas dormissem, e um jardim amplo e isolado, que lhe permitiria sentir-se um pouco menos como uma toupeira em sua toca. Ele poderia sair ao ar livre — sair para o sol, ou até para a chuva e a neve. A casa, na Hampstead Lane, estava disponível para ser alugada, e os proprietários, os Busara, se dispunham a vendê-la também. A polícia a examinou e a declarou ideal. O contrato de aluguel foi preparado de imediato, em nome de Rea Hederman. Joseph Anton ficou de molho por enquanto.

Tudo o que importava era que ele teria um lugar para onde ir. Era fim de março. Ele abraçou James e Darryl com gratidão, devolveu-lhes Lang Leys Farm, e foi com Elizabeth passar o fim de semana na fazenda de Deborah Rogers e Michael Berkeley no País de Gales. Era a primeira vez, em semanas, que ele tinha a companhia de amigos. Deb e Michael estavam lá, acolhedores como sempre, e Ian McEwan fora com os dois filhos pequenos. Fizeram passeios a pé pelos morros e comeram lasanha de carne. Na segunda-feira, ele se mudaria para a casa nova. Mas antes havia o domingo. Michael saiu de manhã e trouxe os jornais. Voltou com ar contrafeito. "Sinto muito", disse. "Uma coisa ruim."

Marianne tinha dado uma entrevista a Tim Rayment, do *The Sunday Times*. Saiu na primeira página. MULHER DE RUSHDIE: ELE É OBCECADO E VAIDOSO.

> A mulher de Salman Rushdie o descreveu como um homem fraco e obcecado consigo mesmo, que não fez jus ao papel que a história lhe deu. [...] "Todos nós gostávamos dele, éramos dedicados a ele, éramos amigos dele e esperávamos que ele tivesse se mostrado à altura do que aconteceu. Esse é o segredo que todos estão tentando esconder. Ele não fez isso. Não é o homem mais corajoso do mundo, mas está disposto a qualquer coisa para salvar sua vida."

Havia mais, muito mais. Marianne disse que ele lhe comunicara que pretendia encontrar-se com o coronel Kadhafi, e fora então que ela se dera conta de que "eu não queria ficar casada com ele, de jeito nenhum". Curiosamente, ela agora negava sua afirmação anterior, de que quando se separaram a Divisão Especial a deixara sozinha num lugarzinho do interior, junto de uma cabine telefônica. Não, isso não tinha acontecido, mas ela não dizia o que acontecera. Ela o acusava de deixar "mensagens aos gritos" no telefone, de manipular a imprensa e de estar desinteressado da questão maior da liberdade de expressão. Ele só estava preocupado consigo mesmo. "A grande falácia em que ele incorreu foi pensar que ele era a questão. Nunca foi. O que estava em questão era a livre expressão e a sociedade racista da Grã-Bretanha, e ele não se apresentou para falar. Durante os últimos dois anos, ele só falou da carreira de Salman Rushdie."

Marianne era uma pessoa articulada, e o ataque foi contundente. Ele entendeu o que ela estava fazendo. Como as pessoas sabiam que coubera a ele tomar a iniciativa de acabar com o casamento, ela calculara que, se o chamasse de fraco, covarde, amigo de Kadhafi e carreirista, se ela pudesse apagar seus anos de envolvimento em questões de liberdade e livre expressão, com o PEN britânico e outros grupos, se pudesse apagar a imagem do jovem ganhador do Booker Prize que, na manhã da vitória, desfilara com um cartaz diante da

Downing Street para protestar contra a prisão do escritor indonésio Pramoedya Ananta Toer, ela poderia torná-lo, aos olhos já indispostos do público, num homem que não merecia a companhia de ninguém, um homem que qualquer mulher decente teria de abandonar. Ela estava dizendo sua fala final, vingando-se antes de deixar o palco.

Ele pensou: *Eu lhe dei as armas com que ela me golpeia. A culpa não é dela. É minha.*

Os amigos dele — Michael Herr, Alan Yentob, Harold Pinter — telefonaram ou escreveram para ela a fim de demonstrar sua insatisfação e desapontamento. Ela disse que a entrevista não estava tendo a repercussão que ela esperara, e tentou as desculpas habituais, que suas palavras tinham sido adulteradas, que ela fora "traída" pelo jornal, que passara a ideia de que ela fizera aquilo para divulgar seu próprio livro de contos, que ela havia desejado falar sobre o trabalho da Anistia Internacional. E acrescentou que o marido tinha "arruinado sua carreira". Esses argumentos não foram bem recebidos.

Imaginary homelands fora publicado e, de modo geral, tratado com respeito, até admiração, mas quase todo mundo lamentou o ensaio final sobre sua suposta "conversão". Nisso estavam certos. Ele pensou: *Tenho de desfazer o Erro Pavoroso. Tenho de desdizer o que disse. Até fazer isso, não posso viver com honra. Sou um homem sem religião que finge ser religioso. "Ele está disposto a qualquer coisa para salvar a vida", diz Marianne. Neste momento, isso parece ser verdade. Tenho de fazer com que seja falso.*

Durante toda a vida ele soubera que existia um espacinho fechado, no centro de seu ser, onde ninguém mais podia entrar, e que todo o seu trabalho e suas melhores ideias emanavam desse lugar secreto, de uma forma que ele não entendia bem. Agora, a luz radiante da *fatwa* tinha fulgido através das cortinas daquele pequeno aposento e seu eu secreto ali estava, nu, no clarão. *Homem fraco. Não é o homem mais corajoso do mundo. Que assim seja*, pensou. Nu, sem artifício, ele resgataria seu bom nome; e tentaria executar mais uma vez o truque mágico da arte. Era ali que estava sua verdadeira salvação.

Era uma casa grande, cheia de móveis feios, mas que passava uma sensação de solidez, permanência. Se Zafar entrasse na Highgate School, estaria perto. Elizabeth, que amava Hampstead Heath acima de todas as coisas, sentia-se feliz por morar em sua área norte. Ele começava a ter condições de trabalhar um pouco, e naquele mês de abril escreveu um conto, "Cristóvão Colombo e a rainha Isabel da Espanha consumam seu relacionamento", seu primeiro conto em muito tempo, e a bruma de incompreensão que envolvia *O último suspiro do mouro* começou a se dissipar. Ele anotou nomes. Moraes Zogoiby, conhecido como Mouro. Sua mãe, Aurora Zogoiby, era a pintora. A família era de Cochin, onde o Ocidente fizera seu primeiro contato com o Oriente. Os navios ocidentais vinham não para conquistar, mas para comerciar. Vasco da Gama estava à procura de pimenta, o Ouro Negro de Malabar. Era interessante a ideia de que toda a complexa ligação da Europa com a Índia se desenvolvera a partir da pimenta em grão. Seu livro também se desenvolveria a partir da pimenta. Os Zogoiby seriam uma família de negociantes de pimenta. Meio católico e meio judeu, um "caju", o Mouro seria quase uma "minoria de um". No entanto, o livro procuraria demonstrar que toda a realidade indiana poderia ter surgido daquele minúsculo grão de pimenta. A "autenticidade" era algo que não cabia apenas à maioria, como a política majoritariamente hindu da Índia começava a proclamar. Todo indiano, todo conto indiano, era tão autêntico quanto qualquer outro.

No entanto, ele tinha seu próprio problema de autenticidade. Não podia ir à Índia. Como, então, escrever um livro verdadeiro sobre o país? Lembrou-se do que seu amigo Naruddin Farah lhe contara — Naruddin, cujo exílio da Somália durara 22 anos, porque o ditador Mohammed Siad Barre queria vê-lo morto. Todos os livros que Naruddin escreveu no exílio tinham como cenário uma Somália retratada de forma naturalista. "Eu a guardo aqui", dissera Naruddin, apontando para o coração.

Em maio, os dois imãs de Regent's Park presentes na reunião de Paddington Green declararam que ele não era um verdadeiro muçulmano porque se recusava a tirar seu livro de circulação. Outros "líderes" se disseram "decepcionados" e anunciaram: "Estamos de volta ao ponto de partida". Ele escreveu uma resposta incisiva e a publicou no *The Independent*. Com isso sentiu-se bem melhor. Sentiu-se subir dois ou três dedos acima do fundo do poço e começar a longa jornada de volta a si mesmo.

A organização Artigo 19 estivera pensando se valia a pena continuar a financiar o trabalho em nome do Comitê Internacional de Defesa de Rushdie. Frances e Carmel, porém, estavam decididas a levar adiante a iniciativa, e até a elevar o nível da campanha, tornando-a mais pública. À medida que o governo britânico adotava uma atitude de apatia em relação ao assunto, o que incentivava os aliados europeus do Reino Unido a fazer o mesmo, caberia à campanha de defesa assumir a luta. Frances levou Harold Pinter, Antonia Fraser e Ronnie Harwood a uma reunião com Douglas Hurd no Foreign Office, onde souberam que, durante a visita feita pela ministra tóri Lynda Chalker ao Irã, em abril, ela não levantara a questão da *fatwa* com ninguém. Fazê-lo, disse Hurd, não seria "necessariamente útil ao sr. Rushdie". Boatos de que um "esquadrão da morte" tinha entrado no país para caçar o sr. Rushdie tinham começado a aparecer na imprensa, mas o sr. Hurd estava inflexível, resolvido a ajudar mantendo a boca fechada. Douglas Hogg, que sucedera a William Waldegrave como vice de Hurd, declarou ainda que seria um grande erro o governo britânico criar muito barulho em torno da *fatwa*, e que, ademais, isso tornaria mais difícil obter a libertação dos demais reféns britânicos no Líbano.

Um mês depois, ficou claro o fracasso desse tipo de silêncio. Ettore Capriolo, o tradutor de *Os versos satânicos* para o italiano, recebeu em sua casa a visita de um "iraniano" que, segundo Gillon, marcara um encontro para discutir "assuntos literários". Assim que esse homem entrou na casa de Capriolo, exigiu que ele lhe desse "o endereço de Salman Rushdie" e, não o obtendo, agrediu o tradutor com violência, chutando-o e esfaqueando-o várias vezes, para depois fugir, deixando Capriolo sangrando no chão. Por muita sorte, o tradutor sobreviveu.

Quando Gillon lhe deu a notícia, ele não pôde evitar a sensação de que fora ele o responsável pelo ataque. Seus inimigos tinham sido tão hábeis em transferir a culpa para seus ombros que agora até ele acreditava nisso. Escreveu ao sr. Capriolo, lamentando o ocorrido e expressando votos de que sua recuperação fosse plena e rápida. Não recebeu resposta. Mais tarde, soube pela editora italiana que Capriolo não o via com simpatia e se recusava a traduzir qualquer um de seus futuros livros.

Esse episódio representara até então o máximo a que a *fatwa* chegara em relação a seu objetivo. Mas, depois que a flecha negra atingiu Ettore Capriolo, ela voou para o Japão. Oito dias depois, na Universidade de Tsukuba, a nordeste de Tóquio, o tradutor japonês de *Os versos satânicos*, Hitoshi Igarashi, foi encontrado morto, esfaqueado, num elevador perto de sua sala. O professor Igarashi se dedicava a estudos árabes e persas e se convertera ao islã, mas isso não o salvou. Levou várias facadas no rosto e nos braços. O assassino não foi localizado. Vários boatos sobre o homicida chegaram à Inglaterra. Era um iraniano que entrara no Japão recentemente. Tinham encontrado uma pegada num canteiro de flores, e aquele tipo de sapato só era vendido na China continental. O cotejo de uma lista de pessoas que tinham embarcado em portos chineses com destino ao Japão com os nomes e codinomes de terroristas islâmicos gerou uma correspondência, segundo lhe disseram, mas o nome não foi divulgado. O Japão não produzia seu próprio combustível e recebia do Irã grande parte do petróleo cru que refinava. Na verdade, o governo japonês tentara evitar a publicação de *Os versos satânicos*, pedindo às principais editoras que não fizessem uma edição japonesa. Não queria que o homicídio de Igarashi complicasse suas tratativas com o Irã. O caso foi abafado. Ninguém foi acusado. Um homem digno estava morto, mas não se permitiu que sua morte criasse embaraços.

A Associação Paquistanesa do Japão não guardou silêncio. Exultou. "Estivemos hoje nos felicitando uns aos outros", declarou numa declaração pública. "Deus garantiu que Igarashi recebesse o que merecia. Todos ficamos realmente felizes."

Ele escreveu uma carta sofrida à viúva de Hitoshi Igarashi. Não houve resposta.

Em todo o mundo, terroristas assassinos estavam atingindo seus alvos. Na Índia, Rajiv Gandhi foi assassinado na cidade sulina de Sriperumbudur, ao fazer campanha para sua reeleição. Perdera a eleição de 1989 e acreditava que a derrota se devera, em parte, ao forte esquema de segurança que o cercara, criando uma imagem de distância e isolamento. Dessa vez, estava resolvido a aproximar-se mais do povo. Por isso, Dhanu, a terrorista suicida, integrante dos Tigres Tâmeis, pôde chegar bem perto dele e detonar o cinturão de explosivos. Um fotógrafo que estava ao lado de Rajiv também morreu, mas sua câmera ficou intacta e nela havia fotos do assassinato. Foi difícil juntar um volume suficiente de restos do ex-primeiro-ministro para cremar.

Em Londres, ele tentava levar a vida da melhor maneira possível. Panteava a morte de Hitoshi Igarashi, pedia diariamente notícias de Ettore Caprioli e esperava que, se chegasse a sua vez, ele não levasse ninguém consigo por estar perto demais.

Joseph Anton, você tem de viver até que morra.

As visitas de Zafar à conselheira recomendada pela escola, Clare Chappell, tinham ajudado. Ele estava indo melhor na escola e se sentia orgulhoso da satisfação dos professores com sua melhora. Agora, porém, era o bem-estar de Elizabeth que se tornara motivo de preocupação. Tinham feito todo o possível para manter em segredo seu relacionamento, só conhecido pelo círculo de seus amigos íntimos, mas a notícia estava vazando. "Todo mundo no escritório sabe a respeito", disse ela. "Passei o dia todo tremendo por causa do choque." A Bloomsbury Publishing empregava relativamente poucos terroristas islâmicos, mas ela resolveu que queria sair. Ficaria com ele o tempo todo, escreveria sua poesia e não teria de se afligir com fuxicos. Procurou dar a impressão de que não era um sacrifício, mas ele sabia que era, e grande, e ele percebia também que ela fazia todo o possível para ele achar que *era aquilo que ela realmente queria, para que ele não se sentisse mal*, outra prova de sua generosidade de espírito. Ela saiu da Bloomsbury decidida, e nunca disse uma só palavra de acusação ou arrependimento. Alguns tabloides britânicos tinham começado a publicar matérias absolutamente absurdas sobre o quanto "o novo amor de Rushdie" estava custando ao país, dando a entender que a entrada de Elizabeth na história havia elevado o custo da segurança em centenas de milhares de libras. Como o governo não se manifestava mais sobre o caso, o foco da imprensa estava passando para o custo da proteção. Ele estava custando uma fortuna ao país, e era, é claro, arrogante e ingrato. E agora o país tinha de pagar também pela proteção de sua namorada.

Elizabeth sabia que ela nada custava ao país, e seu desdém pelas matérias inventadas era admirável.

Durante a maior parte do tempo, a casa da Hampstead Lane, 30 transmitia uma sensação de tranquilidade e permanência. Ela dava a sensação de *fixidez*. Ele não passava a metade do dia temendo que ela "caísse" e ele fosse obrigado a mais uma mudança repentina. Mesmo quando apareciam vendedores, não havia inquietação. A casa era bastante grande para que ele continuasse a trabalhar enquanto o jardineiro cortava a grama, o encanador fizesse algum trabalho ou alguém reparasse um equipamento na cozinha. Os Bulsara eram senhorios meio desleixados. Fitz foi muito convincente e disse que seu chefe era dono de uma editora internacional, que passava muito tempo em países distantes e ficava pouco em casa; ou seja, nada diferente do Rea Hederman verdadeiro, ainda que este jamais alugaria uma casa de oito quartos na Hampstead Lane. Fitz começou a lhes falar sobre a possibilidade de comprar a casa, mas a sra. Bulsara propôs um preço absurdo. "Tentei fazer com que ela baixasse o preço, senhor", disse Fitz, "mas ela tem símbolos de libras nos olhos."

Foi então que uma nova propriedade entrou em cogitação, bem perto da parte norte — menos cara — da Bishop's Avenue. Precisaria de algumas obras, mas o preço que pediam era relativamente razoável. O proprietário queria uma venda rápida. Elizabeth foi vê-la, acompanhada por Fitz e um membro da equipe de proteção, e todos gostaram. "Sem dúvida podemos dar um jeito nela", disse Elizabeth, e o policial também fez sinal de positivo. Ele poderia ter uma base permanente de novo, pois isso fora resolvido na mais alta esfera, disse a polícia. Ele foi de carro à casa duas vezes, mas não houve meio de entrar. A casa ficava atrás de uma área com um portão duplo, uma mansão com telhado de empena alta e fachada caiada. Anônima e convidativa. Ele aceitou a palavra de Elizabeth e agiu o mais depressa que pôde. Dez dias depois de Elizabeth ter visto a propriedade da Bishop's Avenue, 9 pela primeira vez, tinham feito os contratos necessários e a casa era dele. Mal podia acreditar. Tinha uma casa de novo. "Você deve entender", ele disse a seu novo agente de segurança, um sujeito elegante que seus colegas chamavam de CHT (iniciais de Colin Hill-Thompson), "que, assim que me mudar para lá, nunca mais vou fazer essas viagens de um lado para outro de novo". Colin talvez fosse o mais solidário de todos os agentes que o protegera. "Isso mesmo", disse. "Mantenha-se firme. Eles aprovaram e agora é isso aí."

A casa nova precisava de muitas obras. Ele ligou para um amigo arquiteto, David Ashton Hill, e o incluiu no núcleo do segredo. David, outro na longa sequência de Amigos Sem os Quais a Vida Teria Sido Impossível, pôs-se a trabalhar de imediato. Os operários da construção não foram incluídos no segredo, mas ouviram "a história". A casa deveria servir como residência em Londres de Joseph Anton, americano, dono de uma editora internacional. Sua namorada inglesa, Elizabeth, estava encarregada da obra e tomaria as decisões importantes. O empreiteiro da obra, Nick Norden, filho do autor de comédias

Denis Norden, nada tinha de bobo. Foi difícil explicar-lhe por que um editor, como o sr. Anton, queria vidraças à prova de bala nas janelas do andar térreo, ou uma sala de pânico no andar de cima. Era estranho que o sr. Anton nunca comparecesse às reuniões, nem uma única vez. A fleugma inglesa de Elizabeth era tranquilizadora, é claro, e podia-se atribuir a culpa de muitas das esquisitices do sr. Anton ao fato de ele ser americano. Como qualquer britânico sabia, os americanos tinham medo de tudo. Se o cilindro do motor de um carro em Paris explodia fora do tempo, todos os americanos cancelavam sua viagem de férias à França. Mas a verdade, como o sr. Anton suspeitava, era que Nick Norden e seus auxiliares sabiam muito bem de quem era a casa em que estavam trabalhando. Mas nada disseram, preferindo agir como se tivessem engolido a história, e nenhum deles jamais deixou vazar uma só palavra para a imprensa. Foi preciso um trabalho de nove meses para reformar a casa para o sr. Anton, que ali viveu durante os sete anos seguintes, e o segredo foi mantido durante todo esse tempo. No fim, um agente graduado do Esquadrão "A" confessou que a expectativa deles era de que a casa se tornasse do conhecimento público em poucos meses, e que todo mundo na Scotland Yard ficara assombrado com o fato de isso não ter ocorrido durante oito anos, e mais ainda. Mais uma vez ele teve motivos para ser grato pela seriedade com que as pessoas reagiram à sua situação. Todos compreenderam que aquele era um segredo importante; e, por isso, simplesmente o guardaram.

Ele pediu a Fitz que prorrogasse o período de aluguel na Hampstead Lane. Fitz levou a peito baixar o aluguel — "eles vêm roubando o senhor como quê" — e teve êxito, ainda que a sra. Bulsara lhe suplicasse: "Por favor, senhor Fitz, convença o senhor Hederman a pagar mais". Ele apontou os problemas da propriedade — havia dois fornos na cozinha, nenhum dos quais funcionava —, e ela retrucou, como se essa resposta fosse uma explicação irrefutável e suficiente: "É que nós somos indianos e cozinhamos com fogões a gás". A sra. Bulsara lamentou a perda da venda, mas continuou a ter uma ideia absurda do valor da casa. No entanto, concordou em reduzir o aluguel. Logo depois, de repente, bateram à porta: eram oficiais de justiça, que vinham para "arrestar os bens dos Bulsara".

Diante do inesperado, a equipe de proteção às vezes apresentava traços comportamentais de galinhas decapitadas. Hum, Joe, como é mesmo a história que estamos contando? Em nome de quem a casa está alugada? Joseph Anton, não é? Ah, *não é* Joseph Anton? Ah, isso mesmo. Rea o quê? Como se escreve isso? O que nós estamos dizendo que ele é? Ah, ele é mesmo dono de uma editora? Ah, certo. E, Joe, qual é nome completo de Fitz? O.k., é melhor alguém ir atender à porta. Ele disse: "Melhor mesmo é vocês aprenderem isso". Naquele mesmo dia, ele escreveu a tal história e a afixou na saleta deles.

Os oficiais de justiça tinham ido lá porque os Bulsara não haviam efetuado um pagamento mensal de não mais que quinhentas libras. Fitz resolveu a questão, ligando para o advogado dos Bulsara, que mandou uma carta aos oficiais de justiça, por fax, dizendo que o cheque estava no correio. Então isso queria dizer que, teoricamente, os oficiais de justiça poderiam aparecer na casa todo mês? E poderiam voltar no dia seguinte, se o cheque não tivesse chegado? O que havia de errado com as finanças dos Bulsara? Isso era terrível! Sua casa aparentemente sólida podia sumir de uma hora para outra devido aos problemas financeiros dos senhorios, e ele estaria mais uma vez sem teto nos meses necessários para as obras na casa nova. Fitz não se perturbou. "Vou falar com eles", disse. Os oficiais de justiça nunca mais voltaram.

Havia a questão de saúde e a questão correlata do medo. Ele procurou o médico — o dr. Bevan, de St. John's Wood, conhecido da Divisão Especial, que já tratara de pessoas sob proteção —, que ficou surpreso com as excelentes condições de seu coração, da pressão arterial e de outros sinais vitais. Era como se sua fisiologia não houvesse notado que ele estava vivendo em circunstâncias estressantes. Tudo estava bem, e não havia necessidade de recorrer aos anjos da guarda habituais dos estressados — Ambien, Valium, Zoloft e Xanax. A única explicação que ele tinha para sua boa saúde (além disso, estava dormindo bem) era que a máquina maleável de seu corpo havia, de alguma forma, entrado num acordo com o que acontecera. Ele começara a escrever *O último suspiro do mouro*, cujo personagem central era um homem que envelhecia num ritmo duas vezes superior ao normal. A vida do "mouro" Zogoiby estava passando depressa demais, e por isso a morte vinha se aproximando com mais rapidez do que seria de esperar. A relação da vida do personagem com o medo era igual à de seu autor. *Vou lhes contar um segredo sobre o medo,* disse o Mouro. *Ele é um absolutista. Com o medo, é tudo ou nada. Ou bem, como um tirano arrogante, ele manda na nossa vida com uma onipotência estúpida, que nos torna cegos, ou bem a gente o derruba, e seu poder se esvanece em fumaça. Mais um segredo: a revolução contra o medo, a trama que leva à derrubada daquele déspota ridículo, não tem muito a ver com a tal da "coragem". O que a impele é uma coisa muito mais direta: a necessidade pura e simples de tocar a vida para a frente. Parei de ter medo porque, se a minha passagem pela terra seria breve, eu não tinha tempo de ter medo.*

Ele não tinha tempo para se sentar num canto e tremer. É claro que havia muito o que temer, e ele sentia o duende do medo a espreitá-lo, o monstro do medo, com asas de morcego, sentado em seu ombro, a mordiscar-lhe com avidez o pescoço, mas havia compreendido que, se quisesse funcionar, tinha de achar um meio de espantar os bichos. Imaginou-se capturando os duendes numa caixinha e colocando a caixa fechada num canto do cômodo. Uma vez feito isso, e às vezes era preciso fazê-lo mais de uma vez por dia, podia seguir adiante.

Elizabeth lidava com o medo de forma mais simples. Desde que as equipes da Divisão Especial estivessem com eles, pensava, estariam seguros. Nunca deu nenhum sinal de estar com medo, até o fim da proteção. Era a liberdade que lhe infundia medo. Dentro da bolha da proteção, ela se sentia muito bem, durante a maior parte do tempo.

Ofereceram-lhe a oportunidade de comprar um carro mais novo e mais confortável do que os Jaguares e os Range Rovers, já meio velhos, da frota da polícia. Era um sedã BMW, blindado, cujo proprietário anterior fora sir Ralph Halpern, o milionário da indústria de confecções e fundador da Topshop, que se tornara mais conhecido como "Ralph-cinco-por-noite" depois que uma jovem amante vendera a história dela para os tabloides. "Quem vai saber o que aconteceu nesse banco traseiro?", pensou alto Dennis "Cavalo". "Mas quem não quer o bimbomóvel de sir Ralph?" O carro valia 140 mil libras, mas estava sendo oferecido por 35 mil, "uma pechincha", informou Dennis. Talvez até lhe permitissem dirigir o carro ele mesmo, insinuou a polícia, se estivessem fora de Londres e transitando por estradas rurais. E as janelas à prova de bala podiam ser abertas, ao contrário das janelas dos Jaguares da polícia. Quando ele estivesse em lugares considerados seguros, poderia respirar ar puro.

Comprou o carro.

O primeiro lugar a que foi levado no carro novo foi a Spy Central. A sede do Secret Intelligence Service (SIS), tão conhecido pelos fãs dos filmes de James Bond, ficava à beira do Tâmisa, dando para a Random House, do outro lado do rio, como se o SIS fosse um autor necessitado de uma boa editora. Em seus livros sobre o agente Smiley, John le Carré chamara o SIS de "o Circo", porque a sede do órgão supostamente ficava em Cambridge Circus, o que significa que os agentes secretos estariam de frente para o Palace Theater, de Andrew Lloyd Webber. Em alguns setores do Serviço Civil, o SIS era chamado de "Caixa 850", um número de caixa postal antes utilizado pelo MI6. No coração da Espiolândia ficava a pessoa que, na vida real, não era chamada de M. O diretor do MI6 — isso não era mais segredo — era chamado de C. Nas raras ocasiões em que o sr. Anton, da Hampstead Lane, e, mais tarde, da Bishop's Avenue, 9 foi autorizado a transpor essas portas bem protegidas, nunca chegou à toca da aranha, nunca viu C. Quem cuidava dele eram autoridades de outras áreas do alfabeto, autoridades em minúsculas, digamos assim, ainda que, uma vez só, ele tenha falado numa reunião de várias das letras maiúsculas do serviço. E por duas vezes ele esteve com os chefes do MI5, Eliza Mannigham-Buller e Stephen Lander.

Nessa primeira ocasião, ele foi levado a uma sala que bem poderia ser a sala de convenção de um hotel londrino, onde recebeu boas notícias. A "ameaça específica" contra ele fora "rebaixada". Então o prazo para o assassinato não valia mais? Isso mesmo. A operação, ele soube, tinha sido "frustrada". Essa era uma palavra estranha e interessante. Ele sentiu vontade de fazer perguntas sobre essa "frustração". Depois pensou: *Não pergunte nada*. Mas perguntou. "Como é sobre a minha vida que estamos conversando", disse, "creio que o senhor deve me falar um pouco mais sobre o motivo por que as coisas melhoraram agora." Do outro lado da mesa reluzente de madeira, o jovem executivo debruçou-se para a frente com uma expressão amistosa. "Não", respondeu. Esse foi o fim da discussão. Bem, pelo menos *não* era uma resposta clara, ele pensou, inesperadamente divertido. A proteção das fontes era uma prioridade absoluta para o SIS. Só ficaria sabendo o que seu agente de posição julgasse necessário. Para além disso, estendia-se a Terra do Não.

A "frustração" de seus inimigos deixou-o, por um momento, exultante, mas ao retornar à Hampstead Lane o sr. Greenup o trouxe de volta à terra.

O nível de ameaça ainda era alto. Certas restrições seriam mantidas. Por exemplo, Zafar ainda não teria *permissão* de ser levado à casa.

Ele recebeu um convite para falar num evento na biblioteca Memorial Low, da Universidade Columbia, em comemoração do bicentenário da Declaração dos Direitos. Tinha de começar a aceitar esses convites, pensou. Tinha de sair da invisibilidade e recuperar sua voz. Conversou com Frances D'Souza a respeito da possibilidade de se tentar que Václav Havel o convidasse a visitar Praga, de modo que o encontro que os britânicos tinham tornado impossível em Londres pudesse ocorrer no próprio terreno de Havel. Se o governo de Sua Majestade estava se afastando do caso, eles teriam de internacionalizar a campanha de defesa e constranger Thatcher e Hurd, levando-os a se mexer. Ele usaria toda e qualquer tribuna que lhe fosse oferecida para mostrar que seu caso não era de forma alguma único, que escritores e intelectuais em todo o mundo islâmico estavam sendo acusados exatamente dos mesmos crimes de opinião que ele — blasfêmia, heresia, apostasia, insulto e ofensa —, o que significava que ou as melhores e mais independentes mentes criativas no mundo muçulmano eram degeneradas, ou as acusações mascaravam o intento real dos acusadores: asfixiar a heterodoxia e a dissensão. Dizer isso não era, como certas pessoas insinuavam, argumentação especiosa destinada a atrair mais simpatia para seu próprio caso ou para justificar seus "insultos". Era tão somente a verdade. Para defender esse argumento de forma eficaz, disse a Frances, ele teria de desdizer o que havia dito, desfazer seu Grande Erro, e precisava desdizê-lo sonoramente nas plataformas mais visíveis, nos eventos mais noticiados. Frances era muito protetora em relação a ele, e temia que fazer isso pudesse agravar sua situação. Não, ele dizia, pior seria permanecer na falsa situação que ele criara para si mesmo. Ele estava aprendendo duramente que o mundo não era um lugar compassivo, mas que não havia razão para esperar que fosse diferente. A vida era mesquinha para a maioria das pessoas, e uma segunda oportunidade era coisa rara. Numa revista teatral clássica da década de 1960, *Beyond the fringe*, o humorista Peter Cook recomendara às pessoas que a melhor coisa a fazer no caso de um ataque nuclear "era estar fora da área onde o ataque estiver para acontecer. Mantenha-se fora dessa área", advertiu, "porque é a área de perigo, onde as bombas são lançadas". A forma de evitar a falta de compaixão do mundo por nossos erros consistia, antes de tudo, em evitar cometer esses erros. Mas ele tinha cometido seu erro. Ele faria o que fosse necessário para endireitá-lo.

"Haverá repercussões mesmo que elas signifiquem morte", disse o porta-voz do Conselho de Mesquitas de Bradford. "Ao sentenciar à morte o autor de *Os versos satânicos*, o julgamento do imã foi impecável", disse o gnomo de jardim. Enquanto isso, em Paris, um esquadrão da morte invadiu a casa do ex-presidente do Irã Shapur Bakhtiar, oponente do regime dos aiatolás e agora exilado, que foi assassinado a facadas junto com um assistente, no que foi noticiado como uma "morte ritual".

Houve um golpe em Moscou contra Mikhail Gorbatchev, e durante três dias ele esteve em prisão domiciliar. Ao ser solto e voltar para Moscou, os repórteres que o esperavam junto ao avião perguntaram se ele agora aboliria o Partido Comunista. Ele mostrou-se horrorizado com a pergunta, e naquele momento, precisamente então, a história (na forma de Boris Yeltsin) ultrapassou-o e fez com que ele seguisse atrás dela. No entanto, foi ele, e não Yeltsin ou Reagan ou Thatcher, quem mudou o mundo, ao proibir que o Exército Vermelho abrisse fogo contra manifestantes em Leipzig e outros lugares. Muitos anos depois, o homem ex-invisível encontrou-se com Gorbatchev num evento em Londres para arrecadação de fundos. "Rushdie!", bradou Gorbatchev. "Eu apoio totalmente todas as suas posições." Houve até um certo abraço. *Como assim, todas elas?*, ele perguntou ao homem que tinha o mapa da Antártica tatuado na testa. "Todas", disse Gorbatchev, através de seu intérprete. "Apoio total."

Ele estava escrevendo um ensaio sobre o filme *O mágico de Oz* para seu amigo Colin MacCabe, do British Film Institute (BFI). Os dois grandes temas do filme eram lar e amizade, e ele nunca sentira com mais força a necessidade de um e de outra. Ele tinha amigos tão leais quanto os companheiros de Dorothy na Estrada de Tijolos Amarelos, e estava para voltar a ter um lar permanente, depois de três anos de pé na estrada. Escreveu um conto distópico, "At the auction of the ruby slippers" [No leilão dos sapatinhos de rubi], que foi anexado ao ensaio. Os sapatinhos capazes de levar a pessoa para casa assim que ela desejava voltar: qual era o valor dessas coisas num violento futuro de ficção científica em que tudo estava à venda e o lar se tornara um conceito "disperso e danificado"? O ensaio agradou a Bob Gottlieb, da *The New Yorker*, que publicou um longo trecho dele antes que o livreto do BFI fosse lançado. O ator que fez o papel do legista dos munchkins, Meinhardt Raabe, leu-o numa casa de repouso em Fort Lauderdale e mandou uma carta ao autor, acompanhada de um presente: uma fotografia em cores de uma cena importante do filme. Na cena, ele está de pé nos degraus da prefeitura de Munchkin, erguendo um longo pergaminho no alto do qual está escrito, em letras góticas, ATESTADO DE ÓBITO. Sob essa legenda, Raabe escrevera com cuidado as palavras *Salman Rushdie*, com uma esferográfica azul-clara. Ao ver seu nome no atestado de óbito de Munchkin, seu primeiro pensamento foi: *Isso é mesmo engraçado?* Mas aí ele pensou: *Não, eu entendi*, o sr. Raabe em sua casa de repouso dispara cartas para pessoas para todo o país, para todo o mundo, ele é outro Herzog arremessando suas palavras no espaço vazio, só que também tem uma pilha enorme dessas fotos ao lado da cama e manda uma delas com cada carta. É seu cartão de visitas. Ele não pensa: "Ah!, mas sobre esse sujeito em especial pesa uma ordem de morte, acho que devo ser um pouco mais cuidadoso". Ele escreve, assina e põe no correio. É isso que ele faz.

Depois que o livreto foi publicado, Colin MacCabe lhe disse que muitas pessoas no BFI tinham se assustado por terem sido associadas a um livro do famigerado sr. Rushdie. Colin conseguira dissipar ao menos parte de seus temores. O livro foi lançado e não houve rios de sangue. Era apenas um livrinho sobre um filme antigo. Mas ele havia compreendido que, antes de poder ser livre de novo, teria de superar os medos de outras pessoas, bem como os seus.

O refém britânico John McCarthy foi libertado no Líbano.

As autoridades do Esquadrão "A" decidiram que estava na hora de *permitir* que Zafar visitasse o pai na Hampstead Lane, 30. De início, o sr. Greenup sugeriu que o menino fosse até lá vendado, de modo a não tomar conhecimento da localização da casa, mas isso estava fora de cogitação, e Greenup não insistiu. Naquela tarde, Zafar foi levado para lá, e sua felicidade iluminou e embelezou o feio interior da casa.

Frances telefonou, alvoroçada. Tinham lhe pedido que contasse a ele, em confiança, que *Haroun e o mar de histórias* fora agraciado com o prêmio da Writers' Guild como o melhor livro infantil do ano. "Eles adorariam que você pudesse dar um jeito de ir receber seu prêmio." Claro, ele respondeu, ele também gostaria muito de estar lá. Procurou Michael Foot, que disse: "Está bem. O clima mudou. Temos de ver Hurd de novo e ser muito mais duros em nossas exigências". Ele adorava o apetite de Foot pela luta, que o avanço da idade em nada diminuía. Isso e sua atração pelo uísque, só rivalizada pela de Christopher Hitchens. Quando ele bebia com Michael, em mais de uma ocasião tivera de derramar seu scotch, às escondidas, num vaso de planta.

Ele falou à polícia sobre o prêmio da Writers' Guild. A cerimônia seria realizada no hotel Dorchester, em 15 de setembro. A equipe de proteção emitiu sonoros ruídos de objeção. "Não sei o que vão achar disso na sede, Joe", disse Benny Winters. Com sua jaqueta de couro marrom, ele parecia um pouco um Lenny Kravitz de cabelo mais curto. "Mas com certeza vamos explicar direitinho a eles." O resultado dessa explicação foi uma visita do sr. Greenup de cara mais fechada do que nunca, acompanhado de outra alta autoridade policial, Helen Hummington, que no começo falou pouco.

"Sinto muito, Joe", disse o sr. Greenup. "Não posso *permitir* isso."

"Você não vai me *permitir* ir à Park Lane receber meu prêmio literário", repetiu ele, devagar. "Você não vai *permitir* isso, ainda que uma única pessoa, o organizador do evento, tenha de saber de antemão da minha presença, e possamos chegar depois que as pessoas estiverem sentadas para jantar, ficar lá talvez dez minutos antes da cerimônia de entrega, receber o prêmio e depois sair antes que a cerimônia acabe. É isso que você não vai *permitir*."

"Por razões de segurança", disse o sr. Greenup, seriíssimo. "É muito arriscado."

Ele inspirou profundamente. (Sua recompensa por deixar de fumar foi uma asma tardia, motivo pelo qual às vezes ficava sem ar.) "Sabe", disse, "eu estava achando que era um cidadão livre num país livre, e que realmente não cabe a você *permitir* ou não *permitir* que eu faça seja lá que for."

O sr. Greenup perdeu a compostura. "Em minha opinião", disse, "o senhor está pondo em perigo a coletividade de Londres em razão de seu desejo de engrandecimento pessoal." Foi um discurso espantosamente bem composto — *coletividade, em razão de, engrandecimento pessoal* —, e ele nunca o esqueceu. Haviam chegado a um momento crítico — o que Henri Cartier-Bresson chamara de *le moment décisif.*

"Sabe de uma coisa?", ele disse. "É o seguinte: eu sei onde fica o hotel Dorchester, e por acaso tenho dinheiro para pagar um táxi. Por isso, o que cabe perguntar não é se eu vou ou não vou à cerimônia. Eu *irei* à cerimônia. A única pergunta que o senhor tem de responder é a seguinte: o senhor vai comigo?"

Hellen Hammington juntou-se à conversa e disse que ela estava substituindo o sr. Greenup como o principal agente de posição na Yard. Isso foi uma notícia excelente, extraordinária. A seguir, ela disse ao sr. Greenup: "Creio que provavelmente poderemos resolver isso". Greenup ficou quase escarlate, mas nada disse. "Foi decidido", continuou Hammington, "que provavelmente devemos *permitir* que você saia um pouco mais."

Dois dias depois, ele estava no Dorchester, junto à nata do mundo editorial, e recebeu seu prêmio, um tinteiro de vidro num suporte de madeira. Agradeceu aos presentes no salão e pediu desculpas por se materializar e desmaterializar no meio do jantar. "Neste país livre", disse, "não sou um homem livre." A ovação de pé chegou a levá-lo às lágrimas, e ele não era homem de chorar com facilidade. Acenou para o público e, quando saía do salão, ouviu John Cleese dizer ao microfone: "Ah, *fantástico*. Creio que o show tem de continuar". Feitas as contas, tinha havido mesmo um pouco de engrandecimento pessoal. A coletividade de Londres estava segura em seus smokings, suas casas, suas camas. E ele nunca mais viu o sr. Greenup.

O anjo da morte nunca parecia muito distante naqueles dias estranhos.

Liz telefonou: Angela Carter fora avisada de que não teria mais que seis meses de vida. Zafar ligou para ele aos prantos: "Hattie morreu", disse. Hattie era May Jewell, a avó anglo-argentina de Clarissa, fã de chapelões de abas largas e que servira de modelo para Rosa Diamond, personagem em *Os versos satânicos*, diante de cuja casa em Pevensey Bay, em Sussex, Gibreel Farishta e Saladin Chamcha tinham caído na areia, vivos, depois de ejetados de um Jumbo que explodira. Algumas das histórias favoritas de May Jewell acabaram entrando nas páginas que ele escrevia. Em Londres, em Chester Square Mews, certa vez ela vira o fantasma de um cavalariço que parecia estar andando de joelhos, até perceber que ele estava caminhando no nível antigo da rua, mais baixo, e por isso só era visível dos joelhos para cima; em Pevensey Bay, a frota invasora da Conquista normanda teria passado por sua sala, porque a linha da costa tinha mudado depois de 1066; na Argentina, os touros de sua *estancia* de Las Petacas repousavam a cabeça em seu colo como se fossem unicórnios, e ela, uma virgem, sendo que nem uma coisa nem outra era verdadeira. Ele gostava muito de suas histórias, de seus chapéus e dela.

Hellen Hammington foi vê-lo de novo para dizer-lhe o que a polícia achava que ele poderia fazer de acordo com suas novas regras, mais liberais. Eles poderiam levá-lo, com hora marcada, para comprar roupas e livros, depois que as lojas fechassem. Talvez ele quisesse fazer uma expedição de compras fora de Londres, num lugar como Bath, por exemplo, e nesse caso poderia ir mesmo com as lojas abertas. Se ele quisesse fazer sessões de autógrafos, isso seria possível fora de Londres. Um amigo dele, o professor Chris Bigsby, o convidara para falar na Universidade de East Anglia, e talvez ele pudesse aceitar convites dessa natureza. Seriam possíveis incursões ocasionais à Covent Garden Opera House, à English National Opera ou ao National Theater. Ela sabia que Ruthie Rogers, coproprietária do River Café, em Hammersmith, era muito amiga dele, de modo que talvez ele pudesse ir jantar lá, ou no Ivy, cujos donos, Jeremy King e Chris Corbin, também facilitariam as coisas. E agora Zafar não só teria *permissão* para visitá-lo, como também poderia passar a noite na Hampstead Lane. A saída do sr. Greenup certamente modificara as coisas.

(O que *não lhe era permitido* fazer: ter uma vida pública, mover-se livremente, levar a vida comum de um escritor ou ser um homem livre aos quarenta anos. Sua vida era como uma dieta rigorosa: tudo o que não fosse expressamente *permitido* era proibido.)

No dia 11 de novembro teriam se passado mil dias desde o serviço fúnebre de Bruce Chatwin e a declaração da *fatwa*. Ele conversou com Frances e Carmel sobre a melhor forma de usar politicamente esse momento. Elas concordaram em realizar uma "vigília" de 24 horas no Central Hall Westminster. Quando o evento foi anunciado, Duncan Slater telefonou para ele e disse que Douglas Hurd estava pedindo que a vigília fosse cancelada e ameaçando que, se isso não acontecesse, a campanha de defesa de Rushdie poderia ser acusada — talvez até pelo governo — de retardar a libertação do refém britânico Terry Waite. Michael Foot ficou furioso ao saber disso. "Ceder a ameaças estimula a captura de pessoas como reféns", disse ele. Mas, por fim, o evento foi cancelado a pedido da vítima da *fatwa*. Era preciso dar precedência aos direitos humanos de Terry Waite.

O diretor da Feira do Livro de Frankfurt, Peter Weidhaas, queria voltar a convidar editoras iranianas, mas protestos na Alemanha impediram que isso fosse feito.

Chegou o milésimo dia. Para assinalar a data, ele completou um ensaio, "Mil dias num balão". O PEN American Center organizou uma manifestação e entregou uma carta-protesto às Nações Unidas. Diante do cancelamento da vigília, seus amigos britânicos leram cartas de apoio numa livraria na Charing Cross Road. Contudo, o jornal *The Independent*, que estava se tornando uma espécie de órgão oficial do islã britânico, publicou um artigo do "escritor" Ziauddin Sardar, que dizia: "O melhor rumo de ação para o sr. Rushdie e aqueles que o apoiam é calarem-se. Uma mosca apanhada numa teia de aranha não chama a atenção para si mesma". A mosca em questão ligou para o editor daquele jornal e lhe comunicou que não escreveria mais recensões para suas páginas literárias.

Em 18 de novembro, Terry Waite foi solto por seus captores. Já não havia reféns britânicos no Líbano. E agora, ele pensou, como as autoridades tentariam silenciá-lo? A resposta não tardou a chegar. No dia 22, o arcebispo de Cantuária, George Carey, resolveu atacar *Os versos satânicos* e seu autor. O romance, opinou Carey, era uma "difamação afrontosa" do profeta Maomé. "Devemos ser mais tolerantes para com a ira muçulmana", declarou o arcebispo.

Ele revidou numa entrevista pelo rádio, e a imprensa britânica opôs-se em peso ao arcebispo. Carey recuou, pediu desculpas e convidou para um chá o homem cuja obra ele atacara. O homem invisível foi levado ao palácio de Lambeth, e lá estava a figura empertigada do arcebispo, com um cachorro dormindo diante de uma lareira, e cá estava sua xícara de chá: uma só e, para sua decepção, nada de sanduíches de pepino. Carey pareceu-lhe canhestro e vacilante, sem muito o que dizer. Perguntado se tentaria interceder junto a Khamenei, como um líder espiritual a outro, para que a *fatwa* fosse revogada, ele respondeu, debilmente: "Não creio que ele me dê muita atenção". A finalidade do chá não ia além de redução de danos. Logo chegou ao fim.

Corria o boato de que o governo britânico e o iraniano se preparavam para restabelecer plenas relações diplomáticas e trocar embaixadores. Ele precisava de uma tribuna pública com urgência. A data do evento na Universidade Columbia se aproximava e parecia da mais alta importância que ele estivesse lá. O problema era que ainda havia dois reféns americanos no Líbano; além disso, não estava claro se ele seria autorizado a entrar nos Estados Unidos. E como ele viajaria? Nenhuma empresa aérea comercial desejava tê-lo como passageiro. A polícia informou que quase todas as semanas havia voos militares de passageiros entre o Reino Unido e os Estados Unidos. Talvez ele conseguisse lugar num desses voos. Fizeram-se indagações e, sim, poderiam conseguir-lhe lugar num voo militar. Mas ainda não se sabia se ele poderia viajar.

Duncan Slater ligou para desculpar-se pelo "confronto" quanto à vigília dos mil dias e disse que não havia "pressa alguma" para a troca de embaixadores. Ele estava sendo enviado para um posto no exterior, disse, e David Gore-Booth ocuparia seu lugar como contato no Foreign and Commonwealth Office. Ele gostava de Slater e sentia apoio nele. Gore-Booth era um homem muito diferente: mais calado, mais brusco, mais áspero.

Joseph Cicippio foi libertado em 1º de dezembro, e o último refém americano, Terry Anderson, uma semana depois. Os americanos cumpriram a palavra dada e suspenderam o embargo à sua viagem. Ele poderia ir ao evento na Memorial Low.

Ele cruzaria o oceano num voo da Royal Air Force ao Aeroporto Internacional Dulles, em Washington, D. C. Um avião particular, que pertencia, segundo lhe disseram, ao diretor da Time Warner, estaria à espera para levá-lo a Nova York e trazê-lo de volta. Em Nova York, ele seria recebido por um grupo de segurança do Departamento de Polícia de Nova York (New York City Police Department — NYPD). À medida que se avizinhava a data da partida, esses planos iam sendo alterados, causando-lhe angústia. O avião particular de Washington a Manhattan transformou-se num carro, depois num helicóptero, e voltou a ser um avião. Andrew tinha planejado um jantar em que ele pudesse estar com nova-iorquinos influentes, e um "almoço de artes", com, talvez, Allen Ginsberg, Martin Scorsese, Bob Dylan, Madonna, Robert De Niro. Disseram-lhe que ele não teria autorização para deixar seu hotel em momento algum, salvo para falar na universidade. Não teria permissão para participar do jantar na biblioteca Low, mas seria levado até lá para fazer seu discurso e voltaria em seguida para o hotel. Voaria de volta a Washington naquela mesma noite e pegaria o avião da RAF retornando ao Reino Unido. As embaixadas americanas em todo o mundo haviam sido postas em alerta de alto nível e haviam sido cercadas de medidas de segurança adicionais para o caso de haver retaliações islâmicas contra os Estados Unidos por lhe permitirem entrar no país. Todos com quem ele ou Andrew falavam estavam nervosos, nervosíssimos — a RAF, o Ministério da Defesa, a embaixada americana, o Departamento de Estado americano, o Foreign Office britânico, a polícia de Nova York. Ele disse a Larry Robinson ao telefone: "É mais fácil entrar no Jardim do Éden do que nos Estados Unidos. Para entrar no Paraíso, um homem só precisa ser justo".

Quanto mais se aproximava a data do voo, mais os Estados Unidos recuavam a hora da partida. Por fim, na terça-feira, 10 de dezembro, Dia Internacional dos Direitos Humanos, véspera do evento na Universidade Columbia, ele embarcou no transporte da RAF e, de costas para o destino da viagem, deixou o solo britânico pela primeira vez em três anos.

Foi recebido na pista do aeroporto de Teterboro, em Nova Jersey, por uma carreata de nove veículos, com batedores em motocicletas. O carro central era uma limusine branca blindada. Esse era seu carro. O enorme destacamento de agentes do NYPD era comandado pelo tenente Bob Kennedy, que naquele dia atendia pelo codinome "Comandante Hudson". O tenente Bob apresentou-se e explicou o "roteiro", interrompendo a exposição várias vezes para falar no rádio. *Câmbio. Hudson na escuta. Aqui fala Comandante Hudson. Entendido. Câmbio final.* Hoje em dia os policiais falavam do jeito que tinham visto policiais falando na TV. O tenente Bob, era evidente, achava que estava atuando num filme. "Vamos transportá-lo pela cidade neste veículo aqui", declarou, redundante, quando a carreata partiu.

"Tenente Bob", ele disse, "por que tanta coisa? Os nove carros, as sirenes, as motocicletas, as luzes piscando, todos esses agentes. Não seria mais seguro, na verdade, me levar por ruas secundárias num Buick velho?"

O tenente Bob olhou-o com aquela expressão de piedade reservada aos idiotas de nascença ou aos loucos. "Não, senhor, não seria", respondeu.

"Para quem mais vocês fariam uma proteção nessa escala, tenente Bob?"

"Senhor, isto aqui é o que faríamos para Arafat." Ser equiparado ao líder da Organização para Libertação da Palestina foi para ele quase um choque.

"Se o senhor fosse o presidente dos Estados Unidos, muitas dessas ruas laterais seriam fechadas, e, senhor, atiradores de elite seriam postos nos telhados ao longo do caminho, mas em seu caso achamos que isso não seria necessário porque ficaria ostensivo demais."

A carreata de nove veículos, bem discreta, partiu em direção a Manhattan, ao som das sirenes dos batedores de motocicletas e com as luzes piscando, sem chamar nenhuma atenção.

Andrew o esperava no hotel. Na suíte presidencial, acolchoados à prova de balas cobriam todas as janelas, embora eles estivessem no último andar, e pelos cômodos se espalhavam uns vinte homens, com armas enormes, saídas de filmes de ficção científica. Andrew providenciara que ele recebesse duas visitas. Primeiro veio Susan Sontag, para abraçá-lo e contar-lhe tudo que o PEN American Center tinha feito e faria em seu benefício. Depois, Allen Ginsberg chegou por uma porta e Susan teve de sair por outra, de modo que os dois gigantes americanos não se encontrassem. Ele não entendeu por que isso era necessário, mas Andrew explicou que era melhor assim, para evitar o choque de egos literários, e quando Ginsberg entrou, usando sandálias e carregando uma mochilinha, logo avaliou a situação e disse com firmeza: "O.k., agora vamos meditar". Pôs-se a tirar as almofadas dos sofás e a jogá-las no chão. O escritor indiano pensou: *Esquisito isso, um americano me ensinando a dizer* om shantih om. Só para ver o que iria acontecer, ele disse alto: "Só vou meditar se Andrew Wylie meditar também". Daí a pouco estavam os três de pernas cruzadas no chão, entoando *shantih*, paz, tendo o exército de homens com armas de ficção científica a observá-los e os acolchoados à prova de balas tapando o sol frio de dezembro. Quando Ginsberg deu por encerrada a sessão de meditação, distribuiu vários livretos sobre budismo e foi embora.

Daí a pouco, Elizabeth chegou sem ser anunciada, e o tenente Bob a trouxe à suíte, cercada de homens armados. "O.k., tenente Bob", disse ele. "Elizabeth está limpa. Elizabeth está comigo."

Kennedy apertou os olhos. "Se eu quisesse matar o senhor", disse insanamente, assumindo sua melhor expressão Jack Nicholson Alucinado, "ela é exatamente quem eu mandaria."

"Como assim, tenente Bob?"

Kennedy fez um gesto na direção de uma mesa onde havia um arranjo de frutas e queijos, além de talheres e pratos. "Senhor, se ela pegasse um daqueles garfos e o ferisse no pescoço, eu perderia o emprego."

Andrew Wylie fazia força para conter o riso, e Elizabeth foi chamada de Garfista Louca durante o resto da viagem.

Naquela noite saíram na limusine branca blindada, no meio da carreata de nove veículos, com os batedores, as sirenes e as luzes piscantes, disparados a cem quilômetros por hora pela rua 125, rumo ao campus de Columbia, com toda a população do Harlem nas calçadas, assistindo a carreata passar como um espectro, nada ostensiva, aliás quase imperceptível, e Andrew gritando de prazer diante da loucura de tudo aquilo: "Este é o melhor dia da minha *vida*!".

A seguir, a comédia de humor negro, ligeiramente histérica, chegou ao fim. Ele foi ocultado por uma cortina na biblioteca Low e, quando seu nome foi anunciado, houve um arquejo de surpresa, e ele se adiantou, saindo da invisibilidade para a luz. Veio então o aplauso, acolhedor, afetuoso. A luz dos refletores incidia em seus olhos e ele não via o salão, não fazia ideia de quem estava ali, mas tinha seu discurso a fazer, seus mil dias num balão a relatar. Pediu à plateia que pensasse em perseguição religiosa e na pergunta sobre quanto vale uma única vida humana, e começou a longa tarefa de desfazer o Erro, desdizer o que dissera, devolver-se às fileiras dos advogados da liberdade e deixar Deus para trás. Ele teria de desdizer o Erro repetidamente, durante muitos anos, mas naquela noite, quando admitiu seu erro à ilustre plateia em Columbia e voltou a defender aquilo em que mais ardentemente acreditava — *a liberdade de expressão é tudo o que interessa*, disse, *a liberdade de expressão é a própria vida* —, ele se sentiu mais limpo e, na reação solidária da plateia, percebeu compaixão. Fosse ele religioso, teria dito que se sentia perdoado, absolvido de seus pecados. Mas ele não era religioso e nunca mais simularia religiosidade. Era um homem que se orgulhava de sua irreligiosidade. *Não reze por mim*, ele dissera a sua mãe. *Você não entende? Nosso time não faz isso.*

Terminado seu discurso, a América o pôs para fora sem cerimônia. Não houve tempo para despedir-se de Andrew ou Elizabeth. O tenente Bob ia no banco da frente da limusine branca que varava a noite em direção ao aeroporto MacArthur, em Islip, Long Island, e lá estava o avião à sua espera para levá-lo a Dulles, onde embarcou no transporte da RAF com vários militares, e logo estava de volta à sua jaula. Mas viajara, e falara. A primeira vez foi a mais difícil, e todas as dificuldades tinham sido superadas, e à frente dele esperavam a segunda vez, a terceira, a quarta. Podia não haver ainda uma luz no fim do túnel, mas ao menos agora ele estava no túnel.

* * *

O ensaio "Balão" substituiu o texto da "conversão" na edição em brochura de *Imaginary homelands*, e enfim ele conseguiu parar de estremecer a cada vez que via um exemplar da coletânea. *Enfim*, pensou, quando os livros chegaram. *Esse é o livro verdadeiro. Seu autor é o verdadeiro eu.* Sua carga parecia menos pesada. Ele se libertou do dentista Essawy e deixou aquelas bem tratadas unhas dos pés para trás, para sempre.

Prezada Religião,

Posso levantar a questão dos primeiros princípios? Pergunto isso porque estranhamente, ou nem tão estranhamente, os religiosos e os não religiosos não chegam a um acordo em relação a quais são eles. Para o grego razoável que abordasse a questão da verdade, os primeiros princípios eram pontos de partida (arche) *e nós os percebíamos porque possuímos entendimento/consciência* (nous). *Descartes e Spinoza acreditavam que, mediante o uso da razão pura e confiando em nossa percepção sensorial do mundo, poderíamos chegar a uma concepção da verdade que pudéssemos reconhecer como autêntica. Por outro lado, os pensadores religiosos — santo Tomás de Aquino, Ibn Rushd — sustentavam que a razão existia fora da consciência humana, que ela pendia ali, no espaço, como a aurora boreal ou o cinturão de asteroides, esperando ser descoberta. Uma vez descoberta, ela era fixa e imutável, porque preexistente. Ela não dependia de nós para existir, ela existia e pronto. Essa ideia de razão desencarnada, de razão absoluta, é um pouco difícil de engolir, principalmente quando você, Religião, a une à ideia de revelação. Porque, com isso, o pensamento acaba, não é? Tudo o que precisa ser pensado já foi revelado, e ficamos presos a essa revelação, eternamente, absolutamente, sem recurso de apelação. "Ajudai-nos, Deus", poderíamos clamar. Eu estou com o outro time, que acredita que, a menos que os primeiros princípios desse tipo possam ser desafiados por primeiros princípios do outro tipo — encontrando novos pontos de partida, aplicando nossa consciência e nossa consciência sensória de o-que-é a esses pontos de partida, e assim chegando a novas conclusões —, estaremos liquidados, nosso cérebro apodrecerá, e homens de turbantes e barbas longas (ou homens de batina que fingem respeitar o celibato mas abusam sexualmente de meninos) herdarão a Terra. Entretanto, e isto talvez a confunda, em questões culturais eu não sou um relativista e acredito firmemente nos universais. Nos direitos humanos, por exemplo, nas liberdades humanas, na natureza humana e o que ela deseja e merece. Por conseguinte, não concordo com a ideia do professor S. Huntington de que a razão é própria do Ocidente, e o obscurantismo, do Oriente. O coração é o que é, e nada sabe sobre pontos cardeais. A necessidade de ser livre, tal como a inevitabilidade da morte, é um universal. Pode não preexistir, dado que é consequência de nossa humanidade essencial, mas não é negociável. Eu compreendo, Religião, que isto possa confundi-la, mas para mim é absolutamente claro. Perguntei a meu* nous, *e ele levantou o polegar. Analise. De qualquer maneira. Analise. Ah! P. S. E o que dizer desses formulários oficiais paquistaneses* (*todos eles, para tudo*) *que insistem em que a pessoa declare sua religião, e não aceitam "nenhuma" como resposta? Escrever "nenhuma" equivale a inutilizar o formulário, e a pessoa tem de preencher outro ou arcar com as consequências, que talvez sejam medonhas. Não sei se isso ocorre em outros países muçulmanos, mas tenho a impressão de que é possível que sim. Isso é um pouco demais, não acha, Religião? Beira o fascismo, não é? Que tipo de clube é esse que obriga todo mundo a se associar a ele? Até agora eu pensava que os melhores clubes eram fechados e faziam o possível para afastar a ralé.*

Analise isso também. Por favor.

Caro Leitor,

Agradeço suas palavras amáveis sobre meu livro. Deixei claro o ponto elementar de que a liberdade de escrever está intimamente relacionada à liberdade de ler, e que as leituras de uma pessoa não devem ser escolhidas, checadas e censuradas por qualquer clero ou Comunidade Ultrajada? Desde quando uma obra de arte foi definida por quem não gostou dela? O valor da arte está no amor que ela engendra, e não no ódio que provoca. É o amor que faz os livros durarem. Por favor, continue lendo.

Ele tomou resoluções de Ano-Novo. Perder peso, obter o divórcio, escrever seu romance, fazer com que *Os versos satânicos* fosse publicado em brochura e obter a revogação da *fatwa*. Sabia que seria incapaz de manter todas essas promessas para si mesmo. Entretanto, três ou quatro em cinco estaria bom.

Perdeu quase sete quilos nas seis semanas seguintes. Foi um bom começo. Comprou seu primeiro computador. Como muitas pessoas ligadas à máquina de escrever, ele temia que o computador mudasse sua forma de escrever. Muito anos antes, ele e Fay Weldon tinham feito uma leitura em conjunto em Kentish Town, e na hora das perguntas do público uma mulher perguntara: "Quando vocês estão datilografando e batem x-x-x em cima de uma frase, continuam a escrever ou tiram a folha da máquina e começam a página de novo?". Tanto ele como Fay tinham respondido que tiravam o papel da máquina e começavam de novo, *obviamente*. Como muitos escritores, ele tinha o fetiche da página limpa, e a facilidade com que se "limpava" uma página com esse novo dispositivo milagroso bastara para convencê-lo de seu valor. Quanto menos tempo ele gastasse em redatilografar, mais tempo lhe sobraria para a redação propriamente dita. *O último suspiro do mouro* foi o primeiro romance que ele escreveu no computador.

A casa da St. Peter's Street precisava ser vendida. As despesas dele eram enormes, e esse dinheiro seria da maior importância. Embora os tabloides ainda se queixassem de que ele estava custando ao Reino Unido uma fábula, seus próprios recursos estavam perto do fim. Ele havia comprado (e estava reformando) uma casa grande em que ele e a equipe de proteção poderiam viver felizes e tranquilos para sempre, além de um bimbomóvel à prova de bala. Estava comprando um apartamento de dois quartos em Hampstead, para que Elizabeth tivesse um endereço residencial "público", estava comprando esse imóvel no nome dela, como um presente. Por sorte, Robert McCrum, da Faber and Faber, quis comprar a casa de Islington, e eles acertaram as condições rapidamente. Entretanto, o negócio não foi fechado porque a venda da casa de Robert gorou. No entanto, Robert disse que havia outras pessoas interessadas, e que esperava poder resolver a questão de outra forma em breve.

Ele se encontrou, pela última vez, com Duncan Slater, que tinha sido nomeado embaixador na Malásia. Conversaram durante três horas, e a essência da conversa foi que o "HMG" — Her Majesty Government, o Governo de Sua Majestade — estava sendo afetado pela elevação do tom por parte dele, principalmente em Columbia. "Hurd admite que você tem um eleitorado de respeito", disse-lhe Slater. "Esse eleitorado não é necessariamente o dele, mas é grande e impossível de ignorar." O secretário do Exterior compreendera que o caso Rushdie não podia ser varrido para debaixo do tapete. "Talvez possamos obter o cancelamento da recompensa em dinheiro", disse Slater. Bem, já seria um bom começo, ele respondeu. "Mas o Foreign and Commonwealth Office não vê com bons olhos seus planos de uma edição em brochura."

No dia do aniversário de Elizabeth, pouco depois disso, souberam que o câncer de Angela Carter havia tomado os dois pulmões. Ela tinha dificuldade para respirar, e só lhe restavam semanas de vida. Haviam contado a verdade a seu filho pequeno, Alex. A ideia de perdê-la era insuportável, mas, como a mãe do escritor indiano costumava dizer, *o que não tem remédio remediado está*. Duas semanas depois, Angela convidou-o para um chá. Foi a última vez que ele a viu. Ao chegar à sua velha conhecida casa em Clapham, ele viu que ela saíra da cama e se vestira com cuidado para ele, e estava sentada, ereta, numa cadeira de braços, servindo o chá como uma anfitriã formal. Era visível o esforço que isso lhe demandava e o quanto era importante para ela fazer aquilo, de modo que tomaram um chá da tarde como se deve, rindo até onde era possível. "O pessoal do seguro vai ficar furioso", ela brincou, "porque só paguei três anos de prêmios num *plano novo e enorme*, e agora eles vão ter de arcar com isso, mas meus meninos vão ficar bem." Seus meninos eram o marido, Mark, que estava sentado em silêncio ao lado deles, como era de seu feitio, e o filho, Alex, que não se achava presente. Passado algum tempo, ela estava exausta, e ele se levantou para sair, dando-lhe um beijo de adeus. "Cuide-se", disse ela, e isso foi tudo. Quatro semanas depois daquele chá, ela morreu.

Seus amigos mais chegados — Caroline Michel, Richard e Ruth Rogers, Alan Yentob e Philippa Walker, Melvyn Bragg e outros — estavam planejando um evento público que ocorreria por ocasião do terceiro aniversário da *fatwa*, com a presença de muitos escritores de renome. Günter Grass concordou em participar, bem como Mario Vargas Llosa e Tom Stoppard, e os que não poderiam ir — Nadine Gordimer, Edward Said — prometeram enviar mensagens em vídeo. O que não estava sendo anunciado publicamente era que ele próprio apareceria "de surpresa". O evento se daria na velha sede da guilda dos impressores e assemelhados, Stationers' Hall, onde, muitos anos antes, em outra vida, ele recebera seu Booker Prize.

Aquele jovem escritor premiado não teria visto sua editora se recusando a publicar seu livro em brochura, mas os anos dourados haviam ficado para trás.

Ele se encontrou com Peter Mayer na casa de Gillon, e Mayer por fim abriu o jogo. Não, ele não antevia o dia em que a Penguin faria uma edição em brochura de *Os versos satânicos*, embora garantisse pessoalmente que continuariam a imprimir a edição em capa dura; e, portanto, permitiria que os direitos sobre a brochura revertessem ao autor, de modo que pudessem tentar algum tipo de publicação consorciada. Todos procuraram ser corteses e afáveis, embora aquele fosse um momento perturbador. O advogado de Mayer, Martin Garbus, também estava presente, e opinou que nos Estados Unidos talvez fosse possível um consórcio liderado pela American Booksellers' Association, pelo PEN American Center e pela Authors' Guild. No dia seguinte, ele telefonou para Frances D'Souza e, sem nenhuma autoridade para tanto, afirmou que *ele* estava montando um consórcio e lhe perguntou se a organização Artigo 19 se disporia a aparecer como editora do livro no Reino Unido. (Posteriormente, Garbus afirmou no *The New York Times* que ele estivera por trás da criação do consórcio que publicou o livro, uma declaração de tal modo oposta à verdade que teve de ser rapidamente refutada.)

Sua vida se assemelhava a um dia de ventos fortes em que as nuvens corressem pelo céu: primeiro um tempo sombrio, depois súbita claridade, e logo nuvens negras de novo. Um dia depois da reunião com o pessoal da Penguin, nasceu Mishka, a segunda filha de Sameen, no Florence Ward, do Northwick Park Hospital, em Harrow. Ao crescer ela se tornaria uma virtuose do piano, trazendo música para uma família que, até sua chegada, fora comicamente antimusical.

A Divisão Especial o informou de que as mais recentes informações davam conta de que unidades do Hezbollah ainda estavam tentando localizá-lo e matá-lo. Não havia mudança na avaliação de ameaça, que se mantinha no nível Ridiculamente Alto.

Andrew reuniu-se, em Nova York, com Giandomenico Picco, das Nações Unidas, que negociara a libertação de muitos dos reféns no Líbano, entre os quais John McCarthy. Sobre o caso Rushdie, Picco disse: "Estive trabalhando nisso, e ainda estou". Meses depois, em Washington, D. C., o homem invisível pôde avistar-se com o negociador secreto, e Picco lhe disse uma coisa de que ele se lembraria sempre. "O problema com a negociação de um acordo desse tipo é que se passa muito tempo esperando o trem chegar à estação, mas não se sabe a que estação ele vai chegar. A arte da negociação consiste em estar no maior número possível de estações, de modo que, quando o trem chegar, você esteja lá."

Em Berlim, o jornal *die tageszeitung* deu início à campanha "Cartas para Salman Rushdie". As cartas seriam reproduzidas em duas dúzias de jornais da Europa e dos Estados Unidos, e Peter Carey, Günter Grass, Nadine Gordimer, Mario Vargas Llosa, Norman Mailer, José Saramago e William Styron estavam entre os grandes escritores que haviam concordado em contribuir. Quando Carmel Bedford telefonou para Margaret Atwood, a fim de lhe pedir que escrevesse uma carta, Peggy saiu-se com esta: "Ah, puxa, mas o que eu poderia dizer?". Com sua gélida cara de pau irlandesa, Carmel replicou: "Use sua imaginação". E houve um grande romancista que não contribuiu, mas cujo telefonema talvez tenha sido o mais emocionante. Foi Thomas Pynchon, outro famoso homem invisível, que ligou para agradecer por sua crítica de *Vineland* no *The New York Times Book Review*, e para perguntar, solícito, como ele estava passando. Ele respondeu com o título do clássico cult de Richard Farina, amigo de Pynchon, a quem este dedicou *O arco-íris da gravidade*: "Estive embaixo tanto tempo que para mim parece o alto". Pynchon propôs que, da próxima vez que estivessem ambos em Nova York, se reunissem para jantar. "Ah, que bom", disse ele, como um colegial espinhento e apaixonado: "Ah, sim, por favor".

Reunir um consórcio de editoras, livreiros, organizações profissionais e pessoas físicas do mundo do livro não fora difícil na Alemanha e na Espanha. Todos queriam participar daquilo que encaravam como uma defesa importante da liberdade de expressão. Já nos Estados Unidos, misteriosamente, a mesma coisa estava se revelando bastante diferente. Andrew buscara o conselho do juiz William Brennan, um dos ministros da Suprema Corte americana, do famoso advogado constitucionalista Floyd Abrams e do ex-procurador-geral da Justiça dos Estados Unidos, Elliot Richardson, e todos achavam que a edição em brochura de *Os versos satânicos* era garantida pela Primeira Emenda. As oito maiores editoras americanas discordavam. Um após outro, os grandes nomes da indústria editorial americana negaram que a liberdade de expressão estivesse em jogo nessa questão, resmungando que aderir a um consórcio constituiria uma "crítica implícita" a Peter Mayer e à Penguin. Sonny Mehta perguntou a seu autor: "E se as pessoas simplesmente não quiserem essa edição, Salman... e se tudo que elas quiserem é que esse assunto morra?". Andrew soube por alguém que a Association of American Publishers estava, na verdade, formando um cartel oficioso contra a publicação, a fim de apoiar Peter Mayer (de quem gostavam) e para se opor aos esforços dele, Andrew, porque, para serem francos, não se importavam muito com o malvisto Andrew Wylie, cujo cliente era considerado bastante intragável também. As pessoas não estavam ligando de volta quando ele telefonava. Batiam portas em sua cara. Deu no *The New York Times* que as iniciativas no sentido da formação de um consórcio estavam "fracassando". No entanto, Andrew, e também Gillon, em Londres, mantiveram-se inflexíveis e determinados. "Nós podemos publicar essa brochura", diziam, "e vamos publicá-la."

Um único editor discordou dos demais. George Craig, da HarperCollins, disse a Andrew que ajudaria — na surdina. Não autorizaria a HarperCollins a aderir ao consórcio, mas financiaria a impressão dos primeiros 100 mil exemplares, providenciaria um artista gráfico para criar uma sobrecapa para a brochura e orientaria Andrew quanto aos problemas relativos a todas as fases da publicação — impressão, armazenamento e distribuição dos livros. Mas até Craig estava nervoso. Não queria que ninguém soubesse que ele tinha alguma coisa a ver com aquilo. E assim, clandestinamente, às ocultas, chegou-se a um plano de publicação, como se se tratasse de um grupo de homens com chapéus de aba caída e enormes sobretudos planejando um crime em torno de uma mesa, num porão iluminado por uma única lâmpada nua. A companhia, chamada *The Consortium, Inc.*, foi constituída no estado de Delaware. O consórcio era formado por três membros: Gillon Aitken, Salman Rushdie e Andrew Wylie. Nenhum editor americano — ou britânico, aliás — acrescentou oficialmente seu nome ou deu ao projeto algum apoio financeiro ou administrativo (com a honrosa exceção de George Craig). Andrew e Gillon também aplicaram recursos próprios no projeto e fizeram um acordo com o autor quanto à divisão dos possíveis lucros. "Nós vamos fazer isso", disse Andrew. "Estamos quase prontos."

Ele tinha comprado o apartamento de Elizabeth e ainda estava esperando que Robert McCrum completasse a compra da casa na St. Peter's Street. A reforma da casa da Bishop's Avenue, 9 estava custando uma pequena fortuna e o dinheiro não era muito. Se, por algum motivo, a casa da Hampstead Lane, 30 "caísse", ele pensou, era provável que não pudesse pagar outro aluguel caro. Talvez tivesse mesmo de aceitar a base militar.

O Dia dos Namorados estava quase chegando e já se ouviam os habituais ruídos desagradáveis. A *fatwa* foi confirmada, é claro. Um jornal iraniano chamou-a de "ordem divina para apedrejar o demônio até a morte". Sob seu chapéu-de-sapo, o lacaio britânico do Irã Kalim Siddiqui deitou falação. "Rushdie é o Inimigo Número Um do islã." Mas dessa vez as reações entusiásticas foram poucas. Na Europa, 115 parlamentares assinaram uma moção em que expressavam "absoluta solidariedade às dificuldades de longa data enfrentadas pelo escritor" e apelavam a todos os Estados membros da União Europeia para que o Irã fosse pressionado a retirar as ameaças. David Gore-Booth disse-lhe que Douglas Hogg e o Foreign Office estavam adotando uma linha "muito positiva", mas queriam esperar que passassem as eleições de abril para o Majlis iraniano. Depois disso, poderiam tentar fazer com que a recompensa fosse cancelada, e a *fatwa*, "circunscrita" — ou seja, fazer com que os iranianos declarassem que ela só era válida em território iraniano — como primeiro passo para sua revogação total.

Ele se sentiu um pouco mais animado. Ao menos a pressão da campanha de defesa estava forçando o governo a propor novas ideias sobre o caso.

Aconteceu então algo muito surpreendente. Frances e Saïd Essoulami, o especialista em assuntos do Oriente Médio da organização Artigo 19, escreveram ao *chargé d'affaires* iraniano pedindo um encontro para discutirem o caso — e os iranianos concordaram. Na manhã de 14 de fevereiro de 1992, Frances e Saïd reuniram-se com autoridades iranianas e debateram a *fatwa* e a recompensa em dinheiro. Os iranianos cederam quase nada, mas, na opinião de Frances, era evidente que a campanha pró-Rushdie havia produzido efeitos. Insistiram com ela e com Saïd que o governo britânico não estava interessado no caso. (Quando a imprensa divulgou essa reunião, os iranianos tentaram negar sua realização, e depois alegaram que apenas um "funcionário local" participara dela, e não um diplomata da missão.)

Naquele dia houve protestos e declarações de apoio a ele em todo o mundo. Na França, 17 milhões de pessoas viram na TV uma entrevista que ele gravara: a maior audiência já registrada no país para um programa que não fosse o noticiário do horário nobre. À noite, no Stationers' Hall, em Londres, ele falou a uma plateia de escritores e amigos, dizendo-lhes: "Eu me recuso a ser uma não pessoa. Eu me recuso a renunciar ao direito de publicar minha obra". Todos os jornais britânicos cobriram o evento, com exceção do *The Independent*, que não fez nenhuma referência a ele.

Angela Carter morreu em 16 de fevereiro de 1992. Ao receber a notícia pelo telefone, em sua sala, ele chorou. Depois foi convidado pelo programa *Late Show* a falar sobre ela. Aparecer num programa de televisão era a última coisa que passava por sua cabeça, mas Alan Yentob disse: "Angela teria gostado que fosse você", de modo que ele escreveu alguma coisa e foi conduzido ao estúdio. Ao chegar lá, disse: "Vou fazer um único take disso. Não vou poder fazer dois". Depois da gravação, ele voltou para casa. Uma outra versão de seu texto saiu no *The New York Times*. Ele tinha acabado seu ensaio sobre *O mágico de Oz* e lembrou-se de que fora Angela quem lhe contara pela primeira vez as histórias sobre o péssimo comportamento dos munchkins em Hollywood, dados a bebedeiras e a promiscuidade. Ela adorava, em especial, a história do munchkin que, de porre, ficara preso na privada. Dedicou a Angela seu livrinho. Ao contrário daquele velho embusteiro, Oz, o Grande e Terrível, ela havia sido *uma ótima feiticeira*, como ele escreveu no texto do jornal, *e uma amiga muito querida*.

Angela tinha deixado uma descrição detalhada do serviço fúnebre, que incluía uma ordem para que ele participasse e lesse um poema de Andrew Marvell, "Numa gota de orvalho":

Assim a Alma, essa Gota, esse Raio
Da límpida Fonte do Eterno Dia [...]
....
Expressa com ideias puras em derredor
O Céu maior num Céu menor.

Na véspera do funeral, os tabloides publicaram mais matérias desagradáveis sobre Elizabeth e as "despesas" que ela representava para a nação. Contudo, não traziam fotografias dela, e a polícia o advertiu de que, se eles fossem à cerimônia, os paparazzi os caçariam e obteriam uma foto, o que aumentaria o perigo que ela corria. Ele disse então que iriam separados, e a máscara de simpatia de Helen Hammington saiu do lugar. Ele exigia da divisão esforços excessivos, disse, por causa de suas aparições públicas. "Todos os outros protegidos pela Divisão Especial", ele observou, "têm um extenso programa diário de eventos e vocês não reclamam. Eu quero ir ao sepultamento de minha amiga, e a senhora diz que isso é demais." "Sim", respondeu ela, "mas todos os outros protegidos prestam ou já prestaram um serviço à nação. Em minha opinião, não é o seu caso."

Por fim, Elizabeth não foi à cerimônia, no cemitério de Putney Vale. Não havia lá um único fotógrafo da imprensa. A polícia se enganara, mas não admitiu o fato, é claro. Tinham feito seu planejamento para o pior dos cenários, como sempre. Ele não queria levar a vida de acordo com o pior dos cenários. Isso o transformaria num prisioneiro deles. Ele não era prisioneiro de ninguém. Era um homem inocente que tentava levar a vida de um homem livre.

Michael Berkeley lhe disse, depois, que a presença de tantos policiais na área do crematório naquele dia ensejara o seguinte diálogo entre pessoas que saíam da cremação anterior: "A cerimônia que vem agora deve ser para alguém muito importante". E, no momento em que Michael estava prestes a intervir, sim, uma pessoa *muito* importante, era Angela Carter, ouviu a resposta: "Que nada. Vai ver deixaram um bandido sair da prisão de Scrubs para o enterro da mãe".

Já os próprios agentes de proteção continuaram tão simpáticos, solidários e prestativos como sempre. Certo dia Zafar quis demonstrar suas habilidades no rugby, e o novo agente, Tony Dunblane — de bigode vistoso e paletós de tweed, como um pirata suburbano —, levou pai e filho às dependências esportivas em Bushey, e os rapazes se alinharam como uma linha de defensores para que Zafar pudesse correr e passar a bola. (Zafar tinha prestado seu exame de admissão e feito a entrevista na Highgate School e, para imensa alegria e infinito alívio dos pais, fora aprovado. Ele sabia que obtivera um triunfo importante, e com isso sua autoconfiança foi às nuvens, como a mãe e o pai esperavam.)

Elizabeth vinha se dedicando metodicamente à tarefa de escolher móveis e papéis de parede para a casa nova, como qualquer casal que passa a viver junto, e Tony trazia fotografias dos mais recentes sistemas de som e televisores com tecnologia de ponta, oferecendo-se para montar tudo o que escolhessem assim que se mudassem. E, quando Robert McCrum enfim assinou seus contratos e eles chegaram a um acordo para a compra e venda da casa da St. Peter's Street, 41, a polícia o levou de volta à casa que não era mais sua e o ajudou a meter suas coisas em caixas, que um furgão transportou para um depósito da polícia, onde ficariam até poderem ser levadas para a casa nova. A boa vontade desses homens para com outro ser humano, que estava "numa encrenca dos diabos", como disse Tony Dunblane, nunca deixava de comovê-lo.

Precisaram de quase cinco horas, com a ajuda de Elizabeth, para juntar todos os pertences de Marianne. Escondidas sob as coisas dela, ele encontrou todas as fotografias que tirara na viagem à Nicarágua em 1986, e sobre a qual escrevera *O sorriso do jaguar*, seu breve livro de reportagem. E também todos os negativos. (Mais tarde, uma colega de Gillon, Sally Riley, nomeada por Marianne para cuidar de seus objetos, devolveu-lhe outras descobertas — uma cabeça de pedra da antiga civilização Gandhara que sua mãe lhe dera, e uma sacola de fotografias dele — não as dos álbuns sumidos, mas fotos rejeitadas e cópias de outras. Pelo menos algumas lembranças de sua vida pré-Marianne tinham sido resgatadas. Foi ótimo recuperar imagens do nascimento e da infância de Zafar. O grosso das fotografias desaparecidas, as coladas nos álbuns, nunca foi recuperado.)

As dificuldades do dia a dia — ou aquela calamitosa distorção do cotidiano que se tornara o "dia a dia" para ele — continuaram, como um invasor, a ocupá-lo. Andrew Wylie vinha tentando comprar um apartamento; quando o conselho da cooperativa habitacional descobriu que ele era o agente literário do autor de *Os versos satânicos*, rejeitou-o. Ao lhe trazer essa notícia, tentando dar a impressão de que não era importante, Andrew nunca lhe parecera tão deprimido. Era uma horrenda recompensa por tudo o que ele tinha feito, e ainda estava fazendo, em benefício do escritor. Pelo menos essa história teve final feliz. Não muito tempo depois, Andrew achou um apartamento melhor, e dessa vez o conselho da cooperativa não o rejeitou.

A seguir, a bomba. Helen Hammington o visitou e o punho de ferro emergiu da luva de veludo. Depois que ele e Elizabeth se instalassem na casa nova, ela disse, a proteção da polícia seria retirada, porque o vice-comissário assistente, John Howley, não estava disposto a arriscar a segurança de seus homens numa operação que se tornaria, inevitavelmente, uma proteção ostensiva.

Aquilo foi uma inacreditável quebra de confiança. Desde o primeiro dia da proteção, fora-lhe assegurado que ela duraria até que a avaliação de ameaça pelos serviços de informações caísse a um nível aceitável. Isso não acontecera. Além do mais, tinham sido Howley e Greenup, este último, seu subordinado, que lhe disseram que havia chegado a hora de ele comprar uma residência permanente. Haviam lhe garantido, especificamente, que, se fossem instalados sistemas de segurança adequados, a proteção seria mantida naquela casa, mesmo que ela ficasse conhecida como sua residência. Tinham-no forçado a comprar uma propriedade não geminada, com uma área fronteira e dois portões, um eletrônico e outro operado manualmente (para o caso de um corte de energia), e com uma garagem integrada, cuja porta automática de madeira escondia uma chapa de metal à prova de bala; ele tinha sido forçado a instalar os dispendiosos sistemas de alarmes e janelas à prova de bala em que haviam insistido, e, mais importante, tivera de comprar uma casa com mais do dobro do tamanho necessário para ele e Elizabeth, de modo que quatro policiais — dois agentes de segurança e dois motoristas — pudessem dormir nessas dependências e tivessem também sua própria sala. Ele gastara uma montanha de dinheiro, sem falar do trabalho que tudo isso envolvia, a fim de atender a todos os pedidos da polícia, e agora que havia gastado tanto e estava preso à casa eles lhe diziam: "O.k., vamos dar o fora". Não havia palavras para descrever o absurdo daquilo.

O motivo real era o custo, ele sabia; o custo e a mentalidade dos tabloides, para os quais ele não era digno do custo de ser protegido de forma adequada, ostensiva, como muitas outras pessoas eram protegidas.

Naquela época, o público ignorava certas particularidades sobre a *fatwa*, mas as pessoas que precisavam conhecê-las estavam a par delas, e entre essas pessoas estavam o alvo da ordem de morte e o vice-comissário assistente Howley. A ameaça não era meramente teórica. Havia no Ministério de Informações iraniano uma força-tarefa especial incumbida de formular e pôr em ação um plano para cumprir a ordem de Khomeini. Essa força-tarefa tinha um codinome e uma cadeia de aprovação. O plano seria formulado, depois aprovado em diferentes níveis, chegaria ao presidente e, por fim, seria referendado pela liderança religiosa. Esse era o *modus operandi* normal no Irã. A força-tarefa que executara o ex-presidente Shapur Bakhtiar quase que com certeza operara do mesmo modo. O fato de Howley estar disposto a retirar a proteção, sabendo o que sabia, e tão pouco tempo depois do assassinato de Bakhtiar, revelava muito sobre seu pensamento. Os membros de sua equipe de proteção haviam lhe dito, com orgulho: *Nunca perdemos ninguém*. No entanto, Howley estava lhe dizendo outra coisa. *Não nos importaremos se o perdermos*. Isso causava... mal-estar.

Ele disse a Elizabeth que ela deveria levar em conta sua própria segurança. Se a polícia o abandonasse, não havia como prever o nível de perigo que ela correria. "Não vou deixar você", ela respondeu.

Ele deu um jeito de trabalhar um pouco. Completou uma sinopse de *O último suspiro do mouro* que finalmente tinha algum sentido. Ele levara muito tempo para conseguir isso. Tudo de que precisava agora era paz de espírito para poder escrever o livro.

O escritor Scott Armstrong o convidara para falar no Fórum da Liberdade, em Washington, no fim de março, e ele desejava ir. Parecia haver a possibilidade de encontros com políticos e jornalistas americanos de renome durante a estada na capital. Ele resolveu que usaria a tribuna para expressar suas dúvidas a respeito do compromisso britânico com sua segurança — começar o revide num lugar onde era mais provável que os meios de comunicação lhe dessem maior e melhor cobertura. Andrew disse que faria tudo o que estivesse a seu alcance para lhe entregar um exemplar de *Os versos satânicos* em brochura a tempo para o fórum. Isso seria uma resposta aos censores que talvez o fórum gostasse de ver. O livro estava no prelo, enfim. A impressão fora retardada pela Penguin, que dera um jeito de só assinar o documento de reversão de direitos na undécima hora, e argumentara então que a imagem da capa, hoje famosa — duas figuras engalfinhadas em queda, um príncipe e um demônio —, lhe pertencia (na verdade, fora tirada de uma antiga miniatura indiana, *Rustam matando o demônio branco*, do *Shahnama*, ou Livro dos reis, cujo original se encontra num Álbum Clive, no Victoria & Albert Museum). Por fim, a Penguin desistira de causar problemas e assinara nas linhas pontilhadas. Com isso, as máquinas de impressão e encadernação puderam ser acionadas. Depois de todos esses anos, a edição em brochura estava finalmente começando a existir.

Após muita relutância, a RAF concordou em levá-lo a Dulles e trazê-lo de volta num de seus voos de transporte regulares — só mais essa vez. O serviço não lhe seria mais oferecido no futuro. Além disso, nessa ocasião pediram-lhe que pagasse não só seu próprio lugar como também os de dois agentes de segurança da RAF que iriam com ele aos Estados Unidos, na ida e na volta. Humildemente, sem alternativa, ele pagou. Nessa época ele se lembrava com frequência de um verso de uma música de John Prine: *O braço de papai tem um buraco em que todo o dinheiro some.* A *fatwa* era sua heroína. Obrigava-o a gastar tudo o que ganhava e, embora pudesse acabar por matá-lo, nem sequer lhe proporcionava um barato.

Antes que ele viajasse aos Estados Unidos, Jack "Gordo" "quis dar uma palavrinha" em nome dos rapazes. Todos eles estavam preocupados com as mudanças que vinham sendo propostas em relação ao Esquadrão "A". Se essas propostas entrassem em vigor, eles seriam afastados da Divisão Especial e perderiam a condição de investigadores. Protegidos deles ligados ao Partido Conservador estavam mexendo os pauzinhos para que essas mudanças fossem postas de lado, mas a eleição geral era iminente. E se o Partido Trabalhista voltasse ao poder? A mais recente pesquisa de intenção de voto mostrava que os trabalhistas tinham uma vantagem de 3% sobre os tóris. Será que ele não poderia pedir a seu amigo Neil Kinnock que os ajudasse, no caso de se tornar primeiro-ministro? "Para falar com franqueza", ele respondeu, "com relação aos trabalhistas, quase tudo o que temos são vocês."

O despertador tocou às cinco e meia da manhã, e eles pularam da cama. A segurança levou Elizabeth a Swiss Cottage, onde ela pegaria um trem para o aeroporto de Heathrow, e ele foi levado à base aérea de Brize Norton, através das colinas de Cotswolds, envoltas na névoa matinal, dando início a sua segunda viagem internacional em três anos.

No Aeroporto Internacional Dulles, ele foi recebido por uma empresa privada de segurança que o Fórum da Liberdade havia contratado pela escandalosa quantia de 80 mil dólares, como saberia depois. O chefe da equipe, um camarada simpático, pediu exemplares da edição em brochura para ele e seu pessoal. Queria mais de cinquenta exemplares no total. Isso era assustador: qual seria o tamanho da equipe? "Claro", disse ele, "vou arranjá-los para vocês."

Ele se encontrou com Elizabeth e Andrew num centro de conferências chamado Westfields, a dez quilômetros de Dulles. Ele daria suas entrevistas na suíte do Windsor. Em Bombaim, tinha sido criado numa casa chamada Villa Windsor, que fazia parte de uma propriedade chamada Westfield. A coincidência o fez sorrir. Seguiram-se longos dias de entrevistas com jornalistas irrequietos, excitados mesmo, por causa do enredo de capa e espada. Tinham sido levados ao lugar pela segurança sem saber de antemão para onde estavam indo. Uma grande emoção. A *fatwa* era o único assunto que interessava à maior parte da mídia. Só Esther B. Fein, do *The New York Times*, quis falar sobre o que ele escrevia e como conseguia fazê-lo naquelas extraordinárias condições.

Scott Armstrong, grandalhão, ar profissional, enfronhado até a raiz dos cabelos em questões palacianas, tinha más notícias: o encontro com os congressistas agendado para o dia seguinte tinha sido cancelado, segundo a informação que ele tivera, depois da intervenção pessoal do secretário de Estado James Baker. Por que Baker teria feito isso? A resposta foi se delineando nos dias seguintes, quando o governo de George H. W. Bush recusou todos os pedidos de audiência e negou-se a fazer uma declaração sobre o caso. O assessor de imprensa da Casa Branca, Marlin Fitzwater, disse: "Ele é apenas um escritor em turnê para o lançamento de um livro".

Andrew perdeu as estribeiras e acusou Scott de tê-los enganado. Levantaram a voz. Scott ficou furioso com Andrew, mas sugeriu sensatamente que guardassem a raiva e procurassem salvar o que pudessem. Jantaram com Mike Wallace e outras pessoas. Nesse jantar, em tom de confidência e buscando a simpatia daqueles augustos jornalistas, ele revelou a verdadeira natureza do consórcio, assim como a hostilidade do governo americano e a possibilidade de suspensão da proteção proporcionada pelos britânicos.

Chegou a hora do discurso. Ele usava um terno de linho bordô que àquela altura já estava amarrotadíssimo, mas não havia tempo de trocar. Parecia um professor aloprado, mas talvez isso fosse bom. Estava mais preocupado com o que ia dizer do que com sua aparência. A linguagem dos discursos políticos lhe era estranha. Ele acreditava em forçar a linguagem, em fazê-la expressar tudo que ele quisesse que ela expressasse, em ouvir o significado de sua música, tanto quanto o de suas palavras, mas dessa vez tinha de ser direto. *Diga o que você realmente quer dizer*, avisaram-no, *explique-se, justifique-se, não se esconda atrás de sua ficção*. Importava que um escritor se desnudasse dessa forma, despojado da riqueza da palavra? Sim, importava, porque a beleza fere acordes no fundo do coração humano, a beleza abre portas para o espírito. A beleza era importante porque beleza é alegria, e alegria era a razão pela qual ele fazia o que fazia, sua alegria com as palavras e com o uso que delas fazia para contar histórias, criar mundos, cantar. E a beleza, agora, estava sendo tratada como um luxo do qual ele devia prescindir; como um luxo; como uma mentira. A feiura era a verdade.

Fez o melhor que pôde. Pediu apoio e ajuda aos americanos, para que os Estados Unidos se mostrassem como "amigos verdadeiros da liberdade", e falou não só da liberdade de escrever e publicar mas também da liberdade de ler. Falou do receio de que os britânicos estivessem se preparando para abandoná-lo à sua sorte. E então anunciou que, depois de muitas adversidades, finalmente tinha sido possível publicar uma brochura de *Os versos satânicos*, e levantou um exemplar do livro. Não era uma edição muito atraente. Tinha uma horrorosa capa dourada com letras enormes em preto e vermelho, parecida um pouco além da conta com a tipografia nazista. Mas a brochura agora existia, e isso era bom. Três anos e meio após a primeira edição do romance, ele conseguia completar o processo de publicação.

Havia jornalistas amigos no auditório, como Praful Bidwai, do *The Times of India*, e Anton Harber, do *Weekly Mail*, que tentara convidá-lo a ir à África do Sul em 1988. Mas ele não estava em condições de ficar para conversar. A equipe de segurança mencionara o "risco de franco-atiradores". O prédio em frente tinha "ligações com líbios". *Ah, claro, coronel Kadhafi, meu velho amigo*, ele pensou. Foi levado embora às pressas.

A mulher de Scott, Barbara, tinha se "incumbido" de Elizabeth, que disse a ele que o pessoal da segurança não a deixara entrar na sala de conferência e a fizera sentar-se na garagem. Ela achou graça nisso, mas agora foi a vez de ele ficar furioso. Foram levados para a sala de espera de um senhor de 75 anos, extremamente falante, chamado Maurice Rosenblatt, poderoso lobista liberal que desempenhara um papel importante na queda do senador Joseph McCarthy. Enquanto Rosenblatt monologava, Andrew ainda espumava de raiva por causa do cancelamento do encontro no Congresso. Foi então que Scott ligou e Andrew foi atender. "Mais tarde lhe direi o imbecil que você é", disse Scott, e pediu para falar com o sr. Rushdie, a quem disse "não devo explicações a Andrew, mas a você, sim". Enquanto conversavam, Peter Galbraith, um dos mais antigos membros da Comissão de Relações Exteriores do Senado, que ele nunca tinha visto, mas sabia ser irmão de John Kenneth Galbraith e — um dado um pouco mais picante — o jovem amante de Benazir Bhutto dos tempos de universidade, entrou na outra linha para dizer que o encontro no Senado estava de pé. Haveria um almoço no salão de jantar privativo dos senadores em que seriam recebidos pelos senadores Daniel Patrick Moynihan e Patrick Leahy, com a presença de muitos outros. A temperatura baixou rapidamente. Andrew se acalmou e pediu desculpas a Scott, este se sentiu vingado e todos ficaram aliviados. Foram dormir exaustos, mas se sentindo bem melhor.

Era a primeira vez que ele vinha a Washington, e no dia seguinte ele e Elizabeth tiveram a primeira visão das cidadelas e fortalezas do poder americano. Depois disso, Elizabeth foi deixada explorando os jardins Botânico e Smithsoniano, e ele foi levado ao Capitólio, onde o senador Leahy adiantou-se na sua direção, grande, amistoso, com garras de urso. E ali estavam os senadores Simon, Lugar, Cranston, Wofford, Pell e o grande homem em pessoa, Daniel Patrick Moynihan, alto como um arranha-céu, como convinha ao mais antigo senador por Nova York, gravata-borboleta, malicioso sorriso profissional. Os senadores ouviram atentamente a exposição que ele fez da situação, e Simon foi o primeiro a se manifestar, recomendando que o Senado aprovasse uma resolução de apoio. Daí a pouco, todos apresentavam moções, e foi animador, sem dúvida, ver aqueles homens levantando sua bandeira. No fim do almoço (salada de frango, sem possibilidade de álcool), Moynihan assumiu o comando e sugeriu que ele e Leahy escrevessem um esboço de resolução para apresentar ao Senado. Era um grande passo.

Andrew tinha providenciado brochuras de *Os versos satânicos* para todos os presentes, mas agora, surpreendentemente, os senadores sacavam diversos exemplares de livros anteriores e queriam dedicatórias autografadas para si e suas famílias. Ele poucas vezes se impressionava com sessões de autógrafos, mas aquela foi sem precedentes.

Depois, mais uma surpresa. Os senadores levaram-no a uma antecâmara da Comissão de Relações Exteriores, onde havia uma aglomeração de jornalistas e fotógrafos esperando por eles. Scott tinha "se matado de trabalhar" e Andrew lhe devia desculpas. Andrew, de fato, pediu desculpas mais tarde. "Na verdade não fui eu que fiz isso", disse Scott. "Sou escritor, não publicitário. Normalmente tento desvendar o segredo em torno de um caso, não preservá-lo." Mas sua afabilidade estava de volta.

E ali estava agora o autor de *Os versos satânicos*, "apenas um escritor em turnê para o lançamento de um livro", dando uma entrevista coletiva no centro de poder dos Estados Unidos, tendo os senadores de pé atrás de si como um grupo de apoio, todos com A Brochura nas mãos. Se de repente eles irrompessem num *backing* vocal, *trá-lá-lá, tró-ló-ló*, não teria sido nada estranho naquele dia cheio de surpresas.

Ele falou daquilo como uma batalha numa guerra muito maior, descreveu o ataque à liberdade criativa e intelectual no mundo muçulmano, e expressou sua gratidão aos senadores reunidos em seu apoio. Moynihan pegou o microfone e disse que era uma honra estar ali a seu lado. Era evidente que ele já não estava na Inglaterra. Não era o que os políticos diziam dele naquele país.

Jantaram — num restaurante! — com Scott e Barbara Armstrong e Christopher e Carol Hitchens. Marianne estava morando em Washington, disse Christopher, mas ele achava que ela não diria nada de hostil porque isso poderia atrapalhar seus contatos com as "pessoas que ela quer conhecer". Com efeito, ela permaneceu em silêncio, o que foi uma bênção. No dia seguinte, ele gravou um especial de TV de uma hora com o jornalista Charlie Rose e à tarde fez um programa telefônico de uma hora com John Hockenberry para a NPR. Uma menina de nove anos, chamada Erin, ligou para perguntar: "Senhor Rushdie, o senhor se diverte escrevendo seus livros?". Ele disse que tinha se divertido muito ao escrever *Haroun*. "Ah, *claro*", disse Erin, "eu li *esse* livro. *É um bom* livro." Depois entrou no ar uma muçulmana chamada Susan que chorou muito e, quando Hockenberry lhe perguntou se ela achava que o sr. Rushdie deveria ser morto, ela disse: "Tenho de ler mais sobre o assunto".

Scott tinha pedido ajuda a seu amigo Bob Woodward e estava muito comovido, disse, "pela profundidade do comprometimento de Bob". Woodward conseguira algo muito especial: um chá com a lendária Katharine Graham, dona do *The Washington Post*.

No carro, a caminho da casa da sra. Graham, ele se sentiu tão cansado que quase dormiu. Mas a adrenalina ajudou, e assim que se viu na presença da grande dama ficou esperto de novo. A colunista Amy Schwartz estava lá. Ela havia escrito os editoriais sobre ele, disseram-lhe. Nem todos tinham sido amigáveis. David Ignatius, editor de internacional, também estava lá e quis discutir as próximas eleições iranianas. Don Graham, filho de Katharine, estava "cem por cento conosco", disse-lhe Scott.

Quase só ele falou. Os jornalistas do *Post* perguntavam e ele respondia. Katharine Graham pouco se manifestou, exceto quando ele lhe perguntou diretamente por que ela achava que o governo dos Estados Unidos tinha agido de forma tão displicente. "Este é um governo estranho", disse ela. "Tem pouquíssimos centros de poder. Baker é um deles. É um homem divertido, parece ter sempre seu próprio temário particular." Ignatius interveio para reiterar algo que Woodward tinha dito. "O melhor caminho para o governo às vezes é por intermédio de Barbara Bush." Depois da reunião, ele disse a Scott que só podia esperar que o *Post* o apoiasse agora. "Kay Graham não teria se encontrado com você se a decisão de apoiá-lo já não estivesse tomada", disse Scott. Então tudo tinha dado certo. O *The New York Times* também tinha dito que sairia em seu apoio se outros jornais o fizessem. Se Katharine Graham estava dentro, Arthur Sulzberger estaria também. Andrew achou que poderia trazer a editora Dow Jones; Scott, que conseguiria convencer a Gannett. Ele redigiria uma declaração em duas partes para que todos eles assinassem: apoio à publicação da brochura e apoio ao autor contra a *fatwa*, e, no fim, um pedido ao governo dos Estados Unidos para aderir também ao apoio.

De fato, o *The New York Times* não tardou a assinar uma declaração de apoio. Como que energizado pelo encontro com seus rivais de Washington, o *The Times* publicou um editorial na manhã seguinte ao chá com a Rainha Kay no qual atacava a Casa Branca e o Departamento de Estado por sua displicência:

> Isso é tristemente compatível com três anos de evasivas oficiais, desde que o aiatolá Khomeini denunciou *Os versos satânicos* como blasfemo e pediu a morte do autor e de seus editores. Desde então, o sr. Rushdie vem vivendo escondido. Seu tradutor para o japonês foi mortalmente apunhalado, o tradutor para o italiano foi ferido a faca. Ao mesmo tempo, opositores do regime iraniano eram assassinados na França e na Suíça. Se isso não é terrorismo de Estado, o que é? Com tudo isso, a reação do Ocidente tem sido vergonhosamente tímida [...].

> Muito mais coisas do que a vida do sr. Rushdie estarão em risco se os países do Ocidente não fizerem uma advertência conjunta ao Irã, dizendo que ele não pode conquistar o comércio que ambiciona se não parar de exportar e estimular terrorismo.

As nações agiam segundo seus próprios interesses. Para que o Irã anulasse a *fatwa* seria preciso mostrar-lhe que isso era de seu interesse. Isso foi o que ele dissera à sra. Graham, e a Mike Wallace antes dela. Agora o *The New York Times* dizia o mesmo também.

Elizabeth foi levada a seu avião, e poucas horas depois ele deixou os Estados Unidos no voo da RAF. A boa vida tinha acabado. Em Londres, a polícia não quis levá-lo à cerimônia em memória de Angela Carter no cine Ritzy, em Brixton. Ele caiu na real de supetão, e discutiu durante muito tempo até que concordaram que ele fosse. Elizabeth iria separadamente, como sempre. O Ritzy, espalhafatoso e decadente, parecia perfeito para Angela. Sobre o palco havia um tríptico pintado por Corinna Sargood em cores muito vivas, representando araras. E um grande arranjo de flores. Nas paredes havia painéis com cenas de filmes. Nuruddin Farah abraçou-o e disse: "Há uma mulher que quero muito que você conheça". Ele respondeu: "Há uma mulher que quero muito que *você* conheça". Eva Figes abraçou-o também. "É tão bom poder tocá-lo em vez de vê-lo pela TV!" Lorna Sage falou e descreveu à maravilha a risada de Angela — a boca escancarada num grande ricto, umas sacudidelas em silêncio durante alguns minutos até que o barulho se fazia ouvir. Ela conhecera Angela depois de ler *Heroes and villains* e elogiara efusivamente seus textos. "Devo ter agido de forma muito esquisita", ela disse, "porque depois de algum tempo Angela empertigou-se e disse: 'Sabe, eu não sou gay'." A polícia o fez sair assim que acabou a cerimônia. Clarissa e Zafar também estavam lá, mas não deixaram que ele os cumprimentasse. "Fui atrás de você, mas você tinha ido embora", disse-lhe Zafar mais tarde. Ele tinha seguido o pai pela porta lateral e viu-o sendo levado às pressas.

A casa da St. Peter's Street estava vazia, com a maior parte da mobília em guarda-móveis, dada para Sameen e Pauline, ou usada para mobiliar o novo apartamento de Elizabeth perto de Hampstead Heath. As chaves foram enviadas a Robert McCrum e a venda se completou. Um capítulo de vida estava se fechando.

Em 9 de abril, dia da eleição parlamentar no Reino Unido, Melvyn Bragg e Michael Foot deram uma festa na casa de Melvyn em Hampstead. A noite começou em clima de comemoração, com muita expectativa em torno do fim dos longos anos de "desgoverno tóri". Mas, com o correr da noite, ficou claro que Kinnock tinha perdido. Ele nunca vira uma festa morrer tão rápido. Foi embora cedo porque era triste demais ficar lá entre todas as esperanças frustradas.

Uma semana depois, Helen Hammington solicitou outro encontro. Ele lhe disse que queria a presença de seu advogado, e Bernie Simons foi levado à Hampstead Lane. Helen Hammington parecia pouco à vontade e constrangida ao lhe falar da "revisão de planos" para sua proteção. À medida que ela falava, tornava-se claro que ela, tendo Howley detrás de si, mudara totalmente de posição. A proteção ia continuar até que o nível de risco diminuísse. Se a nova casa "caísse", eles se adaptariam à nova situação.

Ele tinha de agradecer aos Estados Unidos — aos senadores, aos jornais — por esse pequeno êxito. Os Estados Unidos haviam tornado impossível que a Grã-Bretanha se negasse a protegê-lo.

6. Por que é impossível fotografar os pampas

Numa visita a Mijas, muito tempo antes — Mijas, onde Manuel Cortés se escondera de Franco durante trinta anos, passando os dias numa alcova atrás de um guarda-roupa e, quando a família teve de mudar de casa, se vestira de mulher para atravessar as ruas da cidade da qual havia sido prefeito —, ele tinha conhecido um fotógrafo de origem alemã chamado Gustavo Thorlichen, um homem alto e bonito, de feições aquilinas, cabelo grisalho liso e três boas histórias para contar. Na tribo de expatriados de Mijas murmurava-se que ele era provavelmente um ex-nazista porque tinha acabado na América do Sul. Na verdade, ele deixara a Alemanha nos anos 1930 e fora para a Argentina para escapar dos nazistas. Um dia, em Buenos Aires, fora convocado para tirar fotografias de Eva Perón, "um dos quatro fotógrafos", disse o ajudante de Perón ao telefone, "a ter essa honra". Ele tinha respirado fundo e respondido: "Obrigado pela honra, mas, quando você me pede para tirar fotografias, deve me pedir para ir sozinho, e nessas circunstâncias devo respeitosamente recusar". Após um silêncio, o ajudante havia dito: "Você pode ser expulso da Argentina pelo que disse". "Se posso ser expulso por dizer isso", Gustavo respondera, "então não vale a pena ficar aqui." Desligara o telefone, fora até o quarto e dissera à sua mulher: "Comece a fazer as malas". Vinte minutos depois o telefone tinha tocado de novo e a voz do mesmo ajudante havia dito: "Evita vai receber você amanhã de manhã, às onze horas, sozinho". Depois disso, ele passara a ser o fotógrafo pessoal tanto de Evita como de Juan Perón, e ele dizia que a famosa fotografia do rosto de Evita morta era sua.

Essa era a primeira história boa. A segunda era sobre andar com o jovem Che Guevara em La Paz e ser chamado de "grande artista da fotografia" nos "diários de motocicleta" de Che. A terceira era sobre estar numa livraria em Buenos Aires, ainda um jovem fotógrafo, principiante, e reconhecer que o homem muito mais velho arrastando os pés loja adentro era Jorge Luis Borges. Ele tinha juntado coragem, chegado perto do grande escritor e dito que estava trabalhando num livro de fotografias que seria um retrato da Argentina, e que ficaria orgulhoso se Borges pudesse escrever um prefácio. Pedir a um homem cego para escrever o prefácio de um livro de imagens era loucura, ele sabia, mas perguntara mesmo assim. Borges respondera: "Vamos dar uma volta". Ao passearem pela cidade, Borges tinha descrito os prédios à sua volta com precisão fotográfica. Mas de quando em quando havia um prédio novo no lugar do velho demolido. Então Borges parava e dizia: "Descreva para mim. Comece do chão e suba". À medida que falava, Gustavo podia ver Borges construindo o novo prédio em sua mente e fixando-o no lugar. No fim do passeio, Borges concordara em escrever o prefácio.

Thorlichen havia lhe dado um exemplar do livro *Argentina* e, mesmo com este encaixotado agora em algum lugar com quase todos os seus pertences, ele ainda se lembrava do que Borges tinha escrito sobre os limites da fotografia. A fotografia só via o que estava diante dela, e por isso um fotógrafo jamais conseguiria captar a verdade dos grandes pampas argentinos. "Darwin observou, e Hudson corroborou", Borges escreveu, "que essa planície, famosa entre as planícies do mundo, não deixa uma impressão de vastidão em alguém que a olha do chão, ou a cavalo, uma vez que seu horizonte é o horizonte do olhar e não vai além de cinco quilômetros. Em outras palavras, a vastidão não se encontra em cada visão dos pampas (que é o que a fotografia é capaz de registrar), mas na imaginação do viajante, em sua lembrança dos dias de marcha e da previsão de muitos dias mais." Só a passagem do tempo revelava a vastidão infinita dos pampas, e uma fotografia não podia captar duração. Uma fotografia dos pampas mostrava nada mais que um grande campo. Não era capaz de captar a monotonia que produz delírios ao viajar, viajar e viajar através daquele vazio imutável, sem fim.

À medida que sua nova vida se estendia pelo quarto ano, ele se sentia sempre como esse viajante imaginário de Borges, perdido no espaço e no tempo. O filme *Feitiço do tempo* ainda não havia sido lançado, mas, quando ele o assistiu, identificou-se intensamente com o protagonista, Bill Murray. A ilusão de mudança se desfazia com a descoberta de que nada havia mudado. A esperança apagava a decepção, as boas notícias, as ruins. Os ciclos de sua vida se repetiam incessantemente. Se soubesse que seis anos mais de isolamento se estendiam à sua frente, muito além do horizonte, então a demência realmente teria se estabelecido. Mas ele só enxergava até a beira da terra, e o que havia além permanecia um mistério. Ele cuidou do imediato e deixou o infinito cuidar de si mesmo.

Seus amigos lhe disseram depois que viram o fardo a esmagá-lo lentamente, deixando-o mais velho do que era. Quando a coisa enfim terminou, uma espécie de juventude voltou, como se o fim do infindável tivesse de alguma forma feito o tempo voltar ao ponto em que havia entrado no vórtice. Ele acabaria parecendo mais jovem aos cinquenta do que parecera aos quarenta. Mas seus cinquenta anos ainda estavam dez anos à frente. E, nesse meio-tempo, quando sua história era mencionada, muita gente ficava impaciente, irritada, ou entediada. Não era uma época paciente, mas uma época de mudança rápida, na qual nenhum assunto prendia a atenção por muito tempo. Ele se tornou um incômodo para os empresários porque sua história atravancava o desejo que tinham de desenvolver o mercado iraniano, e para diplomatas que tentavam erguer pontes, e para jornalistas que, se não tinham nada para contar, ficavam sem notícias. Dizer que a imobilidade, a intolerável eternidade dela, é que era a notícia seria dizer uma coisa que as pessoas não queriam ou não iriam ouvir. Dizer que ele acordava todo dia com a casa cheia de estranhos armados, que não podia sair para comprar um jornal ou pegar um café, que a maioria de seus amigos e mesmo sua família não sabia o endereço de sua casa, e que ele não podia fazer nada, nem ir a lugar nenhum a não ser com a concordância de estranhos; que o que era natural para todo mundo, viajar de avião, por exemplo, era uma coisa que ele negociava constantemente; e que em algum lugar das redondezas, sempre, havia a ameaça de morte violenta, uma ameaça que, segundo as pessoas cujo trabalho era avaliar essas coisas, não havia diminuído absolutamente nada... era chato. Como? Ele ainda estava viajando pelos pampas e tudo era igual a antes? Bem, todo mundo tinha ouvido *essa* história e não a queria ouvir mais. *Conte uma história nova*, essa era a opinião geral, *ou então, por favor, vá embora.*

Não adiantava dizer que o mundo é que estava errado. Nenhuma vantagem nessa abordagem. Então, sim, uma história nova. Se isso é que era exigido, era isso que ele iria fornecer. Basta de invisibilidade, silêncio, timidez, defensiva, culpa! Um homem invisível, silenciado, era um espaço vazio em que os outros podiam despejar seus preconceitos, seus programas, sua ira. A luta contra o fanatismo precisava de caras visíveis, vozes audíveis. Ele não se calaria mais. Tentaria se transformar num homem visível, ruidoso.

Não era nada fácil ser jogado num palco assim tão público. Levava tempo avaliar o ambiente, saber como agir debaixo daquela luz. Ele tinha se atrapalhado e tropeçado, ficara tonto e silenciara, e, quando falara, havia dito as coisas erradas. Mas agora havia mais clareza. No Stationers' Hall, ele havia se recusado a ser uma não pessoa. Os Estados Unidos tinham permitido que ele começasse sua jornada de volta à existência, primeiro em Columbia, depois em Washington. Havia mais dignidade em ser combatente do que vítima. Sim: ele ia lutar por suas ideias. A história seria essa de agora em diante.

Se algum dia escrevesse um livro sobre essa época, como seria? Podia mudar nomes, evidentemente — podia chamar aquelas pessoas de "Helen Hammington", "Rab Connoly", "Paul Topper", "Dick Wood" ou "sr. Tarde" e "sr. Manhã" —, mas de que jeito transmitir como esses anos tinham sido? Começou a pensar num projeto provisório chamado "Inferno", no qual tentaria transformar sua história em algo diferente de uma simples autobiografia. Um retrato alucinatório de um homem cuja imagem do mundo havia sido quebrada. Como todo mundo, ele tivera na cabeça uma imagem do mundo que fazia algum sentido. Tinha vivido dentro dessa imagem e compreendera por que era como era, e como se deslocar por ela. Então, como um grande martelo a oscilar, a *fatwa* espatifara essa imagem e o deixara em um absurdo universo amoral e sem forma no qual o perigo estava em toda parte e não se encontrava sentido. O homem nessa história tentava desesperadamente juntar os pedaços de sua imagem do mundo, mas os pedaços se soltavam em suas mãos como cacos de espelho e as cortavam até que elas sangrassem. Em seu estado demente, nessa floresta escura, o homem com mãos ensanguentadas que era uma versão dele mesmo encaminhava-se para a luz do dia, através do inferno, no qual passava por inúmeros círculos infernais, os infernos públicos e privados, os mundos secretos do terror, e na direção das grandes ideias proibidas.

Depois de algum tempo, ele abandonou esse plano. Sua história era interessante pela única razão de ter efetivamente acontecido. Não seria interessante, se não fosse verdade.

A verdade era que os dias eram difíceis, mas, apesar do medo de seus amigos, ele não foi esmagado. Ao contrário, aprendeu a lutar de volta, e os escritores imortais do passado eram seus guias. Ele não era, afinal, o primeiro escritor a ser ameaçado, sequestrado ou anatematizado por causa de sua arte. Pensou no poderoso Dostoiévski diante do esquadrão de fuzilamento e, depois da comutação da sentença no último minuto, em seus quatro anos num campo de prisioneiros, e em Genet escrevendo incessantemente na prisão sua obra-prima homoerótica *Nossa Senhora das Flores*. O tradutor francês de *Les verses sataniques*, não querendo usar seu próprio nome, tinha assinado a tradução como "A. Nasier", em homenagem ao grande François Rabelais, que havia publicado seu primeiro livro, *Pantagruel*, sob o *nom de plume* anagramático "Alcofribas Nasier". Rabelais também tinha sido condenado pela autoridade religiosa; a Igreja Católica não fora capaz de engolir sua satírica hiperabundância. Mas ele havia sido defendido pelo rei Francisco I, com o argumento de que seu gênio não podia ser suprimido. Era a época em que artistas podiam ser defendidos por reis *porque eram bons no que faziam*. Esta era uma época menor.

Seu Erro tinha aberto seus olhos, clareado seus pensamentos e despido dele qualquer equívoco. Ele viu o perigo crescendo à sua frente porque sentiu sua horrível força desmoralizadora dentro do próprio peito. Durante algum tempo, ele havia renunciado à sua linguagem e sido forçado a falar, hesitante e com muitas contorções, numa língua que não era a sua. A concessão destruía quem concedia e não aplacava o adversário irredutível. Ninguém se tornava um pássaro preto pintando as asas de preto, mas, como a gaivota coberta de petróleo, perdia-se a capacidade de voar. O maior perigo da crescente ameaça era que homens de bem cometessem suicídio intelectual e chamassem isso de paz. Homens de bem cederem ao medo e chamar isso de respeito.

Antes de qualquer outra pessoa se interessar pela ornitologia do terror, ele viu os pássaros se juntando. Ele seria uma Cassandra para sua época, condenada a não ser ouvida, ou, se ouvida, culpada por aquilo que apontava. Cobras tinham lambido seus ouvidos e ele não conseguia ouvir o futuro. Não, não

Cassandra, não estava certo, porque ele não era um profeta. Ele estava apenas ouvindo na direção certa, olhando a tempestade que avançava. Mas ia ser difícil mudar a cabeça dos homens. Ninguém queria saber o que ele sabia.

A *Areopagítica*, de Milton, cantava contra os pássaros pretos guinchantes. *Quem destrói um bom livro mata a própria razão* [...]. *Dê-me liberdade para saber, para me manifestar, e discutir livremente de acordo com a consciência, acima de todas as liberdades*. Ele tinha lido os textos antigos sobre liberdade havia muito tempo e então lhe pareceram bons, mas teóricos. Ele não precisava da teoria da liberdade quando tinha o fato dela. Agora, não lhe pareciam mais livros teóricos.

Os escritores que sempre lhe falaram com maior clareza eram membros do que ele pensava como uma "Grande Tradição" rival para colocar contra o cânon leavisiano, escritores que entendiam a irrealidade da "realidade" e a realidade do pesadelo acordado do mundo, a monstruosa mutabilidade do cotidiano, a irrupção do extremo e do improvável no monótono cotidiano. Rabelais, Gogol, Kafka, esses e seus semelhantes tinham sido seus mestres e o mundo deles também não lhe parecia mais como fantasias. Ele estava vivendo — confinado — no gogoliano, no rabelaisiano, no kafkiano.

Nas fotografias que sobreviveram dessa época, assiduamente preservadas em grandes álbuns por Elizabeth, o sr. Joseph Anton não estava bem-vestido. Sua roupa diária habitual era calça e camiseta de moletom. A calça era sempre verde e a camiseta, marrom. O cabelo era comprido demais e a barba, emaranhada. Vestir-se assim era dizer: *Estou me abandonando. Não sou uma pessoa a ser levada a sério. Sou apenas um desleixado.* Ele devia fazer a barba todo dia e usar roupas novas recém-passadas, ternos da Savile Row, talvez, ou pelo menos uma camisa boa e calça social. Ele devia sentar à sua mesa como Scott Fitzgerald com seu terno Brooks Brothers, ou Borges, elegante com uma camisa de colarinho alto e abotoaduras. Talvez suas frases fossem melhores se ele tomasse mais cuidado com a aparência. Se bem que Hemingway, com suas bermudas de algodão e sandálias, não era tão ruim. Ele gostaria de ter visto sapatos elegantes em seus pés naquelas fotografias, talvez Oxfords de duas cores, ou de couro branco. Em vez disso, ele arrastava os pés pela casa calçando Birkenstocks, o calçado menos elegante de todos, depois dos Crocs. Ele se olhava no espelho e odiava o que via. Aparou a barba e pediu a Elizabeth para cortar seu cabelo — a chique Elizabeth, cujo estilo pessoal tinha sido Estudante Madura quando se conheceram e que passara a usar roupas de designer com a voracidade de uma sereia encalhada na praia descobrindo o mar —, e pediu à polícia para levá-lo comprar roupas novas. Estava na hora de tomar nas mãos as próprias rédeas. Ele ia partir para a guerra e sua armadura tinha de brilhar.

Quando acontecia uma coisa que não tinha acontecido antes, geralmente uma confusão baixava sobre as pessoas, uma névoa que confundia as mentes mais esclarecidas; e quase sempre a consequência dessa confusão era a rejeição, e mesmo a raiva. Um peixe engatinhava para fora de um pântano para a terra seca e os outros peixes ficavam intrigados, talvez até aborrecidos que ele tivesse atravessado uma fronteira proibida. Um meteorito caiu na Terra e a poeira tapou o sol, mas os dinossauros continuaram lutando e comendo, sem entender que tinham passado a ser extintos. O nascimento da linguagem enfureceu os mudos. O xá da Pérsia, diante das armas otomanas, se recusou a aceitar o fim da era da espada e mandou sua cavalaria galopar suicidamente contra os canhões acesos dos turcos. Um cientista observou tartarugas e gralhas e escreveu sobre *mutação randômica* e *seleção natural* e os partidários do Livro do Gênesis amaldiçoaram seu nome. Uma revolução na pintura foi depreciada e descartada como mero *impressionismo*. Um cantor *folk* plugou a guitarra num amplificador e uma voz na multidão gritou: "Judas!".

Essa era a pergunta que seu romance fazia: *Como a novidade entra no mundo*?

A chegada do novo ainda não estava ligada a progresso. Os homens encontravam novas maneiras de oprimir uns aos outros, também novas maneiras de desmanchar suas melhores realizações e voltar à sopa primordial; e as inovações mais sombrias do homem, tanto quanto as mais brilhantes, confundiam os semelhantes. Quando as primeiras bruxas foram queimadas, era mais fácil culpar as bruxas do que a questão da justiça de elas serem queimadas. Quando o cheiro dos fornos a gás flutuava pelas ruas das aldeias próximas e a neve escura caía do céu, era mais fácil não entender. A maioria dos cidadãos chineses não entendia os heróis caídos da praça da Paz Celestial. Eles eram orientados para a falsa compreensão pelos perpetradores do crime. Quando tiranos subiram ao poder por todo o mundo muçulmano, muita gente estava disposta a chamar seus regimes de *autênticos*, e a oposição a esses regimes, de *ocidentalizada* ou *desenraizada.* Quando um político paquistanês defendeu uma mulher falsamente acusada de blasfêmia, ele foi assassinado por seu guarda-costas e seu país aplaudiu o assassino, jogando sobre ele pétalas de rosa quando foi levado ao tribunal. A maior parte dessas sombrias novidades eram inovações que tinham vindo à luz em nome de uma ideologia totalizadora, de um governante absoluto, de um dogma indiscutível, ou de um deus.

O ataque a *Os versos satânicos* era, em si, uma coisa pequena, embora tivesse produzido muitas manchetes, de forma que era difícil convencer as pessoas de que era extraordinário o bastante, que significava o bastante para exigir uma resposta excepcional. Quando começou seu longo trajeto pelos corredores do poder, ele foi obrigado, vezes sem conta, a reafirmar o caso. *Um escritor sério escreveu um livro sério. A violência e a ameaça da reação foi um ato terrorista que tinha de ser confrontado.* Ah, mas seu livro ofendera muita gente, não? *Talvez, mas o ataque ao livro, a seu autor, seus editores, tradutores e livreiros fora uma ofensa muito maior.* Ah, sei, depois de aprontar a confusão, ele se opunha à confusão que voltou para ele, e queria que os líderes do mundo defendessem seu direito de ser um agitador.

Na Inglaterra do século XVII, Matthew Hopkins, o "General Caçador de Bruxas", desenvolveu um teste para bruxaria. Adicionava-se peso à mulher acusada — com pedras ou a cadeira à qual ela estava amarrada — e jogava-se dentro de um rio ou lago. Se ela flutuasse, significava que era bruxa e merecia a fogueira; se afundasse e morresse afogada, que era inocente.

A acusação de bruxaria era sempre igual a um veredicto de "culpada". Agora era ele que estava no cadinho, tentando convencer o mundo de que os caçadores de bruxas é que eram os criminosos, não ele.

Algo novo estava acontecendo ali: o crescimento de uma nova intolerância. Estava se espalhando pela superfície da terra, mas ninguém queria saber disso. Uma nova palavra havia sido criada para ajudar os cegos a continuarem cegos: a *islamofobia.* Criticar a estridência militante dessa religião em sua encarnação contemporânea era ser preconceituoso. Uma pessoa *fóbica* era extremada e irracional em suas posições, então a culpa era dessas pessoas e não do sistema de crenças que se orgulhava de ter mais de 1 bilhão de seguidores no mundo todo. Um bilhão de crentes não podiam estar errados, portanto os críticos é que deviam ser os que espumavam pela boca. Ele queria saber quando se tornara irracional não gostar de religião, de qualquer religião, até mesmo não gostar veementemente. Quando a razão passava a ser descrita como não razão? Quando as histórias de fadas dos supersticiosos eram colocadas acima da crítica, acima da sátira? Uma religião não era uma raça. Era uma ideia, e ideias se sustentavam (ou caíam) porque eram bastante fortes (ou fracas demais) para suportar críticas, não porque estavam escudadas delas. A discordância era bem-vinda para ideias fortes. "Aquele que luta conosco fortalece nossos nervos e afia nossa habilidade", escrevera Edmund Burke. "Nosso antagonista é nosso colaborador." Só os fracos e os autoritários voltavam as costas a seus oponentes e os xingavam e às vezes desejavam lhes fazer mal.

O islã é que havia mudado, não as pessoas como ele, o islã é que se tornara fóbico a uma vasta gama de ideias, comportamentos e coisas. Naqueles anos e nos anos que se seguiram, vozes islâmicas nesta ou naquela parte do mundo — Argélia, Paquistão, Afeganistão — anatematizaram o teatro, o cinema e a música, e músicos e artistas foram mutilados e mortos. A arte representativa era o mal, então as antigas imagens budistas em Bamiyan foram destruídas pelo Talibã. Houve ataques islâmicos a socialistas e sindicalistas, a cartunistas e jornalistas, a prostitutas e homossexuais, a mulheres de saias e homens sem barba, e também, surrealisticamente, a males tais como frango congelado e pastéis samosas.

Quando a história do século XX for escrita, a decisão de colocar a Casa de Saud no Trono Que Repousa Sobre o Petróleo podia parecer o maior erro de política externa dos poderes ocidentais, porque os sauditas usaram sua riqueza petrolífera ilimitada para construir escolas (*madrassas*) para propagar a ideologia extremista e puritana de seu amado (e antes marginal) Muhammad ibn 'Abd al-Wahhab, e o resultado foi que o wahhabismo cresceu de sua minúscula origem cultural e varreu o mundo árabe. Seu crescimento deu segurança e energia a outros extremistas islâmicos. Na Índia, o culto deobandi espalhou-se além do seminário de Darul Ulum; no Irã xiita, havia os pregadores militantes do Qom, e no Egito sunita, os poderosos conservadores de al-Azhar. À medida que as ideologias extremistas — wahhabita, salafita, khomeinita, deobandi — cresciam em força e as *madrassas* fundadas pelo petróleo saudita produziam gerações de homens tacanhos com rostos peludos e punhos que se fechavam com facilidade, o islã trilhou um longo caminho para longe de suas origens enquanto dizia voltar a suas origens. O humorista americano H. L. Mencken criou uma definição memorável para o puritanismo: "O medo perturbador de que alguém, em algum lugar, possa ser feliz", e muitas vezes o verdadeiro inimigo do islã parecia ser a felicidade. E os *críticos* a essa fé eram preconceituosos? "Quando uso uma palavra", Humpty Dumpty diz a Alice, no País das Maravilhas, "ela diz apenas o que escolho que ela diga — nem mais, nem menos." Os criadores da "novilíngua" em *1984*, de Orwell, sabiam exatamente o que Humpty Dumpty queria dizer, mudando o nome do departamento de propaganda para Ministério da Verdade e o do órgão mais repressivo do Estado para Ministério do Amor. "Islamofobia" era uma contribuição ao vocabulário da novilíngua de Humpty Dumpty. Pegou a língua da análise da razão e do questionamento e pôs de ponta-cabeça.

Ele sabia, com a certeza de que sabia das coisas, que o câncer fanático que se espalhava pelas comunidades islâmicas iria, no final, explodir no mundo além-islã. Se a batalha intelectual fosse perdida — se esse novo islã estabelecesse seu direito de ser "respeitado" e ter seus oponentes esfolados, transformados em inaceitáveis e, por que não?, assassinados —, o que viria em seguida seria a derrota política.

Ele havia entrado no mundo da política e estava tentando argumentar a partir de princípios. Mas por trás de portas fechadas, nas salas em que se tomavam decisões, princípios raramente faziam política. Seria uma luta contra a corrente, mais dura porque ele teria de lutar também para reconquistar uma vida pessoal e profissional mais livre. A batalha teria de ser travada simultaneamente em ambos os fronts.

Peter Florence, que coordenava o festival literário de Hay-on-Wye, entrou em contato para perguntar se havia alguma chance de ele participar do evento daquele ano. O grande romancista israelita David Grossman fora escalado para participar de uma conversa com Martin Amis, mas tivera de cancelar. "Seria ótimo", Peter disse, "se você pudesse ir no lugar dele. Não teríamos de revelar a ninguém previamente. O público ficará muito animado de ver você e lhe dar as boas-vindas ao mundo dos livros." Ele queria aceitar; mas primeiro tinha de discutir com os funcionários superiores da Yard, e, como o evento proposto ficava fora da jurisdição da Polícia Metropolitana, o delegado da força policial de Powys teria de ser informado, e agentes locais uniformizados compareceriam. Ele podia imaginar os policiais mais velhos rolando os olhos, *lá vai ele, fazendo exigências de novo*, mas estava decidido a não sucumbir ao desejo deles de que baixasse a cabeça e não dissesse nada. Por fim, ficou combinado que ele podia ir e ficar na fazenda de Deborah Rogers e Michael Berkeley, perto de Hay, e fazer a aparição proposta, contanto que a notícia não fosse divulgada antes do evento. E assim foi feito. Ele entrou no palco em Hay e descobriu que ele e Martin estavam usando ternos de linho idênticos, e durante uma alegre hora e meia foi um escritor entre escritores outra vez. A edição em brochura de *Os versos satânicos*, importada dos Estados Unidos, estava à venda em Hay e em todo o Reino Unido, e depois de todas essas dificuldades o que aconteceu foi: nada. As coisas não melhoraram, mas também não pioraram. O momento que a Penguin Books havia temido tanto a ponto de desistir dos direitos de publicação passou sem nenhum incidente desagradável. Ele se perguntou se Peter Mayer teria notado isso.

Cada viagem de campanha levava dias, semanas, para ser preparada. Havia discussões com as forças de segurança locais, problemas com companhias aéreas, acordos com políticos não cumpridos, o interminável trabalho de sim e não, para cima e para baixo da organização política. Frances, Carmel e ele discutiam constantemente, e a campanha estava se tornando seu trabalho de tempo integral também. Nos últimos anos, ele diria ter perdido um, talvez dois romances inteiros para a *fatwa*; por isso, assim que os anos sombrios terminaram, ele mergulhou na escritura com renovada determinação. Havia livros empilhados dentro dele, exigindo nascer.

A campanha começou na Escandinávia. Nos anos que se seguiram, ele se apaixonou pelos povos nórdicos, por sua adoção dos mais altos princípios de liberdade. Até mesmo suas companhias aéreas tinham moral e o transportavam sem discutir. O mundo era um lugar estranho: nas horas de sua maior adversidade, um menino dos trópicos encontrava seus aliados mais próximos no Norte gelado, mesmo que os dinamarqueses só pensassem em queijo. A Dinamarca exportava uma quantidade muito grande de seu queijo feta para o Irã e, se fosse vista cultivando a amizade com o blasfemo, apóstata e herege, o comércio desse produto podia ser afetado. O governo dinamarquês se viu obrigado a escolher entre queijo e direitos humanos e, de início, escolheu o queijo. (Havia rumores de que o governo britânico insistira que os dinamarqueses não se encontrassem com ele. Jaco Groot, o editor holandês de Ian McEwan, tinha ouvido dizer que os britânicos diziam a seus colegas europeus que não queriam se ver "embaraçados" por uma "demonstração muito pública de apoio".)

Ele foi, de qualquer modo, como convidado do PEN Club dinamarquês. Elizabeth viajou um dia antes com Carmel, e ele foi levado a Heathrow por uma entrada de segurança e seguiu de carro pela pista, sendo o último passageiro a entrar no avião. Tinha se preocupado muito com a possibilidade de os outros passageiros entrarem em pânico quando o vissem, mas aqueles viajantes eram quase todos dinamarqueses e o receberam com sorrisos e apertos de mãos, com prazer genuíno e sem medo. Quando o avião decolou da pista, ele pensou: *Talvez eu possa começar a viajar de novo. Talvez fique tudo bem.*

No aeroporto de Copenhague, o comitê de recepção conseguiu de alguma forma não reconhecê-lo. Evidentemente ele estava menos reconhecível do que pensava. Atravessou o aeroporto, passou pela barreira de segurança e ficou quase meia hora no saguão de desembarque, à procura de alguém que soubesse o que estava acontecendo. Durante trinta minutos ele havia escapado da rede de segurança. Ficou tentado a entrar num táxi e fugir. Mas então os policiais vieram correndo ao seu encontro, e junto com eles seu anfitrião Niels Barfoed, do PEN Club dinamarquês, bufando e pedindo desculpas pela confusão. Foram para os carros que estavam à espera e a rede se fechou de novo em torno dele.

Sua presença — isso se tornou "normal" durante algum tempo — não havia sido anunciada com antecedência. Os sócios do PEN reunidos no Museu Louisiana de Arte Moderna naquela noite esperavam que o convidado de honra fosse Günther Grass, e Grass de fato estava lá, um de uma sequência de grandes figuras literárias que concordaram, naquela época, em servir como seu "disfarce". "Se Salman Rushdie é refém, nós também somos reféns", disse Grass ao apresentá-lo, e então chegou sua vez. Poucas semanas antes, disse ele, cinquenta intelectuais iranianos haviam publicado uma declaração em sua defesa. "Defender Rushdie é defender a nós mesmos", tinham dito. Fraquejar diante da *fatwa* seria incentivar regimes autoritários. Aí é que era preciso traçar a linha e não havia como recuar. Ele estava travando a batalha de seus colegas escritores, assim como a sua própria. Os 65 intelectuais dinamarqueses reunidos no Louisiana se comprometeram a ficar ao lado dele nessa luta, e pressionar o próprio governo a fazer o que era certo. "Se o governo britânico se sente incapaz de enfrentar a ameaça inaceitável do Irã ao processo democrático", disse Frances D'Souza, "o comitê de defesa deve procurar o compromisso e o apoio que foram oferecidos pela Europa."

A certa altura, ele viu, das janelas do museu, um navio de guerra. "É por minha causa?", perguntou, tentando fazer piada; mas era de fato por ele: seu navio de guerra pessoal, para protegê-lo de um ataque naval e vigiar para que homens-rãs islâmicos não chegassem nadando ao museu com alfanjes entre os dentes. Sim, tinham pensado em tudo. Eram um povo dedicado, os dinamarqueses.

Seu editor norueguês, William Nygaard, da H. Aschehoug & Co., insistiu com ele para prolongar sua viagem dinamarquesa com uma visita à Noruega. "Acho que aqui podemos fazer ainda mais", disse ele. Ministros do governo estavam dispostos a encontrá-lo. Todo verão, a Aschehoug dava uma grande festa ao ar livre na bela mansão antiga da Drammensveien, 99, que na virada do século anterior tinha sido a residência da família Nygaard. Essa festa era um dos destaques da temporada de Oslo, à qual compareciam muitos dos escritores noruegueses mais conhecidos, assim como líderes políticos e empresariais. "Você tem de vir à festa", disse William. "No jardim! Com mais de mil pessoas! Será fantástico. Um gesto de liberdade." William era uma figura carismática da Noruega: esquiador ousado, incrivelmente bonito, descendente de uma das famílias mais antigas do país e chefe da importante editora. Era também fiel à palavra: a visita à Noruega foi um sucesso. Na festa ao ar livre da Drammensveien, ele foi conduzido em meio à multidão por William Nygaard e apresentado, bem, a *tout* Oslo. William contou depois que a reação à sua visita tinha sido imensa.

Essa viagem fez de William seu editor europeu mais "visível". Ninguém sabia na época, mas seu trabalho em favor do escritor colocaria sua vida em grande perigo. Catorze meses depois, o terror iria bater à porta de William.

Em Londres, o porta-voz para as artes, o parlamentar trabalhista Mark Fisher, preparou uma entrevista coletiva na Câmara dos Comuns, com a presença de parlamentares trabalhistas e tóris, e pela primeira vez ele teve uma audiência simpática dentro do palácio de Westminster. Houve uma nota discordante. O ultradireitista conservador Rupert Allason levantou-se e disse: "Por favor, não interprete minha presença aqui como apoio. Seus editores dizem que, para esconder o que estava preparando, o senhor os enganou quanto a seu livro. É errado usar dinheiro público para proteger o senhor". Essa perversa frase de ataque o incomodou menos do que incomodaria em outro momento. Não esperava mais ser apreciado universalmente; sabia que, onde quer que fosse, encontraria adversários assim como amigos. Tampouco todos os adversários tinham razão. Gerald Kaufman, parlamentar trabalhista que havia manifestado seu repúdio ao que o sr. Rushdie escrevia, censurou publicamente o colega Mark Fisher por ter convidado o autor à Câmara dos Comuns. (Os membros do Parlamento iraniano concordaram com Kaufman que o convite tinha sido uma "desgraça".) Haveria outros Kaufmans e Allasons pelo caminho. O importante era promover o caso.

Ele falou com David Gore-Booth no Foreign Office e perguntou-lhe diretamente sobre os rumores de que o governo britânico se opunha à visibilidade dessa nova campanha e trabalhava por trás do pano para sabotá-la. Gore-Booth tinha um rosto impenetrável e não expressou nenhuma emoção. Ele negou os rumores. "O governo de Sua Majestade apoia suas reuniões com outros governos", disse. Ofereceu ajuda na ligação policial para que as forças de segurança dos países que ele visitasse não "exagerassem". Era difícil saber o que pensar. Talvez ele tivesse começado a levar o governo para seu lado.

A Universidad Complutense, de Madri, convidou-o a ir para a Espanha e conversar com Mario Vargas Llosa no palácio Escorial. Ele levou Elizabeth e Zafar e passaram três dias sossegados em Segóvia antes da conferência. A polícia espanhola manteve uma presença muito discreta e ele conseguiu andar pela rua e comer em restaurantes daquela linda cidadezinha e se sentiu quase um homem livre. Almoçou em Ávila com Mario e sua mulher, Patricia. Foram horas preciosas. Depois, no Escorial, o reitor da universidade, Gustavo Villapalos, disse que tinha excelentes contatos no Irã e se ofereceu como mediador. Khomeini, contou ele, um dia o chamara de um "homem muito santo". Essa última oferta de mediação mostrou-se tão inútil como as outras. Ele ficou horrorizado ao ler na imprensa espanhola que Villapalos dissera que ele havia concordado em alterar e cortar as passagens "ofensivas" de *Os versos satânicos* para possibilitar um acordo. Negou isso veementemente e a seguir Villapalos se tornou inacessível e cessou todo contato com ele.

Você tem de estar em todas as plataformas, dissera Giandomenico Picco, *para estar presente quando o trem chegar.* Mas algumas plataformas não tinham trilhos que passassem por elas. Eram apenas lugares para ficar parado.

No momento em que pousaram em Denver, perceberam que as coisas iam muito mal. A polícia local estava tratando o evento como um trailer da Terceira Guerra Mundial, e quando ele e Elizabeth atravessaram o aeroporto havia homens brandindo enormes armas de assalto correndo em todas as direções, policiais empurrando populares com violência, e havia gritos, dedos apontando e um ar de iminente calamidade. Tudo isso o apavorou, aterrorizou os transeuntes e o indispôs com a companhia aérea, que se recusou a permitir que ele viajasse em qualquer de seus aviões no futuro, por causa de *seu comportamento*. A palhaçada das forças de segurança tinha passado a ser "dele".

Foram levados a Boulder, onde ele falou na conferência literária pan-americana ao lado de Oscar Arias, Robert Coover, William Styron, Peter Matthiessen e William Gass. "Escritores latino-americanos sabem há muito tempo que a literatura é uma questão de vida ou morte", ele disse em seu discurso. "Agora, eu também sei." Ele vivia numa época em que a importância da literatura parecia estar se apagando. Queria fazer com que sua missão insistisse na importância vital dos livros e na proteção das liberdades necessárias para criá-los. Em seu grande romance *Se um viajante numa noite de inverno*, Italo Calvino disse (falando pela boca de seu personagem Arkadian Porphyritch): "Ninguém hoje em dia tem tão alta estima pela palavra escrita quanto a polícia diz ter. Quais estatísticas permitem que se identifiquem as nações em que a literatura goza de verdadeira consideração, mais do que os valores adequados para controlá-la e suprimi-la?". O que sem dúvida era verdade para Cuba, por exemplo. Philip Roth disse uma vez, a respeito da repressão da era soviética: "Quando estive pela primeira vez na Tchecoslováquia me ocorreu que trabalho numa sociedade em que o escritor pode tudo e nada importa, enquanto para os escritores tchecos que conheci em Praga nada pode e tudo importa". O que era verdade para Estados policiais e para a tirania soviética era verdade também para as ditaduras latino-americanas, e para o novo fascismo teocrático com o qual ele e muitos outros escritores se confrontavam, mas nos Estados Unidos — no liberal, embora rarefeito, ar de Boulder, Colorado — não era fácil para as pessoas sentirem a verdade viva da repressão. Ele havia tornado sua missão, disse, explicar o mundo em que "nada pode e tudo importa" para o mundo em que "tudo pode e nada importa".

Foi preciso a intervenção do presidente da Universidade do Colorado em Boulder para convencer outra linha aérea a permitir que ele viajasse para casa. Quando terminou seu discurso, ele e Elizabeth foram levados imediatamente de volta ao aeroporto de Denver e quase empurrados para dentro de um voo para Londres. A operação policial não estava fora de controle como quando chegaram, mas era grande o suficiente para assustar todo mundo que observava. Ele foi embora dos Estados Unidos sentindo que a campanha tinha simplesmente dado um passo atrás.

O terror batia em muitas portas. No Egito, o líder secularista Farag Fouda havia sido assassinado. Na Índia, o professor Mushirul Hasan, vice-reitor da Jamia Millia Islamia, universidade situada em Delhi, e importante historiador, fora ameaçado por "muçulmanos furiosos" por ousar se opor à proibição de *Os versos satânicos*. Ele foi forçado a mudar sua posição e condenar o livro, mas a multidão exigiu que ele também aprovasse a *fatwa*. Ele recusou. Consequentemente, foi impedido de voltar à universidade por cinco longos anos. Em Berlim, quatro políticos de oposição curdo-iranianos que participavam da Internacional Socialista foram assassinados no restaurante Mykonos e suspeitava-se que o regime iraniano fosse autor dos assassinatos. E, em Londres, Elizabeth e ele estavam dormindo em seu quarto quando houve uma explosão muito forte e a casa toda tremeu. Policiais entraram correndo no quarto, de armas em punho, e arrastaram os dois adormecidos para o chão. Ficaram deitados entre homens armados durante o que pareceram longas horas, até se confirmar que a explosão tinha sido a certa distância, na rotatória de Staples Corner, debaixo da passagem de nível da North Circular Road. Era o Provisional IRA em ação: nada a ver com eles. Era uma bomba não islâmica. Foram deixados em paz para voltar a dormir.

O terror islâmico não estava longe. O aiatolá Sanei, da Fundação 15 Khordad, aumentou o valor do prêmio para cobrir "despesas". (Guardem as notas fiscais, assassinos, vocês podem debitar o almoço de negócios.) Três iranianos foram expulsos do Reino Unido porque tinham conspirado para matá-lo: dois funcionários da embaixada, Mehdi Sayes Sadeghi e Mahmoud Mehdi Soltani, e um "estudante", Gassem Vakhshiteh. No Irã, os membros do Parlamento — os parlamentares pretensamente "moderados" eleitos na recente eleição iraniana! — encaminharam uma "petição" ao presidente Rafsanjani para manter a *fatwa* e o aiatolá Jannati, favorável a Rafsanjani, respondeu que "era a hora certa de matar o imundo Rushdie".

Ele foi ao sul de Londres jogar tênis de mesa com o pintor Tom Phillips em seu estúdio. Parecia a coisa certa a fazer. Tom havia começado a pintar seu retrato — ele disse ao artista que parecia melancólico demais nele, mas Tom respondeu: "Melancólico? Como assim? Eu batizei o quadro de *Sr. Jovialidade*" —, então ele posou durante duas horas antes de perder no pingue-pongue. Ele não gostava de perder no pingue-pongue.

Nesse dia, a Fundação 15 Khordad anunciou que logo passaria a mandar equipes de assassinos ao Reino Unido para executar a *fatwa*. Perder no pingue-pongue era ruim, mas ele estava tentando não enlouquecer.

Zafar saiu da Hall School pela última vez — a Hall, que tinha feito tanto para protegê-lo do pior do que estava acontecendo a seu pai, com professores e colegas permitindo-lhe, sem que o sentimento jamais fosse expresso em palavras, viver uma infância normal no meio da insanidade. Os pais de Zafar tinham muito a agradecer à escola. O que se esperava era que a nova escola fosse cuidar dele tão amorosamente como a antiga.

Highgate era sobretudo um externato, mas havia alojamentos para internos durante a semana, e Zafar quis ser interno. Em poucos dias, porém, ele descobriu que detestava o colégio interno. Aos treze anos, era um rapazinho que gostava de ter seu espaço particular e num internato de meninos isso não existia. Então ele ficou imediatamente arrasado. Seus pais concordaram que ele devia deixar de ser interno e a escola aceitou a decisão. Zafar começou imediatamente a irradiar felicidade e passou a adorar a escola. E, agora que seu pai tinha uma casa perto de Highgate, podia passar as noites do período letivo com ele e seu relacionamento retomaria o que havia sido perdido durante quatro anos: intimidade, continuidade, e algo como tranquilidade. Zafar tinha seu próprio quarto na casa nova e pediu que ele fosse mobiliado inteiramente em preto e branco. Não podia trazer os amigos, mas entendia a razão e dizia não se importar. Mesmo sem a visita de outros rapazes, era um grande ganho em relação ao internato. Ele tinha uma casa com um pai outra vez.

Na Índia, extremistas hindus destruíram uma das mesquitas mais antigas do país, a Babri Masjid, em Ayodhya, construída pelo primeiro imperador mogol. Os destruidores alegaram que a mesquita havia sido construída sobre as ruínas de um templo hindu que marcava o Ramjamnabhumi, o local de nascimento do Senhor Rama, sétimo avatar de Vishnu. Destruição não era prerrogativa do islã. Quando soube da notícia da destruição da Babri Masjid, ele foi tomado por uma dor complexa. Ficou triste porque, mais uma vez, a religião revelava que seu poder de destruição excedia em muito o poder de fazer o bem, que uma série de proposições improváveis — que a moderna Ayodhya era o mesmo local da Ayodhya do *Ramayana,* onde Rama era rei numa data impossível de se saber no passado remoto; que o alegado lugar de nascimento era o verdadeiro lugar de nascimento; que deuses e seus avatares realmente existiam — havia provocado a vandalização de um edifício real e belo, cujo infortúnio fora ter sido construído num país que não baixava leis fortes para proteger seu patrimônio cultural e no qual era possível ignorar tais leis, se elas existissem, caso o grupo fosse suficientemente numeroso e alegasse estar agindo em nome de um deus. Ele estava triste também porque ainda tinha sentimentos de afeição pela mesma cultura muçulmana da Índia que impedia o professor Mushirul Hasan de ir ao trabalho, e que o impedia de receber um visto para visitar o país onde nascera. A história da Índia muçulmana era inevitavelmente sua história também. Um dia, ele escreveria um romance sobre o neto de Babar, Akbar, o Grande, que tentou estabelecer a paz entre os muitos deuses da Índia e seus seguidores e que, durante algum tempo, conseguiu isso.

As feridas infligidas pela Índia eram as mais profundas. Disseram-lhe que estava fora de questão ele receber um visto para visitar o país de seu nascimento e de sua mais profunda inspiração. Ele não era bem-vindo nem no centro cultural indiano em Londres porque, segundo o diretor do centro, Gopal Gandhi (neto do mahatma), sua presença seria vista como antimuçulmana e prejudicaria as credenciais seculares do centro. Ele respirou fundo e voltou a trabalhar. *O último suspiro do mouro* era tão secular quanto podia ser um romance, mas seu autor era considerado um sectário separatista no país sobre o qual escrevia. As nuvens se acumulavam sobre sua cabeça. Mas ele descobriu que seu impulso sanguinário era igual à dor, que suas frases ainda podiam tomar forma, sua imaginação ainda cintilava. Não ia permitir que rejeições dobrassem sua arte.

Sem outra alternativa, ele se tornou, em parte, embaixador de si mesmo. Mas a política não era fácil para ele. Ele fazia discursos, defendia sua causa e pedia aos dignitários do mundo que se posicionassem contra esse novo "terrorismo por controle remoto", esse dedo letal apontado para o mundo. *Esse aí, está vendo? Mate-o, o careca com o livro na mão*; e que entendessem que, se o terrorismo pela *fatwa* não fosse derrotado, ele sem dúvida se repetiria. Mas muitas vezes as palavras soavam frouxas a seus próprios ouvidos. Na Finlândia, depois de falar numa reunião do Conselho Nórdico, aprovaram resoluções, foram criados subcomitês e feitas promessas de apoio; mas ele não conseguia evitar a sensação de que nada substancial era conquistado. Ele gostou mais da beleza da floresta de outono lá fora da janela e teve a chance de passear por ela com Elizabeth, respirar aquele ar fresco e sentir-se brevemente em paz; e isso, para sua cabeça naquele momento, era uma bênção maior do que todas as resoluções do mundo.

Com a ajuda do suave encorajamento de Elizabeth, sua desilusão se apagou. Ele estava de novo encontrando sua voz, ela disse, e seu Erro estava se dissolvendo no passado, embora ele precisasse continuar dizendo a mesma coisa durante anos. Ele era ouvido com respeito, e isso inegavelmente era agradável depois do feio repúdio de tanta gente a seu caráter e a sua obra. Aos poucos, foi adquirindo prática em apresentar suas razões. Durante os piores excessos do comunismo soviético, argumentava, os marxistas ocidentais haviam tentado distanciar o "socialismo existente de fato" da Verdadeira Fé, a visão de Karl Marx de igualdade e justiça. Mas, quando a União Soviética entrara em colapso e ficara claro que o "socialismo existente de fato" havia poluído fatalmente o marxismo aos olhos de todos aqueles que ajudaram a derrubar seus déspotas, não fora mais possível acreditar numa Verdadeira Fé intocada pelos crimes do mundo real. Agora, com os Estados islâmicos forjando novas tiranias e justificando muitos horrores em nome de Deus, separação semelhante se dava entre os muçulmanos; assim, havia o "islã existente de fato" das teocracias sanguinárias e havia a Verdadeira Fé de paz e de amor.

Ele achava isso difícil de engolir, e tentava encontrar as palavras certas para dizer por quê. Era fácil entender os defensores da cultura muçulmana; quando a Babri Masjid caiu, doeu tanto para ele quanto para eles. E ele também se comovia com as muitas delicadezas da sociedade muçulmana, seu espírito caritativo, a beleza de sua arquitetura, pintura e poesia, suas contribuições à filosofia e à ciência, seus arabescos, sua mística e a suave sabedoria de muçulmanos de mente aberta como seu avô, pai de sua mãe, dr. Ataullah Butt. O dr. Butt de Aligarh, que trabalhava como médico de família e estava envolvido também com a faculdade Tibbya da Universidade Muçulmana de Aligarh, onde a medicina ocidental era estudada lado a lado com os tradicionais tratamentos com ervas indianos, que fazia peregrinação a Meca, que recitara suas orações cinco vezes por dia todos os dias de sua vida — e era um dos homens mais tolerantes que seu neto conhecera, ranzinzamente bem-humorado, aberto a qualquer tipo de criancice e pensamento rebelde adolescente, até à ideia da não existência de Deus, uma ideia totalmente maluca, ele diria, mas que tinha de ser discutida. Se o islã fosse o que o dr. Butt acreditava, não havia muita coisa errada.

Mas alguma coisa estava corroendo a fé de seu avô, corroendo e corrompendo, transformando-a numa ideologia de limitação e intolerância, proibindo livros, perseguindo intelectuais, erigindo absolutismos, transformando o dogma numa arma com a qual se bate no não dogmático. Essa coisa precisava ser combatida e para combatê-la era preciso dar-lhe um nome, e o único nome era *islã*. O islã que existia de fato havia se tornado seu próprio veneno e muçulmanos morriam por causa dele, e isso precisava ser dito na Finlândia, na Espanha, nos Estados Unidos, na Dinamarca, na Noruega, em toda parte. Ele diria isso, se ninguém mais dissesse. Queria falar também pela ideia de que a liberdade é herança de todos e não, como dizia Samuel Huntington, uma ideia ocidental alheia às culturas do Oriente. À medida que o "respeito pelo islã", que era o medo da violência islâmica sob a capa tartufiana da hipocrisia, ia ganhando legitimidade no Ocidente, o câncer do relativismo cultural começara a roer as ricas multiculturas do mundo moderno e pela ladeira escorregadia eles todos podiam cair para o Pântano do Desânimo, o charco do desespero de John Bunyan.

Ao batalhar de país em país, batendo às portas dos poderosos e tentando encontrar pequenos momentos de liberdade nas garras desta ou daquela força de segurança, ele tentava encontrar as palavras que precisavam não só de um defensor como ele, mas também daquilo que ele representava, ou queria representar de agora em diante.

Um "pequeno momento de liberdade" aconteceu quando ele foi convidado a um concerto do U2 em Earls Court, durante a turnê *Achtung Baby*, com seus automóveis Trabant psicodélicos pendurados. A polícia disse sim imediatamente quando ele contou: finalmente uma coisa que os policiais queriam fazer! Acontece que Bono tinha lido *O sorriso do jaguar* e, como visitara a Nicarágua mais ou menos na mesma época, estava interessado em encontrar seu autor. (Ele nunca se encontrou com Bono na Nicarágua, mas um dia sua intérprete de olhos brilhantes, a loira Margarida, uma sósia de Jayne Mansfield, gritou, empolgada: "Bono vem para cá! Bono está na Nicarágua!", e depois, sem nenhuma mudança na voz ou no brilho dos olhos, acrescentou: "Quem é Bono?".) E então lá estava ele em Earls Court, parado nas sombras, ouvindo. Atrás do palco, depois do show, ele foi levado para um trailer cheio de sanduíches e crianças. Não havia tietes nos shows do U2; apenas creches. Bono chegou e foi imediatamente coroado de filhas. Ele gostava de falar de política — Nicarágua, um protesto próximo contra armazenamento inseguro de lixo nuclear em Sellafield, no norte da Inglaterra, seu apoio à causa de *Os versos satânicos*. Não ficaram muito tempo juntos, mas nasceu uma amizade.

Nigella Lawson e John Diamond se casaram em Veneza. Assim como todos os amigos dela, ele ficou muito feliz com a notícia. Onde John estivesse, havia sempre uma risada. Na festa que deram no Groucho Club para comemorar o casamento, o bolo foi feito por Ruthie Rogers e desenhado, Ruthie contou, por seu marido, o grande arquiteto em pessoa. John disse, inocente: "É mesmo? Sendo um projeto de Richard Rogers, os ingredientes não deviam estar todos do lado de fora?".

* * *

A Alemanha era o maior parceiro comercial do Irã. Ele tinha de ir até lá. Uma integrante minúscula, feroz, do Bundestag alemão, chamada Thea Bock, pretendia, disse ela, garantir que ele se encontrasse com "todo mundo". Mas primeiro ele precisava chegar a Bonn, e não podia viajar nem pela Lufthansa, nem pela British Airways. Thea Bock entrou em cena com uma pequena aeronave particular, vermelho vivo, como uma coisa saída da história da Primeira Guerra Mundial: "Biggles e a *fatwa*". O avião era tão pequeno e antigo que *as janelas se abriam*. Voava tão baixo que ele temia que fossem bater numa montanha ou numa torre de igreja. Era como andar pelo céu num riquixá motorizado. Felizmente o tempo estava bom, um dia ensolarado, calmo, e o piloto foi hábil para voar sem problemas com aquele fut-fut até a capital alemã, onde as reuniões foram tão bem, graças aos esforços de Thea Bock, que os iranianos ficaram seriamente abalados, porque ali, de repente, estava Rushdie sendo saudado calorosamente por Björn Engholm, líder dos social-democratas, por Rita Süssmuth, porta-voz do Parlamento, e por muitos dos mais importantes parlamentares alemães; e, na ausência do ministro das Relações Exteriores, Klaus Kinkel, ali estava Rushdie sendo recebido por dr. Schirmer, chefe do setor cultural do ministério. O embaixador iraniano falou acaloradamente na televisão alemã e disse ter certeza de que a Alemanha não iria comprometer suas relações com o Irã por causa daquele homem. Disse também que os assassinos americanos ou israelenses podiam estar a postos para matar o apóstata, fingindo ser assassinos muçulmanos, só para fazer o Irã ficar malvisto.

O embaixador Hossein Musavian foi convocado a se apresentar ao Ministério das Relações Exteriores da Alemanha no dia seguinte. "Vamos proteger o senhor Rushdie", disse o assistente do ministro. "Depois de nossa conversa muito franca, ele [o embaixador iraniano] sabe que é esse o caso." As sugestões de um assassinato pela inteligência americana ou israelense foram consideradas "absurdas". O embaixador Musavian disse que suas observações tinham sido "deturpadas".

Então havia *momentum*, como dizia Frances; mas será que a *massa crítica* (um dos termos favoritos dela) seria atingida? Não ainda. O Conselho de Mesquitas de Bradford fez outra declaração desagradável, alegando que a campanha estava piorando as coisas e que o autor não devia esperar nenhuma “consideração” da comunidade muçulmana. O presidente do conselho, Liaquat Hussein, acreditava plenamente que era um homem importante dizendo uma coisa importante. Mas ele soava como uma voz do passado. Seus quinze minutos de fama terminaram.

Ele estava em Estocolmo para receber o Prêmio Kurt Tucholsky, dado a escritores que resistiam a perseguições, e para falar perante a Academia Sueca. O Irã condenou o prêmio, claro. O ministro da Justiça iraniano se manifestou, assim como o generoso aiatolá Sanei. *Caro ministro da injustiça*, ele começou, mas em seguida abandonou a carta imaginária. Algumas pessoas não mereciam receber cartas, nem mesmo na imaginação. *Meu caro Sanei da Recompensa, posso chamar sua atenção para a possibilidade de um motim?* Talvez o senhor e seus colegas possam terminar como Bligh, vagando num barquinho, esperando chegar à costa do Timor.*

A Academia Sueca se reunia num lindo salão rococó no piso superior do velho edifício da Bolsa de Valores de Estocolmo. Em torno de uma longa mesa, dezenove cadeiras estofadas de seda azul-pálido. Uma era para o rei, para o caso de ele aparecer; ficava vazia se ele não viesse, o que era o usual. Nas costas das outras cadeiras havia numerais romanos de I a XVIII. Quando um acadêmico morria, um novo membro era eleito para ocupar sua cadeira e sentar nela até ser transferido para a academia maior no céu. Ele logo pensou no animado suspense de G. K. Chesterton *O homem que era quinta-feira*, sobre uma célula anarquista cujos sete líderes tinham como codinomes os dias da semana. Porém, ele não estava na presença de anarquistas. Recebera permissão para entrar no santuário da literatura, a sala onde era atribuído o Prêmio Nobel, para se dirigir a uma reunião amigável e grave de eminências grisalhas. Lars Gyllensten (XIV) e Kerstin Ekman (XV), os acadêmicos que haviam se retirado daquela mesa para protestar contra a pusilânime falta de reação de seus

* Há aqui um jogo de palavras intraduzível: “recompensa” é *bounty*, “motim” é *mutiny*. *Mutiny on the Bounty* é um episódio de motim ocorrido no navio da Marinha britânica *Mutiny* em 1789. Fascinados com os encantos tropicais do Taiti, os marinheiros se amotinaram, instalaram-se na ilha e queimaram o navio. O comandante Bligh e alguns marinheiros fizeram uma viagem arriscada até o Timor e dali para a Inglaterra. O episódio deu origem a canções, livros e filmes. (N. T.)

colegas à *fatwa*, não compareceram. Suas cadeiras eram uma censura vaga. Isso o entristeceu; ele esperava produzir uma reconciliação. O convite da academia tinha sido feito como compensação por seu silêncio anterior. Sua presença ali indicava o apoio deles. Uma vigésima cadeira, sem número, foi puxada para a mesa, junto ao lugar vago do rei, ele se sentou nela, falou e respondeu a perguntas até os acadêmicos se darem por satisfeitos. Elizabeth, Frances e Carmel tiveram permissão de assistir, e sentaram-se em outras cadeiras, encostadas à parede.

No cerne da disputa em torno de *Os versos satânicos*, ele disse, por trás de todas as acusações e da violência, estava uma questão de profunda importância: *Quem deve ter controle da história?* Quem tem, quem deveria ter, o poder não só de contar as histórias com as quais, e dentro das quais, nós todos vivemos, mas também de determinar como essas histórias podem ser contadas? Porque todo mundo vive através e dentro de histórias, as chamadas grandes narrativas. A nação era uma história, a família outra, a religião uma terceira. Como artista criador, ele sabia que a única resposta para a questão era: *Toda e qualquer pessoa tem, ou deveria ter, esse poder*. Devíamos todos ter a liberdade de questionar as grandes narrativas, de discutir com elas, satirizá-las, e insistir para que mudassem para refletir a mudança dos tempos. Devíamos falar delas com reverência, com irreverência, com paixão, causticamente ou do jeito que escolhêssemos. Isso era nosso direito como membros de uma sociedade aberta. Na verdade, podia-se dizer que nossa capacidade de recontar e refazer a história de nossa cultura era a melhor prova de que nossa sociedade era realmente livre. Numa sociedade livre, a discussão sobre as grandes narrativas nunca cessavam. Era a discussão em si que interessava. A discussão era liberdade. Mas numa sociedade fechada os que possuíam o poder político ou ideológico invariavelmente tentavam calar esses debates. *Nós contamos a história para você*, eles diziam, *e nós dizemos o que ela significa. Nós vamos contar como a história tem de ser contada e proibimos você de contá-la de qualquer outro jeito. Se você não gosta do jeito que contamos a história, então você é um inimigo do Estado ou traidor da fé. Não tem direitos. Ai de você! Nós perseguimos você e ensinamos o sentido de sua recusa.*

O animal contador de histórias tinha de ter liberdade para contar suas histórias.

No final do encontro, ele recebeu um presente. Do outro lado dessa sala havia um restaurante bem conhecido, Den Gyldene Freden ("A Paz Dourada"), que pertencia à academia. No final de suas reuniões semanais, os Dezoito, ou quantos deles aparecessem, se retiravam para jantar numa sala particular do Paz Dourada. Cada um deles pagava, na entrada, com uma moeda de prata que tinha o lema da academia, *Snille och smak*. Talento e gosto. Quando deixavam o restaurante, a moeda era devolvida a eles. Essas moedas nunca eram dadas ao público em geral, mas ele deixou a academia esse dia com uma delas no bolso.

Em Nova York, dessa vez não havia caravana de automóveis esperando, nenhum tenente Bob preocupado com o que Elizabeth poderia fazer com um garfo. (Ele tinha viajado pela Scandinavian Airlines, pela rota mais longa, via Oslo.) Havia um pessoa da segurança para atravessar com ele o aeroporto, mas só isso. Não fora programada nenhuma aparição pública, então a polícia americana estava disposta a deixá-lo em grande parte por sua própria conta. Ele teve permissão para gozar alguns dias de quase liberdade, o mais perto disso que chegara em quatro anos. Ficou no apartamento de Andrew Wylie e os policiais do NYPD permaneceram dentro de seus carros na rua, lá embaixo. Durante esses dias, fez as pazes com Sonny Mehta. E jantou com Thomas Pynchon.

Uma das melhores qualidades de Andrew era não gostar de animosidades. "Você e Sonny deviam fazer as pazes", ele disse. "São amigos há tanto tempo. É o certo a fazer." E havia uma boa razão comercial para oferecer um ramo de oliveira. A longo prazo, a Random House era a editora mais provável para assumir a publicação de *Os versos satânicos* em brochura. A Penguin nunca faria isso e, como ela era a distribuidora da Granta Books, isso tornava o relacionamento a longo prazo com a Granta difícil de considerar, apesar de toda a excepcional amizade e heroísmo de Bill. "Não podemos perder de vista o objetivo", Andrew disse, "e o objetivo é a publicação normal de todos os seus livros, inclusive *Versos*." Agora que a edição do consórcio tinha saltado a barreira da edição em brochura, ele acreditava que seria possível convencer Sonny a assumir novos livros sem medo, e também a aceitar a responsabilidade a longo prazo do catálogo anterior. "Não imediatamente", Andrew disse, "mas talvez depois que eles publicarem o próximo romance. Acho que vão topar. E é isso que deve ser feito." Ele e Gillon tinham ido na frente para negociar com Sonny e a Knopf a publicação de *O último suspiro do mouro*. Tinham também acalmado Bill, que ficara muito aborrecido ao saber de seus planos. Mas Bill era amigo primeiro e editor em segundo lugar, e tinha o coração bastante grande para entender a posição de Andrew. Ele havia resgatado *Haroun* de Sonny e agora concordava em entregar o *Mouro* de volta para ele, sem rancor.

Antes que o acordo pudesse ser assinado, ele e Sonny tinham de baixar as armas, e esse era o real propósito da viagem a Nova York. Andrew havia contatado também a agente (e esposa) de Pynchon, Melanie Jackson, e o recluso autor de *O arco-íris da gravidade* concordou com o encontro. Ao final de duas reuniões, estava tudo combinado. Ele e Pynchon jantaram com Sonny no apartamento deste na cidade. A rixa com Sonny foi reparada com um abraço e a questão de *Haroun* não foi discutida. Era o jeito taciturno de Sonny fazer as coisas — deixar coisas inconvenientes por dizer e seguir em frente — e talvez tenha sido melhor. Então Pynchon chegou, com o exato aspecto que Thomas Pynchon devia ter. Era alto, usava uma camisa xadrez de lenhador vermelha e branca e calça jeans, tinha o cabelo branco de Albert Einstein e os dentes da frente do Pernalonga. Depois da primeira meia hora de conversa formal, Pynchon pareceu relaxar e então falou prolongadamente sobre a história do trabalhismo americano e de sua própria participação no movimento, que vinha dos primeiros dias de seu trabalho como escritor técnico na Boeing, do sindicato de escritores técnicos. Era estranho pensar naqueles autores de manuais do usuário mencionados pelo grande romancista americano, que eles talvez considerassem como aquele sujeito que costumava escrever boletins de segurança para o míssil CIM-10 Bomarc, sem saber que o conhecimento de Pynchon sobre esse míssil havia inspirado suas excepcionais descrições dos foguetes V-2 caindo sobre Londres na Segunda Guerra Mundial. A conversa prolongou-se muito além da meia-noite. A certa altura, Pynchon disse: "Vocês devem estar cansados, não?", e, sim, estavam, mas estavam pensando também: *Este é Thomas Pynchon, não podemos dormir.*

Quando Pynchon finalmente foi embora, ele pensou: *Tudo bem, então agora somos amigos. Quando vier a Nova York talvez a gente se encontre para um drinque ou para comer alguma coisa e aos poucos vamos nos conhecer melhor.*

Mas nunca mais se encontraram.

Dias estimulantes. Ele deu uma volta de buggy com Gita no parque e, embora uma velha tenha gritado "Uau!", ninguém mais mexeu um dedo. Ele tomou café da manhã com Giandomenico Picco, que disse: “Os Estados Unidos são a chave”. Caminharam por Battery Park e entraram no Lincoln Center. No escritório de Andrew ele teve uma reunião emocionante com Michael Herr, que se mudara para os Estados Unidos e morava numa casa no norte do estado na cidade de sua infância, Cazenovia, Nova York, a um pulo de Chittenango, cidade natal de L. Frank Baum, autor de *O mágico de Oz*. E Sonny deu uma festa para ele, e Paul Auster, Siri Hustvedt, Don DeLillo, Toni Morrison, Susan Sontag, Annie Leibovitz e Paul Simon estavam todos lá. Seu momento favorito naquela noite de liberação, quando se sentiu outra vez parte do único mundo que ele sempre quisera habitar, foi quando Bette Bao Lord perguntou a Susan Sontag, na cara, realmente querendo saber a resposta: “Susan, você tem alguma mania interessante?”.

Ele e Elizabeth foram a Long Island com Andrew e Camie Wylie, à casa deles em Water Mill, e lá se juntaram a eles Ian McEwan, Martin Amis, David Rieff, Bill Buford e Christopher e Carol Hitchens. Andrew deu uma festa em que Susan Sontag revelou uma de suas manias mais interessantes. Ela era na realidade duas Susans, a Susan Boa e a Susan Má; enquanto a Susan Boa era brilhante, engraçada, leal e um tanto pretensiosa, a Susan Má podia ser um monstro violento. Uma jovem agente da agência Wylie comentou alguma coisa sobre o conflito da Bósnia que não foi do gosto de Susan, a Susan Má surgiu rugindo de dentro dela e a garota correu o risco de ser devorada. Não era uma luta justa. Susan Sontag *versus* aquela mocinha, que de qualquer forma não podia revidar porque a escritora era uma cliente importante da agência Wylie. Era preciso salvar a vida dela, e ele e Bill Buford se aproximaram e silenciaram a poderosa Sontag, bombardeando-a com trivialidades. “Ei, Susan, o que você acha da rotação dos Yankees?” “O quê? Do que você está falando? Estou *me lixando* para a rotação dos Yankees. Eu estava dizendo para esta mocinha aqui...” “Sei, mas, Susan, você tem de admitir, El Duque é fantástico.” “Não, isso não importa, essa mocinha aqui acha que na Bósnia...” “O que achou do vinho, Susan? Acho que o tinto pode estar um pouco com gosto de rolha.” E por fim Sontag foi silenciada, derrotada pela inconsequência, e a jovem agente pôde ir embora.

O tempo em novembro estava frio, mas eles corriam na praia, brincavam com uma bola de futebol e atiravam pedras na água, faziam tolos jogos de palavras (O jogo Títulos que Não Chegavam a Ser Bons, como por exemplo:

Sr. Jivago, Adeus às armas de fogo, Por quem os sinos tocam, Dois dias na vida de Ivan Denisovitch, Mademoiselle Bovary, A história dos Forsyte, O grandioso Gatsby, Motorista de táxi, O amor nos tempos da gripe, Toby Dick, Engano-22, Raspberry Finn) e não havia seguranças à vista. Nesses dias de amizade, ele viu um lampejo de esperança no futuro. Se os Estados Unidos lhe permitissem ir para solo americano e ali ficar sossegado, assumindo os riscos, talvez fosse a melhor possibilidade de encontrar alguma liberdade a curto prazo; talvez ele pudesse obter uma liberdade provisória ao menos, por um mês, um ano, ou dois, ou três, enquanto lutava por um fim às ameaças. O que era ele, afinal, senão uma massa oprimida, ansiando por respirar com liberdade? Ele ouviu a canção da estátua no porto e ela parecia estar cantando para ele.

Sua editora no Canadá, Louise Dennys, sobrinha de Graham Greene e melhor editora de Toronto, além de ser uma metade do melhor e mais bonito casamento feliz que ele conhecia (do ótimo e igualmente bonito Ric Young), queria que ele fizesse uma de suas aparições surpresa no evento beneficente anual do PEN canadense, do qual ela era presidente. Louise tinha certeza de que em seguida viriam reuniões com os principais políticos e que o Canadá podia ser convencido a "embarcar" entusiasticamente. Encontraram um avião particular. Era um avião e tanto, com o interior decorado por Ralph Lauren, e foi o voo transatlântico mais confortável de sua vida. Mas ele preferia ter esperado na fila em Heathrow como qualquer outro passageiro, viajando como todo mundo viajava. Quando a vida consistia numa série de crises e soluções de emergência, era a normalidade que parecia um luxo, infinitamente desejável, e impossível de obter.

Em Toronto, foram recebidos por Ric Young e pelo romancista John Ralston Saul, representando o PEN, e levados à casa de Michael Ondaatje e Linda Spalding. No dia seguinte começou o trabalho. Ele foi entrevistado, entre muitos outros, pelo importante jornalista canadense Peter Gzowski, que perguntou, em seu programa de rádio, sobre sua vida sexual. "Sem comentários", ele respondeu. "Mas isso não quer dizer nada de sexo?", Gzowski insistiu. Durante o almoço, ele conheceu o premiê de Ontario, Bob Rae, cuja ajuda havia sido crucial para conseguir o avião. Rae era jovem, simpático, loiro, usava tênis e disse que tinha concordado em subir ao palco no evento beneficente, embora sua esposa achasse que podia ser morto. Acontece que a segurança canadense havia alertado todos os políticos a não se encontrarem com ele; ou isso pode ter sido uma desculpa conveniente. Qualquer que fosse a razão, estava se mostrando difícil combinar os encontros. Nessa noite, ele e Elizabeth jantaram na casa de John Saul e da jornalista de televisão e futura governadora-geral do Canadá Adrienne Clarkson, e depois do jantar Adrienne se levantou e cantou para eles "Hello, young lovers" com uma voz boa, forte.

Na noite seguinte, estavam todos atrás do palco no Winter Garden Theater e ele vestiu a camiseta do PEN que Ric lhe levara. John Irving chegou, sorridente. Peggy Atwood entrou depressa com um chapéu de caubói e jaqueta franjada e deu-lhe um beijo. Então começou a parte "Rushdie" do programa e a sensação era da mais alta honra literária, enquanto escritor após escritor contava uma parte da horrenda cronologia da *fatwa* e depois se sentava no palco. John Irving falou afetuosamente do primeiro encontro de ambos muito tempo antes e leu o começo e o fim de *Os filhos da meia-noite*, e em seguida foi Atwood quem o apresentou. Ele entrou no palco e 1200 pessoas abriram a boca e começaram a clamar sua solidariedade e amor. Essa história de se tornar ícone era muito esquisita, ele pensou. Não se sentia um ícone. Sentia-se... *de verdade*. Mas naquele momento aquilo podia ser a melhor arma de que dispunha. O simbólico ícone Salman que seus apoiadores haviam construído, um idealizado Salman da Liberdade que defendia impecável e inabalavelmente os valores mais elevados, reagia e poderia no fim, talvez, derrotar a versão demoníaca de si mesmo construída por seus adversários. Ele ergueu o braço e acenou, e quando o vozerio silenciou falou com leveza de caça às bruxas, do perigoso poder da comédia, e em seguida leu seu conto "Cristóvão Colombo e a rainha Isabel da Espanha consumam seu relacionamento". Louise quis que ele fizesse isso, para estar ali como escritor entre gente literária, oferecendo a eles sua escrita. Quando a história terminou, Louise foi até ele e leu uma mensagem de apoio da secretária de Estado de assuntos externos do Canadá, Barbara Macdougall, e Bob Rae se aproximou e o abraçou — o primeiro chefe de governo do mundo a fazer isso —, e o vozerio começou de novo. Foi uma noite que ele nunca esqueceu.

A embaixada iraniana em Ottawa protestou junto ao governo canadense que não havia sido avisada com antecedência da visita dele. Foi a melhor piada da semana.

* * *

E antes, durante e depois dessas viagens, ele e Elizabeth se mudaram para sua nova casa. Era uma casa que ele nunca teria escolhido, numa área em que ele nunca desejaria viver; grande demais porque os policiais tinham de morar com ele, cara demais, conservadora demais. Mas David Ashton Hill tinha feito um trabalho maravilhoso e Elizabeth a tinha mobiliado lindamente, ele tinha um fantástico escritório, e acima de tudo era sua casa, não alugada em nome dele por representantes atenciosos, nem encontrada para ele por policiais, nem emprestada por amigos por bondade; e ele a adorou, entrou nela numa espécie de êxtase. *Não há lugar como a minha casa.* O bimbomóvel passou pelo portão eletrônico, a porta blindada da garagem se ergueu e se fechou quando ele passou e lá estava ele. Nenhum policial jamais o forçaria a sair. *Meu irmão, estou velho demais para sair viajando outra vez*, dissera Carlos II depois da Restauração, e ele sentia a mesma coisa que o rei. Ele pensava também em Martinho Lutero. *Hier stehe ich. Ich kann nicht anders.* Martinho Lutero não estava falando de bens imobiliários, claro. Mas era assim que ele se sentia. Cá estou eu, disse a si mesmo. Aqui eu também me sento, trabalho, ando de bicicleta ergométrica, assisto TV, tomo banho, como, durmo. Não posso fazer mais nada.

Bill Buford tinha lhe pedido que fosse um dos jurados do prêmio de Melhor Jovem Romancista Britânico de 1993. Em 1983, ele estivera na primeira dessas listas, ao lado de Ian McEwan, Martin Amis, Kazuo Ishiguro, Graham Swift e Julian Barnes. Agora estava lendo o trabalho de jovens escritores: Jeanette Winterson, Will Self, Louis de Bernières. A. L. Kennedy, Ben Okri, Hanif Kureishi. Seus companheiros de júri eram A. S. Byatt, John Mitchinson, das livrarias Waterstone's, e o próprio Bill. Houve descobertas agradáveis (Iain Banks) e também decepções (Sunetra Gupta não era cidadã britânica, não podia participar). Concordaram rapidamente sobre mais da metade dos escritores incluídos entre os vinte finalistas e então começaram as discordâncias interessantes. Ele discutiu com Antonia Byatt sobre Robert McLiam Wilson e perdeu. Ela preferia D. J. Taylor, mas foi uma batalha que ela, por sua vez, não venceu. Houve um desentendimento quanto a quais filhas de Lucian Freud podiam incluir, Esther Freud ou Rose Boyt. (Esther foi escolhida, Rose não.) Ele era grande admirador do trabalho de A. L. Kennedy e conseguiu reunir apoio suficiente para superar a oposição de Antonia Byatt. Era um debate apaixonado, sério e no fim havia dezesseis escritores sobre os quais todos os jurados concordavam e quatro sobre os quais discordavam com igual força. Então foi publicada a lista e as piranhas do pequeno tanque da cena literária londrina pularam em cima dela.

Harry Ritchie, do *The Sunday Times*, conseguiu o direito exclusivo de revelar os vinte escolhidos e concordou em apoiar a promoção devidamente, mas resolveu arrasar com a lista. Ele telefonou para Ritchie e perguntou: "Você leu todos esses escritores? Porque eu não tinha lido antes de assumir esse trabalho". Ritchie admitiu que, da lista, lera apenas uma meia dúzia. O que não o impediu de menosprezá-los. Aparentemente, ninguém podia contar nem com seus quinze minutos de glória antes de começarem a atacar. Levava-se uma cacetada na cabeça assim que se saía do ovo. Três dias depois, James Wood, o malévolo Procusto da crítica literária, que atormentava suas vítimas na mesa estreita de suas ideologias literárias inflexíveis, esticando-os dolorosamente ou cortando-os na altura dos joelhos, deu aos vinte seu tratamento no *The Guardian*. Bem-vindos à literatura inglesa, rapazes e garotas.

No Natal, ele e Elizabeth puderam convidar Graham Swift e Candice Rodd a passar o dia com eles. No dia seguinte, Nigella Lawson e John Diamond, e Bill e Alicja Buford vieram jantar. Elizabeth, que adorava a festa e todos os seus rituais — ele tinha começado a chamá-la afetuosamente de "fundamentalista natalina" —, ficou muito feliz de poder "fazer o Natal" para todo mundo. Depois de quatro anos, podiam passar o feriado em sua própria casa, com sua própria árvore, retribuindo aos amigos a hospitalidade e simpatia de anos.

Mas as asas do anjo da morte nunca estavam muito longe. A irmã de Nigella, Thomasina, estava se saindo mal de sua batalha contra o câncer de mama. Orlando, filho de Antonia Fraser, sofreu um acidente de carro na Bósnia, quebrou muitos ossos e teve um pulmão perfurado. Mas sobreviveu. O namorado da enteada de Ian McEwan estava numa casa que se incendiou em Berlim. Não sobreviveu.

Clarissa telefonou, aos prantos. Tinha recebido um aviso prévio de seis meses na agência literária AP Watt. Ele falou com Gillon Aitken e Liz Calder. Era um problema que tinha de ser solucionado.

Ele foi fotografado por Terry O'Neill dentro de uma espécie de jaula, para o *The Sunday Times*. Essa foto iria aparecer na capa da revista de domingo, para ilustrar um ensaio dele que receberia o título de "O último refém". Ao segurar as grades enferrujadas que O'Neill havia encontrado para ficar na sua frente, ele pensou se algum dia jornalistas e fotógrafos voltariam a se interessar por ele como romancista. Não parecia provável. Tinha acabado de ouvir da parte de Andrew que, apesar dos esforços da agência, a Random House se recusara a assumir a publicação de *Os versos satânicos* em brochura. O consórcio não podia ser dissolvido ainda. No entanto, Andrew acrescentou, muitas figuras importantes da Random House — Frances Coady e Simon Master, do escritório de Londres, e Sonny Mehta, em Nova York — declararam estar "muito zangadas" com essa recusa dos chefões (os mesmos chefões que, ao se recusar a participar do consórcio para a publicação da brochura, tinham dito "não ser pressionados por nenhum maldito agente") e prometeram trabalhar para "virar o jogo".

Uma viagem política a Dublin. Elizabeth e ele foram convidados a ficar na casa de Bono, em Killiney. Havia uma linda casinha de hóspedes no fundo do jardim dos Hewson com uma vista em cinemascope da baía de Killiney. Os convidados eram estimulados a assinar seus nomes e rabiscar mensagens ou desenhos na parede do banheiro. Na primeira noite, ele teve um encontro com escritores irlandeses na casa do jornalista do *The Irish Times* Paddy Smyth, cuja mãe, a eminente romancista Jennifer Johnston, contou a história que Tom Maschler havia lhe contado em Jonathan Cape, depois de ler o primeiro romance dela: ele achou que ela não era escritora e nunca mais escreveria outro livro, razão por que não ia publicar aquele que havia escrito. Então houve fofocas literárias, mas também trabalho político. O ex-primeiro-ministro Garret Fitzgerald foi um dos muitos políticos presentes e todos se comprometeram a apoiá-lo.

A presidente Mary Robinson o recebeu na residência oficial, Phoenix Park — seu primeiro encontro com um chefe de Estado! —, ouviu com olhos brilhantes e em silêncio enquanto ele expunha seu caso. Ela falou pouco, mas murmurou: "Não é pecado ouvir". Ele falou na conferência de livre discurso "Let in the light", no Trinity, e depois, durante o coquetel para os palestrantes, uma mulher baixinha e forte e se aproximou e disse que, como ele havia se oposto à regulamentação chamada Seção 31, que expulsava o Sinn Féin da televisão irlandesa, "você eliminou todo risco a si mesmo de nossa parte". "Sei", ele disse, "e quem é esse 'nós'?" A mulher olhou nos olhos dele. "Você sabe muito bem quem somos nós, porra", ela disse. Depois de receber esse salvo-conduto do IRA, ele foi levado ao legendário programa de entrevistas *Late Late Show*, de Gay Byrne, e, como Gay disse que tinha lido *Os versos satânicos* e gostado, a Irlanda inteira concluiu que o livro e seu autor deviam ser bons.

De manhã, ele visitou a torre Martello, onde o altivo e gordo Buck Mulligan morou com Stephen Dedalus, e subindo a escada para a cobertura da torre sentiu o que tantos sentiram antes dele, como se estivesse entrando no romance de Joyce. *Introibo ad altare Dei*, disse, baixinho. Depois, no Abbey Theater, um almoço com escritores e um novo ministro das Artes, o poeta Michael D. Higgins, e todos usando o button SOU SALMAN RUSHDIE. Depois do almoço, dois outros Salman Rushdies, Colm Tóibín e Dermot Bolger, o levaram para um passeio em Howth Head (os agentes da força de paz Garda acompanhando a uma distância polida) e o guarda do farol, John, permitiu que ele acendesse a luz. No domingo, Bono o levou escondido para um bar em Killiney, sem comunicar à Garda, e durante meia hora ele ficou tonto com a liberdade sem proteção e talvez graças à Guinness sem proteção também. Quando voltaram para a casa dos Hewson, a Garda olhou para Bono com uma triste acusação, mas evitou usar palavras duras com o filho favorito de seu país.

No *The Independent on Sunday*, ele era atacado pela direita e pela esquerda; o príncipe de Gales disse que ele era um mau escritor que custava muito caro proteger, enquanto o jornalista de esquerda Richard Gott, velho simpatizante soviético que fora forçado a se demitir do *The Guardian* quando ficou provado que havia "aceitado ouro vermelho", atacou suas opiniões políticas e sua escrita "alienada". Ele sentiu de repente, com a força de uma epifania, a verdade do que tinha escrito em "Em boa-fé": que a liberdade era sempre tomada, nunca dada. Talvez ele devesse recusar a proteção e simplesmente viver sua vida. Mas teria o direito de levar Elizabeth e Zafar a um futuro arriscado? Não seria irresponsabilidade? Devia discutir isso com Elizabeth e Clarissa também.

Um novo presidente tomou posse em Washington. Christopher Hitchens telefonou. "Clinton sem dúvida é pró-você", disse. "Isso é garantido." John Leonard publicou um texto na revista *The Nation* recomendando que o novo presidente, conhecido como leitor sério e que tinha dito que seu livro favorito era *Cem anos de solidão*, de García Márquez, lesse *Os versos satânicos*.

Nos anos 1980, os Bailes da Polícia Secreta eram eventos beneficentes de levantamento de fundos para a Anistia Internacional, mas os comediantes e músicos que participavam quase certamente não estavam informados de que a polícia secreta realmente tinha um baile — ou pelo menos uma festa bem grande. Todo inverno, por volta de fevereiro, a festa anual do Esquadrão "A" tomava conta do Peelers, o grande espaço de bar-restaurante do piso superior da New Scotland Yard, e a lista de convidados era diferente de qualquer outra em Londres. Todos os que recebiam ou tinham recebido proteção eram convidados, e todos esses "importantes" faziam todo o possível para comparecer, como forma de agradecimento aos agentes que tinham cuidado deles. Primeiros-ministros do passado e do presente, secretários de Estado da Irlanda do Norte, ministros da Defesa, secretários do Exterior de ambos os partidos principais fofocavam e bebiam com os agentes de proteção e os Motoristas Doidões. Além disso, as equipes de proteção podiam convidar alguns de seus principais amigos e colegas que tivessem sido especialmente colaborativos. Isso rendia uma sala bem cheia.

Naquela época, ele dizia que, se algum dia escrevesse a história de sua vida, o título seria *As portas dos fundos do mundo*. Qualquer um podia entrar pela porta da frente. Você tinha de ser realmente alguém para entrar pela porta da cozinha, pela entrada de serviço, pela janela de trás, pela lixeira. Mesmo quando foi levado ao baile da polícia secreta na New Scotland Yard, ele entrou pelo estacionamento do subsolo e foi conduzido ao andar superior num elevador isolado para seu uso. Os outros convidados usaram a entrada principal, mas ele era o cara da entrada dos fundos. Contudo, uma vez no Peelers, ele era parte daquela alegre multidão — alegre, em parte, porque aparentemente os únicos drinques servidos eram enormes copos de uísque ou gim — e todos os membros de "sua" equipe vieram cumprimentá-lo com um animado "Joe!".

Os agentes de proteção se divertiam especialmente ao juntar celebridades que nunca se encontrariam normalmente, só para ver o que acontecia. Eles o conduziram por entre a multidão até o lugar onde um frágil idoso, com os restos de um famoso bigode, estava parado, ligeiramente curvado, ao lado da esposa solícita. Na verdade, ele já havia topado com Enoch Powell uma vez antes, nos anos 1970, quando morava na casa de Clarissa na Lower Belgrave Street. Fora comprar jornal numa banca próxima, Quinlan, e lá estava Powell vindo em sua direção. Powell no auge de sua fama diabólica, poucos anos depois dos "rios de sangue" do discurso anti-imigrantes que destruíra sua carreira política. *Como os romanos, parece que vejo o rio Tibre espumando com muito sangue*, ele dissera, expressando o medo que todos os racistas britânicos sentiam de estrangeiros morenos. Nesse dia, na banca de jornais Quinlan, o jovem e não violento imigrante pensou seriamente em dar um soco no nariz do notório Enoch e ficou para sempre um pouco decepcionado consigo mesmo por não tê-lo feito. Mas a Lower Belgrave Street estava cheia de gente que precisava de um nariz sangrando — madame Somoza, a esposa do ditador, que morava no vizinho número 35, e aqueles bondosos Lucan do número 46 (na época, lorde Lucan ainda não havia tentado matar a esposa, matando a babá em seu lugar; mas estava se encaminhando para isso). Quando se começa a socar as pessoas é difícil saber onde parar. Talvez tivesse sido uma boa ideia se afastar de Enoch com seus olhos brilhantes e seu lábio superior pós-hitleriano.

E, vinte anos depois, ali estava Powell outra vez. "Não", ele disse a seus protetores. "Não, prefiro que não." E vieram os protestos de "Ah, vamos lá, Joe, ele é só um coroa agora" e aquele que conseguiu vencer suas defesas: "A senhora Powell, está vendo, Joe", disse Stanley Doll, "é uma vida dura para ela cuidar do velho. Ela realmente quer conhecer você. Seria muito importante". Assim, foi com Margaret Powell que ele e Elizabeth concordaram em se encontrar. Ela vivera em Karachi quando jovem, no mesmo bairro que membros da família dele, e queria falar dos velhos tempos. O velho Enoch ficou ao lado dela, curvado, balançando a cabeça, em silêncio, decrépito demais para merecer um soco. Depois de um intervalo cortês, ele pediu licença, pegou Elizabeth pelo cotovelo, virou-se e lá estava Margaret Thatcher, olhando diretamente para ele com sua bolsa, seu cabelo cheio de laquê e seu sorriso meio de lado.

Ele jamais teria pensado que a Dama de Ferro fosse uma pessoa ameaçada. Ao longo de toda a breve conversa, a ex-primeira-ministra o tocou com a mão. *Olá, meu caro*, a mão pousada de leve nas costas da mão dele, *como está indo?*, a mão dela começando a alisar seu antebraço, *estes homens maravilhosos estão cuidando bem de você?*, a mão dela no ombro dele agora, era melhor falar alguma coisa, ele disse a si mesmo, antes que ela começasse a acariciar seu rosto. "Estão, sim, obrigado", ele disse, e ela se inclinou naquele famoso aceno de bonequinho com a cabeça presa por uma mola que fica balançando quando tocada. *Ótimo, ótimo*, a mão acariciou seu braço outra vez, *então, cuide-se bem*, e teria terminado aí, não fosse Elizabeth interromper para perguntar, com muita firmeza, o que o governo britânico se propunha a fazer em relação às ameaças. Lady Thatcher pareceu ligeiramente surpresa de ouvir palavras tão duras saindo dos lábios de uma jovem tão linda, e seu corpo se enrijeceu um pouco, *Ah, minha cara*, e agora era Elizabeth que ela acariciava, *é, deve ser muito preocupante para você, mas acredito que nada vá mudar de fato enquanto não houver uma mudança de regime em Teerã*. "É isso?", Elizabeth perguntou. "É essa a sua política?" A mão de Thatcher recolheu-se. O olhar firme mudou e focalizou o infinito. Houve um vago aceno de cabeça, um som de *Mmm* perdido e ela se afastou.

Elizabeth ficou zangada o resto da noite. *É isso? É só isso o plano deles?* Mas ele pensou em Margaret Thatcher acariciando seu braço e sorriu.

O quarto aniversário da *fatwa* foi tão acalorado como sempre. Os mesmos ruídos de gelar o sangue emanaram de Teerã, onde o aiatolá Khamenei, o presidente Rafsanjani, Nateq-Nouri, porta-voz do Parlamento iraniano, e outros estavam claramente abalados com o volume crescente de objeções oficiais a seu pequeno plano assassino. Suas ameaças recebiam respostas do Congresso dos Estados Unidos, da Comissão para os Direitos Humanos da ONU e até do governo britânico. Douglas Hurd falou em Estrasburgo e seu representante Douglas Hogg falou em Genebra, identificando o caso Rushdie como "uma questão de direitos humanos de grande importância". A Noruega estava embargando um acordo de petróleo com o Irã; uma linha de crédito de 1 bilhão de dólares prometida pelo Canadá ao Irã também estava bloqueada. Ele próprio se via num lugar inesperado: pronunciando o sermão — ou, como não era um homem do clero, o discurso — do púlpito da capela do King's College.

Antes que ele começasse a falar, o reitor do King's o alertou sobre o eco. "Faça pausas depois de poucas palavras", ele disse, "senão a reverberação torna sua fala inaudível." Ele sentiu que estava sendo introduzido num mistério: então era *por isso* que os sermões sempre soavam daquele jeito. "Estar aqui... nesta casa... é recordar... o que há de mais belo... na fé religiosa", ele começou a dizer, e pensou: *Estou falando como um arcebispo*. Ele prosseguiu, falando na casa de Deus sobre as virtudes do secularismo, e lamentando a perda de outros que combateram o bom combate — Farag Fouda no Egito, e agora o jornalista mais conhecido da Turquia, Ugur Mumcu, assassinado por uma bomba em seu carro. A crueldade dos religiosos invalidavam suas pretensões de virtude. "Assim como... esta capela... pode ser tomada... como símbolo... do que há de melhor... na religião...", ele disse com sua melhor dicção eclesiástica, "a *fatwa*... passou a ser... um símbolo... do que há de pior. A *fatwa* em si... pode ser vista... como um conjunto... de versos satânicos modernos. Na *fatwa*... uma vez mais... o mal... assume a forma... de virtude... e os fiéis... são... enganados."

No dia 26 de fevereiro de 1993, o World Trade Center em Nova York foi bombardeado por um grupo liderado por um homem do Kuwait chamado Ramzi Yousef. Seis pessoas morreram, mais de mil ficaram feridas, mas as torres não caíram.

Amigos estavam lhe dizendo que a campanha estava se tornando muito eficaz e que ele estava se conduzindo bem, mas caía com muita frequência no que Winston Churchill chamara de "cachorro preto" da depressão. Lá fora, no mundo, ele conseguia lutar, ensinara a si mesmo a fazer o que tinha de ser feito. Quando chegava em casa, sempre despencava, e era Elizabeth que cuidava do desastre. David Gore-Booth contou que o Foreign Office havia conversado com a British Airways, mas a companhia aérea estava decidida a não transportá-lo. Tom Phillips tinha terminado seu retrato do sr. Jovialidade e ofereceu-o à National Portrait Gallery, que resolveu não adquiri-lo "neste momento". Às vezes, quando chegavam notícias desse tipo, ele bebia demais — nunca tinha sido um grande bebedor antes da *fatwa* —, e então seus demônios não podiam ser controlados e havia certo nível de mau humor induzido pelo álcool. Tom Phillips lhe deu de presente o retrato *Sr. Jovialidade*; quando ele tentou pendurá-lo, descobriu que sua caixa de ferramentas havia desaparecido e explodiu numa raiva excessiva que Elizabeth considerou insuportável, e ela caiu em prantos. E disse a ele que a ideia de desistir da proteção era loucura, que ela não viveria com ele numa casa desprotegida. Se ele desistisse da proteção, moraria ali sozinho.

Depois disso, ele foi mais cuidadoso com os sentimentos dela. Ela era uma mulher valente, amorosa, e era sorte dele tê-la a seu lado, não ia se permitir estragar tudo. Resolveu eliminar totalmente o álcool e, embora não conseguisse inteiramente, as noites de excesso chegaram ao fim e ele retomou a moderação. Não ia cumprir a maldição de Marianne e se transformar num alcoólatra como o pai. Ele se recusava a transformar Elizabeth numa versão de sua própria mãe sofredora.

Doris Lessing estava escrevendo suas memórias e foi discutir o livro com ele. À maneira de Rousseau, ela disse, era a única maneira; você tinha de dizer a verdade, contar o máximo de verdade possível. Mas escrúpulos e hesitações eram inevitáveis. "Naquela época, Salman, eu era uma mulher bonita e havia nesse fato implicações que você talvez não tenha levado em conta. As pessoas com quem eu tive, ou quase tive, romances... muitos eram famosos e vários ainda estão vivos. Eu penso mesmo em Rousseau", ela acrescentou, "e espero que este livro seja um trabalho emocionalmente honesto, mas será justo ser honesto com as emoções dos outros?" De qualquer forma, ela concluiu, os problemas reais estariam no volume dois. Ela ainda estava escrevendo o volume um, cujos personagens estavam todos mortos ou "não se importavam mais". Com muitas risadas, ela foi embora para escrever, estimulando-o a fazer a mesma coisa. Ele queria dizer, mas não disse, que estava de novo imaginando uma vida sem ser escritor, pensando na paz e na tranquilidade, talvez mesmo na alegria, dessa vida. Mas estava decidido a terminar o livro que estava escrevendo. Esse último suspiro ao menos.

E o livro progredia devagar. Em Cochin, Abraham Zogoiby e Aurora da Gama estavam se apaixonando com um "amor ardido".

Em meados de março ele finalmente conseguiu voar para Paris. Os assustadores homens da Raid o cercaram quando ele desceu do avião e informaram-lhe que tinha de fazer exatamente, *exatamente*, o que eles mandassem. Levaram-no em alta velocidade até o Grande Arche de la Défense e lá estava Jack Lang, ministro da Cultura e número dois do governo francês, esperando para cumprimentá-lo ao lado de Bernard-Henry Lévy e levá-lo ao auditório. Ele tentou não pensar na monstruosa operação de segurança em toda a volta do Arche e se concentrar na multidão excepcional à sua espera, que parecia reunir toda a intelligentsia e a elite política da direita e da esquerda. (Exceto Mitterrand. Sempre, naqueles anos na França, *sauf Mitterrand.*) Bernard Kouchner e Nicolas Sarkozy, Alain Finkielkraut e Jorge Semprún, Philippe Sollers e Elie Wiesel lado a lado, comportando-se cordialmente uns com os outros. Patrice Chéreau, Françoise Giroud, Michel Rocard, Ismail Kadaré, Simone Veil — era uma sala poderosa.

Jack Lang, abrindo a programação, disse: "Devemos hoje agradecer a Salman Rushdie, porque ele uniu a cultura francesa". Isso produziu uma grande risada. Então, por duas horas, houve um intenso período de perguntas. Ele esperava ter causado uma boa impressão, mas não havia tempo para descobrir isso, porque assim que a reunião terminou a equipe da Raid o tirou depressa da sala e levou-o embora o mais depressa possível. Iam levá-lo à embaixada britânica, que, sendo tecnicamente solo britânico, era o único lugar em Paris onde ele podia passar a noite. Uma noite. O embaixador britânico, Christopher Mallaby, recebeu-o com grande amizade e cortesia e tinha até mesmo lido alguns de seus livros. Mas também foi deixado claro que era um convite para uma só noite. Ele não podia pensar na embaixada como seu hotel em Paris. Na manhã seguinte, foi levado para o aeroporto e despachado da França.

No trajeto de ida e volta da embaixada, ficou chocado com a notícia de que *a place de la Concorde estava fechada ao tráfego*. Todas as ruas que davam para a Concorde estavam bloqueadas por policiais, para que ele, em sua caravana Raid, pudesse passar sem impedimento pela place. Ele ficou triste. Não queria ser a pessoa por quem fechavam a Concorde. A caravana passou por um café-bistrô e todo mundo que tomava seu café debaixo do toldo olhou em sua direção com curiosidade e um certo ressentimento se misturando em seus rostos. *Será*, ele pensou, *que algum dia serei de novo uma dessas pessoas tomando um café na calçada e olhando o mundo passar?*

A casa era bonita, mas parecia uma gaiola dourada. Ele havia aprendido a suportar os ataques islâmicos a ele; afinal não era surpresa que fanáticos e preconceituosos continuassem a se comportar como preconceituosos e fanáticos. Era mais difícil lidar com a crítica britânica não muçulmana, que estava aumentando de volume, e com a aparente falsidade do Foreign Office e do governo de John Major, que constantemente prometia uma coisa e fazia outra. Ele escreveu um artigo furioso, revelando toda a sua raiva e decepção. Cabeças mais frias — Elizabeth, Frances e Gillon — convenceram-no a não publicá-lo. Achava, olhando para trás, que tinha sido um erro seguir o conselho deles. Toda vez que tinha escolhido se calar durante esse período de sua vida — por exemplo, durante o ano entre a *fatwa* e a publicação de "Em boa-fé" — o silêncio depois parecera um erro.

Na segunda feira, 22 de fevereiro, o escritório do primeiro-ministro anunciou que o sr. Major concordara em princípio em se encontrar comigo, como demonstração da determinação do governo de defender a liberdade de expressão e o direito de seus cidadãos a não serem assassinados por criminosos a soldo de um poder estrangeiro. Mais recentemente, foi marcada uma data para o encontro. Imediatamente, uma vociferante campanha dos membros menores do partido tóri procuraram fazer o encontro ser cancelado, por causa da interferência que ele significaria na "associação" da Grã-Bretanha com os mulás assassinos de Teerã. O encontro — que me asseguraram estar "tão garantido quanto possível" — foi hoje adiado sem explicação. Por uma curiosa coincidência, uma delegação comercial ao Irã prevista para maio poderá agora ocorrer sem embaraço. O Irã está saudando essa visita — a primeira desse tipo em catorze anos, desde a revolução de Khomeini — como um "avanço" nas relações entre os países. Sua agência noticiosa afirma que a Grã-Bretanha prometeu que disponibilizará linhas de crédito.

Está ficando cada vez mais difícil confiar na decisão do Foreign Office de lançar uma nova iniciativa internacional de "grande visibilidade" contra a notória fatwa. *Pois não só corremos a fazer negócios com o regime tirânico, que a administração americana chama de "os fora da lei internacionais" e considera os maiores patrocinadores do terrorismo mundial, como também propomos emprestar o dinheiro com que farão negócios conosco. Enquanto isso, suponho que irão me oferecer uma nova data para meu pequeno encontro. Mas ninguém do número 10 da Downing Street falou comigo ou me escreveu.*

O grupo de pressão tóri "anti-Rushdie" — sua própria descrição demonstra o desejo de seus membros de transformar essa questão em uma questão de personalidade, mais que de princípio — tem entre seus membros sir Edward Heath e Emma Nicholson, assim como o conhecido apologista dos interesses iranianos Peter Temple-Morris. Emma Nicholson nos diz que passou a "respeitar e gostar" do regime iraniano (cujo índice de mortes, mutilações e tortura de seu próprio povo acaba de ser condenado pelas Nações Unidas como um dos piores do mundo), enquanto sir Edward, ainda protegido pela Divisão Especial porque, vinte anos atrás, o povo inglês sofreu com seu governo enquanto primeiro-ministro, critica a decisão de oferecer proteção semelhante a um compatriota britânico que se encontra atualmente em perigo maior que ele. Todas essas pessoas concordam num ponto: a crise é culpa minha. Não importa que duzentos dos mais notáveis iranianos no exílio tenham assinado uma declaração de absoluto apoio a mim. Que esses escritores, pensadores, jornalistas e acadêmicos de todo o mundo muçulmano — onde o ataque à dissidência, cada vez mais intenso e acima de qualquer ideia secular, está ganhando força — tenham declarado à imprensa britânica que "defender Rushdie é defender a nós mesmos". Que Os versos satânicos, *uma obra legítima de imaginação livre, tenha muitos defensores (e, onde existem ao menos duas posições, por que os queimadores de livros têm a última palavra?) ou que seus oponentes não tenham sentido nenhuma necessidade de entender o livro.*

Funcionários iranianos admitiram que Khomeini não chegou nem a ver um exemplar do romance. Juristas islâmicos declararam que a fatwa *contraria a lei islâmica, sem falar da lei internacional. Enquanto isso, a imprensa iraniana oferece um prêmio de dezesseis moedas de ouro e uma peregrinação a Meca por um cartum que "prove" que* Os versos satânicos *não é absolutamente um romance, mas uma conspiração ocidental cuidadosamente engendrada contra o islã. Essa história toda não parece, às vezes, a mais negra das* black comedies *— uma atração de circo representada por palhaços assassinos?*

Nos últimos quatro anos, fui difamado por muita gente. Não pretendo continuar dando a outra face. Se era certo atacar aqueles esquerdistas que eram companheiros de viagem do comunismo, e aqueles direitistas que procuravam apaziguar os nazistas, então os amigos do Irã revolucionário — empresários, políticos ou fundamentalistas britânicos — merecem ser tratados com igual desprezo.

Acredito que atingimos um ponto decisivo. Ou defendemos a sério a liberdade, ou não a defendemos. Se sim, então espero que o sr. Major muito em breve se disponha a levantar-se e cumprir o prometido. Gostaria muito de discutir com ele como aumentar a pressão sobre o Irã — na Comunidade Europeia, através da Commowealth e das Nações Unidas, no Tribunal Internacional de Justiça. O Irã precisa de nós mais que nós precisamos do Irã. Em vez de tremer quando os mulás ameaçam cortar os laços comerciais, sejamos nós a apertar os parafusos da economia. Em minhas conversas pela Europa e Estados Unidos, descobri um interesse generalizado de todos os partidos na ideia de uma proibição de oferta de crédito ao Irã, como primeiro estágio. Mas todos esperam que o governo britânico assuma a liderança. No jornal de hoje, porém, Bernard Levin sugere que dois terços de todos os tóris membros do Parlamento ficariam muito satisfeitos se assassinos iranianos conseguissem me assassinar. Se os membros do Parlamento efetivamente representam a nação — se estamos tão despreocupados com nossas liberdades —, então que seja: suspendam a proteção, revelem meu paradeiro e deixem virem as balas. De um jeito ou de outro. Vamos tomar uma decisão.

O muito adiado encontro com John Major finalmente aconteceu em 11 de maio, em sua sala na Câmara dos Comuns. Ele falou com Nigella Lawson antes do encontro e o equilíbrio dela foi uma grande ajuda. "Major não tem como recusar a ajuda a você", ela disse. "O mau estado da economia está a seu favor, porque, se ele não pode falar de sucesso econômico, terá de buscar alguma força moral." Ela tinha também uma boa notícia: estava grávida. Ele contou isso a Elizabeth, sabendo que ela queria muito engravidar também. Mas como podiam pensar em trazer uma criança àquele pesadelo, àquela branda prisão em que se encontravam? E depois havia a translocação cromossômica recíproca, que transformava a gravidez numa roleta biológica. Um bebê não parecia a opção mais sábia para um homem que estava para implorar ao primeiro-ministro ajuda para salvar a própria vida.

O primeiro-ministro não estava usando o sorriso de bom sujeito que era sua marca registrada, nem falou sobre críquete. Ele pareceu fechado, talvez até mesmo um pouco defensivo, um homem que sabia que ia ouvir pedidos para fazer coisas que talvez não quisesse fazer. Ele disse abertamente que não seriam feitas fotografias desse encontro porque queria "minimizar a reação do Irã e de seus próprios partidários". Era um mau começo.

"Eu gostaria de agradecer os quatro anos de proteção", ele disse a Major. "Sou imensamente grato aos homens que cuidam de mim, arriscando a própria vida." Major pareceu chocado. Esse não era o Rushdie que ele esperava, aquele que o *Daily Mail* descrevia como "malcriado, taciturno, deselegante, tolo, rabugento, feio, radical, arrogante e excêntrico". Ficou logo claro que o primeiro-ministro tinha o *Daily Mail* na cabeça. (O jornal havia publicado um editorial se opondo ao encontro.) "Talvez o senhor deva dizer coisas assim mais frequentemente em público", ele disse, "para corrigir a impressão que as pessoas têm a seu respeito." "Primeiro-ministro", ele replicou, "digo isso todas as vezes que falo com jornalistas." O político anuiu vagamente, mas pareceu mais relaxado e afável. Daí em diante, o encontro correu bem. Não era a primeira nem a última vez que as pessoas descobriam, quando ele conseguia apagar de seus olhos o Rushdie de cartum do tabloide, que era uma pessoa bastante cordial. "O senhor engordou", Major disse de repente. "Muito obrigado, primeiro-ministro", ele respondeu. "Devia fazer o meu trabalho", acrescentou o primeiro-ministro, "perderia peso num piscar de olhos." "Ótimo", ele respondeu. "Faço o seu trabalho se o senhor fizer o meu." Depois disso, ficaram quase amigos.

Major expressou sua concordância com a abordagem de alta visibilidade. "Você devia ir ao Japão e fazê-los tomar vergonha e agir", ele disse. Os dois discutiram uma resolução da Commonwealth de que o Irã não podia caracterizar a questão como uma diferença de opinião entre Oriente e Ocidente. Falaram do Tribunal Internacional de Justiça; Major não queria levar o caso a ela porque não queria "pintar o Irã encurralado". E concordaram quanto ao valor de um encontro com o presidente Clinton. Ele contou ao primeiro-ministro o que Picco, o negociador de sequestros da ONU, tinha dito. *Os Estados Unidos são a chave.* Major assentiu e olhou para seus auxiliares. "Vamos ver o que podemos fazer para ajudar", disse.

Quando a notícia do encontro foi divulgada, ao lado de uma declaração do primeiro-ministro condenando a *fatwa*, o jornal oficial do regime iraniano reagiu com fúria. "O autor de *Os versos satânicos* irá, literalmente, ser castigado." Era um jogo de alto risco. Ele estava deliberadamente tentando subir as apostas e até esse ponto os iranianos estavam firmes, recusando-se a se dobrar. Mas agora só havia um caminho a seguir. Ele tinha de subir de novo.

Clarissa telefonou para dizer que estava com um nódulo no seio, "e a probabilidade de que seja câncer está numa escala de quatro para cinco". Dentro de seis dias ela ia remover o nódulo e fazer uma biópsia e o resultado estaria disponível uma semana depois. Havia um tremor em sua voz, mas ouvia-se a usual coragem estoica também. Ele ficou muito abalado. Telefonou de volta minutos depois e se ofereceu para pagar por um tratamento particular, tudo que ela precisasse. Conversaram sobre a possibilidade de evitar uma mastectomia completa e ele passou a informação que havia recebido de Nigella e Thomasina sobre a alta qualidade da unidade de câncer de mama do Guy's Hospital e o nome do especialista, sr. Fentiman. A revista do *The Sunday Times* tinha publicado uma matéria de capa sobre câncer de mama e lá estava Fentiman de novo. Ele pensou: *Ela tem de superar isso. Não merece uma coisa dessas. Ela vai superar.* Ele e Elizabeth fariam tudo que pudessem. Mas diante da doença fatal a pessoa está sempre sozinha. E Zafar teria de enfrentar isso também; Zafar, que já passara quatro anos temendo por um pai. O golpe tinha vindo não da direção que ele esperava. Agora era o genitor "seguro" que estava em perigo. Pensar no futuro era inevitável. Como ele poderia dar uma vida decente a Zafar se o menino perdesse a mãe? Ele teria de viver naquela casa secreta, mas que fazer quanto a escola, amigos, vida no mundo "real"? Como poderia ajudá-lo a curar a ferida de uma perda tão terrível?

Ele disse a Elizabeth que parecia que metade da vida era uma espécie de luta pela luz do sol. Cinco minutos ao sol e depois você é arrastado de volta para o escuro e morre. Assim que disse isso, ele ouviu o personagem de Flory Zogoiby dizer isso também, a mãe de Abraham em *O último suspiro do mouro*. Não havia limite para a falta de vergonha na imaginação literária? Não. Não havia limites.

Ele contou ao agente de proteção Dick Billington sobre a possibilidade de Clarissa estar com câncer e Dick disse: "Ah, as mulheres estão sempre doentes".

Sameen contou que tinha tido uma longa conversa com Clarissa, que queria relembrar os velhos tempos. Ela havia sido valente, mas dissera que "já basta de má sorte". A doença de Clarissa levou Sameen a pensar sobre sua própria mortalidade. Ela queria perguntar se ele assumiria a guarda de suas filhas se ela e o pai delas morressem.

Ele disse que sim, claro, mas que ela devia ter um plano B, considerando o perigo de vida que ele próprio corria.

Os resultados dos exames chegaram do Bart's — St. Bartholomew's Hospital — e eram muito ruins mesmo. Clarissa tinha um *carcinoma ductal invasivo*, e havia sido detectado com talvez dezoito meses de atraso. Seria preciso uma cirurgia radical. O câncer "provavelmente" havia se espalhado pelo sistema linfático. Ela teria de fazer exames de sangue, e seus pulmões, fígado e medula óssea também seriam examinados. Ela falava com sua voz mais controlada, mas dava para ouvir o terror debaixo das palavras. Zafar abraçou-a com força, disse ela, e ela quase chorou. Tinha já, com grande esforço, se acostumado à necessidade da mastectomia, mas o que ia fazer, disse, se as notícias do fígado e da medula fossem ruins? Como encarar a inevitabilidade da morte?

Ele telefonou para Nigella. Um homem que ela conhecia estava experimentando novas técnicas para o tratamento de câncer de fígado e obtendo algum sucesso. Era pouco a que se apegar, mas já era alguma coisa.

Zafar foi dormir em casa. Ele estava sufocando os sentimentos. Sua mãe sempre fizera a mesma coisa diante da adversidade. "Como está mamãe?" "Bem." Era melhor deixá-lo lidar com a notícia devagar, no seu próprio ritmo, em vez de se sentar com ele e apavorá-lo. Clarissa tinha falado com ele e usado a palavra *câncer*. Ele respondeu: "Você já me disse isso". Mas ela não tinha dito.

Os resultados dos exames chegaram. O sangue, os pulmões, o fígado e a medula óssea estavam todos livres de câncer. Mas era um "câncer ruim", disseram a ela. A mastectomia era inevitável, e dez nódulos linfáticos teriam de ser removidos também. Ela quis uma segunda opinião. Ele quis que ela ouvisse um segundo médico. Ele cobriria todos os custos. Ela foi a um oncologista altamente recomendado, chamado Sikora, no Hammersmith Hospital, e Sikora não achou que fosse necessário fazer a mastectomia. Com a remoção do nódulo, ela podia fazer quimioterapia e radioterapia e isso daria conta do recado.

Quando soube que não iria perder os seios, ela ficou imensamente mais leve. Era uma mulher bonita e tinha sido difícil suportar a ideia da mutilação dessa beleza. Então ela teve de se consultar com o cirurgião que faria a remoção do nódulo, um homem chamado Linn, e ele se revelou uma besta. *Querida*, ele a chamou em sua voz pegajosa, *meu bem, por que você recusa tanto essa operação?* Disse a ela que devia fazer a mastectomia, contradizendo diretamente o chefe de oncologia, Sikora, destroçando sua confiança recente e eliminando a justificativa de ter mudado do Hammersmith Hospital para o Bart's, onde tivera aconselhamento que valorizava e médicos de que gostava de fato. Clarissa começou a entrar em pânico e ficou perto da histeria durante dois dias, até conseguir falar com Sikora de novo. Ele garantiu que o curso de ação proposto era o que iam seguir. Ela se acalmou, e levou Zafar para uma semana de ciclismo pela França.

Sameen disse que seu amigo Kishu, cirurgião em Nova York, havia lhe dito que não se devia brincar com um câncer invasivo desse tipo, mas sim fazer a mastectomia. No entanto, o rumo da não mastectomia dera um imenso ânimo a Clarissa. Era difícil saber como aconselhá-la. Ela não quis o conselho dele.

Seu advogado, Bernie Simons, telefonou. A sentença provisória de divórcio saíra e a separação de Marianne estaria completa dentro de algumas semanas, quando recebessem a sentença definitiva.

Ele recebeu um recado de Bernard-Henri Lévy. Era uma boa notícia: ele recebera um prêmio suíço *très important*, o Prix Colette, da Feira de Livros de Genebra. Tinha de ir para a Suíça na semana seguinte e receber o prêmio numa grande cerimônia formal na feira. Mas o governo suíço declarou-o visitante indesejado e disse que se recusava a fornecer proteção policial para sua visita. Ele pensou no sr. Greenup dizendo que ele estava pondo em risco os cidadãos com seu desejo de se autopromover. Nessa ocasião, o Greenup suíço venceu. Não haveria autopromoção. Os cidadãos suíços estariam seguros. Tudo o que ele podia fazer era telefonar para a sala da Feira do Livro de Genebra na qual o prêmio era entregue. Bernard-Henri Lévy fez um discurso, dizendo que o prêmio havia sido atribuído por decisão unânime do júri. A presidente do júri, mme. Edmonde Charles-Roux, disse que o prêmio era fiel ao "espírito de Colette", que "lutou contra a intolerância". Porém os herdeiros de Colette ficaram furiosos com a atribuição do prêmio, provavelmente discordando da opinião de mme. Charles-Roux de que a escolha de Salman Rushdie seguia o "espírito de Colette". Expressaram seu desagrado recusando que o nome da escritora fosse usado no futuro. Assim, ele se tornou o último agraciado com o Prix Colette.

Ele precisou tratar com um vizinho abelhudo, um cavalheiro mais velho chamado Bertie Joel. O sr. Joel chegou ao portão e disse, pelo interfone, que queria que alguém fosse até a casa dele "dentro de quinze minutos". Elizabeth não estava, então um rapaz da equipe teve de ir. Todo mundo ficou tenso; será que a identidade secreta do sr. Anton havia sido descoberta? Mas era apenas um problema com um ralo de drenagem entupido que ficava entre as duas propriedades. O novo chefe da equipe de segurança, Frank Bishop, era um homem mais velho, falante, alegre e membro fanático do Marylebone Cricket Club. Aconteceu que Bertie Joel também era sócio e conhecera o pai de Frank. A conexão críquete apagou todas as suspeitas. "Os pedreiros me disseram que a casa inteira estava recebendo blindagem de aço, então desconfiei de alguma conexão com a Máfia", disse Bertie Joel, e Frank dissipou tudo com uma risada e o deixou tranquilo. Quando voltou e contou a todo mundo o que tinha acontecido, estava quase histérico de alívio. "Você marcou um ponto aí, Joe", disse Frank. "Marcou um ponto, sim."

Houve outros momentos semelhantes. Um dia, o portão elétrico enguiçou aberto e um homem parecidíssimo com o poeta Philip Larkin entrou e espiou o pátio. Em outra ocasião, um homem postou-se na calçada com uma escada, tentando fotografar a casa por cima da cerca viva. O que ele estava fazendo era uma matéria de jornal sobre a posse reintegrada de casas na rua. Num outro dia, um homem de motocicleta e um Volvo estacionaram do outro lado da rua, com três homens que estavam "agindo estranhamente". Nesses dias, ele pensava: *talvez existam realmente assassinos no bairro e eu esteja realmente correndo o risco de ser morto*. Mas eram alarmes falsos. A casa não foi "estourada".

Bernie Simons morreu de repente; o delicado e indispensável Bernie, advogado de toda uma geração da esquerda britânica, o mais sábio e cálido dos seres humanos, que o tinha ajudado a combater acusações muçulmanas contra ele e sido um aliado inestimável na luta contra a ameaça de retirada de proteção por parte de John Howley e Hellen Hammington. Bernie tinha apenas 52 anos. Estivera numa conferência em Madri e tinha acabado de jantar, subiu, teve um imenso ataque do coração e caiu de cara no tapete. Um fim rápido depois de uma boa refeição. Isso, ao menos, era apropriado. Por toda Londres, as pessoas se comunicavam para ir ao velório. Ele falou com Robert McCrum, Caroline Michel, Melvyn Bragg. Para Robert, disse: "É terrível... me dá vontade de ligar para Bernie e pedir para ele dar um jeito nisso".

Era cedo demais para começar a encontrar seus contemporâneos nas páginas de obituário, mas no dia seguinte lá estava Bernie, como Angela tinha estado, e ele temia que Clarissa pudesse estar logo. E Edward Said tinha LLC, leucemia linfocídica crônica, e Gita Mehta também estava com câncer e ia ser operada. As asas, as asas tatalantes. Ele é que devia morrer, mas as pessoas estavam todas tombando à sua volta.

No começo de junho, Elizabeth levou Clarissa para o Hammersmith Hospital, para outra cirurgia exploratória. O resultado foi promissor. O cirurgião, sr. Linn, disse "não vejo mais câncer". Então talvez tivessem descoberto a tempo, e ela sobreviveria. Clarissa estava muito confiante de que a notícia fosse boa. A radioterapia eliminaria qualquer célula remanescente e, como "apenas um, o menor" dos nódulos linfáticos estava infectado, ela podia passar sem quimioterapia, pensou. Ele tinha suas dúvidas, mas calou a boca.

Edward Said lhe disse que sua contagem de glóbulos brancos estava subindo e que talvez logo precisasse de quimioterapia. "Mas eu sou um milagre ambulante", disse ele. Seu médico era o homem que tinha "escrito o livro" sobre LLC, um médico de Long Island de origem indiana chamado dr. Kanti Rai; os estágios da doença eram conhecidos como "estágios Rai" por causa de seu trabalho, que definira a natureza da afecção. Então Edward, que tinha sido um tanto hipocondríaco até ficar de fato doente, diante do que virou imediatamente um herói corajoso, tinha o melhor dos médicos e estava enfrentando a doença com toda a força. "Você também é um milagre ambulante", ele disse. "Nós dois não temos o direito de estar vivos, mas estamos." Ele disse que tinha visto uma entrevista com o aiatolá Sanei da Recompensa no *The New York Times*. "Ele tem um cartum de você queimando no inferno pendurado atrás da cabeça dele. Disse que *o caminho para o Paraíso vai ser mais fácil quando*

Rushdie morrer." A imensa risada de Edward irrompeu quando ele sacudiu os braços para dissipar a observação do Recompensador.

Em seu aniversário de 46 anos, recebeu amigos para jantar em casa. Nessa época, havia uma lista de pessoas aprovada pela Divisão Especial, amigos próximos que eles conheceram ao longo dos anos, e que sabiam ser discretos e confiáveis. Bill Buford levou um excelente Côtes du Rhone e Gillon, um Puligny-Montrachet. Ele ganhou uma rede de Pauline Melville e uma linda camisa de algodão azul de Nigella. John Diamond tivera a sorte de ficar vivo depois que um ônibus passara o farol vermelho e batera em seu carro a setenta quilômetros por hora em cima da porta do motorista. Felizmente, a porta havia resistido.

Antonia Fraser e Harold Pinter levaram uma edição limitada dos poemas de Harold. (Se Harold tivesse seu número de fax, esses poemas chegariam de quando em quando e precisariam ser elogiados o mais depressa possível. Um dos poemas era intitulado "Len Hutton", em honra do famoso batedor inglês. *I saw Len Hutton in his prime/ Another time/ Another time* [Vi Len Hutton em seu melhor momento/ Outro tempo/ Outro tempo]. Só isso. O grande amigo de Harold e colega dramaturgo Simon Gray deixou de comentar essa obra e Harold telefonou para brigar com ele. "Desculpe, Harold", Simon disse. "Não tive tempo de terminar de ler." O sr. Pinter não percebeu a piada.)

O importante escritor e jornalista argelino Tahar Djaout levou um tiro na cabeça e morreu, o terceiro intelectual importante a ser assassinado em um ano, depois de Farag Fouda no Egito e Ugur Mumcu na Turquia. Ele tentou chamar a atenção da mídia ocidental para seus casos, mas houve pouco interesse. Sua própria campanha parecia estar estagnada. Christopher Hitchens ficou sabendo pelo embaixador britânico em Washington, sir Robin Renwick, que qualquer encontro com Clinton não ocorreria antes do outono, na melhor das hipóteses. Frances e Carmel brigavam sempre e depois brigavam ambas com ele. Ele expressou seu quase desespero a respeito e insistiu que pusessem o carro na rua outra vez e elas se reanimaram.

Ele fez uma segunda viagem a Paris para falar numa reunião da Académie Universelle des Cultures num grande salão do Louvre cheio de dourados, de afrescos e escritores: Elie Wiesel, Wole Soyinka, Yashar Kemal, Adonis, Ismail

Kadaré, Cynthia Ozick... e Umberto Eco. Ele acabara de fazer a pior crítica que jamais fizera de qualquer livro a *O pêndulo de Foucault*. Eco caiu em cima dele e depois se comportou com imensa elegância. Abriu os braços e gritou: "Rushdie! Olhe aqui o Eco papo-furado!".* Depois disso, estabeleceram ótimas relações. (No futuro, viriam a juntar forças com Mario Vargas Llosa para formar um trio literário que Eco batizou de os Três Mosqueteiros, "porque primeiro eram inimigos, e agora são amigos". Vargas Llosa havia criticado Salman por ser de esquerda. Eco criticara Mario por ser muito de direita, e Salman criticara a escrita de Eco, mas quando se encontraram se deram extremamente bem. Os Três Mosqueteiros atuaram com sucesso em Paris, Londres e Nova York.)

Os agentes de segurança eram loucamente excessivos. Os bons homens da Raid tinham exigido que o Museu do Louvre fosse fechado por um dia. Havia muitos homens com metralhadoras por toda parte. Não deixavam que ele chegasse nem perto de uma janela. E na hora do almoço, quando os escritores foram a pé até a pirâmide de vidro de I. M. Pei para descer e almoçar, a Raid o obrigou a entrar num carro que rodou talvez cem metros até a pirâmide a partir da ala do Louvre em que a Académie se reunira, com homens armados de óculos espelhados andando em torno, armamento pesado à mão. Era pior que louco; era embaraçoso.

No fim do dia, as forças de segurança informaram que o ministro do Interior, Charles Pasqua, tinha recusado permissão para que ele pernoitasse na França, porque seria caro demais. Ele argumentou, porém, que lhe haviam oferecido hospedagem particular nas casas de Bernard-Henri Lévy, de Bernard Kouchner e de Christine Ockrent, e da filha de Jack Lang, Caroline, de forma que não haveria custos. *Bem, na verdade, é porque nós identificamos uma ameaça específica ao senhor e não podemos garantir sua segurança.* Nem a Divisão Especial acreditou nessa mentira. "Eles teriam passado essa informação para a gente, Joe", disse Frank Bishop, "e não passaram." Caroline Lang disse: "Se você quiser desafiar a ordem da Raid, nós acampamos aqui no Louvre com você, e trazemos camas, vinho e amigos". Era uma ideia engraçada e tocante, mas ele recusou. "Se eu fizer isso eles nunca mais me deixam entrar na França." Então

* No original: "*I am the boolsheet Eco*". *Boolsheet* é a pronúncia italianada de *bullshit*, "papo furado", "bobagem". (N. T.)

Christopher Mallaby se recusou a dar permissão para que ele ficasse na embaixada; mas alguém, britânico ou francês, conseguiu convencer a British Airways a levá-lo de volta para Londres. Assim, pela primeira vez em quatro anos, ele voou sem problemas com tripulação ou passageiros — muitos dos quais foram até ele para expressar amizade, solidariedade e apoio — no avião da BA. Depois da viagem, porém, disse que haviam concordado com o voo sob pressão francesa "em nível operacional local" e tinham tomado providências para "garantir que isso nunca mais acontecesse".

A gigantesca turnê *Zooropa* do U2 chegou ao estádio de Wembley, e Bono telefonou para perguntar se ele gostaria de subir ao palco. A banda queria fazer um gesto de solidariedade e esse era o maior que podiam imaginar. Surpreendentemente, a Divisão Especial não fez objeções. Talvez não achassem que haveria muitos assassinos islâmicos num concerto do U2, ou talvez simplesmente quisessem assistir ao show. Ele levou Zafar e Elizabeth e, durante a primeira metade do show, ficaram sentados no estádio, assistindo. Quando ele se levantou para ir para trás do palco, Zafar disse: "Pai... não cante". Ele não tinha nenhuma intenção de cantar, e o U2 menos ainda de deixar que cantasse, mas, para brincar com o filho adolescente, ele retrucou: "Não vejo por que não. A banda de acompanhamento é bem boa, essa banda irlandesa, e tem 80 mil pessoas aqui, então... pode ser que eu cante". Zafar pareceu agitado. "Você não entendeu, pai", ele disse. "Se você cantar, eu vou precisar me matar."

Atrás do palco, ele encontrou Bono com seu figurino de MacPhisto — o terno de lamê dourado, a cara branca, os chifrinhos de veludo vermelho — e poucos minutos depois tinham criado um trechinho de diálogo para fazerem. Bono ia fingir que ligava para ele no celular e enquanto "conversavam" ele entraria no palco. Quando ele entrou, sentiu como era ter 80 mil pessoas gritando para você. O público de uma leitura média do livro — ou mesmo numa grande noite de gala como a comemoração do PEN em Toronto — era um pouco menor. Não havia garotas montadas nos ombros dos namorados, e não se estimulava a mergulhar do palco. Mesmo nos melhores eventos literários, havia apenas uma ou duas *supermodels* dançando perto da mesa do DJ. Aquilo ali era maior.

Quando escreveu *O chão que ela pisa*, foi útil ter uma sensação de como era estar debaixo de toda aquela luz, incapaz de ver o monstro que estava rugindo para você lá no escuro. Ele fez o possível para não tropeçar nos cabos de energia. Depois do show, Anton Corbijn tirou uma foto para a qual o convenceu a trocar de óculos com Bono. Por um momento, ele teve a chance de parecer divino com os óculos olhos-de-mosca do sr. B., enquanto o astro do rock olhava benignamente para ele de trás de sua armação literária nada moderna. Era a expressão gráfica da diferença entre os dois mundos que tinham se encontrado brevemente, graças ao generoso desejo do U2 de ajudar.

Poucos dias depois, Bono telefonou, dizendo que queria crescer como compositor. Num grupo de rock, o autor das letras se tornava apenas uma espécie de veículo para os sentimentos que estavam no ar, as palavras não conduziam a obra, a música é que levava, a menos que você viesse de uma tradição folk como Dylan, mas ele queria mudar. *Você se sentaria comigo e me contaria como trabalha?* Ele queria encontrar gente nova, gente diferente. Parecia ávido por alimento mental e por aquilo que chamava de *só por uma boa farra.* Ele ofereceu sua casa no sul da França. Ofereceu amizade.

Ele dizia a seus amigos que havia sido amaldiçoado com uma vida interessante, que às vezes parecia um romance ruim escrito por ele mesmo. Uma de suas piores características de romance ruim é que os personagens principais que não tinham ligação com o resto da história podiam aparecer a qualquer momento, sem preparação, acotovelando-se na narrativa e ameaçando sequestrá-la. O dia 27 de maio era a data em que, quatro anos depois, seu filho Milan nasceria, tomaria posse da data para sempre, mas em 1993 esse dia assinalou a entrada de um indivíduo muito diferente, o escritor, editor de jornal e provocador turco Aziz Nesin.

Ele só havia se encontrado com Nesin uma vez, sete anos antes, quando o escritor turco é que estava em dificuldades. Harold Pinter convidara um grupo de escritores a ir a sua casa na Campden Hill Square, para organizar um protesto porque haviam informado Nesin que a Turquia decidira confiscar seu passaporte. Ele se perguntou se Nesin se lembrava de que o futuro autor de *Os versos satânicos* havia assinado de bom grado o protesto, e desconfiou que não. Em 27 de maio, ele ficou sabendo que trechos não especificados de *Os versos satânicos* tinham sido publicados no jornal de esquerda *Aydinlik*, do qual Nesin era editor chefe, sem que fosse solicitado nenhum acordo com autor, numa tradução turca que não fora enviada a ele (era prática normal que traduções fossem lidas independentemente pela qualidade e precisão antes da publicação), em desafio à proibição do livro na Turquia. O título dos excertos dizia SALMAN RUSHDIE: PENSADOR OU CHARLATÃO?. Nos dias seguintes mais excertos foram publicados e o comentário de Nesin a esses excertos deixou claro que ele fechava com o lado "charlatão". A agência Wylie escreveu a Nesin para dizer que pirataria era pirataria e que, se ele lutava, como dizia, pelos direitos de escritores havia muitos anos, perguntava se estaria disposto a contestar o desrespeito do aiatolá Khomeini a esses direitos. A resposta de Nesin foi o mais petulante possível. Ele publicou a carta da agência em seu jornal e comentou: "O que a causa de Salman Rushdie importa para mim?". Afirmou que pretendia continuar publicando, e que, se Rushdie não gostasse, "podia nos processar".

O *Aydinlik* foi atacado, os funcionários presos, a distribuição suspensa e os exemplares, confiscados. Numa mesquita de Istambul, um imã decretou uma jihad contra o jornal. O governo turco, defendendo os princípios secularistas do país, decretou que o jornal tinha de ser distribuído, mas a controvérsia continuou e o clima continuou feio.

Ele sentiu que mais uma vez ele e seu trabalho tinham se tornado peças de um jogo alheio. O escritor turco Murat Belge, seu amigo, disse que Nesin tinha sido "infantil", mas mesmo assim as forças que o atacavam não podiam ser bem-sucedidas. O mais doloroso de tudo é que ele também era um secularista declarado e deveria esperar melhor tratamento dos secularistas da Turquia. Uma brecha nas forças do secularismo só podia ser boa notícia para os inimigos do secularismo. Esses inimigos reagiram aos excertos do *Aydinlik* logo depois, e com extrema violência.

No começo de julho, Nesin foi a uma conferência secularista na cidade de Sivas, na Anatólia (a Anatólia era a parte da Turquia em que o extremismo islâmico tinha mais partidários). Inauguraram uma estátua de Pir Sultan Abdal, um poeta local que morrera apedrejado por blasfêmia no século XVI. Nesin, comentou-se depois, proferiu um discurso declarando seu ateísmo e fez certas críticas ao Corão. Isso podia ser ou não verdade. Nessa noite, o hotel Madimak, onde estavam hospedados os participantes, foi cercado por extremistas entoando slogans e ameaças, e depois incendiado. Morreram queimadas 37 pessoas: escritores, cartunistas, atores e bailarinos. Aziz Nesin se salvou, deixando o edifício com ajuda de bombeiros, que não o reconheceram. Quando eles se deram conta de quem se tratava, começaram a espancá-lo e um político local gritou: "Este é o diabo que realmente devíamos ter matado".

O horror do massacre de Sivas foi chamado pela imprensa internacional de "tumulto Rushdie". Ele foi a um programa de televisão para denunciar os assassinos e escrever artigos raivosos para o londrino *The Observer* e também para o *The New York Times.* Era injusto que o tumulto levasse seu nome, mas não era essa a questão. Os assassinatos de Farag Fouda, Ugur Mumcu, Tahar Djaout e os mortos de Sivas eram provas eloquentes de que o ataque a *Os versos satânicos* não era um incidente isolado, mas parte de um ataque islâmico global aos livre-pensadores. Ele fez tudo o que estava a seu alcance para exigir ação — do governo turco, da reunião dos G7 que estava ocorrendo em Tóquio, do mundo. Houve uma perversa tentativa, justamente na revista *The Nation*, de acusá-lo de "insulto rancoroso" contra os secularistas turcos (escrita por Alexander Cockburn, um dos maiores mestres contemporâneos do insulto rancoroso), mas isso também não importava. Aziz Nesin e o autor cuja obra ele roubara e denegrira nunca seriam amigos, mas, diante de tal ataque, ele ficaria do lado de todos os secularistas turcos, inclusive Nesin.

No Parlamento iraniano e na imprensa, inevitavelmente, houve discursos de apoio aos assassinos de Sivas. Assim era o mundo: aplaudia assassinos e vilipendiava homens que viviam (e às vezes morriam) pela palavra.

Horrorizado com as atrocidades de Sivas, o famoso "jornalista incógnito" Günter Wallraff, que, com seu livro imensamente bem-sucedido *Cabeça de turco*, havia se passado por trabalhador turco para expor o terrível tratamento recebido por esses trabalhadores por parte de racistas alemães e mesmo do Estado alemão, entrou em contato e insistiu que o "desentendimento" Nesin--Rushdie tinha de ser acertado. Nesin continuara a dar entrevistas atacando o autor de *Os versos satânicos* e seu livro horrível, e Wallraff e Arne Ruth, editor do diário sueco *Dagens Nyheter*, haviam tentado empenhadamente detê-lo. "Se eu conseguir convencer Nesin a me visitar aqui em casa, você, por favor, viria também, para podermos acertar isso?", Wallraff perguntou. Ele respondeu que isso dependia do ânimo que Nesin estivesse disposto a demonstrar numa reunião. "Até agora ele foi ofensivo e esquivo, e assim seria difícil eu comparecer." "Deixe comigo", Wallraff disse. "Se ele disser que vem com uma atitude positiva, você faria a mesma coisa?" "Faria, claro."

Ele foi de Biggin Hill para Colônia e, na casa de Günter, o grande jornalista e sua esposa foram ruidosos, alegres e receptivos, e Wallraff insistiu imediatamente que jogassem pingue-pongue. Wallraff se revelou um bom jogador e venceu a maioria das partidas. Aziz Nesin, um homem pequeno, corpulento, de cabelos grisalhos, não se aproximou da mesa de pingue-pongue. Ele aparentava o que era; um homem profundamente abalado, que estava infeliz também com a companhia em que se encontrava. Sentou-se num canto e ali ficou, emburrado. Não era nada promissor. Na primeira conversa formal entre eles, com Wallraff como intérprete, Nesin continuou tão desdenhoso como tinha sido no *Aydinlik*. Ele tinha sua própria luta, contra o fanatismo turco, e não dava a mínima para aquela. Wallraff explicou-lhe que se tratava da mesma luta. Depois do assassinato de Ugur Mumcu, tinham dito na Turquia que "aqueles que condenaram Salman Rushdie agora haviam matado Mumcu". Uma derrota em uma batalha entre secularismo e religião era uma derrota em todas as batalhas. "Salman apoiou você no passado, e falou de Sivas em toda parte", disse ele, "então você tem de apoiá-lo agora." Foi um dia longo. O *amour-propre* de Nesin parecia estar interferindo na reconciliação, porque ele sabia que teria de ceder e admitir que fora deselegante. Mas Wallraff estava determinado a não deixar que as coisas terminassem mal e no fim Nesin, resmungando e protestando, estendeu a mão. Houve um breve aperto de mãos seguido de um abraço ainda mais breve e de uma fotografia em que todo mundo parecia pouco à vontade, e então Wallraff exclamou: "Ótimo! Agora somos todos amigos!", e levou todos para um passeio de lancha no Reno.

O pessoal de Wallraff filmou o evento inteiro e elaborou uma notícia mostrando Nesin e ele, em que denunciavam conjuntamente o fanatismo religioso e a debilidade da reação do Ocidente a ele. Pelo menos em público, a brecha estava preenchida. Aziz Nesin e ele não tiveram mais nenhum contato. Nesin viveu mais dois anos, até que um infarto o levou embora.

Caro Harold,

Obrigado por convidar Elizabeth, eu e os rapazes para ver sua produção de Oleanna, *de Mamet, e pelo jantar no Grill St. Quentin depois. Talvez tenha sido errado de minha parte mencionar minhas reservas à peça, embora eu acredite ter dito várias coisas boas a respeito de sua produção do espetáculo. Foi errado de minha parte mudar de assunto e começar a conversar com Antonia sobre seu livro a respeito da Conspiração da Pólvora. (Confesso que ultimamente ando interessa-*

do em gente que quer explodir coisas.) Olhei para você com o canto dos olhos e você tinha começado a soltar fumaça pelas orelhas, seu cerne nuclear estava começando a derreter. A Síndrome da China era uma possibilidade efetiva. Para impedi-la, eu disse: "Harold, será que esqueci de mencionar que sua produção de Oleanna *é um trabalho de gênio absoluto?". "Esqueceu", você disse, os dentes brilhando sem alegria. "Esqueceu, sim, com efeito, de mencionar isso." "Harold", eu disse, "sua produção de* Oleanna *é um trabalho de gênio absoluto." "Bom, bem melhor assim", você disse, e evitou-se a calamidade nuclear. Há muito tenho o orgulho de poder dizer sinceramente que nunca fui "pinterado". Fico aliviado de ter encontrado um jeito de conservar esse recorde.*

Ele viajou a Praga para ver o presidente Václav Havel; este o saudou muito calorosamente, *enfim nos encontramos!*, e falou dele publicamente com tamanha generosidade que seu maior rival, o primeiro-ministro de direita Václav Klaus, "afastou-se" da reunião, dizendo que se tratava de um compromisso "particular" do qual não tivera conhecimento (embora a polícia tcheca tivesse emprestado um dos carros de Klaus para uso do visitante). Klaus disse que esperava que ele não fosse "machucar" as relações tchecas com o Irã.

Ele participou de uma conferência do PEN em Santiago de Compostela — a Iberia não criou dificuldades — e foi questionado sobre reportagens recentes dos ataques do príncipe Charles a ele. Respondeu citando o que Ian McEwan havia dito a jornalistas espanhóis numa visita ao país para divulgar um livro, uma semana antes: "É muito mais caro proteger o príncipe Charles do que Rushdie e ele nunca escreveu nada interessante". Ao voltar a Londres, descobriu que o *Daily Mail* o estava vilipendiando por algo como traição porque ousara fazer piada com o herdeiro do trono. "Ele está abusando da liberdade pela qual nós pagamos", declarou a colunista Mary Kenny. Cinco dias depois, *Os filhos da meia-noite* foi considerado "Booker of Bookers", o melhor livro a ser agraciado nos primeiros 25 anos do prêmio. Mal teve um dia para gozar as honrarias e o pêndulo oscilou de novo, e uma terrível calamidade se abateu sobre ele outra vez.

Na manhã seguinte à sua volta para Oslo, vindo da Feira de Livro de Frankfurt, William Nygaard ia sair para trabalhar quando viu que seu carro estava com um dos pneus traseiros vazio. Ele não sabia que o pneu tinha sido rasgado por um pistoleiro, que estava escondido nos arbustos atrás do carro. O pistoleiro calculara que William iria na direção dele para abrir o porta-malas e pegar o estepe, e uma vez nessa posição seria como caçar um pato. Mas William era chefe de uma grande empresa editorial e não tinha nenhuma intenção de trocar o pneu. Pegou o telefone e chamou o serviço de atendimento. Isso colocou um problema para o pistoleiro: devia sair do esconderijo e se revelar para ter uma boa visão do alvo, ou devia atirar de onde estava, mesmo que William não estivesse onde ele queria que estivesse? Ele resolveu atirar. William foi atingido por três projéteis e caiu no chão. Um grupo de meninos de treze anos viu um homem "moreno, com pele ruim" correndo, mas o pistoleiro não foi preso.

Se William não fosse um homem atlético, quase com certeza teria morrido. Mas o ex-ás do esqui permanecera em forma e isso salvou sua vida. O mais extraordinário foi que, assim que William saiu da unidade de tratamento intensivo, os médicos puderam dizer que ele ficaria plenamente recuperado. As trajetórias das balas através de seu corpo, disseram, as únicas que elas podiam ter feito sem matá-lo ou deixá-lo paralítico. William Nygaard, um grande editor, era também um homem de sorte.

Quando ele ficou sabendo que William tinha sido alvejado, teve certeza de que seu amigo recebera as balas destinadas a ele. Lembrou-se do orgulho do editor no dia da festa ao ar livre da Aschehoug, um ano antes. A mão de William em seu ombro, enquanto o conduzia por entre a multidão surpresa, apresentando-o a este romancista, àquela cantora de ópera, a um magnata dos negócios aqui, a uma figura política ali. *Um gesto de liberdade*, William tinha dito, e agora ele estava às portas da morte por causa disso. Mas, graças à sua decisão de não trocar o pneu murcho, e depois ao milagre das trajetórias das balas, ele sobreviveu. Chegou o dia em que o editor ferido estava bastante bom para falar brevemente ao telefone. Seu colega Halfdan Freihow, da Aschehoug, ligou para Carmel e disse que William estava ansioso para falar com Salman e que ele podia ligar para o hospital. *Sim, claro*. Um enfermeiro atendeu o telefone e alertou que a voz de William estava muito fraca. Então, este foi posto ao telefone e mesmo depois do alerta foi um choque ouvir como ele soava debilitado; respirava com dificuldade, seu inglês impecável cheio de erros, sofrimento em cada sílaba.

De início, ele nem entendera que tinha sido alvejado, permanecera consciente até a polícia chegar e dera aos guardas o número de telefone de seu filho.

"Gritei como um diabo", ele disse, "rolei e rolei pela pequena ladeira e foi isso que me salvou, acho, porque estava fora da visão dele." Teria de ficar um longo tempo no hospital, mas, ofegou, uma recuperação completa era possível, sim. "Os tiros erraram todos os órgãos." Depois, disse: "Só quero que você saiba que estou realmente orgulhoso de ser o editor de *Os versos satânicos*, de ser parte desse caso. Talvez agora eu tenha de viver um pouco como você, a menos que peguem o homem". *Desculpe, William, tenho de lhe dizer que me sinto responsável...* William interrompeu as desculpas e disse, debilmente: "Não diga isso. Não está certo você dizer isso". *Mas como eu posso não sentir que...* "Sabe, Salman, sou adulto e, quando concordei em publicar *Os versos satânicos*, entendi que haveria riscos, e assumi esses riscos. O erro não é seu. A pessoa a ser culpada é quem puxou o gatilho da arma." *É, mas...* "Mais uma coisa", disse Wiliam. "Acabei de encomendar uma grande reimpressão." Bênção sob pressão, Hemingway dizia. Coragem verdadeira aliada a altos princípios. Uma união que nenhuma bala conseguiria destruir. E as balas tinham sido muito malditas, calibre 44, ponta oca, destinadas a matar.

A imprensa escandinava ficou em pé de guerra por causa dos tiros em Nygaard. A associação dos editores noruegueses exigiu saber qual seria a resposta do governo norueguês ao Irã. E um ex-embaixador iraniano que havia passado para o grupo de oposição Mujahidin-e Khalq ou PMOI (People's Mojahedin Organization of Iran [Organização dos Mujahidin do Povo do Irã]) anunciou que havia revelado à polícia norueguesa quatro meses antes que estavam planejando um ataque contra William.

Os governos nórdicos ficaram furiosos, mas os tiros assustaram as pessoas. O Ministério da Cultura holandês planejava convidá-lo para ir a Amsterdam, mas estava recuando, assim como a companhia aérea Royal Dutch. O Conselho da Europa, que meses antes havia concordado com uma reunião, cancelou o compromisso. Gabi Gleichmann, que estava liderando a "campanha Rushdie" na Suécia — embora ela e Carmel Bedford estivessem constantemente em desacordo —, recebeu proteção policial. Na Grã-Bretanha, os ataques *ad hominem* continuaram. Um artigo no *Evening Standard* chamou-o de "presunçoso" e "louco", zombou dele por desejar tanta atenção e escarneceu dele dizendo que não valia a pena por ter se conduzido tão mal. A estação de rádio londrina LBC estava fazendo uma enquete que perguntava ao público britânico "se devemos continuar apoiando Rushdie", e no jornal *The Telegraph* foi publicada uma entrevista com Marianne Wiggins, em que ela chamava seu ex-marido de "tristonho, tolo, covarde, vaidoso, farsesco, moralmente ambíguo". Clive Bradley, da British Publishers Association, disse que Trevor Glover, da Penguin no Reino Unido, estava impedindo uma declaração sobre William. Ele telefonou para Glover, que de início fingiu que não tinha feito isso, achara que era "só uma conversa casual", mas "nossa, estamos todos um pouco nervosos agora, será que devíamos fazer barulho público?", depois finalmente concordou em telefonar para Bradley e suspender o veto da Penguin.

Ele recebeu uma carta ameaçadora, a primeira em muito tempo, alertando que sua "hora está chegando" porque "Alá tudo viu". A carta estava assinada por D. Ali, da "Liga Antirracista do Partido dos Trabalhadores Socialista de Manchester". Ele dizia que seus associados estavam vigiando todos os aeroportos e que tinham gente em todos os bairros — "Liverpool, Bradford, Hampstead, Kensington" —, e, como a escuridão do inverno era "melhor para fazer o trabalho", ele logo estaria de "volta ao Irã".

Houve uma noitada no apartamento de Isabel Fonseca, com Martin Amis, James Fenton e Darryl Pinckney, e Martin o deixou deprimido ao contar que George Steiner achava que ele tinha "começado uma grande confusão", que o pai de Martin, Kingsley Amis, dissera que, "se alguém parte para a confusão, não pode reclamar quando a consegue", e que Al Alvarez afirmara que ele tinha "feito isso porque queria ser o escritor mais famoso do mundo". Para Germaine Greer, ele era um "megalomaníaco", John le Carré o havia chamado de "bobo" e Elizabeth Jane Howard, ex-madrasta de Martin, e Sybille Bedford achavam que ele tinha "feito aquilo para ganhar dinheiro". Seus amigos ridicularizavam essas afirmações, mas no fim da noite ele se sentiu aborrecido e só o amor de Elizabeth o resgatou. Talvez devessem se casar, ele escreveu em seu diário. Quem poderia amá-lo mais, ser mais valente, mais doce e dar mais de si mesma? Ela havia se comprometido com ele e merecia o mesmo de volta. Em casa, comemoraram seu primeiro ano na Bishop's Avenue, 9, passaram uma noite deliciosa e ele se sentiu melhor.

Em sua atmosfera beckettiana, curvado em seu estúdio de madeira, ele era um homem perdido em um vazio ridículo: Didi e Gogo ao mesmo tempo jogando contra o desespero. Não, ele era a antítese dos dois; eles esperavam Godot, enquanto ele esperava por algo que esperava não viesse nunca. Quase todos os dias havia momentos em que ele deixava pender os ombros, depois os erguia de novo. Comia demais, parou de fumar, ofegava, discutia com o vazio, esfregando os punhos nas têmporas, sempre pensando, pensando como um fogo, como se pensar pudesse queimar seus males. Quase todos os dias eram assim: uma luta contra a desesperança, muitas vezes perdida, mas nunca perdida para sempre. "Dentro de nós", José Saramago escrevera, "existe algo que não tem nome. Esse algo é o que nós somos." Esse algo que não tinha nome dentro dele sempre vinha em seu socorro no final. Ele rilhava os dentes, balançava a cabeça para clarear as ideias e ordenava a si mesmo seguir em frente.

William Nygaard deu seus primeiros passos. Halfdan Freihow disse que William tinha resolvido se mudar de casa por causa do "perigo nos arbustos" que o impediria de "dar uma mijada no jardim tarde da noite". Estavam procurando um apartamento num prédio de alta segurança para ele morar. O pistoleiro não foi encontrado. O editor dinamarquês do romance, Johannes Riis, disse que as coisas estavam tranquilas na Dinamarca e que ele tinha "a vantagem de uma esposa calma". Ele pensava no perigo como algo comparável a atravessar uma rua, disse, e seu autor, ao ouvir isso, ficou mais uma vez humilhado em presença da coragem verdadeira. "Estou furioso", Johannes acrescentou, "por uma obscenidade dessas continuar fazendo parte do sistema em que vivemos."

Na primeira reunião do chamado "Parlamento Internacional de Escritores" em Estrasburgo, ele ficou preocupado com o nome, porque os membros não eram eleitos, mas os franceses deram de ombros e disseram que na França *un parlement* era apenas um lugar onde as pessoas falavam. Ele insistiu que a declaração que estavam elaborando contra o terror islâmico fizesse referência a Tahar Djaout, Farag Fouda, Aziz Nesin, Ugur Mumcu e à recém-combatida escritora de Bangladesh Taslima Nasrin, além de a ele próprio. Susan Sontag entrou em cena, abraçou-o e falou apaixonadamente em francês fluente, chamando-o de *un grand écrivain* que representava a cultura secularista crucial que os extremistas islâmicos queriam suprimir. A prefeita de Estrasburgo, Catherine Trautmann, queria lhe dar a liberdade da cidade. Catherine Lalumière, do Conselho da Europa, prometeu que este assumiria sua causa. Nessa noite, houve uma festa para os escritores visitantes e ele foi abordado por uma mulher iraniana loucamente apaixonada, "Hélène Kafi", que o censurou por não abraçar a causa do Mujahidin-e Khalq. "Não quero ser agressiva, Salman Rushdie, mas *je suis un peu deçu de vous*, você devia saber quem são seus amigos de verdade." No dia seguinte, a mulher declarou à imprensa que ela, e através dela a PMOI, tinha aderido ao "comitê Rushdie" francês e que isso fora a causa das granadas atiradas na embaixada da França e nos escritórios da Air France em Teerã. (Na verdade, a causa foi a decisão da França de dar asilo à líder da PMOI, Maryam Rajavi, e não tinham nada a ver com o "caso Rushdie".)

Ele sentou-se num sofazinho vermelho com Toni Morrison, que acabara de ganhar o Prêmio Nobel, e Sontag, que exclamou: "Meu Deus, estou sentada entre os dois escritores mais famosos do mundo!" — diante do que ambos, ele e Toni, começaram a garantir que o dia dela em Estocolmo certamente chegaria logo. Susan perguntou o que ele estava escrevendo. Ela havia indicado com exatidão a coisa que mais o preocupava. Para conduzir a campanha contra a *fatwa*, praticamente tivera de deixar de ser um escritor ativo. Esse era o efeito anulador de se envolver em política. Sua cabeça estava cheia de linhas aéreas, ministros, queijo feta e ele se afastara dos doces recessos da mente onde ronda a ficção. Seu romance estava empacado. Essa campanha, que as pessoas diziam que estava indo tão bem, seria de fato um jeito de diminuí-lo aos olhos do mundo e de si mesmo? Ele estava efetivamente ajudando a se transformar em nada mais que uma caricatura plana, bidimensional, no centro do "caso Rushdie", abdicando de sua pretensão à arte? Ele tinha ido de *Salman* para *Rushdie* para *Joseph Anton* e agora talvez estivesse se transformando em ninguém. Era um lobista fazendo lobby por um espaço vazio que não continha mais um homem.

Ele disse a Susan: "Fiz um voto de no próximo ano ficar em casa e escrever".

Para atingir o ápice — um encontro com o presidente — era preciso abordá-lo de muitas direções ao mesmo tempo. A abordagem do monte Clinton tinha sido feita por ele pessoalmente, pelo comitê de defesa Rushdie e pela Artigo 19, pelo embaixador britânico em Washington em nome do governo britânico, pelo PEN American Center. Aryeh Neier, da Human Rights Watch, Nick Veliotes, da Association of American Publishers, e Scott Armstrong, do Freedom Forum, estavam entre as pessoas que trabalhavam pelo encontro. Além disso, Christopher Hitchens insistia com seus contatos na Casa Branca para fazer com que ele acontecesse. Christopher não era admirador de Bill Clinton, mas tinha amizade com o conselheiro mais próximo do presidente, George Stephanopoulos, e falou com ele diversas vezes. Parecia que o pessoal de Clinton estava dividido entre aqueles que lhe diziam que a *fatwa* não era uma questão americana e aqueles que, como Stephanopoulos, queriam que ele fizesse o que era certo.

Dois dias depois de sua volta a Londres, veio o "sinal verde de Washington". Primeiro, disseram a Nick Veliotes que o presidente não estaria no encontro. Este aconteceria com o conselheiro de Segurança Nacional, Anthony Lake, com uma "passada" do vice-presidente Gore. Na embaixada dos Estados Unidos, em Grosvernor Square, seu contato Larry Robinson confirmou que seria um encontro com Lake e Gore. Ele receberia proteção de "porta a porta", isto é, do avião até o Massachusetts Institute of Technology (onde seria homenageado: Alan Lightman, autor de *Sonhos de Einstein*, professor do MIT, havia lhe telefonado oferecendo um título de professor honorário), do MIT para Washington, e de Washington até deixar o país novamente. Dois dias depois, disseram a Frances que Gore estaria no Extremo Oriente e Lake talvez não estivesse disponível, de forma que a reunião aconteceria com o secretário de Estado, Warren Christopher, e com o "número dois" de Lake. O encontro com Warren Christopher teria lugar no Treaty Room, com a presença de fotógrafos. Ele falou com Christopher Hitchens, que temia que esse fosse um caso de Clinton "dar uma passada". Nessa noite, o acordo foi mudado outra vez. O encontro seria com Anthony Lake e Warren Christopher e o secretário assistente do Departamento de Estado para a democracia, direitos humanos e trabalhistas, John Shattuck. A presença do presidente "não estava confirmada". A reunião seria na véspera do dia de Ação de Graças e o presidente tinha muita coisa a fazer. Tinha de "perdoar um peru".* Talvez não tivesse tempo de ajudar um romancista também.

No aeroporto JFK havia oito carros esperando, em vez dos discretos três que tinham prometido. O encarregado, Jim Tandy, era um grande progresso

* Desde 1947, a associação dos criadores de peru dos Estados Unidos dá um peru de presente ao presidente no Dia de Ação de Graças. Em 1963, o presidente John Kennedy resolveu não comer o peru, mas poupar sua vida, e isso passou a ser uma tradição da data. Os perus, vivos, são levados para fazendas e "levam uma vida normal". (N. T.)

em relação ao tenente Bob, de fala mansa e atencioso, um homem alto, magro, de bigode, com olhos grandes e rosto sério. Ele foi levado primeiro ao apartamento de Andrew, onde a polícia estava fazendo de sua chegada um grande acontecimento, impedindo até mesmo outros moradores do prédio de usarem os elevadores. Isso seria bem recebido, ele pensou. Ele seria o dr. Ren, um diplomata paquistanês, mas ninguém acreditou nisso.

Dentro do apartamento de Andrew, havia amigos para saudá-lo. Norman Mailer desejou-lhe sorte e Norris Mailer disse: "Se encontrar com Bill, diga que mando um abraço". Na juventude, ela havia trabalhado na campanha de Clinton quando era candidato a governador do Arkansas. "Cheguei a conhecê-lo muito bem", disse ela. Tudo bem, ele respondeu polidamente a Norris, eu digo para ele. "Não", ela disse, pondo a mão elegante sobre seu braço como Margaret Thatcher em seu momento mais sensível. "Você não está entendendo. Estou dizendo que cheguei a conhecê-lo *muito bem*." Ah. Certo. Claro, Norris. Nesse caso, *com toda certeza* vou mandar seu abraço.

Paul Auster e Siri Hustvedt foram muito afetuosos; foi o começo do que viria a ser uma amizade muito próxima. Don DeLillo estava lá também. Vinha trabalhando em um livro "imenso e muito vasto", disse. Iria se chamar *Submundo*. "Eu entendo um pouco de submundos", ele respondeu. Paul e Don queriam produzir um folheto com um texto sobre a *fatwa*, para ser inserido em cada livro vendido nos Estados Unidos no dia 14 de fevereiro de 1994, mas disseram que o custo de produção seria de 20 mil dólares, o que tornava a ideia impraticável. Peter Carey chegou e disse, com seu costumeiro tom de humor ácido: "Oi, Salman, você está horrível". Susan Sontag, que havia concordado em ser sua "cobertura" no MIT, estava ansiosa para pôr em prática a trama. David Rieff, filho dela, estava cheio de tristeza pela Bósnia. Annie Leibovitz falou um pouco de suas fotos da Bósnia, mas pareceu estranhamente relutante em se mostrar na presença de Susan. Sonny e Gita Mehta chegaram e Gita estava com um aspecto doentio e abatido. Disseram que ela estava bem agora, recuperando-se do câncer, e ele esperava que fosse verdade. E de repente Andrew disse: "Ah, meu Deus, esqueci de convidar Edward Said". Aquilo era muito grave. Com certeza, Edward ia se ofender.

Ele e Elizabeth dormiram na casa de Andrew e quando acordaram viram uma fila de limusines pretas paradas na rua, além de uma grande e nada sutil van azul com o letreiro ESQUADRÃO DE BOMBAS. Em seguida, fizeram a viagem de carro até Concord, Massachusetts, onde seriam recebidos por Alan e Jean Lightman. Alan levou-os para uma caminhada em torno do lago Walden e, quando chegaram às ruínas da cabana de Thoreau, ele disse a Alan que, se algum dia escrevesse sobre aquela viagem, a chamaria de "Da cabana de troncos à Casa Branca". A cabana ficava decepcionantemente próxima da cidade e Thoreau poderia facilmente sair para tomar uma cerveja se quisesse. Não era exatamente um retiro na selva.

Na manhã seguinte, ele foi levado a um hotel em Boston e Jean Lightman levou Elizabeth para conhecer a cidade. Andrew e ele ficaram ao telefone para ver que progresso tinha havido ou poderia haver. Ficou claro que Frances e Carmel discordavam de Scott Armstrong, embora Christopher Hitchens estivesse a seu favor. Dentro da Casa Branca, Hitch acrescentou, Stephanopoulos e Shattuck estavam do seu lado e tentando convencer o presidente, mas não havia nada definido a revelar. Um funcionário, Tom Robertson, apareceu para dizer que a reunião tinha sido atrasada em meia hora, passando das 11h30 para o meio-dia. O que isso significava? Significava alguma coisa? Scott e Hitch disseram depois que a mudança de horário ocorrera imediatamente depois de George Stephanopoulos e outros conversarem com o responsável pela agenda do presidente... de forma que... talvez. Dedos cruzados.

À tarde, ele foi com Andrew Wylie ver a casa de infância deste. A nova proprietária, uma senhora de uns cinquenta anos com um grande sorriso, chamada Nancy, olhou a fila de carros e perguntou: "Quem é toda essa gente lá fora?". Depois, disse "Ah" e perguntou se ele era quem parecia ser. De início, ele disse: "Não, infelizmente", e ela replicou: "Você quer dizer 'felizmente'. Aquele coitado não deve levar uma vida muito boa, não é?". Mas a mulher tinha todos os seus livros, então ele se revelou, ela ficou emocionada e quis que ele os autografasse. A casa evocava muitas memórias a Andrew porque grande parte dela, até mesmo o papel de parede do andar de cima, continuava como fora trinta anos antes, e as letras *AW* ainda estavam gravadas na madeira das estantes da biblioteca, e na moldura de uma porta ainda havia a marca de um metro de altura de Andy Wylie, com seu nome.

Jantaram no MIT, recebidos pelo incrivelmente estrábico diretor, e chegou a hora do Evento. Ele nunca havia recebido nenhum título honorário antes, então estava um pouco nervoso por se tornar um professor honorário. Disseram-lhe que o MIT não gostava de outorgar doutorados honorários, e só uma vez em sua história havia outorgado um título de professor honorário. Essa pessoa era Winston Churchill. "Ilustre companhia para um escritor, Rushdie", ele disse a si mesmo. O Evento estava anunciado como uma noite com Susan Sontag, mas, quando Susan se levantou para falar, disse à plateia que ela só estava ali para apresentar um outro escritor cujo nome não podia ser anunciado com antecedência. Ela então falou a respeito dele com carinho e descreveu seu trabalho com palavras que significaram mais para ele do que o título de professor. Finalmente, ele entrou no palco da palestra por uma portinha nos fundos. Falou brevemente, depois leu trechos de *Os filhos da meia-noite* e a história de "Colombo e Isabel". Em seguida, ele e Elizabeth foram levados embora e houve um voo para Washington tarde da noite. Chegaram em estado de alguma exaustão ao apartamento dos Hitchens, um pouco depois da meia-noite. Ele conheceu Laura Antonia, a filha de Hitch e Carol, e foi convidado a ser seu padrinho secular.* Ele aceitou de imediato. Com ele e Martin Amis como mentores não religiosos, ele pensou, a menininha não tinha a menor chance. Ele estava com a garganta irritada e um dente áspero que lhe cortava a língua. A última notícia de Clinton não era mais que um talvez. Hitch confessou que abominava Carmel, que estava atrapalhando tudo por desorganização, disse. Estava na hora de dormir e ajeitar as coisas para a manhã seguinte.

A manhã trouxe uma batalha entre amigos. Scott Armstrong veio dizer que a Casa Branca havia decidido não oferecer Clinton nem Gore. Disseram a ele: "Bela tentativa, mas não". Carmel tinha começado uma campanha por telefone envolvendo Aryeh Neier e outros, e isso fora "contraproducente". Quando Carmel e Frances chegaram, a tensão explodiu e todo mundo gritava com todo mundo, acusação e contra-acusação, Frances dizendo que Scott é que tinha estragado as coisas. Por fim, ele teve de pedir que dessem uma trégua. "Temos de realizar uma coisa aqui e preciso da ajuda de vocês." Scott arranjou para que a entrevista coletiva pós-Casa Branca fosse realizada no National Press Club, de forma que isso era alguma coisa, ao menos. Então, a discussão esquentou outra vez. Quem iria com ele à Casa Branca? Ele só podia levar duas

* No original: *ungodparent*. *Godparent* significa "pai em Deus", "padrinho", e *ungodparent*, "pai sem Deus". (N. T.)

pessoas. As vozes se exaltaram de novo, o clima pesou. *Eu telefonei para este e aquele. Eu fiz isto e aquilo.* Andrew depressa se retirou da disputa e Christopher disse que não via razão para ser um dos escolhidos, mas as ONGS continuaram se enfrentando.

Mais uma vez, ele pôs fim à disputa. "Elizabeth vai comigo", disse, "e eu gostaria que Frances fosse também." Zangadas, caras enevoadas se retiraram para os cantos do apartamento de Christopher ou para fora dele. Mas a disputa se encerrou.

A caravana de carros estava à espera para levá-los até o número 1600 da Pennsylvania Avenue. Assim que se viram dentro do carro designado, os três se dobraram num ataque contagiante de riso nervoso. Perguntaram-se se, no fim, os deveres de Clinton com Tom, o peru, o impediriam de comparecer ao encontro, e se assim fosse o que as manchetes do dia seguinte diriam. "Clinton perdoa peru", ele improvisou. "Rushdie é destrinchado." Ha ha ha ha ha ha ha ha ha! Então chegaram à "entrada dos diplomatas", a porta lateral, e foram admitidos. A política mundial, o grande jogo sujo, inevitavelmente se afunilava para aquela mansão branca miúda na qual um homem grande e rosado numa sala oval tomava decisões de sim ou não apesar de ensurdecido pelos murmurantes talvezes dos auxiliares.

Ao meio-dia, foram conduzidos por uma escada estreita ao pequeno escritório de Anthony Lake, passando por uma multidão de auxiliares sorridentes, excitados. Ele disse ao secretário de Segurança Nacional que era excitante estar na Casa Branca afinal, e Lake, piscando, disse: "Bom, então espere um pouco, porque vai ficar ainda mais excitante". O presidente dos Estados Unidos havia concordado em se encontrar com ele! Às 12h15, atravessariam para o Prédio Executivo Velho e lá encontrariam o sr. Clinton. Frances começou a falar depressa e conseguiu convencer Lake de que ela devia ir também. Então a pobre Elizabeth ficaria de fora. Havia muitos livros esperando para ser autografados na antessala do escritório de Lake e ele estava assinando os volumes quando Warren Christopher chegou. Elizabeth ficou distraindo o secretário de Estado, enquanto Lake e ele iam até o presidente. "Isto devia ter acontecido anos atrás", Lake disse a ele. Encontraram Clinton num corredor debaixo de uma cúpula cor de laranja e George Stephanoupolos estava lá também, com um largo sorriso, além de duas ajudantes que pareciam deliciadas. Bill Clinton era ainda mais alto e mais cor-de-rosa do que ele imaginara e muito afável também, mas foi direto ao ponto. "O que posso fazer por você?", quis saber o presidente dos Estados Unidos. Um ano inteiro de campanha política o havia preparado para a pergunta. *Quando você é o Requerente, tem de saber claramente o que quer do encontro*, ele aprendera, *e sempre pedir algo que esteja ao alcance deles conceder.*

"Senhor presidente", ele disse, "quando sair da Casa Branca tenho de ir ao Press Club, e lá vão estar vários jornalistas querendo saber o que o senhor tinha a dizer. Eu gostaria de contar a eles que os Estados Unidos estão aderindo à campanha contra a *fatwa* iraniana e apoiando as vozes progressistas do mundo." Clinton acenou com a cabeça e sorriu. "É, pode dizer isso", respondeu, "porque é verdade." *Fim do encontro*, pensou o Requerente, com um pequeno sobressalto de triunfo no coração. "Temos amigos comuns", disse o presidente. "Bill Styron, Norman Mailer. Eles estão insistindo comigo a seu respeito. A esposa de Norman, Norris, sabe, trabalhou em minha primeira campanha política. Chegamos a nos conhecer bastante bem."

O Requerente agradeceu ao presidente pela reunião e disse que o encontro tinha uma imensa importância simbólica. "É verdade", disse Clinton. "Deve ser uma mensagem para o mundo. A intenção é que seja uma prova do apoio americano à liberdade de expressão e de nosso desejo de que os direitos no estilo da Primeira Emenda se espalhem por todo o mundo." Não foram tiradas fotografias. Seria demonstração excessiva. Mas o encontro tinha acontecido. Era um fato.

Quando voltaram para a sala de Anthony Lake, ele notou que Frances D'Souza estava com um enorme sorriso bobo. "Frances", ele perguntou, "por que está com esse sorrisão bobo?" A voz dela soou distante, pensativa. "Não acha", ela perguntou, langorosa, "que ele segurou minha mão um pouquinho a mais?"

Warren Christopher estava mais do que apaixonado por Elizabeth quando voltaram. Christopher e Lake concordaram imediatamente que a *fatwa* estava "em primeiro lugar na agenda americana com o Irã". O desejo que tinham de isolar o Irã era até maior do que o dele. Eles também eram a favor de congelar o crédito e estavam trabalhando para isso. O encontro durou uma hora e depois, ao voltar para o apartamento dos Hitchens, todos os Requerentes estavam tontos com o sucesso. Christopher contou que Stephanopoulos, que tinha pressionado muito pelo encontro com Clinton, também estava animado. Ele telefonara para Hitch assim que aconteceu. "A águia pousou", dissera.

A entrevista coletiva — setenta jornalistas na véspera do Dia de Ação de Graças, melhor do que Scott Armstrong esperava — correu bem. Martin Walker, do *The Guardian*, amigo de Hitch, disse que foi "perfeita". Depois veio o quiproquó, a entrevista exclusiva com David Frost, que não podia ser um sujeito mais alegre e que o brindou com *supers, fantásticos, queridos, maravilhosos* durante simplesmente *séculos* quando a entrevista terminou e queria *de qualquer jeito* se encontrar com ele para um *drinquezinho* em Londres antes do Natal.

Jim Tandy, chefe dos pormenores de segurança, deu a nota dissonante. "Um homem suspeito do Oriente Médio" estivera rondando o edifício e partira com três outros num carro. Tandy perguntou: "Quer ficar ou devemos levar o senhor para outro lugar?". Ele disse: "Fico", mas a decisão final tinha de ser de Christopher e Carol. "Fique", eles disseram.

O embaixador britânico ofereceu uma recepção para eles. Foram recebidos na porta da embaixada por uma Amanda de voz sofisticada e macia que lhes disse que se tratava do único edifício de Lutyens nos Estados Unidos e depois: "Claro que ele construiu tanta coisa em Nova Delhi... Já estiveram na Índia?". Ele deixou passar. Os Renwick eram anfitriões elegantes. A esposa francesa de sir Robin, Annie, se apaixonou imediatamente por Elizabeth, que estava fazendo muitas conquistas em Washington. "Ela é tão calorosa, tão direta, tão calma; faz você sentir que a conhece há muito tempo. Uma pessoa muito especial." Sonny Mehta foi à recepção e contou que Gita estava bem. Kay Graham compareceu e não disse quase nada.

Passaram o Dia de Ação de Graças com os infinitamente hospitaleiros Hitchens. Os jornalistas e documentaristas ingleses Andrew e Leslie Cockburn também estavam lá com sua filhinha de nove anos, Olivia, uma menina muito inteligente, que contou com grande fluência exatamente por que era fã de *Haroun e o mar de histórias* e depois cresceu e se tornou a atriz Olivia Wilde. Havia um adolescente ruivo — muito mais tímido que Olivia, embora fosse vários anos mais velho — que disse que antes quisera ser escritor, mas agora não queria mais, "porque, veja o que aconteceu com você".

O encontro com Clinton foi notícia de primeira página de todos os lugares e teve cobertura quase unanimemente positiva. A imprensa britânica pareceu diminuir a significação do encontro, mas as reações fundamentalistas previsíveis receberam grande destaque. O que também era previsível.

* * *

Depois do Dia de Ação de Graças, Clinton pareceu fraquejar. "Estive com ele só por dois minutos", disse. "Alguns assessores meus não queriam o encontro. Espero que as pessoas não entendam errado. Não pretendo insultar ninguém. Só queria defender a liberdade de expressão. Acho que fiz o que era certo." E assim por diante, bem gelatinoso. Não soava como o Líder da Nação Livre tomando posição contra o terrorismo. O *The New York Times* sentiu a mesma coisa e publicou um editorial com o título "Chega de hesitação, por favor", encorajando o presidente a sustentar sua boa ação sem precisar pedir desculpas por isso; para ser consequente com suas ideias (ou talvez as de George Stephanopoulos e de Anthony Lake?). No programa *Crossfire*, Christopher Hitchens enfrentou um muçulmano aos gritos e Pat Buchanan dizendo "Rushdie é um pornógrafo" cuja obra era "suja" e atacando o presidente por ter se encontrado com uma pessoa assim. Foi deprimente assistir ao programa. Tarde da noite ele telefonou para Hitch, que lhe disse que o entrevistador, Michael Kinsley, achava que a oposição tinha sido "derrotada", que a questão voltar "ao primeiro plano" outra vez era uma coisa boa e que Clinton estava "segurando a barra", muito embora houvesse uma batalha nos bastidores entre o grupo de Lake-Stephanopoulos e os auxiliares que só pensavam em segurança. Christopher também lhe disse palavras sábias:

> O fato é que nunca se consegue alguma coisa em troca de nada. Toda vez que se acerta um ponto, os velhos argumentos contrários são desenterrados e usados de novo. Mas isso também quer dizer que eles serão derrubados de novo, e percebo uma imensa indisposição dos opositores em mostrar a cara e entrar no jogo. Você jamais teria recebido um editorial do *The Times* se não fosse essa hesitação, e o efeito geral disso é revigorar quem apoia você. Nesse meio-tempo, ainda temos a declaração de Clinton e o encontro conseguido por Christopher/Lake, e isso ninguém tira de você. Portanto, *anime-se.*

Christopher depressa se tornara — ao lado de Andrew — o amigo e aliado mais dedicado que ele tinha nos Estados Unidos. Poucos dias depois, ele telefonou para dizer que John Shattuck, no Departamento de Estado, havia sugerido que ele, Hitch, Scott Armstrong, do Freedom Forum, e talvez Andrew

Wylie formassem um grupo informal para fazer "progredir" a reação dos Estados Unidos. Hitch havia falado com Stephanopoulos na recepção, onde as pessoas estavam ouvindo, e George dissera, com firmeza: "A primeira declaração é a que levamos em conta; espero que você não ache que voltamos atrás". Uma semana depois ele mandou um fax — ah, os dias de fax, tão distantes! — sobre a reunião "incrivelmente" boa com o novo chefão do contraterrorismo, o embaixador Robert Gelbard, que estava promovendo o caso em vários fóruns do G7, mas enfrentando "relutância" dos japoneses e, adivinhe, dos britânicos. Gelbard prometeu discutir a questão das linhas aéreas com a Autoridade Aeronáutica Federal, cujo novo chefe de segurança, almirante Flynn, era um "amigo". Além disso, contou Christopher, Clinton tinha dito a alguém que gostaria de ter passado mais tempo com o autor de *Os versos satânicos*, mas que Rushdie estava com "muita pressa". Isso era engraçado e mostrava, na opinião de Hitch, que ele estava satisfeito que a reunião tivesse acontecido. Tony Lake estava dizendo às pessoas que o encontro havia sido um dos pontos altos do ano. Scott Armstrong estava ajudando bastante também, Hitch disse. Nenhum deles ficara impressionado com Frances e Carmel, o que era preocupante: e o que, quase imediatamente, precipitou uma crise.

Um relato da aventura de Washington apareceu no *The Guardian* e, no artigo, Scott Armstrong e Christopher Hitchens manifestaram suas dúvidas sobre a utilidade de Frances e Carmel à causa. "Você comprometeu seriamente a Artigo 19 nos Estados Unidos", Frances disse em tom de raiva extrema e justificada. "Armstrong e Hitchens nunca falariam como falaram sem a sua aprovação tácita." Ele tentou dizer a ela que nem sabia que essa questão estava em andamento, mas ela replicou: "Tenho certeza de que você está por trás disso", acrescentando que, como resultado do que ele havia feito, a MacArthur Foundation podia suspender a verba essencial da Artigo 19. Ele respirou fundo, escreveu uma carta ao *The Guardian* defendendo Frances e Carmel e telefonou confidencialmente para Rick MacArthur. Este disse, não sem razão, que pagava metade do orçamento de Frances. Era política da fundação levar organizações até o ponto em que pudessem "diversificar sua base econômica" e isso significava desenvolver visibilidade nos Estados Unidos. Fora culpa de Frances, disse ele, ela não ter conseguido obter atenção para o papel de liderança da Artigo 19 na "maioria dos casos de direitos humanos importantes no mundo". Ele continuou falando com Rick até MacArthur concordar em não cortar verbas por enquanto.

Quando desligou o telefone, ele estava muito zangado. Tinha levado Frances com ele à Casa Branca e elogiara o trabalho da Artigo 19 em todas as entrevistas coletivas posteriores, e sentiu-se injustamente acusado. O fax de acompanhamento de Carmel Bedford — "A menos que possamos desfazer o dano causado por esses interesseiros, faz algum sentido continuarmos?" — piorou ainda mais as coisas. Ele passou um fax para Frances e Carmel, dizendo o que achava de suas acusações e por quê. Não falou nada do telefonema confidencial a Rick MacArthur, nem de seu resultado. Alguns dias depois, Carmel mudou de tom e mandou faxes apaziguadores, mas de Frances não veio nada. Ela ficou amuada como Aquiles em sua tenda. O choque de suas acusações não se apagou.

Carmen Balcells, a legendária agente literária todo-poderosa da Espanha, telefonou de Barcelona para Andrew Wylie, para dizer que o grande Gabriel García Márquez estava escrevendo uma "romantização baseada na vida do sr. Rushdie". Acrescentou que ela seria "inteiramente escrita pelo autor, que é um escritor bem conhecido". Ele não soube o que responder. Devia estar lisonjeado? Porque não se sentia lisonjeado. Ele seria agora objeto da "romantização" de outra pessoa? Se os papéis estivessem trocados, ele sentiria que não tinha o direito de se pôr entre outro escritor e sua própria biografia. Mas sua vida talvez tivesse se tornado propriedade pública e se ele tentasse impedir o livro podia imaginar as manchetes: RUSHDIE CENSURA MÁRQUEZ. E o que queria dizer "romantização"? Se García Márquez escrevesse sobre um autor latino-americano perseguido por fanáticos cristãos, boa sorte para ele. Mas, se Márquez se propunha a entrar em sua cabeça, então ele sentiria isso como uma invasão. Pediu que Andrew expressasse sua preocupação e seguiu-se um longo silêncio de Balcells, depois do qual chegou uma mensagem dizendo que o livro de Márquez não era sobre o sr. Rushdie. Então o que significava todo o estranho episódio?, ele se perguntou.

Gabriel García Márquez nunca publicou nenhuma "romantização" nem nada que tivesse qualquer semelhança com o que Carmen Balcells propusera. Mas a abordagem de Balcells esfregou sal em sua ferida autoinfligida. García Márquez quisera, ou não quisera, escrever ou uma obra de ficção ou de não ficção a respeito dele, mas ele próprio não tinha escrito nem uma palavra de ficção o ano inteiro — não, por mais de um ano. Escrever sempre havia sido o centro de sua vida, mas agora coisas avançavam das margens preenchendo o espaço que estivera sempre livre para seu trabalho. Ele gravou uma introdução para o filme sobre Tahar Djaout, para a televisão. Ofereceram-lhe uma coluna mensal para distribuição mundial pelo serviço de notícias do *The New York Times* e ele pediu a Andrew que aceitasse.

O Natal estava chegando. Ele estava exausto e, apesar de todo o sucesso político do ano, sentindo-se para baixo. Conversou com Elizabeth sobre o futuro, sobre ter um filho, sobre como poderiam viver, e se deu conta de que ela nem imaginava como se sentir segura sem proteção policial. Ele a encontrara no meio de uma teia de aranha e a teia era a única realidade em que ela confiava. Se um dia ele chegasse ao ponto de não precisar mais de proteção, será que ela teria medo de continuar a seu lado? Era uma nuvenzinha no horizonte. Será que cresceria até cobrir o céu inteiro?

Thomasina Lawson morreu, com apenas 32 anos. Clarissa estava fazendo quimioterapia. E Frank Zappa morreu também. O passado caiu em cima dele quando leu isso, encurralando-o com emoções poderosas e inesperadas. Em um de seus primeiros encontros, Clarissa e ele tinham ido ver o Mothers of Invention no Royal Albert Hall, e no meio do show um negro baratinado com camisa vermelha brilhante subiu ao palco e quis tocar junto com a banda. Zappa concordou, impassível. "Hã-hã, sim, senhor", disse, "e qual é o instrumento de sua escolha?" Camisa Vermelha resmungou alguma coisa sobre trompa e Zappa gritou: "Dá uma trompa aqui pra esse cara!". Camisa Vermelha começou a soprar, desafinado. Zappa ouviu alguns compassos e então, num aparte, disse: "Humm, O que será que nós podemos tocar para acompanhar esse cara e sua trompa? Já sei! O poderoso, majestoso órgão do Albert Hall!". E então um dos Mothers subiu para o banco do órgão, abriu todos os registros e tocou "Louie Louie", enquanto Camisa Vermelha soprava, desafinado e inaudível. Era uma de suas primeiras lembranças felizes, e agora Zappa tinha ido embora e Clarissa lutava pela vida. (Ao menos o trabalho dela estava preservado. Ele tinha telefonado para seus patrões na AP Watt e observado como ia pegar mal se dispensassem uma mulher que estava lutando contra um câncer e era mãe do filho de Salman Rushdie. Gillon Aitken e Liz Calder também telefonaram a seu pedido, e a agência aquiescera. Clarissa não sabia que ele tivera algo a ver com aquilo.) Ele a convidou para passar o Natal com eles. Ela foi com Zafar, sorrindo fragilmente, parecendo caçada, e deu a impressão de gostar do dia.

As pessoas também escreviam cartas para ele, como as cartas imaginárias em sua cabeça. Cem escritores árabes e muçulmanos publicaram conjuntamente um livro de ensaios escrito em muitas línguas e publicado em francês, *Pour Rushdie*, defendendo a liberdade de expressão. Cem escritores que em sua maioria entendiam do que ele estava falando, que vinham de um mundo onde seu livro havia nascido e que, mesmo que não gostassem do que ele dizia, estavam dispostos a defendê-lo, como Voltaire teria defendido seu direito de falar. *Com ele, o gesto profético se abriu aos quatro ventos do imaginário*, escreveram os editores do livro, e em seguida a cavalgada de vozes grandes e pequenas do mundo árabe. Do poeta sírio Adonis: *A verdade não é a espada/ nem a mão que a segura.* E Mohammad Arkun, da Argélia: *Eu gostaria de ver* Os versos satânicos *disponíveis a todos os muçulmanos para que possam refletir de um modo mais moderno sobre o status cognitivo da revelação.* E Rabah Belamri, da Argélia: *O caso Rushdie revelou muito claramente a todo o mundo que o islã* [...] *demonstra agora sua incapacidade de passar impune por qualquer exame sério.* E, da Turquia, Fethi Benslama: *Em seu livro, Salman Rushdie foi até o fim, de uma vez por todas, como se ele realmente quisesse ser, inteiramente sozinho, todos os diferentes autores que existiram na história de sua tradição.* E Zhor Ben Chamsi, do Marrocos: *Devíamos ser realmente gratos a Rushdie por ter aberto o imaginário para os muçulmanos outra vez.* E a argelina Assia Djebar: *Esse príncipe escritor* [...] *não está nunca senão eternamente nu e solitário. Ele é o primeiro* homem *a viver na condição da* mulher *muçulmana* (*e* [...] *é também o primeiro homem a ser capaz de escrever do ponto de vista de uma mulher muçulmana*). E Karim Ghassim, do Irã: *Ele é nosso vizinho.* E o palestino Émile Habibi: *Se não conseguirmos salvar Salman Rushdie — Deus nos livre! —, a vergonha perseguirá toda a civilização global como um todo.* E o argelino Mohammed Harbi: *Com Rushdie, reconhecemos o desrespeito, o princípio do prazer que é a liberdade na cultura e nas artes, como uma fonte de exame frutífera para nosso passado e presente.* E Sonallah Ibrahim, do Egito: *Quem tiver consciência tem de ir em auxílio desse grande escritor em seu sofrimento.* E o escritor franco-marroquino Salim Jay: *O único homem verdadeiramente livre hoje é Salman Rushdie.* [...] *Ele é o Adão de uma biblioteca futura: a da liberdade.* E Elias Khoury, do Líbano: *Temos a obrigação de lhe dizer que ele personifica a nossa solidão e que sua história é a nossa história.* E o tunisino Abdelwahab Meddeb: *Rushdie, você escreveu o que nenhum homem escreveu* [...]. *Em vez de condená-lo, em nome do islã, eu o parabenizo.* E Sami Naïr, franco-argelino: *Salman Rushdie tem de ser lido.*

Obrigado, meus irmãos e irmãs, ele respondeu silenciosamente à centena de vozes. Obrigado por sua coragem e compreensão. Desejo a todos um feliz Ano-Novo.

7. Um caminhão de estrume

Seu maior problema, ele pensava nos momentos mais amargos, era não estar morto. Se estivesse morto, ninguém na Inglaterra teria de se incomodar com o custo de sua segurança, se ele merecia ou não tratamento tão especial por tanto tempo. Ele não teria de brigar pelo direito de entrar num avião, ou de batalhar com oficiais de polícia superiores por minúsculos incrementos em liberdade pessoal. Não haveria mais nenhuma necessidade de se preocupar com a segurança de sua mãe, irmãs, filho. Não teria mais de conversar com políticos (*grande* vantagem). Seu exílio da Índia não machucaria. E o nível de estresse seria definitivamente menor.

Ele devia estar morto, mas obviamente não tinha entendido isso. Essa era a manchete que todo mundo havia preparado, esperando para rodar. Os obituários estavam escritos. Um personagem numa tragédia, ou mesmo numa farsa trágica, não podia reescrever o roteiro. No entanto, ele insistia em viver e, ainda por cima, falando, defendendo seu caso, acreditando que não era o ofensor e sim o ofendido, defendendo seu trabalho e também — se desse para acreditar em tal temeridade — insistindo em conseguir de volta sua vida, centímetro a centímetro, passo a doloroso passo. "O que é o que é: é loira, tem peitos grandes e mora na Tasmânia? Salman Rushdie!" era uma piada popular, e, se ele tivesse concordado em entrar em algum programa de proteção a testemunhas e passasse seus dias tediosos em algum lugar obscuro sob nome falso, então isso também seria aceitável. Mas o sr. Joseph Anton queria voltar a ser Salman Rushdie e isso, francamente, não era bonito da parte dele. Sua história não era uma história de sucesso e certamente não havia nela lugar para o prazer. Morto, ele podia até receber o respeito devido a um mártir da liberdade de expressão. Vivo, era uma amolação desagradavelmente duradoura.

Quando estava sozinho em seu quarto, tentando se convencer de que aquilo não era mais que a solidão conhecida do escritor trabalhando, tentando esquecer os homens armados que jogavam cartas no andar de baixo e sua incapacidade de ir até a porta sem permissão, era fácil escorregar para a amargura. Mas felizmente parecia haver uma coisa nele que despertava e recusava essa derrota pouco atraente e cheia de autocomiseração. Ele ordenou a si mesmo lembrar as regras mais importantes que tinha feito para si: não aceitar as descrições da realidade feitas pelo pessoal da segurança, políticos e sacerdotes. Em vez disso, insistir na validade de seus próprios juízos e instintos. Seguir em frente, na direção de um renascimento, ou ao menos uma renovação. Renascer como *ele mesmo* em sua própria vida: esse era o objetivo. E, se ele era um "morto em licença", bem, os mortos também tinham suas buscas. Segundo os antigos egípcios, a morte era uma busca, uma jornada em direção ao renascimento. Ele também viajaria de volta do Livro dos Mortos para o "luminoso livro da vida".

E o que poderia ser uma melhor afirmação da vida, do poder da vida sobre a morte, do poder de sua vontade de derrotar as forças orquestradas contra ele, do que trazer ao mundo uma nova vida? De repente, ele estava pronto. Disse a Elizabeth que concordava; deviam tentar ter um filho. Todos os problemas continuavam existindo, as questões de segurança, a translocação cromossômica recíproca, mas ele não se importou. A nova vida imporia suas próprias regras, insistiria naquilo que precisasse. Sim! Ele queria ter um segundo filho. Em todo caso, não teria sido certo impedir Elizabeth de ser mãe. Eles estavam juntos havia três anos e meio, e ela o amara e apoiara com todo o coração. Mas agora não era só ela que queria um filho. Depois que disse *sim, vamos ter*, ela não conseguia parar de rir para ele, de abraçá-lo e beijá-lo a noite inteira. No jantar, tomaram uma garrafa de Tignanello para comemorar, em memória de seu primeiro "encontro". Ele sempre brincava com Elizabeth que ela, naquela noite na casa de Liz Calder, tinha "dado em cima dele" depois do jantar. "Ao contrário", ela dizia, "*você* deu em cima de *mim*." Agora, estranhos três anos e meio depois, estavam em sua própria casa, depois de uma boa refeição, terminando uma garrafa de bom vinho tinto toscano. "Acho que você pode dar em cima de mim outra vez", ele disse.

O ano de 1994 começou com uma rejeição. O *The New York Times* retirou o convite para distribuir uma coluna internacional. A agência francesa do serviço de notícias reclamou que sua equipe e escritórios correriam perigo. Não estava claro se os proprietários do jornal sabiam, ou se tinham aprovado a decisão. Dois dias depois, estava claro que os Sulzberger sabiam do fato e que o convite havia sido definitivamente retirado. Gloria B. Anderson, a chefe da agência em Nova York, lamentou não poder fazer nada. Ela disse a Andrew que havia feito o convite inicialmente por razões estritamente comerciais, mas desde então começara a ler Rushdie e agora era sua fã. Isso era bom, mas inútil. Mais de quatro anos se passariam antes que Gloria telefonasse outra vez.

A Operação Malaquita era o melhor serviço de proteção. Os outros membros do Esquadrão "A" chamavam-na de "trabalho glorioso" e, embora os veteranos da operação Bob Major e Stanley Doll modestamente desdenhassem a ideia, ela era completamente verdadeira. A Operação Malaquita, na opinião dos colegas oficiais, fazia o trabalho mais perigoso e mais importante. Os outros "apenas" protegiam políticos. A Malaquita defendia um princípio. Os policiais entendiam isso claramente. Era uma vergonha o país fazer confusão. Em Londres, havia dois parlamentares tóris prontos para fazer perguntas à Câmara dos Comuns sobre o custo da proteção. Estava claro que a maioria dos parlamentares conservadores acreditava que a proteção era um desperdício de dinheiro e queriam que fosse encerrada. Ele também queria, gostaria de dizer a eles. Ninguém estava mais ansioso que ele para recuperar uma vida normal. Mas o novo encarregado da Operação Malaquita, Dick Wood, lhe disse que a inteligência iraniana "ainda estava tentando mais do que nunca" encontrar seu alvo. Rafsanjani tinha aprovado a questão havia muito tempo e os assassinos não precisavam mais lhe prestar contas. Isso continuava a ser a principal preocupação deles. Logo depois, Stella Rimington, chefe do MI5, disse na palestra Dimbleby, evento anual da BBC, que "aparentemente os esforços determinados para localizar e matar o autor Salman Rushdie vão continuar".

Estava na hora da festa da Divisão Especial outra vez. Elizabeth tentou encantar John Major, mas ele não deu atenção, "não deu nenhuma entrada a ela", para usar uma das frases favoritas de Sameen. Ela ficou chateada e disse: "Sinto que falhei com você", o que era ridículo, claro. Major de fato prometeu a Frances D'Souza que faria uma declaração em 14 de fevereiro, de forma que pelo menos isso foi conquistado nessa noite. E o secretário do Interior, Michael Howard, foi simpático também. No meio da festa, seus protetores os levaram numa turnê pelos andares da Divisão Especial. Viram a "sala reservada", onde o oficial de plantão o deixou dar uma olhada no "Livro dos Malucos" e atender um telefonema sórdido de um maluco. Viram o departamento de registros no 19º andar, com uma linda vista de Londres, os arquivos secretos, que não puderam abrir, o livro que continha as palavras código atuais do IRA, que, quando usadas, significavam que o anônimo que ligara estava alertando para uma bomba de verdade. Era interessante que, apesar da informatização, tanta coisa ainda fosse mantida em caixinhas de arquivo.

Depois da festa, a equipe levou Elizabeth e ele para um drinque no bar favorito da polícia, o Exchange. Ele se deu conta de que todos tinham ficado muitos próximos. No fim da noite, alertaram-no de que havia um "bandido bem importante e experiente" na cidade, queriam "ser francos" com ele e dizer que precisariam ser "extracuidadosos" durante alguns dias. Uma semana depois, ele soube que o "bandido" estivera treinando outros bandidos para matá-lo, despertando-os de seu sono bandido. Então agora havia diversos bandidos em ação à procura dele, para fazer aquilo que bandidos são ativados para fazer.

O quinto aniversário da *fatwa* estava chegando. Ele telefonou para Frances e fez as pazes com ela e Carmel, mas estava muito pouco propenso naquele momento para continuar a campanha. Nesse ano, seus amigos fizeram o possível para se encarregar de parte da carga. Julian Barnes escreveu um artigo fantástico na revista *The New Yorker*, inteligente e bem pesquisado, uma análise do que estava acontecendo escrita por alguém que o conhecia e gostava dele. Christopher Hitchens escreveu na *London Review of Books* e John Diamond escreveu num tabloide, para combater em seu próprio campo a tentativa dos tabloides de descaracterizar o assassinato. O dramaturgo Ronald Harwood teve um encontro em seu favor com o secretário-geral da ONU, Boutros

Boutros-Ghali. "Bu-Bu foi muito simpático", Ronnie lhe disse. "Ele perguntou se os britânicos tentaram os bastidores da diplomacia através dos indianos e dos japoneses, porque os iranianos davam ouvidos a eles." Ele não soube responder, mas desconfiava que a resposta fosse *Não*. "Ele disse que, se os britânicos quiserem que *ele* tente fazer isso, Douglas Hurd terá de solicitar formalmente." Ele se perguntou por que isso não tinha sido feito.

Nesse meio-tempo, por toda a Europa, com a aproximação do aniversário, a cobertura era solidária. Fora da Grã-Bretanha, ele era visto como agradável, engraçado, talentoso e digno de respeito. Foi fotografado pelo grande William Klein e depois Klein mencionou a Caroline Michel o quanto havia gostado da foto: "Ele é tão interessante e engraçado". "Se ao menos eu pudesse encontrar todo mundo em pequenos grupos", ele disse a Caroline, "talvez pudesse pôr um fim a todo esse ódio e desprezo. Está aí: uma solução talvez seja um jantar íntimo entre eu, Khamenei e Rafsanjani." "Vou tratar disso imediatamente", disse Caroline.

O Parlamento Internacional de Escritores, em Estrasburgo, elegeu-o presidente e pediu que escrevesse uma espécie de declaração de intenção. "Nós [escritores] somos mineiros e joalheiros", ele escreveu, em parte,

> sinceros e mentirosos, bufões e comandantes, vira-latas e bastardos, pais e amantes, arquitetos e demolidores. Somos cidadãos de muitos países: o país finito e com fronteiras da realidade observável e da vida cotidiana, os estados unidos da mente, as nações celestiais e infernais do desejo, e a república desimpedida da língua. Juntos constituímos um território muito maior do que o governado por qualquer poder terreno; no entanto as defesas contra esse poder podem parecer muito fracas. O espírito criativo é muito frequentemente tratado como um inimigo por aqueles potentados poderosos ou mesquinhos que se ressentem de nosso poder de construir imagens do mundo que entram em choque com, ou solapam, sua visão mais simplória e menos generosa. O melhor da literatura sobreviverá, mas não podemos esperar que o futuro a liberte das correntes do censor.

A grande realização do Parlamento de Escritores foi a fundação da Rede Internacional de Cidades-Refúgios, que nos quinze anos seguintes cresceria até incluir mais de trinta cidades, de Liubliana à Cidade do México, passando por Amsterdam, Barcelona e Las Vegas. As nações muitas vezes tinham razões para não dar asilo a escritores perseguidos — os Ministérios do Exterior inevitavelmente temiam que, digamos, dar as boas-vindas a um escritor chinês perseguido pudesse descarrilar um acordo comercial —, mas, em nível urbano, prefeitos muitas vezes consideravam pouco arriscada essa iniciativa. Não custava muito prover um escritor ameaçado com um pequeno apartamento e um estipêndio básico por alguns anos. Ele tinha orgulho de estar envolvido na gênese do esquema e sem dúvida sua assinatura nas cartas que o Parlamento enviasse fariam uma diferença. Ele ficou contente de poder usar seu próprio nome, que havia adquirido uma espécie de fama estranha, sombria, para beneficiar outros escritores que precisavam de ajuda.

Em 14 de fevereiro essa "declaração" apareceu no *The Independent*. Ele estava preocupado com a possibilidade de que esse jornal, com seu histórico de conciliação com os muçulmanos, conspirasse para conferir algum tipo de tom negativo ao texto, e foi o que aconteceu. No Dia dos Namorados ele acordou e descobriu seu texto na página 3, ao lado de uma notícia sobre o aniversário, enquanto toda a página de editoriais foi entregue ao texto da detestável Yasmin Alibhai-Brown sobre a *fatwa* e como esta havia produzido muitos resultados bons, positivos, permitindo que a comunidade muçulmana britânica ganhasse uma identidade e uma voz. "Não fosse aquele fatídico 14 de fevereiro de 1989", ela escreveu, "o mundo estaria correndo descontroladamente para o direito inalienável de usar calças jeans e comer hambúrgueres do McDonald's." Que bom que Khomeini estimulava um novo debate sobre os valores islâmicos e ocidentais, ele pensou; compensava até transformar alguns escritores em hambúrgueres.

"Feliz aniversário!" O fato de os amigos telefonarem para dar os parabéns em seu dia especial havia se transformado em uma tradição de humor negro. Elizabeth fez para ele um elaborado cartão de Dia dos Namorados, misturando o rosto dela com o de Frida Kahlo. Hanif Kureishi ia para o Paquistão e concordou em levar uma carta para a mãe do aniversariante em Karachi. Caroline Lang telefonou de Paris para dizer que o ministro do Interior durão Charles Pasqua tinha sido convencido a concordar que o sr. Rushdie pernoitasse na França, não apenas em residências particulares, como também em hotéis.

(Pasqua depois seria condenado pela venda ilegal de armas a Angola e receberia a sentença de um ano de prisão que fora suspensa. O ministro do Exterior belga, Willy Claes, foi condenado por aceitar propina. Assim era o mundo político. Relativamente poucos romancistas eram culpados das formas mais lucrativas de corrupção.)

As campanhas dos dois anos anteriores deram fruto na forma de declarações de líderes mundiais. Dessa vez, John Major usou palavras fortes numa declaração: *Nós todos queremos deixar claro ao governo iraniano que ele não pode gozar de relações plenas e amigáveis com o resto da comunidade internacional a menos e até que* [...], e o líder da oposição, John Smith, disse: *Condeno inteiramente* [...] *é intolerável que* [...] *apelo ao governo iraniano que* [...], e Ase Kleveland, ministro da Cultura norueguês, disse: *Vamos intensificar nossos esforços de oposição* e *exigimos que a* fatwa *seja repelida*, e Dick Spring, da Irlanda, disse: *Inaceitável* e *séria violação*, e o ministro do Exterior canadense, André Ouellet, disse: *O fato de Rushdie ter sobrevivido é uma esperança de liberdade para o mundo.*

Meio milhão de exemplares do panfleto de Auster-DeLillo (para o qual se levantou dinheiro afinal) foi distribuído naquele dia. *Pour Rushdie* foi publicado nos Estados Unidos com o título de *For Rushdie.* E Frances e Carmel levaram Michael Foot, Julian Barnes e outros à embaixada iraniana para entregar uma carta de protesto, mas não conseguiram agendar a presença de nenhum jornalista. Carmel também disse à rádio BBC que a *fatwa* havia sido ampliada para atingir também a família e os amigos dele. Era uma observação equivocada, inexata e fora de propósito, que podia pôr em risco as pessoas mais próximas a ele. Clarissa estava ao telefone um minuto depois da transmissão, para perguntar o que estava acontecendo. John Diamond ligou em seguida e ele teve de trabalhar duramente o resto do dia para convencer a BBC a transmitir uma retratação.

Gillon vinha tentando arranjar a impressão e distribuição da edição em brochura de *Versos* na Grã-Bretanha e informou que conseguira. Bill Norris, chefe da distribuidora Central Books, da qual a Troika Books era a divisão literária, ficou contente de assumir a tarefa, animado e sem medo. A Central Books distribuía literatura antifascista e, conforme disse Norris, estava sempre recebendo ameaças por isso. Seu prédio já tinha proteção. Mas seu interesse estava na promoção do livro, não no escândalo. Ele respirou fundo e disse sim. *Vamos fazer isso. Vamos desafiar os filhos da puta.*

Sentiu intensamente que a literatura era uma terra que ele não habitava fazia algum tempo. Quase quatro anos haviam se passado desde que terminara *Haroun e o mar de histórias*, e sua escrita continuava indo mal, ele não conseguia se concentrar, estava começando a entrar em pânico. Pânico podia ser uma coisa boa, já o tinha levado a trabalhar antes, mas aquele era o mais longo — sim, ele ia usar o termo — *bloqueio de escritor* de toda a sua vida. Ele estava apavorado e sabia que tinha de superar aquilo. Março seria o mês do vai ou racha. Frances Coady, a editora britânica da Random House, havia sugerido "quem sabe um livrinho de contos para segurar as pessoas" e isso podia ser uma volta. O que importava era escrever e ele não estava escrevendo. Não de verdade. Nada.

Tentou fazer um esforço para se lembrar como era ser escritor, obrigou-se a redescobrir hábitos de uma vida inteira. A inquirição interior, a espera, a confiança na trama. A descoberta lenta ou rápida de como cortar o corpo do mundo ficcional, onde penetrá-lo, que jornada fazer dentro dele e como sair. E a magia da concentração, como cair num poço profundo ou num buraco no tempo. Cair dentro da página, procurar o êxtase que vinha tão raramente. E o trabalho duro da autocrítica, o áspero interrogatório de suas frases, usando o que Hemingway chamava de *detector de merda*. A frustração de topar com os limites do talento e do entendimento. "Abra o universo um pouco mais." Sim; ele era o cachorro de Bellow.*

Uma notícia estranha: foi revelado que ele recebera o Prêmio Estatal Austríaco para Literatura Europeia *dois anos antes*, mas o governo austríaco impedira a divulgação da informação. Agora havia um tumulto e protestos na mídia austríaca. O ministro da Cultura austríaco, Rudolf Scholten, admitiu que tinha sido ingênuo e pediu para falar com o dr. Rushdie pelo telefone. Quando o dr.

* Citação bastante frequente na obra de Saul Bellow *Dezembro fatal*, de 1982. A frase diz "'*For God's sake', the dog is saying, 'open the universe a little more!'*" ("Pelo amor de Deus", diz o cachorro, "abra o universo um pouco mais!"). (N. T.)

Rushdie ligou para ele, o ministro foi simpático e se desculpou: tinha sido um erro e todos os arranjos seriam logo providenciados. O mistério do prêmio "secreto" da Áustria foi noticiado em toda a Europa. Nenhum jornal britânico achou que valesse a pena noticiar, porém. Mas o bom e velho *The Independent* publicou um artigo comparando a corajosa decisão de Taslima Nasreen de viver "abertamente" (isto é, ela não podia sair de seu apartamento fortemente protegido o dia inteiro, só se aventurando a sair sob a capa da noite num carro de vidros escurecidos) com o desejo do autor de *Os versos satânicos* de continuar "escondido" (o que envolvia lutar por sua liberdade com as limitações da polícia e mesmo assim sair em plena luz do dia para lugares públicos, sendo alvo de críticas).

No mundo das sombras dos assassinos fantasmas, o ministro do Exterior iraniano Ali Akbar Velayati estava dizendo que a *fatwa* não podia ser revogada. Na verdade, Velayati falou em Viena, e quase imediatamente a polícia estava dizendo ao alvo principal da *fatwa* que seu plano de visitar aquela cidade para receber o Prêmio Estatal era "perigoso demais". Gente demais sabia demais a respeito. Dick Wood disse que a posição oficial do Foreign Office era que seria bobagem dele ir. Mas a decisão final cabia a ele, embora "soubessem" que "alguma coisa estava planejada". Ele disse que não queria ser apavorado, não queria fugir de sombras, e Dick, falando no âmbito pessoal, disse que concordava. "Leva tempo para planejar um atentado e eles não tiveram tempo suficiente."

Em Viena, Rudolf Scholten e sua esposa, Christine, uma médica, receberam-nos como velhos amigos. O chefe de segurança disse que "certas atividades" do centro cultural islâmico eram suspeitas e que, infelizmente, sua liberdade teria de ser restringida. Não puderam andar na rua, mas mostraram-lhes a cidade do alto do Burgtheater, cujo diretor, Claus Peymann, um sujeito boêmio e grandalhão, o convidou para voltar logo e realizar um evento ali. Foram levados de carro pelos bosques de Viena — adoráveis, escuros e profundos como os bosques do famoso poema "alucinatório" de Robert Frost —, mas ele não teve permissão para sair do carro, o que transformava o bosque em algo ainda mais alucinatório. Depois do jantar, Elizabeth ficou com os Scholten, mas ele foi levado de helicóptero até o quartel-general da Divisão Especial austríaca, nos arredores de Viena, e passou a noite lá. *Milhas a percorrer antes de dormir*. Um homem que estivera observando o prédio de apartamentos dos Scholten foi seguido e entrou na embaixada do Iraque, não do Irã. Portanto ele devia ser da PMOI, cujo quartel-general ficava no Iraque. (Saddam Hussein oferecia voluntariamente um abrigo seguro aos inimigos de seu inimigo Khomeini.) No dia seguinte, a polícia austríaca circundou-o em formação de falange e acompanhou-o até o interior do salão onde seria realizada a cerimônia de entrega do prêmio. Helicópteros da polícia zuniam no céu. Mas tudo transcorreu sem incidentes. Ele recebeu seu prêmio e foi para casa.

De volta a Londres, teve uma conversa, altas horas da noite, com o chefe do contraterrorismo americano, Robert Gelbard, que disse ter informações "perturbadoras e específicas" sobre continuados "esforços" contra ele da parte dos iranianos, "sinal da frustração deles", disse, "mas, como isso é uma coisa nova, você ainda vai ficar sabendo mais". *Termine esse bendito romance, Salman*, ele dizia a si mesmo. *Pode ser que não lhe reste muito tempo.* O *The Observer* publicou um artigo descrevendo um conflito entre Rafsanjani e Khamenei a respeito do caso Rushdie. Rafsanjani queria abolir a Fundação 15 Khordad, base da força de Sanei da Recompensa, e proibir o uso de esquadrões da morte. Mas Khamenei impediu ambos os movimentos e reiterou a *fatwa*. Nada mudou.

Na Noruega, o sindicato de escritores anunciou que ele seria o convidado de honra de sua conferência anual em Stavanger. O chefe da associação muçulmana local, Ibrahim Yildiz, disse que, se Rushdie fosse a Stavanger, ele o mataria. "Se eu encontrar as armas e tiver a oportunidade, não deixarei que escape."

Ele vinha dando pela falta de pequenas somas de dinheiro da gaveta da escrivaninha onde mantinha os trocados — e aquela casa tinha quatro policiais armados! — e não sabia o que pensar. Então, Clarissa ligou para dizer que o extrato do banco de Zafar mostrava muito dinheiro e retiradas altas. Zafar disse a ela que um rapaz da escola (cujo nome não citava) tinha "vendido uma coisa de casa que não devia ter pegado" e pedira que ele guardasse o dinheiro. Isso era evidentemente mentira. Ele disse também a Clarissa que tinha "repassado com papai as entradas e saídas da conta", mas não fizera isso. Segunda mentira.

Eles decidiram impor sérias sanções. A conta seria fechada, ele não teria acesso ao dinheiro dela e a mais nenhuma mesada enquanto não contasse o que realmente estava acontecendo. Meia hora depois — quem disse que sanções econômicas não funcionam? — Zafar confessou. Vinha surripiando dinheiro da gaveta da mesa do pai. O barco inflável que ele queria custara muito mais do que achava que ia custar, 250 libras, não 150, e havia outras despesas, coisas que ele precisava ter a bordo do barco, e levaria séculos economizar o dinheiro, ele queria muito o barco. Recebeu um castigo severo — nada de TV, a conta bancária fechada, teria de devolver trinta libras por mês de sua mesada de cinquenta libras mensais e não poderia usar o barco (um inflável Mirror, que ele já havia comprado, e só agora os pais descobriam) até que tivesse pagado por ele honestamente. Clarissa e ele esperavam que esse episódio chocasse Zafar e o devolvesse à honestidade. Mas ele tinha de aprender também que os pais haviam confiado absolutamente nele e que agora precisava conquistar de volta essa confiança. Ao mesmo tempo, ele não podia duvidar de seu amor, que era incondicional. Zafar pareceu aterrorizado e cheio de vergonha. Não quis discutir o castigo.

Cinco dias depois, Elizabeth descobriu que sua joia mais preciosa, a pulseira talismã de ouro que pertencera a sua mãe, tinha desaparecido do esconderijo, uma caixa dentro de outra caixa dentro de seu armário de roupas. Nada mais sumira. Ele pediu que ela desse uma busca, mas ela parecia ter concluído que Zafar a pegara. Deu uma busca pela metade e não encontrou a joia. Zafar estava dormindo em seu quarto e ela insistiu que ele fosse acordado e questionado. Ele implorou a ela que revirasse a casa de pernas para o ar primeiro, mas ela disse que tinha procurado e a joia não estava lá. Então ele teve de acordar o filho e acusá-lo, embora todo o instinto que possuía lhe dissesse que aquele filho seu não poderia ter feito uma coisa dessas, ele não sabia onde Elizabeth guardava suas joias e negava ter feito qualquer coisa. E, quando o rapazinho estava deitado em sua cama, acordado e absolutamente infeliz no meio da noite, Elizabeth encontrou a pulseira, que estivera lá o tempo todo.

Então ele é que ficou envergonhado diante do filho. E entre ele e Elizabeth caiu uma sombra que não se desfez depressa.

Estavam na casa de Ronnie e Natasha Harwood, que comemoravam 35 anos de casados, e o juiz Stephen Tumim, inspetor chefe das prisões de Sua Majestade, um cavalheiro rubicundo e risonho, que o IRA recentemente havia prometido matar, estava conversando sobre a proteção, e como era ser forçado pela Divisão Especial a deixar sua casa de trinta anos. A esposa dele, Winifred, contou que tinha sofrido um colapso nervoso. Ela ia à casa, com escolta policial, para pegar as coisas de que precisava, e ver as camas arrumadas e saber que nunca mais ninguém dormiria nelas a fazia sentir-se, disse, como um morto em visita. Os dois foram vitimados pela tristeza e a pior parte era não saber quando aquilo ia terminar. "É como os condenados a prisão perpétua", disse o juiz Tumim. "Quando alguém é detido *à disposição de Sua Majestade*, nunca sabe por quanto tempo será. Isto é uma condenação perpétua também, ou algo muito parecido." Stephen e Winifred tiveram de ficar no quartel militar na Albany Street, perto de Regent's Park, onde ele e Elizabeth quase foram confinados. Mas fizeram por Stephen coisas que nunca foram oferecidas a eles. O Estado concordara em avaliar e comprar a casa dele, porque, como disse o bom juiz, "gente sob proteção não consegue encontrar ninguém idiota o bastante para comprar sua casa". "Eu encontrei", ele replicou, e Ronnie Harwood disse, com um sorriso travesso: "É, é meu editor, Robert McCrum".

Tumim era um conversador maravilhoso. Ele havia conhecido o notório *serial killer* Dennis Nilsen ao visitar uma prisão e ficara "um pouco alarmado" quando Nilsen pediu para falar com ele a sós. "Mas ele só queria se exibir porque tinha virado um homem muito culto." Nilsen fora preso porque o esgoto de sua casa entupiu com carne e vísceras humanas. Ele matara ao menos quinze homens e meninos e fazia sexo com seus corpos mortos. Tumim achou Nilsen "muito sinistro", o que parecia provável. Ele e Tumim tinham tido os mesmos agentes de proteção e fofocaram um pouco sobre eles. "Trabalho perfeito para acobertar um caso extraconjugal", Tumim concordou. "*Não posso contar onde vou, querida, nem quando volto, é tudo confidencial, sabe.* Todos têm casos, naturalmente. Nós provavelmente também teríamos." Ele contou para Tumim a história do agente de proteção bígamo. "São homens muito bonitos, sabe?", disse o juiz, compreensivo.

Por fim, Tumim começou a se sentir seguro quando o diretor da prisão Maze, em Long Kesh, Irlanda do Norte, onde o homem do IRA Bobby Sands havia morrido numa greve de fome contra as condições do "bloco H", lhe contou que ele não estava mais na lista negra do IRA. Tinha estado, mas agora havia sido removido. "O pessoal da inteligência não sabe muito, de fato", disse ele. "Mas se eu me recusasse a sair de casa provavelmente teria levado um tiro. Eu tinha o costume de sentar à janela e olhar o rio lá embaixo, e do outro lado do rio havia uns arbustos, perfeitos para um atirador. Eu seria um alvo fácil como um pato. Os meninos da proteção me diziam: *Toda vez que o senhor for ao jardim, vai se perguntar se não há um atirador nas moitas.* Mas agora está tudo bem."

Ronnie contou no dia seguinte que o juiz agora fazia piada sobre essa época, mas que ela tinha sido um momento terrível para ele e sua família. Uma das filhas de Tumim, insatisfeita de estar numa casa cheia de homens armados, começara a deixar recados em cada cômodo, PROIBIDO FUMAR e outras instruções. A perda de privacidade e espontaneidade era o mais difícil de tolerar. Tinha sido muito bom falar com alguém que passara pelo que ele estava passando e saber que uma história dessas podia ter um final feliz. Elizabeth e Winifred Tumim haviam reclamado uma com a outra do peso das portas dos carros blindados. Não havia muita gente com que se podia falar disso. "Faz a gente ficar gostando muito mais da polícia", dissera o juiz, "ser muito menos tolerante com os canalhas. No meu caso, o IRA. Você tem de aguentar outros canalhas, nem todos muçulmanos."

O sr. Anton detectou uma mudança na atitude da polícia em relação à Operação Malaquita. Por um lado, eles planejavam instituir uma "vigilância secreta" da casa de Zafar e Clarissa, e ele ficou contente, porque sempre se preocupara que a Burma Road ficasse sem nenhuma atenção. Dick Wood disse que ele talvez tivesse de "mudar de equipe" quando saísse, mesmo para ir ao cinema, porque não queria que os rostos das pessoas que ficavam na casa da Bishop's Avenue se tornassem muito conhecidos. Por outro lado, para o próprio beneficiário da Malaquita a melhor atitude era sair. O agente de proteção Tony Dunblane confidenciou: "Pessoalmente sinto que nós, da divisão, não devíamos fazer o serviço dos iranianos para eles mantendo você trancado". Logo depois, seu superior Dick Wood concordou. "Tenho a impressão", disse Dick, "de que há mais de três anos você está sendo tratado como uma criança malcriada." Muitas restrições com as quais o sr. Greenup insistira eram desnecessárias. "*Então, veja você*", ele replicou. "*Três anos e pouco da minha vida mais desagradáveis do que era preciso porque Greenup não gostava de mim. Eu tinha de batalhar cada centímetro.*" "Não sei como você aguentou", disse Dick. "Nenhum de nós aguentaria."

Helen Hammington abrandara também e estava disposta a ajudar o beneficiário da Malaquita a ter uma vida ligeiramente melhor. Talvez todos os seus encontros com líderes mundiais tivessem ajudado a mudar a atitude dela. Talvez seus próprios argumentos tivessem finalmente surtido algum efeito. Ele não perguntou.

Em 1982, ele havia visitado uma velha sinagoga em Cochin, Kerala, uma pequena joia revestida de ladrilhos de cerâmica azul da China (LADRILHOS DE CANTÃO & NÃO HÁ DOIS IGUAIS, dizia uma placa). A história da comunidade quase extinta de judeus do Kerala estimulou sua imaginação e ele foi falar com o pequeno zelador da sinagoga, um velho cavalheiro com um belo nome do sul da Índia, Jackie Cohen, e crivou-o de perguntas.

Depois de alguns minutos, o sr. Cohen ficou impaciente. "O que tanto quer saber?", o velho zelador queixoso perguntou. "Bem", ele replicou, "sou escritor e talvez escreva alguma coisa sobre este lugar." Jackie Cohen sacudiu uma mão ossuda, dispensando-o. "Não precisa", disse, um pouco altivo. "Já temos um folheto."

Ele havia feito um diário de sua visita ao Kerala e algum instinto de escritor lhe dizia para não desperdiçá-lo. Agora aquele diário, resgatado da St. Peter's Street, mostrava-lhe o caminho de volta para seu trabalho. Debruçou-se sobre ele dia após dia, lembrando-se da beleza do porto de Cochin, dos armazéns de pimenta que guardavam o "ouro negro de Malabar" e dos imensos abanos da igreja onde Vasco da Gama havia sido enterrado. Enquanto caminhava pelas ruas do bairro judeu em sua mente, o trecho de Cochin de *O último suspiro do mouro* começou a ganhar vida. Aurora Zogoiby e seu filho Moraes, o Mouro, o guiaram por seu mundo.

Seu pesadelo fora longo e a literatura, difícil de retomar. Todos os dias ele pensava em William Nygaard e seus buracos de bala, em Ettore Capriolo chutado e esfaqueado, em Hitoshi Igarashi morto numa poça de sangue no elevador. Não só ele, o autor sem-vergonha, como o mundo dos livros — a literatura em si — tinham sido vilipendiados, alvejados, chutados, esfaqueados, mortos e culpados ao mesmo tempo. No entanto, a vida real dos livros era profundamente diferente desse mundo de violência, e nele ele redescobriu o discurso que adorava. Emergiu de sua alienada realidade cotidiana e mergulhou em Aurora, seu glamour, seus excessos boêmios, suas pitorescas contemplações de langor e desejo, como um homem esfaimado num banquete.

Ele havia lido uma história sobre Lênin contratar sósias para viajar pela União Soviética fazendo os discursos que ele não tinha tempo de fazer, e pensou que seria engraçado se, no Kerala, onde o comunismo era popular, os leninistas locais resolvessem contratar Lênins indianos para fazer a mesma coisa. Lênin Alto Demais, Lênin Baixo Demais, Lênin Gordo Demais, Lênin Magro Demais, Lênin Manco Demais, Lênin Calvo Demais e Lênin Dentes de Menos marcharam para suas páginas e com eles vieram a leveza e o brio. Talvez pudesse escrever um bom livro, afinal. *O último suspiro do mouro* seria seu primeiro romance adulto desde *Os versos satânicos*. Havia muita coisa empenhada na recepção desse livro. Ele tentou tirar essas ideias da cabeça.

Sua vida diária estava agora menos perturbada do que tinha sido quando escrevera *Haroun e o mar de histórias*, mas o dom da concentração profunda mostrou-se mais difícil de reconquistar. O imperativo de sua promessa a Zafar conduzira *Haroun* por todas as mudanças de casa e todas as incertezas. Agora ele tinha um lugar para viver e uma sala agradável onde escrever, mas estava distraído. Fez um esforço para retomar velhas rotinas. Levantava-se de manhã e ia diretamente se sentar a sua mesa, sem tomar banho nem se vestir para o dia, às vezes sem nem escovar os dentes, e se obrigava a ficar sentado ali de pijama até começar o trabalho do dia. "A arte de escrever", dissera Hemingway, "é a arte de aplicar o assento da calça ao assento da cadeira." *Sente-se*, ele ordenava a si mesmo. *Não se levante*. E aos poucos, aos poucos, sua velha força voltou. O mundo foi embora. O tempo parou. Ele caiu alegremente naquele lugar profundo onde livros não escritos estão à espera de ser encontrados, como amantes que exigem prova de absoluta devoção antes de aparecerem. Ele era um escritor outra vez.

Quando não estava escrevendo o romance, estava revisando velhos contos e pensando em novos para a coletânea que estava chamando de *Oriente, Ocidente* — um título em que, pensou, a vírgula representava ele mesmo. Tinha os três contos do "Oriente" e os três do "Ocidente" e estava trabalhando em três histórias de cruzamento cultural que comporiam a parte final da coletânea. "Tchekhov e Zulu" era sobre diplomatas indianos obcecados com *Star Trek* na época do assassinato da sra. Gandhi e sua amizade com Salman Haidar no Alto-Comissariado indiano forneceu material útil. "A harmonia das esferas" era uma história quase real baseada no suicídio de um amigo íntimo de Cambridge, Jamie Webb, escritor sobre temas ocultos que desenvolveu esquizofrenia aguda e acabou se matando com um tiro. E o conto mais longo, "O cortesão", ainda estava sendo escrito. Em meados dos anos 1960, quando seus pais se mudaram de Bombaim para Kensington, tinham trazido junto sua velha *ayah* Mary Menezes para cuidar durante algum tempo de sua irmã mais nova, então com apenas dois anos. Mas Mary sentia muita falta da Índia, o coração partido de saudade por outro lugar. Ela começara a ter efetivamente problemas de coração, acabando por retornar à Índia. No momento em que chegou lá, os problemas de coração desapareceram e nunca mais voltaram. Ela vivera até mais de cem anos. A ideia de que se podia efetivamente correr o risco de morrer de coração partido era uma coisa sobre a qual valia a pena escrever. Ele juntou a história de Mary com a de um zelador da Europa Oriental que conhecera na agência de publicidade Ogilvy & Mather, em Londres, um homem mais velho que mal falava inglês e sofria as sequelas de um derrame, mas que jogava xadrez com uma fluência e uma força que poucos oponentes conseguiam enfrentar. Em sua história, o jogador de xadrez silenciado e a *ayah* com saudade de casa se apaixonavam.

A polícia havia preparado um brinde especial para ele e Elizabeth. Foram levados ao legendário Black Museum da Scotland Yard, que normalmente não era aberto ao público. A temperatura no museu era mantida muito baixa e ele estremeceu ao entrar. O curador, John Ross, que supervisionava a bizarra coleção de armas de assassinatos reais e outros memorabilia do crime, disse que gostaria que a polícia britânica tivesse permissão para matar. Talvez a longa proximidade com aqueles instrumentos da morte tivesse afetado sua maneira de pensar. No Black Museum havia muitas armas disfarçadas — guarda-chuvas revólveres, cassetetes que eram armas de fogo, facas que disparavam balas. Todas as armas de fantasia de romances policiais e filmes de espionagem estavam ali, expostas em mesas, e cada arma havia matado um homem ou mulher. "Usamos isto aqui para treinar agentes jovens", disse o sr. Ross. "Para eles entenderem, sabe?, que qualquer coisa pode ser uma arma." Ali estava a arma usada por Ruth Ellis, a última mulher a ser enforcada na Inglaterra, para matar seu amante, David Blakely. Ali a arma com a qual, em Caxton Hall, Westminster, em 1940, o assassino sique Udham Singh assassinara sir Michael O'Dwyer, ex-governador do Punjab, para vingar o fuzilamento de indianos no massacre de Amritsar 21 anos antes, em 13 de abril de 1919. Ali o fogareiro e a banheira na qual o *serial killer* John Reginald Christie tinha cozinhado e cortado em filés suas vítimas em Rillington Place 10, oeste de Londres. E ali a máscara mortuária de Heinrich Himmler.

O *serial killer* Dennis Nilsen havia servido brevemente na força policial, disse o sr. Ross, mas fora expulso depois de um ano, por ser homossexual. "Hoje não se poderia mais fazer isso, não é?", refletiu o sr. Ross. "Ah, não, não se poderia."

Num vidro grande havia um par de braços humanos cortados no cotovelo. Pertenciam a um assassino britânico que tinha sido morto a tiros quando em fuga pela Alemanha. A Scotland Yard havia pedido a seus colegas alemães que mandassem as impressões digitais do cadáver para poderem identificá-lo formalmente e encerrar o caso. Os alemães preferiram mandar os braços do assassino. "Peguem *vocês* as digitais", disse o sr. Ross, imitando um sotaque. "Toque do velho senso de humor alemão." E ele era um homem que estavam tentando matar. Toque do velho senso de humor britânico, ele pensou. Ah, sim.

Nessa noite, com as imagens do Black Museum ainda vivas na imaginação, ele participou de uma leitura póstuma em honra de Anthony Burgess, no Royal Court Theater, ao lado de John Walsh, Melvyn Bragg, D. J. Enright e Lorna Sage. Ele leu a parte de *Laranja mecânica* em que Alex e seus droogs, ou amigos, atacam o autor de um livro chamado *Laranja mecânica*. Andava pensando bastante naquilo que Burgess chamou de "ultraviolência" (inclusive violência contra escritores); sobre o glamour do terrorismo e como isso fazia jovens perdidos e desesperançados se sentirem fortes e poderosos. A gíria baseada no russo que Burgess criara para esse livro havia definido esse tipo de violência, glorificando-a e anestesiando as reações a ela, de forma que ela se tornara uma brilhante metáfora do que transformava a violência numa moda. Ler *Laranja mecânica* era adquirir uma melhor compreensão dos inimigos de *Os versos satânicos.*

Ele terminou "O cortesão", de forma que a coletânea *Oriente, Ocidente* estava completa. Terminou também a primeira parte de *O último suspiro do mouro*, "Uma casa dividida", que tinha umas 40 mil palavras. O bloqueio se rompera afinal. Ele estava profundamente mergulhado no sonho. Não estava mais em Cochin. Agora seu olhar mental via a cidade de sua juventude, que havia sido forçada a adotar um nome falso. *Os filhos da meia-noite* tinha sido seu romance de Bombaim. Este seria um livro sobre um lugar mais sombrio, mais corrupto, mais violento, visto não através dos olhos da infância, mas usando o olhar mais pessimista de um adulto. Um romance de Mumbai.

Ele começara uma batalha judicial na Índia para recuperar uma propriedade ancestral, o chalé de verão de seu avô em Solan, nos montes Shimla, que tinha sido tomado ilegalmente pelo governo no estado de Himachal Pradesh. Quando essa notícia chegou a Londres, o *Daily Mail* publicou um editorial sugerindo que, se ele quisesse ir embora e morar em Solan, sua passagem podia ser paga por uma subscrição pública porque seria muito mais barato do que continuar com a proteção. Se dissessem a qualquer outro imigrante indiano na Inglaterra que voltasse a sua terra, seria considerado racismo, mas aparentemente era tolerável falar desse imigrante específico do jeito que quisessem.

No fim de junho, ele foi à Noruega, encontrar-se com William Nygaard, que estava se recuperando bem, mas lentamente, dos ferimentos e deu-lhe um abraço. Em julho, ele escreveu a primeira de uma série de cartas abertas à escritora bangladeshiana ameaçada Taslima Nasrin para o diário de Berlim *die tageszeitung*. Depois dele, foram Mario Vargas Llosa, Milan Kundera, Czesław Miłosz e muitos outros. Em 7 de agosto, a *fatwa* completou 2 mil dias. Em 9 de agosto, Taslima Nasrin chegou a Estocolmo com a ajuda de Gabi Gleichmann, do PEN sueco, e recebeu asilo do governo da Suécia. Nove dias depois, ela foi agraciada com o Prêmio Kurt Tucholsky. Portanto, estava em segurança; exilada, privada de sua língua, seu país e sua cultura, mas viva. "O exílio", ele havia escrito em *Os versos satânicos*, "é um sonho de glorioso retorno." Escrevera isso sobre o exílio de um imã parecido com Khomeini, mas a frase voltara como um bumerangue e descrevia seu autor, e agora Taslima também. Ele não podia voltar à Índia, e Taslima não podia voltar a Bangladesh; os dois só podiam sonhar.

Devagar, com cuidado, ele havia preparado algumas semanas de escapada. Ele, Elizabeth e Zafar tomaram o trem noturno para a Escócia e lá foram recebidos pelos veículos da proteção, que tinham seguido na véspera. Na pequena ilha particular de Eriska, perto de Oban, havia um hotel tranquilo e eles passaram lá uma semana de férias, fazendo as coisas normais de férias — caminhadas pela ilha, tiro ao alvo, minigolfe — que pareciam um luxo indescritível. Visitaram Iona e, no cemitério em que os antigos reis da Escócia repousavam — onde o próprio Macbeth foi enterrado —, viram um túmulo recente, a terra sobre ele ainda úmida, no qual John Smith, o líder trabalhista, havia sido enterrado recentemente. Ele encontrara Smith uma vez e o admirara. Parou ao lado do túmulo e baixou a cabeça.

E depois da Escócia veio a escapada de verdade. Elizabeth e Zafar pegaram um avião de Londres a Nova York. Ele teve de fazer o trajeto longo outra vez. Foi para Oslo, esperou, depois pegou o voo da Scandinavian Airlines para o aeroporto JFK e chegou debaixo de chuva forte. As autoridades americanas tinham pedido que ele permanecesse a bordo e, depois que todos os outros passageiros desembarcaram, subiram a bordo e procederam às formalidades de imigração. Ele foi levado para fora do avião e conduzido de carro pela pista até o local do encontro marcado com Andrew Wylie. Depois, entrou no carro de Andrew e o mundo da segurança recuou e o deixou livre. Não haviam solicitado segurança e nenhuma segurança foi oferecida ou imposta. A promessa da estátua do porto fora mantida.

Liberdade! Liberdade! Ele se sentia cem quilos mais leve e com vontade de cantar. Zafar e Elizabeth estavam à sua espera na casa de Andrew, e nessa noite Paul Auster e Siri Hustvedt, e Susan Sontag e David Rieff apareceram, todos cheios de alegre descrédito por vê-lo livre de suas correntes. Ele levou Elizabeth e Zafar para dar uma volta de helicóptero sobre a cidade com Andrew Wylie e o tempo todo Elizabeth e Andrew gritaram aterrorizados — Andrew alto, Elizabeth em silêncio. Depois do passeio, alugaram um carro da Hertz. O rosto redondo e rosado da moça loira da Hertz, Debi, não deu o menor sinal de reconhecê-lo quando digitou seu nome no computador. E então estavam com um sedã de luxo Lincoln só para eles! Ele se sentia como uma criança com as chaves de uma loja de brinquedos. Saíram para comer com Jay McInerney e Errol McDonald, da Random House. Era tudo intensamente excitante. Willie Nelson estava no restaurante! E Matthew Modine! O maître parecia preocupado, mas e daí? Zafar, agora com quinze anos, estava se sentindo adulto. Jay o tratava como homem, conversou com ele sobre garotas, e Zafar adorou. Foi para a cama sorrindo e acordou com o sorriso ainda no rosto.

Iam para Cazenovia, Nova York, para ficar com Michael e Valerie Herr. Tinham enviado orientações precisas, mas ele telefonou a Michael antes de partir, só para garantir. "O único trecho de que não tenho certeza", disse, "é como sair de Nova York." Com perfeito timing de comédia, Michael resmungou: "É, todo mundo vem tentando descobrir isso há anos, Salman".

Cada instante era um presente. Dirigir pela interestadual foi como uma viagem espacial, passando pelo aglomerado galáctico de Albany e a nebulosa Schenectady em direção à constelação de Syracuse. Fizeram uma parada em Chittenango, que havia se transformado num parque temático de Oz: calçadas de tijolos amarelos, lanchonete da tia Em, tudo horrendo. Correram para Cazenovia e lá estava Michael piscando para eles por trás dos pequenos óculos grossos, com seu sorriso irônico, e Valerie parecendo vagamente beatífica e *bem*. Estavam no mundo de Jim e Jim. As filhas dos Herr estavam em casa e apareceu um cachorro corgi chamado Pablo, que deitou a cabeça no colo dele e ninguém conseguia afastá-lo. Atrás da ampla casa de madeira, havia uma lagoa cercada pela mata. Fizeram uma caminhada noturna debaixo de uma grande lua cheia. De manhã, havia um veado morto na lagoa.

Ele aprendeu a pronunciar "Skaneateles" a caminho do lago Finger, onde o escritor Tobias Wolff tinha uma cabana. Comeram numa lanchonete de peixes, foram até o fim do píer, *comportaram-se normalmente*, sentiram-se anormalmente leves de alegria. À noite, pararam numa livraria e ele logo foi reconhecido. Isso deixou Michael nervoso, mas ninguém se agitou e ele garantiu a Michael: "Eu evito a livraria amanhã". No domingo, ficaram em casa com os Herr, Toby Wolff veio para o almoço, ele e Michael trocaram histórias do Vietnã.

A viagem até a casa de John Irving, em Vermont, levou cerca de três horas. Pararam perto da fronteira estadual para almoçar. O restaurante pertencia a um argelino chamado Rouchdy, que inevitavelmente ficou muito excitado. "Rushdie! Temos o mesmo nome! Sempre confundem eu com você! Eu falo, não, não, eu muito mais bonito!" (Em outra visita aos Estados Unidos, um maître do Harry Cipriani, de Nova York, ficou igualmente lírico: "Rushdie! Eu gosto de você! Aquele livro, seu livro, eu li! Rushdie, gosto do seu livro, aquele livro! Eu sou do Egito! Egito! No Egito, esse livro está proibido! Seu livro! *Completamente proibido*! Mas todo mundo leu!".)

John e Janet Irving moravam numa casa comprida na encosta da montanha na cidade de Dorset. John disse: "Quando falamos com o arquiteto, simplesmente enfileiramos guardanapos, alguns assim em ângulo. Dissemos para ele: Construa desse jeito, e ele construiu". Emoldurada, na parede, havia uma lista de best-sellers do *The New York Times*, com *Os versos satânicos* uma posição acima do livro de John. Havia outras listas de best-sellers emolduradas e em todas elas John era o número um. Escritores locais vieram jantar e houve gritos, discussões, drinques. Ele se lembrou de que quando conheceu John tivera a ousadia de perguntar: "Por que tantos ursos em seus livros? Houve algum urso importante na sua vida?". Não, John respondera, e de qualquer forma — isso foi depois de *O hotel New Hampshire* — ele não escrevia mais sobre ursos. Estava escrevendo o libreto para um balé de Baryshnikov, acrescentou, mas só havia um problema. "Qual problema?" "Baryshnikov não quer usar a roupa de urso."

Foram a uma feira estadual e erraram desanimadoramente na adivinhação do peso do porco. *Um porco e tanto*, ele disse, e Elizabeth respondeu: *Radiante*. Olharam um para o outro, era difícil acreditar que tudo aquilo estava realmente acontecendo. Depois de dois dias, ele pôs Elizabeth e Zafar no Lincoln e rodaram para New London, para pegar a balsa até Orient Point, no North Fork de Long Island. Quando a balsa saiu de New London, um submarino nuclear negro igual a um gigantesco cetáceo cego estava entrando no porto. Nessa noite, chegaram à casa de Andrew, em Water Mill. As coisas mais simples os deixavam quase em êxtase. Ele andou a cavalo com Zafar em torno da piscina de Andrew e raramente tinha visto seu filho adolescente tão contente. Zafar foi patinar pelas alamedas cheias de folhas e ele o acompanhou com uma bicicleta emprestada. Foram à praia. Zafar e a filha de Andrew, Erica, conseguiram o autógrafo de Chevy Chase num restaurante. Elizabeth comprou vestidos de verão em Southampton. Então, o encanto se quebrou e estava na hora de voltar para casa. Elizabeth e Zafar retornaram por uma das grandes companhias aéreas que estavam proibidas para ele. Ele foi até Oslo e mudou de avião. *Vamos fazer isso de novo, e por muito mais tempo*, ele prometeu a si mesmo. Os Estados Unidos haviam lhe devolvido a liberdade durante uns poucos dias preciosos. Não havia narcótico mais doce e, como qualquer viciado, ele imediatamente quis mais.

Seu novo contato no Foreign Office era um arabista chamado Andrew Green, mas, quando este propôs um encontro, ele e Frances concordaram em recusar porque Green não tinha nada de novo a discutir. "Salman está muito deprimido?", Green perguntou a Frances. "É uma reação analítica ou emocional?" Não, na verdade ele não está deprimido, sr. Green, só está cansado de ser jogado para lá e para cá.

Frances tinha escrito a Klaus Kinkel, que agora estava na presidência rotativa da União Europeia. Kinkel respondeu com uma muralha. Não, não, não. E um membro da conservadora União Democrata Cristã alemã era o novo chefe do comitê de direitos humanos do Parlamento Europeu, que também tinha más notícias. Os alemães às vezes lembravam muito agentes do Irã na Europa. Pegaram suas vassouras e o estavam varrendo para debaixo do tapete outra vez.

Seus nove contos estavam sendo bem recebidos. Michael Dibdin, do *The Independent on Sunday*, escreveu que seu livro lhe fazia mais bem e conquistava mais amigos do que quaisquer discursos ou declarações, e isso soava certo. Então Cat Stevens — Yusuf Islam — borbulhou no *The Guardian* como um peido numa banheira, ainda exigindo que Rushdie recolhesse seu livro e "se arrependesse", dizendo que seu apoio à *fatwa* estava de acordo com os Dez Mandamentos. (Posteriormente, ele fingiria nunca ter dito essas coisas, nunca ter reclamado o assassinato de ninguém, nunca ter justificado isso em nome da "lei" de sua religião, nunca ter aparecido na televisão nem falado aos jornais para vomitar seu lixo sanguinário e inculto, sabendo que vivia numa época em que ninguém tinha memória. Negações repetidas podiam estabelecer uma nova verdade que apagava a anterior.)

O novo assistente de Dick Wood, Rab Connolly, um homem ruivo, firme, feroz, ligeiramente perigoso, que estava fazendo um curso de graduação em literatura pós-colonial nas horas vagas, apareceu em pânico falando sobre um cartum no *The Guardian* que mostrava uma "rede vigente" com linhas que ligavam o sr. Anton a Alan Yentob, Melvyn Bragg, Ian McEwan, Martin Amis, Richard e Ruthie Rogers, e ao River Café. "Todas essas pessoas visitam a sua residência e isso pode ser prejudicial para a natureza secreta da proteção." Ele ressaltou que a mídia de Londres sabia havia muito tempo quem eram seus amigos, portanto aquilo não era novidade, e depois de algum tempo Connolly concordou em permitir que seus amigos continuassem a visitá-lo, apesar do cartum. Ele às vezes sentia que estava preso numa armadilha de percepções. Se tentava sair de seu buraco e ficar mais visível, a imprensa concluía que não estava mais em perigo e agia de acordo, às vezes (como no caso do cartum do *The Guardian*) fazendo a polícia sentir que havia aumentado o risco ao beneficiário da Malaquita. Então, ele era empurrado para dentro do buraco outra vez. Nessa ocasião, pelo menos, Rab Connolly não perdeu a coragem. "Não quero impedir que vá a lugar nenhum", disse ele.

Do nada, Marianne mandou uma mensagem que Gillon lhe enviou por fax. "Contra a minha vontade assisti você no *Face to Face* esta noite e gostei de ter visto. Lá estava você como um dia o conheci — doce, bom, sincero, discursando sobre o Amor. Vamos enterrar o que fizemos juntos, por favor." Em papel timbrado e sem assinatura. Ele respondeu dizendo que ficaria feliz de enterrar as armas se ela, por favor, devolvesse suas fotografias. Ela não respondeu.

Em casa, havia muitas pequenas irritações novas causadas por coabitar com quatro policiais. Dois adolescentes da rua ficaram olhando a casa e a polícia imediatamente concluiu que Zafar devia ter falado a seus colegas de escola onde estava. (Ele não tinha feito isso, e os adolescentes não eram da Highgate School.) Mais e mais sistemas de segurança eletrônicos eram trazidos à casa e entravam em choque uns com os outros. Quando ligavam os alarmes, os rádios da polícia paravam de funcionar, e quando usavam os rádios os alarmes encrencavam. Instalaram um sistema "perimetral externo" circundando o jardim, e cada esquilo que corria, cada folha que caía disparavam o alarme. "Às vezes, isto aqui fica parecendo os Keystone Cops", ele disse a Elizabeth, cujo sorriso era forçado porque a gravidez havia tanto desejada não acontecia. A tensão crescia no quarto. O que não ajudava.

Elizabeth e ele jantaram com Hitch, Carol, Martin e Isabel depois da festa da *London Review of Books* e Martin estava tremendamente enfático. "Claro que Dostoiévski não é *nada* bom, porra." Beberam muito vinho e uísque e ele começou a discutir ferozmente com o amigo. Quando as vozes se elevaram, Isabel tentou intervir e ele virou para ela e disse: "Ah, vá se foder, Isabel". Não queria dizer isso, mas a bebida liberou a ofensa. Imediatamente, Martin reagiu. "Não pode falar assim com minha namorada. Peça desculpas." Ele disse: "Conheço Isabel há muito mais tempo que você e ela nem ficou ofendida. Está ofendida, Isabel?". Isabel disse: "Claro que não", mas Martin ficara insistente: "Peça desculpas".

"Senão? Senão o quê, Martin? Senão nós vamos lá para fora?" Isabel e Elizabeth intervieram para acabar com aquela idiotice, mas Christopher disse:

"Deixem a coisa se esgotar". "Tudo bem", ele disse, "eu peço desculpas. Isabel, me desculpe. Agora, Martin, você tem de fazer uma coisa para mim." "O quê?" "Tem de nunca mais falar comigo o resto da sua vida."

No dia seguinte, estava se sentindo péssimo e seu humor só melhorou depois de ele falar com Martin e dissipar a briga, concordando com o amigo que essas coisas podiam acontecer de vez em quando e não afetavam o amor que tinham um pelo outro. Ele disse a Martin que um grande grito não gritado se acumulara dentro dele e na noite anterior uma parte desse grito saíra no lugar errado, no momento errado.

Em novembro, ele foi à reunião do Parlamento de Escritores em Estrasburgo. Os homens da Raid tinham ocupado todo o último andar do Hotel Regent Contades para protegê-lo. Estavam tensos porque o processo dos assassinos de Shapur Bakhtiar estava em curso, e o tema da conferência era a situação tensa com os muçulmanos do FIS [Front Islamique du Salut] e do GIA [Groupe Islamique Armé] na Argélia e sua presença na cidade complicava consideravelmente a tensão.

Ele se encontrou com Jacques Derrida, que o fez se lembrar de Peter Sellers em *Um Beatle no paraíso*, passando pela vida com uma máquina de vento invisível permanentemente desmanchando seu cabelo. Ele logo se deu conta de que ele e Derrida não concordavam sobre nada. No setor da Argélia, ele argumentou que o islã em si, o Islã Existente de Fato, não podia ser exonerado dos crimes cometidos em seu nome. Derrida discordou. A "ira do islã" era motivada não pelo islã, mas pelos malfeitos do Ocidente. Ideologia não tinha nada a ver com aquilo. Era uma questão de poder.

O pessoal da Raid ficava mais inquieto a cada hora. Anunciaram um alerta de bomba no teatro de ópera, onde os escritores se encontravam. Havia um cilindro suspeito e provocaram uma explosão controlada. Era um extintor de incêndio. O estouro ocorreu durante o discurso de Günter Wallraff e o deixou irritado por um momento. Ele estivera doente, com hepatite, e fizera um esforço especial para ir a Estrasburgo, "para estar com você".

Nessa noite sobre Arte, pediram a ele que respondesse ao questionário Proust. Qual é sua palavra favorita? "Comédia." E qual a de que menos gosta? "Religião."

No voo de volta, uma alemã bastante jovem ficou histérica quando ele embarcou no avião da Air France e saiu do avião, branca, chorando. Foi feito um anúncio para acalmar as coisas. A passageira havia desembarcado porque não se sentia bem. Diante disso, um homenzinho inglês se levantou e rugiu: "Ah, bom, *nenhum* de nós está se sentindo *bem*. *Eu* não estou me sentindo bem. Vamos *todos* desembarcar". Ele e a esposa, uma loira oxigenada de cabelo armado, com um tailleur Chanel azul elétrico e muitas joias de ouro, desceram do avião como sr. e sra. Moisés liderando o Êxodo. Felizmente, ninguém saiu atrás deles. A Air France concordou em continuar a transportá-lo.

O aiatolá Jannati disse em Teerã que a *fatwa* "está atravessada na garganta dos inimigos do islã, mas não pode ser revogada até aquele homem morrer".

Clarissa estava se sentindo melhor. No dia de Natal, ela insistiu em ficar com Zafar. Ele e Elizabeth foram à casa de Graham e Candice e à noite visitaram Jill Craigie e Michael Foot, que estivera no hospital com alguma coisa impronunciável, mas fez um grande esforço para deixar o fato mais leve. Finalmente, Jill admitiu que ele tivera uma hérnia abdominal. Vinha vomitando, não conseguia comer e temiam que fosse câncer, então quando souberam que era hérnia fora um grande alívio. "Todos os órgãos dele estão o.k.", ela disse, embora, é claro, na idade dele a operação fosse um problema sério. "Ele fica me dizendo o que fazer se ele *não estiver mais aqui* e é claro que eu não escuto", contou Jill com seu melhor tom de achar aquilo bobagem. (Ninguém poderia imaginar naquele momento que ele sobreviveria a ela onze anos.)

Michael tinha presentes para ambos, uma segunda edição de *Lives of the poets* para Elizabeth e uma primeira edição de *Lectures on the English Comic Writers* para ele, ambos de William Hazlitt. Michael e Jill trataram-nos amorosamente e ele pensou: *Se eu pudesse escolher meus pais, estes teriam sido os melhores que eu poderia imaginar*.

Sua própria mãe estava bem e em segurança, longe dali, com 78 anos, e ele sentia saudades dela.

* * *

Minha querida Amma,

Mais um ano está fraco das pernas, mas nós, fico feliz de dizer, não estamos. Por falar em pernas, como vai sua "arthur-ite"? Quando eu estava na Rugby suas cartas para mim sempre começavam com a pergunta "Você está gordo ou magro?". Magro *queria dizer que não estavam alimentando direito o seu menino.* Gordo *era bom. Bem, estou emagrecendo, mas você deve ficar contente. Magro é melhor, no geral. Em minhas cartas da escola sempre tentei esconder o quanto eu era infeliz lá. Eram minha única ficção, aquelas cartas, "marquei 24 no críquete", "estou me divertindo muito", "estou bem, feliz". Quando você descobriu o quanto eu estava arrasado, ficou horrorizada, claro, mas então eu já estava indo para a faculdade. Isso foi 39 anos atrás. Sempre escondemos um do outro as más notícias. Você também. Contava tudo a Sameen e dizia: "Não conte para Salman, ele vai ficar preocupado". Que dupla nos dois éramos. De qualquer forma, a casa em que moramos "assentou", para usar a linguagem da polícia. Não está atraindo a atenção dos vizinhos. Parece que conseguimos resolver as coisas e dentro deste casulo está tudo quase calmo, consigo até trabalhar. O livro está indo bem e já enxergo a linha de chegada. Quando um livro vai bem todo o resto na vida parece tolerável; até mesmo esta vida estranha. Andei avaliando o ano. Na coluna dos "menos", desenvolvi "asma tardia", uma pequena recompensa do universo por ter parado com meu vício do cigarro. Mas ao menos nunca mais vou poder fumar. Inalar fumaça é absolutamente impossível. A "asma tardia" é geralmente bem branda, mas também incurável. Incurábolha, para citar minha velha campanha. Como você sempre nos ensinou, "o que não tem remédio remediado está". Na coluna dos "mais": o novo líder do Partido Trabalhista, Tony Blair, disse umas coisas boas numa entrevista para Julian Barnes. "Ele tem absolutamente cem por cento do meu apoio [...]. Não se pode brincar com uma coisa dessas." Absolutamente cem por cento é bom, não, Amma? Vamos esperar que essa porcentagem não caia quando ele virar primeiro-ministro. Os muçulmanos europeus parecem estar quase tão cheios da* fatwa *quanto eu. Os muçulmanos holandeses e os muçulmanos franceses se manifestaram de novo. Os muçulmanos franceses apoiam a liberdade de expressão e a liberdade de consciência! Na Grã-Bretanha, é claro que ainda temos Sacranie e Siddiqui e os palhaços de Bradford, de forma que rimos muito. E no Kuwait um imã quer proibir a boneca "Barbie" porque é "blasfema". Você algum dia pensou que a pobre Barbie e eu seríamos culpados do mesmo crime? Uma revista egípcia publicou trechos de* Os versos satânicos *ao lado de textos censurados de Naguib Mahfouz e exigiu que as autoridades religiosas percam o direito de dizer o que pode ou não ser lido no Egito. A propósito, Tantawi, o grande mufti do Egito, manifestou-se contra a* fatwa. *E, no discurso de abertura da reunião da Organização da Conferência Islâmica em Casablanca, o rei Hassan, do Marrocos, disse que ninguém tem o direito de declarar as pessoas infiéis ou decretar* fatwas *ou jihads contra elas. Acho que isso é bom. As coisas fundamentais se impõem com o passar do tempo. Fique bem. Venha me ver logo. Amo você.*

Ah, P. S.: Aquela mulher, Taslima, está criando muitos problemas para Gabi G. na Suécia, denunciou-o (por quê?) e disse que não tem nada de bom para falar dele. Parece que ela é bem difícil e está afastando seus defensores por toda a Europa. Pobre Gabi, fez o máximo possível para tirá-la do perigo. Toda boa ação tem seu castigo, como dizem.

Feliz Ano-Novo!

Estou bem e feliz.

Ele terminou seu romance. Sete anos haviam se passado desde que Saladin Chamcha se virara da janela que dava para o mar da Arábia; cinco anos desde que Soraya, a mãe de Haroun Khalifa, voltara a cantar. Esses finais ele tivera de descobrir durante o processo de escrita, mas tinha o final de *O último suspiro do mouro* quase desde o começo. O réquiem no cemitério do mouro Zogoiby para si mesmo: *Vou me deitar sobre esta pedra talhada, encostar a cabeça debaixo destas letras, RIP, e fechar os olhos, seguindo o velho hábito de nossa família, de adormecer em momentos difíceis, com a esperança de despertar, renovado e feliz, num tempo melhor.* Tinha sido útil saber as últimas notas da música, saber o alvo para o qual todas as flechas do livro apontavam — narrativa, temática, comicidade, simbolismo. Fora das páginas de livros, a questão de um fim satisfatório era quase sempre impossível de resolver. A vida humana raramente assumia uma boa forma, só tinha sentido intermitentemente, sua confusão era resultado inevitável da vitória do conteúdo sobre a forma, do *qual* e do *quando* sobre o *como* e o *por quê*. No entanto, com a passagem do tempo ele foi ficando mais e mais determinado a conduzir sua história para o final que todos recusavam, no qual ele e seus entes queridos podiam ir além de um discurso de risco e segurança, para um futuro livre de perigo em que "risco" se tornava outra vez uma palavra para ousadia criativa e "seguro" era como você se sentia quando estava cercado de amor.

Ele sempre havia sido pós-alguma coisa, segundo aquele discurso literário elitista que dizia que toda escrita contemporânea era mera consequência — pós-colonial, pós-moderna, pós-secular, pós-intelectual, pós-literatura. Agora, ele podia acrescentar sua categoria própria, pós-*fatwa*, àquele empoeirado *post-office*, e acabaria não apenas po-co e po-mo, mas po-*fa* também.* Ele estava interessado em recuperação desde que escrevera *Os filhos da meia-noite* para recuperar sua origem indiana, e mesmo antes disso, de fato, pois não era ele um menino de Bombaim, e essa própria megalópole não era ela própria uma cidade construída em terra recuperada do mar? Agora, mais uma vez ele partiria para recuperar território perdido. Seu romance terminado seria publicado e com esse ato ele recuperava seu lugar no mundo dos livros. E planejaria um verão americano, negociaria pequenos incrementos de liberdade com os chefes de polícia e, sim, continuaria a pensar na pressão política, na campanha de defesa, mas não tinha tempo para esperar uma solução política, precisava começar a segurar aqueles fragmentos de liberdade que estavam a seu alcance, para começar a se encaminhar para o final feliz que estava determinado a escrever para si mesmo, passo a aliviante passo.

Andrew, falando sobre o *Mouro* no telefone, estava quase chorando. O lábio superior de Gillon ficou mais rígido, mas ele também estava comovido. Ficou contente de ouvir a animação deles, mesmo sentindo que o desfecho ainda precisava ser trabalhado, que o personagem do vilão do ato final, Vasco Miranda, ainda não era bem aquilo. Elizabeth terminou de ler e ficou feliz com a dedicatória, *Para E. J. W.*, cheia de muitos elogios e alguns comentários editoriais muito claros, mas achou também que a mulher japonesa do último movimento do livro, Aoi Uë, com o nome todo de vogais, continha um pouquinho dela, e a comparação que o mouro Zogoiby fazia dela com sua amante anterior, a perturbada Uma — ele chamava Aoi de "uma mulher melhor que ele amava menos" —, era realmente uma comparação dela com Marianne. Ele

* *Post-office* é "correio"; mas, ao lado dos *postcolonial, postmodern, postsecular, postintectual, postliterate* anteriores, adquire um sentido literal de "pós-ofício", "pós-profissão". *Po-co* e *po-mo* são abreviações cult de "pós-colonial" e "pós-moderno" que muitos associam à obra de Rushdie. (N. T.)

teve de falar durante uma hora para convencê-la de que não era assim, que se ela queria se ver no romance devia olhar para a escritura, para a ternura e amorosidade que havia ali, que era o que ele havia aprendido por estar com ela, e que era a verdadeira marca que ela deixava no livro.

Estava dizendo a verdade. Mas, ao dizer isso, sentiu que tinha diminuído o romance, porque mais uma vez tinha sido forçado a explicar seu trabalho e suas motivações. A alegria de terminar ficou um pouco apagada, e ele começou a temer que as pessoas só fossem capazes de ler o livro com uma versão codificada de sua vida.

Nessa noite, foram encontrar-se com Graham Swift e Caryl Phillips no restaurante Julie's, em Notting Hill, e Dick Wood, que saíra junto com a equipe de proteção para variar, e que não gostava de ficar na rua até tarde, mandou um recado à meia-noite, ordenando que ele fosse embora porque os motoristas estavam cansados. Ele fizera isso uma vez antes, na festa de aniversário de Billy Connolly, e dessa vez ocorreu uma irritada altercação, com o beneficiário da Malaquita ressaltando que ele não teria mandado um recado infantilizante a nenhum outro beneficiário, e que adultos às vezes jantavam até depois da hora das bruxas. Dick mudou de tom, dizendo que a verdadeira razão do recado era um garçom que havia feito um telefonema cochichado e suspeito. Caz Phillips investigou — o restaurante era um de seus pontos favoritos — e informou que o garçom havia ligado para a namorada, mas ninguém da equipe de proteção, nem Rab, o auxiliar direto de Dick, tinha acreditado na história do telefonema. "Ah, todo mundo sabia que não tinha nada a ver com o telefonema", Rab disse, rindo. "Dick estava cansado, só isso." Rab apresentou "desculpas em nome de toda a equipe" e prometeu que tal coisa não voltaria a acontecer. Mas ele sentiu, melancolicamente, que sua esperança de uma vida social progressivamente "comum" tinha sido apagada. Dick, afinal de contas, era a pessoa que lhe dissera que ele fora muito maltratado pela polícia, que havia limitado sua liberdade desnecessariamente.

Helen Hammington foi procurá-lo para tentar acertar as coisas, e um dia depois Dick apareceu também, iniciando com as palavras "não espero que peça desculpas", o que tornou a situação consideravelmente pior. Durante a reunião, porém, ficou acertado que era preciso maior "flexibilidade". Dick pôs a culpa pela velha rigidez em Tony Dunblane, que já não era mais da equipe. "Agora que ele foi embora, você vai ver que as pessoas são mais tratáveis." Mas o sr. Anton tinha gostado de Dunblane e o achara sempre atencioso.

Ele recebeu duas cartas de ódio, uma fotografia de lontras com um balão dentro do qual havia as palavras VOCÊ NÃO DEVIA DE TER FEITO ISSO* e um cartão de felicitações que dizia FELIZ FATWA, ATÉ BREVE, JIHAD ISLÂMICA. No mesmo dia, Peter Temple-Morris, do grupo tóri "anti-Rushdie", fez um discurso num seminário sobre o Irã na School of Oriental and African Studies, no qual disse, na presença aprovadora do *chargé d'affaires* iraniano, Ansari, que o sr. Rushdie era o único culpado por todo o problema e que devia ficar quieto porque o "silêncio é de ouro". Era um trocadilho interlingual: no Irã, o autor de *Os versos satânicos* às vezes era chamado de "homem dourado", expressão idiomática da língua pársi que significava uma pessoa desonesta, um rábula. Também no mesmo dia, Frances telefonou para dizer que a Artigo 19 tinha gastado 60 mil libras na campanha de defesa em 1994, mas levantara apenas 30 mil em doações e de agora em diante teria de cortar pela metade suas atividades.

Na festa anual do Esquadrão "A", ele ficou tocado ao descobrir que a equipe de proteção Malaquita estava se sentindo indiscutivelmente dona de seu novo romance e decidira que ele "tinha" de ganhar o Booker Prize. "Tudo bem", ele disse aos rapazes, "vamos entrar em contato com o júri e avisar que alguns homens fortemente armados estão interessados no resultado." Depois, ele e Elizabeth tiveram *permissão* para jantar no Ivy. (A equipe de proteção ocupou uma mesa junto à entrada e ficou olhando as pessoas como todo mundo.) Ele estava muito emotivo, disse a ela, porque a finalização de *O último suspiro do mouro*, ainda mais que a de *Haroun e o mar de histórias*, lhe dava a sensação de uma vitória contra as forças das trevas. Mesmo se o matassem agora, ele não teria sido derrotado. Não tinha sido silenciado. Havia continuado.

Havia paparazzi na saída e todos sabiam quem era Elizabeth, mas quando ele saiu do restaurante disse: "Podem me fotografar, mas ela não, por favor", e todos respeitaram o pedido.

Clarissa estava bem novamente. Pela primeira vez, ouviram-se as palavras *remissão total*. Zafar tinha no rosto um grande sorriso que seu pai não via fazia um bom tempo. Ela estava também se candidatando a um emprego de asses-

* A frase no balão, em péssimo inglês, era: "*You shouldn't otter done it*". *Otter* quer dizer "lontra" em referência à foto mencionada e ao mesmo tempo é corruptela de *ought to*, "devia". (N. T.)

sora literária do Arts Council, trabalho que ele a encorajara a experimentar. Ele telefonou para Michael Holroyd, que fazia parte do grupo de entrevistadores, e intercedeu apaixonadamente por ela. A dificuldade podia ser sua idade, disse Michael: o Arts Council podia preferir alguém mais jovem. Ela compareceu à entrevista e causou uma ótima impressão. Poucos dias depois, o emprego era seu.

O último suspiro do mouro estava conquistando novos amigos todos os dias. Seu editor francês, Ivan Nabokov, escreveu entusiasmado de Paris. Sonny Mehta, caracteristicamente pouco comunicativo, ainda não tinha lido o livro. "Sim", disse seu assistente a Andrew, "ele está preocupado." O pesadelo era a perspectiva de Sonny poder entrar em pânico por causa do retrato que o livro traçava de um partido político de Bombaim chamado "Eixo de Mumbai", um retrato satírico do violento Shiv Sena, e que, consequentemente, a Random House cancelasse o contrato, como acontecera na época de *Haroun*. Mas, ao final de longos dias ansiosos em que, após receber um recado de que Sonny "pediu para você telefonar", ele ouviu insistentemente que o grande homem não podia atender, finalmente conversaram e Sonny disse que tinha gostado do livro. O contrato não seria rasgado dessa vez. Mais um pequeno passo adiante.

E em seguida um passo maior. Depois de longas discussões dele com a Scotland Yard, Rab Connolly contou que quando *O último suspiro do mouro* fosse publicado ele teria *permissão* de fazer leituras públicas e noites de autógrafos, e que esses eventos seriam anunciados com seis dias de antecedência, evitando-se as sextas-feiras, para que a oposição muçulmana não pudesse usar as reuniões de oração das sextas-feiras para se organizar. "Divulgação no sábado, evento na quinta-feira seguinte", disse Rab. "Isso é que foi combinado." Era uma conquista. Sua editora Frances Coady e Caroline Michel, encarregada da publicidade, ficaram animadas.

O passo à frente, quando aconteceu, pegou-o inteiramente de surpresa. Clarissa estava mais saudável dia a dia, empolgada com o novo emprego, o rendimento escolar de Zafar melhorava junto com a saúde da mãe e sua segurança aumentava semana a semana. Então, em meados de março, ela telefonou para dizer que estivera pensando, e também que fora informada a respeito, que precisava de mais dinheiro. (Na época do divórcio, ele não tinha tido fundos para fazer um arranjo claro e vinha pagando uma mistura de pensão alimentícia e manutenção do filho havia dez anos.) Os advogados tinham dito que ela podia obter grandes somas, disse ela, admitindo pela primeira vez que havia advogados envolvidos, mas ela aceitava 150 mil libras. "Tudo bem", ele disse. "Você venceu. Cento e cinquenta mil libras. Tudo bem." Era muito dinheiro, mas o problema não era esse. A hostilidade, assim como o amor, vinha de onde menos se esperava. Ele não esperava que ela fosse cobrá-lo depois de tantos anos, depois de sua imensa preocupação com ela durante sua doença, depois de seu esforço nos bastidores em favor dela com a AP Watt e o Arts Council. (Para ser justo, ela não sabia desses telefonemas.) Não havia como esconder de Zafar a súbita tensão entre sua mãe e seu pai. O rapaz ficou muito preocupado, mas insistiu em saber o que estava acontecendo. Zafar tinha quase dezesseis anos e observava ferozmente pai e mãe. Era impossível esconder dele a verdade.

O assistente do ministro do Exterior do Irã, Mahmud Va'ezi, estava se contradizendo: prometera na Dinamarca que o Irã não mandaria assassinos para executar a sentença de morte, depois, em Paris, no dia seguinte, afirmou "a necessidade de implementação" dessa sentença. A política de "diálogo crítico" entre a União Europeia e o Irã, iniciada em 1992 para melhorar os índices de direitos humanos, apoio ao terrorismo e à *fatwa*, foi denunciada como um fracasso absoluto. Não era crítica o bastante e, como os iranianos não estavam interessados, não havia diálogo.

Depois das observações de Va'ezi em Paris, o que o governo britânico disse foi: nada. Outros países protestaram, mas do Reino Unido não se ouviu um pio. Ele passou alguns dias fumegando por causa da língua bífida de Va'ezi e então teve uma ideia. Sugeriu a Frances D'Souza que, se tomassem a declaração de Va'ezi na Dinamarca como uma espécie de declaração de "cessar-fogo", talvez conseguissem fazer os franceses pressionarem o Irã para desautorar as observações subsequentes do ministro em Paris e concordar com uma promessa pública de não implementação da *fatwa*, que teria de ser monitorada de perto pela UE por um período estipulado, *et cetera*, *et cetera*, antes que qualquer melhora em nível plenamente diplomático pudesse ocorrer. A ideia de uma "iniciativa francesa" estimulou Frances. Ela andava deprimida por seu recente encontro com Douglas Hogg, no qual ele dissera que nada podia ser feito a não ser continuar com a proteção; Khamenei estava no comando e, portanto, o terrorismo iraniano continuaria. Hogg disse a Frances que os iranianos haviam lhe dito *dezoito meses antes* que eles não executariam a *fatwa* na Grã-Bretanha, mas não viram necessidade de mencionar o fato, porque não "significava nada". Assim, a política do governo de Sua Majestade foi a inércia, como sempre. Frances concordou em tentar acordar os aliados franceses. Entrou em contato com Jack Lang e Bernard-Henri Lévy e começaram a planejar. Ele próprio chegou a telefonar para Jacques Derrida, que queria que ele fosse fotografado com os parlamentaristas franceses e o alertou: "Qualquer encontro será interpretado como um sinal político, então tome cuidado com certas pessoas". Derrida estava falando de Bernard-Henri Lévy, sem dúvida, uma figura decisiva na França. Mas Bernard tinha sido firme em seu apoio e ele não ia desonrar um amigo tão leal.

Em 19 de março de 1995, ele pegou o trem Eurostar para Paris, foi imediatamente devorado pela Raid e levado a se encontrar com um grupo de muçulmanos franceses corajosos que tinha assinado uma declaração de apoio a ele. No dia seguinte, encontrou-se com importantes figuras políticas francesas *sauf Miterrand*: o presidente eleito Jacques Chirac, grande, bamboleante, à vontade em seu corpo, com olhos mortiços de assassino; o primeiro-ministro Édouard Balladur, homem com uma boquinha em bico e de cuja postura ereta os franceses gostavam de dizer que *il a avalé son parapluie*, ele engoliu seu guarda-chuva; Alain Juppé, ministro do Exterior, um sujeito pequeno, calvo, rápido e inteligente que depois integrou a lista de políticos da era condenados por um crime (malversação de fundos públicos); e o socialista Lionel Jospin, que parecia o *cavaliere nonesistente* de Calvino, um espaço vazio dentro de um terno solto. Frances e ele propuseram um "plano de cessar-fogo" e todos concordaram. Juppé garantiu que colocara a ideia na pauta da reunião de ministros do Exterior da UE, Balladur deu uma entrevista coletiva anunciando a iniciativa "deles", Chirac disse que tinha falado com Douglas Hurd e que Hurd era "a favor". Ele próprio deu uma entrevista coletiva na Assembleia Nacional e voltou para casa achando que alguma coisa podia ter começado a mudar. Douglas Hogg mandou um recado marcando um encontro para os próximos dias. "Acho que ele vai dizer que, se o governo britânico apoiar a 'iniciativa francesa', haverá uma enorme pressão dos legisladores tóri para suspender a proteção caso a iniciativa seja bem-sucedida", ele escreveu em seu diário. "Devo, portanto, ser absolutamente claro quanto ao que quero e devo fazer o governo britânico aceitar a linguagem de 'cessar-fogo' e 'monitoramento' que passamos aos franceses. E ele tem de levantar a proibição da British Airways". Rab Connolly disse: "Hogg vai dizer que a ameaça continua muito grande e que, portanto, a iniciativa francesa é inútil". *Bem*, ele pensou, *isso nós vamos ver*.

Foi encontrar-se com Hogg para falar sobre a história da mescla de inércia e hostilidade do Foreign Office, e sem nenhuma disposição de ser apaziguado. Ele e seu trabalho tinham sido atacados por dois secretários do ministério, Howe e Hurd; seguira-se um período de anos em que nenhum diplomata ou político estava disposto a se encontrar com ele, e depois um período igualmente insatisfatório de encontros secretos, que podiam ser desmentidos, com Slater e Gore-Booth. Ele tivera de criar pressão de outros governos para "acordar" os britânicos, e mesmo assim seu apoio tinha sido indiferente: John Major não permitira fotos do encontro entre eles e, embora tivesse prometido uma "campanha de alta visibilidade", nada disso se concretizara. O próprio Hogg tinha deixado claro que a única política britânica era esperar uma "mudança de regime" no Irã, o que não era provável. Ele ia perguntar quem estava dizendo à mídia britânica que havia um "alto custo" para a Grã-Bretanha quando ele ia ao exterior, quando na verdade não havia custo nenhum. Por que as constantes mentiras sobre custos nunca eram corrigidas ou desmentidas?

Douglas Hogg ouviu com simpatia. Estava disposto a "acompanhar" a "iniciativa francesa" ou "o plano de cessar-fogo", mas disse: "Tenho de alertar que existe ainda um alto risco à sua segurança. Acreditamos que os iranianos ainda estão ativamente tentando achar você. E, se seguirmos esse rumo, os franceses e os alemães vão depressa estabelecer vínculos com o Irã, assim como o governo de Sua Majestade. A pressão política vai terminar. Além disso, terei de enviar a você uma carta cerimoniosa de forma que eu possa dizer depois que você foi alertado dos perigos".

Depois. Quer dizer, depois que ele fosse morto.

"Estamos tentando melhorar o texto da démarche", ele disse. "Que deve abranger todos os seus associados, ou seja, todos aqueles ameaçados pela *fatwa*, tradutores, editores, livreiros, e assim por diante. E queremos que Balladur envie isso diretamente para Rafsanjani e consiga a assinatura do próprio Rafsanjani se possível, porque quanto mais importante a assinatura, maior a chance de eles realmente dissuadirem os cachorros."

Nessa noite, ele escreveu em seu diário: "Estou cometendo suicídio?".

Larry Robinson, o contato da embaixada dos Estados Unidos, ligou para Carmel Bedford para saber o que estava acontecendo. Estava preocupado. "Você não pode confiar nos iranianos", disse. "Vai estragar toda a nossa estratégia." Carmel respondeu com franqueza. "O que você fez por nós? Existe alguma estratégia? Se existe, diga qual é, faça uma proposta. Se conseguirmos um acordo através da União Europeia, vamos aceitar, depois de seis anos e meio em que ninguém ergueu um dedo para ajudar." Larry Robinson disse: "Volto a ligar para você".

Em 10 de abril, o dia crucial da reunião dos ministros do Exterior da UE, o assistente de Hogg, Andy Ashcroft, ligou para dizer que Hurd e Major estavam ambos "do nosso lado" e que a iniciativa francesa era agora política do governo britânico. O sr. Anton frisou a necessidade de um período monitorado, para garantir que os iranianos fizessem o que prometessem fazer, e Ashcroft respondeu: "Com certeza é isso que vamos propor". Quando desligou o telefone, ele ligou para o editor do *The Times*, Peter Stothard, e para o editor do *The Guardian*, Alan Rusbridger, e disse-lhes que ficassem à espera de novidades. Telefonou para Larry Robinson e disse: "Não se trata de uma alternativa para cancelar a *fatwa*. Nem tem a intenção de criar uma zona livre da *fatwa*, cercando a Europa e os Estados Unidos; é um acordo sem fronteiras". Robinson fez ressalvas sensatas. "Isso pode neutralizar o Irã." Mas ele ainda não tinha notícias de Washington, então não sabia se a administração americana estava equilibrando "prós e contras". Ele próprio sentia que a caça à recompensa havia perdido a força, mas a ameaça do regime, não.

"Bem, é um risco", disse a Larry. "Mas, por outro lado, o que não é?"

Falou com Richard Norton-Taylor, do *The Guardian*. Havia uma minuta e a UE ia pedir ao Irã que a assinasse. Conteria uma garantia absoluta de não implementação e poderia ser um passo para o cancelamento posterior da *fatwa*.

O encontro de ministros do Exterior tinha corrido bem, disse-lhe Andy Ashcroft. A referência aos "associados" não havia sido acrescentada ao texto, mas os franceses concordaram que a *troika* de primeiros-ministros a discutiria oralmente com o Irã. Ele concordou que era importante conversar com a imprensa e enfatizar os pontos importantes.

Eles conseguiram chamar a atenção das pessoas. A notícia apareceu na primeira página de todos os jornais. O *The Times* queria fazer um acompanhamento. Por que o governo britânico não havia pensado em nada assim antes? O que se entendia era que ele havia tomado a iniciativa e vendido a ideia aos franceses sem grande esforço do Foreign Office. Ótimo, ele pensou, *muito bem*.

Uma declaração na rádio Teerã dizia: *Não faz sentido a UE pedir uma garantia formal de não implementação, uma vez que o governo iraniano nunca disse que iria implementar a* fatwa. Soava como meio caminho para a garantia. Então, em 19 de abril, às 10h30 (hora de Londres), os embaixadores da *troika* em Teerã (francês, alemão e espanhol), ao lado do *chargé d'affaires* britânico Jeffrey James, apresentaram as exigências da União Europeia ao ministro das Relações Exteriores iraniano.

A démarche estava feita, e a notícia foi transmitida imediatamente. O aiatolá Yazdi, chefe do judiciário iraniano, ridicularizou a iniciativa e Sanei da Recompensa disse: "Isso só vai garantir que a *fatwa* seja cumprida mais depressa", e talvez tivesse razão. Mas Richard Norton-Taylor, do caderno de notícias internacionais do *The Guardian*, disse a Carmel que Rafsanjani, no fim de sua visita à Índia, dissera numa entrevista coletiva que o Irã não iria implementar a *fatwa*.

Zafar quis saber o que estava acontecendo. Quando ele contou, o rapaz disse: "*Ex*celente. *Ex*celente". Seus olhos se iluminaram de esperança e seu pai pensou: *Se a démarche for assinada, vamos tentar fazer que signifique mesmo o que ela quer dizer.*

A "iniciativa francesa" estava percorrendo seu caminho pelo labiríntico intestino da *mulá*cracia iraniana, sendo digerida e absorvida segundo os lentos mistérios daquele organismo arcaico. De vez em quando, havia pronunciamentos de todo tipo, positivos e negativos. Estes, ele considerava como flatulência. Tinham cheiro, mas não tinham importância. Até mesmo um boato ruidoso e chocante — *o chefe da inteligência iraniana desertou, levando com ele documentos que comprovam o envolvimento do regime com o terrorismo internacional* — não passou de um arroto subindo do estômago das muitas cabeças desse Gargântua eclesiástico a rugir brevemente através de uma de suas muitas bocas contraditórias. (Nada supreendentemente, esse boato acabou não se mostrando verdadeiro; um nada gasoso.) A reação completa, oficial, viria em seu próprio ritmo.

Nesse meio-tempo, ele foi de novo passar alguns dias na Áustria com Elizabeth, a convite de Christine e do ministro da Cultura, Rudolf Scholten, que estavam depressa se tornando seus bons amigos e queriam lhes dar alguns dias "fora da jaula". Quando chegaram, viram-se no meio de uma tragédia familiar.

O pai de Rudolf havia sido atropelado e morto naquela manhã. "Não devemos ficar", ele disse de imediato, mas Rudolf insistiu. "Vai ser uma ajuda ter vocês aqui." Christine acrescentou: "Realmente, vocês devem ficar". Mais uma vez, ele aprendeu com os outros uma lição de elegância e fortaleza.

Jantaram na casa repleta de obras de arte de um amigo íntimo de Scholten, Andre ("Franzi") Heller, homem de grande cultura, escritor, ator, músico, produtor e, acima de tudo, criador de extraordinárias instalações públicas e espetaculares eventos arte-teatrais por todo o mundo. Heller estava empolgado com uma grande manifestação, o Fest für Freiheit, ou Festival da Liberdade, programado para dois dias depois, na Heldenplatz. Tinha sido na Heldenplatz, em 1938, que Adolf Hitler anunciara a Anschluss da Áustria. Realizar uma manifestação antinazista na mesma praça era realizar um ato de recuperação, limpando a Heldenplatz da mancha da memória nazista, e, com isso, desfechar um golpe contra o crescimento do neonazismo atual. Murmúrios de nazismo estavam sempre presentes na Áustria e a direita neonazista, liderada por Jörg Haider, vinha crescendo em popularidade. A esquerda austríaca sabia que seu adversário era forte, e reagiu se tornando mais progressista e apaixonada. "Você deve ficar", Franzi Heller disse de repente. "Tem de estar aqui, é muito importante que você suba ao palco para falar de liberdade." Ele relutou a princípio, sem saber ao certo se era direito inseri-lo na narrativa de outras pessoas, mas viu que Heller estava determinado. Então escreveu um breve texto em inglês, Rudolf e Heller traduziram para o alemão e ele teve de ensaiar insistentemente, como um papagaio, repetindo palavras numa língua que não conhecia.

No dia da manifestação na Heldenplatz, os céus se abriram e despencou um dilúvio sobre Viena, fazendo pensar que, se existia algum Deus, ele provavelmente era neonazista como Jörg Haider. Ou talvez Haider tivesse algum tipo de contato quase wagneriano com Freyr, o deus nórdico do tempo, e tivesse feito uma oração operística por aquela chuva de Ragnarök destruidora do mundo. Franzi Heller ficou muito preocupado. Se pouca gente comparecesse seria uma catástrofe, um presente de propaganda a favor de Haider e seus seguidores. Ele não precisava ter se preocupado. Com o correr da manhã, a praça começou a se encher de gente. A multidão era jovem, envolta em plástico e portando guarda-chuvas inadequados ou simplesmente se rendendo com um dar de ombros à monção irrelevante. Mais de 50 mil pessoas se reuniram na antiga praça corrompida, com sua esperança de um futuro melhor. No palco havia gente fazendo música e discursos, mas a multidão foi a estrela da noite, a multidão encharcada, alerta, magnífica. Ele pronunciou suas poucas frases em alemão e a multidão encharcada deu vivas. Seu chefe de segurança, Wolfgang Bachler, ficou muito alegre também. "É o melhor jeito de atacar Haider", exultou.

Do outro lado da fronteira, na Feira do Livro de Frankfurt, a eminente estudiosa do islã Annemarie Schimmel recebeu o Prêmio da Paz dos Livreiros Alemães e, para desânimo geral, deu entusiástico apoio à *fatwa* contra o autor de *Os versos satânicos*, um livro que ela havia condenado anteriormente. Diante dos protestos que se seguiram, ela tentou a "defesa Cat Stevens" — disse que não tinha dito —, mas depois, como muitas pessoas afirmaram à imprensa que estavam dispostas a prestar depoimento sob juramento confirmando que tinham ouvido o que ela dissera, durante um breve momento ela quis se desculpar por sua declaração, mas em seguida desistiu das desculpas. Ela era sem dúvida uma grande acadêmica e uma *grande dame* de 73 anos, mas isso não significava que não fosse membro do Partido da Burrice de Cat Stevens.

A Artigo 19 marcou uma viagem à Dinamarca, para um encontro com o primeiro-ministro e o ministro do Exterior, e, apesar de sua sensação cada vez maior de que esses encontros eram inúteis, ele foi. Johannes Riis, seu gentil editor de fala mansa e cheio de princípios, estava com ele, e William Nygaard, vindo de Oslo, também compareceu. Tiveram *permissão* para passear na rua em Copenhague e à noite, surpreendentemente, visitar os jardins Tivoli, onde andaram de carrinho bate-bate durante alguns minutos de alegria, gritando e batendo uns nos outros como meninos. Ele olhou William e Johannes dirigindo seus carrinhos bate-bate pela pista do Tivoli e pensou: *Nestes últimos anos, aprendi uma lição sobre o pior da natureza humana, mas também sobre o melhor dela, uma lição de coragem, princípios, desprendimento, determinação e honra, e no final é isso que quero lembrar: que estive no centro de um grupo de pessoas que se comportaram tão bem, tão nobremente como seres humanos são capazes de se comportar, e além desse grupo no centro de uma narrativa mais ampla cheia de gente que eu não conhecia, que nunca conheceria, gente tão determinada, como meus amigos nos carrinhos bate-bate, a não deixar que prevaleça a escuridão.*

De repente, a "iniciativa francesa" ganhou vida. Jill Craigie telefonou muito empolgada, para dizer que a notícia do "recuo iraniano" estava em todas as rádios. Ele não conseguiu nenhuma confirmação de ninguém essa noite, mas a excitação de Jill foi contagiosa. E na manhã seguinte a história estava em todos os noticiários. Amit Roy, autor da notícia de primeira página do *The Telegraph*, disse em particular a Frances D'Souza que havia passado três horas com o *chargé d'affaires* iraniano, Gholamreza Ansari, que dissera "coisas incríveis". *Não vamos nunca aplicar a* fatwa, *vamos recolher o dinheiro da recompensa.* Ele ficou calmo. Tinha havido muitos falsos amanheceres. Mas Zafar ficou animado. "Que maravilha", ele disse, comovendo o pai quase às lágrimas. Em meio ao barulho da mídia, eles sentaram juntos e trabalharam em seu texto de inglês para a escola, *Far from the madding crowd* [Longe deste insensato mundo], para ele se preparar para os exames de conclusão do curso secundário. Em vez de Khamenei e Rafsanjani, falaram de Bathsheba Everdene, William Boldwood e Gabriel Oak.

Frances tinha ouvido dizer que jornalistas ocidentais, inclusive cinco britânicos, estavam a caminho de Teerã, convidados pelo regime. Talvez um anúncio fosse iminente. "Não fale nada", ele disse a Frances. "O mulá gordo ainda não começou a cantar." Mas na manhã seguinte havia uma grande matéria no *The Times*. Ele ficou calmo. "Conheço a realidade", ele escreveu em seu diário. "Quando vou poder viver sem policiais? Quando as companhias aéreas vão me levar e os países vão permitir que eu faça uma visita sem a histeria ao estilo Raid? Quando vou poder voltar a ser uma pessoa? Não ainda por algum tempo, acho. As '*fatwas* secundárias' impostas pelo medo das pessoas são mais difíceis de derrubar que a *fatwa* do mulá." Mas também se pegou perguntando: *Será que consegui mover essa porra dessa montanha?*

Andy Ashcroft ligou do escritório de Hogg para dizer que o Foreign Office havia ficado "completamente surpreso" com o barulho da mídia. "Talvez os iranianos estejam envolvidos num processo de abrandamento." Ashcroft achava que a reação oficial só viria dentro de um mês. A reunião do "diálogo crítico" entre Irã e União Europeia aconteceria em 22 de junho e era nessa data que esperavam ouvir uma resposta oficial à démarche.

Em 30 de maio, depois da reunião dos ministros do Exterior da União Europeia, o governo dinamarquês disse estar "confiante" de que o Irã "dará uma resposta satisfatória a démarche antes do final da presidência francesa da UE". Os franceses estavam pressionando bastante, os iranianos estavam levando o assunto a sério, pressionando por concessões por sua vez, mas a UE continuava firme. "Está chegando", ele escreveu em seu diário. "Está chegando."

O parlamentar Peter Temple-Morris disse à rádio BBC: "Rushdie tem se comportado ultimamente, está de boca fechada, e isso é que está possibilitando avanços". Mas a entrevista de Velayati, ministro das Relações Exteriores iraniano, a Robert Fisk estava cheia do velho lixo, *não se pode cancelar a* fatwa, *a oferta de recompensa é "liberdade de expressão"*, e tudo mais. Arrotos e flatulência. Na realidade, ele teve de esperar.

A polícia estava perdendo a coragem no que se referia à publicação de *O último suspiro do mouro*. Tinha sido marcada uma leitura na Waterstone's, em Hampstead, mas agora a Scotland Yard estava retrocedendo em seu acordo para permitir a publicação. O vice-comissário assistente estava "nervoso", disse Helen Hammington, e as "fardas" locais, ainda mais nervosas. Ela temia que eles superpoliciassem o evento, mas disse também que os "peritos" em ordem pública temiam uma manifestação violenta da parte de um grupo chamado Hizb ut-Tahrir, cujos membros na descrição de Helen "usavam ternos", "falavam em celulares" e eram modernos e ágeis o suficiente para organizar um ataque rapidamente. Rab Connolly foi visitá-lo e disse: "Tem gente na força policial que é muito hostil a você e quer que essa leitura dê errado". Ele contou também que, em conversa com a Cathay Pacific Airways sobre uma proposta de turnê de divulgação do livro na Austrália, ouvira dizer que em reuniões os operadores da British Airways tinham feito "proselitismo de sua proibição", encorajando outras linhas aéreas a fazer a mesma coisa.

Com a aproximação do dia do lançamento de *O último suspiro do mouro*, a batalha entre ele e os oficiais superiores da Scotland Yard, que cada vez mais envergonhava a equipe Malaquita, explodiu numa guerra aberta. Rab Connolly telefonou para dizer que o comandante Howley estava fora do escritório e em sua ausência outro oficial graduado, o comandante Moss, tinha tomado o partido do "nervoso" vice-comissário assistente, Skeete, contra ele. A polícia estava recuando de sua permissão de leituras anunciadas. Connolly disse: *Porque é você*. Margaret Thatcher também ia fazer uma turnê de divulgação de seu livro e todos os eventos dela automaticamente receberiam o máximo esforço da polícia porque — a velha frase de Greenup surgia outra vez — ela havia prestado um serviço ao Estado; mas o sr. Rushdie era um encrenqueiro e não merecia a assistência policial. Os agentes que tratavam com ele mais frequentemente — Connolly, Dick Wood e Helen Hammington (que estava em casa de molho por causa de uma perna quebrada) — estavam todos do seu lado, mas seus chefes foram inflexíveis. "Se ele for àquela livraria", disse Moss, "vai sozinho." Howley estava de volta do fim de semana, disse Rab Connolly, e, "indiscretamente", acrescentou, "pedi para falar com ele. Se não me apoiar, eu me demito da proteção e provavelmente vão me colocar em postos fardados de novo". Essa frase simples foi de partir o coração.

Ele contou a Frances Coady e Caroline Michel, que ficaram perplexas. Tinham planejado o lançamento do livro com base no acordo com a polícia, que agora, no último minuto, estava rompido. Ele contou também a Frances D'Souza. "Cheguei ao meu limite", ele disse. "Não vou mais tolerar isso." Se era para receber proteção, não podia ser essa, desse tipo tão crítico, tão pouco generoso. Se esse *diktat* fosse confirmado, ele partiria para uma guerra pública. Os tabloides iam vilipendiá-lo, mas isso era o que já faziam de qualquer forma. Que a Inglaterra decidisse.

Ele estava em guerra com policiais que achavam que ele não tinha feito nada de valor na vida. Talvez nem toda a Scotland Yard pensasse assim, porém. Dick Wood contou que o comissário assistente David Veness, o oficial mais antigo a entrar na história até então, dera "sinal verde" para a leitura em Hampstead, dizendo que iria "dizer a todos os nervosos para se acalmarem". Rab Connolly estava em casa, talvez pensando que ia perder o emprego quando fez seu ultimato. Mas no fim não houve ultimato. Na segunda-feira, Howley ordenou que Connolly cancelasse o evento e Connolly ligou para a livraria e o fez sem avisar nem o editor, nem o próprio autor.

Não era mais uma batalha que pudesse ser vencida usando armas convencionais. Ela estava se tornando termonuclear. Ele exigiu uma reunião com a Scotland Yard na manhã seguinte e levou Frances Coady e Caroline Michel, representando a Random House, para declarar que seu plano de lançamento estava sendo severamente prejudicado pela polícia. Encontraram os membros da equipe Malaquita envergonhados — Helen Hammington, que tinha ido mesmo estando com a perna quebrada, Dick Wood e Rab Connolly, todos eles exasperados e magoados porque estavam brigando com o chefe, que não estava acostumado a essa insubordinação, e o resultado não fora bonito. Eram funcionários superiores, mas Howley tinha "gritado com eles". A decisão do comandante, disse Helen, o rosto severo e para baixo sob o cabelo curto, era "absoluta". A reunião estava terminada.

Foi quando ele, numa estratégia calculada, deliberadamente explodiu e começou a gritar. Sabia que ninguém naquele escritório tinha culpa pelo que estava acontecendo e que, de fato, tinham arriscado as próprias carreiras por ele; mas, se não conseguia passar à frente deles, tinha perdido, e resolvera não perder. Então, com todo sangue-frio, sabendo que era sua única chance, perdeu as estribeiras. Se Helen não conseguia mudar a decisão, berrou, então era melhor, porra, ela o pôr numa sala com alguém que pudesse, porque a Random House e ele tinham agido estritamente de acordo com o que a polícia dissera ser possível, *meses antes*, e essa imposição de última hora simplesmente não podia existir, não podia existir *de jeito nenhum*, e se não entrasse naquela sala *imediatamente* ele iria falar em público do jeito mais ruidoso e agressivo possível, portanto, me bote lá dentro, Helen, senão. Ou, *senão*, porra. Cinco minutos depois ele estava sozinho numa sala com o comandante John Howley.

Se ele tinha sido fogo com Helen, agora ele seria gelo. Howley estava lhe dando seu melhor olhar gelado, mas ele era capaz de congelar mais. O policial falou primeiro. "Diante de sua insistente visibilidade", Howley disse — referindo-se à démarche —, "acreditamos que a mídia vai pegar a história da sua leitura e usar como notícia principal." E depois disso haveria hordas de muçulmanos gritando na frente da livraria. "Isso não é admissível." Ele manteve a voz baixa ao responder:

> A decisão não é aceitável. Não acredito no seu argumento de ordem pública. O senhor está sendo também discriminatório. Na mesma página do *The Times* de hoje que traz a história de um possível relaxamento iraniano há o anúncio de um evento relativo ao livro de Thatcher e o senhor vai proteger esse evento. Além disso, como o sr. Veness só deu a permissão ontem, todo mundo na Waterstone's

> e na Random House sabe do que está acontecendo, de forma que isso vai se tornar público mesmo que eu não faça nada. E eu gostaria de lhe dizer que não vou me conformar em não fazer nada. Se não mudar sua decisão, vou convocar uma entrevista coletiva e dar entrevistas a todos os jornais mais importantes, aos programas de rádio e televisão denunciando o senhor. Nunca fiz nada além de agradecer a polícia até agora, mas posso e vou mudar de tom.

"Se fizer isso", disse Howley, "vai ficar muito mal."

"Provavelmente", ele respondeu, "mas sabe de uma coisa? *O senhor também vai ficar muito mal.* Então a escolha é sua. Permita que o evento ocorra e nenhum de nós dois fica mal, ou proíba e nesse caso nós dois ficamos. Escolha."

"Vou pensar no que disse", Howley falou com sua voz cinza, seca. "Eu lhe darei uma resposta até o fim do dia."

Andy Ashcroft ligou à uma da tarde. O G7 havia aderido à campanha e concordado em exigir o fim da *fatwa*. A União Europeia estava pressionando bastante pela assinatura de Rafsanjani e por todas as condições da démarche francesa. "Você não deve aceitar apenas uma Europa livre da *fatwa*", ele disse a Ashcroft. "E os iranianos, em comentário após o anúncio, devem determinar que os muçulmanos no Ocidente obedeçam às leis locais." Ashcroft disse que estava "bastante otimista". "Estou brigando com a Divisão Especial", ele disse ao funcionário do Foreign Office, "e seria bom se você pudesse dar uma cutucada nas coisas, porque não ia ser bom ter uma briga pública agora." Ashcroft riu. "Vou ver o que posso fazer."

Duas horas e meia depois, Dick Wood telefonou para dizer que Howley tinha recuado. A leitura aconteceria dentro de dois dias. Não devia ser anunciada até a manhã do evento. Era essa a concessão que ofereciam.

Ele aceitou.

Todos os lugares da Waterstone's foram vendidos até a hora do almoço. "Imagine se tivéssemos anunciado na segunda-feira, como planejado", disse o diretor da divisão de Hampstead, Paul Bagley. "Teríamos vendido milhares." A Hampstead High Street estava fervendo de guardas uniformizados, e não havia nem um único manifestante à vista. Nenhum cavalheiro com barba, com faixa e expressão justiceira enraivecida. Nem um. Onde estavam os ternos e celulares, os "mil fanáticos violentos" do Hizb ut-Tahrir? Não ali. Se não fosse pelas hordas de policiais na rua, teria parecido um evento literário absolutamente comum.

Não foi, claro. Era sua primeira leitura pública anunciada previamente em quase sete anos. Era o dia do lançamento de seu primeiro romance adulto desde *Os versos satânicos*. O pessoal da Waterstone's disse depois a Caroline Michel que fora a melhor leitura que eles já tinham visto, o que era bom; para o próprio leitor soou como um milagre. Ele estava de novo com seu público, depois de tanto tempo. Ouvir seu riso, sentir que se comoviam: extraordinário. Ele leu a abertura do romance, depois o trecho sobre os Lênins, e a passagem da "Mãe Índia". Depois disso, centenas de exemplares do livro correram pela noite de Londres, em mãos alegres. E nem um único manifestante apareceu.

Ele havia atravessado seu rubicão. Não havia mais volta. O pessoal da Waterstone's Cambridge estivera presente e quis prosseguir com o evento, dessa vez anunciado com dois dias de antecedência. Dick Wood disse que "todo mundo no departamento ficou contente". Ele se perguntou se isso incluía o comandante Howley. Um dia, depois dois dias, depois mais. Passo a passo, de volta à vida real. Para longe de Joseph Anton, na direção de seu próprio nome.

Ele mandou garrafas de champanhe para todos os que haviam lutado a favor dele contra os figurões da Scotland Yard.

O barulho em torno da "iniciativa francesa" ficava mais alto a cada dia. O jornal *The Independent* noticiou que o chefe das células europeias de assassinos da Guarda Revolucionária Iraniana tinha escrito a Khamenei, reclamando por ter recebido ordens de dissuadir seus cachorros, uma folha ao vento que indicava tanto que os cachorros haviam sido realmente dissuadidos como que Khamenei podia não se opor à medida. Então, Arne Ruth, do *Dagens Nyheter*, informou sobre uma reunião "muito animadora" em Estocolmo. Ao lado de outros jornalistas suecos, ele se encontrara com o ministro iraniano Larijani, que dissera, excepcionalmente, que desejava que escrevessem artigos frisando a "admiração pela obra de Salman Rushdie" por parte do Irã, porque queriam "mudar as disposições psicológicas". Ainda mais surpreendente foi a declaração oficial de Larijani de que a *fatwa* não precisava ser cumprida, uma vez que não atendia aos melhores interesses do Irã. Esse era o mesmo Larijani que havia exigido com frequência a morte do sr. Rushdie. Na questão de Sanei da Recompensa, porém, Larijani não tocou. O governo não podia fazer nada a respeito. Depois, uma piada. Por que o sr. Rushdie não processava Sanei pela lei iraniana? *Ah, muito bem*, ele pensou, pronunciando brevemente com vogais dickensianas. *Muito, muito bem mesmo.*

O vento estava virando. As folhas voavam em muitas direções. Se havia uma resposta soprando naquele vento, ele não fazia ideia de qual era.

Elizabeth estava aborrecida por não haver nem sinal de gravidez. Ela disse que ele devia fazer um "teste de esperma". Houve momentos de tensão entre eles. Os dois ficaram preocupados.

Caroline Michel disse: "É, a excitação da mídia está grande e pode ser usada para criar uma vida melhor para você". Ele não queria permanecer preso para sempre num mundo de sombras de diplomatas, agentes da inteligência, terroristas e contraterroristas. Se desistisse de seu próprio retrato do mundo e aceitasse aquele, nunca mais escaparia. Estava tentando entender como pensar e agir em resposta ao que podia estar para acontecer. Seria uma bela corda bamba. Se Olafur Eliasson tivesse razão sobre a necessidade de uma resposta positiva da mídia, então talvez ele devesse dizer que as coisas estavam melhores, mas não resolvidas; que era o começo do fim, mas não o fim; um cessar-fogo, mas não ainda a paz final. O aiatolá Meshkini tinha dito recentemente que *qualquer* fatwa *podia ser anulada, e muitas tinham sido*. Deveria mencionar isso? Talvez não. Os iranianos provavelmente não iam gostar se ele citasse o aiatolá deles contra eles mesmos.

Andrew Green, do Foreign Office, ligou para informá-lo do que estava planejado. O texto iraniano ia tomar a forma de "uma carta do ministro do Exterior, Velayati, declarando que seu assistente, Va'ezi, estava autorizado a divulgar a posição iraniana", que não seria expressa na carta de Velayati, mas num "anexo" a ela, que seria também publicado pela imprensa iraniana. Green queria saber se isso era aceitável para ele ou não. Parecia que o Foreign Office não achava suficiente. Isso estava muito longe da assinatura de Rafsanjani, afinal.

Larry Robinson ligou da embaixada dos Estados Unidos. Ele sentia que os europeus estavam pressionando pela aceitação, mas os Estados Unidos e o Reino Unido não queriam. Ele temia que o Irã estivesse planejando um "assassinato negável". (Elizabeth também temia que ele pudesse ser morto em uma de suas leituras conquistadas a duras penas, mas Rab Connolly disse que os "espiões" diziam que os "do mal" não estavam planejando fazer isso.)

O que fazer? Ele realmente não sabia. O que deveria fazer?

A mídia estava tratando esse momento como se fosse o fim da questão da *fatwa*, mas talvez não fosse; e, nesse caso, ele perderia a atenção de todos, mas o perigo permaneceria. Ou a alternativa era que, aceitando, empurrando as coisas para a frente, talvez ele pudesse usar a mídia para criar um clima em que a ameaça realmente chegasse ao fim.

Se a União Europeia rejeitasse a resposta do Irã à démarche, isso permitiria que o Irã a acusasse de má-fé e preciosismo e sugerisse que o Ocidente não queria resolver o problema da *fatwa* — que ele estava sendo usado pelo Ocidente como uma peça num jogo maior. E talvez estivesse. A administração dos Estados Unidos e, até certo ponto, o governo britânico queriam pressionar mais o Irã em termos políticos e nesse esforço a *fatwa* era útil a eles, sem dúvida. Mas, se ele aceitasse a resposta iraniana, a campanha de defesa ia definhar e a *fatwa* e a oferta de recompensa continuariam no lugar. Ele sentia faltar-lhe o chão.

O dia da resposta iraniana era também o dia da leitura em Cambridge. O anúncio com dois dias de antecedência tinha atraído um público enorme e, é claro, todos estavam nervosos, disseram que ele teria de entrar por uma porta dos fundos, que se tentasse entrar pela porta da frente o evento seria cancelado. Mas estava acontecendo, e mais uma vez não houve nem sinal de manifestação. Seu próprio instinto, apoiado por conversas com artistas e jornalistas na comunidade britânico-asiática, era que a energia dos protestos muçulmanos britânicos havia se esgotado havia muito. Essa fase estava superada.

Às 12h45 chegou uma notícia chocante e inesperada. Va'ezi, o assistente do ministro do Exterior, dissera à Irna, a agência de notícias oficial iraniana, que o Irã havia rejeitado a démarche europeia e que a iniciativa francesa estava morta. Nessa mesma manhã, o Irã vinha informando à mídia que o pedaço de papel de Va'ezi atenderia a todas as exigências da União Europeia, e agora ele dizia que nenhuma garantia escrita havia sido dada, nem seria dada.

Simplesmente assim.

Era impossível saber o que tinha acontecido em Teerã. Alguém tinha perdido uma briga e alguém havia vencido.

Elizabeth caiu em prantos. Ele ficou estranhamente calmo. Tinha de usar a planejada entrevista coletiva para voltar ao ataque. Ao se recusar a dizer que não iam se envolver com terrorismo, os iranianos revelavam que podiam muito bem fazê-lo. O colapso da iniciativa deixava o Irã nu à luz clara da atenção mundial. Era isso que ele tinha a dizer, o mais alto possível.

Estranhamente, ele não temia por si mesmo, mas não sabia como falar com aqueles que o amavam, como contar a Zafar a notícia decepcionante, como contar a Sameen. Ele não sabia como dar força à chorosa Elizabeth, ou onde encontrar esperança. A sensação era de que talvez não houvesse nenhuma esperança. Mas ele sabia que precisava — e iria — continuar, ouvindo o lema do poderoso Inominável de Beckett. *Não posso continuar. Vou continuar.*

E é claro que a vida de fato continuou. Uma coisa ficou mais clara que nunca: ele tinha de aceitar sua liberdade onde pudesse obtê-la. Um fim "oficial" não estava mais parecendo possível, mas os Estados Unidos o atraíam para mais umas férias de verão. O desinteresse dos policiais americanos em sua proteção era ótimo, na verdade uma verdadeira bênção. Nesse ano, Elizabeth, Zafar e ele puderam passar 25 dias felizes de verão de liberdade americana. Zafar e Elizabeth foram juntos num voo direto; ele lançou mão dos amigos de Rudolf Scholten na Austrian Airlines para levá-lo ao JFK via Viena: um trajeto muito longo, mas não importava, ele estava lá!

E Andrew estava lá! E foram de carro diretamente para Water Mill, para nove dias maravilhosos na praia Gibson, e em casas de amigos, não fazendo nada e fazendo tudo. A simplicidade daquilo — e o contraste com sua vida isolada na Grã-Bretanha — trazia-lhe lágrimas aos olhos. E depois de Water Mill foram de carro e balsa até Martha's Vineyard, onde se hospedaram na propriedade de Doris Lockhart Saatchi, em Chilmark, durante mais oito dias.

Sua maior lembrança da viagem seria a genitália de William Styron. Elizabeth e ele visitaram os Styron em sua casa em Vineyard Haven e ali na varanda estava o grande escritor com short cáqui, sentado com as pernas abertas e sem cueca, seus tesouros generosa e inteiramente expostos. Era mais do que ele jamais poderia esperar saber sobre o autor de *As confissões de Nat Turner* e *A escolha de Sofia*, mas toda informação era útil, ele admitiu, e arquivou essa devidamente para uso posterior.

Depois, três noites com os Irving, três com os Herr, e mais três no apartamento de Wylie na Park Avenue. Zafar recebeu seus resultados da escola secundária na última noite, e, felizmente, foram bons. Nos anos que se seguiram, ele se perguntou muitas vezes como teria sobrevivido sem a válvula de escape dessas jornadas americanas, em que podiam fingir que eram gente normal da literatura, cuidando de seus interesses, sem a companhia de homens armados, e não parecia tão difícil. Ele depressa adquiriu a certeza de que, quando chegasse a hora, os Estados Unidos facilitariam a ele recuperar sua liberdade. Quando disse isso a Elizabeth, ela franziu o cenho e ficou irritada.

Na escuridão que se seguiu ao colapso da iniciativa francesa, houve um raio de luz inesperado. A Lufthansa cedeu à pressão pública. Houve um almoço com o sr. e a sra. Lufthansa, diretor-geral Jürgen Weber *und frau*. Frau Weber revelou-se uma *grande fã* dele, ou pelo menos foi o que disse. E, sim, teriam muito *prazer* em transportá-lo, disse seu marido. Teriam *orgulho* em transportá-lo. Fácil assim. Depois de mais de seis anos de recusas — puf! — eles adorariam recebê-lo em seus aviões, *a qualquer momento.* Tinham *tanta* admiração por ele. "Obrigado", ele disse, e todo mundo pareceu satisfeito e evidentemente houve muitos livros para autografar.

A BBC fez um documentário sobre *O último suspiro do mouro* e encomendou ao pintor indiano Bhupen Khakhar, seu amigo, o retrato dele para o filme. Era um romance sobre pintores e pintura, e sua amizade com uma geração de artistas plásticos indianos talentosos — com o próprio Bhupen acima de todos — lhe permitira pensar em escrevê-lo. Tinham se conhecido nos anos 1980, e ambos haviam se identificado um com o outro e rapidamente ficaram amigos. Logo depois de seu primeiro encontro, ele foi à exposição de Bhupen na galeria Kasmin Knoedler, em Londres. Em seu bolso havia um cheque recebido por um conto que acabara de vender para *The Atlantic Monthly*. Na exposição, ele se apaixonou pelo quadro *Compartimento ferroviário de segunda classe* e, quando descobriu que o preço na etiqueta era exatamente o valor do cheque em seu bolso (a arte indiana na época era barata), ele alegremente transformou seu conto na pintura do amigo e ela continuou sendo uma de suas posses mais queridas desde então. Era difícil para artistas indianos contemporâneos escaparem da influência do Ocidente (uma geração antes, os famosos cavalos de M. F. Husain tinham saltado diretamente de *Guernica*, de Picasso, e a obra de muitos outros grandes nomes — Souza, Raza, Gaitonde — era, para seu gosto, influenciada demais pelo modernismo e pelo abstracionismo ocidental). Encontrar uma linguagem indiana que não fosse nem folclórica nem derivativa não tinha sido fácil, e Bhupen foi um dos primeiros a conseguir isso, observando a arte de rua na Índia, os cartazes de cinema, as fachadas pintadas das lojas e as tradições figurativa e narrativa da pintura indiana, criando a partir desse ambiente visual uma obra de idiossincrasia, originalidade e percepção.

No coração de *O último suspiro do mouro* estava a ideia do palimpsesto, um quadro escondido debaixo de outro quadro, um mundo debaixo de outro mundo. Antes de ele nascer, seus pais haviam contratado um pintor de Bombaim para decorar seu futuro quarto com animais de contos de fadas e cartuns e o artista empobrecido Krishen Khanna aceitara a encomenda. Ele havia pintado também um retrato da bela e jovem mãe do Salman ainda não nascido, Negin, mas seu marido, Anis, não gostara do quadro e se recusara a comprá-lo. Khanna tinha guardado a tela rejeitada no estúdio de seu amigo Husain e um dia este pintara um quadro seu por cima e o vendera. Então, em algum lugar em Bombaim havia um retrato de Negin Rushdie feito por Krishen, que, evidentemente, veio a ser um dos principais artistas de sua geração, escondido debaixo de uma pintura de Husain. Krishen disse: "Husain sabe onde cada quadro dele foi parar, mas não conta". A BBC tentou fazê-lo contar, mas o velho bateu a bengala raivosamente no chão e negou que a história fosse verdadeira. "Claro que é verdade", Krishen disse. "Ele só está preocupado que você queira destruir a pintura dele para encontrar o retrato de sua mãe, e se ofendeu de você procurar meu quadro e não ligar para o dele." Por fim, ele passou a achar que o retrato era mais evocativo perdido do que achado — perdido, era um lindo mistério; achado, podia ser que o julgamento de Anis Rushdie se comprovasse correto e que o então aprendiz Khanna não tivesse feito uma boa obra — e suspendeu a busca.

Ele posou para Bhupen em seu estúdio na Edwardes Square, Kensington, e contou-lhe a história do quadro perdido. Bhupen riu, deliciado, e continuou trabalhando. Seu retrato estava sendo feito de perfil, na tradição dos retratos da corte indianos, e como um bom *nawab* ele vestia uma camisa transparente, só que a sua, conforme pintada por Bhupen, parecia mais de náilon que de puro algodão. Bhupen começara desenhando, com um único gesto, um perfil a carvão que captava sem nenhum esforço os traços dele. A pintura que cobriu essa linha única de carvão sob certos aspectos parecia menos com o retratado e mais com o personagem do mouro Zogoiby no romance. "É uma pintura de vocês dois", disse Bhupen. "Você como o mouro e o mouro como você." Então, havia um retrato perdido debaixo daquele retrato também.

A pintura completa acabou sendo comprada pela National Portrait Gallery e Bhupen se tornou o primeiro indiano a ter uma obra nesse museu. Bhupen morreu em 8 de agosto de 2003, no mesmo dia que Negin Rushdie. Não havia como ignorar a coincidência, embora o significado dessa sincronicidade permanecesse fugidio. Ele perdeu um amigo e a mãe no mesmo dia. Já havia significado suficiente.

O romance foi publicado. Ele continuou pressionando suas fronteiras. Participou de sua maior aparição preanunciada até então, no Fórum de Escritores do *The Times*, no Central Hall Westminster, ao lado de Martin Amis, Fay Weldon e Melvyn Bragg. Leu uma passagem de *O último suspiro do mouro* e agradeceu ao público por comparecer a sua "festinha de libertação". Sim, havia segurança, ele tivera de entrar e sair pela porta dos fundos, num carro blindado, mas estava lançando seu livro. E, não, não houve manifestações e os chefões da polícia na Yard começaram, enfim, a relaxar.

Ele estava planejando uma coisa muito ambiciosa. Seus editores latino-americanos perguntaram se poderia visitar o Chile, o México e a Argentina em dezembro, e ele resolveu fazer isso e depois ir para a Nova Zelândia e a Austrália. Seria uma jornada monumental e ele estava decidido a realizá-la. Era preciso falar com muitas linhas aéreas, mas, agora que tinha a seu favor a Lufthansa, além da Iberia, da Air France, da Austrian Airlines e da Scandinavian Airlines, era mais fácil argumentar. Aos poucos, o trajeto foi elaborado, aprovações solicitadas e recebidas; o embaixador do México em Londres, Andrés Rozental, encontrou-se com ele e Carlos Fuentes e ajudou a planejar a etapa mexicana da viagem; e depois, surpreendentemente, improvavelmente, os planos estavam feitos. Tinham licença para ir.

Foram a Oslo, para o lançamento norueguês de *O último suspiro do mouro*, e ele fez uma leitura no grande salão da Universidade de Oslo, o Aula, com murais de Edvard Munch. Era a primeira leitura preanunciada fora do Reino Unido e tanto ele como William Nygaard sentiram que tinham dado um grande passo à frente. *Uma vitória sobre seus opressores*, William disse, *e conseguimos isso juntos*. William ainda estava num ritmo um pouco lento por causa dos ferimentos, ainda com um pouco de dor, mas cheio de vida. Nessa noite, em Oslo, para surpresa de todos, a aurora boreal encheu o céu. Ela raramente aparecia em Oslo, que fica muito ao sul, e nunca em outubro, que é cedo demais, mas lá estava ela, uma aurora verde aparecendo "em honra", disse William, "de sua Aurora". A heroína de *O último suspiro do mouro* era Aurora Zogoiby e era como se ela estivesse lá no alto, dançando no céu, em algum lugar entre as gigantescas cortinas verdes que arqueavam e ondulavam loucamente de horizonte a horizonte. Todo mundo em Oslo estava telefonando para os amigos, dizendo *saia, olhe o céu, está incrível*. A aurora ficou no céu durante uma hora ou mais, e parecia um sinal de tempos melhores.

Robert McCrum tinha tido um derrame na casa da St. Peter's Street, 41. Ele e Sarah Lyall tinham se casado havia apenas dois meses e, enquanto ela estava fora, ele quase morrera. Robert sobrevivera, mas um braço estava paralisado, ele só conseguia andar alguns passos de cada vez e era impossível dizer quanto tempo duraria a limitação. Ele estava melhorando um pouco e tanto ele como Sarah se apegavam àquilo como sinal de esperança. A Maldição da St. Peter's Street atacava outra vez.

Ele foi com Christopher Hitchens visitar Robert e Sarah e, de certa forma, desculpar-se pela Maldição. Era estranho voltar à sua antiga casa, onde estava quando, como havia começado a dizer, o excremento atingira o sistema de ventilação. Vários fantasmas entraram e saíram do quarto enquanto ele e Hitch conversavam com o amigo doente. Não ficaram muito tempo. Robert precisava descansar.

Nos instantâneos que sua memória guardava da vida nesses dias, a polícia estava sempre ausente, apagada das fotos da história como o líder comunista Clementis no começo de *O livro do riso e do esquecimento*, de Milan Kundera. Para ajudá-lo a atravessar os dias, ele tentava se forçar a esquecer que estava sempre cercado de guarda-costas e que as considerações de segurança pesavam tanto em sua vida diária. Ele esquecia as pequenas privações cotidianas. Não podia pegar sua própria correspondência ou buscar o jornal na varanda de casa. Havia colisões de pijamas na cozinha que nunca deixavam de ser embaraçosas. Havia *Joe*, o codinome cada vez mais detestado. (Seria mesmo necessário evitar chamá-lo por seu próprio nome dentro de sua própria casa?) Havia a falta de toda espontaneidade. *Gostaria de dar uma volta, por favor. Tudo bem, Joe, nos dê uma hora, para a gente preparar. Mas daqui a uma hora não vou mais querer dar uma volta.* E, cada vez que ele efetivamente saía, eles o levavam a um "ponto de troca" e o faziam sair de um carro, o carro associado à casa, e entrar em outro, o carro associado a suas aparições públicas. Durante o resto da vida ele detestaria esses "pontos de troca", Nutley Terrace, Park Village East, ele se encolhia por dentro cada vez que passava por esses lugares, mas na época forçava-se a *não registrá-los*, descolava-se do corpo do homem que passava de um veículo para outro e quando chegava a seu destino se recusava a pensar na proteção, estava apenas saindo com seus amigos, sendo ele mesmo.

Para seus amigos era o contrário, a segurança era tão fora do comum para eles, tão estranha e emocionante, que era praticamente só disso que se lembravam. Quando lhes perguntava de suas lembranças daquela época, eles falavam dos policiais. *Você se lembra daquele que seduziu nossa babá?, Lembra daqueles dois realmente bonitos?, todo mundo estava a fim deles*, lembravam-se das cortinas fechadas e da porta do jardim trancada. Mesmo aos olhos de seus amigos ele estava se tornando uma apresentação de slides e a polícia era o acontecimento principal. Mas, quando ele próprio tentava lembrar daqueles dias, a polícia nunca estava presente. Tinha estado, é claro, mas sua lembrança decidira que não.

Mas às vezes era impossível realizar esse pequeno truque mental. Nos instantâneos da memória ele preservava sua viagem à América do Sul, os policiais do Chile bem no meio da fotografia, assustadores, inesquecíveis, *ruidosos*.

Instantâneos do Chile. Havia duas forças policiais diferentes no Chile, os Carabineros fardados e a Policía de Investigaciones, à paisana, e enquanto ele e Elizabeth estavam no ar, voando para Santiago, essas duas grandes instituições entraram em choque sobre a decisão de permitir que ele entrasse no país. Ele deveria falar numa feira literária, mas quando desceram do avião, num dia quente e muito luminoso, foram cercados por policiais fardados e levados a um abrigo sufocante em algum ponto da pista do aeroporto, enquanto gritavam em espanhol à toda volta. Seus passaportes foram levados. Nenhum falante do inglês apareceu para servir de intérprete, e, quando ele tentou perguntar o que estava acontecendo, gritaram com ele e ordenaram, com gestos inconfundíveis, que voltasse a seu lugar e calasse a boca. *Bem-vindo à Sudamerica*, ele pensou, suando bastante.

Em 1993, Augusto Pinochet não era mais presidente, mas ainda era o comandante em chefe das Forças Armadas, e mesmo no outono do patriarca ninguém tinha nenhuma dúvida quanto ao poder e influência que continuava exercendo. No Chile de Pinochet, as forças de segurança eram onipresentes. Só que, no caso dele, os dois sistemas policiais estavam numa luta canina, e ele era o osso. Lembrou-se de uma passagem de *O imperador*, de Ryszard Kapuściński, em que o autor descrevia os dois serviços de inteligência inteiramente independentes de Haile Selassie, cuja tarefa principal era espionar um ao outro. Ele se lembrou também, algo menos divertido, de que estava num país em que desaparecimentos e assassinatos sem explicação tinham sido coisa comum até recentemente. Será que eles haviam sido "desaparecidos"?

Depois de serem mantidos no abrigo durante talvez duas horas, foram levados a uma instalação policial descrita como hotel. Não era um hotel. A porta do quarto deles não abria por dentro. Havia guardas armados postados do lado de fora. Ele pediu insistentemente que devolvessem seus passaportes, que chamassem seu editor e que o deixassem falar com o embaixador britânico. Os guardas davam de ombros. Não falavam inglês. Mais horas se passaram. Não havia nada para comer ou beber.

Seus captores ficaram descuidados. A porta do quarto foi deixada aberta e, embora o "hotel" estivesse cheio de homens fardados, não havia guarda na porta. Ele respirou fundo e disse a Elizabeth: "Vou tentar uma coisa". Pôs os óculos escuros, saiu do quarto e começou a descer a escada na direção da porta de entrada.

Ninguém se deu conta do que ele estava fazendo até estar dois andares abaixo e então havia homens gritando e gesticulando à sua volta na escada, mas ele continuou descendo. *What you do? Where you go? Not possible.* Estava na recepção agora e havia uma pequena nuvem de homens engalanados, de óculos espelhados, à sua volta; homens armados, ele notou, mas tinha se acostumado àquilo. *Where you go? Stop. You stop.* Ele sorriu o mais docemente possível. "Vou dar uma volta", disse, indicando a porta e fazendo um gesto de andar com os dedos. "Nunca estive em Santiago antes, sabe. Parece linda. Pensei em dar um passeio." Os Carabineros não sabiam o que fazer. Ameaçaram, gritaram, mas ninguém tocou-lhe um dedo. Ele continuou andando. Passou pela porta, seu pé tocou a calçada, não fazia ideia de onde ir, realmente, mas virou à direita e continuou andando. "Sir, o senhor tem de parar imediatamente, por favor." Um intérprete tinha aparecido como que por mágica. "Vejo que finalmente tiraram o coelho da cartola", ele disse, ainda rindo, ainda andando. "Sir, o que o senhor está fazendo, por favor, não é permitido." Ele sorriu ainda mais. "Diga a eles que, se estou cometendo um crime, eles têm de me prender e me mandar para a cadeia", disse. "Do contrário, quero o embaixador britânico no telefone dentro dos próximos dois minutos." Dois minutos depois, ele estava falando com a embaixada. "Graças a Deus", disse o funcionário do outro lado. "Estamos o dia inteiro tentando descobrir o que aconteceu com o senhor. O senhor sumiu do mapa."

O homem da embaixada chegou à instalação policial minutos depois. Nenhum diplomata havia sido mais bem-vindo. "Não faz ideia da disputa que está acontecendo", disse o homem. "Eles quase mandaram o avião virar e voltar." Agora que a diplomacia internacional entrara em cena, Elizabeth e ele tiveram *permissão* de ir para um hotel de verdade, onde encontraram uma delegação de escritores chilenos, entre os quais Antonio Skármera, autor do romance *O carteiro e o poeta*, de 1985, que havia sido filmado recentemente. Skármera, um homem grande, com um grande coração, recebeu-o de braços abertos e com um dilúvio de pedidos de desculpas. *Um escândalo. Uma vergonha para nós, chilenos. Agora vamos melhorar tudo, agora que sabemos que está aqui, e em segurança.*

Havia coisas que não eram possíveis e outras que eram possíveis. Já era tarde demais para o compromisso na feira literária. Mas no dia seguinte haveria uma reunião de escritores, artistas e jornalistas em um pequeno teatro, e ele teria *permissão* de se dirigir a eles. Depois disso, ele e Elizabeth teriam uma amostra da verdadeira hospitalidade chilena na vinícola Concha y Toro e numa bela estância ao sul de Santiago. Eram coisas boas, mas os instantâneos desses prazeres desbotaram e se apagaram. As fotos de seu breve "desaparecimento" aos cuidados dos Carabineros não desbotou. O Chile não parecia um país ao qual fosse bom voltar em breve.

Instantâneos da Argentina. Em meados dos anos 1970, ele foi a uma leitura de Jorge Luis Borges no centro de Londres e no pódio, ao lado do grande escritor, que parecia uma versão mais lúgubre, latino-americana, do comediante francês Fernandel, havia uma linda jovem de feições japonesas, quem é *essa*?, ele se lembrava de ter pensado, e agora, tantos anos depois, ali estava María Kodama caminhando em sua direção para recebê-los em Buenos Aires, a lendária viúva de Borges, María K, com seu cabelo de zebra, e iam almoçar no restaurante que tinha o nome dela. Depois do almoço, ela os levou à Fundación Internacional Jorge Luis Borges, localizada não na velha casa verdadeira de Borges, mas na casa vizinha, porque o dono da casa de verdade não quisera vendê-la; a casa da fundação era uma imagem espelhada da casa "real" e parecia adequado que Borges fosse imortalizado numa imagem espelhada. No andar superior, havia uma recriação exata da sala de trabalho do escritor, uma cela monástica, estreita e despojada, com uma mesa simples, uma cadeira de espaldar reto e um catre num canto. O resto do andar estava cheio de livros. Se alguém nunca tivera a sorte de conhecer Borges, conhecer sua biblioteca era a segunda melhor coisa. Naquelas estantes poliglotas, estavam os exemplares queridos do escritor: Stevenson, Chesterton e Poe, ao lado de livros em metade das línguas da espécie humana. Ele se lembrou da história do encontro de Borges com Anthony Burgess. *Temos o mesmo nome*, Burgess dissera ao mestre argentino, e depois, procurando uma língua comum para uma conversa que fosse ininteligível para os ouvidos em torno deles, ficaram com o anglo-saxão e conversaram alegremente na língua de Beowulf.

E havia uma sala cheia de enciclopédias, enciclopédias de tudo, de cujas páginas nascera, sem dúvida, a famosa e falaciosa *The Anglo-American Cyclopaedia*, uma "reimpressão literal, mas delinquente, da *Encyclopaedia britannica* de 1902", em cujo 46º volume os personagens fictícios "Borges" e "Bioy Casares" tinham encontrado um artigo sobre a terra de Uqbar na grande *ficción* "Tlön, Uqbar, Orbis Tertius" e também, claro, a enciclopédia mágica do próprio mundo de Tlön.

Ele poderia passar o dia inteiro entre aqueles livros numinosos, mas tinha apenas uma hora. Ao saírem, María deu a Elizabeth um presente precioso, uma pedra "rosa do deserto", um dos primeiros presentes que Borges tinha dado a ela, disse, *e espero que seja tão feliz como nós fomos.*

"Você se lembra", ele perguntou a María, "de um ensaio que Borges escreveu como prefácio para um livro de fotografias da Argentina de um fotógrafo chamado Gustavo Thorlichen?"

"Lembro", ela disse. "O ensaio em que ele fala da impossibilidade de fotografar os pampas."

"Os pampas sem fim", ele disse, "os pampas borgeanos que eram feitos de tempo, não de espaço: é aí que moramos."

Em Buenos Aires, havia segurança, mas era contornável, *apagável.* As notícias da loucura da polícia chilena haviam chegado antes dele e os guardas argentinos queriam parecer melhores, de forma que lhe deixaram certo espaço para respirar. Ele pôde fazer seu trabalho para o livro *O último suspiro do mouro*, e até encaixar um pouco de turismo com uma visita a uma cripta familiar no cemitério Recoleta, onde Eva Perón estava enterrada e onde uma plaquinha à la Lloyd Webber convidava os passantes a não chorar por ela. *No me llores.* Tudo bem, não choro, não, ele disse silenciosamente a ela. Tudo o que quiser, madame.

Pediram que ele se encontrasse com o ministro das Relações Exteriores da Argentina, Guido di Tella, e a caminho do encontro o funcionário da embaixada britânica que o acompanhava mencionou que o filme *Evita*, de Alan Parker, estrelado por Madonna, não havia recebido permissão para filmar na Casa Rosada. "Se puder dizer alguma coisa a respeito", murmurou o diplomata, "seria uma ajuda. Se puder achar um jeito de tocar no assunto na conversa." E ele falou. Depois que o *señor* Di Tella perguntou sobre a *fatwa* e havia feito os já tradicionais (e altamente vazios) ruídos de apoio, ele perguntou ao ministro sobre os problemas do filme. Di Tella fez um gesto de "o que eu posso fazer?". "A Casa Rosada, como sabe, é a sede do governo, é difícil permitir que rodem um filme lá."

"Sabe", ele respondeu, "é um filme de grande orçamento, e será feito, e, se o senhor não permitir que filmem na Casa Rosada, eles vão encontrar outro edifício para fazer as vezes da sede da presidência, talvez, não sei, no... Uruguai."

Di Tella ficou rígido. "No Uruguai?", exclamou.

"É. Talvez. Talvez no Uruguai."

"Tudo bem", disse Di Tella. "Me dê licença um momento, por favor. Tenho de fazer um telefonema."

Pouco depois dessa conversa, *Evita* recebeu permissão para filmar na Casa Rosada. Quando o filme foi lançado, ele leu que Madonna havia feito um lobby pessoal com o presidente da Argentina para obter a permissão, e talvez tivesse sido essa a verdadeira razão da mudança de posição. Mas talvez o Uruguai tivesse alguma coisa a ver com isso também.

Instantâneos do México. Sim, havia policiais por toda parte e, sim, ele conseguiu lançar seu livro e falar sobre liberdade de expressão e ver as relíquias dos benditos astecas, a casa de Frida Kahlo e Diego Rivera, em Coyoacán, a sala onde o assassino Mercader enfiou o picador de gelo no crânio de Trotsky e, sim, conseguiu participar da Feira do Livro de Guadalajara ao lado de Carlos Fuentes, voou de helicóptero sobre as montanhas onde crescia o agave azul até a cidade de Tequila para almoçar numa das antigas *haciendas* de tequila com os outros escritores que tinham falado na feira, havia uma banda de *mariachis* e todo mundo exagerou na tequila Tres Generaciones, houve dores de cabeça e outros efeitos conhecidos. E, sim, sua visita a Tequila forneceu o cenário para a cena próxima do começo de *O chão que ela pisa*, em que a cidade é sacudida por um terremoto, os barris racham e a tequila corre como água pelas ruas. E depois de Tequila, ele e Elizabeth se hospedaram, com Carlos e Silvia Fuentes, numa casa assombrosa chamada Pascualitos, que era na verdade um arquipélago de cabanas cobertas de palha *palapa* com vista para o oceano Pacífico e que aparece em livros elegantes sobre arquitetura contemporânea, e, sim, ele se deu conta de que amava o México. Mas tudo isso não vinha ao caso.

O que interessava era que certa noite, na Cidade do México, Carlos Fuentes disse: "É uma loucura você nunca ter se encontrado com Gabriel García Márquez. É uma pena ele estar em Cuba agora, porque de todos os escritores do mundo você e Gabo são os dois que precisam se conhecer". Ele se levantou, saiu da sala e voltou minutos depois para dizer: "Há alguém no telefone com quem você tem de falar".

García Márquez dizia não conseguir falar inglês, mas na verdade entendia a língua bastante bem. Quanto a ele, seu espanhol falado era lamentável, mas, por outro lado, conseguia entender o que as pessoas diziam, contanto que não usassem muita gíria e não falassem depressa demais. A outra língua que os dois tinham em comum era o francês, então estavam tentando usá-lo, só que García Márquez — em quem ele não conseguia pensar como "Gabo" — voltava sempre ao espanhol; e ele ouviu mais inglês do que pretendia saindo de sua própria boca. Mas, estranhamente, no instantâneo que sua memória fez da longa conversa, *não havia problema de língua.* Os dois estavam apenas conversando um com o outro, calidamente, afetuosamente, fluentemente, dizendo coisas a respeito dos livros um do outro e dos mundos de onde eles brotavam. Ele falou dos muitos aspectos da vida latino-americana que se assemelhavam à experiência do sul da Ásia — eram ambos mundos com um longo passado colonial, mundos em que a religião estava viva, era importante e muitas vezes opressiva, nos quais generais e civis disputavam o poder, em que havia grandes extremos de riqueza e pobreza e uma boa dose de corrupção pelo meio. Não era de surpreender, disse ele, que a literatura da América Latina encontrasse um público tão pronto no Oriente. E Gabo disse — "Gabo!" Parecia presunção, como chamar um deus pelo apelido íntimo de família — que a literatura de escritores latino-americanos tinha sido profundamente influenciada pelos contos maravilhosos do Oriente. De forma que tinham muito em comum. Então, García Márquez lhe fez o maior elogio que ele jamais havia recebido. *De todos os escritores fora da língua espanhola*, disse ele, *os dois que sempre tento acompanhar são J. M. Coetzee e você.* Apenas essa frase fez a viagem inteira valer a pena.

Só quando desligou o telefone foi que se deu conta de que García Márquez não havia feito uma única pergunta sobre a *fatwa*, ou sobre o modo como ele vivia agora. Tinham conversado de escritor para escritor, sobre livros. Isso também era um alto elogio.

Instantâneos do colapso do tempo, antes do dia em que. Voaram do México para Buenos Aires, para a Terra do Fogo e acompanhando a costa do Chile em direção à Nova Zelândia. Quando atravessaram a linha internacional de data, seu cérebro desistiu. Você podia dizer a ele que eram quatro e meia da terça-feira passada que ele acreditaria. A linha de data era tão perturbadora que o tempo se esfarelava em suas mãos como pão amanhecido e não dava para dizer nada a respeito, as pessoas diziam que tudo bem, claro, por que não. A linha de data revelava o tempo como uma ficção, uma coisa que não era real, fazia você pensar que qualquer coisa podia acontecer, os dias podiam correr para trás se quisessem, ou sua vida podia se desenrolar como um carretel de filme se espalhando loucamente de um projetor quebrado para o chão. O tempo podia ser staccato, uma série de momentos desconectados, fortuitos, sem sentido, ou poderia simplesmente erguer as mãos em desespero e se acabar. Essa súbita perplexidade fez sua cabeça flutuar e ele quase desmaiou. Quando voltou a si, estava na Nova Zelândia, de volta à língua inglesa, o que era reconfortante. Mas havia uma perplexidade maior à espera. Ele não ouviu as asas do anjo exterminador, mas elas estavam ali, acima dele, baixando todo o tempo.

Instantâneos dos dias antes do dia em que. Na Nova Zelândia e na Austrália a segurança era mais sensata, menos intrusiva, mais fácil de aceitar. Mas havia uma coisa que eles não sabiam. Ao atravessarem a ilha North passando pelo monte Ruapehu, que estava em erupção havia meses, e do qual subia uma coluna de fumaça inclinada raivosamente pelo céu, não estavam pensando em sinais nem em portentos. Na Austrália, passaram um fim de semana numa propriedade adequadamente chamada de "Happy Daze" [Alegre torpor], nas montanhas Blue, perto de Sydney, hospedados na casa de Julie Clarke e Richard Neville, o grande pós-hippie, ex-editor da revista *Oz*, um dos acusados no famoso caso de obscenidade pela publicação de *Oz — Número para colegiais* e cronista da contracultura dos anos 1960 no seminal livro de memórias *Hippie hippie shake*, e naquela zona de felicidade (dormiram numa casa na árvore) não era possível pensar em muita coisa além de paz e amor. Não podiam imaginar que estavam a dois dias do mais perto que jamais chegaram de serem mortos, o mais perto do momento letal em todos aqueles anos ameaçadores.

Instantâneos do dia em que. Decidiram permanecer depois da parte profissional da viagem e passar um Natal ao sol, e a polícia concordou que podiam ficar sem proteção, uma vez que ninguém saberia que eles ainda estavam no país. O romancista Rodney Hall, que morava numa bela propriedade isolada em Bermagui, New South Wales, a quatro horas de carro ao sul de Sydney, convidou-os a ficar lá. O Natal em Bermagui, Rodney garantiu, seria totalmente privado, e idílico. Zafar saiu de Londres e se encontrou com eles em Sydney quando começaram as férias escolares. Aos dezesseis anos e meio, era um rapaz alto, de ombros largos, com uma notável segurança física. Na manhã em que a polícia se retirou e os deixou sozinhos, tomaram um café para comemorar, num lugar perto da praia de Bondi, e um homem de aparência árabe ficou olhando para eles e depois parou na calçada fazendo telefonemas urgentes, cheios de gestos. Zafar se levantou e disse: "Acho que eu vou lá, trocar uma palavrinha", e seu pai teve a estranha e prazerosa sensação de ser protegido pelo filho, mas pediu que ele não fosse. O homem ao telefone acabou não sendo importante e foram até onde seu sedã Holden alugado estava estacionado para começar a longa viagem para o sul.

Elizabeth havia levado um audiolivro multicassete da *Ilíada*, de Homero, pôs no toca-fitas do carro e eles deslizaram pelo sul de New South Wales na via expressa Princes, passando por Thirroul, o subúrbio de Wollongong onde D. H. Lawrence escreveu *Canguru*, e desceram para o litoral, a música de *didjeridu* dos nomes de locais australianos em contraponto aos nomes próprios trágicos, marciais da Grécia antiga e de Troia, Gerringong, Agamenon, Nowra, Príamo, Ifigênia, Tomerong, Clitemnestra, Wandandian, Jerrawangala, Heitor, Yatte Yattah, Mondayong, Andrômaca, Aquiles; e Zafar, embalado pela antiga lenda do mar cor de vinho escuro, rico em peixes, se esticou no banco de trás e dormiu profundamente.

Mais ou menos na metade da viagem, chegaram à cidadezinha de Milton, e ele vinha dirigindo havia duas horas, talvez devesse parar e passar a direção para Elizabeth, mas, não, ele insistiu, estava bem, contente de continuar no volante. A fita terminou e por um momento — uma fração de um instante — seus olhos baixaram para o botão de *ejetar* e uma variedade de coisas aconteceu muito depressa, através do tempo, o Tempo, que parecera tão pouco confiável desde que atravessaram a linha de data, pareceu ficar mais lento e quase parar. Um enorme caminhão contêiner articulado saiu de uma estrada lateral e fez uma curva aberta para a esquerda, e ele sustentaria sempre que a cabine do motorista atravessara a linha branca, embora Elizabeth se lembrasse de que ele é que desviara ligeiramente para a direita, mas, qualquer que tivesse sido a razão, de repente houve aquele gigantesco ruído de dilaceramento, o horrível ruído mortífero de metal com metal, quando a cabine atingiu com força a porta do motorista, curvando-a para dentro, e o tempo em câmera lenta ficou ainda mais lento, parecia que ele estava raspando no caminhão por uma eternidade, vinte segundos talvez, ou uma hora talvez, e quando o caminhão finalmente os soltou o Holden deslizou de lado no asfalto, na direção do mato da margem, e logo adiante, vindo na direção deles, havia uma árvore frondosa, sólida, e a certo momento, enquanto lutava com a direção, uma ideia se formou devagar em sua mente em câmera lenta, *não vou conseguir desviar dessa árvore, nós vamos bater nessa árvore, ah, pronto, estamos batendo na árvore, nós batemos... agora*, e olhou para Elizabeth quando ela foi lançada para a frente contra o cinto de segurança, os olhos arregalados, a boca aberta, e uma nuvem branca de vapor saiu de sua boca como um balão de história em quadrinhos, e naquele momento ele temeu que pudesse estar vendo a vida deixar o corpo dela e gritou com uma voz que não era dele *você está bem?* e perguntou-se o que faria o resto da vida se não ouvisse uma resposta.

Zafar acordou. "Aconteceu alguma coisa?", perguntou, sonolento. "O que foi?" Bom, Zafar, sabe, está vendo esta árvore aqui no meio do carro, parece que foi isso que aconteceu.

Estavam vivos. Foi um acidente daqueles que, nove entre dez vezes, matam todo mundo no carro, mas essa fora a décima vez e ninguém nem quebrou osso nenhum. O carro podia ter entrado embaixo do caminhão e nesse caso teriam sido decapitados, mas em vez disso havia ricocheteado numa roda. E no piso de trás, junto a seu filho adormecido, havia uma caixa de vinho aberta que estavam levando de presente para Rodney. Quando o carro bateu na árvore, as garrafas foram lançadas à frente como mísseis e explodiram no para-brisa. Se aquelas garrafas tivessem atingido Elizabeth ou ele, os dois teriam o crânio fraturado. Mas os mísseis voaram por cima de seus ombros, e não acertaram ninguém. Elizabeth e Zafar saíram do carro sozinhos, sem nem um arranhão. Ele teve um pouco menos de sorte. A porta do motorista estava amassada e precisou ser aberta por fora. Ele tinha sérias contusões e vários cortes no antebraço direito e no pé direito, calçado com sandália. Saliente no antebraço, havia um inchaço em forma de ovo, que ele tomou por sinal de fratura. A boa gente de Milton veio ajudar e ele foi levado a um relvado, onde se sentou, incapaz de falar, perdido em alívio e choque.

Outro lance de sorte: havia um pequeno centro médico próximo, o Milton-Ulladulla Hospital, de forma que a ambulância chegou rapidamente. Os homens de branco correram até ele, pararam e olharam fixo. "Desculpe, amigo, mas você é Salman Rushdie?" Naquele momento, ele realmente não queria ser. Queria ser uma pessoa anônima recebendo tratamento médico. Mas, sim, era. "Ah, tudo bem, amigo, acho que talvez não seja uma boa hora para pedir isso, mas pode me dar um autógrafo?" *Dê um autógrafo para o cara*, ele pensou. *Ele é que está com a ambulância.*

A polícia chegou e foi interrogar o motorista do caminhão, que ainda estava sentado na cabine, coçando a cabeça. Aparentemente, não tinha acontecido nada com o veículo. O Holden fora destruído por aquele mastodonte e o monstro não tinha nem um arranhão visível. A polícia estava dando uma dura no motorista, porém. Eles também tinham percebido que o homem tonto e ferido sentado no mato era Salman Rushdie e então quiseram saber qual era a religião do caminhoneiro. O motorista ficou confuso. "O que a minha religião tem a ver com isso?" Bom, ele era *muçulmano*? Era *islâmico*? Era *ariano*? Por isso é que tinha tentado matar o sr. Rushdie? Quem sabe um dos asseclas do aiatolá? Estava cumprindo aquela coisa, aquela *fatso*? O pobre motorista balançava a cabeça, confuso. Não sabia em quem tinha batido. Estava dirigindo seu caminhão e não conhecia nenhum *fatso*. No fim, a polícia acreditou nele e deixou que fosse embora.

O contêiner do caminhão estava cheio de fertilizante fresco. "Está me dizendo", ele disse a Zafar e Elizabeth, um pouco histérico, "que nós quase fomos mortos por um caminhão de *merda*? Nós quase morremos debaixo de um monte de *esterco*?" Sim, era isso mesmo. Depois de escapar de assassinos profissionais durante quase sete anos, ele e seus entes queridos quase tinham encontrado seu fim debaixo de uma portentosa avalanche de estrume.

No hospital, uma série de exames cuidadosos determinou que estavam todos bem. O braço dele não estava quebrado, apenas fortemente contundido. Ele telefonou para Rodney Hall, que disse que ia buscá-los de carro imediatamente, mas isso queria dizer que chegaria dentro de duas horas. Nesse meio-tempo, a mídia chegou em batalhões. O pessoal do hospital fez um magnífico trabalho mantendo os jornalistas à distância, recusando-se a comentar quem estava ou não estava recebendo tratamento no local. Mas a mídia sabia o que sabia e ficou à espera. "Pode ficar aqui até seu amigo chegar, se quiser", disseram os médicos e as enfermeiras. Então eles ficaram na ala de emergência e esperaram, olhando um para o outro atentamente como para se certificar de que os outros realmente ainda estavam ali.

Rodney chegou, apressado e cheio de solicitude. A imprensa ainda estava lá fora, ele disse, então como fariam? Simplesmente passar por eles, deixar que fotografassem e ir embora? "Não", ele disse a Rodney. "Em primeiro lugar, não quero uma fotografia minha todo machucado e com o braço na tipoia em todos os jornais amanhã. E, em segundo lugar, se eu sair no seu carro, eles não vão demorar para descobrir onde vou estar hospedado, e isso vai estragar o Natal."

"Posso levar Elizabeth e Zafar", Rodney sugeriu, "e me encontrar com você uns três quilômetros ao sul daqui. Ninguém conhece Zafar e Elizabeth, acho que conseguimos sair sem chamar a atenção."

O dr. Johnson, o jovem e atencioso médico que cuidara deles, tinha uma sugestão. "Meu carro está no estacionamento dos funcionários", disse. "A imprensa não vai estar lá. Posso levar o senhor para encontrar seus amigos."

"É muita gentileza sua", ele disse. "Tem certeza?"

"Está brincando?", respondeu o dr. Johnson. "Deve ser a coisa mais excitante que aconteceu em Milton em todos os tempos."

A casa de Rodney ficava num pequeno promontório junto a uma praia quase deserta, cercada por uma floresta de eucaliptos, e era tão isolada e idílica como ele havia prometido. Foram muito bem recebidos e cuidados, com vinho e jantar; leram livros em voz alta, caminharam, dormiram e lentamente o choque do acidente passou. No dia de Natal nadaram no mar da Tasmânia de manhã, e a ceia natalina foi ao ar livre, no gramado. Silencioso, ele olhou Elizabeth e Zafar, e pensou: *Ainda estamos aqui. Olhe só para nós. Ainda estamos todos vivos.*

8. Sr. Manhã e sr. Tarde

A história sempre muda, ele dissera a si mesmo muitas vezes. *Vivemos numa época acelerada e a história muda mais depressa que nunca.* Mas sete anos haviam se passado, sete anos da sua década dos quarenta, o auge da vida de um homem, sete anos da infância de seu filho que ele nunca recuperaria, e a história não tinha mudado. Ele estava enfrentando a possibilidade de aquilo não ser apenas uma fase — de o resto de sua vida ser daquele jeito. Era duro de engolir.

Todos sentiam a tensão. Zafar estava frustrado pelo segredo — *Não posso trazer meus amigos em casa?* — e ia mal na escola. Clarissa vinha conquistando uma reputação no Arts Council, tornando-se uma de suas figuras mais queridas, uma espécie de padroeira de pequenas revistas por todo o país, e ele estava contente de vê-la encontrar seu lugar no mundo; mas desde o conflito sobre dinheiro a relação deles tinha ficado comprometida. Não era hostil, mas também não era mais amigável, e isso era uma coisa ruim, triste. Elizabeth não estava grávida e isso muitas vezes afetava seu humor. Ela consultou um ginecologista e descobriu que, por várias razões internas, podia ser difícil ela conceber. Então havia esse problema a superar além da translocação cromossômica recíproca, e se e quando um bebê fosse concebido haveria problemas de segurança. Quanto a isso ela fechava os olhos e ignorava.

O novo ano começou. Caroline Michel telefonou para contar que as vendas da edição de capa dura de *O último suspiro do mouro* no Reino Unido já tinham chegado a quase 200 mil exemplares. Porém, havia problemas na Índia. Em Bombaim, o partido Shiv Sena se ofendera por ser retratado como "Eixo de Mumbai" no romance. Algumas outras pessoas não acharam engraçado que um dos personagens do livro possuísse um cachorrinho de pelúcia com rodas chamado Jawaharlal, como o primeiro-ministro do país. O romancista urdu de 68 anos Qurrantulain Hyder, que escrevera o famoso romance sobre a Partição *Aag ka Darya* (Rio de fogo), anunciou que esse tipo de taxidermia ficcional provava que o autor não devia "nunca ser perdoado".

Como resultado da "controvérsia", o governo indiano, com seu tradicional compromisso com a liberdade de expressão, suspendeu a importação do livro na alfândega usando algum pretexto muito frágil. Ele telefonou para seu advogado indiano, Vijay Shankardass, um homem de fala mansa e altos princípios que era um dos advogados mais hábeis da Índia, e Vijay disse que, se conseguissem que as organizações do comércio livreiro da Índia se juntassem com a Rupa, editora do livro no país, poderiam ir logo à justiça com uma "liminar" e pressionar o governo. Houve um conflito com o chefe da Rupa, Rajan Mehra, que de início intimidou-se, temendo que acionar o governo pudesse ter repercussões desagradáveis para os negócios, mas Vijay o ajudou a se decidir e por fim Mehra "fez o necessário". No dia em que o caso foi julgado, o governo recuou, o bloqueio foi suspenso e *O último suspiro do mouro* entrou na Índia lançado livremente, sem qualquer problema. Na Feira do Livro de Delhi, a liberação do romance foi um grande evento, "uma grande vitória", que ele agradeceu a Vijay. Mas *Os versos satânicos* continuava proibido na Índia, assim como seu autor.

O outro problema indiano era referente à casinha em Solan, nos montes Shimla. Seu avô paterno, Mohammed Din Khaliqi Dehlavi, que ele não conhecera, tinha comprado o lugar muito tempo antes como um refúgio ao calor de Delhi, um chalé de pedra com seis cômodos num terreno pequeno, mas com uma fantástica vista das montanhas. Ele havia deixado a propriedade a seu filho único, Anis, e Anis Rushdie, antes de sua morte, a doara a *seu* filho único. A casa fora requisitada pelo governo estadual de Himachal Pradesh através do

Ato de Propriedades de Evacuados, que permitia que a Índia tomasse posse da propriedade de qualquer pessoa que tivesse ido se instalar no Paquistão. Mas não era esse o caso dele, de forma que a casa fora tomada ilegalmente. Vijay Shankardass estava cuidando do caso para ele também, mas, embora tivesse conseguido oficializar a posse de Anis da propriedade, a herança ainda não havia sido aceita e o governo de Himachal dissera, secamente, que "não queremos ser vistos fazendo favores a Salman Rushdie".

Mais um ano se passaria antes que as diligentes pesquisas da equipe de Vijay encontrassem o documento escondido que resolveu o caso — o documento em que um alto funcionário do governo de Himachal havia cometido perjúrio numa declaração juramentada afirmando que sabia que Salman Rushdie havia se tornado cidadão paquistanês. Mas Salman Rushdie nunca tivera nenhuma outra cidadania além da indiana e da britânica. Perjúrio era um crime sério, punido com pena de prisão obrigatória, e quando souberam que Vijay Shankardass estava de posse da declaração falsa as autoridades de Himachal ficaram de repente extremamente cooperativas. Em abril de 1997, a casa estava de novo em seu nome, deixada em razoáveis condições pelo funcionário do governo que a invadira, e Vijay recolheu as chaves.

Seus comentários favoritos a *O último suspiro do mouro* foram os de amigos indianos que entraram em contato depois de ler o livro liberado para perguntar como ele havia conseguido escrevê-lo sem visitar a Índia. "Você entrou escondido, não foi?", sugeriram. "Veio quietinho e absorveu as coisas. Senão, como poderia saber essas coisas todas?" Isso pôs um grande sorriso em seu rosto. Sua maior preocupação havia sido que seu "romance do exílio" parecesse um livro de estrangeiro, desligado da realidade indiana. Ele pensou em Nuruddin Farah levando a Somália em seu coração onde quer que viajasse, e ficou orgulhoso de ter escrito seu livro a partir da Índia particular que levava com ele a toda parte.

O romance estava obtendo alguns dos melhores comentários de sua vida, confirmações de que o longo descarrilamento não o havia aleijado. Houve uma pequena turnê de divulgação nos Estados Unidos, mas foi muito cara. Tiveram de alugar um pequeno avião. As forças policiais americanas insistiram na necessidade de segurança, de forma que uma empresa de segurança privada chefiada por um sujeito experiente chamado Jerome H. Glazebrook teve de ser contratada. Foi generoso da parte de Sonny Mehta absorver a maioria desses custos, embora cada lugar contribuísse, assim como ele também. Sonny o acompanhou na turnê e deu festas luxuosas em Miami (onde todo mundo parecia ser autor de romances de suspense, e onde, quando pediu a Carl Hiaasen que lhe desse informações sobre Miami, o escritor americano respirou fundo e só parou de falar duas horas depois, dando em alta velocidade uma *master class* sobre as malandragens políticas da Flórida) e depois em San Francisco (onde Czesław Miłosz, Robin Williams, Jerry Brown, Linda Ronstadt e Angela Davis estavam entre os convidados). Eram eventos ligeiramente furtivos, pois os convidados não ficavam sabendo a identidade do autor ou a localização da festa até o último minuto.

A fina flor de Miami e San Francisco foi revistada por guardas de segurança para o caso de estarem pensando em ganhar um dinheirinho extra indo atrás da recompensa.

Sonny e ele tiveram tempo até para um fim de semana em Key West, onde Gita Mehta foi ao encontro deles, parecendo bem, de volta à sua melhor loquacidade e animação. Ele achou que essa turnê de divulgação cara e fora do comum era o jeito silencioso de Sonny se desculpar pelos problemas que havia causado na época de *Haroun e o mar de histórias* e ficou feliz de virar a página do passado. Na véspera de seu embarque para Londres, *O último suspiro do mouro* lhe valeu o British Book Award, um troféu "Nibbie", como "escritor do ano". (O Nibbie de livro do ano foi para a autora de obras de culinária Delia Smith, que, em seu discurso de agradecimento, referiu-se a si mesma em terceira pessoa: "Agradecemos a homenagem ao livro de Delia Smith".) Houve uma grande ovação quando seu prêmio foi anunciado. *Não posso esquecer que existe uma Inglaterra que está do meu lado*, ele disse a si mesmo. Dados os contínuos ataques a seu caráter nos jornais, que passara a considerar coletivamente como *Daily Insult* [Insulto Diário], teria sido fácil, mas errado, se esquecer disso.

De volta à casa da Bishop's Avenue, foi difícil se readaptar à vida com a polícia. Eles trancavam as portas à noite, mas nunca as destrancavam de manhã. Fechavam compulsivamente as cortinas, mas nunca as abriam de novo. As cadeiras em que se sentavam quebravam sob seu peso e o piso de madeira do hall de entrada estalava sob seus pés pesados. Era o sétimo aniversário da *fatwa*. Nenhum jornal britânico publicou uma palavra de apoio ou de reconhecimento. Era uma história velha e chata que parecia não ir para lugar nenhum; não era notícia. Ele escreveu um artigo para o *The Times* em que tentou argumentar que o propósito da *fatwa* havia sido derrotado, mesmo que a *fatwa* em si ainda existisse: o livro não havia sido suprimido, nem seu autor. Ele pensou na era de medo e autocensura a que a *fatwa* dera origem — na qual a Oxford University Press havia se recusado a publicar um excerto de *Os filhos da meia-noite* num livro didático de inglês alegando tratar-se de uma questão "muito sensível"; na qual o escritor egípcio Alaa Hamed (ao lado de seu editor e gráfico) havia sido sentenciado a oito anos de prisão por escrever um romance, *Masafa li-'aql rajul* [A distância na mente de um homem], considerado uma ameaça à paz social e à unidade nacional; na qual editores ocidentais falavam abertamente em evitar qualquer texto que pudesse ser considerado crítico ao islã — e não acreditava em seu próprio artigo. Tivera alguns pequenos sucessos, mas a vitória real não estava de forma alguma conquistada.

Ele falava com Elizabeth sobre os Estados Unidos. Lá eles não teriam de viver com quatro policiais ou com constantes acusações de custar uma fortuna à nação sem prestar nenhum serviço a ela. Tinham tido uma amostra dessa liberdade nos últimos dois verões; podiam ter muito mais. Sempre que ele puxava o assunto ela fechava uma carranca rebelde e não discutia. Ele começou a perceber que Elizabeth tinha medo da liberdade, ou ao menos medo da liberdade com ele. Sentia-se segura apenas dentro da bolha da proteção. Se ele insistia em dar um passo para fora, ela poderia muito bem não estar disposta a dar esse passo com ele. Pela primeira vez (chocando a si mesmo), ele começou a imaginar uma vida sem ela. Foi a Paris para lançar a edição francesa de *O último suspiro do mouro*; a tensão entre eles não havia se abrandado.

Em Paris, *les gentilhommes du Raid* aprontaram seus truques de sempre. Fecharam a rua inteira na frente do Hôtel de l'Abbaye, perto de Saint-Sulpice. Recusaram-lhe permissão para comparecer a qualquer lugar público. "Se ele não gostar", disseram a seus editores, "não precisa vir aqui." Mas a boa notícia foi que o romance estava sendo muito bem recebido, disputando o primeiro lugar das listas de best-sellers com o último livro de Umberto Eco e com *O encantador de cavalos*. Houve também reuniões políticas com o ministro das Relações Exteriores, Herve de Charrette, e com o ministro da Cultura, Philippe Douste-Blazy. *Chez* Bernard-Henri Lévy, ele encontrou o velho grande homem do cinema e do nouveau roman Alain Robbe-Grillet, de quem muito admirava o romance *O ciúme* e o roteiro de *Ano passado em Marienbad*. Robbe-Grillet estava planejando fazer um filme no Camboja no final do ano, estrelado por Jean-Louis Trintignant e por Arielle Dombasle, esposa de Bernard-Henri Lévy. Trintignant ia fazer um piloto que caía na selva cambojana e em seu delírio subsequente tinha fantasias com Arielle enquanto era tratado numa aldeia da selva por *un médécin assez sinistre*. O papel do médico sinistro, Robbe-Grillet disse, entusiasmado, é perfeito para você, Salman. Duas semanas no Camboja em dezembro! Philippe Douste-Blazy vai cuidar de tudo! (Douste-Blazy, presente na ocasião, anuiu agradavelmente e se desculpou também pela reação excessiva da Raid. "Nas suas próximas visitas vamos usar apenas dois guardas de segurança.") Ele perguntou a Robbe-Grillet se podia ver um roteiro e Robbe-Grillet balançou a cabeça, impaciente, sim, claro, claro, mas você tem de fazer! Vai ser fantástico! O médico, é você!

Nenhum roteiro jamais foi enviado. O filme nunca foi feito.

Uma outra coisa aconteceu em Paris. Caroline Lang, a brilhante e linda filha de Jack Lang, foi lhe fazer companhia no Hôtel de l'Abbaye uma tarde e, por causa de sua beleza, do vinho e das dificuldades com Elizabeth, tornaram-se amantes; e imediatamente depois decidiram não repetir o ato, mas continuar amigos. Depois dessas poucas horas juntos, ele teve de aparecer ao vivo na televisão, no *Bouillon de culture*, de Bernard Pivot, e sentiu que o turbilhão emocional causado por sua infidelidade fez com que mostrasse uma imagem pobre de si mesmo.

Andrew Wylie e Gillon tinham chegado ao fim da estrada e resolveram encerrar sua associação. Andrew foi à casa dele, muito aborrecido, com uma certa raiva, mas lamentando. "Ficou claro para mim", disse, ao mesmo tempo triste e indignado, "que Gillon nunca foi meu parceiro. Brian Stone é parceiro de Gillon." Brian era sócio deles, o agente que controlava o espólio de Agatha Christie. "A placa na agência de Londres", Andrew disse, amargo, "ainda diz ATKEN & STONE." A briga deles tinha sido causada por dinheiro, mas também por visões diferentes. Andrew tinha sonhos grandiosos, expansionistas; Gillon era cauteloso e sempre prudente financeiramente. Não fora uma separação agradável; um divórcio feio, como a maioria dos divórcios. Andrew estava parecendo um amante rejeitado, ao mesmo tempo desdenhoso e desesperado.

Ele ficou profundamente perturbado com a separação de seus agentes. Gillon e Andrew tinham sido pilares de fortaleza nos últimos anos e ele confiava nos dois absolutamente. Nenhum deles havia estremecido nem por um momento diante do ataque islâmico, e sua coragem havia estimulado muitos editores a terem uma coragem que não teriam sem eles. Ele não podia imaginar o que faria sem a dupla, mas agora teria de escolher, embora Gillon tivesse elegantemente facilitado a escolha telefonando no dia seguinte para dizer: "Meu caro, evidentemente você deve ficar com Andrew. Ele era seu agente primeiro, ele trouxe você para mim e é claro que deve ficar com ele, está absolutamente certo".

Tinham passado por tanta coisa, tinham feito tanto juntos. Seu relacionamento havia se aprofundado muito além da cordialidade autor-agente. Tinham se tornado amigos chegados. E no entanto ele teria de deixar Gillon. Nunca havia imaginado que esse dia chegaria, sempre pensara que Gillon e Andrew seriam seus agentes para sempre. "Tudo bem", ele disse a Gillon. "Muito obrigado. Mas, no que me toca, nada mudou entre nós."

"Um dia desses vamos almoçar", disse Gillon, e acabou-se.

A Itália assumira a presidência rotativa da União Europeia e estava no processo de persuadir todos os seus Estados membros a aceitar uma carta, a ser assinada em conjunto pela UE e pelo Irã, que aceitava que a *fatwa* seria válida eternamente, em troca de uma breve declaração do Irã de que nunca seria implementada. As fontes de Frances D'Souza disseram que a *troika* de ministros do Exterior da UE iria a Teerã para discutir o terrorismo, e estava se recusando a sequer tocar na *fatwa* a menos que esse texto fosse aprovado — o que significava ser aprovado por ele, disse ela. O governo britânico estava resistindo, mas preocupado com seu isolamento. Ele pediu que Frances informasse a suas fontes que ele não vinha lutando havia sete anos para acabar aceitando que a União Europeia concordasse com a validade de uma ordem de assassinato extraterritorial. Ele jamais concordaria com uma declaração dessas, nem em 1 milhão de anos. "Eles que se fodam, esses oportunistas filhos da puta", ele disse. Não iria colaborar com essa hedionda imoralidade.

A "carta italiana" nunca foi assinada nem enviada.

Ele falou com Gail Rebuck, da Random House, para conseguir que ela assumisse a publicação de *Os versos satânicos* em brochura. Ela disse que Alberto Vitale parecia "receptivo" agora, mas que precisava de mais garantias de segurança. Ele sugeriu a Gail e a Caroline Michel que elas obtivessem relatórios de todos os editores europeus das traduções de *Versos* em brochura, e da Central Books, dos distribuidores do consórcio do Reino Unido, sobre suas medidas de segurança, se alguma havia, e marcassem uma reunião com Helen Hammington, Dick Wood e Rab Connolly para saber o que estes achavam. *Centímetro a centímetro*, ele pensou. Vamos chegar lá, mas é tão *dolorosamente lento*.

Elizabeth ficou sabendo que Carol Knibb, a prima que a havia criado quando sua mãe morrera, estava sofrendo de leucemia linfocítica crônica, a mesma LLC que Edward Said estava enfrentando em Nova York. Elizabeth ficou arrasada com a notícia. Carol era a coisa mais próxima de família com que ela contava. Ele também ficou profundamente triste. Carol era uma mulher boa, doce. "É um câncer curável", ele disse a Elizabeth. "Podemos ajudá-la a lutar. Ela deve falar com o médico de Edward, o doutor Kanti Rai, em Long Island."

A morte vem indiscriminadamente para os doces e os amargos. Duas semanas depois de saber do câncer de Carol, ele recebeu a notícia de uma morte que não podia lamentar. O malévolo gnomo Kalim Siddiqui emitira sua última ameaça. Estava participando de uma conferência em Pretória, África do Sul, quando um ataque do coração o matara. Soube-se que ele havia feito recentemente uma operação para colocação de ponte de safena, mas continuara bombástico e raivoso, quando um homem mais sábio teria optado por uma vida mais tranquila. Então, podia-se dizer que tinha escolhido seu fim. *Não podia ter acontecido a ninguém melhor*, ele pensou, mas não fez nenhum comentário público.

Michael Foot telefonou, muito contente. "Como é o nome do deus muçulmano? O deus deles, como é o nome do cara?" Alá, Michael. "Ah, isso, Alá, claro, está certo. Bom, ele com toda certeza não está do lado do velho Siddiqui, não é? Hein?" *Vamos lá, dr. Siddiqui, chegou a sua hora.*

Elizabeth foi visitar Carol em Derbyshire. Quando voltou, ficou contente de saber da última saída de Siddiqui. Ela também leu as vinte páginas da sinopse recém-terminada do novo romance, *O chão que ela pisa*, e gostou tanto que a distância entre eles se fechou e foi tudo esquecido. E no dia seguinte — o universo não gostava que ele ficasse feliz por muito tempo — ele foi levado para a Spy Central, para ser informado de notícias genuinamente assustadoras.

Nunca era confortador se aproximar da grande fortaleza cor de areia junto ao rio, mesmo com a improvável decoração de árvores de Natal; ele nunca havia ido ali para se alegrar. Nesse dia, numa sala de reuniões anônima, viu-se confrontado com a tarde e a manhã, o sr. P. M. e o sr. A. M.,* um, o chefe de contraterrorismo para o Oriente Médio, o outro, o homem das questões do Irã. Rab Connolly e Dick Wood estavam com ele, em "posição de ouvintes". "Os serviços de segurança estão informados", disse A. M., "de que o Irã — e com isso queremos dizer Khamenei, o líder supremo, e o ministro da Inteligência, Fallahian — pôs em ação um plano de longo prazo para encontrar e assassinar o senhor. Estão preparados para esperar muito tempo e gastar muito dinheiro. O plano pode estar em ação há já dois anos, mas só tivemos certeza de sua existência nos últimos meses." "É nosso dever revelar isso ao senhor", disse P. M. "Por isso estamos nos encontrando aqui com nossos nomes verdadeiros."

Enquanto recebia a má notícia do sr. Manhã e do sr. Tarde, ele estava esperando nervosamente que dissessem que sua casa havia sido localizada pelo inimigo. Mas não era o caso. Porém, se seu endereço se tornasse conhecido, disse o sr. Manhã, seria muito alarmante. Iria exigir, no mínimo, que ele recebesse proteção policial pelo resto da vida.

Ele expressou seus temores por Zafar, Elizabeth, Sameen, sua mãe, que morava em Karachi. "Não há indícios de que ninguém de sua família ou amigos esteja visado", disse o sr. Tarde. "Nem mesmo como via de acesso ao senhor. O senhor, porém, continua sendo o alvo número um." "A negação é de extrema importância para os iranianos", disse o sr. Manhã. "Por causa da artilharia política que estão recebendo depois dos ataques de anos recentes." *Shapur Bakhtiar, os assassinatos de Míkonos.* "Eles preferirão usar pessoal não iraniano." "Mas", disse o sr. Tarde, para fazê-lo sentir-se um pouco melhor, "o estágio

* P. M.: *post meridiem*, depois do meio-dia, ou tarde; A. M.: *ante meridiem*, antes do meio-dia, ou manhã. (N. T.)

de enviarem armas pela mala diplomática, ou enviar pessoas ao país, ainda está distante meses, talvez anos."

Era o pior que ele podia esperar, um ataque a longo prazo ao estilo Bakhtiar. O sr. Manhã e o sr. Tarde não sabiam dizer que efeito um acordo político com o Irã poderia ter sobre essa trama. Eles acreditavam que o ministro do Exterior iraniano podia não estar informado de sua existência. "Está restrito a um grupo muito pequeno dentro do Ministério da Informação", disse o sr. Manhã. "Pode até haver outros no ministério que gostariam de frustrar esse plano", disse o sr. Tarde, "mas Fallahian e Khamenei parecem decididos a cumprir a *fatwa*, e Rafsanjani talvez saiba também."

A boa notícia era que ele não havia sido localizado e que, na opinião de Manhã e Tarde, a ameaça da "comunidade geral" havia evaporado. "E agora", disse o sr. Manhã, revelando um lampejo de aço debaixo dos modos corteses, "podemos fazer o que fazemos melhor para derrubar a trama — baixar um grande punho de ferro no meio de tudo. Desmantelar a intriga com um golpe político tão pesado que será impossível armar um esquema desses outra vez."

Talvez ele só esteja tentando fazer com que eu me sinta melhor, ele pensou, *mas está funcionando. Gosto da imagem desse punho.*

Quanto ao mundo em geral, a história da *fatwa* estava perdendo a força. Não aparecia mais nos jornais e ele próprio vinha sendo visto aqui e ali, visitando amigos, comendo ocasionalmente num restaurante, aparecendo em vários países para promover seu novo livro. Era evidente para a maioria das pessoas que a ameaça havia recuado, e para vários comentadores parecia provável que a proteção só continuasse porque ele insistia nela — insistia não porque fosse necessária, mas para satisfazer seu monumental egotismo. E nesse momento, quando qualquer farrapo de consideração pública estava sendo levado pelo vento, ele era informado de que o perigo era maior do que jamais havia sido, o ataque à sua vida, mais sério do que qualquer um identificado antes. E ele não podia revelar isso. O sr. Manhã e o sr. Tarde tinham sido muito claros a esse respeito.

Andrew encontrou para ele uma casa para alugar em Long Island, muito isolada, na Little Noyac Path, nos morros acima de Bridgehampton. Seria alugada em nome de Elizabeth e poderiam ficar lá por dois meses. Sim, disse ele, vamos alugar. Resolveu continuar com seu plano de recuperar a liberdade pedaço a pedaço. Comportar-se como se não tivesse ouvido o que ouvira na fortaleza da árvore de Natal. A única alternativa era voltar a ser um prisioneiro, e ele não estava preparado para isso. Então: sim, por favor, Andrew. Vamos fechar o contrato. Dois dias depois, Rab Connolly lhe disse que o sr. Manhã e o sr. Tarde acreditavam agora que os assassinos haviam concluído que ele estava muito bem protegido no Reino Unido, de forma que tentariam matá-lo quando estivesse viajando pelo exterior. E ele estava planejando passar dois meses em Long Island sem proteção, levando consigo Elizabeth e Zafar. Ele se sentiu, novamente, como o motorista daquele Holden, sendo atingido por um caminhão de merda e indo direto para uma árvore, com as pessoas que mais amava a seu lado no carro. Conversou com Elizabeth. Ela ainda queria ir. Então, dane-se, eles iriam, e com isso provariam que podia ser feito.

Ele foi fazer um discurso em Barcelona. Foi para os Estados Unidos e pronunciou o discurso de abertura no Bard College. Ninguém tentou matá-lo. Porém, um dissidente iraniano no exílio, Reza Mazlouman, ex-ministro da Educação nos tempo do xá, que vivera sossegado no subúrbio parisiense de Créteil, foi encontrado morto. Dois tiros na cabeça e um no peito. O mundo, que havia se iluminado brevemente quando *O último suspiro do mouro* fora publicado, escureceu de novo. Em sua imaginação, ele continuava tentando escrever um final feliz para sua própria história, mas não conseguia encontrá-lo. Talvez não fosse haver um. *Dois tiros na cabeça e um no peito*. Era um fim possível também.

Elizabeth não engravidava e a tensão entre eles aumentou outra vez. Se ela não engravidasse logo, estava insistindo em tentar o caminho de uma fertilização in vitro, embora o problema cromossômico dele reduzisse muito as chances de sucesso. Se ela de fato engravidasse, era provável que seu anonimato fortemente protegido acabasse e que a localização da casa da Bishop's Avenue se tornasse de conhecimento público. Isso transformaria o lugar num campo armado; e, de qualquer forma, como poderiam criar um filho no pesadelo em que eram obrigados a habitar? Que tipo de vida teria uma criança? Mas, contra todos os argumentos, ela determinou sua necessidade absoluta e ele, sua determinação de que deviam ser capazes de levar uma vida de verdade, e então foram em frente, iam continuar tentando, iam fazer tudo o que fosse preciso.

Vijay Shankardass telefonou da Índia, dando-lhe notícias esperançosas. O ministro das Relações Exteriores do novo governo indiano, Inder Gujral, era a favor de permitir que ele voltasse a visitar o país, e o ministro do Interior concordara. Então, havia uma possibilidade de que seu longo exílio pudesse logo terminar.

Andrew estava fazendo circular sua sinopse de *O chão que ela pisa* e estava indo muito bem com os editores, mas a questão da publicação a longo prazo da edição em brochura de *Os versos satânicos* ainda tinha de ser resolvida, e o agente quis colocar como condição para qualquer acordo em língua inglesa que o editor assumisse *Os versos* também. A essa altura, já havia edições em brochura por toda parte, e a edição do consórcio ainda estava disponível em inglês, mas essa era essencialmente uma forma de autopublicação e não podia ser a resposta a longo prazo. Na Inglaterra, Gail Rebuck e a Random House britânica estavam se encaminhando para concordar com a reedição em brochura como um livro da Vintage, mas nos Estados Unidos o chefe da Random House, Alberto Vitale, não estava inclinado a fazer isso. A solução, Andrew sugeriu, podia ser a Holtzbrinck, cujo ramo alemão, a Kindler Verlag, já havia publicado a brochura em língua alemã sem dificuldades, e cuja filial americana, a Henry Holt, parecia disposta a fazer o mesmo. Ele disse a Andrew que gostaria de ficar com a Random House no Reino Unido, e Andrew disse que chegara à mesma conclusão, de forma que estavam "no mesmo pé".

No final da última era glacial, as geleiras recuaram de Long Island, deixando para trás as morenas que criaram os montes cobertos de florestas nos quais ele e Elizabeth passaram aquele verão. A casa baixa, espaçosa, pertencia a um casal mais velho, Milton e Patricia Grobow, que de início ele não conseguiu conhecer, uma vez que, em teoria, ele não existia, e Elizabeth estava lá para passar o verão sozinha, "para escrever e ver amigos". Depois, quando os Grobow descobriram o que estava acontecendo, ficaram genuinamente felizes de proverem a ele um refúgio de verão. Eram gente boa, ética e liberal, com uma filha que trabalhava na *The Nation*, e disseram ficar orgulhosos de poder ajudar. Mas, mesmo antes de ser descoberto, ele estava feliz ali, num lugar onde o maior perigo que tinham de enfrentar era a doença de Lyme. Contaram aos amigos mais chegados onde estavam, mantiveram-se afastados do movimento dos Hamptons, caminhavam na praia ao anoitecer, e ele sentiu, como sempre nos Estados Unidos, um lento renascer de seu verdadeiro eu. Começou a escrever o novo romance e a casa dos Grobow, cercada por campos e pela floresta, revelou-se o lugar perfeito para trabalhar. O livro, que ele estava começando a entender que seria longo, foi se desdobrando aos poucos. Elizabeth era uma jardineira empenhada e passava horas felizes cuidando das plantas dos Grobow. Zafar foi para a Grécia com a mãe e depois foi se juntar a eles, adorou o lugar e durante algum tempo conseguiram ser apenas uma família passando o verão na praia. Saíam para fazer compras nas lojas, comiam em restaurantes, e, se as pessoas os reconheciam, eram discretas demais para se intrometer em sua privacidade. Uma noite, Andrew e Camie Wylie levaram-nos para jantar no Nick & Toni's e o pintor Eric Fischl, que estava saindo do restaurante, parou junto à mesa deles para cumprimentar Andrew, virou-se para ele e perguntou: "Devemos ficar todos com medo porque você está aqui conosco?". Tudo o que ele conseguiu pensar em responder foi: "Bom, você não precisa ter medo, porque já está de saída". Ele sabia que Fischl não dissera aquilo por maldade, era uma piada, mas nesses meses especiais em que escapara da bolha de sua vida real irreal ele não gostava de ser lembrado de que a bolha ainda estava lá, esperando por ele.

Voltaram a Londres no começo de setembro e logo depois o maior desejo de Elizabeth se realizou. Ela estava grávida. Imediatamente ele começou a temer pelo pior. Se um de seus cromossomos defeituosos tivesse sido escolhido, o feto não se formaria e ela abortaria muito em breve, provavelmente no fim do próximo ciclo menstrual. Mas ela estava alegre e confiante de que daria tudo certo, e seu instinto mostrou-se correto. Não houve aborto, e logo puderam ver a imagem de ultrassom de seu filho vivo e saudável.

"Vamos ter um filho", ele disse.

"Vamos", ela respondeu, "vamos ter um filho."

Era como se o mundo inteiro cantasse.

O último suspiro do mouro recebeu o Aristeion Prize da União Europeia, ao lado do romance *Morbus Kitahara*, do romancista austríaco Christoph

Ransmayr, mas o governo dinamarquês anunciou que ele não teria permissão para comparecer à cerimônia de premiação em Copenhague, em 14 de novembro de 1996, por questões de segurança. Disseram estar informados de uma "ameaça específica" à sua vida, mas a Divisão Especial lhe disse que não sabia de nenhuma ameaça e que, se houvesse alguma, os dinamarqueses seriam obrigados a informá-los a respeito. Então era apenas um pretexto. Como sempre, o que ele primeiro sentiu foi humilhação, mas o segundo sentimento foi de indignação, e ele resolveu que dessa vez não ia baixar a cabeça. Emitiu uma declaração através da Artigo 19. "É escandaloso que Copenhague, a atual 'capital da cultura' da União Europeia, se recuse a dar permissão para o vencedor do prêmio de literatura da própria UE comparecer à cerimônia de premiação. É uma decisão covarde, exatamente oposta ao que se deveria fazer diante de ameaças como a *fatwa* iraniana. Se existe o desejo de que essas ameaças não se repitam, é importante demonstrar que elas não surtem efeito." Políticos dinamarqueses de todos os partidos, inclusive o partido do governo, atacaram a decisão e o governo dinamarquês cedeu. Em 13 de novembro, ele tomou o avião para a Dinamarca e a cerimônia de premiação teve lugar no novo Museu de Arte Moderna Arken, que estava cercado por policiais armados e parecia um campo de prisioneiros, a não ser pelo fato de todos os presentes estarem vestidos a rigor.

Depois da cerimônia, seu editor, Johannes Riis, sugeriu que fossem com alguns amigos a um agradável bar de Copenhague para tomar um drinque, e quando estavam no bar a "cerveja de Natal" chegou. Homens usando chapéus vermelhos de Papai Noel entraram com caixas da tradicional cerveja de inverno e ele recebeu uma das primeiras garrafas, assim como um chapéu de Papai Noel, que pôs na cabeça. Alguém tirou uma fotografia: o homem que tinha sido considerado perigoso demais para entrar na Dinamarca, sentado como qualquer um em um bar comum, bebendo cerveja e usando um chapéu de festa. Essa foto desafiadoramente não ameaçadora quase derrubou o governo dinamarquês quando apareceu na primeira página de todos os jornais na manhã seguinte. O primeiro-ministro, Poul Nyrup Rasmussen, teve de se desculpar publicamente pelo veto prévio. Depois, houve uma reunião com Rasmussen, que o cumprimentou por sua pequena vitória. "Eu apenas resolvi lutar", disse ele ao perplexo primeiro-ministro. "Sim", disse Rasmussen envergonhado, "e lutou muito bem."

* * *

Ele queria pensar em outras coisas. Ao começar o ano no qual ia completar cinquenta anos e se tornar pai pela segunda vez, sabia que estava farto de lutar por lugares em aviões, de se aborrecer com os nomes com que era chamado nos jornais, com policiais dormindo em sua casa, com o lobby a políticos, e com os secretos sr. Manhã e sr. Tarde falando de assassinato. Seu novo livro estava vivo em sua cabeça e uma vida nova crescia no útero de Elizabeth. Para o livro, ele lia Rilke, ouvia Gluck, assistiu numa fita VHS borrada ao grande filme brasileiro *Orfeu negro*, e alegrou-se ao descobrir na mitologia hindu um mito de Orfeu invertido: o deus do amor Kama morto por Shiva num momento de raiva e trazido de volta à vida apenas devido aos pedidos de sua esposa Rati, Eurídice resgatando Orfeu. Um triângulo girava devagar em sua mente, em cujas três pontas estavam arte, amor e morte. Poderia a arte, alimentada pelo amor, transcender a morte? Ou devia a morte, apesar da arte, inevitavelmente consumir o amor? Ou talvez a arte, mediando o amor e a morte, pudesse se tornar maior que ambos. Estava com cantores e compositores na cabeça, porque no mito de Orfeu as artes da música e da poesia eram unidas. Mas o cotidiano não podia ficar de fora. Ele se preocupava constantemente com o tipo de vida que poderia oferecer ao menino que estava vindo para vê-los, entrando neste mundo do vazio do não ser para encontrar... o quê? Helen Hammington e suas tropas vigiando cada movimento seu? Era impensável. No entanto, ele tinha de pensar. Sua imaginação queria voar, mas ele sentia pesos de chumbo amarrados nos tornozelos. *Eu poderia estar preso numa casca de noz e me considerar rei do espaço infinito*, Hamlet dizia, mas Hamlet não tinha tentado viver com a Divisão Especial. Se você estava preso numa casca de noz junto com quatro policiais dormindo ali, então, com certeza, ó príncipe da Dinamarca, você teria pesadelos.

Em agosto de 1997, seria comemorado o quinquagésimo aniversário da independência da Índia e haviam solicitado a ele que editasse uma antologia de escritores indianos especialmente para a ocasião. Ele pediu que Elizabeth o ajudasse. Era uma coisa que podiam fazer juntos, algo para pensar juntos, distante das dificuldades de suas vidas.

Ele andava conversando com a polícia sobre uma mudança de sistema. Elizabeth e ele precisavam preparar espaço para o bebê e talvez encontrar uma babá para morar na casa. Não podiam mais oferecer acomodação a quatro policiais toda noite e, de qualquer forma, para que serviam eles, se estavam todos dormindo? Pela primeira vez encontrou receptividade às suas ideias na Yard. Concordaram que os policiais não dormiriam mais em sua residência. Ele teria uma equipe diurna e depois haveria um turno de dois policiais que ficariam na "sala de estar da polícia", acordados, de olho no conjunto de monitores de vídeo. Com esse arranjo, disseram, ele poderia finalmente ter uma "equipe exclusiva", não composta de membros de outras equipes servindo meio período, mas destacados apenas para ele, e isso simplificaria sua vida. O novo arranjo passou a funcionar no começo de janeiro de 1997 e ele notou que todos os agentes de proteção estavam abatidos e mal-humorados. *Ah*, ele pensou num lampejo, *é por causa das horas extras.*

Uma das grandes vantagens de participar de uma "proteção secreta" como a Operação Malaquita, e de viver com o beneficiário 24 horas por dia, era a fantástica remuneração de horas extras. Em todas as outras proteções "abertas", a equipe de proteção voltava para casa à noite e a residência do beneficiário era protegida por guardas uniformizados. Agora, de repente, os pagamentos por horas extras noturnas haviam desaparecido. Não era de admirar que eles estivessem *um pouco desanimados, para falar a verdade, Joe*, e não era de admirar que os chefões da Yard houvessem concordado tão depressa com sua sugestão. Ele havia economizado um monte de dinheiro.

No fim de semana seguinte, ele descobriu que "a conveniência especial de uma equipe exclusiva" era uma ficção. Ele foi convidado a passar o fim de semana na casa de Ian McEwan, em Oxford, mas foi abruptamente informado pelo assistente de Hammington, Dick Stark, cuja satisfação consigo mesmo começara a ser uma irritação constante, de que não havia motoristas disponíveis, de forma que ele teria de ficar em casa o fim de semana inteiro. Havia uma "carência de pessoal", se bem que, "evidentemente", se Elizabeth precisasse ir ao hospital, eles dariam um jeito. De agora em diante, "sempre haveria maiores dificuldades nos fins de semana". Ele precisaria avisar na terça-feira se quisesse alguma movimentação no sábado ou domingo. A viagem a Oxford parecia, disseram, "muita mobilização por muito pouco".

Ele tentou discutir. Havia agora três agentes em sua casa o dia inteiro, então, se quisesse ir a um evento particular como um jantar na casa de um amigo, eles só precisariam arranjar mais um motorista — era assim tão difícil?

Mas, como sempre na Scotland Yard, havia apenas uma vontade mínima de colaborar. A eleição geral estava chegando, pensou, e se o Partido Trabalhista vencesse ele teria pessoas mais amigáveis em altos postos. Precisava obter garantias de que teria ajuda para viver uma vida decente. Não aceitar aprisionamento, com as saídas reguladas ao bel-prazer da polícia.

Nesse meio-tempo, Elizabeth passou a ficar obcecada com o segredo. Ela não queria que ninguém fora do círculo mais próximo deles ficasse sabendo que estava grávida, até o bebê nascer. Ele não sabia mais como guardar um segredo desses. Queria ter o direito de viver uma vida honesta com sua família. Chegou a falar com ela sobre casamento, mas quando mencionou um contrato pré-nupcial a conversa virou briga. Tentou falar da maior liberdade nos Estados Unidos e a briga ficou pior. Estavam enlouquecendo, ele pensou. Trancados e insanos. Duas pessoas que se amavam sendo esmagadas pelo estresse imposto a eles pela polícia, pelo governo e pelo Irã.

O *Daily Insult* publicou na página feminina uma matéria sobre um psicólogo alemão que afirmava que homens feios se davam bem com mulheres bonitas porque eram mais atenciosos. "Será uma informação bem-vinda no esconderijo de Salman Rushdie", conjeturou o *Insult*.

Ele falou com Frances D'Souza para formarem um grupo de parlamentares simpáticos à sua causa, e talvez até acrescentar uns dois lordes favoráveis, como Richard Rogers. (Ele não tinha um membro do Parlamento que o representasse porque seu endereço não podia ser revelado.) Ela achou que era uma boa ideia. Uma semana depois, Mark Fisher, porta-voz de artes do Partido Trabalhista, convidou-o para tomar um drinque na Câmara dos Comuns com Derek Fatchett, representante de Robin Cook, porta-voz para assuntos exteriores do Partido Trabalhista e provável ministro do Exterior num governo trabalhista. Fatchett ouviu o que ele tinha a dizer, foi se enfurecendo aos poucos e disse: "Prometo a você que, quando estivermos no poder, será uma alta prioridade para nós resolver esse assunto". Mark prometeu acompanhar todos os aspectos do caso. *Por quê*, ele se perguntou ao sair, chutando a si mesmo, *não pensei antes nesse esquema de adote um parlamentar?*

Compareceu à festa anual do Esquadrão "A", mal-humorado com os oficiais superiores, e foi embora assim que permitiu a boa educação. Depois, *permitiram* que fosse jantar com Caroline Michel e Susan Sontag num restaurante. Ele contou a Susan sobre o bebê e ela perguntou se eles iam se casar. Hum, ele gaguejou, estamos bem assim, muita gente não se casa hoje em dia. "Case com ela, seu filho da puta!", Susan exclamou. "Ela é a melhor coisa que aconteceu a você até hoje!" E Caroline concordou. "É! O que está esperando?" Elizabeth pareceu muito interessada na resposta dele. Quando ele chegou, parou na cozinha encostado ao fogão e disse, secamente: "Melhor nós casarmos, então". Na manhã seguinte, assim que acordaram, Elizabeth perguntou: "Você se lembra do que fez ontem à noite?". Ele achou que estava se sentindo bem a respeito, o que o surpreendia. Depois da catástrofe Wiggins ele pensara que nunca mais ia se arriscar em outro casamento. Mas lá ia ele de novo, como dizia a canção, arriscando-se no amor.

Ela não queria se casar grávida. Então talvez pudessem esperar até o verão, depois que o bebê chegasse, nos Estados Unidos. Poucas semanas antes, como uma espécie de presente de Natal, *permitiram* que eles aceitassem o convite de Richard Eyre para assistir à sua produção de *Guys and dolls*, no National Theater, e agora Elizabeth podia passar alguns meses no papel de Adelaide, "a bem conhecida noiva". Assim que ele fez essa piada, a pessoa ficou resfriada.

A BBC estava tentando adaptar *Os filhos da meia-noite* como uma minissérie em cinco capítulos, mas o projeto esbarrava em dificuldades com o roteiro. O escritor Ken Taylor, que tivera tanto sucesso com a adaptação de *A joia da Coroa*, de Paul Scott, estava achando o muito diferente *Os filhos da meia-noite* uma tarefa mais difícil. Alan Yentob telefonou e disse: "Se quiser que a série seja feita, acho que vai ter de assumir". Kevin Loader, o produtor da série, prometeu dar a má notícia a Ken Taylor, mas nunca o fez, e Ken, como era de se esperar, ficou zangado quando descobriu. Porém o novo roteiro foi escrito e o diretor Tristram Powell lhe disse que Mark Thompson, o novo controlador da BBC2, tinha adorado os capítulos e "apoiava totalmente o projeto". Isso era bom. Mas os problemas reais que o projeto enfrentaria não viriam de dentro da BBC.

Rab Connolly foi visitá-lo, num clima conciliatório. Ele negou que os parlamentares trabalhistas estivessem pressionando a Scotland Yard, mas parecia provável. "Acho que podemos dizer que você não vai mais ter problemas com coisas como aquela visita a McEwan", disse ele.

Era a semana de aniversário da *fatwa* e a informação "supersecreta" que o sr. Manhã e o sr. Tarde tinham lhe dado estava em todos os jornais. "A segurança tinha sido reforçada" em torno dele, revelou o *The Guardian*, o que não era verdade, "porque o MI5 soube de uma ameaça específica", o que era. Nesse meio-tempo, Sanei da Recompensa havia aumentado o valor em meio milhão de dólares. O *The Times* fez da oferta de recompensa sua reportagem de capa e, num editorial, exigiu que a Grã-Bretanha levasse a União Europeia a tomar uma atitude nova e mais dura com o Irã. Ele próprio escreveu um artigo publicado no mundo inteiro, e deu entrevistas à CNN e à BBC para apoiá-lo, sugerindo que, se um ataque assim fosse feito a pessoas consideradas "importantes" — Margaret Thatcher, Rupert Murdoch, Jeffrey Archer —, a comunidade internacional não teria ficado de braços cruzados durante oito anos, balindo, impotente. A ausência de solução refletia, portanto, a convicção generalizada de que a vida de certas pessoas — a vida de escritores problemáticos, por exemplo — valia menos que a de outros.

Mas ele estava mais preocupado com Zafar do que com o Irã. Zafar passara no exame de motorista e ganhara um pequeno carro, mas a idade adulta parecia ainda estar longe. A emoção do carro motivara um comportamento meio maluco. Havia uma garota, Evie Dalton, e Zafar estava posando de gazeteiro. Saía de casa de manhã cedo, dizendo que sua classe inteira havia sido convocada para aulas extras de inglês para repassar a matéria — que mentiroso fluente ele havia se revelado! Era um dano causado pela *fatwa* e, se viesse a ser um dano a longo prazo, seria intolerável. Uma garota havia telefonado para a escola fingindo ser Clarissa, para dizer que ele tinha uma consulta médica e chegaria atrasado. A escola, farejando a tramoia, telefonou para Clarissa para conferir, e a mentira foi descoberta. Clarissa falou com a mãe de Evie, Mehra, e é claro que a boa senhora indiana ficou profundamente chocada.

Zafar foi para a escola na hora do almoço e se viu em maus lençóis. Seus pais o castigaram e ele não ia poder usar o carro por um bom tempo. O simples fato de ele desaparecer, sabendo do pânico que isso ia representar para seu pai acerca de sua segurança, era sinal do quanto estava fora dos eixos. Ele havia sido um menino bom, sensato. Mas agora era um adolescente.

Ele saiu para jantar com Zafar, só os dois, e isso ajudou. Ele entendeu que era importante fazer aquilo regularmente e se sentiu tolo de não ter percebido isso antes. Zafar estava preocupado por causa do irmão novo, ele disse. *Você é um pai mais velho, pai, e ele vai crescer com uma vida estranha, como eu.* Ele queria muito levar Evie à casa da Bishop's Avenue. Mas duas semanas depois estava com o coração partido. Evie, de quem ele se sentia tão próximo porque eram ambos meio indianos, o tinha deixado por seu melhor amigo, Tom. "Mas eu não consigo ficar bravo com ninguém por mais de duas horas", ele disse, comovedoramente. Estava tentando continuar amigo dos dois (e conseguiu; Evie e Tom continuaram entre seus companheiros mais chegados). Mas a situação pesou para ele e afetou seriamente seu rendimento escolar. Ele tinha de tomar jeito. A época dos exames estava próxima.

Duas semanas depois, Zafar teve permissão para usar o carro de novo e quase imediatamente sofreu um acidente. Telefonou às nove e quinze da manhã; o acidente tinha acontecido logo depois da esquina da Bishop's Avenue, na Winnington Road, mas seu pai prisioneiro não tinha *permissão* para fazer o que qualquer pai faria: correr para o local e se certificar de que o filho estava bem. Em vez disso, teve de ficar em sua gaiola, aflito, enquanto Elizabeth ia ao encontro de Zafar. O rapaz teve sorte: o nariz sangrando e um corte no lábio, nenhum ferimento ou ossos quebrados. O acidente havia sido culpa dele. Tinha tentado ultrapassar um carro que estava dando sinal para a direita, batido no carro e depois derrubado um muro baixo de jardim. A polícia local disse que ele podia ter matado alguém e que seria processado por direção perigosa (o que acabou não acontecendo). Enquanto isso, na casa da Bishop's Avenue, os protetores de seu pai estavam dizendo, prestativos: "Bom, ele andava dirigindo muito depressa; o acidente era só questão de tempo".

Ele ligou para Clarissa e ela ligou para a escola. Depois ele telefonou para o abalado Zafar e tentou lhe dar amor e apoio pelo telefone, dizendo todas as coisas de sempre sobre aprender a lição, tornar-se um motorista melhor depois disso, e assim por diante. "A escola inteira já vai estar sabendo quando eu chegar lá", disse ele, tristonho. "Uns caras passaram e me viram." Arrependido, no fim de semana o rapaz escreveu uma linda carta para a senhora cuja mureta ele havia derrubado, e por cujo conserto seu pai, inevitavelmente, teria de pagar.

O resultado do treino para o vestibular de Zafar chegou e seu rendimento nessa importante preliminar foi muito ruim. Duas notas C e um D em inglês. Ele disse a Zafar, furioso: "Se não tomar uma providência imediatamente, você não vai para universidade nenhuma. Está indo de mal a pior".

* * *

A antologia indiana estava pronta. Ele escrevera uma introdução que, sabia, seria questionada na Índia por ser muito politicamente incorreta, afirmando que a literatura mais interessante de escritores indianos estava sendo feita em inglês. Passara uma noite inteira com Anita e Kiran Desai, perguntando-se se isso era verdade. Elas contaram que vinham procurando um texto contemporâneo em híndi para traduzir para o inglês e não tinham encontrado nada que valesse a pena. Outras pessoas com quem ele falou disseram que, naturalmente, havia algumas pessoas, Nirmal Verma, Mahasveta Devi, no sul talvez O. V. Vijayan e Ananthamurthy, mas no geral aquele não era um momento rico para a literatura nas *bhashas* indianas. Então talvez sua opinião fosse válida, ou servisse ao menos como estímulo para o debate, mas ele desconfiava que seria atacado; e foi.

Dois depois que Elizabeth e ele entregaram a antologia, a polícia quase matou uma pessoa.

Ele estava em seu estúdio trabalhando em *O chão que ela pisa* quando ouviu um ruído muito, muito forte. Desceu a escada correndo e encontrou a equipe de proteção do hall de entrada parecendo chocada e, diga-se de passagem, culpada. Um dos melhores agentes de proteção do grupo atual, um varapau grisalho e bem falante chamado Mike Merrill, tinha disparado sua arma por engano. Estava limpado a pistola e não notou que havia uma bala no pente. A bala havia atravessado a sala de estar da polícia, aberto um buraco na porta fechada, passado como um foguete pelo hall de entrada e feito um belo estrago na parede do outro extremo. Foi pura sorte não haver ninguém ali no momento. A faxineira aprovada pela Divisão Especial, Beryl (que ele descobriu que era também amante de Dick Stark; ele era casado, também, é claro), não estava lá; não era seu dia de trabalho. Elizabeth tinha saído e Zafar estava na escola. Então todo mundo estava seguro. Mas o acidente mudou alguma coisa para ele. E se Elizabeth ou Zafar estivessem passando? Dentro de poucos meses, um bebê estaria na casa e havia balas voando por ali. Seus amigos o visitavam. Isso poderia ter acontecido a qualquer hora. “Essas armas”, ele disse em voz alta, “vão ter de sair da minha casa.”

Mike ficou mortificado e não parou de se desculpar. Foi afastado da proteção e nunca mais reapareceu, e isso foi uma perda. Um dos outros novos agentes de proteção, Mark Edwards, disse, numa tentativa de tranquilizá-lo: "Futuramente, a limpeza e conferência das armas vão ser realizadas na frente da parede dos fundos da casa, nunca perto de uma porta interna. O que foi feito era contra o regulamento". Ah, ele disse, então da próxima vez vocês vão abrir um buraco na lateral da casa e talvez matar um dos vizinhos? Não, obrigado. Ele havia sido tão confiante que nunca nem sonhara com um erro desses, mas agora acontecera e sua confiança jamais seria restaurada. "O simples fato é que", ele disse, "não posso mais ter homens armados dentro da minha casa." Havia um novo chefão da Scotland Yard no caso, o detetive superintendente Frank Armstrong (que depois viria a ser agente de proteção pessoal de Tony Blair e na época era comissário assistente provisório "encarregado da pasta de operações", o que queria dizer, essencialmente, que seria a pessoa no comando da Polícia Metropolitana). Foi marcada uma reunião com Armstrong para dentro de um mês. "Não posso esperar tudo isso", ele disse à equipe envergonhada. "Quero essa reunião agora."

Chamou Rab Connolly, que foi à casa e fez seu relatório oficial. Ele disse a Rab que não desejava fazer nenhuma reclamação contra Mike nem contra ninguém, mas que o evento havia criado para ele um novo imperativo. As armas precisavam sair da casa e tinha de ser imediatamente. Rab disse a frase de sempre sobre o que aconteceria se a casa fosse descoberta, a "operação fardada pesada", toda a rua fechada ao tráfego e não haveria mais proteção porque "todo mundo se recusaria a fazê-la". E disse então: "Se outra pessoa estivesse encarregada no começo e tivesse tomado a decisão adequada, você nem precisaria se esconder, e estaria agora numa situação completamente diferente". Bem, isso o fez sentir-se *muito* melhor. Era assim que a polícia falava com ele. Se queria isto, não fariam aquilo. Se quisesse aquilo, endureciam com isto. Ah, e se a coisa toda tivesse sido feita direito desde o começo, então não estaria dando errado agora, mas, como estava dando errado, não podiam consertar.

Ele estava em choque. Haviam disparado uma arma em sua casa. Elizabeth logo estaria de volta. Ele precisava se acalmar antes que ela chegasse, para poder conversar com ela direito. Não ia ajudar nada se ficassem ambos histéricos. Ele tinha de se controlar.

* * *

Frank Armstrong, um homem de sobrancelhas grossas e sorriso profissionalmente alegre, um homem truculento, acostumado a mandar, foi até a casa com Rab e Dick Stark.

Ele estava preocupado com alguma coisa. Ronnie Harwood, amigo do sr. Anton, era um velho amigo do secretário do Interior, Michael Howard, e tinha pedido uma reunião para discutir a proteção de Rushdie. "De que se trata?", Frank Armstrong quis saber. "Creio que se trata de me permitir viver com alguma dignidade", ele respondeu. "E de dizer que precisamos ter uma estratégia para o que acontecerá se esta casa for descoberta. Tem de ser uma decisão política tanto quanto operacional. Preciso que todo mundo focalize essa questão e pense a respeito. É o que venho dizendo à liderança trabalhista e o que Ronnie vai dizer a Michael Howard."

Tudo era político. Agora que Armstrong vira que ele tinha certa "musculatura" política, ficou mais cooperativo, gentil até. A divisão via com simpatia seu pedido de remover o pessoal armado da propriedade, disse ele. Tinha uma proposta a fazer. *Se estiver disposto a contratar um agente que esteja para se aposentar da divisão ou um motorista para trabalhar com o senhor, talvez até mesmo um dos agentes que conheceu aqui, talvez possamos nos retirar da casa e permitir que essa pessoa fique encarregada de todos os seus movimentos particulares, e oferecer proteção apenas quando o senhor se deslocar por espaços públicos.*

Sim! Ele pensou, de imediato. *Sim, por favor.* "Tudo bem", disse Armstrong. "Isso nos dá alguma coisa com que trabalhar."

Ele falou com Frank Bishop. O sussurrante Frank, o grilo querido, o agente de proteção bondoso com quem Elizabeth e ele haviam desenvolvido o relacionamento mais próximo. Frank estava prestes a se aposentar e estava "à altura" do novo trabalho. Dennis "Cavalo", também a um passo da aposentadoria, podia receber um pagamento extra como substituto, para ficar no lugar de Frank quando ele não estivesse bem, ou nos feriados. "Vou ter de conversar com minha mulher, claro", disse Frank, e estava certo.

Frances D'Souza tinha um "chapa no MI6" que lhe disse que os espiões tinham pleno conhecimento da gravidez de Elizabeth e sabiam que, como resultado, tinham "no máximo três anos para resolver a questão". A ideia de que seu bebê estava fazendo política o fez sorrir. O MI6, disse o chapa de Frances, vinha apresentando ao Foreign Office provas do alcance do terrorismo iraniano, "dez vezes mais do que qualquer outro país, que os sauditas, que os nigerianos, qualquer um", e o resultado foi que o governo britânico concordou então que não fazia sentido ser bom com o Irã, que o "diálogo crítico" era bobagem e todo investimento e comércio com esse país tinha de cessar. Os franceses e os alemães eram obstáculos, mas o MI6 acreditava que a nova "linha dura" ia "pôr os mulás de joelhos em cerca de dois anos". *Acreditarei quando vir com meus olhos*, ele pensou.

E sempre as asas daquele gigantesco pássaro preto, o anjo exterminador, batendo perto. Andrew ligou para dizer que Allen Ginsberg estava com um câncer inoperável no fígado e tinha um mês de vida. E notícias ainda piores. Nigella telefonou. John Diamond estava com câncer na garganta. Os médicos estavam tentando ser tranquilizadores. Era "curável, como câncer de pele interno", com radioterapia. Sete anos antes, tinham tratado Sean Connery, com sucesso. "Me sinto insegura", Nigella disse, triste.

Inseguro era uma sensação que ele conhecia bem.

Isabel Fonseca tinha falado com Elizabeth e oferecido o lindo jardim de sua mãe em East Hampton, com o deslumbrante campo de lilases rosados, cosmos roxos e brancos no fundo, como local para o casamento, e parecia perfeito. Mas poucos dias depois Elizabeth fez o que as pessoas sempre fazem, leu o diário dele quando ele não estava em casa, descobriu o dia que ele passara em Paris com Caroline Lang e então tiveram a conversa dolorosa que as pessoas sempre têm e era Elizabeth que agora se sentia arrasada e *insegura*, e a culpa era dele.

Conversaram durante os dois dias seguintes e lentamente, com idas e vindas, ela começou a superar a questão. "Eu me sentia tão segura com você", ela disse, "sentia que nada podia se pôr entre nós dois." E, num outro momento: "Não quero mais nenhum problema na nossa relação. Acho que seria a morte para mim". E mais tarde ainda: "Passou a ser muito importante para mim estar casada, porque então você não terá sido infiel". "Ao nosso casamento, você quer dizer?" "Isso."

Ela sonhou com a infidelidade dele e ele sonhou que encontrava Marianne num supermercado orgânico e lhe pedia que devolvesse suas coisas. "Não vou devolver nunca", ela dizia e se afastava com seu carrinho.

O choque, a dor, o choro, a raiva vieram em ondas, e depois passaram. Ela estava a apenas um mês de dar à luz. Decidiu que o futuro era mais importante que o passado. Ela o perdoou ou pelo menos concordou em esquecer.

"O que você disse que sua mãe tinha em lugar de memória, que a ajudava a aguentar seu pai?"

"Olvidória."

"Preciso disso aí."

A eleição geral foi convocada e, a não ser por uma pesquisa fraudulenta, os trabalhistas estavam mantendo uma vantagem de 20% sobre os conservadores. Depois de uma longa era tóri mal-humorada havia uma excitação no ar. Nos últimos dias antes da vitória de Blair, Zafar começou os exames vestibulares, seus pais cruzaram os dedos, e Rab Connolly anunciou que passaria a cuidar da sra. Thatcher e seria substituído por Paul Topper, que parecia inteligente, bom, empenhado e um pouco menos irascível que Rab. Nesse meio-tempo, a União Europeia estava se oferecendo para mandar embaixadores de volta ao Irã sem nem se importar em conseguir a menor garantia quanto à *fatwa*. O Irã, sempre o jogador mais cinicamente hábil, retaliou chamando de volta *seus* embaixadores, barrando o enviado alemão "por enquanto", só porque sim. Ele afastou seus pensamentos da política e foi à primeira e muito animadora leitura de mesa de seus roteiros de *Os filhos da meia-noite* na BBC.

Jornalistas xeretavam em torno da história do bebê, muitos deles convencidos de que a criança já havia nascido. O *Evening Standard* telefonou para Martin Amis. "Já foi visitar?" Ele achava ridículo pedirem que mantivesse segredo, mas nessa questão Elizabeth concordava com a polícia. Nesse meio-tempo, um nome foi surgindo. "Milan", como Kundera, sim, mas também um nome de etimologia indiana, do verbo *milana*, mixar, misturar, combinar; portanto, *Milan*, uma mistura, uma combinação, uma união. Nome não inadequado para um menino em quem a Inglaterra e Índia estavam unidas.

Então chegou a época da eleição e ninguém estava pensando no bebê deles. Ele ficou em casa, não podia votar, porque ainda não podia se inscrever sem fornecer um endereço residencial. Leu nos jornais que até os sem-teto haviam recebido dispensa especial que lhes permitia preencher suas cédulas; mas para ele não havia dispensa especial. Ele pôs de lado os pensamentos amargos e foi às festas de eleição dos amigos. Melvyn Bragg e Michael Foot estavam fazendo uma festa de novo e dessa vez não haveria nenhum horrível anticlímax. A advogada Helena Kennedy e seu marido, o cirurgião Iain Hutchison, estavam dando uma festa também. Os resultados saíram: foi uma grande vitória do "Novo Partido Trabalhista" de Blair. A alegria foi desenfreada. Convidados das festas contavam histórias de estranhos conversando alegremente uns com os outros no metrô — na Inglaterra! — e motoristas de táxi cantando alto. *O céu clareava outra vez.* O otimismo, uma sensação de possibilidades infinitas, renascia. Agora haveria uma muito necessária reforma da previdência social, e 5 bilhões de libras para o novo conselho de moradia para ajudar a substituir as moradias de propriedade pública que haviam sido vendidas para o setor privado durante os anos Thatcher, e a Convenção Europeia de Direitos Humanos seria finalmente incorporada à lei britânica. Alguns meses antes da eleição, numa cerimônia de entrega de prêmios artísticos, ele havia desafiado Blair, que, segundo diziam, não se interessava pelas artes, e admitia ler apenas livros sobre economia e biografias de políticos, a reconhecer o valor das artes para a sociedade britânica, a entender que as artes eram "a imaginação nacional". Blair estava presente à cerimônia e respondeu que era tarefa do Novo Trabalhismo estimular a nação com *sua* imaginação, e nessa noite, à luz da vitória eleitoral, era possível não ver essa resposta como uma evasão. Essa noite era para celebrar. A realidade podia esperar até o dia seguinte. Anos depois, na noite da eleição de Barack Obama, ele sentiria a mesma coisa outra vez.

Dois dias depois, a *fatwa* completou 3 mil dias. Elizabeth estava excepcionalmente bonita e a data do parto se aproximava. O carro de Clarissa foi assaltado e sua pasta, com todos os seus cartões de crédito, foi roubada, junto com os óculos de sol de Zafar, de que o ladrão evidentemente tinha gostado. E à noite foram a uma festa da vitória oferecida pelo *The Observer* a Tony Blair num lugar chamado Bleeding Heart Crypt, uma reunião que Will Hutton chamou de "o beija-mão". Na festa, a nova elite blairiana recebeu-o muito bem e tratou-o como amigo — Gordon Brown, Peter Mandelson, Margaret Beckett, as duas Tessas, Blackstone e Jowell. Richard e Ruthie Rogers estavam lá, e Neil e Glenys Kinnock. Neil puxou-o de lado e cochichou em seu ouvido: "Agora vamos fazer os bundões comparecerem". De fato. "Seu" lado estava no poder outra vez. Como Margaret Thatcher gostava de dizer: *Alegrem-se*.

A caminho da festa da vitória, Dick Stark entregou-lhe uma carta de Frank Armstrong, pedindo-lhe que "repensasse" todos os seus planos. Ele não queria que a existência do novo filho fosse divulgada publicamente, não achava o casamento uma boa ideia, não queria o nome de Elizabeth no livro que ela coeditara. Era um aspecto vergonhoso de sua vida os policiais acharem que podiam falar-lhe nesse tom. Ele mandou uma resposta contida para Armstrong. A estratégia da polícia, disse, tinha de ser baseada no que era humanamente e decentemente possível.

Cometeu o erro de ir ao programa *Q&A with Riz Khan*, na CNN, e as perguntas foram todas hostis. De Teerã perguntaram pela milionésima vez "se ele sabia o que estava fazendo", e da Suíça um homem perguntou: "Depois de insultar os britânicos, Thatcher e a rainha, como você ainda pode viver na Inglaterra?", e da Arábia Saudita uma mulher telefonou para dizer: "Ninguém devia prestar atenção nenhuma em você, porque nós todos sabemos quem é Deus", e perguntar insistentemente: "Mas o que você ganhou com seu livro? O que você ganhou?". Ele tentou responder a todas essas perguntas com leveza, com bom humor. Esse era seu destino, enfrentar a hostilidade com um sorriso.

Seu telefone tocou e uma mulher do *Daily Express* disse: "Ouvi dizer que é hora de dar parabéns, que sua parceira está esperando bebê". O *The Sunday Times* mandou um fax: "Soubemos que vai ter um bebê! Parabéns! Grande progresso! Claro que não vamos citar o nome da mãe nem da criança por razões de segurança, mas (a) como vai conseguir ser pai?, e (b) terá de haver mais segurança agora?". O desejo de Armstrong de manter o bebê em segredo era um absurdo e ele queria que Elizabeth também não sentisse necessidade de manter o segredo. Droga, pensou, deviam abrir esse assunto e não geraria tanta história. Quando a imprensa achava que estavam escondendo alguma coisa, só ficava mais faminta. No dia seguinte, o *Express* publicou a matéria, embora omitisse o nome de Elizabeth. Que importa?, ele pensou. Estava contente de abrir a história e a notícia era perfeitamente agradável e benfazeja. Um segredo a menos. *Ótimo*. Mas Elizabeth zangou-se e o nível de estresse subiu. Eles não entendiam as frases um do outro, enganavam-se com o tom de voz um do outro, brigavam por qualquer coisa. Ele acordou às quatro da manhã e a encontrou chorando. Ela temia pela saúde de Carol. Estava alarmada de ver seu nome nos jornais. Sentia tristeza pela infidelidade dele. Preocupava-se com tudo.

E então, na hora exata, lá estava Helen Hammington, cantando a mesma canção. Se o endereço da casa fosse revelado, o custo da proteção triplicaria, ela disse. "Mas, em última análise, e uma vez que é pedido seu, Joe, e contanto que você entenda que é irreversível, estamos preparados para ir em frente com seu plano de renovar a equipe de proteção, e a escolha de Frank Bishop como seu homem de confiança foi aprovada." Essa parte, ao menos, foi razoavelmente construtiva. Mas desse ponto em diante as coisas mudaram de rumo, para pior. "Não queremos que o nome de Elizabeth apareça nessa antologia sua", ela disse. "Isso, para falar com franqueza, nos horroriza. Ainda dá para mudar? Pode-se apagar?" Ele disse que, se Hammington quisesse um escândalo público, esse era o jeito de criar um. "Ela pode ser seguida", disse Paul Topper, o sujeito novo. "Se me dissessem que Elizabeth estava vivendo com você, eu conseguiria localizá-lo em uma ou duas semanas, usando um ou dois homens." Ele tentou manter a calma. Ressaltou que, quando a proteção começara, ele tinha uma esposa, cujo nome era muito bem conhecido, cuja foto estivera nas primeiras páginas de todos os jornais, e no entanto ela havia entrado e saído livremente de seus vários esconderijos e a polícia não tinha achado que isso era um problema. Então agora ele tinha uma noiva cujo nome não era conhecido, cuja fotografia nunca havia sido publicada. Não era razoável transformá-la num problema.

Depois, disse muitas coisas mais. Disse: "Só estou pedindo que esta família britânica possa viver sua vida e criar seu filho". E disse também: "Vocês não podem pedir que as pessoas não sejam quem são e não façam o trabalho que fazem. Não podem esperar que Elizabeth não vá assinar seu próprio trabalho e precisam aceitar que nosso filho vai nascer, vai crescer, e ter amigos, e irá à escola; ele terá direito a uma vida possível de ser vivida".

"Tudo isso", disse Helen, "está sendo discutido em níveis muito altos do Ministério dos Negócios Interiores."

Em 24 de maio de 1997, Ali Akbar Nateq-Nuri, o "candidato oficial" da eleição presidencial iraniana, foi esmagadoramente derrotado pelo candidato "moderado" e "reformista" Mohammad Khatami. Na CNN, mulheres iranianas jovens solicitavam liberdade de pensamento e um futuro melhor para seus filhos. Será que conseguiriam? Será que ele conseguiria? Será que os novos políticos do Irã e da Inglaterra finalmente resolveriam o problema? Khatami parecia estar se posicionando como uma figura ao estilo de Gorbatchev, capaz de promover uma reforma pelo lado de dentro do sistema existente. Isso poderia ser inadequado, como tinham sido a glasnost e a perestroica. Ele achava difícil se animar com Khatami. Tinha havido muitos falsos alvoreceres.

Na terça feira, 27 de maio, Elizabeth foi ver seu obstetra, o sr. Smith, às quatro da tarde. Assim que chegou em casa, por volta de seis e quinze, começaram contrações muito rápidas. Ele alertou a equipe de proteção, pegou a sacola que tinha sido preparada e estava pronta no quarto deles havia mais de uma semana e foram levados para a ala Lindo do St. Mary's Hospital, em Paddington, onde ficaram num quarto de canto vazio, quarto 407, que era, como lhes disseram, onde a princesa Diana tivera seus dois bebês. O trabalho de parto progrediu rapidamente. Elizabeth quis tentar não tomar nenhum medicamento e, com sua determinação de sempre, conseguiu, embora as exigências do parto a deixassem irreconhecivelmente ranzinza. Entre as contrações, ela mandava que ele massageasse suas costas, mas no instante em que começavam de novo ele não podia nem tocá-la e ela queria que ele sumisse de seu campo de visão. A certa altura, ela exclamou comicamente para a parteira chamada Eileen: "Seu perfume me dá enjoo, é insuportável!". Muito docemente, sem reclamar, Eileen saiu, tomou banho e trocou de roupa.

Ele olhou o relógio e de repente pensou: *Ele vai nascer à meia-noite.* Mas o menino acabou nascendo oito minutos mais cedo. Às oito para a meia-noite, Milan Luca West Rushdie nasceu, com três quilos e quatrocentos gramas, pés e mãos imensos e a cabeça coberta de cabelos. O trabalho de parto durara apenas cinco horas e meia do começo ao fim. Aquele menino queria sair e ali estava, escorregadio em cima da barriga da mãe, o longo cordão umbilical cinzento enrolado em torno do pescoço e dos ombros. Seu pai tirou a camisa e segurou-o junto ao peito.

Bem-vindo, Milan, disse ao filho. *Este é o mundo, com toda a sua alegria e horror, e ele espera por você. Seja feliz nele. Boa sorte. Você é nosso novo amor.*

Elizabeth telefonou para Carol e ele telefonou para Zafar. No dia seguinte, primeiro dia da vida de Milan, este recebeu a visita do irmão, e dos "tios extras"

Alan Yentob (que cancelou seu horário na BBC para ir ao hospital) e Martin Amis, que chegou com Isabel, a filha de ambos, Fernanda, e o filho dele, Jacob. Era um dia de sol.

Os agentes da Divisão Especial também ficaram animados. "É o nosso primeiro bebê", disseram. Ninguém nunca tinha tido filhos quando sob proteção. Era a primeira "estreia" de Milan: ele era o Bebê do Esquadrão "A".

Ele estava ajudando Bill Buford a preparar um número especial sobre a Índia para a *The New Yorker* e marcaram uma sessão para uma fotografia especial de um grupo de escritores indianos. Ele se viu num estúdio de Islington com Vikram Seth, Vikram Chandra, Anita Desai, Kiran Desai, Arundhati Roy, Ardashir Vakil, Rohinton Mistry, Amit Chaudhuri, Amitav Ghosh e Romesh Gunesekera (ninguém sabia bem por que um escritor do Sri Lanka havia sido incluído, mas tudo bem, Romesh era um bom sujeito e bom escritor). O fotógrafo era Max Vadukul e não se tratava de uma fotografia fácil de fazer. Como Bill escreveu depois, Vadukul estava "desesperado por ter de reunir um grupo arisco em seu quadro. O resultado é esclarecedor. Na pilha de fotos [que Vadukul fez] há variações de um tema de pânico controlado. Há expressões de timidez, de curiosidade, de tontura". Ele próprio achou o grupo bastante bem-humorado no geral, embora Rohinton Mistry (brandamente) e Ardu Vakil (mais estridentemente) cobraram Amit Chaudhuri pelas posições estereotipadas sobre a comunidade pársi que ele expressara na crítica de um dos livros de Rohinton. Dos onze escritores, Amit foi o único que não compareceu ao almoço que houve em seguida, no restaurante Granita, da Upper Street, local do legendário pacto de liderança Blair-Brown. Ele disse a Bill, depois: "Percebi que eu não fazia parte daquele grupo. Não é minha gente". Anos depois, numa entrevista com Amitava Kumar, Arundhati Roy disse que sentira que aquela não era sua gente também. Ela "ria", disse a Kumar, quando lembrava desse dia: "Acho que estavam todos um tanto espinhosos com todos. Havia discussões caladas, carrancas e resmungos. Era uma polidez quebradiça. Todo mundo um pouco incomodado [...]. De qualquer forma, acho que ninguém naquela fotografia sentiu que pertencia de fato ao mesmo 'grupo' dos outros". Ele se lembrava dela bem simpática e contente de estar lá com os demais. Mas talvez fosse um equívoco.

Poucos dias depois da sessão de fotos, ele foi à festa de lançamento de *O deus das pequenas coisas*, porque tinha gostado de conhecer a autora e queria ajudá-la a comemorar seu grande momento. Encontrou a srta. Roy num humor mais gelado. Naquela manhã, uma crítica a seu livro aparecera na *The New Yorker*, escrita por John Updike, e era uma resenha muito positiva, não uma nota dez, mas oito e meio, talvez. De qualquer forma, uma crítica excelente para um primeiro romance em uma publicação importante, escrita por um gigante das letras americanas. "Você viu?", ele perguntou a ela. "Deve estar muito satisfeita." A srta. Roy encolheu os lindos ombros. "Vi, sim", disse ela. "E daí?" Era surpreendente e, de certa forma, impressionante. Mas: "Não, Arundhati, é muito bom", ele disse. "Uma coisa maravilhosa aconteceu com você. Seu primeiro romance está obtendo um sucesso magnífico. Não há nada melhor que um primeiro sucesso. Você devia estar contente. Não seja tão fria." Ela olhou no fundo dos olhos dele. "Eu sou fria", disse, e virou as costas.

Depois de uma apresentação efusiva por seu editor, Stuart Proffitt, ela fez uma prolongada e melancólica leitura, e Robert McCrum, que estava se recuperando alegremente de seu infarto, sussurrou: "Nota cinco". No carro de volta para casa, o agente de proteção Paul Topper disse: "Depois do discurso do editor eu estava pensando em comprar o livro, mas depois da leitura dela pensei: talvez não".

Elizabeth e Milan voltaram do hospital para casa e Caroline Michel fez uma visita, levando "o outro filho deles", o exemplar do *Vintage Book of Indian Writing* (mais tarde publicado nos Estados Unidos como *Mirrorwork*). Fora da bolha da proteção, a notícia do nascimento de Milan estava correndo. O *Evening Standard* fez uma matéria, divulgando o nome do bebê. A polícia ainda estava muito preocupada com o aparecimento do nome de Elizabeth nos jornais e trabalhando duro para impedir isso. De momento, o nome dela não apareceu. Ele foi levado de volta à fortaleza da espionagem onde o sr. Tarde e o sr. Manhã estavam preocupados com Elizabeth e com Milan também. Mas, disseram eles, uma "ameaça específica" fora "dissipada". Nenhum detalhe mais. Ele se lembrou do *grande punho* e esperava que este tivesse feito bem seu trabalho. Isso significava que não precisava mais se preocupar com o plano de assassinato? "Não foi isso que dissemos", objetou o sr. Tarde. "Ainda existem razões muito fortes para preocupação", confirmou o sr. Manhã. *Pode me dizer quais são essas razões?* "Não", disse o sr. Tarde. *Entendo. O senhor diz não.* "Exatamente", disse o sr. Manhã. "Mas a ameaça específica de que fomos informados na época de sua viagem à Dinamarca", disse o sr. Tarde, "essa ameaça se frustrou." *Ah, o senhor quer dizer que* havia *efetivamente uma ameaça específica em Copenhague?* "Havia", disse o sr. Manhã. "Não podíamos permitir que o senhor contasse à mídia que sabia." Diante da escolha entre protegê-lo e proteger a fonte, os espiões tinham escolhido a fonte.

Enquanto isso, o *Daily Insult* estava preparando matérias sobre o aumento dos custos à nação com o nascimento de Milan. (Não houve aumento nenhum.) Ele se preparou para BEBÊ RUSHDIE CUSTA UMA FORTUNA AOS CONTRIBUINTES. Mas o que apareceu foi outra coisa: RUSHDIE AMEAÇA BBC. Dizia a reportagem que, ao que tudo indicava, ele estava comprometendo o projeto de *Os filhos da meia-noite* com exigências financeiras absurdamente altas. As somas mencionadas eram mais que o dobro do que ele estava recebendo. Ele instruiu os advogados a questionar o *Insult* e depois de algumas semanas os chefes cederam e pediram desculpas publicamente.

Eles foram ao cartório de registro civil de Marylebone e, assim que registraram o nascimento e o nome do menino, Elizabeth despencou completamente, porque o sobrenome não era com hífen, não era West-Rushdie, mas apenas Rushdie. Ainda na véspera, ela lhe dissera como era bonito contar a todo mundo que o nome do bebê era Milan Rushdie, então ele foi pego completamente de surpresa. Tinham discutido muitas vezes a questão do sobrenome e ele achara que haviam concordado meses antes. Agora, ela dizia que tinha reprimido os próprios sentimentos porque "você não teria gostado". Durante o resto do dia ela ficou inconsolável e chateada. O dia seguinte era sexta-feira, 13, e ela ainda estava zangada, arrasada, acusadora. "Que belo trabalho estamos fazendo, ao destruir a grande felicidade que nos foi dada", ele escreveu em seu diário. Estava abalado e profundamente perturbado. Uma mulher tão equilibrada entrar num colapso emocional tão completo sugeria que se tratava de uma coisa muito mais séria do que aparentava. Aquela Elizabeth quase histérica não era a mulher que ele conhecera durante sete anos. Toda a incerteza, medo e ansiedade acumulados pareciam estar transbordando de dentro dela. O hífen que faltava era apenas um pretexto que liberava o jeito como ela de fato se sentia.

Por causa de um nervo pinçado, ela de repente começou a sentir muita dor. Ignorou todos os apelos dele para que procurasse um médico, até que a dor ficou tão ruim que ela literalmente não conseguia se mexer. A tensão era tamanha entre os dois que ele disse, muito duramente: "É assim que você lida com a dor. Manda todo mundo que quer ajudar calar a boca e sumir da sua frente". Ela gritou de volta, furiosa: "Vai criticar o jeito de eu dar à luz?". *Ah, não, não,* ele pensou. *Não, não devemos fazer isto.* Uma séria brecha se abrira entre eles justamente quando deviam estar mais próximos do que nunca.

No Dia dos Pais ele recebeu um cartão: um contorno da mão de Zafar, então com dezoito anos, e dentro um contorno da mão de Milan, com dezoito dias. Aquilo passou a ser um de seus tesouros. E depois disso Elizabeth e ele fizeram as pazes.

Zafar fez dezoito anos. Ele escreveu em seu diário:

> Meu orgulho por esse rapaz é absoluto. Ele se tornou um jovem bom, honesto, valente. A doçura essencial com que nasceu, sua delicadeza, sua calma ainda estão nele, intocadas. Ele tem um genuíno dom para a vida. Saudou o nascimento de Milan com elegância e, aparentemente, interesse genuíno. E ainda temos um relacionamento tão bom que ele me confia seus sentimentos particulares — uma intimidade que eu e meu pai não conseguimos manter. Será que ele vai conseguir sua vaga na universidade? O destino está em suas mãos. Mas ele ao menos sabe, sempre soube, que é profundamente amado. Meu filho adulto.

O aniversariante chegou de manhã e recebeu seu presente de aniversário — um rádio para o carro — e uma carta contando do orgulho de seu pai por sua coragem e elegância. Ele leu e disse, comovido: "*Isto* é muito bom".

Ele escreveu e falou, discutiu e brigou. Nada mudou. Bem, o governo mudou. Ele teve uma excelente reunião com Derek Fatchett, agora auxiliar de Robin Cook no Foreign Office, e o clima era muito diferente dos dias do velho governo tóri. "Vamos pressionar com força o seu caso", Fatchett prometeu, e ele disse que ajudaria na proibição de viagem à Índia, ajudaria com a British Airways, no geral ajudaria. De repente, ele sentiu que o governo estava do seu lado. Quem podia dizer que diferença isso faria? O novo regime do Irã não estava emitindo nenhum sinal promissor. Chegou uma mensagem de aniversário do novo presidente "moderado", Khatami: "Salman Rushdie vai morrer logo".

Laurie Anderson telefonara, perguntando se ele tinha algum texto sobre fogo. Ela era curadora de uma noite de performances destinada a levantar dinheiro para a construção de um hospital infantil para a instituição War Child, e tinha um vídeo incrível sobre fogo que precisava de palavras para acompanhar. Ele editou passagens da parte do "incêndio de Londres" de *Os versos satânicos*. Laurie havia convencido Brian Eno a gravar vários anéis de som, que ela ia mixar de uma mesinha na coxia enquanto ele lia. Não havia tempo para ensaiar nada, então ele simplesmente entrou no palco e começou a ler, com o vídeo do fogo flamejando atrás dele e Laurie mixando a Enomúsica, o som se enchendo e se apagando sem preparação, mas ele deslizou naquelas ondas como um surfista ou um ousado skatista, sua própria voz subindo e baixando, arriscando. Foi uma das coisas mais deliciosas que ele já havia feito. Zafar foi assistir à sua apresentação com uma garota chamada Melissa, era a primeira vez que via seu pai ler em público, e depois disse: "Você gaguejou algumas vezes e se movimentou demais; distrai a atenção", mas no geral pareceu gostar.

Jantaram na casa de Antonia Fraser e Harold Pinter, e Harold ficou com Milan no colo por um longo tempo. Por fim devolveu o bebê a Elizabeth e disse: "Quando ele crescer, conte que tio Harold gostou de ficar com ele no colo".

O chefe da British Airways, Robert Ayling, foi falar na escola de Zafar, e Zafar questionou-o sobre a recusa da companhia aérea em transportar seu pai, criticou-o e censurou-o durante vários minutos. Depois, quando a British Airways finalmente mudou sua política de não transporte, Ayling contou como tinha ficado comovido com a intervenção de Zafar. Foi Zafar quem amoleceu o coração do chefe da linha aérea.

Verão nos Estados Unidos! Assim que Milan atingiu idade suficiente para pegar um avião, ele viajaram para suas semanas anuais de liberdade de verão...

dessa vez num avião britânico, num voo direto, os três juntos! A Virgin Atlantic havia concordado em transportá-lo, dando-lhe uma rota direta para os Estados Unidos. Bastava de viagens a Oslo, Viena ou Paris para pegar um avião amigo. Caía um tijolo do muro da prisão.

A casa Grobow foi receptiva, seus amigos todos estavam com eles — Martin e Isabel encontravam-se em East Hampton, Ian McEwan e Annalena McAfee tinham alugado uma casa em Sag Harbor, muitas outras pessoas vinham da cidade visitá-los — e eles tinham um bebê novo e planos de casamento. Era sua injeção de ânimo anual, o momento que lhes dava força para sobreviver o resto do tempo. Havia pássaros nas árvores, gamos na floresta, o mar era quente e Milan estava com dois meses, doce, sorridente, com a cara mais marota que podia ter. Estava tudo perfeito, a não ser por uma coisa. Quatro dias antes de chegarem, ele soubera por Tristram Powell que o governo indiano se recusara a dar permissão para que a BBC filmasse *Os filhos da meia-noite* em solo indiano. "É mais prudente evitar o equívoco", explicava uma declaração governamental, "de que endossamos de alguma forma o autor." Essa declaração cravou-se profundamente em seu coração. "O produtor, Chris Hall, está a caminho de Sri Lanka para ver se podem filmar lá", disse Tristram com sua costumeira delicadeza. "Todo mundo na BBC sente que se investiu tanto na série e os roteiros são tão bons que querem salvar o projeto." Mas ele sentiu uma pontada no coração. A Índia, seu grande amor, tinha dito para ele ir se foder porque não queria apoiá-lo de forma alguma. *Os filhos da meia-noite*, sua carta de amor pela Índia, fora considerado indigno de ser filmado em qualquer ponto daquele país. Nesse verão, ele estaria trabalhando em *O chão que ela pisa*, um romance sobre pessoas sem um senso de lugar, pessoas que sonhavam ir, não ficar. Ele usaria a sensação que o dominava agora, aflito, desconectado, rejeitado, para alimentar seu livro.

A notícia apareceu na imprensa britânica, mas ele virou as costas a ela. Seus amigos estavam todos à sua volta e ele estava escrevendo um livro, logo estaria casado com a mulher que amava havia sete anos. Bill Buford foi ao encontro deles com a namorada, Mary Johnson, uma animada sósia de Betty Boop do Tennessee, e os Wylie e Martin e Isabel apareceram para um grande churrasco preparado por Bill, que havia se tornado um chef e tanto. Ele levou Elizabeth para um programa pré-cerimônia de casamento no American Hotel, em Sag Harbor. O diretor teatral de vanguarda Robert Wilson convidou-o para assistir ao ensaio da nova peça que estava preparando, queria que ele escrevesse um texto para o espetáculo. Ele ouviu Bob explicar a peça durante mais de meia hora e teve de admitir que não tinha entendido nem uma palavra do que o grande homem havia dito. Robert McCrum foi passar uma noite com eles. Elizabeth falou com o pessoal da Loaves & Fishes, a delicatéssen abusivamente cara, e encomendou a comida e a bebida. Ele comprou um terno novo. Zafar telefonou de Londres com uma grande novidade: o resultado de seu exame vestibular lhe valera uma vaga na universidade de Exeter. Felicidade e planos de casamento amorteceram o golpe da Índia.

Então, uma segunda recusa indiana. Bill Buford foi convidado para uma grande celebração do quinquagésimo aniversário da independência da Índia no consulado indiano em Manhattan, Nova York, no dia 15 de agosto de 1997. Ele contou ao pessoal do consulado que o sr. Rushdie estava na cidade, mas eles recuaram como se estivessem diante de uma cascavel. Uma mulher telefonou para Bill e deu uma explicação gaguejante: "À luz dos acontecimentos em torno dele... nós sentimos... que não é do interesse... de um evento tão grande... com tanta publicidade... o cônsul-geral não pode... não é de nosso interesse...". No aniversário de cinquenta anos da Índia, aniversário de Salim Sinai, o criador de Cinderela-Salim não podia ir ao baile. Ele não ia permitir que seu amor pelo país e por seu povo fosse destruído pela Índia oficial, prometeu a si mesmo. Mesmo que a Índia oficial nunca mais permitisse que ele pisasse na sua Índia natal.

Mais uma vez ele se refugiou na parte boa. Foi à cidade durante alguns dias e comprou para Elizabeth um presente na Tiffany. Deu entrevistas a respeito da antologia *Mirrorwork* e foi ver David Byrne cantar "Psycho killer" no Roseland. Jantou com Paul Auster e Siri Hustvedt. Paul estava escrevendo e dirigindo um filme chamado *O mistério de Lulu* e queria que ele fizesse o papel de um sinistro interrogador que pressionava duramente Harvey Keitel. (Um interrogador sinistro depois de *un médécin assez sinistre* de Robbe-Grillet. Estava virando um ator característico?) Zafar foi a seu encontro vindo de Londres e tomaram o micro-ônibus para Bridgehampton num calor de 38 graus. Ele voltou para a Little Noyac Path e encontrou Elizabeth desconfiada, cheia de suspeita. O que ele andara aprontando em Nova York? Com quem havia se encontrado? O mal causado por sua breve infidelidade ainda estava agindo. Ele não soube o que fazer além de dizer que a amava. Isso o fez temer pelo casamento. Mas cinco minutos depois ela deixou de lado as desconfianças e disse que estava bem.

Ele saiu com Ian McEwan para comprar comida tailandesa para o jantar. No restaurante, Chinda, a senhora tailandesa, disse: "Sabe quem que senhor parece, senhor parece aquere homem que escreveu aquere rivro". É, ele admitiu, sou eu mesmo. "Ah bom", ela disse. "Eu ri o rivro, gostei do rivro, depois senhor escreve otro rivro que eu não reu. Quando terefona senhor pediu carne, nós pensa, tarvez é Biry Joel, mas não, Biry Joel vem terça-feira." Durante o jantar, Martin falou de ir visitar Saul Bellow. Ele ficou com inveja do amigo por sua proximidade com o maior romancista americano de seu tempo. Mas ele era mais ele. Ia se casar dentro de quatro dias e ia ser o fim do mundo, ou pelo menos o fim do mundo segundo Arnold Schwarzenegger. O dia seguinte ao casamento, 29 de agosto de 1997, aparecia no filme *O exterminador do futuro 2* como a data do "Dia do Juízo Final", o dia em que as máquinas, lideradas pelo supercomputador Skynet, provocavam o holocausto nuclear contra a espécie humana. Então eles iam se casar no último dia da história do mundo conforme o conheciam.

O tempo estava excelente e o campo de cosmos, brilhante como o céu. Os amigos se reuniram na propriedade da família de Isabel e ele foi buscar o juiz. Então formou-se um círculo com Paul e Siri e a pequena Sophie Auster também, Bill e Mary, Martin e Isabel, mais os dois meninos dos Amis, a filha dele, Delilah Seale, a irmã de Isabel, Quina, Ian e Annalena e os dois meninos dos McEwan, Andrew, Camie e a filha deles, Erica Wylie, Hitch e Carol com a filha, sua "afilhada secular", Laura Antonia Blue Hitchens, a mãe de Isabel, Betty Fonseca, e o marido desta, Dick Cornuelle, em cujos jardins estavam, Milan aninhado nos braços de Siri, Zafar, e Elizabeth com rosas e lírios no cabelo. Houve leituras. Bill leu um soneto de Shakespeare, o de sempre, e Paul, fora do usual, mas muito bem pensado, leu "The ivy crown", a "Coroa de hera", de William Carlos Williams, sobre o amor que vem mais tarde na vida:

Em nossa idade a imaginação
sobre os tristes fatos
nos alevanta
para que as rosas
se ergam antes dos espinhos.

Claro
amor é cruel
e egoísta
e totalmente obtuso...
ao menos, cego pela luz,
é o amor jovem.
Mas somos mais velhos
eu para amar
e você para ser amada,
temos,
de qualquer jeito,
pela vontade sobrevivido
de conservar a joia preciosa
sempre
na ponta de nossos dedos.
Assim faremos
e assim se fica
além do acidental.

Nessa noite, comemoraram seus sete anos de improvável felicidade, aqueles dois que haviam se encontrado no meio de um furacão e se apegado um ao outro, não por medo do tufão, mas pelo prazer no encontro. O sorriso dela tinha iluminado seus dias e o amor dela suas noites, a coragem dela e seus cuidados tinham lhe dado força e, é claro, como ele confessou a ela e a todos os amigos no discurso de sua festa de casamento, ele é que se atirara em cima dela e não o contrário. (Quando ele cedeu a isso depois de sete anos insistindo no contrário, ela riu alto, de surpresa.) E o mundo não acabou, mas começou de novo aquele dia, refeito, renovado, além de qualquer acidente. *Somos apenas mortais*, disse o poeta, *mas ser mortal/ pode desafiar nosso destino.*

O negócio do amor é
crueldade, que
por nossa vontade
transformamos
para viver juntos.

E, no dia em que o mundo continuou, Ian e Annalena se casaram também, na prefeitura de East Hampton. Tinham planejado uma festa na praia, mas o tempo virou contra eles e todo mundo foi para a Little Noyac Path, e houve mais festa de casamento toda a tarde e a noite. O tempo abriu e eles jogaram beisebol incompetente, nada americano, no campo atrás da casa, e então ele e Ian voltaram ao Chinda para pegar mais comida tailandesa e ele ainda não era Biry Joel.

Os jornais britânicos logo receberam a notícia de seu casamento — o pessoal da prefeitura de Hampton vazou a notícia quase imediatamente após a cerimônia — e todos publicaram, com o nome completo de Elizabeth. Então lá estava ela, visível afinal. Por um momento ela ficou seriamente abalada, depois recobrou o equilíbrio e acostumou-se com a ideia, à sua maneira determinada, sanguínea. Quanto a ele, sentiu-se aliviado. Estava muito cansado de se esconder.

Nessa noite, depois de um churrasco na praia Gibson, estavam na casa do fotógrafo John Avedon quando David Rieff chegou e contou que tinha havido um acidente de carro em Paris, que a princesa Diana havia sofrido ferimentos graves e seu amante Dodi al-Fayed morrera. Todos os canais de televisão estavam transmitindo a notícia, mas não diziam nada de substancial a respeito da princesa. Mais tarde, quando estavam indo para a cama, ele disse a Elizabeth: "Se ela estivesse viva eles teriam dito. Se não estão noticiando o estado dela, é porque morreu". E de manhã veio a confirmação na primeira página do *The New York Times* e Elizabeth chorou. A notícia ocupou o dia inteiro. Os paparazzi a persegui-la com suas motocicletas. O carro indo muito depressa, o motorista bêbado chegando a 190 quilômetros por hora. *Essa pobre moça não teve sorte*, ele pensou. Seu final infeliz chegou justamente quando um começo mais feliz seria possível. Mas morrer porque não queria que a fotografassem era loucura. Se tivessem parado um momento nos degraus do Ritz e deixado os paparazzi fazerem seu trabalho, talvez não fossem perseguidos e não seria preciso correr àquela velocidade louca e morrer no túnel de concreto, desperdiçando a vida por nada.

Ele se lembrou do grande romance de J. G. Ballard *Crash*, sobre a letal mistura de amor, morte e automóveis, e pensou: talvez sejamos todos responsáveis, nossa fome pela imagem dela a matou, e no fim, ao morrer, a última coisa que ela viu foram os fálicos focinhos das câmeras apontadas para ela através das janelas quebradas do carro, clicando, clicando. Pediram que escrevesse alguma coisa sobre o fato para a *The New Yorker*, ele lhes mandou algo dessa natureza e na Inglaterra o *Daily Insult* chamou o artigo de "versão satânica", de mau gosto, como se o *Insult* não estivesse disposto a pagar uma fortuna pelas fotos feitas pelos paparazzi ao persegui-la, como se o *Insult* tivesse o bom gosto de não publicar as imagens do desastre.

Milton e Patricia Grobow sabiam de tudo agora; tinham lido sobre o casamento no jornal local. Ficaram deliciados, "orgulhosos" e contentes de conservar o arranjo para os anos futuros. Patricia havia sido babá dos filhos de Kennedy, ela disse, estava "acostumada a ser discreta". Milton tinha quase oitenta anos e estava muito frágil. Os Grobow disseram que podiam pensar em vender a casa para os Rushdie.

Poucos dias depois de voltarem a Londres, ele pegou um avião para a Itália, onde foi participar do festival literário de Mântua, mas aparentemente ninguém havia liberado sua visita com a polícia local, que o isolou em seu hotel e se recusou a permitir que ele participasse das sessões do evento. Por fim, com muitos outros escritores como uma espécie de guarda de honra, ele tentou repetir o truque chileno de simplesmente sair andando para a rua, e foi levado à delegacia, detido por várias horas numa "sala de espera", até o prefeito e o chefe de polícia resolverem evitar o escândalo e deixar que ele fizesse o que tinha ido fazer na cidade. Depois de semanas de vida comum nos Estados Unidos, essa volta ao nervosismo europeu era desanimadora.

Em Londres, o secretário do Ministério dos Negócios Interiores trabalhista, Jack Straw, sempre disposto a ser simpático com os eleitores islâmicos, anunciou nova legislação que estenderia a lei de blasfêmia, arcaica, obsoleta e digna de ser repelida, a outras religiões além da anglicana, possibilitando assim, entre outras coisas, que *Os versos satânicos* fosse outra vez perseguido e provavelmente proibido. Que bom que "o governo de seus amigos" estava no poder, ele pensou. A tentativa de Straw acabou fracassando, mas o governo Blair continuou tentando encontrar maneiras de tornar ilegal a crítica religiosa — isto é, ao islã — durante vários anos. A certa altura, ele foi ao Ministério dos Negócios Interiores para protestar contra isso, acompanhado de Rowan Atkinson ("Mr. Bean vai a Whitehall"). Rowan, na vida real um homem ponderado, que falava baixo, perguntou àqueles descarados e ao vice-ministro sobre sátira. Eram todos seus fãs, claro, e queriam que ele os amasse de volta, então disseram: *Ah, comédia, nós adoramos sátira, não há problema algum*. Rowan balançou a cabeça, com ar tristonho, e disse que num sketch de televisão recente tinha usado uma cena de muçulmanos rezando ajoelhados numa sexta-feira, ele achava que em Teerã, com uma narração que dizia: "E continua a busca pelas lentes de contato do aiatolá". Isso seria permitido dentro da nova lei, perguntou, ou na verdade ele iria para a prisão? Ah, sim, *tudo bem*, disseram, *claro que tudo bem*, nenhum problema. Hum, disse Rowan, mas como ele poderia ter certeza disso? É fácil, eles responderam, você apresentaria o roteiro para ser aprovado por um departamento do governo, e *sem dúvida que conseguiria*, e assim teria certeza. "Eu me pergunto por quê", Rowan ponderou delicadamente, "não me sinto seguro com isso." No dia em que essa decisão estarrecedora foi apresentada à Câmara dos Comuns para o voto final, os correligionários trabalhistas, achando que a revolta contra o decreto seria tão grande que ele seria vencido, disseram a Tony Blair que não havia necessidade de ficar até a contagem dos votos. Então o primeiro-ministro foi para casa e seu decreto perdeu por *um voto*. Se ele tivesse ficado, a votação acabaria em empate, o presidente da casa teria votado a favor do governo conforme sua obrigação e o decreto teria se tornado lei vigente. Chegou perto assim.

A vida avançava a pequenos passos. Barry Moss, o chefe da Divisão Especial, foi visitá-lo e contou que o novo acordo havia sido aprovado e que ele ia empregar Frank Bishop com Dennis Chevalier como substituto, e a polícia se retiraria completamente da casa da Bishop's Avenue. A partir de 1º de janeiro de 1998, sua casa seria dele e ele poderia decidir todos os seus "movimentos privados" sozinho com a ajuda de Frank. Ele sentiu que um grande peso foi removido de seus ombros. Ele, Elizabeth e Milan estavam prestes a ter uma vida privada na Inglaterra, pela primeira vez.

Frances D'Souza ligou para dizer que Fallahian, o mui temido ministro da Inteligência iraniano, havia sido substituído por um certo sr. Najaf-Abadi, supostamente um "tipo liberal, pragmático". Bom, vamos ver, ele respondeu.

Gail Rebuck concordou que a Random House do Reino Unido recebesse imediatamente em seus armazéns a edição em brochura de *Os versos satânicos* feita pelo consórcio e colocasse o cólofon da Vintage na próxima reimpressão do livro, que seria necessária provavelmente por volta do Natal. Tratava-se, na verdade, de um grande passo; a muito esperada "normalização" da condição do romance no Reino Unido, nove longos anos depois do lançamento.

A srta. Arundhati Roy ganhou o Booker Prize, como era esperado — ela era a favorita —, e no dia seguinte disse ao *The Times* que a literatura dele era meramente "exótica", enquanto a dela era verdadeira. Isso era interessante, mas ele resolveu não responder. Então veio da Alemanha a notícia de que ela havia dito a mesma coisa a um jornalista lá. Ele telefonou para David Godwin, o agente dela, para dizer que não achava bom dois vencedores indianos do Booker serem vistos se atacando em público. Ele nunca dissera em público o que achava de *O deus das pequenas coisas*, mas, se ela quisesse uma briga, sem dúvida ele toparia. Não, não, disse David, tenho certeza de que citaram incorretamente o que ela disse. Logo depois, ele recebeu uma mensagem de pazes da srta. Roy, alegando a mesma coisa. *Deixe estar*, ele pensou, e seguiu em frente.

Günter Grass faria setenta anos e o Thalia Theater, em Hamburgo, estava planejando uma grande comemoração de sua vida e obra. Ele voou para Hamburgo com seus novos melhores amigos, a Lufthansa, e participou do evento ao lado de Nadine Gordimer e de praticamente todos os escritores alemães importantes. Depois da parte pública da noite, houve música e dança e ele descobriu que Grass era um grande dançarino. Todas as moças da festa queriam girar nos braços dele e Günter incansavelmente valsou, gavotou, polcou e foxtrotou noite adentro. Assim, ele tinha agora duas razões para invejar o grande homem. Sempre invejara a habilidade de Grass como artista plástico. Como devia ser liberador terminar a escritura do dia, ir para um ateliê e começar a trabalhar de um jeito completamente diferente os mesmos temas. Que fantástico ser capaz de criar suas próprias capas! Os bronzes, e as gravuras de ratos, sapos, linguados, enguias, e meninos com tambor eram obras de beleza. Mas agora havia também sua dança para admirar. Realmente, era demais.

As autoridades de Sri Lanka estavam dando sinais positivos quanto à permissão ao projeto de *Os filhos da meia-noite*, mas, segundo uma das produtoras da BBC, Ruth Caleb, impunham como condição que ele não comparecesse às filmagens. Tudo bem, ele disse, é ótimo ser tão popular, e poucos dias depois Tristram passou um fax do Sri Lanka. "Estou com a permissão em minha mão." Foi um momento alegre. Mas as coisas acabaram se revelando mais uma longa série de falsos alvoreceres.

Milan estava começando a falar, com grande ênfase, "Ha! *Ha!* HA". Quando seus pais repetiam para ele, ele ficava deliciado e falava de novo. Seria sua primeira palavra — a palavra que representa o riso, não apenas a risada em si? Ele parecia desesperado para falar. Mas, naturalmente, era cedo demais.

Elizabeth ia visitar Carol por alguns dias. Eles não faziam amor desde o casamento, fazia muitos, muitos meses. "Estou cansada", ela disse, e depois ficou até as duas da manhã colando fotografias de casamento num álbum. Mas as coisas entre eles estavam bem, no geral muito bem, e isso também logo deixou de não estar bem. *O negócio do amor é crueldade, que por nossa vontade transformamos para viver juntos.*

Quando olhou para trás, para o registro do que tinha feito de sua vida, ele entendeu que era mais fácil anotar uma coisa desagradável do que um momento de felicidade, era mais fácil registrar uma briga do que uma palavra amorosa. A verdade era que durante muitos anos Elizabeth e ele haviam tido um relacionamento fácil e amoroso a maior parte do tempo. Mas não muito depois do casamento a calma e a felicidade começaram a diminuir e as fissuras, a aparecer. "O problema de um casamento", ele escreveu depois, "é como a água das monções que se acumula em cima de um telhado plano. Você não se dá conta de que ela está lá em cima, mas vai ficando mais e mais pesada, até que um dia, com um grande estrondo, o telhado inteiro cai em cima da sua cabeça."

Uma mulher chamada Flora Botsford era a correspondente da BBC em Colombo, mas foi intriga dela, na opinião do produtor, Chris Hall, "que nos atrapalhou". Às vezes era fácil acreditar que o pessoal da mídia preferia que as coisas dessem errado porque TUDO VAI BEM não era uma manchete atraente.

O empenho de Botsford, como funcionária da BBC, em provocar dificuldades para uma produção importante da emissora era surpreendente, ou, de maneira mais deprimente, não era surpreendente. Ela se encarregou pessoalmente de telefonar para diversos parlamentares muçulmanos cingaleses procurando citações hostis e encontrou um, e um era o que bastava. Escrevendo para o *The Guardian*, Botsford começava assim: "Foi confirmado na semana passada que, correndo o risco de ofender os muçulmanos locais, a BBC vai filmar no Sri Lanka uma controversa série de cinco capítulos baseada no livro *Os filhos da meia-noite*, de Salman Rushdie". Em seguida, seu parlamentar cuidadosamente desenterrado teve seu momento de glória.

> Ao menos um político muçulmano no Sri Lanka está fazendo o possível para impedir o projeto, levantando a questão no Parlamento. "Salman Rushdie é uma figura muito controversa", disse A. H. M. Azwar, parlamentar da oposição. "Ele aviltou e difamou o Profeta Sagrado, coisa que constitui um ato imperdoável. Muçulmanos de todo o mundo detestam a simples menção de seu nome. Deve ter havido uma razão forte para a Índia proibir a filmagem, e devemos cuidar para não despertar sentimentos públicos aqui."

As reverberações se espalharam depressa. Na Índia, houve muitos artigos dizendo que era um escândalo a Índia ter negado permissão para a filmagem, mas em Teerã o ministro das Relações Exteriores iraniano chamou o embaixador do Sri Lanka para protestar. Chris Hall tinha permissão escrita da própria presidente Chandrika Bandaranaike Kumaratunga e por um momento parecera que a presidente manteria sua palavra. Mas então um grupo de parlamentares muçulmanos exigiu que ela mudasse sua decisão. Ataques islâmicos excepcionalmente venenosos foram desferidos contra o autor de *Os filhos da meia-noite* na mídia do Sri Lanka. Ele era um covarde traidor da raça, e *Os filhos da meia-noite*, um livro que insultava e ridicularizava seu próprio povo. Um funcionário do Ministério das Relações Exteriores anunciou que a permissão para a realização do filme havia sido revogada, mas seus superiores o desmentiram. O vice-ministro disse: "Vão em frente". O vice-ministro da Defesa garantiu "pleno apoio militar". No entanto, a espiral declinante havia começado. Ele farejou a chegada da catástrofe, mesmo quando o ministro das Relações Exteriores do Sri Lanka e o conselho de produção do filme confirmavam que a permissão para filmagem fora dada. Houve o que Chris Hall descreveu como uma reunião bêbada com os intelectuais locais no escritório de produção da BBC, e todos eles eram a favor. A imprensa do Sri Lanka estava quase toda apoiando a produção também. Mas a sensação de dissolução iminente permanecia. Uma semana depois, a permissão para filmar foi revogada sem nenhuma explicação, apenas seis semanas após a permissão por escrito ter sido dada pela presidente. O governo estava tentando aprovar uma legislação de transferência de posse ardilosa e precisava do apoio de um pequeno grupo de parlamentares muçulmanos. Por trás da cena, o Irã e a Arábia Saudita ameaçavam expulsar seus trabalhadores do Sri Lanka se a produção fosse realizada.

Não houve nenhum protesto público contra a produção nem na Índia, nem no Sri Lanka. Em ambos os países o projeto fora assassinado. Ele sentia como se alguém tivesse batido nele com muita força. "Não posso cair", pensou, mas estava arrasado.

Chris Hall continuava convencido de que o artigo de Flora Botsford tinha acendido o fogo. "A BBC não tratou bem você", ele disse. A presidente Kumaratunga escreveu-lhe uma carta, desculpando-se pessoalmente pelo cancelamento. "Li seu livro intitulado *Os filhos da meia-noite* e gostei muito. Gostaria de vê-lo filmado. No entanto, às vezes considerações políticas pesam mais que causas talvez mais valiosas. Espero que chegue um tempo no Sri Lanka em que as pessoas comecem a pensar de novo racionalmente, em que os valores mais profundos da vida prevaleçam. Então meu país de novo se tornará o 'Serendib' que merece ser." Em 1999, ela sobreviveu a uma tentativa de assassinato perpetrada pelos Tigres Tâmeis, mas ficou cega de um olho.

O ato final da história da filmagem de *Os filhos da meia-noite*, o ato com final feliz, começou onze anos depois. No outono de 2008, ele estava em Toronto para a publicação de seu romance *A feiticeira de Florença* e uma noite foi jantar, fora das atividades de promoção do livro, com uma amiga, a diretora de cinema Deepa Mehta. "Um livro seu que eu realmente gostaria de filmar é *Os filhos da meia-noite*. Quem tem os direitos?" "Por acaso", ele respondeu, "eu tenho." "Então, posso filmar?", ela perguntou. "Pode", ele respondeu. Ele cedeu a ela a opção de filmagem por um dólar e durante os dois anos seguintes trabalharam para levantar o dinheiro e escrever o roteiro. Os roteiros que tinha escrito para a BBC pareciam agora engessados, rígidos, e ele ficou contente de a série nunca ter sido feita. O novo roteiro parecia mais adequadamente cinematográfico e o instinto de Deepa para o filme era muito próximo do dele. Em janeiro de 2011, *Os filhos da meia-noite*, agora um longa-metragem, não uma série de TV, voltou à Índia e ao Sri Lanka para ser filmado, e trinta anos depois da publicação do romance, catorze anos depois do cancelamento da série da BBC, o filme foi enfim realizado. No dia em que as filmagens principais terminaram em Colombo, ele sentiu que uma maldição se desfizera. Outra montanha havia sido escalada.

No meio das filmagens, os iranianos tentaram sustar o projeto outra vez. O embaixador do Sri Lanka foi chamado ao Ministério das Relações Exteriores em Teerã para ser informado do desprazer do Irã quanto ao empreendimento. Durante dois dias, a permissão para o filme foi novamente revogada. Mais uma vez, tinham uma carta de permissão do presidente, mas ele temia que esse presidente também fosse se mostrar fraco diante da pressão. Dessa vez, porém, o resultado foi diferente. O presidente disse a Deepa: "Vá em frente e termine seu filme".

O filme foi concluído e a estreia, prevista para 2012. Que cascata de emoções aquela simples frase escondia. *Per ardua ad astra*, ele pensou. A coisa estava feita.

Em meados de novembro de 1997, John le Carré, um dos poucos escritores que tinham se posicionado contra ele quando começara o ataque a *Os versos satânicos*, reclamou no *The Guardian* que estava sendo injustamente "maculado" e "manchado com o pincel antissemita" por Norman Rush no *The New York Times Book Review*, e descreveu "todo o peso opressivo do politicamente correto" como uma espécie de "movimento macarthista ao contrário".

Ele não deveria revelar seus sentimentos, é claro, mas não conseguiu deixar de responder. "Seria mais fácil ficar do lado dele", escreveu numa carta ao jornal, "se ele não estivesse tão disposto a se juntar à primeira campanha de vilipêndio a um colega escritor. Em 1989, durante os piores dias do ataque islâmico a *Os versos satânicos*, Le Carré, bastante pomposamente, juntou forças com meus atacantes. Seria elegante se ele admitisse que compreende um pouco melhor a natureza da Polícia do Pensamento agora que, pelo menos em sua própria opinião, ele é que está na linha de fogo."

Le Carré mordeu a isca em grande estilo: "A verdade para Rushdie é autorreferente como sempre", ele respondeu.

> Nunca me juntei a seus atacantes. Nem tomei o caminho fácil de proclamá-lo um límpido inocente. Minha posição era que não existe lei na vida nem na natureza que diga que grandes religiões podem ser insultadas impunemente. Escrevi que não existe nenhum padrão absoluto de liberdade de expressão em nenhuma sociedade. Escrevi que a tolerância não surge ao mesmo tempo e da mesma forma para todas as religiões e culturas, e que a sociedade cristã também, até bem recentemente, definia os limites de liberdade pelo que era sagrado. Escrevi, e escreveria de novo hoje, que, no tocante à maior divulgação do livro de Rushdie em brochura, eu estava mais preocupado com a moça na Penguin Books que podia ter as mãos explodidas na correspondência do que com os royalties do autor. Quem quisesse ler o livro na época tinha amplo acesso a ele. Meu propósito não era justificar a perseguição a Rushdie, que, como qualquer pessoa decente, eu deploro, mas fazer soar uma nota menos arrogante, menos colonialista e menos autojustificativa do que a que vínhamos ouvindo da segurança do campo de seus admiradores.

A essa altura, o *The Guardian* estava gostando tanto da briga que publicava as cartas na primeira página. Sua resposta a Le Carré apareceu no dia seguinte:

> John le Carré [...] diz que não se juntou aos ataques a mim, mas afirma também que "não há lei na vida ou na natureza que diga que as grandes religiões podem ser insultadas impunemente".Um exame superficial dessa formulação pretensiosa revela que (1) ela assume a linha convencional e radical do islamismo de que *Os versos satânicos* não é nada mais que um "insulto" e (2) sugere que qualquer pessoa que desagrade aos islâmicos convencionais, reducionistas e radicais perde o direito de viver com segurança [...]. Ele diz que está mais interessado em salvaguardar os funcionários envolvidos na publicação do que em meus royalties. Mas é exatamente essa gente, os editores de meu romance em uns trinta países, ao lado dos funcionários de livrarias, que mais apaixonadamente apoia e defende meu direito à publicação. É ignóbil que Le Carré os use como argumento para a censura quando eles tão corajosamente defendem a liberdade. John le Carré tem razão em dizer que a liberdade de expressão não é absoluta. Temos as

liberdades pelas quais lutamos e perdemos as que não defendemos. Sempre achei que George Smiley sabia disso. Seu criador parece ter esquecido.

A essa altura, Christopher Hitchens juntou-se à celeuma sem ser convidado e sua resposta levaria o romancista de espionagem a picos ainda mais altos de apoplexia.

"A conduta de John le Carré em suas páginas é muito parecida com a daquele homem que, depois de se aliviar no próprio chapéu, se apressa em enfiar o *chapeau* transbordante na própria cabeça", opinou Hitch com sua característica discrição.

> Ele costumava ser evasivo e eufemístico sobre a solicitação aberta de assassinato por recompensa, porque os aiatolás também têm sentimentos. Agora ele nos diz que sua maior preocupação é com a segurança das moças da correspondência. Além disso, ele arbitrariamente contrapõe a segurança delas e os royalties de Rushdie. Devemos concluir então que ele não faria objeção a *Os versos satânicos* se o livro fosse escrito, publicado e distribuído gratuitamente em barracas sem vendedores? Isso satisfaria ao menos aqueles que parecem acreditar que a defesa da liberdade de expressão deve ser livre de custos e livre de riscos. Na realidade, nenhuma funcionária da correspondência se feriu ao longo de oito anos de desafio à *fatwa*. E, quando as nervosas cadeias de livrarias da América do Norte por um breve período de fato suspenderam a distribuição de *Os versos satânicos* invocando questões de "segurança", foram os sindicatos de funcionários que protestaram e voluntariamente se postaram junto às vitrines defendendo o direito de os leitores comprarem e examinarem qualquer livro. Aos olhos de Le Carré, essa valente decisão foi tomada em "segurança" e foi, além disso, blasfema em relação a uma grande religião! Será que não poderíamos ter sido poupados da revelação do conteúdo de seu chapéu — digo, de sua cabeça?

No dia seguinte, foi a vez de Le Carré:

> Qualquer pessoa que tenha lido ontem as cartas de Salman Rushdie e de Christopher Hitchens poderá se perguntar em que mãos caiu a grande causa da liberdade de expressão. Seja do trono de Rushdie ou da sarjeta de Hitchens, a mensagem é a mesma: "Nossa causa é absoluta, não admite dissidência nem

qualificação; quem a questiona é por definição uma pessoa ignorante, pomposa, semiletrada". Rushdie despreza minha linguagem e arrasa um discurso ponderado e bem recebido que fiz na Anglo-Israel Association e que o *The Guardian* resolveu republicar. Dois aiatolás raivosos não poderiam ter feito melhor trabalho. Mas será que essa amizade vai durar? É de admirar que Hitchens suporte a autocanonização de Rushdie há tanto tempo. Rushdie, pelo que posso entender, não nega o fato de ter insultado uma grande religião. Ao contrário, ele me acusa — note-se sua linguagem absurda como sempre — de seguir a linha convencional, reducionista e radical do islamismo. Eu não sabia que eu era tão esperto. O que sei de fato é que ele desafiou um inimigo conhecido e gritou "jogo sujo" quando este reagiu de acordo. A dor que ele teve de suportar é terrível, mas isso não faz dele um mártir, nem — por muito que ele fosse gostar — elimina toda discussão sobre as ambiguidades de sua participação em seu próprio declínio.

Vamos até o fim nisso, ele pensou.

É verdade que chamei [Le Carré] de pomposo, o que é bem brando diante das circunstâncias. "Ignorante" e "semiletrado" são chapéus de burro que ele mesmo põe na cabeça [...]. O costume de Le Carré de escrever boas críticas sobre si mesmo ("meu discurso ponderado e bem recebido") ele desenvolveu porque, bem, alguém tinha de escrevê-las [...]. Não tenho a intenção de repetir mais uma vez as muitas explicações de *Os versos satânicos*, um romance do qual continuo extremamente orgulhoso. Um romance, sr. Le Carré, não um deboche. Você sabe o que é um romance, não sabe, John?

Ah, e assim por diante. As cartas dele, Le Carré disse, deviam ser leitura obrigatória a todos os estudantes de curso secundário na Grã-Bretanha como um exemplo de "intolerância cultural mascarada de liberdade de expressão". Ele queria encerrar a briga, mas se sentiu obrigado a responder à alegação de que *enfrentou um inimigo conhecido e depois gritou "jogo sujo"*:

Suponho que nosso herói de Hampstead diria a mesma coisa de muitos escritores, jornalistas e intelectuais do Irã, da Argélia, do Egito, da Turquia e de outros países, que também estão lutando contra o islamismo, e por uma sociedade secularizada; em resumo, pela libertação da opressão das Grandes Religiões do

> Mundo. De minha parte, tentei, durante estes anos difíceis, chamar a atenção para a luta dessas pessoas. Alguns dos melhores — Farag Fouda, Tahar Djaout, Ugur Mumcu — foram assassinados por sua disposição de "enfrentar um inimigo conhecido". [...] Acontece que não acredito que sacerdotes e mulás, e muito menos bombardeadores e assassinos, sejam as melhores pessoas para estabelecer os limites do que se pode pensar.

Le Carré silenciou, mas então seu amigo William Shawcross pulou para a arena. "As pretensões de Rushdie são ultrajantes e [...] exalam o fedor da autocomiseração triunfalista." Isso era estranho, porque Shawcross era o diretor demissionário da Artigo 19, que teve então de escrever uma carta rechaçando suas alegações. O *The Guardian* relutava em deixar a história morrer e seu editor, Alan Rusbridger, telefonou para saber se ele gostaria de responder à carta de Shawcross. "Não", ele disse a Rusbridger. "Se Le Carré quer que seus amigos choraminguem por procuração, problema dele. Eu disse o que tinha de dizer."

Vários jornalistas atribuíram a hostilidade de Le Carré àquela antiga crítica ruim a *A casa da Rússia*, mas ele ficou de repente dominado pela tristeza pelo que havia acontecido. O Le Carré de *O espião que sabia demais* e *O espião que saiu do frio* era um escritor que ele havia admirado por muito tempo. Em uma época mais feliz, tinham até subido juntos ao mesmo palco em defesa da Campanha de Solidariedade à Nicarágua. Ele se perguntava se Le Carré reagiria bem se ele oferecesse o ramo de oliveira. Mas Charlotte Cornwell, irmã de Le Carré, expressou sua raiva a Pauline Melville quando se encontraram numa rua do norte de Londres — "É! Quanto ao seu amigo!" —, de forma que os sentimentos no campo dos Cornwell estavam exasperados demais para uma iniciativa de paz poder dar certo já. Mas ele lamentou a briga e sentiu que ninguém tinha "vencido" a discussão. Os dois tinham perdido.

Não muito depois desse confronto, ele foi convidado à Spy Central para falar a um grupo de chefes de setor, e a formidável Eliza Manningham-Buller, do MI5, uma mulher com a aparência exata de seu nome, a meio caminho entre a tia Dahlia de Bertie Wooster* e a rainha, estava furiosa com Le Carré. "O

* Tia Dahlia: a mais tolerante da dupla de tias do personagem Bertie Wooster, cavalheiro herói de dez romances e trinta contos do escritor inglês P. G. Wodehouse (1881-1975). (N. T.)

que ele acha que está fazendo?", ela perguntou. "Será que não entende nada? É um idiota completo?" "Mas antigamente ele não era um de vocês?", ele perguntou. Eliza Manningham-Buller era uma daquelas raras e valorosas mulheres capazes de efetivamente roncar. "Hah!", ela roncou, como uma genuína tia de Wodehouse. "Acho que ele trabalhou para nós em algum tipo de função menor durante cinco minutos, mas nunca, meu caro, chegou ao nível das pessoas com quem você está conversando hoje, e pode crer que, depois dessa história, nunca vai chegar."

Onze anos depois, em 2008, ele leu uma entrevista com John le Carré em que seu ex-adversário disse, a respeito do antigo contratempo entre ambos: "Talvez eu estivesse errado. Mas, se estava errado, era pelas razões certas".

Ele havia escrito quase duzentas páginas de *O chão que ela pisa* quando a esperança de Paul Auster de colocá-lo no elenco do filme *O mistério de Lulu* se evaporou. O sindicato dos caminhoneiros — "Pode imaginar isso, os caminhoneiros grandes, fortes?", ele lamentou — declarou-se muito temeroso de contar com o sr. Rushdie no filme. Queriam mais dinheiro, claro, taxa de risco, mas era uma produção de baixo orçamento e não havia mais dinheiro. Paul e seu produtor, Peter Newman, batalharam para fazer acontecer, mas no fim tiveram de admitir a derrota. "No dia em que percebi que não íamos conseguir", Paul disse a ele, "fui para uma sala sozinho e chorei."

Seu papel foi, em cima da hora, para Willem Dafoe. O que, ao menos, era elogioso.

Ele foi ouvir Edward Said falar no escritório da *London Review of Books* e um jovem chamado Asad levantou-se e confessou que, em 1989, era o líder da Sociedade Islâmica de Coventry e tinha sido o "representante de West Midlands" nas demonstrações contra *Os versos satânicos*. "Mas tudo bem", ele explodiu, envergonhado, "eu agora sou ateu." Bem, era um progresso, ele disse a Asad, mas o jovem tinha mais a dizer. "E então, recentemente", Asad exclamou, "li o seu livro e não consegui entender todo o barulho que fizeram a respeito!" "Isso é ótimo", ele disse, "mas permita-me observar que você, que não tinha lido o livro, foi a pessoa que organizou o barulho todo." Ele se lembrou do velho provérbio chinês às vezes atribuído a Confúcio: *Se ficar sentado na beira do rio tempo suficiente, o corpo de seu inimigo um dia passa boiando.*

Milan estava com sete meses, sorrindo para todo mundo, resmungando constantemente, alerta, bem-humorado, lindo. Uma semana antes do Natal, começou a engatinhar. A polícia estava desmontando seu equipamento de vigilância e indo embora. No dia de Ano-Novo, Frank Bishop passaria a trabalhar para ele e depois de algumas semanas de "transição" eles teriam sua casa só para eles, e por causa disso tanto ele como Elizabeth sentiram, apesar de todas as decepções, que o ano estava terminando bem.

No começo do ano do começo do fim, quando ele fechou a porta pela última vez para os quatro policiais que tinham vivido com eles sob tantos nomes diferentes e em tantos lugares diferentes durante os nove anos anteriores, e assim encerrou o período de proteção 24 horas que Will Wilson e Will Wilton haviam oferecido na Lonsdale Square no fim de uma vida anterior, ele se perguntou se estava reconquistando a liberdade para ele e sua família ou assinando a sentença de morte de todos. Ele era o mais irresponsável dos homens ou um realista com um bom instinto que queria reconstruir, em particular, uma vida privada real? A resposta só poderia ser obtida em retrospecto. Dentro de dez ou vinte anos, ele saberia se seu instinto fora correto ou errado. A vida era vivida para a frente, mas julgada para trás.

Então, no começo do ano do começo do fim; sem saber do futuro; com um filho bebê que estava cuidando dos negócios que um bebê tem de cuidar, o negócio de sentar pela primeira vez com as costas eretas, o negócio de tentar se pôr de pé no berço, falhando, tentando de novo, até o dia em que deixou de ser um ser engatinhante e se tornou *Homo erectus*, bem a caminho de ser *sapiens*; enquanto o irmão mais velho do bebê ia passar um ano de aventuras no México, onde seria preso pela polícia, observaria baleias brincando, nadaria em piscinas debaixo de altas cachoeiras em Taxco, observaria os mergulhadores saltarem dos rochedos de Acapulco com tochas acesas na mão, leria Bukowski e Kerouac, encontraria sua mãe e iria com ela a Chichen Itza e Oaxaca, assustaria seu pai passando períodos alarmantemente longos sem dar notícias, seu pai, que não podia evitar temer pelo pior, que temia em silêncio pela segurança do filho desde o dia das chamadas telefônicas sem resposta e da casa identificada por engano com a porta da frente aberta nove anos antes; uma viagem da qual o rapaz de dezoito anos voltaria tão magro, tão queimado de sol, tão bonito que, quando tocou a campainha e o pai o viu pelo monitor do porteiro eletrônico, não o reconheceu. *Quem é?*, ele gritou, assombrado, e então se deu conta de que aquele jovem deus era seu próprio filho; enquanto todas as coisas corriqueiras da vida cotidiana continuavam, e era certo que continuassem, mesmo em meio a uma outra existência envolvente que continuava a ser extraordinária, veio o dia, uma segunda feira, 26 de janeiro de 1998, em que dormiram sozinhos em casa e, em vez de ficarem apavorados com o silêncio à sua volta e a ausência dos grandes policiais adormecidos, eles não puderam deixar de sorrir, ir para a cama cedo e dormir como mortos; não, como mortos, não, como seres vivos e desimpedidos. E então, às 3h45 da manhã, ele acordou e não conseguiu voltar a dormir.

Mas a dureza do mundo nunca estava muito longe. "Está fora de questão Rushdie receber permissão para visitar a Índia num futuro próximo", disse o funcionário do governo indiano. O mundo se tornara um lugar onde sua chegada a uma terra que ele amava *levaria a uma crise política*. Ele pensou no menino Kay da história *A rainha da neve*, de Hans Christian Andersen, que tinha frios cacos de um espelho do diabo no olho e no coração. Sua tristeza era esse caco e ele temia que fosse transformar sua personalidade e fazê-lo ver o mundo como um lugar cheio de ódio, tomado por pessoas desprezíveis e abomináveis. Às vezes, ele topava com essa gente. Numa festa de aniversário de sua amiga Nigella, ele acabara de receber a notícia dolorosa de que o marido dela, John, estava com um novo tumor e que os indícios não eram bons, quando foi confrontado por um jornalista cujo nome não conseguiria escrever nem dez anos depois, que, tendo bebido talvez um copo de vinho a mais, começou a ofendê-lo numa linguagem tão descomedida que ele acabou tendo de ir embora da festa. Durante dias depois desse episódio, ele não conseguiu trabalhar, viu-se incapaz de escrever, incapaz de entrar em outros lugares onde um homem podia ir até ele e xingá-lo, cancelou compromissos, ficou em casa e sentiu o caco de espelho frio em seu coração. Dois jornalistas amigos, Jon Snow e

Francis Wheen, contaram-lhe que o mesmo jornalista também havia atacado os dois, e com linguagem muito semelhante, e como a desgraça adora companhia ele se alegrou ao saber disso. Mas durante outra semana não conseguiu trabalhar.

Talvez por estar perdendo a fé no mundo em que era obrigado a viver, ou em sua capacidade de encontrar alegria nele, introduziu em seu romance a ideia de um mundo paralelo, um mundo em que as ficções eram reais e seus criadores não existiam, no qual Alexander Portnoy era real, mas Philip Roth, não, no qual Dom Quixote vivera um dia, mas Cervantes, não; e de uma variante desse mundo, em que Jesse Presley era o gêmeo que sobrevivia, enquanto Elvis morria; no qual Lou Reed era mulher e Laurie Anderson, homem. Ao escrever o romance, o ato de habitar um mundo imaginado parecia de alguma forma mais nobre do que a vulgar missão de viver no mundo real. Mas ali adiante estava a loucura de Dom Quixote. Ele nunca acreditara no romance como um lugar para o qual escapar. Não podia começar a acreditar em literatura escapista agora. Não, ia escrever sobre mundos em colisão, sobre realidades em luta por um mesmo segmento de espaço-tempo. Era uma época em que realidades incompatíveis colidiam com frequência umas com as outras, como Otto Cone havia dito em *Os versos satânicos*. Israel e Palestina, por exemplo. Além disso, a realidade em que ele era um homem decente, honrado e bom escritor havia colidido com uma outra realidade em que ele era uma criatura demoníaca e um escrevinhador sem talento. Não era claro que ambas as realidades pudessem coexistir. Talvez uma delas acabasse excluindo a outra.

Chegou a noite da festa do Esquadrão "A" no Peelers, o Baile da Polícia Secreta, e nesse ano Tony Blair estava presente e a polícia aproximou os dois. Ele falou com o primeiro-ministro, fez seu apelo e Blair foi simpático, mas não se comprometeu. Depois disso, Francis Wheen lhe fez um grande favor. Escreveu um artigo no *The Guardian* atacando Blair por sua passividade no caso Rushdie, por sua recusa em se pôr ao lado do escritor e demonstrar apoio. Quase imediatamente houve um telefonema de Fiona Millar, braço direito de Cherie Blair, que pareceu muito contrita e convidou Elizabeth e ele para jantar em Chequers, a residência oficial de campo do primeiro-ministro, no nono aniversário da *fatwa*. E, sim, tudo bem levar Milan, seria uma ocasião informal entre família e amigos. Milan, para comemorar o convite, aprendeu a acenar.

* * *

Caro sr. Blair,

Obrigado pelo jantar. E em Chequers! Obrigado por permitir que víssemos a casa. O diário de Nelson, a máscara mortuária de Cromwell — fui estudante de história, de forma que gostei de tudo isso. Elizabeth gosta de jardins e adorou as bétulas etc. Para mim todas as árvores são "árvores" e todas as flores são "flores", mas, sim, gostei das flores e árvores. Gostei também de ver que toda mobília era ligeiramente desbotada, levemente desarrumada, o que faz o lugar parecer uma casa em que as pessoas vivem de verdade e não um pequeno hotel campestre. Gostei de ver os empregados tão mais bem-vestidos que os convidados. Aposto que Margaret Thatcher nunca usou blue jeans ao receber convidados.

Lembro-me de encontrar o senhor e Cherie num jantar em casa de Geoffrey Robertson pouco depois que o senhor se tornou líder do partido. Nossa, como o senhor estava tenso! Pensei: aqui está um homem que sabe que, se perder a próxima eleição, todo o seu partido pode desaparecer pelo ralo. Enquanto isso, Cherie estava relaxada, confiante, culta, sob todos os aspectos a bem-sucedida advogada com amplos interesses artísticos. (Foi nessa noite que o senhor admitiu que não ia ao teatro e não lia por prazer.) Bem, que diferença fez ter conseguido seu posto! Em Chequers seu sorriso era quase espontâneo, sua linguagem corporal revelava naturalidade, todo o seu ser em calma. Cherie, por outro lado, parecia no limiar de um colapso nervoso. Ao nos mostrar a casa — "E aqui, claro, é a famosa Long Room, e aqui, vejam só, é o famoso blá, e pendurado neste parede o famoso blá blá blá" — ela nos passou a sensação de que preferia se enforcar a desempenhar aquele papel secundário da boa esposa, châtelaine *de Chequers durante os próximos cinco ou dez anos. Era como se vocês dois tivessem trocado de personagens. Tão interessante.*

E durante o jantar sua família foi adorável, Gordon Brown e sua Sarah, Alastair Campbell e sua Fiona, muito agradáveis de fato. E Cameron Mackintosh! E Mick Hucknall! E a ardente namorada de Mick, como é mesmo o nome dela? Não podíamos esperar nada melhor. Animou-nos muitíssimo, posso confessar, porque tínhamos tido um dia difícil, Elizabeth e eu, absorvendo as alegrias anuais que nos vêm do Irã. Sanei da Recompensa ofereceu um bônus se eu for assassinado nos Estados Unidos, "porque todo mundo odeia a América". E o promotor chefe Morteza Moqtadaie anunciou que "é obrigatório que se derrame o sangue desse homem", e a rádio estatal de Teerã especula se "a destruição desse homem inútil pode insuflar vida nova ao islã". Um pouco perturbador, sabe? Tenho certeza de que o senhor pode entender que meu humor não estivesse dos melhores.

Mas devo dizer que estou começando a gostar bastante de Robin Cook e Derek Fatchett. Foi muito importante neste indesejado aniversário ficar sabendo que o secretário do Exterior pede o fim da fatwa, *pede que o Irã estabeleça um diálogo para encerrá-la. Houve secretários do Exterior, vou lhe contar!, que... mas é melhor não falar do passado. Só queria dizer que me senti grato pela nova administração e seu desejo de combater o fanatismo religioso.*

Ah, ouvi dizer que vocês são religiosos devotos, o senhor e Cherie. Parabéns pelo trabalho realmente excelente de esconder isso.

Lembro-me de um momento marcante do jantar. Bem, de dois. Lembro do senhor balançando Milan no colo. Foi muito gentil. E depois, pelo que me lembro, o senhor começou a falar de liberdade e pensei: estou interessado nisso, então me afastei da ardente namorada de Mick Hucknall para ouvir o senhor, e lá estava o senhor falando da liberdade de mercado como se fosse isso que entendia por liberdade, o que não podia ser verdade, porque o senhor é um primeiro-ministro trabalhista, não é?, então devo ter entendido errado, ou talvez fosse uma coisa do Novo Trabalhismo, liberdade = liberdade de mercado, um novo conceito, talvez. De qualquer forma, uma surpresa e tanto.

E então estávamos indo embora, os funcionários agradando Milan, dizendo que era bom ter crianças pequenas na casa, porque primeiros-ministros tendem a ser mais velhos, com filhos crescidos, mas agora havia os passos frequentes dos pezinhos dos jovens Blair e isso devolvia vida à casa. Gostamos disso, Elizabeth e eu, e gostamos de ver o enorme ursinho de pelúcia no hall de entrada, presente de um chefe de Estado estrangeiro, o presidente, talvez, do Sombrio Peru. "Como se chama?", perguntei, e Cherie disse que o senhor ainda não havia pensado num nome, e sem uma pausa eu disse: "Devia se chamar Tony Bear". O que, admito, pode não ter sido brilhante, mas ao menos foi rápido, e merecia talvez um pequeno sorriso?, mas, não, seu rosto estava como uma pedra e o senhor disse: "Não, não acho que seja um bom nome" e fui embora pensando: Ah, não, o primeiro-ministro não tem senso de humor.

Mas não me importei. Seu governo estava do meu lado e isso queria dizer que as pequenas notas dissonantes podiam ser ignoradas, e mesmo depois, durante sua época como primeiro-ministro, quando as notas dissonantes ficaram mais altas e mais discordantes, e ficou realmente difícil não prestar atenção nelas, sempre tive um fraco pelo senhor, não poderia nunca odiá-lo como tanta gente começou a odiá-lo, porque o senhor, ou pelo menos por seus sr. Cook e sr. Fatchett, trataram sinceramente de mudar minha vida para melhor. E por fim conseguiram. O que não anula inteiramente a invasão do Iraque, mas teve peso na minha balança pessoal, com toda certeza.

Muito obrigado novamente por uma noite adorável.

No dia seguinte ao jantar em Chequers — dia em que a notícia foi divulgada —, o Irã anunciou que estava "surpreso" com o pedido de Robin Cook pelo fim da *fatwa*. "A *fatwa* vai durar 10 mil anos", dizia a declaração iraniana, e ele pensou: *Bem, se eu conseguir viver por 10 mil anos, ótimo.*

E no dia seguinte, na sala de espera dos embaixadores no Foreign Office, ele e Robin Cook sentaram-se lado a lado, enfrentaram a imprensa e os fotógrafos e Cook fez certo número de observações firmes, sem concessões, e outra mensagem foi enviada em alto e bom som para o governo de Khatami no Irã. Seu agente de proteção, Keith Williams, murmurou para ele ao saírem do prédio: "Deixaram o senhor orgulhoso, sir".

A nova posição assertiva do governo britânico parecia estar surtindo algum efeito.

Mary Robinson, ex-presidente da Irlanda e nova comissária para direitos humanos da ONU, foi a Teerã, encontrou-se com altas autoridades e anunciou depois de sua visita que o Irã "de maneira nenhuma" apoiava a implementação da *fatwa*. O *rapporteur* especial da ONU no Irã foi informado que "pode haver algum progresso possível quanto à *fatwa*". E o ministro das Relações Exteriores da Itália, Lamberto Dini, encontrou-se com seu equivalente iraniano Kamal Kharrazi e soube que o Irã "estava inteiramente disposto a cooperar com a Europa na solução dos problemas políticos existentes".

Eles agora tinham uma casa familiar. Um dos quartos dos policiais estava sendo transformado em quarto de brinquedos de Milan e a "sala de estar" deles, onde a mobília estava praticamente acabada, podia servir como sala de jogos, e haveria dois quartos extras. "Se a casa for descoberta, será um imenso problema", diziam constantemente, mas a verdade era a seguinte: *a casa nunca foi descoberta.* Nunca ficou conhecida, nunca apareceu nos jornais, nunca se tornou um problema de segurança, nunca exigiu os prometidos gastos "colossais" com equipamento de segurança e horas de funcionários. Isso não aconteceu e uma das razões, ele veio a acreditar, era a bondade das pessoas comuns. Ele tinha certeza de que os pedreiros que haviam trabalhado na casa sabiam para quem estavam trabalhando e não engoliram a história de "Joseph Anton"; não muito depois que a polícia se retirou e Frank começou a trabalhar para eles, houve um problema com a porta da garagem — uma porta de madeira suspeitamente pesada com uma chapa de aço escondida por dentro — e a companhia que a instalara mandou um mecânico, que, batendo papo com Frank, disse: "Você sabe de quem era esta casa, não sabe? Era daquele senhor Rushdie. Coitado". Então as pessoas sabiam quando "não deviam" saber. Mas ninguém fofocou, ninguém foi aos jornais. Todo mundo sabia que o caso era sério. Ninguém abriu a boca.

E, pela primeira vez em nove anos, ele tinha uma "equipe exclusiva" de agentes de proteção para suas aventuras "públicas" (refeições em restaurantes, passeios em Hampstead Heath, um cinema ocasional, e de vez em quando um evento literário — uma leitura, uma tarde de autógrafos, uma palestra). Bob Lowe e Bernie Lindsey, os belos diabos que se tornaram os xodós da cena literária londrina, alternando-se com Charles Richards e Keith Williams, que não. E os Motoristas Doidões, Russell e Nigel, que se alternavam com Ian e Paul. Esses homens não eram apenas "exclusivos" no sentido de trabalharem apenas na Malaquita e em nenhuma outra operação. Eram também comprometidos com a causa, totalmente do lado dele, prontos a travar suas batalhas. "Nós todos admiramos sua resistência", Bob disse a ele. "De verdade." Eram da opinião de que não havia razão para ele não ter uma vida tão rica quanto quisesse, e que era função deles tornar isso possível. Eles convenceram os chefes de segurança de várias companhias aéreas relutantes, que haviam sido influenciadas pela contínua recusa da British Airways em transportá-lo, que não deviam seguir o exemplo da BA. Queriam que a vida dele fosse melhor e estavam prontos a ajudar. Ele nunca esqueceria, ou deixaria de valorizar, sua amizade e apoio.

Eles permaneciam em guarda. Paul Topper, o supervisor da equipe na Yard, disse que os relatórios da inteligência indicavam "atividade". Não era hora para descuidar.

Houve uma notícia triste: Phil Pitt — o agente conhecido por seus colegas como "Rambo" — tinha sido forçado a se aposentar devido a uma doença degenerativa na coluna, e podia acabar numa cadeira de rodas. Havia alguma coisa muito chocante na queda de um daqueles homens grandes, em forma, fortes, ativos. E aqueles homens eram protetores profissionais. Era missão deles garantir que outras pessoas estivessem bem. Não podiam desmoronar. Aquilo estava errado.

Elizabeth queria mais um filho, e logo. Ele sentiu o coração pesado. Milan era um presente tão grande, uma tamanha alegria, mas ele não queria rodar mais nenhuma vez a roleta da genética. Tinha dois filhos lindos e estava mais do que bom. Mas Elizabeth era uma mulher determinada quando queria alguma coisa — podia-se até usar a palavra *teimosa* — e ele temia que, se recusasse, ia perdê-la e, com ela, Milan. O que ele precisava não era de um novo bebê. Era de liberdade. Essa necessidade talvez nunca fosse suprida.

Dessa vez, ela concebeu rapidamente, enquanto ainda estava amamentando Milan. Mas dessa vez não tiveram sorte. Duas semanas depois da confirmação da gravidez, aconteceu a tragédia cromossômica de um aborto.

Depois do aborto, Elizabeth afastou-se dele e dedicou-se exclusivamente ao pequeno Milan. Encontraram uma babá, Susan, filha de um funcionário da Divisão Especial, mas ela se recusou a empregá-la. "Quero alguém só por uma ou duas horas por dia", disse. "Só uma pequena ajuda com o menino."

Suas vidas se tornaram separadas. Ela não queria nem andar no mesmo carro que ele, preferindo usar seu próprio carro com o bebê. Ele quase não se encontrava com ela durante o dia e na grande casa vazia sentia que sua vida também estava se esvaziando. Às vezes, comiam juntos uma omelete por volta das dez da noite e ela dizia estar "cansada demais para ficar acordada", enquanto ele estava alerta demais para ir dormir. Ela não queria acompanhá-lo a lugar nenhum, e se ressentia se ele sugeria sair sem ela. Então o aprisionamento pelo bebê continuou. "Quero mais dois filhos", ela disse, claramente. Não havia muita conversa além disso.

Os amigos começaram a notar a distância cada vez maior entre eles. "Ela não olha mais para você", disse Caroline Michel, preocupada. "Ela nunca toca em você. Qual é o problema?" Mas ele não queria contar qual era o problema.

Milan começou a andar. Tinha dez meses e meio.

* * *

A Random House recebeu a edição em brochura de *Os versos satânicos* em seus armazéns e imediatamente a imprensa britânica fez o possível para agitar as coisas. O *The Guardian* fez uma provocante matéria de primeira página, sugerindo que a decisão da Random House ia "reavivar" os problemas, o que de fato aconteceu imediatamente. O *Evening Standard* ameaçou publicar um artigo afirmando que a Random House tinha se decidido sem se aconselhar com a polícia. Dick Stark telefonou ao jornal para dizer que a informação era incorreta, então o jornal ameaçou fazer uma reportagem dizendo que a Random House tinha ido em frente *apesar* do conselho da polícia. Dick Stark falou com os homens da fortaleza da árvore de Natal e eles disseram que o risco era "mínimo", o que tranquilizou Gail Rebuck. Andrew, Gillon e ele tinham mantido a edição em brochura do consórcio em catálogo havia cinco anos já, de forma que essa mudança de arranjo de armazenamento nem devia ter sido notícia. A publicação em brochura tinha sido "normalizada" em toda a Europa, no Canadá e até nos Estados Unidos, onde a gráfica Owl, da Henry Holt, assumira a distribuição sem qualquer problema. Mas algumas matérias hostis podiam tornar a experiência britânica bem diferente. A Random House e a Divisão Especial trabalharam duro para tranquilizar o *Standard* e por fim sua matéria não foi publicada. E no *The Telegraph* apareceu um artigo equilibrado, comedido, inteiramente sensato. O risco diminuía. No entanto, a Random House instalou scanners de bombas em sua sala de correspondência e alertou os funcionários. Todos os executivos principais estavam preocupados com a possibilidade de a imprensa provocar uma grande reação islâmica. Mas para seu grande crédito eles estavam se preparando para reimprimir e lançar a edição da Vintage. "Tenho certeza de que a pior coisa que podemos fazer é vacilar ou demorar", disse Simon Master. "Se tivermos um bom fim de semana, vamos imprimir." Na Rússia, os editores de *Os versos satânicos* estavam sendo ameaçados por muçulmanos locais. Isso era alarmante. Mas, no final das contas, nada aconteceu na Inglaterra e finalmente a publicação em brochura de *Os versos satânicos* foi assumida pela Vintage Books e o trabalho normal, retomado. O consórcio estava dissolvido.

* * *

Houve mais algumas coisinhas boas. Gloria B. Anderson, do serviço de notícias do *The New York Times*, voltou a entrar em contato depois de quatro anos da proibição de seus chefes à sua proposta de dar a ele uma coluna internacional, para dizer que dessa vez todos estavam muito empenhados em que ele escrevesse para o jornal. Não havia nada a ganhar em guardar ressentimentos. Tratava-se do *The New York Times* e isso lhe daria uma plataforma mensal por todo o mundo. E provavelmente pagaria o salário de Frank Sussurrante, de Beryl, a faxineira, e talvez de uma babá também.

Sua sobrinha Mishka, uma menininha pálida, muito magrinha, de seis anos, vinha revelando assombrosos dotes musicais numa família em grande parte sem ouvido. A Purcell School e a Menuhin School estavam lutando por ela. Sameen escolheu a Purcell porque Mishka não era apenas uma virtuose musical, ela estava anos à frente de sua faixa etária na escola também, e a Purcell era melhor por fornecer aos alunos uma boa educação geral. A Menuhin era uma estufa musical muito focada. A extraordinária precocidade de Mishka tinha um preço. Ela era brilhante demais para sua idade e jovem demais para seus iguais acadêmicos, de forma que era e seria sempre uma criança solitária. Mas tinha assombrado a todos na Purcell e na Menuhin e já em sua tenra idade estava claro que aquilo, uma vida na música, era tudo o que queria. Um dia, no carro da família, quando seus pais estavam discutindo os prós e contras das duas escolas, a pequena Mishka perguntou, do banco de trás: "Essa decisão não deve ser minha?".

A Purcell School disse a Sameen que Mishka era excepcionalmente dotada e que seria um privilégio recebê-la. Ela começaria a frequentá-la em setembro, porque eles não admitiam estudantes tão jovens, e ela seria a pessoa mais nova a receber uma bolsa de estudos completa em toda a história da escola. Grande excitação! Uma nova estrela estava surgindo na família e eles teriam de protegê-la e orientá-la até ela ter idade suficiente para brilhar sozinha.

Ele ganhou o Grande Prêmio Budapeste de Literatura e foi recebê-lo. Em Budapeste, o prefeito, Gábor Demszky, que tinha sido um importante editor de textos samizdat durante a era soviética, abriu o gabinete envidraçado de sua sala para revelar os livros preciosos, outrora ilegais, que eram agora emblemas de seu maior orgulho. Tinham sido impressos numa prensa portátil de Huddersfield, que eles transportavam secretamente de apartamento em apartamento durante a noite para impedir que caísse em mãos erradas; a máquina era tão importante que nunca a mencionavam em conversas, usando um nome de mulher para se referir a ela. "Huddersfield foi uma parte importante da luta contra o comunismo", disse Demszky. Depois, embarcaram na lancha da prefeitura e subiram e desceram o Danúbio em alta velocidade. O grande prêmio em si foi uma surpresa: uma pequena caixa de metal gravado que, quando aberta, revelava-se cheia de notas de dólar americano estalando de novas. Muito útil.

Zafar foi fazer um curso de italiano em Florença e estava muito contente. Houve várias mulheres na vida dele, uma cantora de ópera com quem ele rompeu porque "de repente ela começou a me lembrar minha mãe", e uma loira alta, um tanto mais velha. Evie era agora sua melhor amiga e ele crescera tão próximo da família dela, os Dalton, que seu pai e sua mãe às vezes ficavam enciumados. Mas Zafar estava aproveitando a vida, planejando excursões a Siena, Pisa e Fiesole. Ele não tivera uma infância das mais fáceis e era muito bom vê-lo crescer e se tornar aquele sujeito ótimo, cheio de autoconfiança, abrindo suas asas.

Harold Pinter e Antonia Fraser foram jantar na Bishop's Avenue. Robert McCrum, um pouco mais lento do que de hábito, com um sorriso doce e vago no rosto, e sua mulher, Sarah Lyall, eram os outros convidados. E, quando Harold descobriu que Robert trabalhava para o *The Observer*, com o qual tinha tido uma inesquecível polêmica política, e que Sarah trabalhava para o detestado, por ser americano, *The New York Times*, ele partiu para um de seus mais ruidosos, prolongados e menos atraentes ataques de pinterismo.

Caro Harold,

Você sabe de minha admiração por você e, espero, que valorizo muitíssimo sua amizade; mas não posso deixar os acontecimentos de ontem à noite passarem sem comentário. Robert, um bom homem que vem lutando bravamente para se recuperar de um derrame, simplesmente não está capacitado para falar e discutir com a desenvoltura que teve um dia, e diante do seu ataque recolheu-se a um silêncio angustiado. Sarah, de quem gosto muito, ficou quase reduzida às lágrimas e, pior ainda, surpresa de se ver na posição de defender o sionismo-imperialismo dos Estados Unidos como encarnado no The New York Times. *Elizabeth e eu sentimos, ambos, que nossa hospitalidade foi desrespeitada e nossa noite, arruinada. Um grande golpe, mesmo. Não posso deixar de dizer que isso tudo é importante para mim. Acontece o tempo todo e, como seu amigo, tenho de pedir que PARE COM ISSO. Sobre Cuba, sobre Timor Leste, sobre tantas questões você está tão mais certo do que errado que essas tiradas — nas quais você parece concluir que os outros não notaram as ofensas que o indignaram — são apenas cansativas. Acho que você nos deve desculpas.*

Com muito amor,

Salman

Caro Salman,

Sua carta foi muito dolorosa de ler, mas fico muito grato por ela. Você escreve como um amigo de verdade. O que diz é absolutamente verdadeiro e nesse caso a verdade é amarga. Não há como justificar meu comportamento e não tenho como me defender. Só posso dizer o seguinte: eu me escuto atacando e incomodando, mas é como uma dança de são Vito, uma febre, um mergulho horrendo — e evidentemente bêbado — na incoerência e no insulto. Lamentável. Sua carta foi de fato como uma chicotada de água gelada e teve um forte efeito sobre mim. Tenho de acreditar que não é tarde demais para eu crescer. Envio minhas mais sinceras desculpas a você e Elizabeth. Gosto muito de vocês dois. Escrevi também a McCrum.

Com o meu amor,

Harold

Caro Harold,

Obrigado por sua carta. Nós te amamos muito. Água por baixo da ponte.

Salman

No dia seguinte ao primeiro aniversário de Milan, tomaram um avião para os Estados Unidos, para passar lá três meses. *Três meses!* Seria seu período mais longo de liberdade — na casa da Little Noyac Path. Fazia um ano que tinham estado na casa de John Avedon e sabido da morte de Diana, e depois houvera o fenômeno global de sua morte, o milagre das flores e tudo, e ele estava de volta a Bridgehampton com seus imaginários Ormus e Vina, e o chão se abria debaixo dos pés de Vina, ela era engolida pela terra e se transformava num fenômeno global também. Ele estava chegando ao fim do romance, terminando o capítulo "Sob seus pés" e escrevendo o capítulo "Vina divina", e naturalmente a morte de Diana havia afetado Vina e parecia certo ele escrever essa passagem no lugar onde tinha ouvido a notícia. Ele escreveu uma canção para Ormus, a canção que Ormus escreveu para ela, seu hino órfico de amor perdido, *o que eu adorava roubou o meu amor, era o chão sob os seus pés*, e continuou em direção ao fim lennonesco do livro que não acabava nunca.

Nos meses que se seguiram, o livro foi terminado, revisado, polido, impresso e dado para outras pessoas lerem. No dia em que terminou de trabalhar nele, no pequeno estúdio que tinha sua própria escada e que se tornara seu ninho de verão, ele fez uma promessa a si mesmo. *O chão que ela pisa* era um de seus três livros realmente longos, ao lado de *Os versos satânicos* e *Os filhos da meia-noite*. "Monstros de 250 mil palavras, nunca mais", ele disse a si mesmo. "Livros mais curtos, mais frequentes." Durante mais de dez anos ele manteve essa promessa, escrevendo dois romances curtos e dois médios entre 2000 e 2009. Então começou a trabalhar em suas memórias e se deu conta de que tinha caído do cavalo.

Era o verão de Monica e não estava claro se o presidente Clinton sobreviveria à tentativa de impeachment. Circulavam horríveis piadas de humor negro. *As manchas no vestido não podiam fornecer uma identificação incontestável porque todo mundo em Arkansas tem o mesmo DNA.*

"A felicidade escreve em branco", escreveu Henry de Montherlant. "Não aparece na página." A felicidade naquele verão era uma casa branca baixa cercada de campos verdes em meio a montes e florestas, e caminhar com Elizabeth e seus filhos pela praia no fim da tarde enquanto o sol descia sobre o mar e uma névoa escurecia o horizonte. Era ir até a loja de xerox perto de Bridgehampton Commons e esperar enquanto faziam cópias de seu romance. "Pode voltar mais tarde", dizia a mulher, mas ele esperava. Era o jantar de primeiro aniversário de casamento com Elizabeth no American Hotel. Era uma viagem ao Yankee Stadium com Don DeLillo para ver os Yankees jogarem com os Angels, mesmo perdendo a partida. E era uma carta de seu novo editor, Michael Naumann, da Henry Holt, que falava de *O chão que ela pisa* em linguagem tão elogiosa que ele não podia repetir para ninguém. Porém, apenas seis dias depois que a carta chegou, Michael Naumann se demitiu da Holt e foi ser o novo ministro da Cultura alemão. *Ah, bem*, ele pensou. Ainda era uma carta maravilhosa.

Nigella telefonou de Londres. O câncer de John tinha voltado, definitivamente. Ele teria de remover uma grande parte da língua. John Diamond, um dos homens mais articulados, mais sagazes, engraçados e verbais que ele conhecera, privado da capacidade de falar. Era uma coisa triste, ruim.

E Susan Sontag estava com câncer também.

Voltaram a Londres e, como sempre, foi como dar de cara numa porta fechada. A produção de *Haroun e o mar de histórias* estava em fase de ensaios no National Theater, mas a polícia disse que seria perigoso demais ele comparecer à estreia porque "o inimigo esperaria que estivesse presente" e seria preciso uma operação policial de imensa magnitude e muito dispendiosa. Então, imediatamente, ele voltou à guerra. Foi levado à fortaleza da árvore de Natal dos espiões e o sr. Manhã e o sr. Tarde disseram a ele que não, não havia indício de nenhuma atividade específica, mas, sim, a avaliação de risco continuava alta como sempre. Em 22 de setembro de 1998, ele teve uma reunião de esclarecimento com Bob Blake, o sucessor de Helen Hammington, e Blake admitiu que seu desejo de estar presente à estreia de *Haroun* era natural e que o risco envolvido realmente não era tão grande.

O chefe da British Airways, Bob Ayling, finalmente concordou em recebê-lo. Falou de seu encontro com Zafar e como tinha ficado profundamente emocionado. Abria-se uma fresta na porta. Ele foi à casa de Clarissa na Burma Road, depois de longo tempo. Zafar estava dando uma festa para comemorar o começo de sua vida de estudante universitário em Exeter. Seu filho ficou deliciado de ouvir o que Ayling tinha dito, de sentir que ajudara seu pai. E então, nessa noite, a televisão, o rádio e o telefone enlouqueceram.

A CNN deu a notícia. O presidente Khatami, do Irã, havia declarado "encerrada" a ameaça de morte. Depois disso, ele passou a noite inteira ao telefone. A correspondente Christiane Amanpour disse estar "certa de que estava acontecendo", e que tinha citações extraoficiais de Khatami de que logo haveria mais novidades e que ele havia chegado a um "acordo" com Khamenei a respeito da questão. Às nove e meia da noite, "seu" novo homem no Foreign Office, Neil Crompton, telefonou e pediu uma reunião para as dez e meia da manhã seguinte. "Alguma coisa está acontecendo, com certeza", disse ele. "Provavelmente boas notícias. Vamos torcer juntos."

No Foreign Office havia uma crescente animação. "Tudo bem", ele disse, "mas precisamos ter uma declaração inequívoca sobre a *fatwa* e a recompensa. O governo britânico precisa ter a possibilidade de fazer uma declaração clara de que terminou. Senão, estaremos deixando o Irã desimpedido e permitindo um ataque passível de ser negado por parte da linha dura ou do Hezbollah. Se for boa notícia, o senhor Blair é que deve divulgar. O homem mais importante deles está falando, então o nosso deve falar também." A Assembleia Geral da ONU estava em sessão em Nova York. Representantes da Grã-Bretanha e do Irã se encontrariam à tarde para discutir o caso. Os dois ministros do Exterior, Robin Cook e Kamal Kharrazi, iam se encontrar na manhã seguinte. Parecia que o Irã realmente queria fazer um acordo.

Robin Cook telefonou às nove da manhã do dia 24 — quatro da manhã em Nova York! — e contou o que achava que se podia obter. "Vamos conseguir uma garantia, mas a *fatwa* não será formalmente revogada, porque dizem que isso não pode acontecer, agora que Khomeini morreu. Parece não haver nenhuma atividade da linha dura no Irã. É o melhor acordo que podemos conseguir. É o discurso mais forte que ouvimos deles até agora." Então, lá estava ele, entre a cruz e a espada. A recompensa e a *fatwa* permaneceriam, mas o governo iraniano se "dissociaria" delas e "nem estimularia, nem permitiria" que ninguém cumprisse a ameaça. Robert Fisk estava dizendo no *The Independent* que aquilo não era mais uma questão do interesse do Irã. Seria verdade? Na melhor das hipóteses, Cook estaria certo, os iranianos estavam propondo um compromisso genuíno e realmente queriam deixar esse assunto para trás, pôr fim ao conflito, e o governo britânico também estaria empenhando seu prestígio ao aceitar o acordo, e qualquer traição a este faria ambos os lados parecerem tolos. A maior ameaça à sua vida sempre viera do Ministério da Inteligência e Segurança do Irã e, se eles estavam sendo "dispensados", era coisa que o sr. Tarde e o sr. Manhã possivelmente teriam condições de confirmar. E um acordo público de alta visibilidade faria todo mundo *sentir* que a história estava acabada. *De facto* levaria a *de jure*.

E, na pior das hipóteses, a linha dura continuaria tentando matá-lo e, no momento em que a proteção fosse retirada, conseguiria.

* * *

Nesse dia, às quatro da tarde, ele se encontrou com Frances D'Souza e Carmel Bedford no escritório da Artigo 19 em Islington, e os três estavam muito preocupados. O acordo parecia inadequado, o que ofereciam não era suficiente, mas se ele não tivesse uma reação positiva seria visto como obstrutor, e se aceitasse a campanha de defesa perderia todo poder de barganha. Sua única esperança, ele disse a Frances e Carmel, era que a credibilidade de ambos os governos repousasse no acordo.

Os três foram ao Foreign Office para encontrar-se com Derek Fatchett às 17h20. Ele sempre gostara de Fatchett, um homem honesto, direto, e agora Fatchett estava olhando direto em seus olhos e dizendo: "O acordo é genuíno, os iranianos estão empenhados, todos os setores da liderança concordaram. Estou pedindo que você confie no governo britânico. Saiba que Neil Crompton e seus colegas aqui no Foreign Office vêm negociando isso há meses, agindo com a maior firmeza possível. Eles têm certeza de que os iranianos estão falando sério". "Por que eu deveria acreditar?", ele perguntou a Fatchett. "Se eles não vão cancelar nada, por que não posso concluir que é tudo brincadeira?" "Porque", disse Fatchett, "no Irã ninguém brinca com o caso Rushdie. Esses políticos estão arriscando suas carreiras. Não fariam isso, a menos que tivessem certeza do apoio dos níveis superiores." Khatami tinha acabado de voltar a Teerã depois da Assembleia Geral, onde havia declarado que "a questão Salman Rushdie está completamente encerrada", e fora saudado e abraçado no aeroporto pelo representante pessoal de Khamenei. Era um indício significativo.

Ele perguntou sobre a informação de segurança que acabara de receber do sr. Manhã e do sr. Tarde, segundo a qual não tinha havido nenhuma redução na ameaça à sua vida. "Está desatualizada", Fatchett disse. Ele perguntou sobre o Hezbollah no Líbano e Fatchett respondeu: "Eles não estão envolvidos". Ele continuou fazendo perguntas durante algum tempo e de repente alguma coisa se abriu dentro dele, uma grande emoção o inundou, e ele disse: "Tudo bem". Disse: "Nesse caso, viva!, e obrigado, obrigado a todos vocês, do fundo do meu coração". As lágrimas subiram e uma grande emoção o silenciou. Ele abraçou Frances e Carmel. Ligaram a televisão e lá estavam Cook e Kharrazi lado a lado em Nova York, ao vivo na Sky News, anunciando o fim da *fatwa*. Ele estava sentado na sala de Fatchett no Foreign Office, vendo o governo britânico fazer o melhor para salvar sua vida. Depois, saiu com Derek Fatchett, as câmeras estavam esperando e ele foi em direção a elas e disse: "Parece que acabou". "O que isso significa para o senhor?", perguntou uma linda moça segurando um microfone. "Significa tudo", ele disse, controlando as lágrimas. "Significa liberdade."

Quando ele estava no carro, Robin Cook telefonou de Nova York e ele lhe agradeceu também. Até a polícia ficou comovida. "É muito excitante", disse Bob Lowe. "Um momento histórico."

Em casa, Elizabeth levou tempo para acreditar, mas aos poucos a animação cresceu. Martin Bache, um dos amigos mais antigos dela, dos tempos de faculdade, estava lá, e Pauline Melville chegou depressa, então cada um dos dois tinha uma das pessoas mais próximas consigo, o que estava certo. E Zafar estava lá, mais visivelmente emocionado que seu pai jamais vira. E havia o telefone, o telefone. Tantos amigos, tantos simpatizantes. William Nygaard ligou; talvez o telefonema mais importante de todos. Andrew, chorando. Ele ligou a Gillon para agradecer muito. Ligou para Clarissa para agradecer por ela ter cuidado de Zafar durante aqueles longos e árduos anos. Os amigos telefonaram um depois do outro. *As cerimônias da alegria*, ele pensou. Chegara o dia que ele nem esperava mais. E, sim, era uma vitória, sobre uma coisa importante, não apenas sua vida. Tinha sido uma luta por coisas importantes e eles tinham vencido, todos eles, juntos.

Ele telefonou para Christiane Amanpour e lhe deu uma frase. Todos os outros teriam de esperar a entrevista coletiva no dia seguinte.

E, se estivesse vivendo num conto de fadas, teria ido para a cama e acordado um homem livre, as nuvens teriam sido afastadas do céu, ele, sua mulher e seus filhos viveriam felizes para sempre.

Ele não estava vivendo num conto de fadas.

Para algumas pessoas, este não é um grande dia. Eu gostaria de pensar particularmente na família do professor Hitoshi Igarashi, o tradutor japonês de Os versos satânicos, *que foi assassinado. Gostaria de pensar no tradutor italiano, dr. Ettore Capriolo, que foi esfaqueado e felizmente se recuperou. E em meu notá-*

vel editor norueguês, William Nygaard, que recebeu várias balas nas costas e misericordiosamente teve uma completa recuperação. Não vamos esquecer que esse caso foi horrível, horrível, e eu gostaria de dizer também o quanto sinto pelas pessoas que morreram em manifestações, principalmente no subcontinente indiano. Sabe-se que, em muitos casos, eles nem sabiam contra quem estavam se manifestando ou por quê, e a perda dessas vidas foi um desperdício chocante, que lamento da mesma forma ao lado de tudo o que aconteceu.

A razão de estarmos aqui é registrar o fim de uma ameaça terrorista do governo de um país contra os cidadãos de outros países, e isso é um grande momento que tem de ser reconhecido como tal. A razão de termos sido capazes de lutar nessa campanha, de tanta gente ter criado comitês de defesa em todo o mundo, a razão de essa questão ter se mantido viva não é apenas o fato de a vida de uma pessoa estar em perigo — porque o mundo está cheio de pessoas cujas vidas estão em perigo —, a razão é que aqui se lutava por algumas coisas incrivelmente importantes: a arte do romance e, além disso, a liberdade da imaginação e a questão essencial e abrangente da liberdade de expressão, e o direito de todo ser humano de andar sem medo pelas ruas de seu próprio país. Muitos de nós, que não éramos políticos por vocação, nos dispusemos a nos tornar animais políticos e lutar essa luta porque ela valia a pena ser lutada, não apenas para mim, não apenas para salvar minha pele, mas porque ela representa muitas coisas importantes para nós no mundo.

Não creio que seja o momento de sentir nada além de uma séria e grave satisfação por um dos maiores princípios da sociedade ter sido defendido.

Gostaria de agradecer a todas as pessoas que ajudaram nessa luta. Frances e Carmel e a Artigo 19, os comitês de defesa dos Estados Unidos, Escandinávia, Holanda, França, Alemanha e de outros países foram essenciais. Esta luta foi travada por pessoas comuns. No final dela, ocorreu uma negociação política que resultou num final feliz. Mas o combate deu certo por causa das pessoas comuns, leitores, escritores, livreiros, editores, tradutores e cidadãos. Hoje é o dia de todos, não apenas o meu dia. Creio que devemos reconhecer que, por trás da questão do terrorismo, da segurança, da Divisão Especial, do quanto custou e de tudo isso, existe uma coisa fundamental que todos tentamos defender, e foi um privilégio poder defendê-la.

Ele falou sem anotações, de improviso, para a imprensa que lotava o escritório da Artigo 19 e agradeceu também a Elizabeth e Zafar por seu amor e apoio. Foi filmado descendo sozinho a Upper Street, em Islington, um "homem livre", e levantou um punho tímido e inseguro. Depois, houve um dia de entrevistas. Chegou em casa pensando que o dia tinha ido bem e encontrou à sua espera um editorial do *Evening Standard* descrevendo-o como um irritador social e uma pessoa difícil. E a abordagem dos noticiários da BBC e da ITN foi "Sem desculpas". Esse era o resumo da mídia britânica aos acontecimentos do dia. Aquele irritador social, aquela pessoa difícil se recusara, mesmo depois de tudo, a pedir desculpas por seu livro horrível.

Nesse domingo, ele levou Zafar à universidade Exeter, com Elizabeth e Clarissa. Quando Zafar entrou em seu quarto na ala Lopes, o rosto de seu pai se fechou e a tristeza tomou conta dele. Tentaram consolá-lo e apoiá-lo, mas logo estava na hora de ir embora. Foi um momento difícil para Clarissa. "Ele não precisa mais de nós", ela disse, e teve de baixar a cabeça para esconder as lágrimas. "Precisa, sim", ele disse. "Não vai a lugar nenhum. Ele nos ama e vai ficar por perto. Só está crescendo."

Voltaram a Londres tarde e descobriram que as reportagens de televisão de cunho "sem desculpas" haviam sido traduzidas no Irã como "observações insultuosas", e lá estava o embaixador iraniano nomeado Muhammadi reafirmando a *fatwa*, e os jornais iranianos a exigir que ele fosse morto, dizendo que, se ele se acreditava seguro, seria mais fácil de assassiná-lo.

Dois dias depois, ele estava de volta à Spy Central para uma reunião conjunta com o sr. Manhã e o sr. Tarde representando os serviços de segurança e um certo Michael Axworthy, representando o Foreign Office. Para seu horror, o sr. Tarde e o sr. Manhã disseram que não podiam garantir sua segurança nem diante dos membros da Guarda Revolucionária iraniana (os temidos *pasdaran*, impiedosos "protetores" da revolução islâmica), nem dos assassinos por procuração do Hezbollah libanês, e o resultado era que ambos se recusavam a reduzir o nível dois da avaliação de risco. Eram questões sobre as quais ele havia pressionado especificamente Derek Fatchett e recebera garantias categóricas, Fatchett chegara a dizer que a informação dos serviços de segurança estava desatualizada. Ficou claro que os serviços de segurança, assim como a Scotland Yard, estavam furiosos com o Foreign Office por este ter se apressado a fechar esse acordo. Disseram que demorariam até o Natal para verificar a posição iraniana e que não havia garantia de que fossem chegar a um bom resultado.

Foi nessa altura que ele começou a gritar com Michael Axworthy, que começou a suar e tremer. Tinham mentido para ele, gritou, mentiras deslavadas, e o Foreign Office estava cheio de malandros e filhos da puta de duas caras. Axworthy saiu da sala para fazer um telefonema e voltou para dizer, com louvável autocontrole, que Robin Cook iria ligar para ele no dia seguinte, às 11h40, em ponto.

Depois, uma reunião na Scotland Yard, onde houve muita consideração por sua raiva. Richard Bones, o agente da Divisão Especial que estivera na reunião com o serviço de inteligência, sentado, calado, ao fundo, disse: "O senhor recebeu um tratamento terrível. Sua análise foi perfeita. Darei testemunho disso se o senhor precisar". A polícia concordou em continuar com a proteção como antes, até a situação se esclarecer. E, quando ele se acalmou, realmente lhe ocorreu que as coisas no Irã poderiam se tranquilizar depois do choque inicial pelo acordo. Talvez ele só precisasse esperar algum tempo e no Natal estivesse livre.

De manhã, Robin Cook telefonou para reafirmar o compromisso do governo em garantir que o problema fosse solucionado. "Estou decepcionado com a análise de segurança que deram a você", ele disse. "Pedi uma avaliação do SIS para o fim de semana." Cook concordou com ele que era preciso, que deveria haver um resultado positivo no Natal: dentro de três meses.

Mais de três anos se passariam antes que o sr. Manhã e o sr. Tarde começassem a se sentir tranquilos.

A reação à declaração Cook-Kharrazi ficou mais e mais severa. Metade dos membros do Parlamento iraniano assinou uma petição pedindo que a *fatwa* fosse cumprida. Um misterioso novo grupo de "estudantes radicais" ofereceu uma nova recompensa, de 190 mil libras, por sua morte. (Isso depois revelou-se um erro; a soma de fato era 19 mil.) A *bonyad*, ou fundação, Khordad, mantida por Sanei da Recompensa, aumentou sua oferta para 300 mil dólares. O *chargé d'affaires* iraniano, Ansari, foi levado ao Foreign Office para receber um protesto britânico, e culpou a cobertura da imprensa britânica, as declarações de ministros britânicos e de Rushdie, que tinha posto "o Ministério das

Relações Exteriores em Teerã sob uma grande pressão — eles não esperavam que a notícia fosse tão grande". Mas ele efetivamente renovou o compromisso iraniano de Nova York. Fosse lá o que fosse que isso podia significar.

Clarissa estava preocupada. Dois homens de "aspecto muçulmano" tinham ido procurar Zafar pelo nome em casa, mas ele estava em Exeter, evidentemente. Ela achou que talvez fosse porque ele agora era um eleitor registrado.

Alun Evans, executivo da British Airways a quem solicitaram que entrasse em contato com ele e que estava muito "do seu lado", telefonou para dizer que acreditava que a companhia aérea estava "para mudar" e que depois de resolvidas questões "comparativamente menores" deveriam poder tomar uma decisão positiva. "Dentro de algumas semanas." E ele tinha razão. Algumas semanas mais tarde, depois de nove anos e meio impedido de viajar na linha aérea nacional, ele foi recebido de volta a bordo.

A peça *Haroun e o mar de histórias* estreou e foi uma produção excepcional, na qual a atmosfera mágica adequada era obtida com um mínimo de despesas, o mar, feito de faixas de seda ondulantes, os atores realizando pequenos truques de mágica ao representar seus papéis; e no momento culminante, quando Haroun descobre a fonte de todas as histórias, uma lanterna iluminava os rostos da plateia, e identificava a própria plateia como a fonte preciosa. Mais uma vez, como havia acontecido na tarde de autógrafos em Hampstead sobre a qual o comandante Howley havia armado tamanha confusão, não houve manifestações nem problemas de segurança. Apenas uma boa noite no teatro.

Ele mandou o manuscrito de *O chão que ela pisa* para Bono ver o que achava e para que apontasse qualquer furo óbvio quanto à indústria musical que precisasse ser corrigido. O que aconteceu foi completamente inesperado. Bono telefonou para dizer que tinha pegado algumas letras do texto de *O chão que ela pisa* e escrito "algumas melodias". "Uma delas é muito bonita", disse. "Aquela da faixa-título do livro. É uma das coisas mais bonitas que já fizemos." Ele sorriu. Não sabia, disse, que seus romances tinham faixa-título, mas, sim, sabia a qual canção o músico se referia. *A vida inteira, eu te adorei,/ a voz de ouro, a beleza que hipnotiza.* Bono queria que ele fosse a Dublin para poder tocá-la para ele. Aquele romance era sobre o limiar permeável entre os mundos imaginário e real, e ali estava uma das canções imaginárias atravessando o limiar e se tornando uma canção de verdade. Semanas depois ele foi mesmo para a Irlanda e, na casa de Paul McGuinness, em Annamoe, condado de Wicklow,

Bono o fez entrar e sentar no carro para ouvir as fitas demo. Seu sistema de som do carro não era como o som do carro de outras pessoas. Era um sistema de som completo. Bono tocou a faixa três vezes. Ele gostou desde a primeira vez. Não tinha nada a ver com a melodia que ele havia imaginado em sua cabeça, mas era uma balada que ficava no ouvido e o U2 era bom com baladas memoráveis. Ele disse que gostou, mas Bono continuou tocando para ter certeza de que ele não estava dizendo qualquer coisa e, quando finalmente se convenceu, disse: "Vamos entrar em casa e tocar para todo mundo".

A Índia anunciou que estava suspendendo a proibição a suas visitas. A informação foi veiculada no *Six O'Clock News*, da BBC. Vijay Shankardass estava triunfante. "Logo mais", disse, "você vai ter seu visto." Quando ele ouviu a notícia a sensação de tristeza foi, de início, maior do que a alegria. "Nunca pensei", ele escreveu em seu diário, "que não sentiria alegria diante da perspectiva de ir à Índia, mas agora é esse o caso. Quase abomino a ideia. No entanto, irei. Vou recuperar meu direito de ir. Tenho de manter essa ligação por meus filhos. Para poder mostrar a eles o que amei e o que pertence também a eles." E, sim, era um governo nacionalista hindu, do PBJ (Partido Bharatiya Janata), que estava lhe dando permissão para ir, e inevitavelmente diriam que a concessão do visto era um ato antimuçulmano, mas ele se recusou a ocupar o papel de demônio que tinham construído para ele. Era um homem que ainda amava o país onde nascera apesar do longo exílio e da proibição de seu livro. Ele era um escritor para quem a Índia tinha sido a fonte mais profunda de inspiração e aceitaria o visto de cinco anos quando fosse oferecido.

Sua reação melancólica inicial se desvaneceu. Ele falou sobre voltar à Índia, alegre e empolgado, num jantar com um grupo de escritores com o qual havia participado de uma leitura filantrópica organizada por Julian Barnes. Louis de Bernières se encarregou de instruir seu alegre e empolgado colega a não ir sob nenhuma circunstância, porque ao aparecer lá ele iria insultar dolorosamente os muçulmanos indianos outra vez. De Bernières então fez uma pequena palestra sobre a história da política hindu-muçulmana para um escritor cuja vida criativa e intelectual inteira havia sido engajada nesse assunto e que, possivelmente, sabia mais a respeito do que aquele autor de um romance que notoriamente distorcera a história da resistência comunista grega à invasão das forças italianas da ilha de Cefalônia na Segunda Guerra Mundial. Foi o mais perto que ele chegou de dar um soco no nariz de outro romancista. Helen

Fielding, que também fazia parte do grupo, viu o sangue chegando aos olhos dele e de repente se pôs de pé com o sorriso mais alegre que foi capaz de exibir. "Bom! Que noite *adorável*. Simplesmente *adorável*. Eu já vou!", ela exclamou, e isso salvou a noite, permitindo que ele também se levantasse e se despedisse, e o nariz do sr. De Bernières permanecesse confortavelmente não socado.

Ele teve uma reunião particular com Derek Fatchett, que repetiu: *Confie em mim*. Todas as informações de inteligência vindas do Irã eram uniformemente positivas. Todos os partidos tinham assinado o acordo, todos os cachorros haviam sido dissuadidos. Sanei era uma arma perdida e, de qualquer forma, não tinha o dinheiro. "Vamos continuar trabalhando em todos os itens", ele disse. "O importante agora é mantermos a coragem." Fatchett disse que sua própria declaração que qualificara o acordo como "uma vitória diplomática da Grã-Bretanha" tinha sido um problema no Irã. "Como a sua declaração: 'Significa liberdade'."

Estavam lhe pedindo para fazer uma coisa difícil: calar a boca. Se o fizesse, as vozes furiosas gradualmente silenciariam e a *fatwa* se desvaneceria.

Enquanto isso, em Teerã, mil estudantes do Hezbollah saíram em manifestação, dizendo que estavam prontos a efetuar os ataques ao autor e seus editores, prontos a amarrar bombas em seus corpos, e assim por diante; cantando a velha e triste música dos terroristas.

Ele foi encontrar-se com Robin Cook na Câmara dos Comuns. Cook disse que havia recebido confirmação de que Khamenei e todo o Conselho Consultivo havia "assinado o acordo de Nova York". Disso se concluiria que todos os assassinos haviam sido dissuadidos. Ele tinha certeza, disse, sobre o Ministério da Inteligência e Segurança do Irã e o Hezbollah-Líbano. Seus assassinos tinham sido dispensados. Quanto aos membros da Guarda Revolucionária, era um caso de "inteligência negativa". Não havia nenhum sinal de que houvesse um ataque a caminho vindo desse lado. "Recebemos uma garantia do governo iraniano de que ele impedirá que qualquer pessoa deixe o Irã para atacar você. Eles sabem que seu prestígio está em risco." O significado simbólico da aparição "ombro a ombro" de Cook-Kharrazi havia sido cuidadosamente pesado e fora transmitido pela televisão em todos os países muçulmanos do mundo, "e, se você for assassinado, sinceramente, a credibilidade deles desmorona".

Ele disse também: "O assunto não está encerrado para nós. Vamos exercer mais pressão e esperamos mais resultados".

Então o secretário do Exterior do Reino Unido fez uma pergunta que não era fácil de responder. "Por que você precisa de uma campanha de defesa contra mim?", Robin Cook quis saber. "Estou preparado para oferecer pleno acesso a você, e relatórios regulares. Estou lutando a seu favor."

Ele respondeu: "Porque muita gente acha que estou sendo vendido por vocês, que um acordo fraco está sendo apresentado como forte e que estão me pondo de lado por razões comerciais e geopolíticas".

"Ah", Cook disse, desdenhoso. "Estão achando que Peter Mandelson me diz o que fazer." (Mandelson era o ministro de Comércio e Indústria.) "Não é assim", disse ele, e depois, repetindo Derek Fatchett: "Você vai ter de confiar em mim".

Ele ficou em silêncio um longo momento, e Cook não tentou apressar sua decisão. Será que estou sendo enganado?, perguntou a si mesmo. Poucos dias antes tinha gritado com Michael Axworthy por estar sendo traído. Mas ali estavam dois políticos de quem gostava e que tinham lutado mais arduamente por ele do que quaisquer outros durante uma década, e estavam lhe pedindo para ter fé, não perder a coragem e, acima de tudo, durante algum tempo, ficar quieto. "Se você atacar a Fundação Khordad, será uma grande notícia para o governo iraniano, porque então este não vai poder ir contra eles sem parecer que foi motivado por você."

Ele pensou e pensou. A campanha de defesa havia começado para combater a inércia dos governos. Agora, ali estava seu próprio governo prometendo trabalhar energicamente a seu favor. Talvez fosse uma nova fase: trabalhar com o governo em vez de contra ele.

"Tudo bem", ele disse. "Aceito."

Ele foi ver Frances D'Souza na Artigo 19 e pediu-lhe que dissolvesse a campanha de defesa. Carmel Bedsford estava em Oslo, numa reunião com representantes de vários comitês de defesa e, quando ele telefonou para contar o que decidira, ela explodiu de raiva, culpando Frances pela decisão. "Ela foi selecionada para um trabalho no Foreign Office! É do interesse dela encerrar a questão!" Frances e Carmel não se davam mais. Ele teve certeza de que tinha tomado a decisão correta.

Então, a Campanha de Defesa de Rushdie terminou. "Vamos esperar", ele escreveu em seu diário, "que eu esteja certo em minha decisão. Mas, de qualquer forma, ela é minha. Não posso culpar mais ninguém."

ALDEÕES IRANIANOS OFERECEM RECOMPENSA POR RUSHDIE. *Residentes de uma aldeia iraniana próxima do mar Cáspio estabeleceram uma nova recompensa, que inclui terras, uma casa e tapetes, pela morte de Salman Rushdie. "A aldeia de Kiyapay dará 4500 metros quadrados de terra arável, 1500 metros quadrados de pomares, uma casa e dez tapetes como recompensa", disse um representante da aldeia. Os 2 mil aldeões também abriram uma conta bancária para coletar doações.*

Não era fácil manter a calma, manter silêncio, manter a coragem.

Ele foi a Nova York fazer um filme para a televisão francesa a respeito de *O chão que ela pisa*. Imediatamente o mundo se abriu. Ele andou pelas ruas da cidade sozinho e não se sentiu em perigo. Em Londres, vivia encurralado pelos cuidados dos serviços de inteligência britânicos, mas ali em Nova York a vida estava em suas mãos; ele podia resolver sozinho o que era sensato e o que era perigoso. Podia reconquistar sua liberdade nos Estados Unidos antes que os britânicos concordassem que era hora de devolvê-la a ele. *A liberdade não é dada, é conquistada*. Ele sabia disso. Tinha de agir a partir dessa noção.

Bill Buford, usando uma máscara de *Marte ataca*, levou-o a um jantar de Halloween. Ele, com um *keffiyeh* na cabeça, um chocalho de bebê numa mão e um pãozinho na outra, foi fantasiado de "Sheik, rattle and roll".*

De volta a Londres, era o aniversário de setenta anos de Jeanne Moreau e ele foi convidado para um almoço em homenagem a ela na residência do em-

* Trocadilho com "Shake, rattle and roll", canção de rock and roll de Jesse Stone, sucesso de Bill Haley & His Comets. *Shake* é "sacudir"; *rattle* é chocalho; e *roll* é pãozinho e "rolar" na expressão *rock and roll*. (N. T.)

baixador francês. Sentou-se entre Moreau, ainda glamourosa e até sexy aos setenta anos, e a grande *ballerina* Sylvie Guillem, que queria ver a peça *Haroun*. Moreau revelou-se uma tremenda *raconteuse*. Também à mesa estava o *apparatchik* da embaixada, cuja função era jogar perguntas interessantes a ela: "Agorra você pode contarr como conheceu o grran dirrectorr frrancês François Truffaut", e ela partiu para a história. "Ah, François. Foi em Cannes, sabe, e eu estava lá com Louis." "Querr dizerr, nosso grran dirrectorr também frrancês Louis Malle..." "É, Louis, e estávamos no Palais du Cinéma e François veio cumprimentar Louis, e durante algum tempo os dois andam lado a lado e eu sigo atrás com outro homem, depois estou andando ao lado de François e é muito estranho porque ele não me olha no rosto, olha sempre para o chão, e às vezes dá uma olhada rápida e baixa os olhos de novo, até que finalmente olha para mim e diz: 'Pode me dar o número do seu telefone?'" "E você deu telefon parra ele", disse o *apparatchik*. Ele assumiu as perguntas e pediu a ela para contar como tinha sido trabalhar com Luis Buñuel em *Diário de uma camareira*. "Ah, don Luis", ela disse com sua voz profunda e rouca de fumante, "era adorável. Um dia eu disse a ele: 'Ah, don Luis, se eu fosse sua filha!', e ele me disse: 'Não, minha querida, você não deve querer isso, não, porque se fosse minha filha eu a trancaria em casa e você não faria cinema!'."

"Sempre gostei da música que você canta em *Jules et Jim*", ele disse a ela enquanto tomavam seu Château Beychevelle. "'Le tourbillon'. Foi escrita para mim. Era um ex-amante, sabe, e quando rompemos ele compôs aquela música. E quando François diz que quer que eu cante eu proponho a música e ele aceita." "E agora", disse ele, "agora que a cena do filme é tão famosa, você ainda pensa nela como a música que seu ex-amante compôs para você ou é 'a música de *Jules et Jim*'?" "Ah", ela disse, dando de ombros, "agora é a música do filme."

Antes que ele fosse embora da *résidence*, o embaixador puxou-o de lado e disse que ele havia recebido a mais alta honraria, *commandeur*, da Ordre des Arts et des Lettres; uma honra imensa. A decisão tinha sido tomada anos antes, disse o embaixador, mas o governo francês anterior a abafara. Mas agora haveria uma festa para ele na *résidence* e ele receberia a medalha e a fita. Era uma notícia maravilhosa, ele disse, mas dias depois a coisa começou a patinar. A mulher responsável por enviar os convites disse que estava "suspendendo o fogo" porque estava "esperando a aprovação de Paris" e então, estranhamente, nem o embaixador nem o *attaché* cultural Olivier Poivre d'Arvor podiam ser encontrados. Depois de vários dias sem comunicação, ele telefonou para Jack Lang, que lhe disse que o presidente do Irã tinha visita marcada à França para dentro de dez dias e por isso o Quai d'Orsay estava procurando ganhar tempo. Lang fez alguns telefonemas e deu certo. Olivier telefonou. Seria possível escolher uma data em que o próprio M. Lang podia ir e fazer as honras? Sim, ele disse. Claro.

Zafar deu uma festa e queria que ele fosse. A equipe de proteção levou-o depressa para o clube noturno e depois tentou fechar os olhos para as coisas que normalmente acontecem nesses lugares. Ele se viu numa mesa com Damon Albarn e Alex James, do Blur, que tinham ouvido falar de sua colaboração com o U2 e queriam gravar uma música com ele também. De repente, seus serviços como letrista estavam sendo solicitados. Alex tinha bebido uma boa parte de uma garrafa de absinto, o que talvez não tivesse sido muito sábio. "Eu tenho uma ideia do caralho", ele disse. "Eu escrevo a letra e você escreve a música." Mas, Alex, ele disse delicadamente, eu não sei compor música e não toco nenhum instrumento. "Não importa", Alex disse. "Eu ensino você a tocar guitarra. Não leva mais que meia hora. Não tem dificuldade nenhuma. Você compõe a música e eu escrevo a letra. Vai ser foda." A colaboração com o Blur não se concretizou.

Ele encontrou-se com Bob Blake, que agora era chefe do Esquadrão "A" da Scotland Yard, para falar sobre o futuro. Um novo romance seria editado no ano seguinte, disse, e ele precisava ter liberdade para promovê-lo devidamente, com anúncios de aparições públicas e tardes de autógrafos. A essa altura, já haviam feito suficientes eventos desse tipo, para ter certeza de que não haveria problemas. Além disso, ele queria prolongar ainda mais a escalação de proteção. Achava que as companhias aéreas ficavam mais contentes quando ele era levado até o avião pela equipe de proteção e os eventos públicos também gostavam do envolvimento da polícia em suas aparições, mas, fora isso, ele e Frank podiam cuidar de quase tudo. Curiosamente, Blake pareceu receptivo à sua proposta, o que sugeria que a avaliação de risco estava mudando, mesmo que ele não tivesse ainda sido informado da mudança. "Tudo bem", Blake disse, “vamos ver o que podemos fazer.” Ele estava preocupado com a Índia, porém. Na opinião do sr. Manhã e do sr. Tarde, se ele fosse à Índia em janeiro ou começo de fevereiro, havia o risco de um ataque iraniano. Poderia saber em que baseava esse temor? “Não.” “Bom, de qualquer forma, eu não estava planejando ir à Índia nessa época.” Quando disse isso, ele viu que o policial relaxou visivelmente.

Ele chegou ao escritório do secretário do Exterior na Câmara dos Comuns e encontrou Stephen Lander, diretor-geral do MI5, esperando por ele ao lado de Robin Cook, que tinha más notícias. Tinham recebido relatórios da inteligência, disse Cook, sobre uma reunião com o Conselho Supremo de Segurança Nacional Iraniano — o simples fato de Cook dizer esse nome lhe valeu um olhar de censura de Lander, mas ele disse mesmo assim —, no qual Khatami e Kharrazi não tinham conseguido pacificar a linha dura. Khamenei “não estava em posição” de dissuadir os membros da Guarda Revolucionária ou o Hezbollah. De forma que sua vida permanecia em risco. Mas Cook acrescentou que estava “pessoalmente” empenhado, ao lado do Foreign Office, em resolver os problemas, e não havia provas do planejamento de nenhum ataque, a não ser a preocupação com a Índia. Nenhuma grande probabilidade de um ataque em nenhum país ocidental, disse Lander. *Nenhuma grande probabilidade* era um frio consolo, mas era só isso que havia para ele. “Avisei Kharrazi”, disse Cook, “que sabia da reunião do conselho e ele ficou bem chocado. Tentou dizer que o acordo continuava valendo. Ele sabe que as reputações dele e de Khatami estão em jogo.”

Não desanime.

Nada nunca era perfeito, mas esse nível de imperfeição era difícil de aceitar. Mesmo assim, ele manteve a determinação. Precisava voltar a tomar as rédeas da vida em suas próprias mãos. Não podia esperar mais que o “fator imperfeição” caísse a um nível aceitável. Mas, quando falou com Elizabeth sobre os Estados Unidos, ela não deu ouvidos. Ela ouvia Isabel Fonseca dizendo: “Os Estados Unidos são um país perigoso e todo mundo tem uma arma”. O antagonismo dela ao seu sonho de Nova York estava crescendo. Às vezes, ele parecia ver de fato um rasgo ou fenda entre eles, aumentando, como se o tecido do mundo fosse uma folha de papel e eles estivessem em partes opostas, afastando-se um do outro, como se fosse inevitável que mais cedo ou mais tarde suas histórias tivessem de continuar em páginas separadas, apesar dos anos de amor, porque quando a vida começava a falar em imperativos os vivos não tinham chance, senão obedecer. O maior imperativo dele era a liberdade, o dela era sua terra natal, e, sem dúvida, em parte por ela ser mãe é que a vida nos Estados Unidos sem proteção lhe parecia insegura e irresponsável, e em parte porque ela era inglesa e não queria que seu filho crescesse americano, e em parte porque ela não conhecia bem os Estados Unidos, porque os Estados Unidos para ela não eram muito maiores que Bridgehampton, e ela temia que em Nova York fosse ficar isolada e sozinha. Ele entendia todos os seus medos e dúvidas, mas sua própria necessidade era uma ordem e ele sabia que faria o que tivesse de ser feito.

Às vezes, o amor não bastava.

Era o aniversário de 82 anos de sua mãe. Quando ele contou pelo telefone que tinha um livro novo para ser lançado em 1999, ela disse, em urdu: "*Is dafa koi achchhi si kitab likhna*". "Dessa vez, escreva um livro bom."

9. Sua ilusão milenarista

Às vezes, o amor não bastava. Um ano depois da morte do marido, Negin Rushdie descobriu que seu primeiro marido, o jovem bonito que se apaixonara por ela quando era a jovem Zohra Butt, ainda estava vivo. O casamento deles não tinha sido arranjado, mas fora um verdadeiro "casamento por amor", e eles não haviam se separado porque pararam de se amar, mas porque ele não podia ter filhos e a maternidade era imperativa. A tristeza de trocar o amor de um homem pelo amor dos próprios filhos não nascidos foi tão profunda que durante muitos anos ela não falou o nome dele e seus filhos, quando chegaram e cresceram, nem sabiam de sua existência, até que no fim ela revelou a Sameen, sua filha mais velha: "O nome dele era Shaghil", disse, e ficou vermelha, chorou, como se estivesse confessando uma infidelidade. Ela nunca o mencionou a seu filho, nunca contou como ele ganhava a vida ou em que cidade residia. Ele era o fantasma dela, o fantasma do amor perdido e, por lealdade a seu marido, pai de seus filhos, ela sofria, assombrada, em silêncio.

Quando Anis Rushdie morreu, o irmão dela, Mahmood, contou a Negin que Shaghil ainda era vivo, que nunca havia se casado de novo, ainda a amava e queria vê-la outra vez. Seus filhos a animaram a entrar em contato. Não havia nenhum impedimento entre os dois velhos amantes. O imperativo da maternidade, evidentemente, não era mais uma obstrução. E seria uma tolice deixar que sentimentos ilógicos de deslealdade ao falecido Anis se pusessem no caminho dela. Não havia por que ela viver sozinha pelo resto da vida — e ela viveu dezesseis anos depois da morte de Anis —, quando existia a possibilidade de renovar um velho amor e permitir que ele iluminasse seus últimos anos. Mas, quando lhe falavam nesses termos, ela dava um pequeno sorriso rebelde e balançava a cabeça como uma menina. Naqueles anos da *fatwa*, ela foi a Londres diversas vezes, ficou na casa de Sameen e ele a visitava sempre que podia. O primeiro marido, Shaghil, ainda era apenas um nome para ele. Ela ainda se recusava a falar dele, a contar se era um homem engraçado ou sério, ou o que mais gostava de comer, ou se cantava, ou se era alto como seu irmão varapau Mahmood ou baixo como Anis. Em *Os filhos da meia-noite*, seu filho havia escrito sobre uma mãe com um primeiro marido que não podia lhe dar filhos, mas aquele triste poeta e político, "Nadir Khan", fora criado pela imaginação do autor apenas. Nenhum traço de Shaghil aparecia nele, a não ser o problema biológico. Mas agora o homem real estava escrevendo cartas a ela e, quando ela não sorria como uma mocinha boba, apertava os lábios com força e balançava a cabeça, recusando-se a discutir o assunto.

Em *O amor nos tempos do cólera*, o grande romance de Gabriel García Márquez, os amantes Fermina Daza e Florentino Ariza se separavam quando ainda muito jovens, mas se encontravam de novo no ocaso da vida. Negin Rushdie estava recebendo a oferta de um amor crepuscular assim, mas, por razões que nunca revelou, resistia. Para essa sua resistência também havia um antecedente literário, em *A época da inocência*, de Edith Wharton: Newland Archer, em seus últimos anos, acompanhado pelo filho adulto, senta-se, paralisado, numa pracinha francesa, debaixo do toldo e do balcão do apartamento de seu antigo amor, a condessa Olenska, incapaz de subir a escada para vê-la. Talvez ele não quisesse que ela o visse velho. Talvez ele não quisesse vê-la velha. Talvez a lembrança do que ele não tivera a coragem de agarrar fosse esmagadora demais. Talvez ele a tivesse enterrado fundo demais e não conseguisse mais exumá-la, e o horror de estar com a condessa Olenska e não sentir mais o que sentira fosse demais para ele suportar.

"É mais real para mim do que se eu subisse", ele de repente ouviu a si mesmo dizendo; e o medo de que aquela última sombra de realidade pudesse perder a nitidez o manteve enraizado no banco enquanto os minutos iam se sucedendo.

Negin Rushdie não tinha lido nenhum dos dois livros, mas, se tivesse, não acreditaria na feliz reunião de Fermina e Florentino, ou melhor, havia nela algo que não permitia que acreditasse nesse final. Ela estava imobilizada como Newland Archer ficara imobilizado, a passagem dos anos a havia bloqueado, e, muito embora uma expressão de amor tomasse conta de seu rosto cada vez que o nome dele era mencionado, ela não conseguia agir sobre o que sentia. Para ela, era mais real sem ele do que se ele voltasse. Então ela nunca respondeu às suas cartas, nunca telefonou para ele e nunca o viu nos dezesseis anos que lhe restaram. Morreu viúva de seu marido e mãe de seus filhos e não conseguiu, ou não quis, escrever um último capítulo para a própria história. Às vezes, o amor não bastava.

Anis Rushdie também tinha sido casado antes, como Negin. Nesse aspecto, eles eram excepcionais para sua classe, lugar e época, que fosse o segundo casamento de ambos. Da primeira mulher de Anis, seus filhos sabiam apenas que era mal-humorada e que os dois brigavam o tempo inteiro. (Os filhos sabiam que o pai também tinha temperamento forte.) E sabiam também de uma grande tragédia. Anis e a primeira mulher tinham tido uma filha, sua meia-irmã, cujo nome nunca foi revelado. Certa noite, a primeira mulher telefonou para Anis e disse que a menina estava muito doente e podia morrer, e ele achou que ela estava mentindo, que estava inventando a história como artifício para atraí-lo de volta, então ignorou o telefonema e a menina morreu. Quando ele soube que a filha estava morta, correu para a casa da primeira mulher, mas ela não deixou que entrasse, embora ele esmurrasse a porta, chorando.

O casamento de Anis e Negin permanecia um mistério para o filho deles. Para as crianças, parecia uma vida infeliz, na qual a decepção sempre crescente se expressava toda noite em explosões regadas a uísque das quais ela procurava proteger os filhos. Mais de uma vez os filhos mais velhos, Sameen e Salman, tentaram convencer os pais a se divorciarem, para que eles, filhos, pudessem gozar da companhia de cada um sem ter de suportar os efeitos colaterais de sua infelicidade. Anis e Negin não seguiram o conselho dos filhos. Por baixo da desgraça das noites, havia alguma coisa que ambos achavam que era "amor" e, como ambos acreditavam nisso, podia-se dizer que existia. O mistério que existe no coração da intimidade dos outros, a incompreensível sobrevivência do amor no coração da ausência de ternura: isso foi uma coisa que ele aprendeu com a vida de seus pais.

E também: se seus pais tivessem sido divorciados antes, e depois vivessem vidas "amorosas" infelizes, você cresceria acreditando na impermanência do amor, acreditando que o amor era mais sombrio, mais áspero, menos satisfatório, menos confortador do que diziam as canções e os filmes. E, se isso fosse verdade, então ele, com seus muitos casamentos rompidos, que lição estava ensinando a seus filhos? Um amigo um dia lhe dissera que ficar num casamento infeliz é que era a tragédia, não o divórcio. Mas a dor que ele causara às mães de seus filhos, as duas mulheres que o amaram mais do qualquer outra pessoa, o assombrava. Ele não culpava seus pais por terem dado um mau exemplo. Aquilo era obra dele e sua responsabilidade. Por mais que a vida o tivesse machucado, as feridas que infligira a Clarissa e Elizabeth eram piores. Ele amara as duas, mas seu amor não tinha sido bastante forte.

Ele amara suas irmãs, e elas se amavam entre elas, mas a maioria dessas relações também havia se desmanchado. Sameen e ele permaneceram próximos. Quando crianças, ele era o menino bonzinho e ela, a menina má. Ele a salvava dos problemas com os pais, e ela batia nos outros por ele. Um dia, o pai de um dos meninos em quem ela havia dado um soco, um certo Mohan Mathan, foi à casa deles, Villa Windsor, para reclamar com Anis. "Sua filha bateu no meu filho!", ele gritou, indignado, e Anis começou a rir. "Se eu fosse você", ele disse, "baixava a voz antes que todo mundo na vizinhança fique sabendo disso."

O elo entre eles nunca se enfraqueceu, mas aos poucos foram se dando conta de que sua irmã Bunno — o nome de verdade dela era Nevid, mas sempre fora Bunno em família — se ressentia disso. Ela era cinco anos mais nova que ele, quatro anos mais nova que Sameen, e a experiência que vivera na infância fora ser excluída da intimidade dos irmãos mais velhos. Ela acabara brigando horrivelmente com eles e com os pais, tinha ido para a Califórnia e se afastado de todos. Muitas vezes ele sentia dor pela "irmã perdida", mas então ela explodiu em sua vida tão violentamente que ele recuou de novo. A certa altura, ela se convenceu, loucamente, de que ele e Sameen haviam de alguma forma roubado sua herança e ameaçou expô-lo e denunciá-lo em público. Ele teve de pedir a advogados que a alertassem e depois disso passaram longo tempo sem se falar. A mais nova da família, Nabeelah, conhecida como Guljum, começou brilhantemente como uma grande beleza e uma talentosa engenheira de estruturas, mas o desequilíbrio mental que destruiu seu trabalho, seu casamento, as relações com a família e, por fim, sua vida começou a se revelar, ela se pôs a mascar tabaco, abusar do uso de medicamentos controlados, a comer, até sua beleza ficar sepultada debaixo de uma montanha de gordura e então, chocantemente, ela foi encontrada morta em sua cama e foi assim que aconteceu de a mais nova deles ser a primeira a ir embora.

O amor, em sua família, geralmente não bastava.

Chegou o décimo aniversário da queima do livro em Bradford e depois o décimo aniversário da *fatwa* — *Dez anos!*, ele pensou, *como o tempo voa quando a gente está se divertindo* —, e as pessoas de sempre começaram a fazer os barulhos de sempre. O sr. Shabbir Akhtar, que o *The Independent* descrevia como pensador "brilhante", disse que não queimariam *Os versos satânicos* agora porque eles não davam mais a sensação de "excluídos". (Nos anos que se seguiram, muitos muçulmanos britânicos, inclusive alguns dos mais zelosamente hostis, iriam sugerir que a campanha sobre o romance havia sido um erro. Alguns só queriam dizer que tinha sido um erro tático, porque fizera seu autor mais famoso e aumentara a venda do livro, mas outros chegavam a dizer que tinham aprendido a importância de defender a liberdade de expressão.) No Dia dos Namorados, os membros da Guarda Revolucionária iraniana disseram em Teerã que a *fatwa* "seria cumprida" e Sanei da Recompensa confirmou que a "aniquilação" dele ainda estava nos planos. Mas não houve manifestações, nem reuniões nas mesquitas, nenhum aiatolá mais velho fazendo sermões sanguinários. Então a data foi mais tranquila do que ele temia.

Ele continuou pressionando a polícia por mais liberdade. Agora que Frank Bishop trabalhava para ele, pago por ele, sem dúvida Frank podia assumir mais deveres e, a propósito, economizar bastante para eles? Ele havia aprendido o suficiente sobre a diferença entre "ameaça" e "risco" para saber que o risco ligado à sua aparição sem aviso numa festa particular, num restaurante, teatro ou cinema era praticamente nenhum. Não havia razão para envolver toda uma equipe de proteção. Frank podia desempenhar esse papel. Mas eles relutaram em escalar a proteção. Pediram-lhe que deixasse as coisas como estavam até depois de sua visita de verão a Long Island, e ele concordou, relutante.

O primeiro furor de 1999 veio depois da concessão do visto indiano. No último minuto, o funcionário que cuidava dos vistos na India House tentou dizer que ele podia receber apenas o visto regular de visitante por seis meses, e Vijay Shankardass teve de ir à India House e falar com o alto-comissário Lalit Mansingh, assim como com o ministro do Exterior, que por acaso estava em Londres, e eles concordaram em "fazer o que era certo" e conceder o visto de cinco anos ao qual todas as pessoas de origem indiana tinham direito. Ficou decidido também que se visitasse a Índia ele teria direito a proteção da polícia indiana.

Imediatamente começou a "raiva" muçulmana na Índia. O velho e feroz imã Bukhari, na Juma Masjid, em Delhi (que dez anos antes havia condenado o "Salman errado"), vociferou contra a decisão do visto diante de uma multidão de 3 mil crentes nas preces de sexta-feira. Ele "estava disposto a morrer", disse, para impedir a visita do sr. Rushdie. Dois dias depois, o *Tehran Times* previu que ele seria assassinado na Índia. "Talvez a Providência tenha decretado que essa pessoa desavergonhada encontre seu fim onde nasceu." Na Índia, o único líder não pertencente ao PBJ a apoiar a decisão do visto foi o secretário-geral do Partido Comunista da Índia (Marxista). Mani Shanker Aiyar, do Partido do Congresso, disse que seu partido tinha "toda razão" de banir *Os versos satânicos* e seu autor e que, se o PBJ havia concordado com o visto, devia "assumir as consequências". Mas então acrescentou, estranhamente, que, se o sr. Rushdie efetivamente viesse à Índia, "seria um hóspede e muito bem recebido". O imã Bukhari disse que os muçulmanos iriam "objetar de acordo com a Constituição", mas que, se algum muçulmano resolvesse matar o blasfemo, teria o apoio de todos os muçulmanos. A escritora Githa Hariharam mandou-lhe uma série de e-mails didáticos e ideológicos que eram simplesmente aborrecidos. Estava claro que uma viagem à Índia teria de esperar até os ânimos esfriarem.

Theresa, do escritório de Bono, telefonou. "Alô, Salman? Tem uma cópia da letra da sua canção, como é mesmo?, 'The ground beneath her feet'?" Ah, claro, na verdade ele tinha uma cópia. "Só que daria para mandar para o estúdio imediatamente?, eles estão para gravar o vocal e Bono perdeu a letra." Claro, ele podia fazer isso. Imediatamente. Sim.

* * *

Então, durante algum tempo foi só doença e médicos e o bater de asas do anjo exterminador. A prima de Elizabeth, Carol Knibb, e seu marido, Brian, foram passar vários dias na Bishop's Avenue e tarde da noite ele teve o primeiro vislumbre da cabeça de Carol, calva por causa da quimioterapia. Sem querer, ele se lembrou da cena de *As bruxas*, de Roald Dahl, em que as bruxas tiram seus trajes mundanos e "humanizantes". Ele gostava muito de Carol e ficou zangado consigo mesmo por essa reação que era, no mínimo, vergonhosa. Ela fora consultar Kanti Rai, nos Estados Unidos, e ele a estava tratando, mas não reagira ao tratamento tão bem como Edward Said, e o prognóstico não era bom. Mas ainda podia tentar outras coisas, ele disse, resolutamente alegre.

Iris Murdoch morreu. Ele comparecera a um almoço no Arts Council em homenagem a ela, pouco depois da publicação de seu último romance, *Jackson's dilemma*, um livro arrasado pela crítica. Iris estava deprimida, ele se lembrou, e dissera a ele que achava que tinha de parar de escrever. "Sem dúvida não por causa de umas críticas ruins", ele disse a ela. "Você é *Iris Murdoch*." "É", ela respondeu, triste, "mas às vezes as pessoas param de gostar da gente, as ideias acabam e talvez seja melhor simplesmente parar." Poucos meses depois, foi diagnosticada a doença de Alzheimer.

E Derek Fatchett morreu. Teve um súbito ataque do coração num pub e foi-se embora. Ninguém tinha trabalhado mais ou com mais determinação para resolver o problema da *fatwa*. Tinha apenas 54 anos.

Ele estava sofrendo de uma afecção chamada ptose. Suas pálpebras não se abriam direito e ficavam cada vez mais baixas, principalmente a direita. Isso estava começando a interferir em sua visão. Se não operasse, chegaria o dia em que não poderia abrir os olhos de jeito nenhum. Seus olhos velados, de Sleepy LaBeef,* eram sempre usados como metáfora para sua vilania, mas acabaram se revelando apenas um problema médico.

O melhor médico para a cirurgia de ptose era Richard Collin. Ele atendia no hospital para oficiais King Edward VII, "onde toda a família real fazia suas

* Thomas Paulsley LaBeef, figura lendária da música rockabilly e country, nascido em 1935. As pálpebras caídas lhe renderam o apelido de *Sleepy*, "sonolento". (N. T.)

operações", disse o sr. Collin, mas quando o escritor indiano estava prestes a entrar na sala disseram que a enfermeira chefe havia se recusado a recebê-lo como paciente por causa da segurança. A equipe foi falar com ela, felizmente conseguiu acalmá-la, e a cirurgia foi realizada. Ele sempre se perturbava de ficar tanto à mercê do medo dos outros, a sensação era de uma bofetada, e ele nunca podia devolver o tapa. Na véspera da operação, Clarissa telefonou. Zafar estava decidido a abandonar a faculdade. Ele detestava a escola. Era uma "merda". Ele recebera o convite de gerenciar um clube noturno em Londres e esperava promover concertos. Tinha um amigo com quem pensava organizar um evento no estádio de Wembley e era essa a vida que queria. Tinha estourado a conta no banco também e era preciso cuidar disso. Estavam ambos muito preocupados de ele viver, como disse Clarissa, "nas nuvens", e a preocupação os aproximou outra vez. Zafar precisava de pais fortes e unidos agora. Falaram com o filho e Zafar concordou em desistir da ideia do concerto em Wembley. Ele não estava contente com aquilo.

Quando voltou a si depois da cirurgia, havia uma bandagem sobre seus olhos. Ele chamou e ninguém respondeu. "Olá?" Chamou de novo e mais uma vez e nenhuma resposta. Não sabia onde estava, não enxergava e ninguém falava com ele. Talvez alguma coisa tivesse dado errado. Talvez ele tivesse sido sequestrado. Ou talvez estivesse em alguma antessala do inferno esperando as atenções do diabo. *Olá olá olá*, nenhuma resposta, *alguém me escuta*, ninguém escutava, *tem alguém aí tem alguém*, bem, se estivessem ali não estavam falando nada. Poucos minutos, ou semanas, de pânico (literalmente) cego terminaram quando a voz de uma enfermeira disse que sim, que estava ali, que sentia muito, Elizabeth tinha acabado de ir para casa dormir, eram três da manhã e ela havia ido ao banheiro. *Timing perfeito*, ele pensou, *eu volto da anestesia exatamente na hora em que a enfermeira tem de dar uma mijada.*

De manhã, o curativo foi retirado e houve outro momento bizarro quando suas pálpebras não reagiram adequadamente ao comando do cérebro, tremendo loucamente, e cada uma independente da outra, até que tudo se assentou, ele não estava cego por algum corte acidental, trouxeram-lhe um espelho e seus olhos estavam bem abertos. Talvez o olho direito um pouquinho aberto demais. "É", disse o sr. Collin, "vamos esperar uma semana e depois talvez façamos um pequeno ajuste."

Suas novas pálpebras debutaram numa ocasião triste, mas decididamente importante, uma festa na casa de Ruthie e Richard Rogers para comemorar o décimo aniversário de casamento de Nigella Lawson e John Diamond. As perspectivas para John eram ruins, piores do que ruins, não havia por que fazer nenhuma outra cirurgia, a quimioterapia poderia lhe dar algum tempo, mas só isso. Seus amigos se reuniram para comemorar sua vida e John fez um "discurso" que escreveu e projetou simultaneamente numa alta parede branca, um discurso cuja característica mais notável foi fazer todo mundo dar muita risada.

Enquanto isso, as novas pálpebras estavam exercendo um grande efeito sobre as pessoas. *Está de óculos novos? Está tão bem! Tomou sol? Está tão... alegre!* Mais tarde, quando a imprensa foi informada da história, o *The Sunday Times* publicou um artigo quase apologético sobre a maneira como o tinha visto ao longo dos anos. De repente, o jornal entendeu que aquele "olhar altivo, arrogante e sinistro de gângster" era produto de um estado degenerativo das pálpebras. Ele parecia "revitalizado, renascido", disse o artigo. "Como os olhos enganam."

Ele teve de ir a Turim, Itália, receber um doutorado honorário, antes de Richard Collin poder ajustar o olho direito aberto demais, e nas fotografias da ocasião ele parecia ligeiramente demente. A viagem correu bem; dessa vez a polícia italiana foi simpática, ansiosa por agradar, discreta, muito diferente dos colegas de Mântua. Seu colega na honraria, John Beumer III, era médico de câncer de boca da Universidade da Califórnia em Los Angeles e fez um discurso incrivelmente apavorante sobre novas técnicas no tratamento de carcinomas orais, com a língua costurada à bochecha e coisas semelhantes, e enquanto ele ouvia Beumer pensava: "Nada disso salvou meu amigo".

Por coincidência, o presidente Khatami, do Irã, estava visitando Roma no mesmo dia, e a imprensa, excitada com a sincronicidade, tirou bom proveito do fato. Khatami, inevitavelmente, não acreditou que fosse uma coincidência e "criticou violentamente" a Europa por apoiar o romancista. "Apoiar Rushdie significa apoiar a guerra entre civilizações", ele disse. "Lamento muito que uma pessoa que insultou os sentimentos de mais de 1 bilhão de muçulmanos seja atualmente elogiada em países europeus." Era um homem que dizia não querer um choque de civilizações, mas que depois caracterizava tudo o que desgostava como "guerra"; um homem que dizia ser "contra o terrorismo", mas que isentava atos de violência como a *fatwa*, afirmando que não se tratava de terrorismo, mas de justiça. E esse era o homem "moderado" em cuja palavra o governo britânico pedira que confiasse.

A data de lançamento de *O chão que ela pisa* estava chegando e a turnê pelos Estados Unidos era um problema. A maioria das linhas aéreas europeias agora estava disposta a transportá-lo, mas companhias americanas ainda se recusavam a fazê-lo. Ele podia chegar a Nova York e, voando pela Air Canada, chegar até a Costa Oeste, mas o resto do país tinha de ser coberto alugando-se um avião particular. E haveria um custo adicional dos serviços de segurança de Jerry Glazebrook. De alguma forma tinham de arrumar 125 mil dólares para uma turnê de duas semanas, e os editores estavam dispostos a investir apenas por volta de 40 mil. Ele falou com Andrew Wylie e Jerry Glazebrook e conseguiram baixar os custos de segurança para 10 mil dólares, e os vários eventos estavam dispostos a contribuir, no total, com cerca de 35 mil dólares pelas palestras, mais os custos de segurança. Se ele investisse o que recebera da *The New Yorker* pelos excertos do livro e os últimos três ou quatro meses de rendimentos de sua coluna internacional no *The New York Times*, conseguiriam pagar as contas. Ele estava decidido a fazer a turnê acontecer, então disse a Andrew para concordar, embora isso significasse para ele sacrificar 80 mil dólares de rendimentos. As críticas inglesas apareceram e foram no geral muito positivas, e ele não queria sacrificar a edição americana.

Não havia por que se deter no que diziam os críticos, gostassem ou não do livro, mas o estranho caso de James Wood mereceu uma pequena nota de pé de página. O sr. Wood criticou *O chão que ela pisa* no *The Guardian*, que também publicou o primeiro excerto no Reino Unido, e seu artigo foi esplêndido. "Seu novo romance é espetacular [...] uma realização considerável, inventivo, complexo [...] esse romance brilhante [...] solto, bem-humorado, lúdico, transmite uma alegria criativa, o mais generoso nessa liberdade e prazer desde *Os filhos da meia-noite*. Desconfio que virá a ser, merecidamente, o livro mais apreciado de Rushdie."

Bem, obrigado, James, ele pensou. Quando o romance foi lançado nos Estados Unidos, o sr. Wood fez um julgamento mais duro. Ele escreveu outra crítica, na revista *The New Republic*, uma versão revisada do texto do *The Guardian*, na qual o "merecidamente" sumiu de seu elogio. O livro era agora uma "derrota caracteristicamente pós-moderna", cuja "sedutora libertinagem não tem um chão sob os pés". As duas resenhas foram publicadas com um intervalo de apenas sete semanas. Um crítico que contradizia a si mesmo de acordo com as predileções literárias de seus contratantes talvez devesse dar algumas explicações.

Ele foi a Nova York para dar entrevistas e quase imediatamente se sentiu muito doente. Fez o possível para cumprir a agenda pesada, mas no fim a febre alta o forçou a consultar um médico. Disseram que estava com uma severa infecção pulmonar, quase uma pneumonia, e se tivesse deixado passar mais um dia certamente precisaria ter sido hospitalizado. Começou a tomar antibióticos fortes e de alguma forma conseguiu dar conta das entrevistas. Completo o trabalho, ele se sentia trêmulo, mas melhorou e foi a uma recepção na casa de Tina Brown, onde se viu num círculo de convidados cujos outros membros eram Martin Amis, Martin Scorsese, David Bowie, Iman, Harrison Ford, Calista Flockhart e Jerry Seinfeld. "Senhor Rushdie", Seinfeld perguntou, nervoso, "por acaso assistiu ao episódio que fizemos sobre o senhor?" Era o episódio em que Kramer dizia ter visto "Salman Rushdie" na sauna e ele e Jerry interrogavam o homem cujo nome, "Sal Bass", eles achavam ser um codinome para, bem, *Salmão*. Quando ele garantiu ao sr. Seinfeld que tinha achado o episódio muito engraçado, o comediante ficou visivelmente relaxado.

A turnê por oito cidades dos Estados Unidos transcorreu sem alarmes, exceto pela grande feira comercial, a BookExpo America, em Los Angeles, que se recusou a recebê-lo. Porém, enquanto estava na cidade, ele foi convidado a visitar a Mansão Playboy, cujo proprietário era visivelmente mais valente que os organizadores da BEA. Morgan Entrekin, editor da Grove/Atlantic, tinha publicado o livro *The century of sex:* Playboy's *history of the sexual revolution*, de Hugh Hefner, e por isso teve permissão de fazer uma festa para o pessoal dos livros na mansão. O pessoal dos livros marchou devidamente Holmby Hill acima e com empolgação bebeu champanhe morno numa tenda no gramado da Hefnerlândia, sob o tédio terminal do olhar desdenhoso das coelhinhas. No meio da noitada, Morgan se aproximou dele, acompanhado de uma jovem loira com um lindo sorriso e um corpo improvável. Era Heather Kozar, a Playmate do Ano recém-eleita, uma moça muito jovem com excelentes maneiras que, decepcionantemente, insistia em chamá-lo de sir. "Desculpe, sir, não li nenhum dos seus livros", ela se desculpou. "Para dizer a verdade, eu não leio muitos livros, sir, porque fico cansada e durmo." Sim, sim, ele concordou, muitas vezes ele também sentia a mesma coisa. "Mas certos livros, sir", ela acrescentou, "como a *Vogue*, eu tenho de ler para ficar a par do que está acontecendo."

Ele voltou a Londres e se submeteu ao ajuste das pálpebras até parecerem normais, comemorou o segundo aniversário de Milan e o vigésimo de Zafar e, em seguida, estava com 52 anos. Em seu aniversário, Sameen e as duas filhas foram jantar com ele, Pauline Melville e Jane Wellesley também, e alguns dias depois ele levou Zafar à Center Court, em Wimbledon, para ver Sampras vencer Henman na semifinal. Se não fosse pelos policiais, a vida pareceria quase normal. Talvez as velhas nuvens estivessem aos poucos se desmanchando, mas novas nuvens se formavam. "A brecha entre E. e mim, a respeito de mudar para N. Y., está ameaçando nosso casamento", ele escreveu em seu diário. "Não vejo saída. Vamos ter de passar temporadas separados, eu num apartamento em Manhattan, ela em Londres. Mas como suportar a separação desse adorável menino que eu amo tanto?"

Em meados de julho, foram para a casa Grobow em Bridgehampton, onde ficaram por nove semanas, e foi durante esse tempo que ele sucumbiu à sua ilusão milenarista.

Mesmo que não acreditasse que a chegada do milênio traria a Segunda Vinda de Cristo, era possível ficar seduzido pela ideia "milenarista" de que tal dia, que só ocorria uma vez a cada mil anos, podia inaugurar uma grande transformação e que a vida — a vida do mundo, mas também dos indivíduos dentro dele — seria melhor no novo milênio que alvorecia. *Bem, pode-se esperar*, ele pensou. No começo de agosto de 1999, a ilusão milenarista que iria tomar conta dele e mudar sua vida apresentou-se sob a forma de mulher, nada mais, nada menos que na ilha da Liberdade. Era realmente risível que ele a tivesse encontrado debaixo da estátua da Liberdade. Na literatura, uma cena dessas pareceria pesadamente sobrecarregada. Mas a vida real às vezes martelava sua mensagem para ter certeza de que você a entendia, e na sua vida real Tina Brown e Harvey Weinstein deram uma festa luxuosa na ilha da Liberdade, para lançar a sua revista *Talk*, de tão curta vida, e houve fogos de artifício no céu, Macy Gray cantando *I try to say goodbye and I choke, I try to walk away and I stumble*, e uma lista de convidados que ia de Madonna a ele próprio. Ele não conheceu Madonna nessa noite, senão podia ter lhe perguntado sobre o que sua assistente, Caresse, tinha dito a um produtor de televisão que enviara a ela um exemplar de *O chão que ela pisa* na esperança de conseguir um comentário favorável da grande dama — afinal o livro era sobre uma grande estrela do rock imaginária. "Ah, não", Caresse respondera, "Madonna não *leu* o livro. Ela *picou* o livro." (Quando ele de fato conheceu Madonna com Zadie Smith muitos anos depois, na festa do Oscar da *Vanity Fair*, ela só falou dos valores das propriedades na área de Marble Arch em Londres e ele não se deu ao trabalho de perguntar sobre o livro picado, porque ele e Zadie estavam fazendo um grande esforço para não rir do jovem garanhão italiano, alto e lindo, cuja frase de sedução sussurrada pareceu impressionar a sra. Ciccone: "Você é italiana, não?", ele perguntou, chegando muito perto. "Dá para perceber...".)

Elizabeth tinha ficado em Bridgehampton com Milan e ele fora à cidade com Zafar, Martin e Isabel. Havia luzes penduradas nas árvores da ilha da Liberdade, uma brisa fresca de verão vinha do mar, eles não conheciam ninguém, e quando a luz do dia acabou era difícil mesmo ver quem estava lá, mas tudo bem. Então, debaixo da grande dama de cobre, ele se viu face a face com Padma Lakshmi e imediatamente se deu conta de que a tinha visto antes, ou sua foto pelo menos, numa revista italiana na qual ele também aparecera e se lembrou de que tinha pensado: "Se algum dia eu encontrar esta mulher, estou frito". No momento, ele disse: "Você é aquela linda indiana que tinha um programa na televisão italiana e que voltou aos Estados Unidos para ser atriz". Ela não podia acreditar que ele soubesse alguma coisa a seu respeito, então começou a duvidar que ele fosse quem ela pensava que era e fez com que ele dissesse seu nome completo e então quebrou-se o gelo. Eles conversaram apenas alguns minutos, mas conseguiram trocar números de telefone e no dia seguinte, quando ele ligou, a linha estava ocupada, porque naquele exato momento ela estava ligando para ele. Ele estava sentado em seu carro junto à baía Mecox, e sentiu, flutuando até ele sobre a água brilhante, o aroma forte de fritura.

Ele era um homem casado. Sua esposa e o filho de dois anos estavam em casa à sua espera, e, se as coisas tivessem sido diferentes, ele teria percebido a verdade óbvia de que uma aparição que parecia encarnar tudo o que ele esperava do futuro, uma lady Liberty de carne e sangue, tinha de ser uma miragem e que mergulhar nela como se fosse real era chamar a desgraça para si mesmo, impor uma dor considerável à sua mulher e colocar um peso injusto na Ilusão em si, uma americana de origem indiana que tinha grandes ambições e planos secretos que nada tinham a ver com a satisfação das necessidades mais profundas dele.

Seu nome era uma raridade, um nome quebrado em dois pelo divórcio de sua mãe. Ela nascera Padmalakshmi Vaidyanathan, em Delhi (embora a maior parte de sua família "tam bram", ou tâmil brâmane, vivesse em Madras), mas seu pai, Vaidyanathan, havia abandonado a ela e à mãe, Vijayalakshmi, quando ela estava com um ano. Vijayalakshmi se desvencilhou rapidamente do nome do ex-marido, separando em dois seu próprio nome e o da filha. Logo depois ela foi cumprir um compromisso de enfermagem em Sloan-Kettering, Nova York, depois mudou-se para Los Angeles e casou-se de novo. Padma só conheceu seu pai quando tinha quase trinta anos. Outra mulher sem pai. O padrão da vida romântica dele continuava a se repetir.

"Você viu uma ilusão e destruiu sua família por ela", Elizabeth diria a ele, e tinha razão, O Fantasma da Liberdade era uma miragem num oásis. Ela parecia conter seu passado indiano e seu futuro americano. Ela era livre dos cuidados e preocupações que haviam infernizado sua vida com Elizabeth e que Elizabeth não conseguia deixar para trás. Ela era o sonho de deixar tudo para trás e começar de novo — um sonho de peregrino americano —, uma fantasia *Mayflower* mais sedutora que sua beleza, e sua beleza era mais brilhante do que o sol.

Em casa, houve mais uma grande briga sobre coisas que tinham se tornado as coisas sobre as quais sempre brigavam. A exigência de Elizabeth de ter mais filhos imediatamente, que ele não queria, entrava em choque com seu sonho meio realizado de liberdade nos Estados Unidos, que ela temia, e o levou uma semana depois a Nova York, onde, numa suíte do Mark Hotel, Padma disse a ele: "Existe uma pessoa má dentro de mim e quando ela aparece simplesmente pega tudo o que quer", e mesmo esse alerta não o fez voltar correndo para o leito matrimonial. A Ilusão havia se tornado poderosa demais para ser dissipada por toda a evidência que a realidade podia prover. Ela não podia ser o sonho que ele sonhava com ela. Seus sentimentos por ele — como viria a aprender — eram reais, mas intermitentes. Ela era ambiciosa de um jeito que muitas vezes obliterava o sentimento. Eles teriam uma espécie de vida em comum — oito anos do primeiro encontro até o divórcio, tempo não desprezível — e no fim, inevitavelmente, ela partiu o coração dele como ele havia partido o de Elizabeth. No fim, ela seria a melhor vingança de Elizabeth.

Foi apenas uma noite. Ela voltou a Los Angeles e ele voltou primeiro para a Little Noyac Path e depois para Londres. Estava trabalhando em uma proposta de livro de oitenta páginas, tratamentos para quatro romances e um livro de ensaios, que ele esperava fosse fazer dinheiro suficiente para poder comprar sua residência em Manhattan, e as coisas entre Elizabeth e ele continuavam ásperas; mas ele encontrou amigos, recebeu seu doutorado honorário em Liège e ficou feliz de Günter Grass finalmente ganhar o Prêmio Nobel; e, se conseguiu não se importar demais por não estar na lista dos finalistas do Booker Prize (como também não estavam o muito elogiado Vikram Seth e Roddy Doyle), foi porque telefonava para Padma em seu apartamento em West Hollywood tarde da noite, e isso o fazia se sentir melhor do que se sentira em dez anos. Depois, foi a Paris para a publicação de *La terre sous ses pieds* e ela foi ao encontro dele para uma semana de prazer embriagador pontuado por golpes de culpa.

Zafar não voltou a Exeter, mas qualquer sentimento que seus pais tivessem a respeito do assunto de repente se tornaram irrelevantes, porque Clarissa deu entrada no hospital com mais de um litro de líquido nos pulmões, resultado de uma séria infecção na região das costelas. Ela vinha reclamando de agudo desconforto com seu clínico geral já fazia algum tempo, mas ele não pedira nenhum exame e disse-lhe que era tudo psicológico. Agora ela queria processá-lo por negligência médica, mas por trás de suas palavras raivosas crescia um medo horrível. Fazia quase exatamente cinco anos que ela fora declarada livre do câncer, e depois de cinco anos a pessoa devia poder relaxar, mas agora ela estava com muito medo de que aquela coisa terrível voltasse. Ela telefonou e disse: "Não contei para Zafar, mas pode haver um câncer secundário no pulmão ou no osso. O raio X está marcado para a semana que vem e, se houver alguma sombra, provavelmente será inoperável". Sua voz tremeu e falhou, mas ela se controlou. Estava demonstrando força, mas depois do fim de semana seu irmão, Tim, telefonou para confirmar que o câncer tinha voltado. Havia células cancerosas no fluido retirado de seus pulmões. "Você conta para Zafar?" Sim, ele contaria.

Foi a coisa mais difícil que ele jamais tivera de dizer ao filho. Zafar não estava esperando por isso, ou tinha conseguido eliminar da cabeça essa possibilidade, então ficou tremendamente chocado. De muitas formas, ele era mais parecido com a mãe do que com o pai. Tinha o temperamento introvertido dela, seus olhos verdes, seu gosto pela aventura; haviam andado de quadriciclo nas montanhas de Gales e passado juntos semanas em férias ciclísticas na França. Ela estivera lá para ele todos os dias ao longo da crise da vida de seu pai e o ajudara a ter uma infância e a crescer sem ficar louco. De seus pais, não era ela que Zafar devia perder.

"Ah, meu doce filho amoroso", ele escreveu no diário, "que dor terei de ajudá-lo a enfrentar." A radiografia mostrou que o câncer tinha atingido o osso e isso também era uma coisa que o pai de Zafar teria de lhe contar. Os olhos do rapaz ficaram cheios de lágrimas, ele começou a tremer e permitiu brevemente ser abraçado. Os médicos disseram que, se Clarissa reagisse bem ao tratamento, poderia talvez esperar mais alguns anos de vida. Ele não acreditou e resolveu que tinha de contar ao filho das possibilidades sombrias. "Zafar", ele disse, "a única coisa que sei sobre câncer é que, quando ele toma conta do corpo, vai muito depressa." Ele estava pensando em seu próprio pai, a velocidade com que o mieloma o havia matado no fim. "Sei", Zafar disse, querendo que ele concordasse, "mas ela ainda tem meses e meses, certo?" Ele balançou a cabeça. "Infelizmente", disse ele, "pode ser questão de semanas, ou de dias mesmo. No fim, pode ser como despencar num precipício." Zafar pareceu ter levado uma bofetada. "Ah", disse, e repetiu: "Ah".

Ela estava no Hammersmith Hospital, piorando depressa. Tim disse que tinham descoberto que o câncer estava também nos pulmões e que ela estava com máscara de oxigênio para ajudar a respirar, e não podia comer alimentos sólidos. A velocidade do declínio era aterrorizadora. Os médicos do Hammersmith não sabiam o que fazer com sua fraqueza.

Não podiam operar nem começar a quimioterapia até resolverem o problema do líquido nos pulmões e ela só ficava cada vez mais fraca.

Estava realmente morrendo, ele entendeu. Apagava-se depressa.

Zafar telefonou para o sr. Waxman, o médico chefe do Hammersmith, e Waxman disse a ele que não era adequado discutir o caso por telefone, mas concordou em conversar com o rapaz se ele fosse até o hospital. "Isso não parece nada bom", Zafar disse, e tinha razão. Então foi falar com o clínico geral de Clarissa, que admitiu ter cometido "dois erros graves". Não tinha levado a sério a dor no peito quando ela a mencionara pela primeira vez e não revira sua posição quando ela continuou reclamando das dores. "Oitenta e cinco por cento das dores no peito são causadas por estresse", ele disse, "e eu fiquei com a estatística." Além disso, ela havia feito uma mamografia menos de dois meses antes e estava tudo bem. Mas o câncer não voltara a atacar seu seio. Ela reclamara de dor desde junho ou começo de julho, Zafar disse, e o médico não tinha feito nada. Agora, aquele homem insensível, grosso e cruel estava dizendo ao filho de uma mulher prestes a morrer: "Ela teve um câncer muito sério antes, sabe, e não tenho certeza de que tenha aceitado isso. Agora, está com os dias contados".

"Eu vou pegar esse filho da puta", ele escreveu em seu diário. "Vou pegar."

Foi com Zafar ao quarto de Clarissa na tarde de terça-feira, 2 de novembro de 1999. Ela estava abatida, macilenta e muito fraca, com muito medo. Mal conseguiu assinar o nome nos cheques que disse que tinha de mandar. Ela não queria assinar o testamento, mas acabou assinando. Waxman falou em começar a quimioterapia imediatamente porque era sua única chance, e disse que havia 60% de probabilidade de sucesso, mas não pareceu muito convincente. O rosto de Zafar estava pesado de desespero e, embora seu pai tentasse soar o mais positivo possível, não adiantou muito.

Na manhã seguinte, Waxman disse que Clarissa tinha poucos dias de vida. Começaram a quimioterapia, mas ela teve uma reação negativa e tiveram de interromper o tratamento. Não havia mais nada a fazer. "Há, sim", disse Zafar, que passara a noite vasculhando a internet e encontrara uma droga milagrosa. O sr. Waxman disse a ele, gentilmente, que era tarde demais para tudo aquilo.

A internet. Uma palavra que estavam aprendendo a usar. Foi o ano em que alguém usou pela primeira vez a palavra Google *em sua presença. Agora havia esses novos horizontes eletrônicos, essa nova* "terra incógnita *que se espalha a cada olhar", na qual o Augie de Bellow localizara um dia a aventura humana. Se esse "Google" existisse em 1989, o ataque a ele teria se espalhado tão mais depressa e amplamente que ele não teria a menor chance. Ele tivera sorte de ser atacado pouco antes do alvorecer da era da informática. Mas nesse dia não era ele que estava morrendo.*

Clarissa tinha menos de 24 horas de vida, disseram, e ele estava sentado em sua cama, segurando a mão dela e a de Zafar, e Zafar segurava a outra mão dela e a dele. Tim e a esposa, Alison, e as amigas íntimas de Clarissa, Rosanne e Avril, estavam lá. Então, a certa altura, ela deslizou para algo pior que o sono e Zafar puxou-o de lado para perguntar: "Você disse que o final era muito rápido — é isso? Parece que a vida se escoou do rosto dela". Ele pensou: sim, pode ser, e foi se despedir dela. Inclinou-se e a beijou três vezes nos lados da cabeça — e *bang*, ela se sentou, ereta, e abriu os olhos. *Nossa, foi um beijo e tanto*, ele pensou, e ela então virou-se e olhou diretamente em seu rosto, e perguntou com terror no olhar: "Não estou morrendo, estou?". "Não", ele mentiu, "só descansando", e durante o resto da vida ele se perguntou se tinha sido certo mentir. Se fizesse essa pergunta em seu leito de morte, ele esperaria que lhe dissessem a verdade, mas tinha visto o terror nela e não conseguira pronunciar as palavras. Depois disso, durante algum tempo ela pareceu mais forte e ele cometeu outro erro horrendo. Levou Zafar para descansar algumas horas em casa. Mas enquanto estavam dormindo ela apagou outra vez e ficou além do poder órfico do amor para chamá-la de volta. Dessa vez ela não voltou. Às 00h50, o telefone tocou, ele ouviu a voz de Tim e entendeu a loucura que tinha feito. Zafar, aquele jovem grande, chorou em seus braços durante todo o trajeto para o hospital enquanto a polícia os levava para Hammersmith depressa como o vento.

Clarissa morreu. Ela morreu. Tim e Rosanne estavam com ela no fim. Seu corpo ficou escondido por uma cortina numa ala. A boca ligeiramente aberta, como se tentasse falar. Estava fria ao toque, mas não inteiramente fria ainda. Zafar não conseguiu ficar com ela. "Isso não é minha mãe", ele disse, e saiu do quarto, não olhou mais para ela na morte. Ele próprio não conseguiu ficar longe dela. Sentou-se a seu lado e falou com ela durante toda a noite. Falou do prolongado amor deles e de sua gratidão pelo filho. Agradeceu de novo por ela ter sido mãe do rapaz durante aqueles tempos difíceis. Foi como se os anos de separação desaparecessem e ele teve outra vez completo acesso emocional a um eu anterior, um velho amor, no momento exato em que aquelas coisas se perdiam para sempre. Ele foi dominado pela dor e soluçou incontrolavelmente, culpando a si mesmo por muitas coisas.

Ficou preocupado de Zafar tentar trancar seu sofrimento, como a própria Clarissa talvez fizesse, mas em vez disso seu filho falou durante dias, lembrando-se de todas as coisas que ela e ele tinham feito juntos, os passeios de bicicleta, as férias navegando, a temporada no México. Foi maravilhosamente maduro e valente. "Estou muito orgulhoso de meu menino", seu pai escreveu no diário, "e vou envolvê-lo em meu amor."

Clarissa foi cremada no sábado à tarde, 13 de novembro de 1999, no crematório de Golders Green. Acompanhar o carro fúnebre foi insuportável. A mãe dela, Lavinia, vendo a filha começar sua última jornada, desmoronou completamente e ele pôs o braço em torno dela enquanto ela chorava. Passaram pela Londres de Clarissa, a Londres em que tinham vivido juntos e separados — Highbury, Highgate, Hampstead. Ah, ah, ele uivava por dentro. Havia mais de duzentas pessoas esperando por ela no crematório e a tristeza estava no rosto de todos. Junto ao caixão ele falou do começo deles, de como a tinha visto levando chá para Mama Cass Elliot no palco de um evento filantrópico, como seus amigos Connie Carter e Peter Hazel-Smith tinham arranjado um jantar *à quatre* para apresentar os dois, como ele esperara por ela durante dois anos. "Eu me apaixonei depressa, ela devagar", ele disse. Como o filho deles havia nascido, seu maior tesouro, num domingo de junho. Depois do nascimento, a parteira o pusera para fora enquanto limpavam e vestiam a jovem mãe, ele tinha caminhado pelas ruas de domingo vazias, procurando flores, e pagara um exemplar do *The Sunday Times* com uma nota de dez libras só para poder dizer ao vendedor da banca: "Fique com o troco. Acabei de ter um filho". *Nunca discordamos a seu respeito, Zafar, e agora ela vive em você. Olho em seu rosto e vejo os olhos dela.*

Os meses que se seguiram foram talvez o momento mais deprimente para Zafar porque, além do luto por sua mãe, sua casa na Burma Road foi vendida e ele teve de procurar outro lugar para viver. Além disso, a razão para ele deixar Exeter, uma turnê musical com uma dupla de DJs chamada Phats e Smalls que ele estava promovendo, deu errado e Tony, seu sócio nos negócios, desapareceu, deixando-o responsável por algumas dívidas bastante altas, e seu pai perdeu uma soma de dinheiro para socorrê-lo, então ele sentia, em resumo, que tinha perdido tudo, a mãe, o trabalho, a casa, a segurança, a esperança, e ali estava seu pai dizendo que provavelmente ia se separar de Elizabeth e mudar para os Estados Unidos, e, bem, era mesmo ótimo.

Foi muito bom poder dizer, uns doze anos no futuro, que Zafar provou que o caminho que escolhera era certo para ele, que trabalhou com incrível empenho abrindo seu caminho e desenvolveu uma carreira bem-sucedida na área de entretenimento, relações públicas e até no mundo dos agentes, que ele era universalmente amado e respeitado, e que chegou um momento em que as pessoas pararam de dizer a ele: "Ah, você é filho de Salman" e passaram a dizer para seu pai: "Ah, você é pai de Zafar".

Caro eu, 52 anos,

É mesmo? Seu filho mais velho está em pedaços no chão de tristeza pela morte da mãe e também de horror existencial pelo futuro, seu filho mais novo tem apenas dois anos e você está em Nova York procurando apartamento, e em Los Angeles perseguindo sua quimera que sempre se vestia como Pocahontas no Halloween, sua decadência? É esse que você é? Rapaz, que bom que você virou eu.

Sinceramente,
Eu, 65 anos.

Caro 65,
Você cresceu?
Sinceramente,
52

"Somos a mesma pessoa", ela disse a ele, "queremos as mesmas coisas." Ele começou a apresentá-la a seus amigos de Nova York, e a conhecer os dela, quando estava na cidade com ela, sabia que uma vida nova no Novo Mundo era o que queria; uma vida com ela. Mas havia uma pergunta que não queria calar: Até que ponto ele estava pronto a ser cruel na busca de sua própria felicidade?

Havia outra pergunta também. Será que as pessoas teriam muito medo da nuvem acima de sua cabeça para lhe vender um lugar para morar? Em sua própria opinião, a nuvem estava evaporando, mas a opinião dos outros era outra coisa. Houve apartamentos de que ele gostou, em TriBeCa e em Chelsea, cujas negociações não prosperaram porque os construtores entraram em pânico e disseram que, se ele se mudasse para o prédio, ninguém mais ia querer morar ali. Agentes imobiliários disseram que entendiam a posição dos construtores. Ele estava sombriamente determinado a derrotar essas objeções.

Ele pegou um avião para Los Angeles para ver Padma e, em sua primeira noite lá, ela provocou uma briga desconcertante. O mundo não podia ser mais claro ao lhe dizer que ele estava no lugar errado, com a mulher errada, na cidade errada, no continente errado, na hora errada. Ele saiu do apartamento dela e foi para o Bel-Air Hotel, reservou lugar num voo para Londres e telefonou a Padma para dizer que o encanto se rompera, que ele tinha caído em si, que ia voltar para a esposa.

Telefonou para Elizabeth e disse que tinha mudado de planos, mas horas depois Padma estava em sua porta implorando perdão. No fim da semana, ela o fizera voltar atrás outra vez.

Na época e depois, ficou claro para ele que esses meses de vacilação causavam mais dor a Elizabeth do que qualquer outra coisa. Ele tentou se despedir e sufocou. Tentou ir embora e tropeçou. E, quando oscilava para a frente e para trás, machucava-a mais e mais. Voltou a Londres e Padma mandou-lhe e-mails de ardente desejo. *Espere. Eu só quero agradar a você. Estou só esperando até poder te matar de felicidade.*

Enquanto isso, poucos dias antes do Natal, a casa da Bishop's Avenue foi assaltada.

Beryl, a faxineira, chegou e encontrou a porta da frente escancarada e uma das malas deles e a caixa de ferramentas de Zafar na entrada. Todas as portas internas do andar térreo estavam abertas, o que também não era habitual. Tinham o costume de trancá-las à noite. Ela achou que ouviu movimento no andar de cima, gritou, não obteve resposta, apavorou-se, resolveu não entrar e chamou Frank Bishop. Frank ligou para ele no celular, mas ele estava dormindo e a chamada caiu na caixa postal. Então Frank ligou no telefone fixo e acordou Elizabeth, que rosnou para ele: "Saia da cama". Janelas do andar de cima tinham sido abertas também, além das venezianas e cortinas. Ele começou a percorrer a casa. Acordou Zafar, que não tinha ouvido nada. Encontrou outra janela aberta. Em seu estúdio, a medalha da Ordre des Arts e des Lettres havia desaparecido, bem como uma câmera. Seus laptops, passaporte e câmera de vídeo estavam todos intocados. Seu relógio e alguns dólares americanos tinham sido levados, mas o cartão do American Express que estava bem ao lado do dinheiro permanecia lá. Nenhuma joia de Elizabeth estava faltando; um anel de brilhante, plenamente visível, continuava em seu lugar. O estéreo de Zafar havia desaparecido, e alguns ornatos da sala de estar, um Ganesha de metal branco, uma presa de marfim comprada na Índia no começo dos anos 1970, uma caixa de prata, uma lupa antiga e um pequeno Corão octogonal com iluminuras que a avó de Clarissa, May Jewell, dera para ele antes do casamento. E na sala de jantar toda a prataria havia desaparecido, com sua caixa de madeira. Só isso.

A janela do quarto principal estava inteiramente aberta. Tratava-se de um ladrão hábil. Ele tinha entrado pela janela do quarto, deixado pegadas de lama no chão e não acordara ninguém. Era uma ideia assustadora. O homem havia passado por eles e nenhum dos três tinha aberto os olhos. Será que o ladrão sabia em casa de quem havia entrado, de quem era a medalha que roubara? Teria reconhecido o homem adormecido em sua cama? Sabia do perigo que ele próprio corria? Se houvesse um policial na casa, ele provavelmente teria sido morto.

Todo mundo estava bem. Isso era o principal. Mas será que a casa havia sido descoberta? Frank Bishop chegou, Beryl entrou, e chegaram agentes da Yard para avaliar a situação. Se se tratava de um ladrão de Natal, o que era o mais provável, era extremamente improvável que ele revelasse a localização da casa a terroristas islâmicos, ou mesmo fosse à imprensa, o que seria incriminador. Então, restava ficarem firmes, esperar pelo melhor. Sim. Era isso que iam fazer.

Elizabeth foi ver Carol e levou Milan. Ele foi deixado com seu agoniante autoquestionamento. As comemorações do milênio se aproximavam e ele estava dilacerado. Ah, e no Irã relataram que quinhentos "linhas-duras" tinham proposto vender um rim cada um para levantar dinheiro para seu assassinato, o que poderia resolver o problema. *Uma cura garantida para todas as doenças*, como dissera Thomas Morus do machado do carrasco.

Joseph Heller morreu, e um bom humor grandioso foi embora com ele. Jill Craigie morreu, e uma grande bondade partiu com ela.

Na noite de Ano-Novo, o guru das relações públicas Matthew Freud e sua noiva, Elisabeth, filha de Rupert Murdoch, convidaram-nos para o Domo do Milênio. Ele levou Elizabeth, Zafar, Martin e Isabel, e Susan, a nova babá, ficou em casa cuidando de Milan. No Domo, Tony Blair parou para apertar a mão de Matthew e Elizabeth e apertou a mão dele também. Quando chegou a hora de cantar "Auld lang syne", a rainha teve de segurar na mão de Blair e a expressão em seu rosto era de ligeiro desprazer. Elizabeth pegou na mão dele e a expressão no rosto dela era de terrível amor e angústia. *Should auld acquaintance be forgot and never brought to mind?*,* eles cantaram, e então era meia-noite, os sinos tocaram por toda a Inglaterra e o bug do milênio Y2K não atacou, não houve ataques terroristas, a nova era começou e nada estava diferente. Não existia magia nos momentos. Só os seres humanos podiam produzir transformações, magníficas ou diabólicas. O destino estava nas mãos deles.

Caro Milênio,

Você é um blefe. A mudança de 1999 para 2000 só seria o milênio se tivesse havido um Ano Zero antes do Ano 0001, e não houve, o que quer dizer que os 2 mil anos estarão completos no fim do ano 2000 e não no começo. Esses sinos e fogos de artifício, as festas na rua estavam todos um ano adiantados. O verdadeiro momento transformador ainda está por vir. E, como estou escrevendo isto de meu lugar que tudo sabe no futuro, posso dizer com completa autoridade que veremos a eleição nos Estados Unidos em novembro de 2000 e os bem conhecidos eventos subsequentes em setembro de 2001, um ano depois deste falso milênio, quando as coisas realmente mudaram.

No Dia de Reis, apenas duas semanas depois de Elizabeth ter levado Milan para visitar a "avó", Carol Knibb tentou cometer suicídio, deixando cartas para diversas pessoas, inclusive Elizabeth. Ela disse que não acreditava em seu tratamento e que preferia "acabar com tudo". Não conseguiu porque não tomou morfina suficiente. Seu marido, Brian, acordou-a e, embora ela tenha dito depois que preferia que ele não a tivesse acordado, provavelmente o teria feito sozinha. Estava na ala de isolamento porque, no estado em que se encontrava, qualquer ligeira infecção poderia ser fatal. Sua contagem de glóbulos brancos era dois (devia ser doze) e a contagem de glóbulos vermelhos também estava muito baixa. A quimioterapia tivera um efeito muito destrutivo. Brian telefonou para o médico de Edward Said, Kanti Rai, que disse que, sim, havia outros tratamentos disponíveis nos Estados Unidos, mas não podia jurar que fossem melhores do que os cuidados que ela estava recebendo. Elizabeth ficou muito

* *Relações antigas deveriam ser esquecidas e nunca relembradas?*, primeiro verso do poema de 1788 *Auld lang syne*, do escocês Robert Burns, para uma melodia folclórica. É a tradicional *Valsa do adeus* cantada na noite de Ano-Novo no mundo ocidental. (N. T.)

abalada com a tentativa de suicídio de Carol. "Ela era como uma rocha para mim", disse, e acrescentou: "Mas, de certa forma, eu sou minha própria rocha desde que minha mãe morreu". Ele a abraçou para consolá-la e ela disse: "Você ainda...", mas calou-se e saiu da sala. Alguma coisa apertou com força seu coração.

Seu aniversário chegou e ele levou Elizabeth, Zafar e cinco dos amigos mais antigos dela para jantar no Ivy. Mas quando voltaram para casa ela o confrontou e exigiu saber o que ele ia fazer. Ele falou do efeito destrutivo do conflito entre a vontade dela de ter mais bebês e a dele de ir para Nova York, e pela primeira vez ele pronunciou a palavra *divórcio*.

O fim de um casamento não tem nenhuma originalidade. Aquele que está terminando se afasta lentamente, enquanto o que não quer que termine oscila entre o amor triste e a raiva vingativa. Havia dias em que ele se lembrava das pessoas que tinham sido e encontrava um jeito de ser generoso e compreensivo, mas esses dias ficaram mais raros. Então vieram os advogados e depois disso os dois ficaram zangados, e o que estava terminando parou de se sentir culpado, *você entrou em minha vida andando de bicicleta, trabalhando como editora assistente, morando no sótão de alguém como inquilina e quer sair do casamento como uma multimilionária*, e a que não queria que acabasse fez tudo o que teria jurado nunca fazer e dificultou para o que queria terminar ver seu filho, *nunca vou perdoar você, você arruinou a vida dele, não estou pensando em você, estou pensando nele*, e tiveram de levar o caso ao tribunal e o juiz teve de dizer aos dois que eles não deviam estar num tribunal porque deviam ao filho uma solução. Aquelas não eram as pessoas que os dois eram de verdade. Essas pessoas acabariam reaparecendo com o tempo, depois que a que estava sendo abandonada encontrou a Ilusão pessoalmente em Nova York e a ofendeu com um vocabulário que ninguém sabia que ela conhecia, depois que resolveram como compartilhar o filho, em algum momento naquele futuro depois do fim da guerra, quando a dor começara a se apagar eles se reconquistaram e se lembraram de que gostavam um do outro, e que além de gostarem um do outro tinham de ser bons pais para seu filho, e então um diabrete de cordialidade se insinuou na sala, e logo mais estavam discutindo as coisas como adultos, ainda discordando, discordando bastante, na verdade, e ainda perdendo a paciência às vezes, mas conseguindo conversar, até se encontrar, achando um rumo não tanto um para o outro, mas para si mesmos, e até conseguindo, às vezes, sorrir.

E o que levou ainda mais tempo, porém acabou acontecendo, foi a volta de uma amizade, que permitiu que fizessem coisas como uma família outra vez, comer um na casa do outro, sair para jantar e ir a um cinema com os meninos, até tirar férias juntos na França, na Índia e, sim, nos Estados Unidos também. Acabaria se tornando um relacionamento do qual se orgulhar, um relacionamento rompido, pisado e rompido de novo, mas depois reconstruído, não com facilidade, não sem momentos de destrutividade, mas lentamente, seriamente, pelas pessoas que eles eram de fato, que ressurgiram da armadura da ficção científica, da fantasia de monstros de cinema em que o divórcio os tinha transformado.

Isso levaria anos para acontecer, e exigiria que sua Ilusão o apunhalasse no coração e desaparecesse de sua vida, não numa nuvem verde de fumaça como a Bruxa Má do Oeste, mas num jato particular de um velho Patinhas McPato, para seu mundo particular de Péssima Penugem e outros lugares cheios de maldade e dinheiro. Depois de oito anos, durante os quais ela lhe disse em média uma vez por semana que ele era velho demais para ela, ela acabou com um pato duzentos anos mais velho, talvez porque Patinhas McPato podia abrir a porta encantada que a levaria ao secreto mundo de sonhos da subvenção infinita, da vida vivida sem limites na Big Rock Candy Mountain com os pássaros, as abelhas e as árvores cigarreiras;* e porque numa sala particular de sua cúpula do prazer particular em Patoburgo, Estados Unidos, havia uma piscina cheia de dobrões de ouro e eles podiam mergulhar do trampolim baixo e nadar durante horas, como o Tio Patinhas gostava de nadar, na tranquilizante liquidez do dinheiro dele; e que importava se ele era amigo íntimo de Duck Cheney e se John McDuck (sem parentesco) lhe dissesse que podia escolher a embaixada americana que quisesse depois da derrota de Barack Obama?, isso não importava, porque no porão de seu castelo particular havia o Diamante do Tamanho do Ritz e na caverna no coração da Montanha

* *The Big Rock Candy mountain* é um romance do escritor americano Wallace Stegner. É também uma canção gravada por Harry McClintock em 1928, mas que deve datar do final do século XIX. Fala do paraíso imaginário de um trabalhador migrante, com "pássaros, abelhas e árvores cigarreiras" (*the birds and the bees and the cigarette trees*). (N. T.)

Pato, que ele havia comprado num golpe empreendedor de capitalismo havia muito tempo, no período jurássico em que ele era apenas um patinho setenta primaveras antes, seu manso tiranossauro ladeado por seus fiéis velociraptors protegia de todos os saqueadores seu fabuloso tesouro do dragão, sua montanha de dinheiro particular e incontável.

Quando ela partiu para o mundo de faz de conta, a realidade voltou. Elizabeth e ele não se casaram de novo, nem viraram amantes de novo, porque isso não teria sido realista, mas foram capazes de se tornar pais melhores e também os melhores amigos, e suas verdadeiras personalidades apareceram não na guerra que travaram, mas nas pazes que fizeram.

No ano 2000 aquela velha história, a *fatwa*, efetivamente reemergiu de quando em quando. Ele estava em Manhattan parado na calçada da Barrow Street depois de procurar por um possível apartamento para alugar quando o secretário do Exterior britânico ligou para seu celular. *Que coisa estranha*, ele pensou, *estou parado aqui sem proteção, cuidando da minha vida, enquanto Robin Cook me diz que seu equivalente iraniano Kharrazi prometeu que todo mundo no Irã está por trás do acordo, mas a inteligência britânica continua não acreditando, e por falar nisso Kharrazi diz que a história dos homens venderem os rins não é verdade, blábláblá*. Ele havia virado uma chave em sua cabeça e não ia mais esperar que o governo britânico ou o Irã dessem sinal verde, ele ia construir sua liberdade sozinho ali mesmo nas calçadas de Nova York e, se conseguisse encontrar um lugar para morar, isso iria realmente ajudar.

Havia um apartamento na rua 65 com a Madison, na frente da loja Armani. O teto não era alto e o apartamento não era bonito, mas estava a seu alcance e o dono estava disposto a vendê-lo para ele. Era um prédio cooperativado, então ele tinha de ser aprovado pelo conselho, mas o proprietário era o diretor do conselho e prometeu que não haveria problema, o que provava que mesmo diretores de conselhos de cooperativas do Upper East Side podiam ignorar o que as pessoas realmente pensavam deles, porque, quando chegou a hora da entrevista, a hostilidade do conselho com o candidato não podia ser explicada inteiramente pela nuvem acima da cabeça deste. Ele chegou a um apartamento cintilante, povoado por damas com laquê no cabelo, cujos rostos não se mexiam, como se fossem personagens com máscaras de uma tragédia grega, e mandaram que ele tirasse os sapatos para proteger o fofo tapete branco no chão. Seguiu-se uma entrevista tão superficial que só podia significar duas coisas: que as deusas mascaradas já haviam decidido dizer sim, ou que já haviam decidido dizer não. No fim da reunião, ele disse que agradeceria uma decisão rápida, diante do que a mais grandiosa das grandes damas encolheu os ombros eloquentemente e disse através da imobilidade orestiana de seu rosto que a decisão ocorreria quando ocorresse e acrescentou: "Nova York é uma cidade muito dura, senhor Rushdie, e tenho certeza de que o senhor entende por quê". "Não", ele sentiu vontade de dizer, "não, na realidade, não entendo por quê, madame Sófocles, poderia me explicar?" Mas ele sabia o que ela estava dizendo de fato. "Não. Só por cima de meu corpo botoxado lipoaspirado, de minha costela removida e de minhas irrigações de cólon. Nunca, nem em um milhão de anos."

Nos anos seguintes, ele de vez em quando desejou se lembrar do nome daquela senhora, porque devia a ela um grande "obrigado". Se tivesse sido aprovado pelo conselho, teria sido obrigado a comprar o apartamento de que não gostara de fato. Ele não foi aprovado, e naquela mesma tarde encontrou seu lar. Às vezes era difícil não acreditar no Destino.

A canção do U2 — "sua" canção — estava tocando no rádio e os DJs pareciam gostar dela. "No filme", Padma dissera a ele, "tenho de fazer o papel de Vina Apsara. Sou perfeita para ele. É óbvio." *How she made me feel, how she made me real* [O que me fez sentir, como me fez existir]. "Mas você não é cantora", ele disse, e ela ficou furiosa. "Estou fazendo aulas de canto", disse. "Meu professor disse que tenho muito potencial." Os direitos para cinema haviam sido comprados recentemente pelo piratamente ousado produtor português Paulo Branco e o filme seria dirigido por Raúl Ruiz. Ele conheceu Branco e propôs Padma para o principal papel feminino. "Claro", disse Branco. "É perfeito." Naquela época, ele não havia aprendido como traduzir para o inglês a fala de produtor. Não se deu conta de que o que Branco estava dizendo de fato era: "Claro que não".

Ele almoçou em Londres com Lee Hall, o famoso roteirista de *Billy Elliot*, indicado ao Oscar, que tinha adorado *O chão que ela pisa* e estava ansioso para trabalhar no roteiro. Quando Ruiz se recusou a sequer encontrar Hall, o projeto começou a perder força rapidamente. Ruiz contratou um roteirista argentino, Santiago Amigorena, um falante do espanhol que escreveria o roteiro em francês para ser depois traduzido para o inglês. O primeiro tratamento dessa quimera, desse inconsistente roteiro *pushmi-pullyu*,* era previsivelmente horrendo. "A vida é um tapete", um dos personagens tinha de dizer, "e só podemos ver seu desenho completo em nossos sonhos." Essa era uma das melhores falas do diálogo. Ele protestou com Branco e perguntaram se ele estaria disposto a revisar o roteiro com Amigorena. Ele concordou, pegou um avião para Paris, conheceu Santiago, um bom homem e sem dúvida excelente escritor em sua língua. Depois das conversas, porém, Amigorena mandou-lhe um segundo tratamento que tinha o mesmo misticismo opaco do primeiro. Ele respirou fundo e disse a Branco que gostaria de escrever um tratamento sozinho. Quando enviou seu roteiro para Branco, disseram que Raúl Ruiz se recusara a lê-lo. Ele telefonou para Branco e perguntou: "Ele não vai nem ler? Por quê?". "Você tem de entender", Branco respondeu, "que estamos no universo de Raúl Ruiz." "Ah", ele disse, "pensei que estávamos no universo do meu romance." O projeto gorou irrecuperavelmente dias depois e o sonho de Padma de representar Vina Apsara chegou a um final prematuro.

"Nova York é uma cidade dura, senhor Rushdie." Certa manhã, ele acordou e topou com uma fotografia de página inteira de Padma na capa do *Post* e, ao lado dela, debaixo de uma foto pequena como um inseto dele mesmo, a manchete em letras de cinco centímetros: MORRER POR ELE.

E no dia seguinte, no mesmo jornal, havia um cartum em que o rosto dele era visto através do visor do rifle de um atirador. A legenda dizia: NÃO SEJA BOBA, PADMA, AQUELES IRANIANOS MALUCOS NUNCA VÃO VIR ATRÁS DE MIM EM NOVA YORK. E de novo algumas semanas depois, no *Post* outra vez, havia uma fotografia dos dois juntos andando por uma rua de Manhattan e a manchete VALE A PENA MORRER POR ELE. A notícia apareceu em toda parte e em Londres o editor de um jornal disse que seu escritório estava "inundado" de cartas pedindo que os royalties de Rushdie fossem confiscados porque ele estava "caçoando da Grã-Bretanha" ao viver abertamente em Nova York.

* Animal fantástico com duas cabeças em extremidades opostas do corpo, uma de antílope, uma de unicórnio, da série de livros *Dr. Doolittle*, de Hugh Lofting, adaptada duas vezes para o cinema. (N. T.)

Ela ficou com medo. Sua foto estava em todos os jornais do mundo e ela se sentia vulnerável, disse. Na sala de Andrew Wylie, ele encontrou-se com agentes da divisão de inteligência da polícia de Nova York que foram surpreendentemente tranquilizadores. De certa forma, o *Post* tinha lhe feito um favor, disseram. O jornal anunciara sua chegada à cidade tão ruidosamente que, se algum dos "bandidos" que eles estavam monitorando estivesse interessado, haveria uma reação imediata. Mas não houve nenhuma perturbação da Força. Estava tudo calmo. "Achamos que ninguém está interessado no senhor a esta altura", disseram a ele. "Então, não temos nenhum problema com seus planos."

Esses planos compreendiam uma política deliberada de ser visto em público. Ele não se "esconderia" mais. Iria comer no Balthazar, no Da Silvano, no Nobu, iria ao cinema, a lançamentos de livros, seria visto se divertindo tarde da noite em lugares da moda como o Moomba, no qual Padma era bem conhecida. Inevitavelmente iriam caçoar dele em alguns lugares, por ter se transformado em uma espécie de monstro festeiro, mas era o único jeito que ele conseguia imaginar de mostrar às pessoas que ele não precisava ter medo, que as coisas iam ser diferentes agora, que estava *tudo bem*. Só vivendo abertamente, visivelmente, destemidamente, e aparecendo nas notícias por isso, ele podia reduzir o clima de medo à sua volta, que era agora, em sua opinião, um obstáculo maior do que qualquer ameaça iraniana que ainda restasse. E, apesar das frequentes crises de mau humor de Padma, de sua capacidade de se comportar como uma modelo mimada, de sua frieza nada infrequente em relação a ele, era preciso reconhecer, ela concordava que era assim que ele devia viver e estava disposta a ficar a seu lado, mesmo quando em Besant Nagar, Madras, o avô dela, K. C. Krishnamurti — "K. C. K." —, dava entrevistas dizendo que estava "horrorizado" com a presença desse Rushdie na vida de sua neta.

(Nos anos que viveram juntos, ele visitou os parentes de Padma em Madras diversas vezes. K. C. K. logo desistiu de sua oposição ao relacionamento dos dois, incapaz, como disse, de negar à sua querida neta tudo o que ela dissesse que lhe trazia felicidade. "Esse Rushdie", por sua vez, veio a considerar a família de Padma como a melhor parte dela, a parte indiana em que ele tanto queria acreditar. Ele ficou especialmente próximo da irmã muito mais nova de sua mãe, Neela, que era mais como uma irmã mais velha de Padma do que uma tia, e para ele foi quase como ter uma nova irmã. Quando Padma estava com sua família de Madras, que era gente bem-humorada, sem frescuras, ela se tornava outra pessoa, mais simples, menos afetada, e a combinação dessa simplicidade madrasiana com sua beleza assombrosa era absolutamente irresistível. Às vezes, ele pensava que, se os dois pudessem construir uma vida familiar que a fizesse se sentir segura naquele pequeno mundo de Besant Nagar, ela poderia ser capaz de manter seu melhor lado despretensioso, e se conseguisse isso os dois sem dúvida poderiam ser felizes. Mas não era isso que a vida lhes reservava.)

A *Orestíada* estava em cartaz no National Theater em Londres e, como a má vontade da imprensa continuava (e no Irã tinha havido o costumeiro barulho de "nós vamos matar você" do aniversário da *fatwa*, fazendo com que ele se perguntasse pela milésima vez se era sensato fazer o que estava fazendo), ele se perguntou se também seria perseguido pelas Fúrias até o fim de seus dias, as três Fúrias: o fanatismo islâmico, a crítica da imprensa e uma esposa abandonada e zangada; ou se ele conseguiria, como Orestes, romper um dia com a maldição sobre sua casa, ser perdoado pela justiça de alguma Atena moderna e ter permissão para viver seus dias em paz.

Estava escrevendo um romance chamado *Fúria*. Tinha sido convidado a escrever para o "presente" da Semana do Livro Holandesa, o primeiro autor não holandês a receber essa honraria. Todo ano, durante a Semana do Livro Holandês, "presente" era dado a todos que comprassem um livro numa livraria. Centenas de milhares de exemplares eram distribuídos. A maior parte consistia em livros curtos, mas *Fúria* estava se tornando um romance de tamanho normal. Apesar de tudo o que estava acontecendo em sua vida, o romance estava brotando dele, insistindo em ser escrito, exigindo existir com uma urgência que quase o assustava. Na verdade, ele estava trabalhando num outro romance, *Shalimar, o equilibrista*, mas *Fúria* havia se intrometido e empurrado *Shalimar* temporariamente para fora de sua mesa.

No cerne de seu livro estava a ideia de que ele chegara a Manhattan quando a cidade acreditava estar vivendo uma idade dourada — "a cidade fervia de dinheiro", ele escreveu — e ele sabia que esses momentos de ápice sempre tinham breve duração. Resolveu que queria assumir o risco criativo de captar o momento enquanto estava vivendo nele, abandonar a perspectiva da história e meter o nariz no presente, colocá-lo no papel enquanto ainda estava acontecendo. Se acertasse, pensou, então os leitores contemporâneos do livro, principalmente em Nova York, experimentariam o prazer do reconhecimento, a satisfação de dizer a si mesmos: *Sim, é desse jeito mesmo*, e no futuro o livro traria de volta à vida aquele momento para os que eram muito jovens para tê-lo vivido, e eles diriam: *Sim, devia ser desse jeito, era assim.* Se não acertasse... bem, onde não havia risco de fracasso também não havia possibilidade de sucesso. A arte era sempre um risco, sempre realizada no limiar da possibilidade e sempre questionava o artista, e era assim que ele gostava.

Movimentando-se pela cidade havia um homem que ele criara para ser ao mesmo tempo como ele e diferente dele; como ele porque tinha a mesma idade, era de origem indiana, com uma história britânica e um casamento rompido; um recém-chegado a Nova York. Ele queria deixar claro que não podia e não iria tentar escrever sobre a cidade como alguém nascido e criado em Nova York escreveria. Ele escreveria um outro tipo de história característica de Nova York, uma história de chegada. Mas a *anomia* e ranzinzice de seu Malik Solanka foram desenvolvidas intencionalmente para separá-lo de seu criador. A visão um tanto amarga e desencantada da cidade à qual Solanka chegara para se salvar era deliberadamente, comicamente, contraditória; ele ficava contra aquilo de que era a favor, reclamava das mesmas coisas que o tinham atraído àquela cidade. E a Fúria não era uma criatura perseguindo Malik Solanka, arranhando sua cabeça, mas a coisa que ele mais temia dentro de si mesmo.

Saladin Chamcha, em *Os versos satânicos*, tinha sido outra tentativa de criar um antieu ou um eu-oposto, e era intrigante que em ambos os casos esses personagens que ele escrevera para serem diferentes dele mesmo eram vistos por muita gente como simples autorretratos. Mas Stephen Dedalus não era Joyce, Herzog não era Bellow, Zuckerman não era Roth, Marcel não era Proust; escritores trabalhavam sempre perto do touro, como toureiros, jogavam jogos complexos com a autobiografia e no entanto suas criações eram mais interessantes que eles mesmos. Sem dúvida, isso era sabido. Mas o que era sabido podia também ser esquecido. E ele tinha de confiar na passagem dos anos para esclarecer as coisas.

O chão que ela pisa foi declarado vencedor da "região eurasiana" do Commonwealth Writers' Prize para Melhor Livro. O vencedor geral seria revelado numa cerimônia em Delhi, em abril. Ele decidiu que iria. Iria e levaria Zafar com ele. Recuperaria a Índia depois de todos os anos perdidos e às vezes furiosos. (A proibição a *Os versos satânicos* evidentemente ainda vigorava.)

Vijay Shankardass telefonou antes de ele sair de Londres. A polícia de Delhi estava extremamente nervosa com a proximidade de sua chegada. Será que ele por favor podia evitar ser identificado no avião? Sua cabeça calva era muito reconhecível; poderia por favor usar um chapéu? Seus olhos eram facilmente identificáveis; poderia por favor usar óculos escuros? Sua barba também devia ser escondida. Ele devia usar um cachecol sobre ela. Calor demais? Ah, mas havia cachecóis de algodão... "Salman", Vijay disse cuidadosamente, "as coisas aqui estão muito tensas. Estou um pouco ansioso por sua causa."

Ele não sabia o que esperar. Seria bem-vindo ou rejeitado? Só havia um jeito de descobrir.

Quando desceu do avião em Delhi, sentiu o impulso de beijar o chão, ou melhor, o tapete azul da passagem da pista, mas ficou envergonhado demais para fazê-lo sob os olhares vigilantes de um pequeno exército de guardas de segurança. O dia quente envolveu a ele e a Zafar como um abraço. Embarcaram num velho Hindustan Ambassador branco. O ar-condicionado não estava funcionando. Ele estava de volta.

A Índia vinha correndo de todos os lados. COMPRE ARMADILHAS PARA BARATAS CHILLY! BEBA ÁGUA MINERAL HELLO! CORRER OU MORRER!, gritavam os outdoors. Havia mensagens novas também. APRENDA ORACLE 81. FORME-SE EM JAVA TAMBÉM. E, como prova de que os velhos dias de protecionismo haviam terminado, a Coca-Cola estava de volta com uma vingança. Na última vez que ele estivera na Índia, a Coca-Cola havia sido proibida, deixando campo aberto para as péssimas imitações locais, Campa-Cola e Thums Up. Agora havia um anúncio vermelho de Coca-Cola a cada cem metros. O atual slogan da Coca era escrito em híndi transliterado para tipos romanos: *Jo chaho ho jaaye.* Que se podia traduzir, literalmente, por "Tudo o que você deseja há de se realizar". Ele preferiu pensar nisso como uma bênção.

BUZINE, POR FAVOR, pediam as placas na traseira dos milhões de caminhões que bloqueavam a estrada. Todos os outros caminhões, carros, bicicletas, motonetas, táxis e riquixás motorizados obedeciam entusiasticamente, dando-lhes as boas-vindas à cidade com uma enérgica versão da sinfonia da rua indiana. *Wait for Side! Sorry-Bye-Bye! Fatta Boy!*

Foi impossível seduzir Zafar a vestir o traje nacional indiano. Ele próprio vestiu uma *kurta* solta e fresca com calça de pijama indiano no momento em que chegaram, mas Zafar insistiu: "Não é meu estilo", preferindo ficar com seu uniforme de jovem londrino, camiseta, calça larga de brim e tênis. (No fim da viagem, ele estava usando o pijama branco indiano, mas não a *kurta*; mesmo assim, era um progresso.)

Havia cartazes no Forte Vermelho anunciando um show de *son et lumière* à noite. "Se mamãe estivesse aqui", Zafar disse, de repente, "ela insistiria em ver isso." *É verdade*, ele pensou, *insistiria*. "Bom", ele respondeu ao filho, "ela esteve aqui, sabe?" E começou a contar a Zafar de sua viagem em 1974 e do que a mãe dele havia achado disto e daquilo — o quanto ela gostara da serenidade de um lugar, ou da agitação de outro. A viagem adquiriu uma nova dimensão.

Ele sabia que a primeira viagem seria a mais difícil. Se corresse bem, as coisas ficariam mais fáceis. A segunda visita? "Rushdie volta" não era tanto matéria para notícia. E a terceira — "Ah, ele está aí de novo" — mal soava como notícia. No longo trajeto de volta à "normalidade", o hábito, até o tédio, seria uma arma útil. Ele planejou submeter a Índia.

Seus protetores tinham um clima de pesadelo sobre suas cabeças, relativo às quadrilhas de agitadores. Na Velha Delhi, onde moravam muitos muçulmanos, estavam particularmente nervosos, principalmente cada vez que uma pessoa do público dava o mau passo de reconhecê-lo. "Sir, houve exposição! Houve exposição! Sir, disseram seu nome, sir! Seu nome foi chamado, sir! Sir, por favor, o chapéu!"

Os agentes britânicos mantiveram distância dele. O chefe do Conselho Britânico na Índia, Colin Perchard, recusou-se a dar permissão para que ele usasse o auditório do conselho para uma entrevista coletiva. O alto-comissário britânico, sir Rob Young, recebeu instruções do Foreign Office para ficar longe dele. Ele tentou não se importar, lembrando a si mesmo por que estava ali. O Commonwealth Writers' Prize era apenas um pretexto. Essa viagem com Zafar era a vitória real. A Índia em si, o prêmio.

Fizeram uma viagem de carro: Jaipur, Fatehpur, Sikri, Agra, Solan. Havia mais caminhões do que ele se lembrava, muitos mais, buzinando, mortais, muitas vezes rodando para cima deles na contramão. A cada poucos quilômetros havia batidas de frente.

Olhe, Zafar, aquele é o altar de um importante santo muçulmano; todos os caminhoneiros param ali e rezam para ter sorte, até os hindus. Depois voltam para suas cabines e assumem riscos terríveis com a vida deles e a nossa. Zafar, aquilo é uma carroça puxada a trator, lotada de gente. Na época da eleição, cada aldeia recebe ordens de providenciar esse transporte para os comícios dos políticos. Para Sonia Gandhi, a exigência é de dez veículos desses por aldeia. As pessoas andam tão desiludidas com os políticos que ninguém iria aos comícios de livre e espontânea vontade. Olhe, aquelas são as chaminés poluidoras dos fornos de tijolos fumegando nos campos.

Fora da cidade o ar é menos imundo, mas ainda não é limpo. Em Bombaim, contudo, entre dezembro e fevereiro, pense um pouco, aviões não podem pousar nem decolar antes das onze da manhã por causa da névoa de poluição.

A cada cem metros mais ou menos, eles viam placas que diziam STD-ISD-PCO. PCO era *personal call office*, posto de comunicação pessoal, e agora qualquer pessoa podia entrar numa daquelas pequenas cabines, telefonar para qualquer lugar da Índia ou mesmo do mundo, e pagar na saída. Era a primeira revolução nas comunicações no país. Poucos anos depois, haveria uma segunda, e centenas de milhões de celulares colocariam os indianos em contato uns com os outros e com o mundo como nunca antes.

Zafar estava com quase 21 anos. Ir com ele a Solan, à casa cuja posse haviam reconquistado, foi um momento emocionante. Um dia, ela pertenceria a Zafar e ao pequeno Milan. Eles seriam a quarta geração da família a ir lá. A família deles era espalhada e aquele pequeno terreno de continuidade significava muito.

O ar refrescou, altas coníferas curvavam-se de íngremes encostas. Quando o sol se pôs, as luzes das primeiras estações montanhesas brilharam acima deles no crepúsculo. Passaram por um trem de bitola estreita em seu caminho lento e pitoresco para Shimla. Pararam numa *dhaba* perto de Solan para jantar e o dono ficou contente de recebê-lo. Alguém pediu um autógrafo. Ele ignorou a carranca do chefe da equipe policial, Akshey Kumar. Ele não ia a Solan desde que tinha doze anos, mas sentiu-se em casa.

Já estava escuro quando chegaram à casa de Anis. Da estrada, tiveram de subir 122 degraus até lá. Embaixo, ficava o portãozinho e Vijay lhes deu formalmente as boas-vindas à casa que ele reconquistara para a família. O *chowki*-

dar Govind Ram correu até eles e deixou Zafar perplexo quando se curvou para tocar os pés deles. O céu estava incendiado de estrelas. Ele entrou no quintal sozinho. Precisava estar isolado.

Acordou às cinco da manhã com a música amplificada e os cânticos do templo hindu do outro lado do vale. Vestiu-se e andou em torno da casa à luz do amanhecer. Com seu telhado alto e rosado e as pequenas torres nos cantos, era mais bonita do que ele se lembrava, mais bonita do que parecia nas fotos de Vijay, e a vista das montanhas era deslumbrante. Era uma sensação muito estranha andar em torno de uma casa que ele não sabia que de alguma forma lhe pertencia.

Passaram a maior parte do dia perambulando na propriedade, sentados no jardim à sombra de altas e velhas coníferas, comendo os ovos mexidos especiais de Vijay. A viagem tinha valido a pena: ele sabia disso pela expressão no rosto de Zafar.

Os rumores de sua presença na Índia eram abundantes. Algumas organizações islâmicas prometeram fazer barulho. Num jantar no restaurante Himani, em Solan, ele estava comendo uma apimentada versão indiana de comida chinesa quando foi identificado por um repórter de Doordarshan chamado Agnihotri, que estava de férias com sua família. Momentos depois, um repórter da imprensa local chegou e fez algumas perguntas simpáticas. Nada disso era muito inesperado, mas o resultado desses encontros casuais foi que a trepidação da polícia cresceu muito e transbordou numa briga. De volta à casa de Anis, Vijay recebeu em seu celular o chamado de um policial, Kulbir Krishan, de Delhi. Esse telefonema fez Vijay perder a compostura pela primeira vez em todos os anos da amizade deles. Ele estava quase tremendo ao dizer: "Estão nos acusando de ter chamado aqueles jornalistas ao restaurante. Esse homem me disse que não agimos como cavalheiros, não mantivemos nossa palavra e nós, acredite na frase se quiser, 'falamos fora de hora'. Finalmente, o sujeito disse que 'vai haver tumulto em Delhi amanhã e se nós atirarmos na multidão e houver mortes o sangue estará em suas mãos'".

Ele ficou horrorizado. Aquilo estava se transformando numa questão de vida ou morte. Se a polícia de Delhi estava tão animada no gatilho a ponto de estar preparada para matar pessoas, tinha de ser detida antes que fosse tarde demais. Não havia tempo para gentilezas. Zafar ficou olhando, tonto, enquanto ele deliberadamente despejava sua raiva no coitado e tão decente Akshey Krishan (que não tinha culpa de nada) e lhe dizia que, a menos que Kulbir Krishan telefonasse de novo imediatamente, se desculpasse pessoalmente com Vijay e garantisse que não havia planos de matar ninguém no dia seguinte, ele faria questão de dirigir a noite inteira de volta a Nova Delhi para estar esperando na porta do primeiro-ministro Vajpayee ao amanhecer para pedir que ele tratasse do assunto pessoalmente. Passado algum tempo desse acesso de raiva, Kulbir efetivamente telefonou outra vez para falar de "mal-entendidos" e prometeu que não haveria tiros nem mortes. "Se falei fora de contexto", ele concluiu, memoravelmente, "então sinto muito, de fato."

Ele explodiu numa gargalhada diante do absurdo dessa formulação e desligou o telefone. Mas não dormiu bem. O sentido de sua viagem à Índia seria definido pelo que acontecesse nos próximos dois dias e, mesmo esperando e acreditando que a polícia estava nervosa sem necessidade, ele não tinha como ter certeza. Delhi era a cidade deles e ele era Rip van Winkle.

Ao meio-dia e meia do dia seguinte estavam de volta a Delhi e ele teve uma reunião a portas fechadas com R. S. Gupta, o comissário assistente especial encarregado da segurança de toda a cidade, um homem calmo e forte. Ele pintou um quadro sombrio. Um político muçulmano, Shoaib Iqbal, planejava ir às preces de meio-dia da sexta-feira na Jama Masjid e pedir a ajuda do imã Bukhari para começar uma manifestação contra ele, e contra o governo indiano por ter permitido que ele entrasse no país. Os números podiam ser grandes e paralisar a cidade. "Estamos negociando com eles", disse Gupta, "para manter os números baixos, e o evento, pacífico. Talvez a gente consiga." Depois de algumas horas de espera em alta tensão, durante as quais ele ficou efetivamente confinado em seu quarto — "Sir, nenhum movimento, por favor" —, a notícia foi boa. Menos de duzentas pessoas saíram às ruas — e, na Índia, duzentos manifestantes era um número menor que zero — e tudo transcorrera sem problema nenhum. A perspectiva de pesadelo não ocorrera. "Felizmente", disse o sr. Gupta, "conseguimos controlar as coisas."

O que realmente acontecera? O ponto de vista da segurança era sempre impressionante e muitas vezes persuasivo, mas era apenas uma versão da verdade. Era uma das características das forças de segurança em todos os lugares do mundo tentar capitalizar tudo. Se tivesse havido uma manifestação, eles teriam dito: "Viu? Todo o nosso nervosismo era amplamente justificado". Mas não houvera marcha nenhuma, então: "Conseguimos evitar o problema graças à nossa previsão e à nossa perícia". Talvez sim, ele pensou. Mas talvez fosse o caso também de que, para a vasta maioria dos muçulmanos indianos, a controvérsia em torno de *Os versos satânicos* fosse roupa velha e, apesar dos esforços do político e do imã (ambos fizeram trovejantes discursos sanguinários), ninguém podia realmente se dar ao trabalho de se manifestar. *Ah, tem um romancista na cidade que vai a um jantar? Como é o nome dele? Rushdie? E daí?* Essa foi a posição geral da imprensa indiana, quase sem exceção, em sua análise dos eventos do dia. A pequena manifestação foi notada, mas os interesses políticos particulares de seus organizadores também foram apontados. O roteiro na cabeça das pessoas estava sendo reescrito. A catástrofe prevista — tumulto, mortes — não acontecera. O que acontecera no lugar foi extraordinário e, para Zafar e para ele, um evento de imenso impacto emocional. O que explodiu na cidade não foi violência, mas alegria.

Às quinze para as oito da noite, ele e Zafar entraram na recepção do Commonwealth Writers' Prize no Oberoi Hotel, e desse momento até irem embora da Índia as comemorações não pararam. Eram cercados por jornalistas e fotógrafos, seus rostos engalanados com sorrisos muito pouco jornalísticos. Amigos atravessavam a muralha da mídia para abraçá-los. O ator Roshan Seth, que se recuperara recentemente de um sério problema cardíaco, abraçou-o e disse: "Olhe só, *yaar*, era para nós dois estarmos mortos e ainda estamos fortes e rijos". A eminente colunista Amita Malik, amiga da família dele desde os velhos dias de Bombaim, de início tomou Zafar por guarda-costas do pai (para delícia de Zafar), mas depois relembrou maravilhosamente o passado, contou histórias do querido irmão de Negin, Hameed, que morrera jovem demais, havia muito tempo. Talentosos escritores jovens — Raj Kamal Jha, Namita Gokhale, Shauna Singh Baldwin — foram dizer coisas generosas sobre o significado da literatura dele para seu próprio trabalho. Uma das grandes damas da literatura indiana em língua inglesa, a romancista Nayantara Sahgal, juntou as mãos e sussurrou: "Bem-vindo à sua terra". E Zafar foi entrevistado pela televisão, falando tocantemente de sua própria felicidade por estar ali. Seu coração transbordava. Ele não ousara de fato esperar tanto, fora contaminado pelos temores da polícia e se defendera contra muitos tipos de decepção. Naquele momento, as defesas haviam caído e a felicidade se erguia como um alvorecer tropical, rápida, brilhante, quente. A Índia era sua outra vez. Era uma coisa rara realizar o desejo que se tem no coração.

Ele não ganhou o prêmio, que foi para J. M. Coetzee. Mas aquela foi mais uma festa de volta ao lar do que uma cerimônia de premiação. RUSHDIE NA ÍNDIA: SÓ ALEGRIA, MUITA ALEGRIA. Como demonstrava a manchete hiperbolicamente afetiva da primeira página do *The Indian Express*, o espírito festivo transbordava para a mídia, afogando as poucas vozes negativas. Em todas as suas conversas com a imprensa, ele tentou evitar reabrir velhas feridas, para dizer aos muçulmanos indianos que não era, nem nunca tinha sido, inimigo deles, e frisar que estava na Índia para reatar laços rompidos e começar, por assim dizer, um novo capítulo. *The Asian Age* colaborou: "Vamos virar uma página". Outra publicação, a *Outlook*, falou do prazer que a Índia tivesse "se redimido de ter sido a primeira a banir *Os versos satânicos* e sujeitá-lo à perseguição e agonia que se seguiram". *The Pioneer* expressou sua satisfação pela Índia uma vez mais defender "os valores democráticos e o direito do indivíduo de se expressar". Num clima menos elevado, acusou-o também de improvável mas deliciosamente ter "transformado as mulheres mais sofisticadas da cidade em colegiais risonhas" que diziam a seus acompanhantes: "Querido, [ele] é capaz de mandar os galãs de Bollywood de volta para a escola". Dilip Padgaonkar, do *The Times of India*, afirmou, comoventemente: "Ele se reconciliou com a Índia e a Índia com ele [...]. Algo sublime aconteceu com ele que deve permitir que continue a nos fascinar com suas tramas. Ele voltou para o lugar onde seu coração sempre esteve. Voltou para casa". O *Hindustan Times* publicou um editorial intitulado RECONSIDERAR A PROIBIÇÃO. Esse sentimento ecoou por toda a mídia. No *The Times of India*, um acadêmico islâmico, entre outros intelectuais, apoiou o fim da proibição do livro. Na mídia eletrônica, as pesquisas de opinião concluíram que 75% dos entrevistados eram a favor de que *Os versos satânicos* fosse publicado livremente na Índia afinal.

Vijay deu uma festa de despedida para ele. Suas duas tias atrizes, Uzra Butt e a irmã dela, Zohra Segal, compareceram, com sua prima Kiran Segal, filha de Zohra, professora e um dos expoentes do país da clássica escola indiana de dança odissi. Essa era a ala alegre da família, de língua afiada e olhar esperto. Uzra e Zohra eram as grandes damas do teatro indiano e todo mundo estivera um pouco apaixonado por Kiran em algum momento. Zohra e Kiran tinham morado num apartamento em Hampstead nos anos 1960 e durante sua época de Rugby ele às vezes passava férias no quarto extra, vizinho do quarto de Kiran, na porta do qual havia o alerta de um crânio com ossos cruzados. Vijay Shankardass e Roshan Seth também ficavam no mesmo quarto extra no mesmo período. Os três olhavam curiosos para o crânio e ossos, e nenhum dos três ultrapassou o limite.

"Há anos não vejo você dançar", ele disse a Kiran.

"Volte logo", ela disse. "E eu danço."

Era uma vez um menino chamado Milan e seu pai, que viviam na margem de um rio mágico. Quem subia o rio na direção da nascente ficava mais jovem quanto mais longe ia. Quem descia o rio ficava mais velho. Quem seguia um dos muitos tributários laterais do rio tinha de tomar cuidado. Podia se transformar em outra pessoa completamente diferente. Milan e o pai desceram o rio num barquinho, ele se tornou um homem, mas quando viu como seu pai tinha ficado velho não quis mais ser homem, quis ser menino outra vez. Então voltaram para casa, ele ficou criança outra vez e seu pai também voltou ao normal. Quando Milan contou para sua mãe, ela não acreditou na história, achou que o rio mágico era só um rio e não lhe importava de onde vinha, para onde ia e o que acontecia com aqueles que navegavam em suas águas. Mas era verdade. Ele e o pai sabiam que era verdade e era isso que contava. Fim.

"Eu gosto de você, pai. Eu disse que você ia me fazer dormir."

Ele ainda morava na casa da Bishop's Avenue quando estava em Londres, dormindo em um dos quartos deixados vagos pela polícia, mas isso tinha de mudar. "Vamos encerrar essa história. Estou cheia de viver com você", Elizabeth disse, mas disse também: "Você sabe que podíamos facilmente fazer isto aqui dar certo se você quisesse". Eles brigaram, depois ela quis pegar na mão dele e brigaram de novo. Foi um mau momento. *Você não vai levar a melhor nesta história. Você criou esta situação e agora tem de enfrentar as consequências.* E em outro dia: *Eu ainda te amo. Não sei o que fazer com esse sentimento.* Mas um dia, no futuro, eles caminhariam juntos por uma praia de Goa e seguiriam a *route de Cézanne* na França e ela iria a Nova York, ficaria na casa dele, se fantasiaria de Morticia Adams (Milan de Michael Jackson e ele de Tony Soprano) e iriam ao Village para o Halloween.

Carol Knibb morreu dez dias depois do terceiro aniversário de Milan, mas ele nunca a esqueceu. Sua única avó "de verdade" estava longe e se recusava a pegar um avião por mais que a convidassem, e ele não a conheceu. Carol era a coisa mais próxima que ele tinha e a perdeu. Era novo demais para ter uma relação tão próxima com a morte.

Helen Fielding telefonou. "Alô, Salman. Você gostaria de fazer papel de bobo?" Estavam fazendo um filme baseado em *O diário de Bridget Jones* e ela queria que ele participasse de uma cena numa festa de lançamento de livro em que Bridget perguntava a um escritor onde ficava o toalete. "Tudo bem", ele disse, "por que não?" Atuar era um território atraente. Na escola, ele havia feito o papel (travestido, corcunda, com meias de lã) da médica louca fräulein Mathilde von Zahnd em *Os físicos*, de Dürrenmatt. Em Cambridge, havia sido escalado para alguns papéis modestos em produções da graduação, um juiz medroso em *Terror e miséria no Terceiro Reich*, de Bertolt Brecht, uma estátua que ganhava vida em *O futuro está nos ovos*, de Eugene Ionesco, e Pertinax Surly, o ajudante cético do facilmente enganável sir Epicure Mammon, em *O alquimista*, de Ben Johnson. Depois de Cambridge, veio a Oval House. Ele às vezes sonhara, junto com Bill Buford, fugir por um ano e se juntar a uma obscura companhia de verão no Meio-Oeste, para representar alegremente comédias absurdas e horríveis melodramas, mas isso agora estava fora de questão. Uns dois dias fazendo papel de bobo em *Bridget* teria de bastar.

A cena da festa levou dois dias para ser filmada. Renée Zellweger não largava o sotaque britânico nem atrás das câmeras, de forma que ele teve a estranha impressão de conhecer Bridget Jones e não a atriz que fazia esse papel. Colin Firth era engraçado e receptivo. "Tenho a esperança secreta de que você seja péssimo nisto aqui, porque eu não sei escrever livros." E Hugh Grant o beijou. Havia uma cena em que ele e Hugh tinham de se cumprimentar como amigos que não se viam havia muito e, antes de uma das tomadas, Hugh perguntou: "Você se importa se eu te der um beijo nessa?". E então lhe deu um grande beijo na boca perplexa. A cena acabou não entrando na edição final do filme. Seu primeiro beijo na tela, ele pensou, tinha sido com Hugh Grant e acabara no chão da sala de montagem. (O único outro homem que o beijou foi o diretor de cinema Abel Ferrara, que um dia o abraçou numa boate em

Nova York e usou a língua áspera. Nessa ocasião, felizmente, não havia câmeras rodando.)

Foi mais difícil do que ele esperava interpretar um personagem chamado Salman, cujo diálogo havia sido escrito por outra pessoa. Se ele estivesse num lançamento de livro quando uma moça de relações públicas fosse desajeitada e tola, seu instinto seria ser bom com ela e ele tentou representar dessa maneira, mas não era engraçado. Quanto mais gentil ele se mostrava, mais engraçada ficava a confusão de Bridget. Jeffrey Archer também participava da cena da festa e estava muito chateado por não precisar dizer nada. "Eu me dei ao trabalho de vir até aqui", ele disse aos produtores. "O mínimo que vocês podiam fazer era escrever uma ou duas frases." Não escreveram. O roteiro de Richard Curtis era o roteiro e pronto. Ele próprio tentara escrever um diálogo extra para "Salman Rushdie" — evidentemente —, mas tudo acabou sendo cortado da versão final do filme, a não ser por uma conversa que dava para ouvir ao fundo, vagamente. Alguém perguntava a ele até que ponto seus livros eram autobiográficos e ele respondia: "Sabe, ninguém nunca me perguntou isso".

Agora tinham um lugar para morar em Nova York e de perto a Ilusão estava se tornando real. Ela era capaz de dizer coisas de um narcisismo tão grande e majestoso que ele não sabia se enterrava a cabeça nas mãos ou aplaudia. Quando a estrela de cinema indiano Aishwarya Rai foi considerada a mulher mais linda do mundo numa revista, por exemplo, Padma anunciou para uma sala cheia de gente que ela "discordava seriamente daquilo". Seu humor era imprevisível e extremado. Sobre ele, ela era reservada. "Vou esperar este verão, depois veremos." Ela alternava entre fria e quente e ele estava começando a se perguntar se a quente compensava a fria. Ela ficava sombria e fechada durante vários dias e depois uma manhã havia sol irradiando de seu rosto. Seu diário estava cheio de suas próprias dúvidas. "Quanto tempo vou conseguir ficar com essa mulher cujo egoísmo é uma de suas características mais notáveis?" Uma noite, sentaram-se no Washington Square Park depois de um jantar conflituoso e ele lhe disse: "Esta relação não está funcionando para mim". Depois disso, durante vários dias ela foi muito doce e ele esqueceu por que tinha dito o que dissera. Ela conheceu algumas amigas dele e a maior parte delas a aprovou. Quando contou-lhe o que haviam dito, as observações positivas que tinham feito sobre seu caráter importaram menos do que os comentários sobre seus seios perfeitos. A *Playboy* francesa descobriu fotos dela nua e publicou uma na capa chamando-a de sua "noiva". Ela não se importou com a palavra e não se importou com a foto, mas quis ser paga por isso, e ele teve de contratar um advogado francês para trabalhar para ela. *Isso é o que estou fazendo agora*, ele pensou, perplexo. *Minha namorada está nua na capa da* Playboy *e eu estou negociando o preço*.

A mãe dela telefonou, em prantos, em crise matrimonial. Queria se separar do marido, padrasto de Padma. "Claro", ele disse de imediato, "ela pode vir e ficar conosco." "Nesse dia eu entendi que amava você", Padma disse a ele depois. "Quando você concordou imediatamente em cuidar de minha mãe." E, sim, eles se amavam. Durante muitos anos, ele pensou naquilo como um grande caso de amor, uma grande paixão, e achava que ela também. Sim, era instável e, sim, talvez estivesse condenado; mas, enquanto estava acontecendo, ele não pensava que era uma ilusão. Pensava que era para valer.

Zafar foi a Nova York e a conheceu. Gostou dela, disse, mas achou estranho ela ser mais próxima de sua própria geração que da de seu pai, e disse que eles formavam "um casal estranho, o intelectual e a modelo". Mas achou que ela era "boazinha" e "se é isso que você quer, dou o maior apoio". Ele certamente via, como todos viam, como era importante para seu pai a nova vida sem defesas em Nova York e não havia como voltar atrás.

Nesse verão, ele não quis voltar à casa da Little Noyac Path, mas a viúva de Joseph Heller, Valerie, ofereceu-lhe a casa na Skimhampton Road, na divisa East Hampton-Amagansett. Ela havia recebido um convite para ir à Itália e precisava do descanso. "Não arrumei nada, as roupas de Joe ainda estão nos armários, então queria alguém que eu conheça para cuidar de tudo." A ideia de escrever na mesa de Joseph Heller era ao mesmo tempo estimulante e desorientadora. "As camisas dele devem servir em você", Valerie acrescentou. "Fique à vontade para usar o que quiser." *Não*, ele pensou. *Seria ir longe demais. Não, obrigado.*

Ele ficava muito tempo sozinho porque Padma estava trabalhando num filme de Mariah Carey em Toronto, e no fim do verão ele havia terminado um tratamento de *Fúria*. Quando voltou à cidade e deu o livro para a mulher com quem estava tentando construir uma vida nova, ela não teve quase nada a dizer, a não ser sobre o personagem que se parecia com ela. *Tudo bem*, ele disse a si mesmo, *ninguém pode ter tudo*. Ele deixou de lado o manuscrito e saíram à noite. Nas horas tardias da madrugada, ocorreu-lhe uma ideia. "Estou me divertindo." "Coisa, minha gente, que tenho direito de aproveitar", ele escreveu no diário.

Havia notícias extraordinárias. Os serviços de inteligência britânicos tinham afinal diminuído a avaliação de risco. Ele não estava mais no nível dois. Agora era meramente um nível três, o que era um grande passo para a normalidade, e, se as coisas continuassem a correr bem, disseram, dentro de seis meses mais ou menos ele poderia descer para o nível quatro. Ninguém em nível quatro recebia proteção da Divisão Especial, de forma que quando isso acontecesse dariam o caso por encerrado. Ele disse: "Não será um pouco de excesso de cautela? Quando estou nos Estados Unidos pego táxi, ando de metrô, vou a jogo em estádio, a piquenique no parque. Aí volto para Londres e tenho de entrar em carros à prova de balas outra vez". É assim que gostaríamos de deixar as coisas, disseram. Devagar e sempre. Estamos nisso há tempo demais para cometer um erro com você agora.

Nível três! Isso fez com que ele sentisse que seu instinto era justificado. Estava tentando mostrar a todo mundo que podia assumir sua vida de volta, e havia amigos que achavam que estava sendo bobo; Isabel Fonseca escrevia e-mails longos e preocupados, dizendo que, se ele não "tivesse juízo" e contratasse guarda-costas, "o óbvio" seria "inevitável". Mas agora, muito devagar, devagar demais para seu gosto, a rede de segurança do mundo da proteção estava começando a liberá-lo. Ele tinha de continuar provando que estava certo e que os arautos da tragédia estavam errados. Ele ia reconquistar sua liberdade. O nível quatro haveria de chegar logo.

Pouco depois dessa notícia, veio outra imensa concessão. O estado de seu casamento havia sido discutido, disse a Divisão Especial, e ficou entendido que em algum momento ele haveria de querer, e muito provavelmente precisar, mudar-se do lar matrimonial. Os chefões da Yard, depois de discussões com o sr. Manhã e o sr. Tarde, tinham concordado que ele teria proteção "aberta" durante seis meses no novo endereço. Depois disso, supondo que não houvesse nenhuma mudança negativa na avaliação de risco, eles confirmariam o fim do risco à sua vida e a proteção chegaria ao fim. Lá estava finalmente. A linha de chegada, começando a aparecer.

Embora muitas de suas amigas o apoiassem (nem todas; a crítica Hermione Lee o viu num restaurante e o chamou, só meio afetivamente, de "canalha"), suas preocupações a respeito de Milan continuavam. E então apareceu outro comportamento maluco da mulher de verdade por trás da Ilusão, uma briga que surgiu do nada e que o encontrou pensando: *Eu vou voltar, vou voltar para o bem de Milan*, e ele cometeu o erro idiota de mencionar essa possibilidade a Elizabeth, que reagiu com hostilidade, interessada — muito compreensivelmente — apenas na própria dor e não nos problemas dele. Ele tentou uma segunda vez e uma terceira. Mas ela estava tão magoada, tão defendida, que não conseguia reagir. E nesse meio-tempo, em Nova York, a linda mulher que o mantinha em servidão implorou que ele não fosse embora e acabou admitindo que tudo o que ele vinha dizendo era verdade, todas as suas críticas eram justificadas, mas que queria que desse certo e que daria. Ele acreditou nela. Não podia evitar. Ela estava em seu sonho de futuro e ele não podia desistir. Então ele se afastou de Elizabeth outra vez. Foi sua última vacilação, a mais cruel, a mais fraca. Ele detestou o que fez.

Os advogados partiram para a guerra. Dez anos tinham se passado desde que comera carneiro com nastúrcios com Elizabeth no apartamento de Liz Calder. Um ano se passara desde o raio do céu na ilha da Liberdade.

Depois de dois alarmes falsos, dois apartamentos cujos donos se assustaram com questões de segurança, ele concordou em alugar, por um ano, uma casinha minúscula que pertencia ao pop star Jason Donovan, que protagonizara *José e seu manto technicolor*. Quando a notícia circulou, o *Daily Insult* ficou previsivelmente furioso que esse homem, que "odiava a Grã-Bretanha", agora tivesse policiais uniformizados diante de sua porta 24 horas por dia porque não queria mais "se esconder". *É muita audácia, sr. Rushdie*, disse-lhe o *Insult*. Elizabeth não queria que Milan fosse à casa nova. Não era seguro, disse. Isso o perturbaria tremendamente. "Você é uma pessoa egoísta que passa pela vida arrasando a vida dos outros", ela disse a ele. "Quem você deixou feliz algum dia? Como consegue conviver consigo mesmo?" Ele não tinha resposta.

Mas no fim Milan iria e ficaria com ele. No fim ele e Milan mantiveram uma relação próxima e amorosa, Milan cresceu e virou um jovem excepcionalmente maduro, educado, determinado, doce. No fim ficou claro que a vida de Milan não havia sido arruinada e que ele era um rapaz feliz, de coração aberto. Sim, no fim, no fim. Mas antes do fim, infelizmente, tinha de haver o meio.

O sr. Joseph Anton, editor internacional de origem americana, faleceu sem ser lamentado no dia em que Salman Rushdie, romancista de origem indiana, voltou à tona de seus longos anos clandestinos e assumiu residência em Pembridge Mews, Notting Hill. O sr. Rushdie comemorou a ocasião, mesmo que ninguém mais o fizesse.

10. No Halcyon Hotel

Até começar sua vida com Padma, ele sabia muito pouco sobre a cidade de Los Angeles, a não ser a noção convencional de que era o lugar onde nasciam as ilusões. Durante longo tempo, acreditou que o logotipo da Twentieth Century-Fox era uma construção de verdade, e não sabia que o leão da MGM estava bocejando e não rugindo, e quis saber em que cordilheira ficava a montanha Paramount. Em outras palavras, ele era ingênuo, como a maioria dos fanáticos por cinema, mesmo tendo sido criado numa cidade cinematográfica tão importante quanto Hollywood, e deveria por certo ser um cínico endurecido que queria apenas desmascarar a autopromoção, a vaidade, a crueldade e o engano da indústria. Em vez disso, ele embarcava em tudo, em toda a bobagem das pegadas na calçada do Chinese Theater, sabia que sua imaginação sofrera a influência formadora de Fellini e Buñuel, mas também de John Ford e Howard Hawks, de Errol Flynn, de *Sete noivas para sete irmãos*, de *Os cavaleiros da távola redonda* e de *Scaramouche* — influência tão profunda como a de Sterne ou Joyce —, e os nomes das ruas, Sunset Boulevard, Coldwater Canyon, Malibu Colony, faziam seu coração bater mais rápido, e era ali que Natanael West morava quando escrevera *O dia do gafanhoto*, e ali é que morava Jim Morrison nos primeiros dias do The Doors. Ele era um caipira total; sua amiga nicaraguense Gioconda Belli estava morando em Santa Monica e o apresentou a uma

L. A. mais esperta, mais política, assim como sua amiga Roxana Tynan, que estava trabalhando na campanha eleitoral do futuro prefeito Antonio Villaraigosa, e um dia ele encontrou-se com o acadêmico Zachary Leader na farmácia Rexall, na esquina de Beverly e La Cienega, e Leader lhe disse que fora ali que Aldous Huxley tinha tomado mescalina pela primeira vez, "então essas", disse ele, apontando as portas de vidro corrediças da farmácia, "são as portas da percepção".

Os familiares mais próximos de Padma (a mãe tinha voltado para o padrasto depois de algumas semanas de separação) moravam em West Covina, um lugar profundamente deselegante, e ela frequentara a La Puente High School — num bairro tão pouco seguro, segundo contou, que todo dia depois da escola ela ia correndo para casa e não parava enquanto não chegasse lá —, de forma que essa era ainda mais uma versão da cidade para ele explorar. Mesmo em Hollywood ele se lembrou da tristeza das histórias de Pat Hobby, de F. Scott Fitzgerald, sobre um roteirista sem dinheiro, e teve suficiente morbidez para procurar Cielo Drive e o fantasma de Sharon Tate. Ainda se sentia como um presidiário que saíra recentemente da gaiola, então para ele um dos grandes prazeres da cidade era o que muita gente não gostava nela: dirigir. Fazia anos que ele não podia dirigir sozinho, então alugou um carro e dirigia durante horas, conhecendo as ruas da cidade e os cânions labirínticos, seguia a Pacific Coast Highway e voltava pelo Million Dollar Hotel, e se as autopistas estavam congestionadas ele pegava as ruas secundárias e de qualquer modo gostava de ficar sentado no trânsito, cantarolando a velha canção das Pointer Sisters, "Fire" (*Estou rodando no seu carro/ você liga o rádio...*), de que ele se lembrava porque tinha sido um sucesso quando ele viera à cidade como jovem redator de publicidade para fazer comerciais para a tintura de cabelos Nice'n'Easy, da Clairol, e rodara pela cidade escoltado por dois policiais de Beverly Hills com óculos espelhados que achavam que eram Starsky e Hutch ("Quer que pare o trânsito para você? Tem certeza que não? Porque eu posso parar o trânsito com toda facilidade, sabe!"). Agora não havia policiais e ele estava vivendo com uma linda mulher no apartamento dela em West Hollywood, na Kings Road, entre Beverly e Melrose, enquanto reformavam seu apartamento em Nova York, e havia dias em que a vida era muito, muito boa.

O apartamento era pequeno, então muitas vezes ele trabalhava na biblioteca em Beverly Hills, alegremente anônimo, e, como adorava história local, mergulhou no passado da cidade e descobriu que os anjos de seu nome eram aqueles da primeira igrejinha de São Francisco de Assis, a Porziuncola, e ficou sabendo do povo Lagarto, que teria morado em túneis debaixo da cidade milhares ou centenas de anos antes ou talvez na semana passada. Durante um breve momento, sentiu vontade de escrever sobre G. Warren Shufelt, que em 1934 inventou um tipo de máquina vibratória que efetivamente *localizou os túneis*, aos quais se podia ter acesso por um porão da biblioteca central e iam até o Dodger Stadium, e então, depois dessa grande descoberta, e antes que pudesse mostrar os túneis para qualquer outra pessoa, o grande Shufelt *desapareceu total e misteriosamente!, nunca mais foi visto, quer dizer, o que* aconteceu *com ele?* Hmm, ele refletiu, pensando bem talvez escrever sobre G. Warren não fosse uma ideia tão boa.

Hollywood era uma cidade pequena dentro de uma cidade grande e em cinco minutos um recém-chegado como ele se transformava no especial do mês. O diretor de cinema Michael Mann convidou-o para jantar e eles discutiram o projeto de um filme sobre a fronteira mexicana. O astro de cinema Will Smith contou-lhe que tinha aprendido com Mohammed Ali a fazer os passos de dança "*Ali shuffle*". O produtor Brian Grazer chamou-o em seu escritório para perguntar se ele queria escrever um filme sobre sua vida. Poucos anos antes, ele soubera por Christopher Hitchens que Milos Forman havia pensado que um filme sobre Rushdie poderia ser um grande parceiro para seu outro filme sobre a liberdade de expressão, *O povo contra Larry Flynt*, mas a ideia não soara direito, como aquela não soava também. Se ele contasse sua própria história, disse a Grazer, seria primeiro num livro. (Ele também gostava de estar em Hollywood sem estar nos negócios. Era, bem, era *mais legal*. No momento em que assinasse um contrato de roteiro, seria apenas mais um funcionário.)

Almoçou com Christopher Hitchens e Warren Beatty, grande fã de Christopher, no Beverly Hills Hotel. "Se me permite dizer", Warren Beatty começou, "quando nos vimos outro dia no jantar do senhor Chow, você estava com uma mulher tão linda que quase me fez desmaiar." Naquela época, ele confiava inteiramente nela, então respondeu: "Vou telefonar para ela. Talvez possa vir nos encontrar". "Por favor, diga a ela", Beatty prosseguiu, "que Warren Beatty está aqui e achou que ela é tão linda que quase desmaiou." Ela estava no carro, impaciente, quando ele telefonou. (Detestava dirigir.) "Estou almoçando com

Warren Beatty", ele disse, "ele falou que acha você tão linda que quase desmaiou." "Cale a boca", ela disse, "não tenho tempo para suas piadas."

Quando conseguiu convencê-la de que realmente estava dizendo a verdade, ela de fato foi ao encontro deles e deliberadamente não fez nada para se embonecar, chegou de calça de moletom e top, com o visual, é claro, que faria Warren Beatty desmaiar. "Por favor, me desculpe", disse a ele o amante legendário, "por ter feito papel de idiota por sua esposa durante cinco minutos. Depois disso, podemos almoçar." Provavelmente era muito bom que Anette Bening existisse, ele disse a si mesmo, senão... bem, não importava. Eles continuaram almoçando e pronto.

Carrie Fisher, sua amiga mais próxima em Hollywood, de inteligência e de língua afiadas, não tinha tanta certeza quanto a Padma. Ela deu uma festa para que ele pudesse conhecer Meg Ryan, especialmente, que podia ser mais adequada, e de quem ele gostou muito, mesmo quando ela repetiu (três vezes): "Sabe, as pessoas estão *tão enganadas* a seu respeito!". Mas aí o assunto foi para a vida espiritual e Meg contou de suas muitas visitas a *ashrams* na Índia e de sua admiração pelos *swamis* Muktananda e Gurumayi. Isso atrapalhou, principalmente porque ele falou a ela sobre seu ceticismo em relação à indústria de gurus e sugeriu que ela talvez gostasse de ler o livro *Carma-Cola*, de Gita Mehta. "Por que você é tão cínico?", ela perguntou, como se genuinamente quisesse saber a resposta, e ele disse que para quem crescia na Índia era fácil concluir que essas pessoas eram fraudes. "Claro, existem muitos charlatães", ela disse, sensata, "mas não dá para diferenciar?" Ele balançou a cabeça tristemente. "Não", disse. "Para mim não dá." E foi o fim da conversa.

A transferência de West Hollywood para Pembridge Mews foi brutal, e o divórcio, que ficara feio demais para descrever, as grandes dificuldades colocadas para o acesso a seu filhinho, que o deixavam louco, o preço que não parava de subir da reforma do apartamento em Nova York, que no fim estava em estado muito pior do que ele pensara, e as mudanças de humor de Padma, tão frequentes que ele ficava contente se as coisas ficavam bem entre eles por dois dias seguidos, tudo teve de ser tratado através de uma névoa de jet lag. E um dia, em L. A., ele ouviu a notícia que estava esperando horrorizado havia alguns anos. John Diamond morrera. Ele afundou o rosto nas mãos e, quando a mulher que dizia amá-lo perguntou o que era e ele contou, ela disse: "Sinto muito que esteja triste, mas você vai ter de aguentar a tristeza até passar".

Nesses momentos, ele achava que não podia ficar com ela nem mais dois segundos.

Mas ficou. Ficou por mais seis anos. Ao se lembrar daqueles anos com o olhar desiludido de seu eu pós-divórcio, não entendeu inteiramente o próprio comportamento. Talvez tivesse sido uma forma de obstinação, ou uma recusa em destruir a relação pela qual havia destruído um casamento, ou uma recusa em emergir da ilusão de um futuro feliz com ela, mesmo que fosse uma miragem. Ou talvez ela fosse simplesmente linda demais para ele deixá-la.

Na época, porém, ele tinha uma resposta mais simples. Ficou com ela porque a amava. Porque se amavam. Porque estavam apaixonados.

Eles romperam, sim, várias vezes nesses anos, por breves períodos, e era sempre ele que se afastava dela; mas finalmente ele a pediu em casamento e logo depois do casamento foi ela quem o deixou. Depois que ela foi embora, Milan, que tinha sido o pajem na cerimônia, perguntou: "Pai, como que um dia tão bonito pode não ter nenhuma importância?". Ele não soube responder. Sentia a mesma coisa.

Houve bons momentos, é claro. Eles fizeram um lar juntos, decoraram e mobiliaram o apartamento, felizes como qualquer casal. "Montei nossa casa com você com amor e coração puro", ela disse a ele, anos depois, quando estavam se falando outra vez, e ele acreditou. Havia amor e paixão entre eles e, quando era bom, era muito bom mesmo. Foram juntos ao baile do Livro em Amsterdam para o lançamento de *Woede*, que era *Fúria* em holandês, e ela fez um grande sucesso; todo mundo ficou fascinado com sua beleza e o noticiário nacional mostrou o filme de sua chegada ao aeroporto com o fundo musical de Charles Aznavour cantando "Isn't she lovely", e depois houve uma mesa de discussão sobre sua beleza extraordinária entre quatro críticos salivantes. Então ela ficou feliz e foi amorosa com ele, a namorada perfeita. No entanto, havia momentos mais baixos, e estes estavam se tornando mais frequentes. Aos poucos, ele entendeu que ela estava ficando competitiva com ele, achando que ele ofuscava seu brilho. Ela não gostava de papéis secundários. "Não venha comigo", ela disse a ele perto do fim do relacionamento, quando foram convidados para um evento de premiação cinematográfica em honra de Deepa Mehta, amiga dele, "porque quando você está presente as pessoas só querem falar com você." Ele disse que não dava para ela escolher os dias da semana em que era casada. "Sempre tive orgulho de estar a seu lado", ele disse, "e fico triste de você não sentir a mesma coisa a meu respeito." Mas ela estava decidida a sair da sombra dele, a vencer sozinha; e no fim foi isso que fez.

Na Era da Aceleração, uma coluna de jornal não podia ser escrita com alguns dias de antecedência. Ele tinha de acordar no dia da entrega de seu artigo mensal internacional para o *The New York Times*, ler as notícias, ver quais eram os assuntos que estavam deixando as pessoas mais ansiosas, pensar em alguma coisa que legitimamente tivesse a oferecer sobre um desses assuntos e escrever mil palavras até as cinco da tarde, o mais tardar. Jornalismo com prazo era um trabalho muito diferente do de um romancista, e ele levou algum tempo para aprender. A certa altura, passou a ser animador pensar nesse tipo de rapidez. Era um privilégio também ser admitido como comentarista, aquele pequeno grupo de colunistas que tinham sido ungidos como formadores de opinião mundiais. Ele já havia descoberto como era difícil ter opiniões, principalmente o tipo de opiniões que "funcionavam" nessas colunas — opiniões fortes, intensamente discutidas. Era um problema para ele formular uma opinião forte por mês e, portanto, assombrava-se com os colegas — Thomas Friedman, Maureen Dowd, Charles Krauthammer *et al.* — que eram capazes de ter duas opiniões *por semana*. Estava em seu terceiro ano e já havia escrito sobre antiamericanismo, Charlton Heston e a National Rifle Association, Caxemira, Irlanda do Norte, Kosovo, o ataque ao ensino da teoria da evolução no Kansas, Jörg Haider, Elián González e Fiji. Sentia que podia estar no limiar de esgotar as coisas sobre as quais nutria emoções fortes, e sugeriu a Gloria B. Anderson, do serviço de notícias do *The New York Times*, que talvez estivesse chegando a hora de desistir da coluna. Ela tentou muito dissuadi-lo. Várias colunas dele haviam impressionado, ela disse. No começo do ano 2000, ele escrevera que "a luta que vai definir a nova era será entre Terrorismo e Segurança". Era algo para o qual estava bem qualificado para escrever, ela disse, e, se ele tivesse razão, e ela estava certa de que tinha, então, como disse, "a pauta de notícias irá a seu encontro e as pessoas vão querer saber o que você tem a dizer".

Gloria não sabia, nem ele tampouco, como a mudança que ela previra na linha das notícias iria mudar repentina e enfaticamente. Ninguém estava olhando pela janela da sala de aula para a tempestade alada que se formava no parquinho. Ele não sabia, nem Gloria, que os pássaros haviam se juntado no trepa-trepa do parque e estavam prontos para atacar.

Sua atenção estava voltada para outro lado. Tinha um romance novo para ser lançado na Inglaterra. Na capa, havia uma foto em preto e branco do Empire State Building com uma pequena nuvem negra acima dele, brilhando nas bordas. Era um livro sobre fúria, e no entanto seu autor não fazia ideia da fúria que viria.

Foi seu romance menos bem recebido desde *Grimus*. Um ou dois críticos gostaram do romance e escreveram a respeito com simpatia e compreensão. Muitos resenhadores britânicos o trataram como uma autobiografia maldisfarçada e acima de mais de uma crítica aparecia uma foto dele com sua "ardente namorada nova". Era doloroso, sim, mas no fim isso o lançava num novo tipo de liberdade. Ele sempre se importara, às vezes demais, com boas críticas. Agora, via que isso também era mais uma versão da armadilha de querer ser amado na qual ele catastroficamente caíra muitos anos antes. Independentemente do que dissessem de seu novo livro, ele continuava orgulhoso dele, sabia por que o romance era como era e ainda sentia haver boas razões artísticas para suas escolhas. Então, de repente ele se tornou capaz de virar as costas para a maledicência. Como todo escritor, queria que seu trabalho fosse apreciado, isso ainda era verdade. Como todo escritor, ele estava numa jornada intelectual, linguística, formal e emocional; os livros eram mensagens dessa jornada e ele esperava que os leitores fossem gostar de viajar com ele. Mas, via agora, se em algum ponto eles não fossem capazes de seguir a estrada que ele tomara, seria uma pena, mas ele ainda tomaria a mesma estrada. *Se não podem vir comigo, sinto muito*, ele disse silenciosamente a seus críticos, *mas ainda assim vou seguir esse rumo.*

Em Telluride, Colorado, ele tinha de tomar cuidado com a velocidade ao andar, ao subir escadas, com quanto álcool tomava. O ar era rarefeito e ele era asmático. Mas era um paraíso montanhês. Talvez o ar fosse rarefeito no outro Éden também, ele pensou, mas tinha certeza de que não havia tantos filmes bons sendo exibidos naquela armadilha de serpente e maçã situada em algum ponto a oeste da terra de Nod.

Tom Luddy e Bill Pence, curadores do Telluride Film Festival, convidavam a cada ano um terceiro curador para trabalhar com eles, e em 2001 foi sua vez. Ele selecionou uma breve lista de filmes "pessoais" para mostrar, entre eles *A fortaleza de ouro*, de Satyajit Ray, sobre um menino que sonhava com uma vida anterior em uma fortaleza dourada cheia de joias; *Solaris*, de Andrei Tarkovsky, sobre um planeta que era uma única mente tão poderosa que podia realizar os desejos mais profundos dos homens; e a obra-prima silenciosa de Fritz Lang, *Metropolis*, um poema sombrio sobre tirania e liberdade, homem e máquina, restaurado e resgatado afinal da trilha sonora eletrônica de Giorgio Moroder.

Era o fim de semana do Dia do Trabalho, seu último tempo livre antes do lançamento de *Fúria* nos Estados Unidos. Ele encontrou-se com Padma em Los Angeles e pegaram o avião rumo ao Colorado, para passar o aniversário de 31 anos dela, que seria em 1º de setembro, assistindo a filmes nas montanhas e caminhando pelas ruas informais da cidade em que Butch e Sundance roubaram seu primeiro banco, tomando um café com Werner Herzog aqui, um papo com Faye Dunaway ali. Em Telluride, ninguém estava caçando nem vendendo e todo mundo era acessível. Os polivalentes cinematográficos Leonard Maltin e Roger Ebert, o documentarista Ken Burns e outras pessoas bem informadas do cinema estavam acessíveis, transmitindo conhecimento e fazendo piada. Em Telluride, todo mundo concordava que Tom Luddy conhecia todo mundo na terra. O grande Luddy, Senhor da Transgressão e mestre de cerimônias, levava tudo numa boa. Telluride era um lugar divertido. Para pegar o elevador de esqui até o alto da montanha onde ficava o auditório Chuck Jones, era preciso fazer uma *Weserva Wabbit*.

Viram o filme francês de sucesso *O fabuloso destino de Amélie Poulain*, com seu elemento de fantasia ligeiramente meloso, e o croata *Terra de ninguém*, dirigido por Danis Tanovic, que era como um *Esperando Godot* numa trincheira sob fogo, e o primoroso *Um tiro no coração*, de Agniezka Holland, produzido pela HBO, adaptação do romance de Mikal Gilmore sobre seu irmão assassino, Gary. Viam três filmes por dia, dormiam em alguns deles e nos intervalos e depois das projeções havia festas. Desceram da montanha em 3 de setembro e oito dias depois era impossível não lembrar daquele momento edênico como um paraíso do qual não apenas eles, mas o mundo inteiro havia sido expelido.

A data oficial de lançamento de *Fúria* nos Estados Unidos era 11 de setembro de 2001. Nessa data, um romance que pretendia ser um retrato ultracontemporâneo e satírico de Nova York foi transformado pelos acontecimentos em um romance histórico sobre uma cidade que não era mais aquela sobre a qual ele havia escrito, cuja idade dourada havia terminado do jeito mais abrupto e horrendo; um romance que, lido por aqueles que se lembravam de como a cidade tinha sido, inspirava uma emoção que não fazia parte dos planos do autor: nostalgia. Nos quadrinhos *Doonesbury*, de Garry Trudeau, um dos personagens dizia, triste: "Sabe, sinto muita saudade de 10 de setembro". Ele entendeu que foi isso que aconteceu com seu romance. Os eventos do Onze de Setembro o transformaram num retrato da véspera. A fortaleza de ouro cheia de joias era agora apenas um sonho de uma vida anterior, perdida.

Em 10 de setembro de 2001, ele não estava em Nova York, mas em Houston, Texas. Tinha feito uma leitura na Barnes & Noble da Union Square no dia 5, depois tomado um avião para Boston na turnê pelo livro e passara lá os dias 6 e 7. Na manhã de 8 de setembro havia partido do aeroporto Logan apenas três dias antes dos aviões fatais e passou dois dias em Chicago. Depois, na noite do dia 10, uma casa lotada no Alley Theater, em Houston — novecentas pessoas na plateia, duzentas não conseguiram entrar, contou Rich Levy, da série de leituras Inprint, seu anfitrião nessa noite —, e uma surpresa do lado de fora: uma pequena manifestação islâmica contra sua presença, com duzentas pessoas talvez. Parecia uma volta ao passado. Na manhã seguinte, ele se lembrou dos barbudos portando cartazes e se perguntou se eles estavam se lamentando por ser identificados como extremistas naquele dia específico, de todos os dias que podiam ter escolhido para revelar seu fanatismo.

Ele tinha acabado de acordar quando um jornalista de rádio telefonou para seu quarto no hotel. Ele concordara em falar para a estação antes de pegar o avião para Minneapolis, mas ainda era muito cedo. "Desculpe", disse a voz em seu ouvido, "mas vamos ter de cancelar. Diante do que aconteceu em Nova York, estamos mergulhando na cobertura daquilo." Ele nunca havia adquirido o hábito americano de ligar a televisão antes de mais nada de manhã. "O que está acontecendo em Nova York?", perguntou. Houve uma pausa e a voz disse: "Ligue a televisão agora". Ele pegou o controle remoto e, menos de um minuto depois, viu o segundo avião bater.

Não conseguiu se sentar. Não parecia certo se sentar. Ficou parado na frente da televisão com o controle na mão e o número *50 mil* martelando em sua cabeça. Cinquenta mil pessoas trabalhavam nas Torres Gêmeas. Ele não conseguia imaginar o número de mortos. Lembrou-se de sua primeira noite em Nova York, de sua visita ao restaurante Windows on the World [Janelas do

Mundo], na Torre Norte. Lembrou-se de Paul Auster contando sobre a travessia de Philippe Petit de uma torre a outra numa corda bamba. Mas, acima de tudo, ficou parado ali, olhando os prédios queimarem, e depois, numa descrente agonia, gritou ao mesmo tempo que milhares de outras pessoas no mundo inteiro: "Não está mais lá! Não existe mais!", quando a Torre Sul caiu.

Pássaros gritavam no céu.

Ele não sabia o que fazer, então partiu para o aeroporto, mas na metade do caminho o rádio mandou voltar porque o tráfego aéreo no país havia sido interrompido. De volta ao Four Seasons, ele não tinha mais quarto e o saguão estava cheio de outras pessoas na mesma situação. Encontrou uma poltrona num canto e começou a fazer telefonemas. Rich Levy, da Inprint, veio em seu socorro. Disse que o poeta Ed Hirsch e sua esposa, Janet, que estavam retidos em Washington, tinham oferecido sua casa perto da Menil Collection, no Museum District, se ele concordasse em dar comida para o cachorro. Foi confortador aquele dia ficar na casa de um escritor, sozinho entre livros, no mundo da mente, enquanto a demência governava o mundo.

Não morreu ninguém que ele conhecesse, mas morreram milhares. A esposa de Peter Carey, Alison Summers, estava no caixa eletrônico ao pé da Torre Norte quando o primeiro avião bateu, mas sobrevivera. Caryl Phillips, na Hudson Street, viu acontecer, assim como Robert Hughes na Prince. A jovem Sophie Auster, em seu primeiro dia de ensino médio e sozinha no trem do metrô pela primeira vez na vida, passou debaixo das Torres Gêmeas quando a atrocidade estava acontecendo lá em cima. Doze de setembro foi um segundo dia de horror e tristeza. *Olhe nossa linda cidade despedaçada*, ele pensou, chorando, e se deu conta do quanto já estava profundamente ligado a ela. Seguiu a pé pela rua da casa dos Hirsch até a capela Rothko. Mesmo para um homem ateu, parecia um bom lugar para se abrigar. Havia outras pessoas lá; não muitas, só algumas, graves. Ninguém falava com ninguém. Não havia nada a dizer. Cada um sozinho com a própria tristeza.

Evidentemente, a turnê de seu livro estava cancelada. Ninguém estava interessado em livros. Os únicos livros vendidos nas semanas seguintes foram a Bíblia, o Corão, e livros sobre a Al-Qaeda e o Talibã. Um psicólogo estava dizendo na televisão que os nova-iorquinos que tinham estado distantes de suas famílias em 11 de setembro deviam procurar seus entes queridos para provar que estavam bem. Não bastava telefonar. Seria preciso a prova dos próprios olhos. *Sim*, ele pensou, *eu devia ir para Londres*. Mas não era possível. A proibição de decolagens fora suspensa e os aeroportos estavam começando a reabrir. Houston reabriu, e depois o LAX, mas os aeroportos de Nova York continuavam fechados e as viagens internacionais também estavam paradas. Teria de esperar mais alguns dias.

Telefonou para Padma em Los Angeles e disse que ia vê-la. Ela disse que estava fazendo umas fotos de lingerie.

Dez dias depois dos ataques, em sua última noite em Los Angeles, antes de pegar o avião para Londres, ele jantou na casa de Eric e Tania Idle com Steve Martin, Garry Shandling e outros. Pelo menos três dos homens mais engraçados dos Estados Unidos estavam em torno da mesa, mas estava difícil fazer graça. Por fim, Garry Shandling disse, com a voz e o corpo tristes como os de um cão de caça: "Que coisa horrível. Parece que todo mundo perdeu alguém, ou conhece alguém que perdeu alguém... Na verdade, eu conhecia vários dos terroristas...". Era o mais negro do humor negro, a primeira piada sobre o Onze de Setembro, e o riso liberou parte da tristeza que todo mundo estava sentindo, mas ele não acreditava que Shandling fosse usar a piada no futuro próximo em suas apresentações.

Robert Hughes, crítico de arte da revista *Time*, disse a ele, pelo telefone, que depois que viu os aviões voando sobre o Soho tinha caminhado em choque. A caminho de casa, havia parado numa padaria e encontrado as prateleiras completamente vazias. Não sobrara nem um pão, nem uma rosquinha, e o velho padeiro, parado no meio do vazio, tinha aberto os braços e dito: "Devia acontecer isso todo dia".

Em Londres, seus problemas matrimoniais agora pareciam triviais. Elizabeth cedeu brevemente e permitiu que Milan ficasse em Pembridge Mews. Ele pegou o filho na escola, comeu com ele, lavou seu cabelo e o pôs na cama. Ficou ao lado dele uma hora, olhando o menino dormir. Milan tinha lhe dado um abraço forte e prolongado ao voltar, e Zafar também tinha se manifestado fisicamente mais do que era seu estilo. O psicólogo tinha razão. Embora os dois soubessem, com a parte racional da cabeça, que ele nem estava em Nova York, e portanto estava evidentemente seguro, não tinham a prova de seus próprios olhos.

No *Le Nouvel Observateur*, da França, e no *The Guardian*, de Londres, seu romance era chamado de presciente, profético até. Ele não era um profeta, disse a um jornalista. Já tivera problemas com profetas e não estava interessado em se candidatar ao posto. Mas se perguntava por que havia sentido tamanha urgência no livro, por que ele insistira em ser escrito *imediatamente* e de onde tinham vindo aquelas Fúrias pairando sobre Nova York e dentro do coração do personagem.

Pediram que escrevesse alguma coisa — o rumo das notícias sem dúvida estava virando em sua direção agora —, mas ele não escreveu durante duas semanas depois dos ataques. Muitas das primeiras coisas que pensou lhe pareceram redundantes. Todo mundo tinha visto o horror e não era preciso que ninguém dissesse o que deviam sentir. Então, lentamente, suas ideias começaram a tomar forma. "O fundamentalista quer derrubar muito mais que edifícios", ele escreveu.

> Para dar apenas uma breve lista, essa gente é contra liberdade de expressão, sistema político multipartidário, sufrágio universal para adultos, governo responsável, judeus, homossexuais, direitos das mulheres, pluralismo, secularismo, saias curtas, danças, homens sem barba, teoria da evolução, sexo [...]. O fundamentalista acredita que nós não acreditamos em nada. Em sua visão de mundo, ele tem suas certezas absolutas, enquanto nós estamos mergulhados em deleites sibaritas. Para provar que ele está errado, temos primeiro de saber que ele está errado. Temos de concordar sobre o que importa: beijos em lugares públicos, sanduíches de bacon, discordância, moda inovadora, literatura, generosidade, água, uma distribuição mais justa dos recursos mundiais, cinema, música, liberdade de pensamento, beleza, amor. Essas são nossas armas. Não fazendo guerra, mas através da ausência de medo com que escolhemos viver é que iremos derrotá-los. Como derrotar o terrorismo? Não nos aterrorizando. Não deixando o medo governar nossa vida. Mesmo que estejamos com medo.

(Enquanto ele estava escrevendo isso, apareceu na imprensa uma história de que ele estava sendo banido das companhias aéreas americanas pela Administração Federal de Aviação dos Estados Unidos. A British Airways e as companhias europeias continuaram calmas, mas nos Estados Unidos o pânico generalizado criou um problema de transporte para ele mais uma vez. "Entendo", ele pensou, não sem certa amargura, "primeiro vocês deixam todos os terroristas embarcarem nos aviões, e agora querem impedir os romancistas antiterrorismo. É esse seu plano para manter a segurança dos Estados Unidos." Quando as coisas se acalmaram, a entidade do governo se acalmou também e suspendeu as restrições; seus problemas ficaram imediatamente mais leves, embora duas companhias americanas continuassem se recusando a transportá-lo por mais dez anos.)

Ele foi à França para o lançamento de *Furie*, que no novo mundo que estava tomando forma foi muito mais bem recebido do que tinha sido em língua inglesa, no velho mundo que cessara de existir. Quando voltou a Londres, foi a um jantar no apartamento de um amigo e outro convidado, um certo sr. Proudie, partiu para a argumentação já comum de que "os Estados Unidos pediram por isso, os Estados Unidos mereceram isso". Ele protestou energicamente, dizendo que não era hora para esse tipo de antiamericanismo britânico, que desrespeitava e criminalizava os inocentes mortos. O sr. Proudie respondeu com extrema agressividade: "Nós protegemos você, não?". Como se isso comprovasse o que dizia. Na discussão que se seguiu eles quase chegaram às vias de fato.

Ele escreveu um segundo artigo, que terminava assim: "Se o terrorismo tem de ser derrotado, o mundo islâmico tem de embarcar nos princípios secularistas-humanistas em que se baseia a modernidade, e sem os quais a liberdade de seus países continuará sendo um sonho distante". Na época, isso foi considerado por muitos como uma quimera e, na pior das hipóteses, a tola recusa de um liberal em aceitar a resistência da visão de mundo islâmica. Dez anos depois, os jovens do mundo árabe, na Tunísia, no Egito, na Líbia, na Síria e em outras partes, tentaram transformar suas sociedades exatamente de acordo com esses princípios. Eles queriam empregos e liberdade, não religião. Não ficou claro se conseguiram o que queriam, mas para o mundo não deixaram dúvidas de que queriam isso.

Foi um belo outono em Nova York, mas a cidade estava fora do eixo. Ele caminhou pelas ruas e viu o mesmo ar de susto em todos os olhares. Barulhos fortes eram anúncio de repetição da tragédia. Cada conversa era um lamento, cada reunião parecia um velório. Então, lentamente, o alento voltou. Houve um dia em que a ponte do Brooklyn foi fechada por causa de uma ameaça de bomba e, em vez de ficarem apavoradas, as pessoas ficaram bravas com o transtorno no seu dia. Aquela era a Nova York do *estou andando por aqui*, que ele adorava. Estava recuperando seu encanto. As restrições a trajetos que fossem além da rua 14 ainda vigoravam, mas estavam diminuindo. O terrível buraco no chão e o igualmente melancólico buraco no céu ainda estavam lá e incêndios ainda queimavam no solo abaixo, mas mesmo essa agonia podia ser tolerada. A vida venceria a morte. Não seria a mesma coisa que antes, mas tudo bem. Ele passou o Dia de Ação de Graças desse ano na casa de Paul, Siri e Sophie Auster, e Peter Carey e Alison Summers estavam lá também. Deram graças pela sobrevivência de Sophie e de Alison e por tudo o que era bom no mundo, que precisava, mais do que nunca, ser valorizado.

A história de sua pequena batalha também estava chegando ao fim. O prólogo era passado e agora o mundo estava às voltas com o evento principal. Teria sido fácil, depois de tudo o que acontecera com ele e depois da enormidade do crime contra a cidade, sucumbir ao ódio à religião em cujo nome essas coisas eram feitas e aos seus adeptos também. Qualquer um que parecesse vagamente árabe experimentou alguma reação naquelas semanas e meses posteriores ao desastre. Jovens com camisetas nas quais se lia A CULPA NÃO É MINHA, SOU HINDU. Motoristas de táxis amarelos, muitos dos quais tinham nomes islâmicos, enfeitaram seus carros com bandeiras e adesivos patrióticos para aplacar a raiva dos passageiros. Mas nessa questão da raiva também a cidade, como um todo, mostrou-se reservada. Os muitos não eram responsabilizados pelos crimes de poucos. E ele também recusou a raiva. A raiva transformava a pessoa na criatura daqueles que a enraiveciam, dava a eles muito poder. A raiva matava a mente e agora, mais do que nunca, precisava-se da mente para viver, para encontrar um jeito de se erguer acima da demência.

Ele escolheu acreditar na natureza humana e na universalidade de seus direitos, da ética e das liberdades, e se colocar contra as falácias do relativismo que estavam no coração da invectiva dos exércitos dos religiosos (*odiamos vocês porque não somos como vocês*) e de seus parceiros de viagem no Ocidente também, muitos dos quais, decepcionantemente, estavam à esquerda. Se a arte do romance revelava alguma coisa, era que a natureza humana era uma grande constante em qualquer cultura, em qualquer lugar, em qualquer tempo, e que, como dissera Heráclito 2 mil anos antes, o *ethos* do homem, sua maneira de ser no mundo, era seu *daimon*, o princípio orientador que modelava sua vida — ou, na formulação mais medular, mais familiar da ideia, que caráter era destino. Era difícil se apegar a essa ideia quando a fumaça da morte ainda estava no céu acima do Marco Zero e os assassinos de milhares de homens e mulheres cujo caráter não havia determinado seu destino estavam na cabeça de todo mundo, não importava se eram trabalhadores empenhados, amigos generosos, pais amorosos ou grandes românticos, os aviões não tinham se importado com seu *ethos*; e, sim, agora o terrorismo podia ser destino, a guerra podia ser destino, nossas vidas não estavam mais em nosso controle total; mas, ainda assim, era preciso insistir em nossa natureza soberana, talvez mais do que nunca em meio ao horror era importante defender a responsabilidade humana individual, dizer que os assassinos eram moralmente responsáveis por seus crimes e que nem sua fé, nem sua raiva dos Estados Unidos eram desculpa; era importante, na época de ideologias gigantescas, infladas, não esquecer a escala humana, continuar insistindo em nossa humanidade essencial, continuar fazendo amor, por assim dizer, numa zona de combate.

Nas páginas de seu romance estava claro que o eu humano era heterogêneo, não homogêneo, não uma coisa, mas muitas, múltiplo, fragmentado e contraditório. A pessoa que você era para seus pais não era a mesma que você era com seus filhos, seu eu trabalhador era diferente de seu eu como amante, e, dependendo da hora do dia e de seu estado de espírito, você podia pensar em si mesmo como alto, ou magro, ou indisposto, ou fã de esportes, ou conservador, ou medroso, ou ardente. Todos os escritores e leitores sabiam que os seres humanos eram entidades amplas, não estreitas, e era a amplidão da natureza humana que permitia que leitores encontrassem uma base comum e pontos de identificação com Madame Bovary, Leopold Bloom, o coronel Aureliano Buendía, Raskolnikov, Gandalf, o Cinzento, Oskar Matzerath, as irmãs Makioka, o Continental Op, o conde de Emsworth, miss Marple, o barão nas árvores e Salo, o mensageiro mecânico do planeta Tralfamadore em *As sereias de Titã*, de Kurt Vonnegut. Leitores e escritores podiam levar esse conhecimento da identidade de base ampla para o mundo que ficava além das páginas dos livros, e usar esse conhecimento para encontrar a base comum com seus semelhantes. Dois homens podiam torcer para times de futebol diferentes, mas votar do mesmo jeito. Podiam votar em diferentes partidos, mas concordar sobre o melhor jeito de criar os filhos. Podiam discordar sobre a criação dos filhos, mas ter em comum o medo do escuro. Podiam ter medo de coisas diferentes, mas gostar da mesma música. Podiam detestar o gosto musical um do outro, mas adorar o mesmo Deus. Podiam discordar energicamente na questão religiosa, mas torcer para o mesmo time de futebol.

Isso era o que a literatura sabia, sempre soubera. A literatura tentava *abrir o universo*, expandir, mesmo que só ligeiramente, a soma total do que era possível para seres humanos perceber, entender e assim, finalmente, existir. A grande literatura ia aos limites do conhecido e forçava as barreiras da linguagem, da forma, da possibilidade, para fazer o mundo parecer maior, mais amplo do que antes. No entanto, essa era uma era em que homens e mulheres se viam pressionados a definições cada vez mais estreitas de si mesmos, estimulados a se chamar de apenas uma coisa, sérvio, ou croata, ou israelense, ou palestino, ou hindu, ou muçulmano, ou cristão, ou baha'i, ou judeu, e quanto mais estreita ficava sua identidade, maior a perspectiva de conflitos entre eles. A visão que a literatura tinha da natureza humana estimulava a compreensão, a compaixão e a identificação com pessoas diferentes de nós mesmos, mas o mundo estava empurrando todo mundo para a direção oposta, para a estreiteza, o fanatismo, o tribalismo, o cultismo e a guerra. Existia muita gente que não queria o universo aberto, que preferiria, de fato, que ele se fechasse bastante, de forma que, quando artistas fossem à fronteira e pressionassem, encontrassem forças poderosas pressionando de volta. E, no entanto, eles faziam o que tinham de fazer, mesmo às custas de sua própria tranquilidade e, às vezes, de suas vidas.

O poeta Ovídio foi exilado por César Augusto num lugar infernal no mar Negro chamado Tomis. Ele passou o resto de seus dias implorando para voltar a Roma, mas a permissão nunca foi dada. Então a vida de Ovídio foi arruinada; mas a poesia de Ovídio sobreviveu ao Império Romano. O poeta Mandelstam morreu em um dos campos de trabalho de Stálin, mas a poesia de Mandelstam sobreviveu à União Soviética. O poeta Lorca foi morto pelos brutais falangistas do generalíssimo Franco na Espanha, mas a poesia de Lorca sobreviveu ao regime tirânico de Franco. A arte era forte, os artistas, menos. A arte podia, talvez, cuidar de si mesma. Artistas precisam de defensores. Ele tinha sido defendido por seus colegas artistas quando precisara. Tentaria fazer o mesmo para outros necessitados de agora em diante, outros que pressionassem fronteiras, transgredissem e, sim, blasfemassem; todos esses artistas que não permitissem que os homens do poder ou da religião traçassem linhas na areia e ordenassem que não podiam ser atravessadas.

Ele proferiu as palestras Tanner em Yale. Foram intituladas "Cruze esta linha".

Quanto à batalha em torno de *Os versos satânicos*, ainda era difícil dizer se estava terminando em vitória ou derrota. O livro não havia sido suprimido, nem seu autor, mas os mortos permaneciam mortos, e surgira um clima de medo que dificultava que livros como esse fossem publicados, ou mesmo, talvez, escritos. Outras religiões logo seguiram o exemplo do Irã. Na Índia, extremistas hindus atacaram filmes e astros de cinema (o superastro Shah Rukh Khan foi alvo de violento protesto meramente por dizer que os jogadores de críquete paquistaneses deviam participar de um campeonato na Índia) e obras acadêmicas (como a biografia do rei guerreiro marata Shivaji escrita por James Laine, que "ofendeu" tanto os admiradores contemporâneos desse monarca a ponto de atacarem a biblioteca de pesquisa em Pune onde Laine tinha feito sua pesquisa, destruindo muitos documentos e objetos antigos insubstituíveis). Na Grã-Bretanha, siques atacaram o autor sique de *Behzti* (Desonra), uma obra que não aprovaram. E a violência islâmica continuava. Na Dinamarca, um somaliano com um machado e uma faca, ligado à milícia radical al-Shabab, invadiu a casa do cartunista Kurt Westergaard, em Aarhus, depois da publicação dos chamados "cartuns dinamarqueses" que haviam despertado a ira de extremistas islâmicos. Nos Estados Unidos, a Yale University Press, editora de um livro que discutia o caso dos "cartuns dinamarqueses", acovardou-se e não incluiu os cartuns no livro. Na Grã-Bretanha, a casa do editor de um livro sobre a esposa mais jovem do profeta Maomé recebeu uma carta-bomba. Seria necessária uma luta muito mais prolongada para se poder dizer que teve fim a era de ameaças e temores.

Perto do final de 2001, a adaptação que a Royal Shakespeare Company produziu de *Os filhos da meia-noite* rumou para os Estados Unidos, para ser apresentada em Ann Arbor, Michigan, e depois no Apollo Theater, no Harlem; uma noite, durante a temporada de Nova York, ele seria entrevistado no palco depois do espetáculo e para conseguir realizar algo além de seus sonhos mais loucos — representar Apollo. Ao mesmo tempo, estava trabalhando em *Shalimar, o equilibrista*. No fim das contas, isso é o que ele era, um contador de histórias, um criador de formas, um fazedor de coisas que não existiam. Seria sábio retirar-se do mundo do comentário e da polêmica para voltar a se dedicar àquilo que mais amava, a arte que havia dominado seu coração, mente e espírito desde jovem e viver de novo no universo do era uma vez, do *kan ma kan*, era assim e não era assim, e fazer a jornada da verdade sobre as águas do faz de conta.

De seu posto dickensiano, estilo "vamos amarrar as pontas soltas", lá no futuro, ele viu o florescimento do talento musical de sua sobrinha Mishka; viu sua sobrinha Maya iniciar, contente, uma vida como professora de crianças pequenas; e viu o casamento de sua sobrinha Meena, filha de sua irmã afastada Bunno. Viu Zafar trabalhando bem, feliz, e Milan crescendo para se tornar outro bom rapaz. E Elizabeth e ele em bons termos outra vez. Bill Buford se divorciou, fez outro casamento mais feliz e tornou-se um bem-sucedido autor de livros sobre comida. Nigella Lawson se tornou autora de livros sobre comida de sucesso gigantesco e casou-se com o colecionador de arte Charles Saatchi. Frances D'Souza tornou-se baronesa e então, em 2011, passou a presidir a Câmara dos Lordes. William Nygaard aposentou-se e seu filho Mads assumiu seu posto na Aschehoug. Marianne Wiggins tornou-se professora de literatura na Universidade do Sul da Califórnia. James Fenton e Darryl Pinckney deixaram Long Leys Farm e se mudaram para Nova York. Pauline Melville foi atacada por um assaltante assassino em sua casa em Highbury Hill, mas conseguiu se desamarrar e escapar por uma janela. O invasor foi pego e preso. A vida humana continuava. As coisas funcionavam melhor do que nunca, muito melhor do que ele poderia esperar naquele sombrio Dia dos Namorados de 1989.

Nem tudo terminou bem. Em agosto de 2005, Robin Cook sofreu um ataque cardíaco numa montanha nas Terras Altas escocesas e morreu.

E sua Ilusão, seu Fantasma da Liberdade? Em 24 de março de 2002, ele levou Padma ao jantar e festa da *Vanity Fair* em Hollywood, no dia da entrega do Oscar. Chegaram ao Morton's e ele viu quando ela posou e fez piruetas para a muralha de fotógrafos aos gritos, queimando com a chama brilhante de sua juventude e beleza; ele olhou a expressão no rosto dela e de repente pensou: *Ela está fazendo sexo, sexo com centenas de homens ao mesmo tempo, e eles não precisam nem tocar nela, não há como um homem competir com isso.* E no fim ele a perdeu, sim, mas era melhor perder as ilusões e viver na consciência de que o mundo era real, e de que nenhuma mulher podia fazer com que fosse como ele queria que fosse. Isso dependia dele.

Dois dias depois da cerimônia de entrega do Oscar, ele voltou a Londres e foi recebido na saída do avião por Nick Cottage, um afável agente da Divisão Especial com um bigode antiquado, que lhe disse que um dos chefões, Bob Sait, ele próprio dono de um belo bigode estilo lorde Kitchener, queria encontrar com ele na manhã seguinte. "Se eu fosse você", Nick acrescentou, misterioso, "faria seus próprios arranjos para o resto do dia." Ele se recusou a explicar o que queria dizer, mas deu um sorriso enigmático de oficial da polícia secreta.

Ele foi levado ao Halcyon Hotel, em Holland Park, um elegante edifício rosado, onde havia reservado uma suíte. Jason Donovan recebera de volta sua casa em Pembridge Mews no fim do ano de contrato. Antes de ir para Los Angeles para a entrega dos prêmios da Academia, ele havia encontrado outra casa em Notting Hill para alugar, em Colville Mews, em frente à butique, que crescia rapidamente, da jovem estilista Alice Temperley. O novo local estaria disponível dentro de umas duas semanas e ele tinha deixado suas coisas num depósito e feito a reserva no Halcyon para cobrir o intervalo, inicialmente por duas noites apenas. As férias de Páscoa de Milan iam começar no dia seguinte e ele planejava passar uma semana na França com os dois meninos. Iriam de carro para a casa de amigos em Courtoin, na Borgonha, e depois visitariam Paris e a EuroDisney no caminho de volta.

Às dez em ponto na manhã de quarta-feira, 27 de março de 2002, Bob Sait e Nick Cottage encontraram-se com ele no Halcyon Hotel. "Bom, Joe", disse Sait, e corrigiu, "desculpe, Salman, como você sabe, estávamos mantendo esta proteção por conselho dos serviços de inteligência até eles sentirem que seria certo baixar a avaliação de risco contra a sua pessoa."

"Tem sido um pouco estranho, Bob", ele disse, "porque nos Estados Unidos eu venho agindo como uma pessoa normal há anos, mas quando volto para cá vocês insistem em continuar..."

"Então, espero que fique satisfeito", Bob Sait disse, "de saber que o nível de risco foi reduzido, bem drasticamente, na verdade, e normalmente não oferecemos proteção a ninguém avaliado nesse novo nível."

O coração dele tinha começado a bater mais forte, mas ele tentou permanecer com uma aparência controlada. "Sei", disse. "Então, vocês estão retirando a proteção."

"Eu só queria lhe dar a oportunidade", disse Bob Sait, "de dizer se isso seria aceitável. Está de acordo com o que você vem questionando, seria correto dizer isso?"

"Seria", ele respondeu, "seria, sim, e é aceitável."

"Gostaríamos de fazer uma festa para você na Yard assim que for conveniente", disse Nick Cottage. "Para reunir o máximo possível dos rapazes que trabalharam com você ao longo dos anos. Foi um de nossos projetos de proteção mais longos e há muito orgulho pelo que foi feito. E um grande reconhecimento do que você suportou também, muita gente da equipe disse que achava que não teria aguentado do jeito que você aguentou, então seria bom ter a oportunidade de comemorar, se você concordar."

"Eu adoraria", ele disse, o sangue subindo ao rosto.

"Gostaríamos de convidar alguns dos seus amigos próximos também", Nick disse. "Aqueles que tanto ajudaram ao longo dos anos."

Então não havia mais nada a dizer. "Então, o que acontece agora?", ele perguntou. "O que precisa ser feito?" Bob e Nick se levantaram. "Foi um privilégio, Joe, desculpe, Salman", disse Bob Sait e estendeu a mão. "Boa sorte para você, parceiro", disse Nick. Apertaram-se as mãos, eles se viraram e foram embora. Pronto. Mais de treze anos depois que a polícia entrara em sua vida, eles giravam nos calcanhares e saíam. Foi tão abrupto que ele riu alto.

A festa da Divisão Especial realmente aconteceu logo depois. Um dos agentes que compareceram foi Rab Connolly, que havia concluído o curso de graduação em literatura pós-colonial que começara durante a proteção. "Tenho uma coisa para você", ele sussurrou como um vilão de teatro, e escorregou um pequeno objeto de metal na mão dele. "O que é?", ele perguntou a Rab. "É a bala", disse Rab, e era. A bala que o pobre Mike Merrill havia disparado acidentalmente na casa da Bishop's Avenue ao limpar a arma. "Essa foi por pouco", Rab disse. "Achei que ia gostar de guardar como suvenir."

* * *

Ele estava parado na porta do Halcyon Hotel, olhando os jaguares da polícia irem embora. Então se lembrou de que tinha de ir até a imobiliária em Westbourne Grove, assinar os papéis do aluguel da casa em Colville Mews e dar mais uma olhada no lugar. "Tudo bem, então", pensou, "lá vai." Saiu do Halcyon Hotel para a Holland Park Avenue, estendeu o braço e parou um táxi que passava.

Agradecimentos

Eu gostaria de agradecer a todos aqueles cujos conselhos e ajuda deram forma a estas memórias: as pessoas nos arquivos MARBL da Universidade Emory, sem cujo auxílio na organização e catalogação ao longo dos últimos anos meus papéis estariam num estado caótico demais para permitir sequer pensar neste projeto, e graças às quais se tornou possível sua escritura; Vanessa Manko, por sua inestimável pesquisa na mídia; meus editores na Random House, Louise Dennys, Dan Franklin, Will Murphy e Susan Kamil, por seus comentários ao rascunho do texto; e os outros leitores dos primórdios do livro, Andrew Wylie, Sameen Rushdie, Elizabeth West, Aimee Mullins, Taryn Simon, Hanan al-Shaykh, Bill Buford, Ian McEwan, Pauline Melville, Reggie Nadelson, Min Katrina Lieskovsky, Francesco Clemente, Deepa Mehta e Christopher Hitchens, pelas proveitosas reações. Algumas passagens destas páginas apareceram antes, em forma um tanto diferente, como ensaios e artigos em vários jornais e revistas, principalmente a *The New Yorker* e o *The New York Times*. Agradeço aos Universal Studios a permissão para citar o roteiro de Evan Hunter de *Os pássaros*, de Alfred Hitchcock; a Harvill Secker pela permissão de citar uma passagem de *O mestre e a margarida*, de Mikhail Bulgakov, traduzido para o inglês por Misha Glenny; à New Directions pela permissão de citar partes de "The ivy crown", de William Carlos Williams; a George Braziller pela permissão de citar a antologia *For Rushdie*; a Lisa Appignanesi e Sara Maitland, editoras de *The Rushdie file*, Carmel Bedford, editora de *Fiction, fact and the fatwa*, assim como a muitos outros comentadores cujas ideias e opiniões são citadas em todo o livro.

Os nomes de algumas pessoas foram mudados, na maioria aqueles dos membros das equipes de proteção, aos quais, finalmente, gostaria de expressar meu agradecimento especial. Se não fosse pelos esforços dos agentes do Esquadrão "A", Divisão Especial, Polícia Metropolitana e seus colegas do Secret Intelligence Service (SIS) do Reino Unido, eu talvez não estivesse em posição de escrever este — ou, na verdade, qualquer outro — livro.

S. R.

ESTA OBRA FOI COMPOSTA EM MINION PELO ACQUA ESTÚDIO E IMPRESSA PELA GEOGRÁFICA EM OFSETE SOBRE PAPEL PÓLEN SOFT DA SUZANO PAPEL E CELULOSE PARA A EDITORA SCHWARCZ EM SETEMBRO DE 2012

FSC
www.fsc.org
MISTO
Papel produzido a partir de fontes responsáveis
FSC® C019498

A marca FSC® é a garantia de que a madeira utilizada na fabricação do papel deste livro provém de florestas que foram gerenciadas de maneira ambientalmente correta, socialmente justa e economicamente viável, além de outras fontes de origem controlada.